KB042328

연극,
기억의
현상학

연극,
기억의
현상학

안치운 연극론

책 세 상

목차

서문: 사는 동안의 역사와 죽은 다음의 연극   9

1부   연극의 기억: 멀리서인 듯이

—— 1. 오류에서 진실로, 죽음에서 삶으로
        – 〈오이디푸스 왕〉에 나타난 눈의 이미지 연구

1. 눈과 눈짓   91
2. 희곡과 눈   97
  2.1. 비극, 질문하는 형식
  2.2. 눈으로 〈오이디푸스 왕〉 읽기
  2.3. 방황과 죽음
3. 눈의 상실, 본질의 획득   120

—— 2. 기억의 시학을 통해 본 한국 현대 연극의 글쓰기
        – 〈태〉와 〈봄이 오면 산에 들에〉를 중심으로

1. 기억의 시학   129
2. 연극과 기억의 글쓰기 양태   138
  2.1. 아픈 역사, 잊히지 않는 그 기억들
  2.2. 마지막 만남의 장소는 어디인가
3. 기억 너머의 운명   166

—— 3. 기억과 공간
        – 베르나르-마리 콜테스 〈사막으로의 귀환〉을 중심으로

1. 기억과 공간의 시학   173
2. 기억과 공간의 언어   177
  2.1. 기억의 언어
  2.2. 개인기억과 집단기억의 충돌
  2.3. 현대 연극과 공간의 언어
  2.4. 현실과 허구, 그 기억 공간
3. 사라진 기억, 지워진 얼굴   214

―――― 4. 슬픔을 넘어서는 응시
       – 피나 바우쉬와 타데우즈 칸토르 작품의 시각적 이미지 연구

1. 드라마를 대신하는 몸과 몸의 이미지　　　　　　　　221
2. 피나 바우쉬: 결핍과 갈망의 산파술　　　　　　　　225
   2.1. 〈황후의 탄식〉
   2.2. 〈황후의 탄식〉의 시각 이미지들
3. 타데우즈 칸토르: 죽은 이들을 되살리는 무대 위의 지휘자　242
   3.1. 〈죽음의 교실〉
   3.2. 〈죽음의 교실〉의 시각 이미지들
4. 이미지와 결핍　　　　　　　　　　　　　　　　　260

―――― 5. 죽음과 애도의 글쓰기
       – 윤영선 희곡 연구

1. 연극, 삶의 글쓰기　　　　　　　　　　　　　　　265
2. 죽음과 애도: 윤영선 희곡의 지형도　　　　　　　　269
   2.1. 상실 공간 속 인물과 불안
   2.2. 말과 목소리의 현상학
3. 미완성의 애도　　　　　　　　　　　　　　　　304

―――― 6. 한국 현대 연극과 죽음의 언어
       – 기국서 연구1

1. 연극과 죽음　　　　　　　　　　　　　　　　　315
2. 기국서와 한국 현대 연극: 삶의 역사, 연극의 흔적　　318
3. 작품의 속, 작품의 바깥　　　　　　　　　　　　　326
   3.1. 미친 세상의 풍경: 〈미아리 텍사스〉(바탕골소극장, 1990년)
   3.2. 기국서와 시대의 불안: 〈작란〉(혜화동 1번지, 1991년)
   3.3. 죽음이란 죽어 다시 이 세계에 내던져지는 것. 나 혼자:
        〈지젤〉(바탕골소극장, 1994년)
   3.4. 미친개의 상상력: 〈개〉(충돌소극장, 1995년)
   3.5. 물과 연극: 〈관객모독〉(76소극장, 1976년)
4. 도발과 명상의 사이-2000년 이후 기국서의 성찰　　347
   공연목록

───── **7. 연극과 글쓰기의 실험**
　　　　– 기국서의 미발표 희곡을 중심으로

1. 현대 연극과 연극언어　　　　　　　　　363
2. 연극언어의 확장과 새로운 글쓰기　　　366
　　　2.1. 말들의 해체, 그 풍경
　　　2.2. 죽음의 공간으로서 연극언어
　　　2.3. 글쓰기로서의 춤과 미디어
3. 기국서의 소외와 수용　　　　　　　　　397

2부　　기억의 연극: 저주받은 몫

───── **8. 목소리의 숨결에서 빛으로**
　　　　– 관객의 역할과 의미에 관한 연구

1. 관객을 사유하기　　　　　　　　　　　405
2. 관객이란 연극의 언어　　　　　　　　　408
　　　2.1. 관객의 독자성과 실재성
　　　2.2. 관객의 눈과 기억
　　　2.3. 관객의 이중적 존재와 연극 읽기
　　　2.4. 관객의 몸과 감성적 언표
3. 연극의 의미, 관객의 결핍　　　　　　　434

───── **9. 연극의 미래**
　　　　– 연극, 인간, 자연

1. 연극: 삶의 순환을 상징하는 자연　　　439
2. 생태주의 연극의 공간 환경　　　　　　445
3. 생태주의 연극: 삶을 위한 시학　　　　451

─── 10. 현대 연극과 연극 소통의 문제
– 몸과 언어에서 새로운 미디어의 언어로

1. 미디어의 시대와 연극의 언어   457

2. 몸의 언어에서 새로운 미디어의 언어로   462

   2.1. 연극과 모방 수단
   2.2. 현대 연극과 몸의 언어
   2.3. 새로운 미디어 언어의 특성

3. 새로운 미디어, 연극 소통의 가능성   482

─── 11. 연극치료에서 기억의 문제
– 기억공간과 극장공간

1. 연극치료: 눈을 뜨고, 눈을 감고   489

2. 연극, 연극치료와 기억   492

   2.1. 삶을 보충하는 기억
   2.2. 기억을 남기는 연극의 유혹
   2.3. 기억과 무의식의 기쁨
   2.4. 기억과 장소, 달리하기

3. 다시 기억으로   517

─── 12. 교육연극의 제도화를 위한 연구
– 허구와 재현, 그리고 은유를 중심으로

1. 교육연극의 활용과 상상력   523

2. 교육연극의 제도화   526

   2.1. 교육연극의 제도화를 위한 문제제기
   2.2. 교육연극과 살아 있는 교실
   2.3. 교육연극, 허구의 교실에서 은유의 교실로

3. 교육연극과 연극의 미래   546

참고문헌   550
찾아보기   564

일러두기

1. 인명과 외국어 고유명사는 외래어표기법에 따라 표기하였다.
2. 원어는 한자, 로마자 순으로 밝혀 적었다.
3. 책과 희곡은 《 》로, 연극·글·그림·신문 등은 〈 〉로 구분했다.

사는 동안의 역사와
죽은 다음의 연극

"세상이 끝나는 방식은 쾅 하는 소리가 아니라 흐느끼는 소리이다This is the way the world ends. Not with a bang but with a whimper."

— T.S. 엘리엇, 《공허한 인간들The hollow men》

0. 생의 액정 같은 순간들

나이가 환갑을 맞이할 때쯤이면, 스스로를 돌아보는 책을 꼭 내고 싶었다. 환갑 기념논총 같은 책이 아니라, 지금부터 하고 싶은 바가 무엇인지를 되묻고, 남은 삶 동안 해야 할 다짐을 가슴에 새기는 책을 출간하고자 했다. 이 책이 애초부터 그런 뜻을 위해서 쓴 글들만 담고 있는 것은 아니지만, 이미 출간된 책들에 들어가지 않고 서랍에 누운 채 오늘을 기다린 논문들을 담았다. 삶과 연극 공부의 솔기를 꿰맨 이 서문이 연극에 관한, 연극과 함께한 지난 세월의 긴 흔적이면서 남은 날들의 기대와 약속으로 읽혔으면 좋겠다.

높은 산꼭대기에 올랐을 때 앞으로 몇 번 더 오를 수 있을지 의뭉스럽게 자문하는 것처럼, 이 책의 출간과 더불어 이제부터 연극과 함께, 남은 삶 동안 무엇을 하려는지 분명하게 정리하고 싶다. 그러기 위해서는 호모 사피엔스처럼 슬기롭게 삶을 사는 것이 중요하겠지만, 영 자신이 없다. 남은 삶 내내 연극을 공부하고, 연극과 함께 생의 긴 텍스트를 꼼꼼하게 사유하는 것 말고 또 무엇이 있을까? 이 책 역시 연극에 관한 논문 형식의 글이지만, 실은 무엇인가를 찾고자 헤매는 이의 글이라고 해야겠다.

진술과 같은 서문을 길게 쓰는 이유는, 사는 동안 내 삶의 정처가 항상 불안했고, 품고 마음먹는 것이 늘 우둔함 속에 있었고, 연극 공부의 전력을 더듬기 어려웠기 때문일 것이다. 삶의 나날들이 한순간이었을까, 긴 생이었을까? 첫 번째로 출간한 산문집 《옛길》에서 밝힌 것처럼, 내 삶의 절반은 헤아릴 수 없이 불안했고, 나머지는 지울 수 없이 절망스러웠다. 화를 더디게 낸 바도 없고, 남의 허물을 덮어주기에는 슬기가 턱없이 부족했다. 연극을 공부하고, 연극을 가르치고, 다양한 언어로 연극에 관한 글들을 쓰고자 했던 세월이 단박에 흘렀고, 사는 고민은 참으로 길고 깊었다.

나는 과연 어디에 있었던 것일까? 돌이켜보면, 고민하면서 공부하고, 반성하면서 가르치는 세월은 제대로 된 삶의 갈피를 잡지 못해 숱하게 방황해야 했던 시절이기도 했다. 공부하는 삶은 언제나 쓸쓸했다. 공부할 때, 글을 쓸 때, 제대로 하지 못했다는 자괴감과 용감하지 못했다는 비루함이 기억 속에 또렷하다. 연극 안팎에서 많은 이들과 글로 사유로 오래된 연극권력, 비루한 연극정치의 언어와 싸울 때는 시대가 주는 오해를 이유 없이 받아야 했다. 사는 동안 정의는 강물처럼 흐르지 않았다. 저 스스로 말과 행동으로 피 흘리고, 상처를 만들기도 했다. 이제부터라도 타인의 시선으로 나 자신을 바라보고 싶다.

연극의 역사는 가출의 역사이다. 가출의 연극은 현실 너머 비현실로의 귀향이다. 어쩔 수 없는 삶으로의 나들이이고 운명과 같은 풍경과의 만남이되, 언어로 말할 수 없는 것을 언어로 말하는 저항이다. 연극과 연극하는 이들에게 세상은 유배의 땅과 같다. 연극은 극장과 무대라는 공간으로 외출하는 반사회적인 삶이다. 그곳에 세상만큼 오래되고 힘겨운 것들이 있다. 내용물보다 더 오래된 껍질과도 같은 것, 떠나온 것만큼 오래되었다는 것, 그것은 옛날의 아토피아atopia, 즉 장소topia 없음a, 정처 없음이다. 비유하자면 거덜나버린 삶, 잃어버린 고향, 늙지 않는 끝과 과거에 대한 기억의 문제이다. 연극에서 표현은 삶의 모태Urmutter, 생명의 원천Fons vitae과도 같다. 연극은 역사에 편입되는 아버지의 시간이 아니라, 비시간적인, 죽일 수 없는 어머니의 시간과도 같다. 연극에서 표현이란 오래된 얼굴의 반영과도 같다. 정의가 그곳에 있다.

가출하다는 '생각하다'라는 동사와 많이 닮았고 '착지하다'라는 동사와 아주 멀어 보인다. 영원한 가출은 죽음에 이르는 자각이다. 스탈린 치하에서 감금되었다가 1940년 세상을 떠난 러시아 연출가 메이예르홀트Meierkhol'd, 그의 사인은 아직 밝혀지지 않았지만, 우리는 그의 연극을 자각의 연극Conscious theater이라고 한다. '생각하다'라는 뜻을 지닌 팡세penser는 '모으다'라는 라틴어 pensare에서 왔다. 플라톤은 우리의 앎은 어렴풋한 추억, 회상이라고 했다. 가출이 그것과 똑같았다. 가출은 정해진 길을 벗어나 다른 길을 걷는 것이다. 이때 순례자의 자유로운 부유성이 생출된다. 걷다 보면, 앎은 배우는 것이 아니라 몸으로 체득하고 기억하는 것이라는 걸 새롭게 깨닫게 된다. 호기심과 방랑, 그리고 편력의 절정에서 글과 춤이 생성된다. 춤은 말하지 않고 행함이 우선이다. 길 없음이 아니라 없는 길 위를 걸어가는 행위이다. 춤의 길은 뒤에는 없고 앞에만 있다. 춤은 종속이 아니라 나아감이다. 욕망과 지속이 그곳에 있다. 글은 자신의 방어기제를 해체하고 사유에 이르게 하는 통찰의 산물이다.

더러 세상일에는 놀라운 것들이 있었다. 우연하게 어떤 이를 한 곳에서 자주 만나는 것이나, 무심하게 다른 이가 입던 옷이 내 몸에 꼭 맞는 경우가 그러하다. 아니면 한 번 불렀던 이름이, 몸에 걸쳐 익숙해진 옷처럼, 오랫동안 알고 있는 이름인 듯이 여겨질 때이다.

대학에 들어가서 학과에 적응하지 못해 다른 학과의 이 강의, 저 강의를 들으러 옮겨다니던 때가 있었다. 그때 만났던 좋은 교수님들의 강의와 지금 내가 하는 강의를 비교하곤 한다. 니체가 자신의 자서전 《이 사람을 보라Ecce Homo》에서 밝힌, 살아갈 만한 삶의 가치 목록이 생뚱맞게 기억나기도 한다. 학부 몇 학년 때인지는 몰라도, 철학과 박준택 교수의 니체 강독 시간이었던 것 같다. "차, 차가운 공기, 밝은 하늘, 프랑스 남부, 이탈리아 북부" 등이 강독 시간에 적은 글귀였다. 그 후 신문을 통해서, 모차르트와 막스 브루흐의 바이올린 협주곡을 좋아하던 박 교수님이 돌아가셨다는 소식을 접했다. 학교 앞, 책방과 술집이 마주하는 골목길에서 비버Heinrich Biber의 바이올린 소나타를 듣게 되었을 때도 그분이 떠올랐었다.

음악은 공간 속 언어이지만, 그 소리는 누군가를 떠올리게 한다. 인생의 소소한 즐거움을 철학으로 배울 때였다. 주머니에 들어가는 작은 노트에 적은 글귀 내용대로, 낯선 오지에 가고 싶어 하는 것이, 음악을 들으면서 은둔하고 싶은 것이 젊은 날의 바람이 되었을 때였다. 그냥 미끄러져 앞서 오는 음악은 아무것도 거부하지 않는 받아들임 그 자체이다. 음악 듣기는 관계의 부재처럼 보이지만, 언제나 홀로 치르는 의식이기도 했다. 가출을 통해서 나는 기억과도 같은 음악이라는 원천을 만났고, 즐겼다. 가출 이전이 입에 머무르는 시기였다면, 가출 이후는 귀에 이르는 여정이었다.

돌이켜보면, 1980년 5월 광주 민주화운동 이후 나라의 희망은 쑥대밭이 되었다. 복학 후에는 회현동에 있던 알리앙스 프랑세즈에 다니며 열심히 프랑스어를 공부했다. 학과 동기였던 임순필이 프랑스로 유학을 떠난 즈음이었다. 그의 모험에 자극을 받았던 것 같다. 그때부터 더욱 프랑스어와 연극 공부에 매진하게 되었다.

　프랑스어는 새로운 언어였다. 절망의 시대에 내 모국어가 잃어버린 희망을 지닌 인간의 언어처럼 여겨졌다. 프랑스어 공부와 더불어 1950년대 이후 68년 5월 학생혁명 즈음 프랑스에 유학한 분들의 글을 통해서 프랑스 현대 철학사상과 이론가들의 학문적 성과를 줄기차게 찾아 읽었다. 학교에서는 프랑스 시를 김현 선생에게서, 프랑스 소설과 희곡을 박영근 선생에게서 배웠다. 몇 번 내한 공연을 하기도 했던 이브 뒤테유의 샹송 등을 통해서, 프랑스문화원에서 주말마다 영화를 거푸 보면서 1980년대 한국 사회가 안겨주던 고통과 기만의 삶에서 벗어나는 유학의 꿈을 더 크게 품을 수 있었다. 그 덕분에 프랑스 정부장학생 시험에 응시해 용케 합격한 나는 과천에 있던 과학기술처에서 합격 증서를 받고, 프랑스 대사관에서 요구하는 건강검진과 몇 가지 절차를 마친 뒤 출국하게 되었다.

　1982년 가을, 가슴 가득 열망을 싣고 프랑스 정부장학생 자격으로 유학의 길을 떠났다. 유학생 홍종우가 한국 사람으로는 최초로 프랑스에 발을 디뎠던 1890년으로부터 90년이 지난 후였다. 앙드레 지드의 소설 제목 같은, 김포공항의 좁은 문이 열렸다. 보이지 않던 길은 얼마나 아름다운 침묵인가!

　김포에서 에어프랑스를 타고 알래스카를 경유해 파리에 이르렀다. 오래된 도시 파리는 일상의 공간이었지만, 생존해야 하는 장소이기도 했다. 유학 생활은 파리를 무의미한 공간이 아닌, 고유한 느낌이 있는 도시의 공간 속 한 곳으로 만들어주었다. 파리는 끊임없이 나를 매질하던 곳이기도 했다. 파리는 내게 말을 걸고 기억을 상기시키며 감정을 풍부하게 하는 공간이었고, 예술적 영감으로 이끌어주는 공간이었고, 기억과 상상의 연금술을 통해 나만의 장소가 된 공간이었다. 젊은 시절 의미 있는 장소를 꼽으라고 한다면, 단연 파리가 으뜸이다.

여기까지 연극과 함께 연극을 공부하면서 비틀거리며 온 것은 다행이지만, 갈팡질팡하며 살아온 날들은 참 슬프고 처연하다. 연극 공부는 사실 무기력한 것이었다. 파기해야 할 삶과 다시 세워야 할 삶 사이에는, 증언하고 부언해야 하는 연극 공부 사이에는 언제나 간극이 있었다. 참으로 많은 이들에게서 배웠다. 그 덕분에 여기까지 쓰러지지 않고 올 수 있었다.

삶은 나와 언제나 불화했지만, 생각하면 따뜻해지는 많은 이들에게서 분에 넘치는 환대를 받았다. 나이 많은 연출가가 극장 앞에서 반겨줄 때 겸손해야 했고, 극장이 있는 후미진 골목길 끝에서 엉거주춤한 자세로 담배 피우는 배우를 보면 그의 고통스러운 삶의 내용만큼 모습이 더욱 애틋했다. 불편했지만 독립적이고, 복잡하지만 은밀한 삶을 더 좋아하는 그들이다. 죽음의 문턱까지 비평의 끈을 놓지 않으셨던 고 김현 선생을 좋아했고, 그의 글을 탐독했다. 연극에서는 고 한상철 선생을 닮고 싶었다. 선생은 생애 동안, 비장의 노동인 연극을 배달하셨다. 은퇴 후에도 조용히 공부하는 참된 스승들을 보면 참으로 본받고 싶었다.

연극과 공존했지만 이른 나이에 삶을 마감한 연출가 윤영선, 김동현, 김만중, 채홍덕 등이 떠오른다. 특히 새로운 한국 연극의 문법을 고민하고 실천했던 김만중의 죽음은 참 안타까웠다. 그의 곁에는 친구들이 많았다. 나는 그것을 "오래전에 묶인, 돌에 새긴 약속처럼,

고독한 이들이 가슴에 지니고 있는 자율성 같은 것"이라고 썼다. 채홍덕을 추모하는 글에서는 "누구에게든, 선생은 제자에게 거울이고, 제자는 선생의 거울이다. 그 모습은 공기와 같은 기체로, 눈물과 같은 액체로, 기억이라는 고체로 나타날 뿐이다. 우리는 헤어지지 않았다. 보이게, 보이지 않게 서로 연결되어 있고, 서로 보고 있다. 그는 잠시 잠들고 있을 뿐이다"라고 썼다. 윤영선에 대해서는, "내적 지향의 윤영선은 연극계 주류로부터 한 발짝 떨어져 있었다. 그의 작가적 삶은 자유와 불복종 같은 단어와 잘 어울렸다"고 책에 썼다.

　교육연극의 꿈을 함께 품고서 많은 책을 같이 읽었던 서울교대 국어교육과의 고 황정현 선생도 떠오른다. 그를 추모하는 심포지엄에서 "서초동 서울교대 연구실, 가평의 도대리 연수원, 영국 워릭 대학에서 만나 교육연극을 함께 고민했고, 우정을 나누었다. 이제 서초동 언저리에서 날 불러주는 이는 없다. 경복궁역에서 타고 가던 지하철 3호선 서울교대역도 아득한, 먼 곳이 되고 말았다. 지하철에서 내려 잠수부처럼 13번 출구로 기어올라왔던 기억마저 사라지고 있다. 한 사람이 지금 곁에 없다는 것으로 '곳'이 없는 것을, 장소가 모호해지고 있다는 것을 절로 깨닫는다"고 쓰고 읽었다.

　이제 남은 것은 이웃들과의 우정과 환대에 대한 보답이고, 연극 공부의 미완, 삶의 미망을 줄이는 일뿐이다. 삶과 연극에 관한 모든 기억을 하나로 줄이면, 셰익스피어의 햄릿에게서 말로 하는 차가운 전쟁을, 홍대용에게서 절망의 삶과 소리로의 귀환을, 발터 벤야민에게서 지식인의 슬픈 노정과 그 소산으로서 글쓰기를 발견하는 것으로 줄여 말할 수 있겠다.

1. 햄릿의 역투 — 으뜸에서 버금으로

연극은 언제나 삶과 역사와의 길항이다. 연극은 세상의 모든 이율배반과의 싸움이다. 연극 속에 삶과 역사의 완성이라는 것은 없다. 눈물 속에서 나오는 깊고 오묘한 슬픔처럼, 연극은 음악처럼 슬픈 예술이다. 연극은 삶과 역사 앞에서 쓸쓸하고 막막할 뿐이다. 삶과 역사를 미끄러지면서 또는 주름을 남기면서 통과해 조금씩 제 모습을 만들어갈 뿐이다. 삶과 역사가 연극으로부터 현재 시제로 부활할 때, 연극은 자유로운 것이 된다. 그 아득함이 연극이라는 이름의 고전이다.

나는 삶과 역사, 그리고 연극 사이의 구획이 없다는 것을 연극의 고전에서 배웠다. 연극은 삶과 혈육이다. 그 배움으로 어두운 오늘의 삶과 시대를 헤집고 진단하려 했다. 대학에 들어가 맨 먼저 읽은 것은 셰익스피어의 〈햄릿〉이었다. 연극이론을 전공한 터라, 학우들이 공연을 준비할 때면 도서관에서 혼자가 되거나 빈 강의실에 유폐되기 일쑤였다. 공연에서 벗어나 있는 아쉬움을 잊고 나 혼자 연극 속에 잠길 수 있는 길은 텍스트를 배우들처럼 읽고 또 읽는 일이었다. 텍스트 분석이라는 것이 내가 맡은 일이었는데, 그것은 텍스트와 벗하고 텍스트를 풀고 녹이는 일과도 같았다. 침묵과 같은 오래된 텍스트에 시간을 부여하고, 고전이라는 견고한 외형을 부드럽게 만들고, 텍스트 속으로 모든 이들이 들어가고 나갈 수 있도록 문을 열어놓는 일이었다.

배우들은 텍스트를 제 몸속에 쓰고 지우고 그것을 반복했지만, 생물학적으로나 심리학적으로 배우가 될 수 없었던 나는 언제나 텍스트를 그리워하면서 쓰다듬고, 다른 방식으로 읽고 또 읽으면서 텍스트를 늘리고 누려야 했다. 나중에 연극비평가 노릇을 하면서, 무대 위 배우들이 대사를 읊조리는 때에 맞추어 무대 곁이나 아래 객석에 주저앉은 내가 입안에서 말들의 존재성을 확인하는 것은 거의 같았다. 공연 속 배우의 큰 대사와 비평가의 낮은 웅얼거림은 한 짝이었다. 연기나 배우의 매력과 달리, 비평이라는 글쓰기는 공연을 거울처럼, 거울에 비친 자신의 모습과 사회의 모습을 쳐다보고 읽어주는, 그렇게 하는 자신의 모습을 글로 남기는 일이다. 비평의 매혹은 텍스트의 아름다움을 느끼고 받아들이는 데 있다.

삶에 견주어 연극을 말할 때마다 떠오르는 〈햄릿〉의 대사를 늘 기억하고 있다. 배우에 관한 햄릿의 정의이지만, 그것을 연극으로 치환해도 무리가 없다. 연극은 "시대의 축소판이요, 짧은 연대기the abstracts and brief chronicles of the time"(2막 2장). 이 말은 햄릿이 폴로니어스에게 건네는 유랑극단의 배우들에 관한 언급인데, "그들이 잘 대접받게 하라고요"라고 거들어줄 때 이어진다. 그러면서 "죽은 후 당신의 묘비명이 나쁜 게, 살아생전 배우들의 험담보단 나을 것이오better have a bad epitaph than their ill report"라고 덧붙이면서 썩은 냄새가 나는 모리배들과 폴로니어스를 연결해놓는다.

햄릿의 말처럼, 삶의 문제는 '사는 동안'과 '죽은 다음' 가운데 하나의 선택에 달려 있다. 죽은 자의 묘비명에 나쁜 글이 새겨져 오래 남는 것보다 배우들의 험담이 낫다는 것은, 배우들의 가차 없는 연극이 죽음 이전의 삶을 좀 더 나은 것으로 만들 수 있다는 믿음을 말한다. 햄릿 말대로 하면 연극은, 연극의 가치는, 실제적 현존보다 죽음 이후의 잠재적 현존에 있다. 그러니까 삶에 나쁜 글이 새겨지지 않게 하려면 지금 여기, 배우의 말과 연극의 힘에 반드시 주목할 필요가 있다는 뜻이다. 그 반대의 경우가, 삶이 캄캄한 죽은 벽에 갇혀 망령이

되는 것이다.

이 말을 들은 폴로니어스는, 햄릿의 생각에 미치지 못하지만, 직책이 재상인 터라 물러서지 않고 이렇게 말을 받는다. "그들의 값어치 desert, merit에 따라 그들을 대접하겠나이다"라고, 차라리 잘되었다는 투로 말한다. 삶과 가치를 분리하는 재상에게 삶은 공과와 같은 값어치의 문제일 뿐이고, 연극은 그 값어치와의 관계에서 하잘것없는 것일 뿐이다. 연극의 가치를 쓸모 있음과 쓸모없음으로 구획하고 재단하는 재상의 말은 오늘날 한국 사회에 강제된 규범과 가치, 신자유주의 규정에 기초한 연극의 쓸모없음을 그대로 반영한다. 1970년대 군부독재시절에도 그러했고, 2000년 이후 신자유주의 시대로 접어들면서 가치의 빈약함, 아니 몰가치의 포악스러움은 극에 이르렀다. 이 세계의 절반은 지금 굶주리고 있다.

폴로니어스의 이 말을 듣고 못 들은 척할 깜냥의 햄릿이 아닌 터라, 햄릿은 다시 폴로니어스의 허리띠를 붙들고, 배우와 연극에 관한 오늘의 가치에 대하여 "봐요, 훨씬 더 낫게 해야지"라고 단순하게 그러나 강조체로 말하면서, 배우와 연극이 지닌 무명과 무용이라는 본래적 가치를 알려준다. 그러면서 기회주의자인 정치모리배 폴로니어스를 꼼짝 못하게 한마디 덧붙인다. "모든 사람을 각자의 값어치대로 대접하면, 태형을 피할 사람이 있어요?" 햄릿이 온갖 수단과 방법으로 자신의 이익만을 꾀하는 폴로니어스에게 '너 자신이 어떤지 난 잘 알고 있어'라고 말하고 있다. 이 말은 슬쩍 에돌아가는 표현이지만, 듣는 폴로니어스에게는 제 가슴에 꽂히는 칼과 같은 말임에 틀림 없다. 그렇게 말하고도 미심쩍은지, 햄릿이 말미에 한마디 더 보탠다. "당신의 명예와 가치에 버금가게 그들을 대접하시오"라고. 이 말은 자기보다 나이가 많은 폴로니어스를 조금 어르고 달래는 영악한 발언이다. 비교법 화법인데, 뜻을 새겨야만 제대로 이해할 수 있는 고급스러운 수사이다. 이쯤 되면 폴로니어스는 서 있지도 못하고 땅에 눕지도 못한 꼴이 되고 만다. 햄릿은 말로써 영악한 폴로니어스를 허당으로 만들어버린다.

햄릿은 폴로니어스의 명예와 가치가 얼마나 헛된 것인지를 잘 아는 터라, 으뜸more이 아니라 버금less, 즉 아래로, 제대로 반기고 섬기라고 말한다. 폴로니어스가 지닌 명예와 가치는 겉으로 으뜸으로 보이지만, 햄릿은 으뜸과 버금이라는 기준을 내세워, 폴로니어스가 내세우는 값어치, 즉 으뜸의 명예와 가치야말로 역설적이게도 형편없는 거짓과 위선의 산물이라고 말하고 있는 것이다. 삶을 깊게 헤아릴 줄 아는 눈물겨운 햄릿의 역투이다. 유랑하는 배우와 안주하는 권력을 대비해 삶을 구원하려는 햄릿의 희망이기도 하다.

그러면, 그 결과는 무엇일까? 2막 2장의 끄트머리는 양심에 관한 햄릿의 증언으로 끝맺는다. "연극은 왕의 양심을 사로잡을 바로 그런 수단이다." 이 말을 확 줄이면, '연극은 으뜸은 아닐지언정, 버금가는 양심conscience'이다. 양심이라는 단어는 지금까지 살면서 실천하기 가장 힘들게 한 명제였다. 연극을 양심과 동일한 단어라고 말하기는 어렵지만, 삶과 연극 속 모두에 두루 박혀 있는 것은 분명하다.

인간을 위로하는 '연극은 버금가는 양심이다'라는 분명하고도 따뜻한 정언을 얼마만큼 믿고 행할 수 있을까? 아니, 그 정의는 불가능한 것이 아닐까? 연극을 처음 공부할 때, 연극이 삶의 지렛대와 같은 것임을 어렴풋이 느낄 때, 다들 열병을 앓기 마련이다. 연극은 거친 눈발, 열정과도 같았다. 연극 속 인물들이 말하고, 꽃들이 말하고, 삶이 죽음에게 죽음이 삶에게 말하고, 없는 것이 있는 것에게 있는 것이 없는 것에게 말을 걸 때, 위안이 없는 삶 속 긴 고통과 짧은 영광의 사이에서 소리 없이 무대 위에 한 점 꽃잎으로 서 있거나 스러질 때, 좋은 작품에 대한 허기와 가난에 빠져 있을 때, 생의 액정과 같은 연극은 우리에게 양심의 말을 걸어왔다.

정찬은 그의 소설《슬픔의 노래》에서, "슬픔의 강가에서 …… 예술가는 무엇을 할 수 있는가? 예술가란 …… 살아남은 자의 형벌을 가장 민감히 느끼는 사람이다. 살아 있다는 것은 축복이기도 하지만 동시에 형벌이기도 하다. 빛은 어둠이 있어야 존재한다. 축복과 형벌은 이 빛과 어둠의 관계다. 그런데 예술가는 축복보다 형벌에 더 민감한 사람이다. 그리고 그 형벌을 견뎌야 한다. 견디지 못하는 자는 단언하건대 예술가가 아니다"라고 썼다.

우리는 희곡 텍스트에서, 극장의 배우에게서 그 전언을 들었다. 연극으로 삶의 진흙 속에서 깨어 일어났다고 말할 수 있을 것이다. 연극을 세우는 것은 극장이 아니라 사람이다. 언제나. 연극의 언어는 무조건적으로, 절대적으로 '사람'에 기초한다. 그러나 적막한 세상, 버금가는 양심의 연극마저 불가능한 지금, 우리는 마지막 연극을, 허수아비가 되어가는 연극의 마지막을 상상한다.

1.1. 프랑스 유학과 삶의 연극

바다 위에 떠 있던 비행기가 새벽의 어둠 속에 내려앉았다. 드골공항에 마중 나와준, 정부장학생을 돕는 크루스CROUS 직원은 "봉주르!"라는 인사말과 함께 덥석 내 손을 잡았다. 기숙사로 가기 전에 파리 시내를 한 바퀴 돌면서 책에서 본 유명한 곳과 센 강을 가로지르는

다리 곳곳을 설명해주었다. 강 위에 세워진 여러 개의 다리 가운데 그는 '퐁 네프Pont neuf' 다리를 건넜다. 그리고 뒷자리에 말없이 앉아 있는 나를 향해 슬쩍 웃었다. 앞에 앉아 운전하는 그가 뒤에 앉은 내게 이제부터 새로운neuf 삶이 가능하니 안심하라고 말해주는 것 같았다. 여기까지 비행기를 타고 바다를 건너왔으니 이제부터 다리를 건너 기다림의 복판으로 가라고 말해주는 것 같았다. 루브르 박물관 앞, 퐁 네프 다리가 있는 강가에는 예쁜 배들이 결박당한 채 강물에 가만가만 출렁거리고 있었다. 만남은 언제나 자리를 둘러싸고 소리를 내지른다. 산행 때 메고 다녔던 60리터짜리 해진 배낭을 옆자리에 놓고 앉아 있었지만, 나는 가쁘 숨을 몰아쉬어야 했다. 돌아갈 수만 있다면, 이때로 돌아가고 싶다. 그곳에서 다시 태어나고 싶다.

이윽고 도착한 곳은 파리 제5구, 소르본 대학이 있는 카르티에라탱Quartier Latin이라는 지역이었다. 이 지역은 예로부터 라틴어를 사용했던 곳이다. 기숙사 방을 배정받은 후 학생증이며 다달이 주는 장학금 카드 등을 건네받았다. 그리고 글라시에르에 있는 크루스가 지정한 곳에 가서 한 학기 동안 어학연수 과정을 거쳤다. 그다음에 등록한 대학은 프랑스 국립 소르본 누벨Sorbonne nouvelle 대학, 파리 3대학의 연극연구원이었다. 대학과 아주 가까운, 투른포르 길Rue Tournfort에 있는 정부장학생들을 위한 기숙사 콩코르디아Foyer Concordia 314호가 유학시절 내내 머물던 아름다운 곳이었다. 프랑스어로 기숙사를 푸아예foyer라고도 하는데, 어원은 불feu이다. 불이 있어 따뜻한 곳, 우리말로 하면 불의 터, 즉 부엌이다. 오래된 이 기숙사의 복도 끝에는 정말 부엌이 있었다. 내 젊은 날, 가장 따뜻한 곳이었다.

프랑스 대학생과 정부장학생들의 공부와 생활을 관리해주었던 크루스가 지정해준 기숙사 콩코르디아는 지은 지 200년이 넘은 건물로, 나무로 만든 계단과 복도가 있었다. 중앙 홀에는 그랜드 피아노와 도서관, 식당이 있었고, 그 뒤편의 정원에는 작은 분수와 꽃밭이 있어 아침과 저녁에 책을 들고 머물기도 하고, 아침마다 배달된 편지를 방으로 들고 가기 전에 읽기도 했다. 애플 컴퓨터가 막 보급되던 시절이었지만 논문은 타자기로 써야 했고, 도서관 한구석에는 저녁 8시쯤이면 다들 방에서 나와 텔레비전 뉴스를 볼 수 있는 방이 있었다.

기숙사에는 프랑스 지방에서 온 학생들과 더불어 세계 여러 나라에서 온 학생들이 많았다. 그리스의 조르바 춤을 서로 어깨를 잡고 배운 적도 있었다. 대부분 독방을 썼지만, 수학을 전공하는 베트남 유학생 세 명은 꼭대기 다락방에서 함께 지냈다. 크루스가 매달 지급하는 장학금에서 주거비를 줄여 고향에 있는 식구들에게 생활비로 보내는 이들이었다. 그들은 더러 일요일에 베트남 음식을 해서 기숙사에 있는 친구들을 초대하곤 했다. 베트남 독립을 이끈 영웅 호치민, 하노이를 중심으로 한 베트남의 저항과 독립의 역사, 프랑스 제국주의와 인도차이나 반도의 역사를 알게 된 것은 그들과 나눈 대화 덕분이었다. 공부밖에 몰랐던 참 순수하고 훌륭한 이 친구들은 지금 하노이 국립대학의 교수로 있다. 그들이 고국으로 떠날 때 내게 준, 나무로 노인 얼굴을 조각한 인형은 지금도 내 책상 한쪽에 있다.

인도네시아 자바 대학에서 온 친구 에코는 파인애플 같은 열대 과일을 연구했는데, 나중에 자바 섬에서 만나기도 했다. 그 즈음에 매우 드물게 중국 유학생들도 있었다. 그들이 카페 같은 곳에 갈 엄두를 내지 않고, 대학 식당도 마다하고, 스스로 식사를 마련해서 먹고 공부하던 모습이 생생하다. 같은 지도교수 밑에서 연극을 공부한 공바오

롱푸宝荣은 지금 상하이 국립연극대학의 교수로 있는데, 몇 해 전 그곳에서 열린 '아시아 대학연극학회' 때 만나 옛 유학시절을 떠올리며 젊은 날을 회상하기도 했다.

꿈은 노예의 시선을 낳는다. 프랑스는 공화국이었다. 내 유학생활은 1980년 5월 프랑스 선거에서 야당인 사회당의 후보 미테랑이 대통령으로 당선됨으로써 사회주의를 내세울 때부터 시작되었다. 자연스럽게 피에르 조제프 프루동에서 장 조레스에 이르는 프랑스 사회주의 이념이 자유·평등·박애와 같은 공화국 이념들과 더불어 신문, 방송, 일상, 학문에서 두루 자주 언급될 때였다. 프랑스 68 학생혁명의 마지막 세대들이 줄기차게 글을 쓰고, 연극과 영화를 만들고, 프랑스와 중동과 아시아의 연대, 프랑스와 아프리카와 라틴아메리카의 공존을 위한 사회 참여에 앞장설 때였다.

유럽과 파리 시내 곳곳에서 테러와 같은 국제적 소요가 끊임없이 이어졌지만, 1980년대 사회주의 정부가 이끄는 프랑스는 외국 유학생들에게 이념적으로 살 만한 곳이었으며, 한국의 독재정권을 비판하는 자유를 누릴 수 있는 곳이었다. 또한 공동체 이념에 근거한 사회와 예술의 지방자치와 민주주의를 내세우는 철학적 사유를 거침없이 공유할 수 있는 곳이었다. 정치적으로 1986년에는 우파의 시라크 대통령과 좌파의 조스팽 수상이 이끄는 코아비타시옹Cohabitation이라 일컬어지는 좌우 동거 정부의 탄생을 목격하기도 했다. 프랑스의 동거 정부는 그 후 1993년과 1996년 6월 총선에서도 이어졌다. 한국에서도 서서히 정부 형태가 변모했고, 민주주의를 향한 국민의 갈망도 점점 커져갔다.

철학적으로는 데리다·알튀세르·부르디외 등을 통해 자유의 본질과 그 글쓰기 형태가, 연극적으로는 푸코·바타유·바르트·베케트·블랑쇼·키냐르 등을 통해 사유와 새로운 글쓰기가 중심을 이루었다. 그것들의 향기를 매혹적으로 배우고 느낄 수 있는 시기였다. 당시 파리에서 알랭 투르니에 교수의 지도로 사회학을 공부한 정수복, 르네 데카르트 철학을 연구한 김상환, 모리스 블롱델의 자유의지에 대해서 논문을 쓴 홍승식 신부, 롤랑 바르트를 전공한 김인식, 장 아누이 희곡을 전공한 최준호, 사뮈엘 베케트를 공부한 유효숙 등이 떠오른다. 아내도 같은 대학에서 장 이브 타이에 교수의 지도로 모리스 블랑쇼를 전공하고 있었다. 바르트, 블랑쇼, 바타유, 베케트의 이름은 모두 알파벳 B로 시작되는데, 유학 시절 나는 이들의 책을 가장 많이 읽었고, 이들의 글쓰기가 내게 가장 많은 영향을 주었다.

유학 시절 연극과 어학 공부 이외에 좋아했던 것은 농구와 등반이다. 공부는 무엇보다도 삶을 표현하는 것이다. 포르 루아얄에 있는 대학 체육관에서 농구를 하다가 눈가가 찢어져 몇 번 대학병원에 가서 꿰매기도 했다. 지금은 '흑형'이라고 재미있게 말하지만, 아프리카에서 온 학생들이 농구하는 모습은 육체의 탄력과 생의 긍정이 더해져 참으로 아름다웠고, 순정했다. 짧은 방학 때는 영국 볼턴이라는 작은 도시에 살던 사촌 누나의 집에 가기도 했다. 볼턴은 맨체스터라는 큰 도시 옆에 있어, 석탄채굴과 지질학을 공부하던 사촌 누나의 식구들은 모두 노동자들 편인 맨체스터 유나이티드 축구팀을 응원했다. 영국 여행은 1960~70년대 영국의 포크 음악 명반들을 구할 수 있는 절호의 기회이기도 했다.

긴 여름방학 때는 알프스 학생 등반팀에 합류해 샤모니 언저리의 레 프라스, 아르장티에르 같은 산악 마을에서 설산 훈련과 고산 등반을 했다. 그즈음 한국 산악계에서 산 전문기자로, 순수한 산악인들의 열정을 담은《사람과 산》이라는 책으로 필명을 날리던 박인식 형의 글을 통하여 알게 된 산악인 유재원의 묘를 찾아가기도 했다. 1977년 알프스 에그 누아르 드 푀트레이Aig noire de Peuterey에서 등반 도중 추락사한 그는 프랑스 샤모니에서 무국적자로 살다 간 인물이다. 그에 대해서는 다른 대학 학부 졸업 후 다시 우리 과로 편입한 늦깎이 학생이자 유명한 산악인이기도 했던 김항원 선배를 통해서 학부 시절에 이미 들어 알고 있었다. 김 선배는 1972년 고인과 함께 알프스 훈련대원으로 샤모니에 갔었는데, 훈련 후 김 선배는 귀국했고 유재원은 돌아오지 않았다. 그때 우리 학과에는 프랑스 국립등산학교 외국인반을 이수한 산악 전문가 김항원 선배와 함께 해외로 원정 등반했던, 한국 산악계에 널리 이름이 알려진 선배들이 더 있었다. 연극 공부가 잡학이라는 것을 그때 알게 된 것 같다. 1979년에는 프랑스문화원에서 고 유재원의 추모 사진전이 열려, 전방에서 휴가를 나왔다가 찾아가본 적도 있다. 순수하고 선비 같은 풍모를 지녔던 김 선배도 1995년에 일찍 생을 달리했다.

산에 관한 글에서 소설로 글쓰기를 넓힌 박인식 형과는 서울과 파리에서 자주 만났다. 그 형이 김근원, 안승일 같은 훌륭한 산 사진 작가들을 소개해주어 만날 수 있었다, 그리고 앤설 애덤스, 프랭크 스마이드 같은 산 사진작가, 산악문학 작가들은 책으로 만날 수 있었다. 서울의 삼각산과 커피를 좋아하던 김근원 선생은 돌아가셨다. 안승일 선생은 그 후 '아직 갈 수 없는 산'이라고 이름붙인 백두산 사진전을 열어 장대하고 웅장한 그의 조국애를 펼쳐 보여주었다. 북한산 인수봉을 홀로 300회 이상 오른 유시건 선생에게서는 남프랑스의 코스

Causse, 세벤Cévennes 같은 산악지역을 다룬 서적들을 얻어 읽고, 이 지역의 삶을 노래한 뱅상 댕디Vicent d'Indy의 〈프랑스 산 사람들을 위한 교향곡Symphonie sur un chant montagnard français〉을 들을 수 있었다. 산과의 인연은 산에 오르는 것만으로 끝나지 않고, 미학·음악·등반문학·사진 등으로 폭넓게 이어졌다.

지난 몇 년 동안에는 여름방학을 틈타 남프랑스의 몽펠리에서 산을 넘어 산악지역인 세벤cévennes 지방에 가서 지냈다. 잘 뚫린 길을 포기하고 좁은 산길을 따라 산악박물관이 있는 르 비강Le vigan에서 야영하며 며칠을 보낸 적도 있다. 때마침 몽펠리에 국립무용학교에서 무용연출을 공부하던 제자 정세영, 이재민과 함께 깊은 산속으로 들어가 카약을 타고 생 길렘 르 데제르St. Guilhem le désert로 내려오기도 했다.

이곳 산마을을 가로지르는 계곡 위 다리에서 마당에 나와 그림을 그리고 있는 노인을 멀리서 우연히 보고, 다시 그 집으로 들어가는 노인의 뒷모습을 보았다. 노인은 아마추어임에 틀림없었는데, 평생 살아온 집 앞의 다리를 엷은 유화로 그리고 있었다. 아주 오래전에 돌로 만든 다리는 등 굽은 노인의 인생보다 훨씬 늙었으리라. 나이 들수록 낡고 늙은 것에 눈길이 머무는 것은 어찌할 수 없는 일이다. 늙은 노인이 자신보다 훨씬 더 늙고 낡은 다리를 그리는 삶이야말로 복된 것이었으리라. 오래된 그 다리 아래, 강물은 사유처럼 흘렀다. [1]

---

1 서울에 오래된 건축이 없다는 것은 누구나 아는 사실이다. 세계적인 여행 안내서《론리 플래닛》은, 서울을 "무엇도 영원한 것이 없는, 스쳐 지나가는 것들로 가득 찬 좌충우돌의 도시"라고 표현했다. 모조리 부수고 다시 지으려는 탓일 게다. 오래된 건물들이 속절없이 사라진 곳이 서울이다. 시간을 견뎌내지 못하는 불안정한 정신은 발전이라는 미명 아래 무조건 부순다. 흔적조차

우리나라 높은 산과 바위로 나를 이끌어준 김기섭 같은 산악인들을 만나 등반을 같이 할 수 있었던 것은 박인식 형의 산처럼 웅장하고 너른 마음씨 덕분이었다. 이화여대 산악부 지도교수였던 조광희 선생과도 오랫동안 산행을 같이 했다. 선생은 산에 관한 많은 책을 내게 주셨고, 그즈음에 출간한 내 산문집의 내용을 꼼꼼하게 읽고 고쳐주셨다. 귀국 후 1990년대에는 김진균, 이홍재, 장근상, 김홍식, 김순경, 이명한, 김한식 선생 등과 함께 우리나라 곳곳을 두루 다녔다. 설악산과 지리산, 방태산을 비롯한 첩첩연봉으로 기진맥진하면서 들어가곤 했다.

김진균 선생은 산행 내내 자신의 배낭에서 먹을 것을 꺼내놓지 않으셨다. 같이 가는 이들에게 늘 먹을 것을 먼저 요구하셨던 터라, 선생의 배낭은 산행 내내 무거웠다. 해가 저물고 날이 갈수록 우리의 배낭은 가벼워졌지만, 선생의 배낭은 매한가지였다. 선생이 대장 수술을 받고 돌아가셨을 때, 그 누적된 배낭의 무게를 떠올리면서 한참 부끄러워했다. 선생은 가난하고 소외된 이웃들을 위한 배려의 생애를 사셨다.

2000년대에는 《교수신문》 주간으로 계시던 박영근 선생을 통해 '민주화를 위한 교수협의회'의 박상환·박거용·채수환 선생 등을 만나 동해안, 서해안의 산들을 함께 찾아다녔다. 이때 산행을 하면서 춥고 시린 사람들을 만나 많은 것들을 배웠다. 힘들었던 시절, 동행이 있다

없이 부숴버리는 자리에 삶과 기억은 부초처럼 떠돌 수밖에 없다. 건축이 순명한 지리학과 인문학을 포기할 때, 우리의 살림은 언제나 날것으로 지속될 수밖에 없을 것이다. 우리의 삶과 건축이 시간과 기억이 사는 박물관이 될 수 없는 이유는 여기에 있다. 건축이 오만과 무지의 시대에 저항하면 좋겠다. 건축이야말로 삶이 근간이며, 도시의 풍경이 아니겠는가! 이제 그만 부수자.

는 것은 적어도 삶을 견딜 수 있게 해주었다. 내게 프랑스어와 불문학을 가르쳐준 박 선생은 책을 사랑하게 해주고, 생에 대한 모든 호기심을 일깨워주셨다. 또한 젊은 날의 어리석음과 슬픔에서 벗어나게 해주셨다. 나중에는 《교수신문》 편집위원으로 일할 수 있는 기회를 만들어주셨다. 그 시절에 김교빈 선생을 만났고, 그 인연으로 호서대학에서 함께 일하고 있다.

콩코르디아 기숙사가 있는 투른포르 길, 내가 '청춘과 고독의 길'이라고 이름 붙였던 그 길의 끄트머리와 맞닿는 뒬름 길Rue d'Ulm에는 사르트르·푸코·알튀세르·카뮈 등이 다녔던 고등사범학교École normale supérieure가 있다. 이어서 팔만 뻗으면 가닿을 수 있는 거리에 국립교육학도서관이 있어서, 논문을 쓸 때는 아르스날Arsenal 국립공연예술도서관과 함께 이곳을 자주 찾아 공부할 수 있었다. 기숙사 바로 맞은편에는 마리 퀴리가 다녔던, 붉은 벽돌이 인상적인 국립파리물리화학학교École municipale de physique et de chimie industrielles de la ville de Paris가 있고, 길 뒤편에는 가스통 바슐라르가 살면서 산책했던, 마카담Macadam이라는 작은 돌들이 바닥에 촘촘히 박혀 있는 무프타르 길Rue Mouffetard이 있다. 박이문 선생의 유학 시절, 양복 차림으로 이 길에서 찍은 멋진 사진을 그의 산문집 《다시 찾은 파리 수첩》(당대, 1997)에서 본 적이 있다.

귀국 후에는 홍대 앞을 자주 가게 되었는데, 첫째는 그곳에 출판사 문학과지성사와 솔이 있었고, 둘째는 시인, 소설가들과 이일훈 같은 건축하는 이웃들을 낮과 밤을 가리지 않고 그 언저리에서 만났기 때문이다. 그 가운데 '작은 상자'라는 곳은 열고 싶을 때 문을 열고 닫고 싶을 때 문을 닫는, 술은 있고 안주는 없는, 말보다 더 높은 곳에 음악만 있는 아주 작지만 주체적인 술집이었다. 그즈음 문학과지성사의 김병익, 김치수, 김주연 선생들에게서 많은 도움을 받았다. 김병익 선생이 한국문화예술위원회 원장이셨을 때는 대학로에 서로 가까이 있었지만 오히려 자주 뵙지 못했다. 이영유, 이인성, 임우기, 채호기, 김진석, 윤병무 등을 자주 만났고, 이들의 우정과 배려 덕분에 연극과 예술의 이론 공부, 글쓰기에 몰입할 수 있었다. 최근에는 대학 시절 연극을 했던 소설가 호영송 선생과 함께 셰익스피어 400주년과 한국 연극을 연계하는 책을 준비하고 있다.

내가 귀국한 뒤, 이인성 형은 〈추송웅 연구〉라는 원고를 읽고 출판의 다리를 놓아주었다. 그것이 글쓰기가 책 출간으로 이어진 첫 번째 깃발이었다. 《문예중앙》의 정춘수 선생, 《창작과비평》의 최원식 선생도 글을 쓸 수 있도록 지면을 내주셨다. 이어서 몇 편의 글을 《문학과사회》에 실었고, 나중에 그 글들을 책으로 엮어 출간했다. 고종석·정재숙·최재봉 기자가 있던 한겨레신문에 '안치운의 연극읽기'라는 이름으로 몇 해 동안 연재를 하던 때이기도 했다. 이인성의 소설 《마지막 연애의 상상》처럼, 연극은 "어둠의 눈, 안과 밖을 구별할 수 없는, 들끓는 욕망과 절망으로 무중력 상태로 떠돌고 있"는 것 같다. 시대가 연극의 양심을 차단하는 때는 어둠의 시대이다. 모든 것이 어둠에 묻히고 있는 시대란 삶이, 연극이, 양심이기는커녕 옴짝달싹 못하는, 어둠 속에서 다치며 죽어가는 때이다.

다시 햄릿으로 돌아가, "쥐새끼"(3막 4장) 같은 폴로니어스가 햄릿에게 살해되고, 오필리어가 물에 빠져 죽고(4막 7장), 거투르드가 독살당하고, "죽어 마땅한" 햄릿의 삼촌인 왕이 죽고(5막 2장), 레어티스가 바뀐 칼에 묻힌 독으로 죽고, 끝으로 "험한 세상, 고통 속에서 숨을 쉬며" 살던 햄릿마저 쓰러져 죽은 이들을 뒤따른다. 어둠의 시대에 "남은 건 침묵뿐"이다(5막 2장). 저때나 이때나 시대를 앓고 있는 이들은 불쌍하지만, 고뇌한다. 우리가 연극의 노예가 될 때와 연극이 시대의 노예가 될 때는 영 다르다. 그즈음, 침묵을 먼지로 달리 읽기도 했었다. 남은 건 먼지뿐이라고. 시대는 진흙 속으로 조금씩 빨려 들어가고 있었다.

2. 홍대용의 탄식과 소리의 매혹

연극에 관한 글은 연극이 되돌아오기를 기다릴 때 쓰인다. 연극, 그리고 연극에 관한 글쓰기는 사물과 사람, 통틀어 세상의 이름을 부르는 것에서 그 이름을 기억하는 것에 이르기까지를 말과 글과 몸의 언어로 남기는 행위이다. 공연은 기억하고 공유하는, 사적이며 집단적이고 공적인 행위라고 할 수 있다. 프랑스의 현대희곡 작가 베르나르-마리 콜테스는 그의 희곡 〈서쪽 부두〉에서 주인공 샤를을 통하여 이렇게 말한다. "누군가의 기억 속에는 남아 있고 싶어. 아버지는 죽지 않으려면 누군가의 기억 속에 살아 있어야 한다고 가르쳤잖아Il fallait rester dans le souvenir de quelqu'un pour ne pas mourir(〈서쪽 부두〉). 연극은 삶이 기억이고, 그 기억 속에서 살아남아야 하는 존재들의 장일 터이다. 그러므로 연극은 기억하기와 글쓰기 행위 공간이라고 정의할 수 있다.

연극에는 또 다른 공간이 있는데, 삶의 박물관 같은 극장이다. 예컨대 공연이 삶을 저장하고 재현하면서 보여주는 것이라면, 극장은 보고 보여주면서 생각하게 하는 공간이다. 그리스어로 노에시스noēsis, 이 단어는 돌아감이라는 뜻을 지닌 라틴어 노스토스nostos와 어원이 같다. 생각하다. 인식하다. 그것은 아쉬워하기이다. 그것은 눈앞에 없는 것을 보고자 하는 것이다. 없는 것을 환각으로 보는 굶주림이다. 연극이 삶을 추억하는, 삶의 밑sous에서 오는venir 기억 공간이라고 한다면, 극장은 연극이 흐르듯 오는, 연극이 연극의 끝자리에서 되돌아오는 샘과 같다.

연극은 삶의 어제이며 기억의 오늘이다. 루이 아라공은 이렇게 말했다. "죽는다고 사라지는 것은 아닐 터, 타인들이 있기 때문이다." 누구를 또는 무엇을 위하여 글 쓰고 연출하는가라고 묻는다면, 그 대답은 자기 자신을 위해서라고 할 수밖에. 괴물 같았던 조국을 떠나 파리에 정착하면서 죽을 때까지 희곡을 쓰면서 두려움을 떨쳐냈던 이오네스코는 "자기 자신을 위하여 써야 한다. 그렇게 해서 남들에게 가닿는 것이다"라고 했다.

뮤즈muse의 집um인 박물관처럼, 극장은 삶과 연극의 죽음을 막는, 타인들과 관계 맺는 공간이다. "죽음처럼 흔한 것은 없다"는 말을 떠올린다. 릴케의 〈두이노의 비가〉에 나오는 구절로, 많은 이들이 오늘날 연극의 위기를 말할 때면 곧잘 이를 통해서 죽어가는 연극을 비유한다. "마시면 취하는 것, 취하면 절멸의 상태가 오는 법" 하여 "말수가 적을수록 헛되지 않"(셰익스피어, 〈리처드 2세〉, 2: 1: 7)은 법, 그 최댓값은 죽음이 아닌가.

그렇다면 연극에서 말은 적게 할수록 좋은 것인가? 연극 속 인물들은 공연이 끝나면 긴 침묵 속에 빠진다. 울고 싶은 욕구의 극치에 놓인 절멸의 존재가 된다. 시적 은유로 말하면, 연극이 멀리서인 듯이 Wie aus der ferne(Comme de loin), 마치 피부 밑에서 들리듯이Comme si on entendait sous la peau. 슈만이 〈다비드 동맹 무곡, op.6〉 17번곡에 기록해놓은 연주법 지시문이다.

삶이 빵이라면 연극은 술이다. 빵이 생존하기 위한 것이라면, 술인 연극은 시간 속에서 썩지 않고, 날것 그대로 존재하는 것이 아니라 시간과 함께 변모하여 존재함으로써 삶을 재현한다. 반생을 좌절과 고독으로 살아야 했던 독일 작가 횔덜린이 1800년에 쓴 비가 제목이 〈빵과 포도주Brot und Wein〉이다. 연극을 비롯한 예술은 돌이킬 수 없는 지난 해, 과거의 시간을 담근 포도주와 같다. 그러므로 예술은 뮤즈처럼 과거의 시간과 관계 맺는 기억 형식이다. 과거형으로 쓰인 연극이 책을 읽는 독자의 현존하는 육체를 엄습하는 것처럼, 연극에서 관객의 몸과 정신을 황홀하게 하는 근원은 과거의 재현에 있다. 포도주를 병에 넣는 것, 계절이 지닌 유일한 것을 보관하는 것이 재현의 예술이다. 예술은 시간이라는 술이다. 연극의 신, 디오니소스는 '술 속에 진리가 있다In vino veritas'고 했다.

서양 예술은 역사적으로 언어적으로 밀가루와 빵과 포도주에 주목했다. 이 점은 예술 속 삶, 삶을 재현한 연극을 이해하는 데 매우 중요한 미학적 단초가 된다. 그리스 시대는 연극과 술의 신인 바쿠스 행렬을 포도 수확기를 맞아 곡물의 여신 축제에 포함시켰다. 이름하여 빵과 포도주, 그리고 연극이 삶과 한통속이 되어 조화로운 순간을 맞는 것이다. 날것의 낱알에서 발효된 빵을 생성하는 죽음으로, 삶의 양식으로 옮겨가고, 그것에 덧붙여지는 일상에서 벗어나는 술이라는 마취의 양식, 그것은 삶에 대한 날것과 썩은 것, 무거운 양식과 가벼운 양식, 엄숙한 양식과 즐거운 양식의 복합이다. 연극을 비롯한 예술은 삶과 같은 성스러운 씨알의 죽음과 부활의 예술이라고 할 수 있다.

생의 절반을 극장에서 연극을 보면서 보낸 셈이다. 책에서는 어지러운 삶과 그 섬뜩한 풍경을 읽었고, 극장에서는 풍경 속에 매몰된, 풍경 밖으로 유배당한 이들을 볼 수 있었다. 내 성장의 중심에는 극장이 들어 있다. 집 안방에 오랜 세월 동안 자리 잡고 있는 늙고 낡은 장롱과도 같은 것이 극장이었다. 장롱과 같은 극장 안에서 삶은 언제나 뒤뚱거렸고, 구멍이 난 채로 캄캄했고, 삐걱거렸고, 어두웠다. 나는 그곳에서 현실을 마주하거나 비겁하게 잠을 자며 현실을 회피하기도 했다.

도시국가 폴리스가 교양을 통하여 인간을 시민으로 이끌었다면, 도시국가를 형성하는 요소 가운데 하나인 극장은 연극의 탄생과 죽음의 저장소, 나아가 삶이 부활하는 곳이었다. 연극이라는 도시 공화국의 교양과 삶의 재현과 부활이 동시에 이루어지는 곳이었다. 연극사는 극장을 세속의 성지라고 말한다. 연극은 눈 뜨고 읽는 것만인가? 음악처럼 눈감고, 보이지 않는, 밖에서 오는 것을 들을 수는 없는 것일까? 나아가 작품을 보고 읽으면서 잠잘 수는 없는 것일까? 연극이 이루어지는 극장은 문자 중심의 연극을 정의한 강박에서 훨씬 자유로울 수 있는 공간이라는 사실은 분명하다.

극장은 글로 쓰는 연극의 제한과 금기를 넘어서는 너른 곳이다. 글이 지닌 예술적 강제를 잠시 해방하는 곳, 글을 읽되 읽으면서 잠을 잘 수 있는 넋두리와 같은 몸의 해방 공간이다. 극장은 삶과 연극의 최후 무덤과도 같다. 삶이 자는 공간, 삶이 조는 공간, 삶이 죽어서 다시 태어나는 재현 공간이다.

연극을 보다가 잠깐 졸 때가 있다. 극장 속 어둠, 그것에 갇혀 있는 경험인 졸음은 관객의 몫이다. 삶이 잠들되, 다시 깨어나 제 모습을 상정하는 곳이 극장이다. 그곳에 "세상의 잊혀진 어느 귀퉁이에 숨어 있을지 모르는 그것을 찾아 헤매는 길"이 있다. "아무도 모르게 홀로 가는 고행"이 그곳에 있다(윤후명 소설집《꽃들의 말을 듣는다》, 작가의 말에서).

인간이 만든 공간은 참 많다. 집을 예로 들면, 주거공간에서 방은 부엌만큼 중요하게 여겨진다. 방은 가장 내밀한 공간이며, 보호받는 가장 사적인 공간이다. 방은 곧 잠자는 공간이다. 방에서는 잠이 보호받는다. 잠잘 수 있도록 허락된 공간이 방이다. 잠잘 때 불을 켜놓는 일은 드물다. 잠을 자기 위해서 방의 불을 끄는 까닭은, 잠이 어둠을 필요로 하기 때문이다. 잠은 밝은 공간에서 바깥으로 향하는 시선이 아니라, 어두운 공간에서 시선이 안으로 집약되는 것을 필요로 한다.

불을 끄고 눈을 감는 것은 잠으로의 초대이다. 잠을 자기 위하여 술을 마시는 경우가 있고, 따뜻한 차로 몸을 덥히기도 하고, 침대에 누워 또는 방바닥에 누워 책을 읽기도 한다. 불을 어둡게 하거나 아예 끄는 일, 일어선 채가 아니라 누워 있으면서 책을 읽는 일은 시선과 시간을 제 안으로 묶어두는 행위이다. 글을 쓰는 일이나 뭔가를 창조적으로 생각하는 일은 이렇듯 시간을 묶어두는 일에 속한다. 시간의 고리, 기억의 연결, 사물의 질서가 이때 도드라진다. 어둠 속에서 잠들기 바로 직전에, 또는 잠들어 꿈속에서. 지극히 개인적인 공간에서, 사적인 영역에서. 여럿이 같은 공간에서. 극장 공간은 사적인 공간에서 출발해 공적인 공간으로 이어진다.

2.1. 언어의 멸절과 소리의 부활
연극은 역사와 만난다. 연극이 삶을 재현한다는 것은 삶의 액정화이면서 역사화이기도 하다. 음악을 통해서 그것을 알려준 이는 슈베르트의 피아노 소나타 21번이 삶의 액정화라고 말한 시인 김정환 형이다. 형은 당산동 집으로 날 불러, 한 뭉텅이 음반과 서양 고전 음악에 관해서 쓴 책들을 주기도 했다. 여름날, 저녁나절, 집 앞, 작은 가게에서 진땀 흘리며 마시는 맥주는 덤이었다. 그의 곁에는 언제나 김운경, 임우기처럼 술과 음악을 좋아하는 이웃들과 젊은 시인들이 많았다. 음악은 듣는 것만이 아니었다. 음악은 참혹한 시대를 위로하는 거대한 나날이었다. 거기에는 사랑과 증오도 있었고, 숨이 막히는 때와 숨을 쉬는 때가 공존했다. 음악은 허공을 가르는 바람개비 소리와 같았다.

이 글을 쓰는 즈음에, 독서모임을 같이 하는 건축하는 이웃들과 함께 읽은 책이 앙드레 고르스의 《에콜로지카》와 《D에게 보내는 편지》였다. 나는 그의 책을 파리 유학 시절에 처음 읽었다. 뒤 책 중간에, 아내가 병원에 입원했을 때 고르스가 들은 음악이 슈베르트의 교향곡 7번과 9번이었다. 슈베르트의 마지막 교향곡, 천상으로 가는 음악이라고 일컬어지는 9번 교향곡 '그레이트Symphony No.9 in C major D944', 다른 교향곡보다 길고 긴 것은 천상으로 가는 길이 험했던 까닭일까? 고르스에게 천사 같았던 도린의 거대한 삶을 한꺼번에 보여줄 수도, 들려줄 수도 없었기 때문이 아니었을까? 슈만이 버려졌던 이 곡의 악보를 찾아내고, 멘델스존에게 초연을 부탁했던 9번 교향곡을 거푸 듣는다. 책의 맨 끄트머리에, 고르스가 죽어가는 아내를 꿈꾸면서 들은 음악은, 일찌감치 생을 마감한 전설적인 메조소프라노 캐슬린 페리어가 부른 슈만의 〈여인의 사랑과 생애〉 8번곡이었다. 앞의 곡은 지상에서 천상으로 가고 있으며, 뒤의 노래는 "세상은 텅 비었고, 나는 더 살지 않으려네······"라는 노랫말로 세상과 이별한다.

　아름다운 노래가 생의 흔적을 한순간에 감춘다. 글이 그렇게 되지 말라는 법은 없을 터, 목이 멜 뿐이다. 몇 년 전 아비뇽 연극제가 열리는 곳에서, 배우 쥘리에트 비노슈가 말한, "연기한다는 것은 물러가는 파도와 같다"는 글이 적힌 포스터를 본 적이 있다. 사물과 생의 금을 없애고, 생의 적의를 사라지게 하고, 세상의 모든 상처를 씻어주는 음악을 새삼 느낀다. 보들레르는 기억은 음악 속에서 과거를 되찾고, 과거를 살게 한다고 했다.

　음악의 끝은 침묵, 부재이다. 부재는 뭔가의 죽음이다. 죽음과 같은 부재를 견뎌내는 것은 고통스러운 일이다. 음악 듣기는 애도의 과정을 낳는다. 마치 지금 세상을 떠난 지 얼마 안 된 친한 벗 앞에 있는 것처럼. 우리는 그 친구를 애도하듯 음악을 애도한다. 음악을 가까운 벗으로, 가까운 식구로, 가까운 사람으로. 애도하는 과정은 곧 어떤 시간을 말한다. 우리가 사랑했고, 우리와 함께했던, 우리가 떠나보낸 그 사람의 영원한 부재 가운데 계속 삶을 살아가야 하듯, 음악은 그러한 과정을 받아들이는 시간을 필요로 한다. 그 사람의 부재 가운데 삶을 살아간다는 것은, 이제 다시는 함께하지 못할 그를 다른 방식으로 사랑하는 법을 배우는 것이며, 그가 살아 있었을 때와는 다르게 그를 사랑하는 법을 배우는 것을 뜻한다.

　음악과 연극은 그 사이, 아리스토텔레스가 말한 것처럼, 세상의 경이로움을 인식하는 철학일 뿐이다. 그러나 음악은 듣는 이를, affection이라는 단어처럼, 달리 만들어버리기도 한다. 이 단어는 사랑이라고 번역하지만, 그 뜻은 변용이다. 다른 사람이 되는 것, 그리고 다른 사람으로 만들어버리는 음악의 묵시, 사랑은 그러므로 달리 되는 혁명의 동의어이다.

　장-마리 르클레르(1694~1764)는 내가 참 좋아하는 프랑스 작곡가인데, 그의 삶은 제수알도처럼 기이했다. 르클레르Leclair라는 이름은 맑은clair데, 그의 생은 이름과 사뭇 어긋났다. 그의 바이올린 소나타는 아름답기 그지없다. 르클레르의 소나타 4권에 들어 있는 작품 9번의 D장조는 다비드 오이스트라흐가 연주한 것이 있기도 한데, 드문 편이다. 그러니 내가 제대로 들었는지는 모르겠다. 최근에 3권의 소나타를 존 홀로웨이의 연주(ECM)로, 4권의 소나타를 브라질 연주자 루이 오타비오 산토스의 연주(Ramée)로 줄창 들었다. 3권에 들어 있는 소나타 작품 5번은 자주 연주되는 반면에 4권의 9번은 흔하지 않은 것 같다. 1권의 소나타 4번과 3권의 5번과 비교하면, 4권의 9번은 훨씬 어려운 작품인 듯하다.

　음악은 생을 즐기는, 생을 기억하는 흔적 없는 아름다움이다. 음악과 더불어 시간의 샘, 행복의 샘 속에 있을 수 있었다. 음악이 바람개비처럼 날 때, 우리는 허공 속으로 빨려 들어갔다. 음악은 뜬구름 같아지기도 했고, 달무리를 빚기도 했다. 우리는 음악과 술 앞에서 새롭게 빚어지는 미물과도 같았다.

　산맥처럼 솟구치는 소리를 질러 노래하는 록밴드 '들국화'의 전인권이 감옥에 있을 때, 그를 구출하기 위해서 백방으로 노력했고, 그의 딸 결혼식 주례를 한 이도 정환 형이었다. 작은 거인 같은 형은 나에 대한 글도, 산문집《시냇물에 책이 있다》에 발문도 써주었다. 발문 이야기가 나왔는데, 소설가 김훈 선생께서도 산문집《옛길》에 발문을 써주셨다. 그의 짧고 긴 글은 삶의 무게를 견디어낸 비밀과도 같았다. 그의 글을 읽으면서 더러 몽롱해지기도 했고, 복받치는 것이 내 안에서 일고 일었다. 그런 인연으로 선생과 함께 남도의 여러 섬을 같이 여행하기도 했다. 여기에는 전남도청 문화과 김복희 선생의 도움도 컸다. 남해 먼바다의 섬과 작은 섬을 잇는 배를 마련해주셨다. 언젠가는 쇠로 만든 말인 자전거를 타고 막막한 세상을 향해 함께 페달을 돌릴 날이 있을 것이다. 신바람을 타고.

한국의 현대 연극은 서양 연극의 기원과 다름에도 불구하고 서양 현대 연극에 많은 부분 기울고 있다. 아주 오랫동안 한국 현대 연극은 서양 연극에 짓눌려, 서양 연극의 길을 쫓아갔다. 그들 대부분은 유치진과 같은 친일연극인들이다. 그러니까 서양 연극을 따라간 연극 공부는 한국 근현대 역사의 흔적을 지우고 감춰버렸다. 그런 이유로 한국의 근현대 연극은 자기 자신을 역사 체계 속에서 제대로 정립할 수 없었다.

지금에야 깨닫는 바이지만, 나는 한국 근현대 역사에 큰 빚을 지고 있다. 내가 아는 한국 근현대 역사의 가용 범위는 매우 좁았다. 뒤돌아보지 못한 슬프고 안타까운 그 시절에 읽은 책들 가운데 으뜸은 소설가 문순태 선생이 쓴 《유배지》(어문각, 1983), 박태순 선생의 《국토와 민중》(한길사, 1983), 뿌리깊은나무에서 나온 《민중자서전》(1984) 등이었다. 이 책들은 지금도 서재에 띄워놓은 갯배와 같은 것이어서, 절실할 때면 당겨서 읽곤 한다. 사유란 사라진 것을 깨닫는 순간에 시작되는 법. 연극 너머 삶에 대하여 역사의 지평을 넓혀준 이 책들은 한국 근현대사에 대한 무지를 일깨워주었으며, 연극과 역사, 그리고 삶을 자율적으로, 통일적으로 잇는 노력이 절실하다는 것을 절로 알게 해주었다. 한국 연극은 한국의 역사를 과연 어떻게 말할 수 있는가?

　조선 후기 대중의 마음을 사로잡았던 이들을 다룬《추재기이》(조수삼),《오주연문장전산고》(이규경),《녹파잡기》(한재락),《도협서》(유희),《운소만고》(이영유),《어우야담》(유몽인),《학산한언》(신돈복),《소심유고》(신익),《이향견문록》(유재건),《해암고》(유경종),《해동죽지》(최영년),《청구야담》(편자 미상),《음청사》(김윤식),《대릉유고》(홍낙순),《천예록》(임방),《어수신화》(장한종),《연석》(유언호),《무명자집》(윤기),《석북집》(신광수) 등은 정규 역사시간에 듣지도 보지도 못한 책들이다. 나중에 접하게 된 이런 책들은 기존의 역사와 문학의 범위를 훌쩍 뛰어넘는 것들이었다. 이 속에서 조선시대를 살았던 새로운 유형의 인물들을 만날 수 있었다. 승자독식의 사회, 신자유주의의 망령, 자연을 파괴하는 거짓과 정치권력의 부패가 기승을 부리는 지금 여기, 이런 고전들은 깨어 있는 시선과 의식, 삶이 무엇인지를 통렬하게 말해주고 있다. 힘든 길과 그 길을 걸어갔던 이들의 모습이 하나로 포개진 모습들이다. 조선시대 후미진 곳에서 진정한 삶을 살았던 '선수'들, 제 삶에 사로잡혔던 영혼들을 다시 배우고 싶다. 연극이나 희곡으로라면 더할 나위가 없겠다.

　연극이 역사와 만날 때를 상상해본다. 연극이 지닌 상상력은 먼 곳의 역사를 가까운 곳의 역사로 이동시킨다. 18세기의 조선을 대표하는 학자들과의 만남은 필수적이다. 북학파 지도자 담헌 홍대용(1731~1783)은, 과거를 외면했던 박지원처럼, 과거도 볼 수 없는 불운의 독서인이었다. 평생 과거를 포기했지만, 조선 후기의 자연철학자로, 선비로서의 수양과 실학의 실천에 정진한 학문적 경륜이 뛰어난 학자였다. 탑골 공원에 모여 우정을 나누어 백탑파라고 불렸던 박제가·이덕무·백동수 같은 재야의 학자들이 그의 곁에 있었다.

1765년 가을날, 홍대용이 그의 나이 서른다섯에 처음으로 한양부터 말을 타고 압록강을 건너 청나라 북경을 여행하게 되었다. 그가 1766년까지 약 6개월 동안 북경을 여행하고 한글로 쓴 일기 양식의 《을병연행록乙丙燕行錄》(《산해관 잠긴 문을 한 손으로 밀치도다》로 번역되었다. 김태준·박성준 옮김[돌베개, 2001]. 한글본 외에 한문본은 《담헌연기湛軒燕記》가 전한다). 18세기 조선 지식인에게 외국과의 지적 교류는 유일하게 연행길에 의해서 가능했었다. 그 무렵 조선 선비들은 북경을 연경이라고 부르고, 북경 여행을 맵시 있게 연행燕行이라 일컬었다. 연행이란 조선시대에 나라의 외교사절로 중국을 오가던 여행 제도를 말한다. 조선 선비에게 연행 길은 오늘날로 치면 해외 유학과도 같았다.

북경에 머물 때 홍대용은 가톨릭교회(천주당)에 들어가 거대한 파이프오르간을 보고, 그 구조를 공부해 터득하고 스스로 연주했다. 홍대용은 독일 선교사 유송령劉松齡(August von Hallerstein)과 포우관鮑友官(Anton Gogeisl)의 안내로 성당 내부를 둘러보다가 파이프오르간이 있는 곳에 이르렀는데, 그곳에서 오르간을 "풍류 제작"이라고 말하면서, 큰 나무의 틀, 궤 모양, 장광, 백철로 만든 대금 모양의 쇠통 60개, 길이와 둘레에 따라 음률의 청탁 고저를 맞춘 것 등을 기술하고 있다. 그가 기술한 내용은 매우 정교해서, 파이프오르간을 통해 "율려律呂(율의 음과 여의 음, 곧 음률과 악률이라는 뜻으로, 음악 또는 그 자락)와 응종應鐘(12율 가운데 하나로 10월에 해당)"을 말하고, 나아가 스스로 "우리나라 풍류를 흉내 내어" 연주를 하고, 음률의 이치를 설명하고 있다. 이미 동양 음악이론에 정통했던 홍대용은 중국에서 독일계

선교사를 통하여 "피상적임에도"(담헌이 귀국한 뒤 숙종 때의 영의정 김창집金昌集의 동생인 노가재老稼齋 김창업金昌業의 《노가재 연행일기》를 연암과 함께 읽으며, 그 당시 파이프오르간에 관한 자신의 관찰과 경험을 밝힌 문구) 불구하고 서양 음악의 제도를 터득하고 있었다.

이 대목을 읽으면서 동양 음악, 홍대용, 서양 음악, 그리고 그 시절 바흐와 하이든으로 대표되던 서양 바로크 음악의 절정을 떠올렸다. 홍대용이 어설프지만 바흐의 칸타타를 파이프오르간 건반으로 눌렀던 바를, 아니면 하이든의 기악곡 한 곡절을 연주하는 풍경은 어렵지 않은 상상이었다.

소리가 홍대용을 뒤로 끌어당겼다. 홍대용은 벼락맞은 것처럼 소리를 피할 수 없었으리라. 그때 그는 눈을 감았을 것이다. 국면pagus이라는 단어처럼, 그 상상은 조선시대 한 지식인 개인의 경험에서 시대와 예술의 범위로 이어지는 역사의 새로운 공간, 즉 역사의 한 페이지 page로 이어지고 있었다. 결핍과 같은 잊어버린 존재에 대한 홍대용의 매혹, 그것은 동의를 넘어서는 거대한 놀라움이고, 그것에 복종하는 태도이다. 홍대용은 학자이고 과학자이지만, 자신을 매혹하는 것에 복종한 예술가였던 셈이다. 자기 존재가 바뀌는 감동의 최댓값처럼.

홍대용이 소리의 창출과 소멸에 이르는 과정을 깨닫고 건반 위에 손을 올려놓았을 때, 시리게 살아온 삶의 불행과 고통은 자신의 육체와 음악 사이에서 사라졌을 것이다. 소리는 몸부림 그 자체였으리라. 18세기 북경과 한양, 중국과 조선, 동양과 서양의 대립이 무화되었을 것이다. 소리에는 거리가 없다. 홍대용은 자신의 손가락으로 소리를 붙잡고 싶었을 것이다. 자신이 겪은 실존적 고통이 소리로 육화하는 경험을 한 홍대용은 그 뒤 세 차례 더 그곳을 찾아갔다. 그가 눈을 감

고 찾으려 했던 것은 사라진 소리, 즉 과거였을 것이다. 그에게 삶의
앞날이 기약할 수 없는 것이었다면, 스스로 기억이 되는 것이 삶을 위
로하는 유일무일한 길이었을 것이다.

과거를 지우거나 달리 채우는 불쌍한 이들이 있다. 앞의 것은 사
라질 뿐이고, 뒤의 것은 되풀이될 뿐이다. 이렇게 저울질하고 말하는
것은 역사의 페이지, 즉 삶의 연극이다. 삶이라는 연극의 매혹이다.
지난 시대는 있지만, 늙은 삶과 연극이 없는 이유이다.

음악은 홍대용을 본질로 이끌었다. 음악은 홍대용을 수난과 같
은 자신의 과거로 되돌아가게 했다. 홍대용은 소리 속으로 숨어들어
갔다. 1783년 홍대용은 53세가 되었고, 태어난 집으로 돌아와 심장의
박동과 같은 소리에 매몰되었다. 삶은 그의 분노를 누르고 있었다. 소
리만이 홍대용에게 유일한 자기만의 사유공간이었으리라. 자기 자신
을 상기하는 한 늙은 적이 없는, 불행한 적이 없는 담헌 홍대용이었
다. 공부하고 놀 수 있었던 조선 후기, 홍대용 같은 지식인들은 시대
의 등불과 같았고 표상이었다.

연극을 공부하면서 이들을 항상 떠올리고 의지했다. 초당 박제
가, 연암 박지원, 청정관 이덕무, 야뇌 백동수, 그 후 일제 강점기에 조
선의 독립을 위해 제 삶을 희생한 안중근 의사, 단재 신채호, 우당 이
회영, 윤봉길, 이봉창 의사, 약산 김원봉, 혁명가 김산 등을 공부하고
배우면서 삶을 겨우 잇는다. 지난해 대학원에서 친일연극론을 강의하
면서, 나는 이분들에게 너무나 부끄럽고 죄송스러웠다. 할 수만 있다
면 죽기 전에 친일연극론에 관한 책을 쓰고 싶다. 참으로 늦은 깨달음
이지만, 독립운동에 헌신했던 이분들에 대한 앎은 연극에 관한 사유
를 삶의 온 지평 너머로 이끌기 충분했다. 전쟁에 의해서 성립되고 퇴

락하고 재구획되는 근대국가의 표상이 사라지는 지금, 그럼에도 한 시대를 살면서 그 시대에 존재하는 것이 아니라 그 너머에 존재하는 이들의 사유와 삶이 곧 연극의 궤도라고 할 수 있다. 그들을 따라가고 싶다.

우리 시대에 연극을 비롯한 예술의 몫은 점점 작아지고, 연극의 몫도 마찬가지로 축소되고 있다. 그런 이유로 연극을 비롯한 예술은 위기를 말하고, 점점 우리 기억의 바깥에 놓이게 된다. 여기서 언급되는 것이 연극과 자본주의의 관계, 예술과 신자유주의 시장에서 연극의 위상 같은 것들이다. 이런 현상들은 연극을 자유롭지 못하게 하는 환경이다. 여기에 오늘날 연극의 한계, 위축된 연극예술이 연상된다.

어떻게 하면 연극은 이런 환경에서 자유로운 물적·지적 토대를 갖출 수 있겠는가? 정부의 지원이 절대적인 것이 아니라면, 연극을 보는 극장 건설과 더불어 연극을 저장하는, 연극을 기억하는, 연극을 부활하는 연극에 관한 글쓰기도 매우 중요하다. 연극을 비롯한 예술은 시대와 삶의 사이, 간격, 포개짐에 관한 것이고, 시대라는 권력이 예술을 승인하고 또는 예술이 이에 저항하는 모습을 떠올릴 수 있다.

우리는 연극에 대한 정의와 더불어 연극을 기억해야 하는 절박한 지점에 와 있다. 극장과 연극에 글쓰기의 확대는 연극의 앵테르방시옹intervention, 그 증거이며 물적 토대이다. 연극의 참여, 연극의 발언, 연극의 조정, 연극의 중재, 연극의 개입, 연극의 작용과 역할, 나아가 연극의 가치가 옹골차게 저장되어 있는 곳이다. 이름하여 연극이 삶, 세상으로의 앵테르방시옹, 그 출발이 극장이고 글쓰기이다.

2.2. 춤, 다시 태어나는 삶의 공간

지금까지 연극의 물적 존재는 지극히 개인적인 범위와 정부의 지원 안에서 존재했다. 물론 연극은 어떤 시대에도 있었고 생존했다. 그런데 우리 시대에 있어야 할 연극은 무엇이고, 앞 시대와 견주어 무엇이 다른가? 우리에게 짐 지워진 것은 시대에 지워지지 않아야 하는 연극을 고수하는 것이다. 연극은 시대와 시대 사이에, 시대와 삶 사이에 있다. 연극은 시대가 남긴 흔적이다. 시대를 뒤집는 고뇌이다. 여기에서 비극의 정신이 태어난다.

극장은 연극의 오늘이고, 오늘(時代, temps)과 함께(同, com)하는, 연극의 동시대이다. 극장과 더불어 연극에 관한 글쓰기의 중요성은 "사라지는 지금, 여기의 연극의 절박함이며, 과거(로부터)와 연결된 지속, 매듭, 무늬, 흔적으로서의 연극의 확인이다. 시대의 연극은 지금. 여기의 연극뿐만 아니라, 과거를 살아있게 하는 연극, 지속적으로 존재하는 연극일 터이다"(《연극, 몸과 언어의 시학》, 119쪽).

극장은 연극의 물리적·상상적 공간이다. 삶의 졸음, 나아가 삶의 저장이라는 죽음을 맞이하는 공간이며, 삶이 다시 태어나는 탁월한 공간이다. 극장은 관객들이 제 자신의 몸으로 눈뜨고 들어가, 눈감고 앉아 꿈꾸는 공간이다. 도시에 극장을 세우는 일은 우리 시대에 연극이 왜 필요한지를 되묻게 한다. 연극을 기억하는 극장의 가치가 무엇인지를 되새기게 한다. 그것은 동시대 예술과 기억의 문제로 확대된다. 이 주제는 연극뿐만 아니라 춤에 대해서도 너른 이해와 관심을 기울이게 했다.

춤에서 춤바람으로. 내가 춤에 대해서 꿈꾸는 문구이다. 나는 한 곳에서가 아니라 어디에서나 출 수 있는 춤을 꿈꾸고 있다. 누구나

출 수 있는 춤과 누구와도 함께할 수 있는 춤을 실천하고자 작가들을 좋아했다. 춤이라고 하지 않아도 좋은, 그저 움직이고, 편하게 말할 수 있는 것이면 좋은, 그런 춤을 성원했다. 내가 만난 '언니네 무용단'은 "춤은 가르칠 수 있는 것이 아니라, 내 삶이 조화롭기 위해서 자신을 바라보고, 몸이 하는 말에 귀를 기울이며 드러내는 용기"라고 말한다. 그들은 한결같이 제 마음대로, 어떤 주제라도, 어떤 형식으로라도 가능한 춤을 추고 싶어 한다. 나는 그들에게서 춤의 자유를 발견한다. 또한 무용하는 이들의 집단인 '몸짓 느루'도 춤바람을 일으키고자 한다. 춤이 아니라 춤바람은 춤에 대한 두려운 생각을 버리는 일이다. 춤을 추는 것에 대한 기준, 정의를 달리 세우는 것이다.

나 역시 춤에 대한 정의가 있고, 춤을 추고 싶지만 남들이 어떻게 볼지 걱정하는 춤에 대한 트라우마가 있다. 지금까지 몸이 지칠 때까지, 몸이 지쳐 땅바닥에 주저앉을 때까지 춤을 춘 적이 없다. 춤을 추듯이 살아간다는 생각을 단 한 번도 해본 적이 없다. 춤으로 내 생애를 그려본 적이 없다. 춤으로 사랑과 욕망, 그리고 죽음을 표현해본 적이 없다. 춤으로 내 곁에 있는 사람과 교감한 적도 없다. 한마디로 춤으로 말한 적이 없다. 그것은 몸이 가진 환상을 걷어내지 못한 탓이다. 스스로 내 몸을 온전히 사용한 바는 운동할 때, 산에 오를 때 말고는 없다. 즐겁게 춤을 춘 적은 없지만, 하고 싶다. 나는 스스로 춤이 추고 싶은 마음이 들 때까지 기다리면서, 배우고 써먹고 어디 가서 자랑하기 위한 것이 아닌, 내가 원할 때 들어 올리면 그뿐일 수 있는 편안한 춤을 추고 싶다.

좋은 춤은 글보다 말보다 훨씬 선험적이고 본능적이다. 그런 춤은 그림으로 치면 세밀하지는 않지만, 덩실덩실, 온몸으로, 온몸이 한데 묶여 이렇게 저렇게 움직인다. 춤은 존재의 한 부분이 아니라 전체를 말한다. 글은 써서 저장하고, 교정하고, 가감을 거쳐 달리 책으로 묶어 펴낼 수 있지만, 춤은 그저 드러낼 뿐, 그러니까 털어낼 뿐이다. 털어내는 것은 삶이 묻어난 울림 같을 것이다. 글은 쓸수록 글의 감옥에 갇힌다는 생각이 없지 않지만, 춤은 그 반대일 듯하다. 춤은 안에서 밖으로 내보낸다. 그래서 춤을 추고 나면 한결 가벼워진 제 몸과 마음을 경험하게 된다.

나는 그것을 춤의 바람, 곧 자유라고 여긴다. 춤이 몸과 영혼의 자유라고 한다면, 춤바람은 춤의 자유이고 춤추는 생의 자유를 말한다. 바람은 옷깃에 스며든다. 바람은 몸과 옷 사이의 거리를 만든다. 그 사이를 채우는 것이 바람이다. 바람은 옷을 벗게 한다. 바람은 춤의 옷을 벗게 하고, 춤을 자유롭게 하고, 춤 자체를 벌거벗게 한다. 이렇게 해서 춤은 생으로 이어지는, 생과 관계 맺는 고리가 된다.

그때 춤은 젖과 언어와 관계를 맺는다. 아이가 처음으로 엄마에게서 언어를 배우는 것처럼, 언어의 최초 습득은 엄마의 젖과 관계가 있다. 젖을 물리기 위해 엄마가 아이에게 하는 최초의 언어강좌, "아……". 엄마에게는 아기에게 입을 열라고 하는 소리이고, 아기에는 엄마의 입으로부터 배우는 최초의 모음이다. 최초의 모음 앞에서, 엄마와 아이의 일치는 이어서 입에 가득한 양식이다. 입verbal 안에 있는 먹을 것이 말씀verbum이다. 이렇게 해서 최초의 배움은 영원한 행복함으로 이어진다.

그런 면에서 몸의 움직임은 바퀴와 같은 움직임을 뜻하는 우리 자음 'ㄹ' 이전에 세상을 향해 제 몸을 여는 모음 '아'로 시작된다(시작되어야 한다). 돌이켜보면, 우리는 'ㄹ'을 가르치고 배우면서 춤을 강제했다. 상대적으로 '아'를 잊어야 했다. 나는 춤이 'ㄹ'에 앞서 '아'의 회복과도 같아야 한다고 여긴다. 소리를 듣고 입을 열어 받아먹기는 한 치도 걱정하지 않는 받아들임이어야 한다고 말하고 싶다. 염려하지 않고 세상을 향해 자신을 열어 무엇인가를 받아들이는 춤의 온전함을 발견하고, 실천하고 싶다. 춤의 기원은 내 몸을 바라보기, 달래주기, 내 몸이 하는 말에 귀 기울이기, 내 몸을 쓰다듬기, 소리 지르기와 같은, 몸이 가능하고 몸이 허락하는 시간의 경험일 것이다.

춤의 공간은 수유실처럼 젖을 주고, 젖을 먹는 두 개의 존재가 경험하는 사랑의 공간이다. 춤은 '아'라고 말을 하고 '아'라고 반복하면서 입을 벌려놓는 언어의 공감, 육체의 교감이다. 최초로 배우는 언어를 엄마 나라의 언어, 즉 모국어라고 말하는 이유는 여기에 있다. 나는 아기가 먹는 엄마의 젖에 따라 언어가 달라진다고, 아이의 언어가 결정된다고 믿는다. 발음, 억양, 의미 전달에 이르기까지. 태어난 아이에게 수태라는 말을 쓴다면, 그것은 귀에 들리는 엄마의 목소리와 함께 입에 넣어지는 젖, 즉 언어와 먹을 것의 양생이다.

춤이 행위에 앞서 목소리에 주목하는 것은 현대적이고 철학적이다. (엄마의) 목소리에 (아기의) 삶이 합쳐지는 것, 아이가 엄마의 목소리에 귀 기울이고, 복종하고, 그 세계 안에서 자신의 존재를 확인하는 것이기 때문이다. 그래서 듣는 것audio은 복종한다ouaudientia는 뜻이다. "내 말 알아들었지?"라는 문장은 너는 내 말에 복종해야 한다는 뜻이다. 춤은 소리를 통하여 꿈을 꾸는 행위이다. 그것이 춤의 기원이다. 춤 연구는 모국어와 춤의 관계, 그 기원의 가치와 더불어 모국어와 다른 이들과의 적대적 관계에 대한 모색으로 이어져야 한다. 춤은 말로 앞날을 말하기보다는, 음악처럼 모든 되돌림, 기다림으로 향한다.

3. 발터 벤야민의 죽음과 귀향의 길

한국 현대 연극은 어디로 가는가? 저절로 가는 시대의 속도가 있고, 활동하는 연극의 속도가 있다. 동시대의 연극, 그 안과 바깥의 시간은 빠르게, 끊임없이, 함께 간다. 그런 연극들은 개별성이 그만큼 줄어들어 애매모호하다. 제작되고 소비되는 보편적인 연극들이 많아졌고, 그 상업적 진행과정은 물건을 소비하는 것과 전혀 다르지 않다. 연극이 지나치게 상업화하거나 개별화하는 탓에 연극의 개별성을 구축하는 간섭, 사이, 중재, 개입과 같은 기능이 삭제되어 있다. 시대와 충돌하는 연극, 시대와 갈등하는 연극이 줄어드는 대신, 연극 시장의 확대는 오히려 연극하는 이들의 경제적 삶이 궁핍하다는 것을 드러낸다. 속도가 빠른 동시대의 연극, 과거와 단절된 동시대의 연극은 연극 바깥을 향한 참여나 발언이 아니라 연극 안으로, 그러니까 연극하는 이들의 삶이 궁핍하다는 것을 통째로 보여줄 수밖에 없기 때문이다.

지금, 여기서, 연극하는 행복을 알기 위해서는 먼저 연극하는 행복한 삶을 체험하는 곳이 있어야 하는데, 그곳이 극장이다. 그런 뜻에서 2016년 6월부터 10월까지 20개의 젊은 극단이 마련한, 검열에 저항하는 뜻에서 기획한 '권리장전 2016 검열각하'(대학로 연우소극장)라는 이름의 공연 스물한 편은 매우 기념비적인 행사라고 할 수 있다. 나는 그들을 지지하고 응원하며, 그들에게 동의한다.

극장은 연극의 영광뿐만 아니라 연극의 시든 패배마저 기억하며 존재한다. 연극, 무용, 미술처럼 한국 연극의 특징은 단속적이다. 시제인 '오늘'과 지속·연결의 동사인 '함께하다'가 분리되어 있다. 어떻게 연극이 있고, 어떻게 연극이 사라지는지 가늠하기 어렵다. 어제 창출되고 오늘 사라지는 연극 생장의 속도가 너무나 빠르기 때문이다. 그 이유는 새로운 연극에 대한 강박이 자리잡고 있기 때문이다. 2015년 한국문화예술위원회의 검열 사태 이후, 연극의 자율성을 말하기조차 어려운 것도 사실이다.[2] 그런 탓에 극장의 가치는 연극이 과거와 크게 단절되지 않도록 하고, 오늘에 이어서 지속하게 하는 데 있다. 우리에게 극장은 오늘의 연극과 과거의 연극을 구분 짓지도 않으면서, 연극이 머물던 시간을 상실하지 않게끔 하는 공간이다. 이 말을 확대하면, 극장이 없는 한국의 연극은 동시대에 사라지는 순간의 연극처럼 기원이 없는 연극으로 들릴 수도 있다. 이에 배우, 연출가, 희곡작가들의 존재도 가벼워질 수밖에 없는 노릇이다.

극장은 연극에서, 과거의 시간에서 멀어져 있는 연극을 포함해 연극하는 이들을 기록하고 기억한다. 그리하여 극장은 연극을 과거의 산물이 아니라 동시대성의 증좌로서 만든다. 앞서 언급한 것처럼 연극이 과거와 맺는 관계이며 형식이라면, 극장은 연극을 현재로 이어 놓는 기관이다. 자신의 앞날을 미리 보기 위해서 연극이나 극장을 찾는 독자, 관객, 작가들은 없을 것이다.

극장은 과거 연극의 보관실이고, 연극이 오늘과 만나는 동시대 공간이며, 연극의 현재 주소지이다. 연극을 공부하고, 연극에 관해서

---

2 연극의 자율성은 어느 시대에나 연극의 존재를 논하는 데서 매우 중요한 주제이다. 이 질문은 연극의 역할이 무엇인지를 묻는 것과 같다. 한편으로 연극이 자율적인 영역과 (승인·지원 같은) 시대의 체계적 영역이 따로따로 있다는 가정을 한다면, 다른 한편으로는 연극 지원제도의 확대에 따라 연극이 지원을 얻는 대가로 자율성마저 상실하는 경우를 상정해볼 수 있다. 적어도 한국 연극에서 연극하는 작가들의 가난은 자율성을 지닌 연극의 대가와 같은 것이었으리라. 오늘날 작가들의 가난은 이런 문제와 동떨어진, 우리 사회가 누리는 물질적 풍요에 견주어 부족한 점들에 대한 상기에 가까울 것이다. 그래서 더욱 슬픈 문제가 될 수밖에 없다.

글을 쓰는 이들, 연극을 보고 읽으러 오는 관객들이 이곳에 모인다. 연극은 전통적으로 작가들의 개인적인 창작 활동으로 출발해서, 극장 공간 안팎에서 집단적인 범주로 확대되었다. 연극하는 배우와 연출가들은 집 안보다는, 집과 같은 극장 공간에 머무른 채 유랑하는 이들의 삶을 실천한다.

연극은 예전처럼 소비되지 않는다. 연극이 희곡작가의 글로써만 창출되는 것이 아니기 때문에, 연극하는 모든 이들의 위상도 축소되었다. 사회 전반에 걸쳐 연극을 두고 이렇게 저렇게 말하는 것이 크게 줄어들었다. 연극에 대한 법석, 연극의 노마드nomad를 말하는 것은 거의 불가능해졌다. 연극이 이렇게 축소되고 연극이라는 글쓰기가 달리 되어가는 터라, 연극은 너무나 즉각적일 수밖에 없게 되었다. 희곡작가들은 최소한의 글쓰기만을 하면서, 연극의 시대, 그 시대성에서 멀어지지 않으려고 한다. 연극의 빈자리는 점점 커져만 간다.

우리는 어디에서 연극을 공부할 것인가? 연극에 대해서 무엇을 알아야 하는가? 연극에 대한 이념은 어디서 구할 수 있는 것인가? 극장은 이런 질문들에 대해서 정말 필요한 것들을 되묻는 공간이다. 연극의 절멸은 아니더라도, 그런 와중에도 연극 속으로 눈을 돌리는, 연극하는 일에 달려드는 젊은이들이 줄어들지 않고 있는 현상은 반갑고 고마운 일이 아닐 수 없다.

젊은 그들에게도 극장이 제 삶을 키우고 연극의 원동력을 제공하는 공간이면 좋겠다. 연극의 빠른 변화가 옳은 것인지 좋은 것인지를 다시금 생각하게 하는 터전이면서, 연극을 공부하고, 연극을 기억하는 공간이고, 연극을 겨레의 산물로서 잊히지 않게 하는 역사적 실천 공간이 되면 더할 나위가 없겠다. 연극과 연극동네의 빠른 변화에도

불구하고, 연극을 저장하는, 연극에 대한 확신을 보여주는 희망 공간
이 되면 더욱 좋겠다.

보들레르가 언급한 바와 같이, 극장도 문학처럼 인공낙원이다.
지금 우리 시대의 연극을 위해서 이 말은 분명하고, 절실해 보인다.
지상에서 낙원을 상상할 수 없는 노릇이지만, 연극이야말로 삶에 대
한 인공낙원이라는 기대를 극장은 증거한다.

3.1. 극장, 만남과 가치의 공간

연극의 과거와 현재란 무엇인가? 연극작품 밖 현실이 미래인가?
교과서적으로 보면, 연극은 무거운 과거를 뒤흔들어놓는 해방공간이
어야 하고, 강요된 미래가 뒤엎어지는 섬과 같아야 했다. 그곳은 관객
들이 시간과 세월을 통해서 배운 것이 엉키는 곳이어야 하고, 시간과
세월을 통해서 알 수 있는 것을 초월해야 하는 곳이다. 그것이 연극의
모습일 터이다. 그 반대는 정지되어 머무르는, 변화를 거부하는 연극
이다. 그런 연극이 지금 이곳에서 과거와 미래를 연결하지 못하는 일
상의 일화와 삽화로 채워져 있다. 동시대라고 하지 못할 연극은 시대
를 켜켜이 나눈 찰나적인 연극, 시대와 분절된 연극이다. 앞에서 든 비
유를 들어 말하면, 무거운 과거와 강요된 미래가 너절하게 펼쳐져 있
는 연극이다. 뭔가를 말하고 있지만 드러날 뿐, 끝이 보이는 연극이다.

극장은 연극의 이음새이고, 지속되는 삶과의 고리이며, 삶과 연
극의 솔기를 하나로 꿰맨 곳이다. 과거와 현재를 잇는, 그것들을 하나
로 묶어 연극의 시대성을 규정하는 공간이다. 연극이 한자리에 머무
르되 시공간을 넘나들면서, 동시대의 연극이 되는 현상을 낳는 곳이
극장이다. 동시대의 연극으로서 극장은 궁극적으로 연극의 가치에 관

한 문제를 새롭게 규명한다.

오늘날 연극의 가치, 그러니까 오늘날 연극이 내거는 가치 문제는 어디에서 구할 수 있는가? 우리 시대 연극은 무엇에 가치를 두고 있는지를 되묻는 공간은 어디인가? 연극을 하고 있다는 것이, 연극이 개인의, 시민의, 겨레의 가치가 되려면 이를 보충하는 것들이 있어야 한다. 그것이야말로 가장 대중적인 영화와 달리 가장 소수의 예술인 연극만이 보여줄 수 있는 가치가 공유되는 공간, 연극의 자유공간, 즉 극장이다. 극장은 연극만으로 할 수 있는 목소리와 모습이 있는 삶과 연극의 기원이 자리 잡고 있는 장소이다. 다른 어떤 것으로도 대체할 수 없는 연극만의 속삭임, 연극의 본질이 자리 잡은 시원의 터이다.

파리 유학 시절에서 잊을 수 없는 것은 좋은 교수들과의 만남이다. 지금은 모두 고인이 되셨지만, 파리고등사범학교 출신의 지도교수 안 위베르스펠트와 리샤르 모노 교수는 더할 나위 없이 훌륭한 분들이셨다. 학문에 대한 그들의 올곧음과 헤아릴 수 없는 배려를 통해서 학문의 깊이, 인생의 멋에 이르고 싶다는 생각을 하게 되었다. 공부에 대한 절망이 사라진 것은 아니었지만, 그래도 좀 더 살아봐야겠다는 작은 희망 같은 것을 품을 수 있게 해준 분들이다. 나중에는 그분들과 같은 선생이 되고 싶다는 생각도 하게 되었다.

내 삶과 글에 그분들을, 반영이 아니라 투영하고 싶었다. 그분들을 통해서, 연극에 대한 글쓰기는 언제나 나타내지 않고 공연과 사회 앞에서 글로만 치르는 백병전과 같다는 것을 배웠다. 연극에 관한 광범위한 주제, 그 글쓰기는 공연을 거울처럼, 거울에 비친 자신의 모습, 사회의 모습을 바라보고 읽어주는, 그렇게 하는 자신의 모습을 글로 남기는 일이라는 것을 인식하게 되었다. 크게는 연극에 관한 글쓰기, 작게는 연극비평은 특이한 글쓰기가 아니라 공연 안팎에 있는 아름다움을 느끼고 받아들이는 매혹이라는 것까지 기쁘게 배웠다고 말하고 싶다. 모노 교수는 박사학위를 마라톤 대회에 참가한 선수가 등에 붙인 번호표와 같다고 했다. 완주할 것인지 도중에 그만 포기할지는 저 스스로 결정하는 것이라고 말하면서, 공부는 늘 겸손해야 함을 가르쳐주셨다.

2008년 안식년 때, 초빙교수로 초대해준 파리 3대학의 장 피에르 사라자크 교수는 학생 시절에 겪은 모든 미망을 떨쳐버릴 수 있도록 환대해주었다. 미셸 비나베르 교수의 따뜻함은 파리와 서울에서 이어져, 파리에 가면 오데옹에 있는 집으로 언제나 찾아가 인사를 드렸다. 나는 그가 프랑스에서 아직도 희곡을 쓰고 연출까지 하는 가장 나이 많은 분이라고 알고 있다.

유학을 마치고 귀국한 나는 1990년부터 연극비평의 글쓰기를 본격적으로 시작했다. 연극비평가는 작품과 공연에서 가치 있는 것을 찾아내 글을 쓰는 이를 뜻한다. 작품과 공연은 현재이다. 연극비평이라는 글쓰기를 하면서 현재의 작품과 공연에서 무엇이 가치 있는지를 알아야 하는데, 그것이 어렵기만 했다. 그렇다고 가만히 있다가 시간이 흐른 뒤에 저절로 그 가치를 발견하게 되는 것도 아니었다.

연극비평은 연극을 다루는 저울이 아니다. 연극비평은 현재의 작품·공연에서 과거의 가치를 찾는 일에 더 가깝다. 작품과 공연에서 사라진 것, 지금 여기에 남지 않은 것, 부재하는 것을 찾아내 글로 써야 하기 때문이다. 이 지점에서 글쓰기로서의 비평은 현재 공연에서 가치를 찾는 저널리즘의 글과 확연히 구분된다. 글쓰기로서의 연극비평이 연극에 대한 하나의 앎science이라면, 그 비평이 독자와 함께con 나누는 것이 연극의 양심conscience이며, 그 뜻이 연극의 길을 먼저pre 확장할 때 통찰prescience이 된다.

연극비평을 하면서, "나는 지금 세월에 묻히고, 시대가 변해 구식이 된 문장을 베끼고 있다"는 키냐르의 문장을 좋아하게 되었다(《옛날에 대하여》, 7장). 그 문장에 기대어, 연극비평은 작품에 대한 욕망이 아니라 작품이 남긴 것, 그 욕망을 찾는 것이라고 여겼다. 연극비평은 욕망의 흔적을 찾는 노력이다. 그것이 글쓰기로서의 비평일 것이다. 작품인 공연은 사라지는 것이 아니라 어둠 속으로 들어가는 것이다. 연극비평은 어둠 속으로 들어가 어둠이 된 작품을 찾아내는 고된 일이다. 어둠이 된 작품, 공연이 남기는 것은 어떤 흔적일 뿐이다.

연극비평은 흔적이 남긴 미개척지la friche를 개간하는 일이다. 동시에 작품의, 공연의 흔적을 찾아 그것을 옮겨 적는retranscrire 일이다. 그런 글쓰기를 하는 이를 비평가라고 하는데, 그때, 연극비평가는 사라진 부재의 흔적을 찾는 기쁨에 사로잡힌 존재가 된다. 자신보다 더 오래된 작품을, 공연을 알아가면서, 그것에 몰입하는 욕망에 사로잡힌 존재가 되는 것이다.

2차 세계대전 때는 레지스탕스 활동을 했던 안 위베르스펠트 교수는 연극 공부는 언제나 굶주림과 어둠 속에서 개인이 혼자 치르는 것임을 상기하라고 늘 말해주셨다. 그분을 통해 지식인의 숙명은 어둠과 혼자 있는 감옥과 같은 서재에서 허기로 자신을 다듬어 책이라는 사슬에 묶여 지내는 것이라는 사실을 알게 되었다. 그것을 그분의 책을 읽으면서 배웠다. 예컨대 《연극기호학》 맨 끄트머리에서, 연극은 "주인공이 걸레를 가지고 자신의 빛나는 벗은 몸을 문지르는 반면 깨끗한 수건으로는 무대 바닥을 닦는 것"이라고 말하는 대목은 참으로 매혹적이다.

리샤르 모노 교수는 어딘지 모르게 외로워 보였다. 그분에게서는 학자가 지닌 어떤 상실 같은 것이 엿보였다. 그것은 순수한 상실과도 같은 것이리라. 나는 그 상실을 늘 얻기만 하는 것이 아닌, 깨닫기 위해서 잃어야 하는 것, 그 기쁨으로 해석했다. 배우기 위해 기꺼이 잃어버려야 하는 것은 기쁨이라는 것을 모노 교수는 강의실과 도서관과 카페에서 늘 보여주었다. 그러므로 반성할 수밖에. 공부하기 위하여, 공부하면서, 공부를 어느 정도 했다고 여기면서 늘 얻는 것만 생각한 것을. 그것이 얼마나 자신을 불편하게 했는지를. 이제부터라도 상실이 주는 기쁨과 너그러움에 대해서 깊이 사유해야 할 것이다. 너그러움, 그것은 상실이 순수할 때 찾아오는 동시적인 것이다. 그것이 언어가 되면 참으로 좋겠다. 상실이 되돌아오면서 언어가 될 시기는 아직도 요원할 뿐이다.

유학 시절 나를 지도해준, 잊을 수 없는 두 분의 교수. 리샤르 모노 교수는 1989년에, 안 위베르스펠트 교수는 2010년에 돌아가셨고, 각각 파리 몽파르나스Monparnasse 묘지와 페르 라셰즈Père Lachaise 묘지에 묻히셨다.

3.2. 죽음과 귀향의 옛길

기억은 철저하게 장소와 연결되어 있다. 기억은 앎이다. 어떤 곳에 가면 특정한 기억이 떠오르고, 거꾸로 어떤 곳을 기억하면 그것이 자연스럽게 특정 장소와 결부된다. 눈앞에 보이는 것과 머릿속에서 떠오르는 것 사이에는 기묘한 어떤 상관관계가 있다. 기억은 장소에서 나온다. 그런 의미에서 장소는 기억이 사는 집이다.

2010년 이후 나는 파리에 갈 때마다 남프랑스로 가서 가벼운 공부와 무거운 여행을 하곤 했다. 그곳에서는 발터 벤야민의 흔적을, 장 지오노의 삶을, 로버트 스티븐슨이 노새에 짐을 얹고 걸었던 산길을 따라갈 수 있다. 또한 1970~80년대 프랑스 환경운동의 중심이자 시금석과도 같았던 라르자크Larzac 지역의 허허벌판을 따라 걸으면서 생태운동의 선구자들과 히피족의 삶을 이어가고, 언제나 가난한 이들과 소외받은 이들을 위하여 노래한 장 페라Jean Ferrat가 파리를 떠나 정착해 살던 오지 산골마을 아르데슈Ardèche로, 다시 보클뤼즈Vaucluse와 뤼베롱Luberon 지역을 따라 프로방스 지방의 속살로 들어갈 수 있다. 그 길은 다시 해벽이 있는 칼랑크Calanques를 따라 스페인으로 이어지는데, 그 길에서 아름다운 포크 음악으로 스페인에 저항하고 독립을 꿈꾸는 바스크Pays basque의 문물을 만날 수도 있다.

프랑스 남부에서 스페인 피레네 산맥을 넘는 길은 여러 갈래이며, 그리 험하지 않다. 그 길 가운데 발터 벤야민의 죽음과 연관된 산길이 있다. 프랑스 남부, 바다 위의 포도밭 같은 바뉠 쉬르 메르Banyuls sur mer에서 포르부Portbou에 이르는 15.7킬로미터, 최고 고도 668미터의 이 길을 '발터 벤야민 길Chemin de Walter Benyamin'이라고 한다. 1940년 9월 24~27일 나치를 피해 스페인으로 도망가려고 했던 벤야민은, 바다를 내려다볼 수 있는 피레네 산맥 자락의 이 산길에서 삶을 마감한다. 2007년에 이르러, 벤야민 길이라고 불리는 이 길이 오롯이 과거 역사에서 오늘의 삶 앞으로 드러났다.[3]

산길에는 바닷바람 탓인지 나무보다는 풀들이 낮게 자라 흔들

---

3 http://www.historia-viva.net/fr/indes.html 참고.

리고 있었다. 길은 조붓했지만 걷는 이에게는 비시간적인 길이다. 이 길을 따라 스페인 땅 복판으로 넘어가고자 한다면 이 길의 끝에서도 며칠 더 걸어야 했다. 반대로, 이 길은 1936~1939년 스페인 내전 후 1975년까지 프랑코 독재정권의 폭력 아래 신음하던 바르셀로나 중심의 공화파 사람들이 삶을 이어나가기 위해 가족들과 함께 등짐을 메고 프랑스 땅으로 도망쳐 넘어오던 길이기도 했다. 희망의 발걸음은 언제나 낙원, 평화의 땅을 향하지만, 이 길 위의 발자국은 절박한 삶을 담고 있을 뿐이었다. 이 길을 걷는 산책자와 여행자들은 거의 말을 하지 않는다는 것을 덧붙여야겠다. 돌아오지 못할 바가 두렵기 때문일 것이다.

길섶에 가시덤불이 많고 듬성듬성 키 작은 올리브 나무들이 있었다. 산과 길, 길과 나무 사이에 생의 희미한 의미가 구름처럼 가라앉고 있었다. 그렇다. 프랑스어로 떠 있는 구름nuage과 드러나지 않으면서도 의미를 보여주는 뉘앙스nuance는 어원이 같다. 더러 흙더미 쌓인 곳에 앉아 쉬다가 몸을 바다로 던져 물속 깊은 곳에 가라앉고 싶다는 생각이 일기도 했다.

양심을 찾아 약물로 피폐해지고 자유정신으로 겨우 자신을 일으켜 세웠던 벤야민이 삶에서 죽음으로 나아가던 이 길을 걸으면서 사람들은 섬세한 감성의 소유자 발터 벤야민을 기리고 있다. 1940년 여기까지 온 벤야민의 삶도 벌써 몇 년째 추방당한 자의 삶이 아니었던가! 존재와 부재 사이에서 벤야민은 글쓰기를 통하여 고통스러운 현실을 비현실화할 수 있었으리라. 살아야겠다는 격정만큼, 손가방에 넣은 몇 권의 책과 쓰고 있는 원고만으로 대책 없이 도망다닐 수밖에 없는 지식인의 하루하루의 삶이 지루하고 고단했지만 그는 글쓰기를 멈추지 않았다.

그러나 그 무엇도 세상의 위협에서 그를 막아줄 수 없었다. 쇠약해지는 것은 고난이 아니라 꿈이 사라진 육체였을 것이다. 다른 나라로 탈출하는 길은 평평한 길이 아니라 산맥과 고개를 넘어야 하는 불안하기 이를 데 없는, 예측 불가능한, 언제나 독일 나치와 스페인 파시스트들에게 기습 당할 수 있는, 억누를 수 없는 조바심 가득한 경계일 뿐이었다. 평생 사유와 글쓰기를 세상의 피난처로 삼았던 벤야민은 죽음에 미숙했다. 벤야민이 걸어갔던 그때, 이 길은 결코 인간이 걸을 수 있는 자연스러운 길이 아니었다. 이 길은 현실로의 귀환이 아니라 죽음으로의 귀결이었던 셈이다. 전쟁과 유럽을 지배했던 파시즘이라는 짐승의 시간을 벗어나기 위해서 비틀거리며 걸어야 했던 길이었다. 그곳에 무슨 사색이니 희망과 같은 기다림이 있었을 리 만무하다. 그는 언제나 가출해야 했던 망명자였다.

플라톤은 책이야말로 진리가 죽어 있는 그림자라고 했다. 가출은 책 바깥으로 이끄는 유혹이다. 모든 노래는 가출, 여행의 소산所産이며 동시에 능산能産이다. 내가 지금 걷는 이 길, 내 발자국 아래에 발터 벤야민의 발자국이 있다면, 내 발자국과 그의 발자국이 하나로 포개지고 있다면, 그 상상력은 폭풍처럼 끝이 없는 역사적 공감각을 회복하게 된다. 그런 면에서 역사는 회고가 아닐 것이다. 길 위에서 이 발자국과 저 발자국, 이 흔적과 저 흔적, 이 시간과 저 시간, 그와 나의 접점은 대결이되 반성, 긴장이다. 벤야민 길 위에서의 이동과 그 경로는 삶의 끝에서 시작해 죽음의 시작 자리에서 멈춰 있다. 이 길은 더 이상 앞으로 나아가지 않는다. 이 길 위에 있는 이들은 죽음의 시작 자리에서 선회해야 한다. 그 방향은 기원이다.

9월의 새벽녘, 벤야민은 프랑스 땅 숙소에서 나와 가죽 가방 하나만을 들고 길 위로, 두려움 속에서 자신을 이끌고 그 시작점에 섰다. 오늘날 사람들은 벤야민이 없는 이곳, 벤야민의 환영과 더불어, 그것으로 벤야민에 대한 허기를 충족하면서 15.7킬로미터의 역사의 시간, 언어의 시간을 향해 나아갔다가, 곧장 나아가는 것이 아니라 산길을 빙빙 돌면서 벤야민으로 향한다. 사실 1940년 벤야민이 죽은 원인을 두고 많은 이야기들이 있다. 모르핀 주사, 그의 자살 등에 관하여. 포르부에는 아직도 그에 관한 많은 신화와 추모가 줄을 잇는다.[4] 프랑스와 스페인의 경계에서 선 벤야민, 유럽에 몰아친 광풍과도 같았던 파시즘에 내쫓김을 당해 도망자가 되어, 길 위에서 앞으로 나아가지도 못하고 뒤로 물러서지도 못한 채 스스로 삶을 마감해야 했던 경계의 지식인 벤야민을 생각하고, 떠올리고, 추모한다.

　스페인 내전 이후 카탈루냐의 바르셀로나, 나바르 공국과 바스크의 많은 이들의 삶은 뒤죽박죽이 되었다. 파시즘에 저항하는 인민전선 공화정부의 패배로 끝난 내전은 수많은 억울한 이들의 목숨과 자유이념을 앗아갔다. 내전 초기에 "진실한 사랑으로 너를 사랑하는 것이 왜 이토록 힘들까?"라고 노래한 가르시아 로르카도 내전 초기에 처형당했다. 공화파를 지지하고, 내전에 앞장서서 프랑코에게 저항하며 독립하고자 했던 바르셀로나의 염원은 지금도 진행 중이다. 고음악 연구자이면서 비올라 다 감바 연주자로 유명한 공화파 출신의 조르디 사발과 왕당파 출신의 소프라노 몽세라 피구에라스처럼 이념의 차이를 뛰어넘고 부부가 되어 음악의 지평을 넓힌 경우도 있지만, 바

4　Lisa Fittko, *Escape through the Pyrenees*(Northwestern University Press, 2000) 참조.

르셀로나와 마드리드의 경쟁과 반목은 아직도 축구경기의 더비처럼 심각하다.

유이스 야흐Lluis Llach는 카탈루냐 출신의 가수이다. 내전 이후에는 독재정권에 저항하고, 프랑코가 내전에서 승리한 뒤 독재권력으로 스페인을 강점할 때는 프랑스로 망명(1971~1976)하기도 한 싱어 송라이터였다. 그가 부른 노래 〈이타카로의 귀향viatge a Itaca〉[5]은 호메로스의 서사시《오디세이》에서 오디세우스의 고향인 이타카로의 귀향을 주제로 삼았다. 그 노래의 가사는 다음과 같다.

"네가 이타카로 가는 길을 나설 때, 기도하라, 그 길이 모험과 배움으로 가득한 오랜 여정이 되기를……. 언제나 이타카를 마음에 두라. 네 목표는 그곳에 이르는 것이니. 그러나 서두르지는 마라. 비록 네 갈 길이 오래더라도 늙어져서 그 섬에 이르는 것이 더 나으니, 길 위에서 너는 이미 풍요로워졌으니 이타카가 너를 풍요롭게 해주길 기대하지 마라. 이타카는 너에게 아름다운 여행을 선사했고 이타카가 없었다면 네 여정은 시작되지도 않았으니, 이제 이타카는 너에게 줄 것이 하나도 없구나."

이타카는 무너진 현실 너머로 향하는 귀향지이며, 현실 속 심연이다. 벤야민은 그곳으로 들어갔다. 연극은 그곳으로 향하는 힘들고 느린 여정과도 같다. 바스크에도 이와 같은 정서를 지닌 훌륭한 포크 음악 가수들이 많다. 베니토 레르춘디Benito Lertxundi, 이토이스Itoiz, 오쉬코리Oskorri, 초민 아르톨라Txomin Artola, 아마이아 수비리아Amaia Zubiria, 이마놀Imanol 등이 그들이다.

---

5 그리스 시인 콘스탄틴 카바피Constantine Cavafy의 시에 붙인 노래.

연극은 귀향이다. 잃어버린, 잊은 것을 고스란히 보존하는 길이다. 그 길로의 귀향이다. 벤야민 길 위에 수많은 얼굴이 보이고, 수많은 목소리가 들린다. 그를 죽음으로 몰아갔던 삶의 풍경들이 펼쳐진다. 벤야민의 삶처럼, 죽어서야 비로소 들리고 보이는 것들이 있다. 부끄럽고 수치스러운 이야기들이 다시 나타난다. 벤야민이 죽기 전 마지막으로 쓴 글은, 함께 국경을 넘어 탈출하려고 했던 이에게 받아적게 한, 이탈리아 산레모에서 마지막으로 만났던 친구 테오도르 아도르노에게 보내는 편지글이었다고 한다. 나는 아직 그 글을 찾지 못했고, 어떤 형식으로든 그 내용을 읽은 적이 없다. 짐작하건대, 그의 마지막 글은 분명 자기 삶의 변론 같은 것은 아니었을 것이다. "비극은 이 세상에서 가장 슬픈 것은 아니다. 더 슬픈 것은 시가, 소설이, 삶이 그럴 수 있다." 벤야민이 쓴 〈비극에 있어서의 언어의 의미〉에 나오는 글귀이다.[6] 돌아오지 않는 것들이 참으로 불쌍할 따름이다.

연극학자들이 모인 학술단체 한국연극학회도 2016년 가을 정기 심포지엄을 통하여, 지금 기억의 실종자들처럼 길 바깥에 내팽겨져 있는 우리 사회를 다시 해석하고, 연극이 이를 어떻게 해석하고 표현하고 있는지를 광범위하게 연구하고자 했다. 나는 '기억과 연극'이라는 발제문을 통해서, 일제강점기 위안부 문제에서 희생자들의 기억과 가해자들의 망각의 문제를, 1945년 해방 이후 친일파의 역사왜곡을, 1950년 한국전쟁 이후 고착화한 분단 역사에 대한 기억을, 2014년 인간과 존재 자체에 대하여 총체적 환멸을 안겨준 세월호 사건 등, 역사와 개인기억과 집단기억의 문제를 다시 짚어보고자 했다. 이 심포지

---

6 발터 벤야민,《현대사회와 예술》, 차봉희 편역(문학과지성사, 1980), 175쪽.

엄에서 다룬 주제들은 기억의 주체, 기억과 자유의 문제, 기억에 의해 존재를 확인하는 존재자의 자유 문제, 즉 주체자로서의 힘에 관한 것이었다.

이와 관련한 연극학 연구의 주제는 동남아시아의 다른 나라에서도 꾸준히 다루어지고 있다. 예컨대 오늘날 베트남 연극은 베트남전쟁을 다시 언급하고 해석하고 있다. 나는 그것을 2014년 호치민 시에서 열린 '동아시아 대학연극제APB'에서 확인할 수 있었다. 연극 밖에서도 베트남 호치민 시가 전쟁으로 남은 잔혹한 삶, 전쟁이 남긴 잔혹한 삶을 전시하는 박물관 이름은 War remnants museum이다. remnants라는 명칭은 전쟁이 끝난 것이 아니라 지금, 여기에서 계속 이어지고 있다는 의미로 읽힌다. 그들에게는 연극도 한 번으로 끝난 것이 아니라 지속되는 주제이다. 베트남의 현대 연극들이 현대사를 재조명하는 것처럼, 오늘날 연극 연구의 핵심주제는 과거와 기억에 관한 것이라고 할 수 있다. 이러한 맥락에서 이 책의 제목을 '연극, 기억의 현상학'이라고 했다.

4. 연극 속 미로와 젊은 연출가들의 희망

철없는 세상이다. 몇 년 전부터 대학의 학과 구조조정이 대세가 되었다. 인문 분야 학과들을 없애거나 하나로 통합하는 내용인데, 그 이유는 취업경쟁력이 없다는 것이다. 문과대학에서 철학과는 거의 없어졌고, 불문학과·독문학과·국문학과 등은 통폐합의 대상이 되었다. 대학은 취업을 준비하는 곳으로 바뀌었다. 대학을 비롯해 우리 사회

전반에서 인문과 교양은 사라지고 실용과 취업만 남았다. 대학의 인문적 교양과목은 취업용 실용과목으로 대체된 지 오래다. 실용이 대세라서 학생들은 문학작품을 읽고 해석하는 데 관심을 두지 않는다. 영어 공부는 운문의 시를 읊고 기억하는 것이 아니라 상거래에 관련된 구문을 가르치는 실용영어가 되었다. 수능의 영어시험에도 이런 문제가 출제된다. 문학이나 철학은 대학의 교양과목에서 사라진 경우가 많고, 있어도 내용은 변질되었다.

청춘과 우정의 산실이던 대학의 동아리들도 예외가 아니다. 이념, 휴머니즘, 산악, 탈춤과 같은 동아리들은 거의 명맥을 유지하지 못하고 방을 내줘야 할 처지에 몰려 있다. 실용이 오늘날 한국을 천박하게 만들고 있다. 연극도 이제 실용연극이라고 해야 할 법하다. 실용음악처럼 건축을 실용건축이라고 하고, 영화를 실용영화라고 상정하면 섬뜩할 뿐이다. 산악운동, 알피니즘 같은 등반 정신도 실용 등반, 상업 등반이 된 지 오래되었다. 지난 세기에는 제국주의가 비어 있는 지도에 자국의 깃발을 꽂기 위해 높은 산에 먼저 오르려 했다면, 오늘날에는 회사의 지원을 등에 업고 산에 올라 사진 찍기 경쟁을 하는 형태가 일반화했다. 그 통에 자연과 알피니즘의 정신은 훼손되었다.

교양이 사라진 삶과 세상이 끔찍할 뿐이다. 나는 예술작품을 읽는 것은 곧 허구보다 더 큰 세상, 타협할 수 없는 한 인간의 윤리와의 만남이라고 배웠다. 작품을 읽고 난 후, 해석의 보충은 작품에 기여하는 독자의 몫이라고 알고 있다. 저작과 독서, 작가와 독자 사이에는 교양 공동체가 형성된다. 오늘날 이런 가상의 공동체는 얼마나 다행스러운 일인가!

연극은 불안을 낳는다. 연극을 공부하는 내내 편한 적이 없었다.

연극 속 유령 같은 인물들과 함께 황폐한 삶을 붕붕 떠다니며 지나온 것 같다. 국민교양의 토포스로서 연극의 위상은 퇴색했다. 사회에서 격리된, 반사회적 자유공동체인 연극의 본질과 이념은 거의 사라졌다. 피를 토한 적은 없지만, 실용적인 삶과 고루한 연극에 저항하는 삶은 고통의 한 전형이다.

내 삶도 이제 저물어가고 있다. 사방은 온통 어둡다. 그럼에도 쟁기질과 같은 글쓰기를 하면서 살아온 데에는 참 많은 스승들의 말씀과 위로가 있었다. 지금도 빗속을 걸어가고 있다. 언제까지 흠뻑 젖은 몸으로 이 길 위에 있을지는 모르겠다. "친구, 난 이 난장판 속에서 천사 같은 누군가를 찾아 헤맸어. 그리고 네가 여기 있어. 남은 건, 맥주, 맥주, 난 어떻게 이 얘기를 해야 할지 아직도 모르겠어. 이런 개판, 이런 쓰레기 같은 세상, 친구, 그리고 언제나 비, 비, 비, 비." 콜테스의 희곡 〈숲에 이르기 직전의 밤〉(1977)에 나오는 주인공의 마지막 절규이다. 인물들은 몸으로 싸울 것을 말로 대신하는 존재이다.

점점 더 거세지는 세상의 풍파, 빗줄기가 앞을 가로막는다. 그럼에도 연극으로, 연극하는 젊은 후배들을 보면서 많은 위로를 받는다. 2015년에는 극단 '무브먼트 당당'과 그 중심에 있는 연출가 김민정을 통해 연극의 매력을 다시 발견할 수 있었다. 그즈음 서울과 프랑스에서 공연된 〈불행〉과 같은 작품은 말들의 침묵으로 뜨거웠고, 순수했다. 살점 뜯긴 몸과 폐기된 사물들의 이미지들이 응축된 〈불행〉은 불안한 삶에 대한 울음, 처절한 몸부림 같았다. 2015년 9월 서울에서 열린 베세토 연극제(한국, 일본, 중국에서 해마다 번갈아가며 개최하는 연극제)의 한국 출품작으로 선정되어 공연되었고, 2016년에는 남산예술센터에서도 재공연되었다.

춤을 전공한 김민정 연출의 〈불행〉은 불행한 사람들의 삶의 지면과 같은 연극이다. 내가 좋아하기 이를 데 없는, "……더 이상 단어들이란 없어. 더 이상 할 말도 없어. 학교를 없애버리고, 묘지를 늘려야 해. 어쨌건 일 년이나 백 년이나 마찬가지야. 빠르건 늦건, 언젠가는 모두들 죽어야 하니까. 그런 게 새들을 노래하게 하지. 그런 게 새들을 지저귀게 해……"(베르나르-마리 콜테스, 〈로베르토 쥬코〉 제8장)라고 말하는 콜테스를 떠올리게 한다. 불행한 사람들의 모습이 따로따로 분리되어 펼쳐져 있지만, 이를 한데 모으면 불행한 시대의 풍경이 된다. 불행한 사람들의 연극이다. 인물들은 짐승들의 가면을 쓰고 있다. 서로를 물어뜯는 인간과 괴물들 사이에 차이가 없다는 뜻이다. 극장에는 관객들을 위한 자리가 아예 없다. 관객들은 무대 위, 불행의 현장을 가로질러 불행의 세계로 편입되어야 한다는 뜻이다. 말들이 거세된 장면들은 파편화해 있고, 그 어간에 배우들의 비명과 고함이 스며들고 이어진다. 움직임은 간단하거나 복잡하지만, 그러나 한없이 반복된다. 올 수밖에 없는 불행은 이어지고 있다는 뜻이다. 연출가는 우리의 삶 속에서 불행은 들어오는 문만 있고 나가는 경계가 없다는 것을 강조한다. 불행에 대한 그의 사유는 소리처럼 사방으로 퍼질 뿐이다.

김민정의 공연들은 대부분 아픈 역사와 현실에 대한 기억의 재구성이며 환기이다. 그것은 불행이 지닌 슬픔과 공포에 대한 사유이다. 물질적인 삶의 불행과 비물질적인 연극 〈불행〉 사이에는 거리가 없다. 무대 위 모든 풍경은 동영상으로 전송되어 관객들에게 거푸 보인다. 고통의 심연 같은. 어딘가에 숨겨져 있는 타자의 시선과 같은 카메라가 우리 속내를 읽는 방식이다. 타자의 시선이 자기동일성의 근거가 되는 것이다. 모든 언어들이 처음 태어나는 것처럼, 삶이 다시 시작되어야 하는 것처럼. 이것이 연극의 본연이라고 할 수 있다.

김민정의 연출 작품들은 시간의 건너뜀, 이야기 구조의 부재, 언어보다는 동물적인 표현 형식 등으로 전통적인 연극의 어법을 파괴하고 있다. 그것은 자신만의 언어 이전에 타자의 언어로 자기 자신과 우리 모두를 말하는 매혹적인 것이다. 이러한 연출 방식은 관객들을 저 스스로에게 집중하도록 하는 강렬한 요구일 터이다. 〈불행〉의 끄트머리에 구스타프 말러의 노래 〈나는 세상에서 잊혀지고……〉가 극장에 울려 퍼진다. 도도한 낭만성이 연극과 동거하면서 역사의 심판자 노릇을 하고 있다. "슬픔과 힘, 슬픔이 힘으로 되는 과정, 그 과정이 아름다움이었음을…… 음악이 흐르며, 그대와 나 사이를 슬픔의 힘으로, 육감적으로 만들고 있음"(김정환)을 느낀다. 연출가 김민정과 극단 '무브먼트 당당'의 공연에서 사람은 늙지만 연극은 음악처럼 결코 늙지 않는다는 것을, 사각지대에 있는 연극의 분투를 보았다. 우리 사회의 뻔뻔스러움에 저항하는 그의 연극을 보면서 공부하는 자신이 부끄러웠다.

김민정의 연극을 보면서 떠올린 인물은 앞에서 언급한, 오스트리아에서 태어나 프랑스 국적으로 살았던 앙드레 고르스였다. 그는 1949년 로잔에서 영국인 도린과 만나 결혼했고, 로잔에서 파리로 이주해 살다가 나중에는 시골 마을에서 아내 도린과 함께 생을 마감했다. 내가 그의 책을 읽기 시작한 것은 도린이 연극배우였다는 사실 때문이었다. 로잔의 한 극단에서 연극을 했던 도린은 생활비를 벌기 위해 영어를 가르치고 어떤 작가의 비서로 일했다.

고르스는 징집을 피해 로잔으로 와, 대학 안팎에서 '존재론적 위계질서, 타인과 개인적인 관계'와 같은 주제에 심취했던 가난한 청년이었다. 스위스 로잔 밖의 파리에서는 그즈음 사르트르의 《존재와 무》 같은 책들이 젊은이들에게 강하게 어필할 때였다. 이런 사상적 영향력을 응집한 것이 양심적 병역 거부를 내세우고 그런 이유로 감옥살이를 한 이들이 만든 '세계 시민들international du Mouvement des Citoyens du Monde'이라는 단체였는데, 고르스는 여기서 간헐적으로 일했다. 이 단체의 국제담당 사무국장이 고르스를 자기 비서로 일하게 하면서, 고르스는 도린과 함께 파리로 이주한다.

'세계의 시민들'을 나온 고르스는 1951년부터 파리의 석간지 《파리 프레스》에서 외신 종합면에 들어갈 기사를 만드는 일을 하게 되었다. 1955년부터는 《렉스프레스》에서, 1964년부터는 《누벨 옵세르바퇴르》에서 미셸 보스케Michel Bosquet라는 필명으로. 그 후에는 그의 삶에서 중요한, 사르트르가 창간한 인문잡지 《레 탕 모데른Les Temps modernes》에서 일했다. 파리에서 가장 오래 산 곳은 바크 길Rue du Bac이었다. 생제르맹데프레 옆, 카르티에라탱 구역, 소르본 대학과 가까운 그곳은 인문출판사들이 많은, 파리 좌안의 중심이었다.

그는 이 길에 살면서 《배신자Le Traitre》(1958)를 썼다. "자신이 아무것도 아니고자, 무無이고자, 내 안에서 온전한 존재이고자, 객관화할 수 없고, 다른 것으로 대체할 수 없는 존재이고자 하는 욕망에 관한" 《D에게 보내는 편지》 이 책에 대하여 그는 "세상에 내가 있을 자리 하나를 그 책이 준 것이지요"라고 말한다. 그가 다음에 쓰려는 책은 "스스로를 다시 규정하고, 끊임없이 스스로를 넘어서는" 일이었고, "타인들이 나에 대해 만든 이미지의 포로가 되지 않고, 또 객관적인 현실에 의해 나와 다른 존재가 되어버린 산물(책)의 포로가 되지 않기 위해서"라고 말한다. 그것이 그가 말하는 실존인 셈이다. 또한 "책은 처음에는 예견치 못한 여러 가지 가능성과 타인들과의 관계에 나를 대면케 하면서 점점 효력을 발휘하는 것"이라고 말한다.

김민정의 연극은 고르스가 비판하는 것과 같은 맥락이다. "사회 거대 기계의 생산과 재생산에 협력하게끔 하는 사회적 배치의 자동화한 논리"(에콜로지카)이고, 그런 이유로 "나가 아니라 타자인 나를 통해 움직이는 것" "지배의 모든 형태와 모든 수단, 즉 인간으로 하여금 주체로서 행동하지 못하게 방해하는 모든 것"이 그의 연극 속에 고스란히 담겨 있다. 김민정의 연극은 "자본주의 비판으로 출발하여 정치생태학에 이르게 된다." 그의 정치적 생태주의는 "생태주의적 파시즘, 자연주의적 공동체주의나 급진적 반자본주의"를 경계하면서, 고르스가 삶을 마감할 때까지 했던 "자본주의 노동비판"으로 나아간다.

고르스의 예언대로, 신자유주의 시대 이후 세계인의 삶은 나락으로 떨어지고 있다. 한국 연극은 마이너 예술로 치부된다. 천천히 가는 자전거에 견주어 연극을 말하면, 그것들은 시대에 뒤떨어진 낡은 구닥다리라는 공통점이 있다. 200년 전 자전거는 말을 타고 다니던 인간의 역사가 진보한 형태로, 앞뒤 나무바퀴를 잇고 두 발로 구르는 것이었다. 오늘날 수동식 연극과 자전거는 그 태생과 별반 다르지 않다. 인간의 몸으로 하고 마음을 위로하면서, 속도와 소유 중심의 세상에서 슬쩍 벗어나 있다. 이제 연극은 영화와 견줄 것이 못 되고, 자전거는 자동차 같은 이동 수단에 밀려났다. 연극동네는 영화나 텔레비전 연기자들을 공급하는 공장 같아졌고, 자전거는 큰길의 가장자리에서 조심스럽게 페달을 밟아야 한다. 유용성 따위에 길들지 않은 탓이다. 도시의 표상은 자동차와 그 속도이지만, 도시의 무늬는 자전거가 더해져 풍경을 이룰 때 더욱 아름답다는 것은 분명하다.

라틴아메리카 콜롬비아에서도 연극과 자전거는 도시의 풍경, 삶의 복지에 밀접하게 연관되어 있다. 서유럽에서는 지방자치단체가 만든 자전거 도로에 따라 중앙정부가 지원금을 배분하기도 한다. 베트남을 비롯한 동남아시아에서는 자전거가 출근과 노동의 중심도구로 쓰인다. 모양만 달리할 뿐, 자전거가 두 바퀴로 세상에 흔적을 남기는 고물로 달리면서 "낮게 웅크린 모든 것들을 그윽하게 어루만지며, 낮은 데로 낮은 데로"(유하의 시, 〈자전거의 노래 3〉에서) 나아가는 것처럼. 사회적 약자들을 위한 일반적이고 보편적인 도구인 연극과 자전거가 멈추지 않아야 할 이유는 여기에 있다. 그렇게 믿는다.

이런 의미를 담은 또 다른 최근의 연극이 〈모든 군인은 불쌍하다〉(박근형 작, 연출)이다. "어둔 밤, 페달을 돌려 …… 전등을 밝히고, 사랑의 편지를 읽"고, "고통을 페달 돌려 자기를 불 밝히는" 자전거의 숙명과 같은 연극의 아름다움을 보여주는 공연으로, 일제강점기부터 오늘에 이르기까지 역사의 현장을 느리게 되밟아가면서 생의 시간을 확장하는, 고통을 가로질러가면서 그것을 포용하는, 역사를 새롭게 낳는 고마운 연극이다.

연극과 자전거를 움직이는 것은 언제나 사람이다. 가장 오래된 교육인 연극, 필요한 것만 있을 뿐 과잉이 없는 사물인 자전거는 우리 일상의 삶으로 귀환해야 한다. 모든 음악이 본질에서 귀향이듯. 연극과 자전거는 인문과 야성의 산물이다. 그것은 거칠고 통제할 수 없는 날것이 아니라 있는 그대로의 자연스러움, 본래의 성정을 고치지 않고 있는 그대로, 제 한계를 온전히 받아들이고 지켜나가는 것을 뜻한다. 쇠로 만든 말인 자전거가 언제나 나와 함께 가는 그림자, '마음의 발전소'라면, 시대에 뒤처진 연극이 또한 그러할 것이다.

2016년 이후, 한국 현대 연극의 으뜸 연출가들인 기국서·이윤택 등이 연출한 공연들은 한결같이 서양 고전 희곡으로 되돌아가고 있다. 기국서의 〈리어의 역〉은 '극단 76'의 40주년 기념공연으로 셰익스피어의 희곡을 바탕으로 한 것인데, 기국서는 이 공연을 "미친 세상을 외면할 수 없는 성숙한 어른의 고백"이라고 했다. 이윤택이 연출한 〈벚꽃 동산〉은 1903년에 체호프가 쓴 희곡인데, 극단 '연희단 거리패' 30주년을 기념하는 공연이었다. 이윤택은 "평생을 긴가민가 기다려 왔던 〈벚꽃 동산〉을 결국, 60대 중반에 도달해서야 무대에 올리게 되었다"고 말한다. 어느덧 60대가 된 연출가 이윤택과 기국서는 지금까지 숱한 공연을 통해 저 스스로 연출의 변화를 모색하고 실천하다가 이렇듯 근원과도 같은 고전으로 되돌아온다. 이쯤 되면, 셰익스피어와 더불어 안톤 체호프의 작품들은 단순한 러시아 희곡작가의 작품이 아니라 한국 현대 연극의 옛날처럼 각인된 기원과도 같다.

학생 시절부터 체호프를 통해서 배운 바는 참 많았다. 학부 시절에 이 작품을 읽기가 무척 어려웠다. 읽기는 읽되 끝까지 다 읽기가 어려웠다. "도무지 다른 사람들과 조금도 다른 점이 없는" 체호프의 거의 모든 작품이 그러했다. 〈갈매기〉에 나오는 마샤의 첫 대사인 "검은 옷, 내 인생의 상복" "불행한 여자" "검은 느릅나무"가 젊은 시절의 아포리즘처럼 오랫동안 기억에 남아 있다. 정말이지 대학에 들어가 이 작품을 처음 읽었던 때는 "춥고 추웠으며, 허무하고 허무했으며, 두려웠고 두려웠으며 또 두려웠었다"(니나). 체호프가 "나는 고독하다. 백년에 한 번 말하기 위해 입을 연다. …… 나의 목소리는 이 공허 속에서 쓸쓸하게 울리지만 듣는 사람은 없다"(니나)고 말하지 않왔던가!

　체호프 작품의 속살에 들어가기 위해서는 참으로 많은 시간이 필요했다. 그러는 동안 세상은 "떡갈나무 거목"이었다가 "지금은 그루터기뿐"(도른)으로 변했다. 나이가 들면서 체호프가 잘 읽힌다. 그것도 한 줄 한 줄 끝까지. 어느 날 말러의 교향곡 5번이 폭포처럼 온몸에 내리꽂히는 것처럼, 4악장에 이어 마지막 5악장 그 전율에 온몸을 맡길 때처럼. 책을 손에 들고 고개를 낮춰 읽다 보면 어느새 다 읽게 된다. 책을 읽을 때도, 음악을 들을 때도, 고개가 저절로 낮아진다. 시선은 밖이 아니라 안으로 향한다.

　체호프의 희곡들은 일상생활과 인물들에 대한 이항적 대비가 철저하다. 사랑하지만 서로 영혼이 일치하지 않는다고 말한다. "악덕에 몸을 맡기고 죄악의 구렁터이에서 사랑을 찾"는 존재와 "피투성이 넋으로 치명적인" 존재가 서로 대립한다. "요란한 명성을" 원하는 이와 "갈매기처럼 자유롭"고자 하는 이가 구분된다. 전경인 일상과 후경인 연극도 또 다른 모순적 대비일 터이다. "신원도 모르고 무엇 때문에 이 세상에 사는지도 모르는" 이가 있고, "술과 하늘을 좋아하는" 이들이 있다. 이처럼 등장인물들은 한통속으로 "하고 싶은 대로 살아본 적이 없는 인물들"과 하고 싶은 대로 살고자 하는 인물들로 대비된다. 생은 얼마나 많이 이런 사람들을 낳고 무시하고 또 반복하는가! 체호프의 작품들 속, "사랑하는 것과 사랑하지 않는 것"이 얼마나 반복적으로 구분되는가! 극장을 인정하는 이와 극장을 좋아하는 이, 나이를 생각하는 이와 생각하지 않은 이들이 얼마나 극명하게 나뉘는가!

　그런데 체호프의 매력은 단순히 여기에 머무르지 않는다. 그것은 생의 발자국과 발자국의 경계, 사이의 흔적, 자취에 있다. 하루키의 소설 방식으로 말하면 그곳에 "하지 못한 질문과 듣지 못한 대답"(《여자 없는 남자들》)이 있다. 이 경계와 사이에 '무거운 시간Le temps est lourd'과 '어떠한 장치'도 없는 '빈 공간espace vide'의 삶, 즉 "틀에 박히고, 인습에 불과"한 세상이 슬쩍 감추어져 있다. 그 속에서 체호프는 타인의 기억을 수집하고 관리한다. 돌이켜보면, 젊은 시절 내게는 이런 것들을 알아채고 느낄 만한 깜냥이 없었다. 그저 "진지한 것이 아름답다" "무엇 때문에 쓰는가?"(〈갈매기〉의 도른의 대사)라는 말들만 가슴속 깊은 우물에 넣어두었을 뿐이다.

체호프의 연극은 삶을 재현하되 있는 그대로도 아니고, 그래야만 하는 것으로 보여줘서도 안 되고 오로지 우리들 꿈속에서 보여지는 것이어야 하는 연극이다. 체호프의 연극은 사랑하는 이가 저쪽에서 내가 있는 이쪽으로 다가오는 발걸음 소리에 귀를 기울이며, 이를 아름답게 '꿈'꿀 수 있는 일상으로 확대된다. 그러나 이는 얼마나 힘든 일인가? 여전히 망상과 환영의 혼돈 속에 방황할 수밖에 없고, "신념을 가질 수도 없고, 무엇이 자기의 사명인지도 모르는"(뜨레쁠레프) 시절이 내게도 있었다. 검은 담즙인 어두운 우울에 명징하고 날카로운 절망이 덧붙으면 그 끝은 자살일 터. 〈갈매기〉에서처럼, 젊음은 우울했고, 삶은 절망스러웠다.

돌이켜보면, 젊음이 기억 없이 한순간에 늙어버린 것 같다. 앞으로 얼마나 더 오랫동안 살아야 하고 읽어야 하는 것일까? 더러 좋은 희곡을 읽다 보면 쓰고 싶다는 욕망을 품게 되는데, 〈갈매기〉에 나오는 아래 대화는 내게 살아 있는 동안만이라도 그냥 좋은 텍스트를 읽기만 하라고, 그것도 삶의 미덕임을 알려준다. 춥고, 외롭고, 무서울 때마다 소리 내어 읽는 체호프의 전언 아니 유언 같은……. 말러가 교향곡 5번에 붙인 '근심 없는 세상Die Welt ohne Schwere'은 정말이지 가능한 것인가?

> 도른: 나이 예순둘에 인생에 대해 불평을 말한다는 것은 인간적인 일이 못 되는데요?
>
> 쏘린: 누구든 살고 싶은 게야!
>
> 도른: 그게 경솔하다는 거예요. 자연법칙에 따라 모든 삶은 끝을 지니고 있어요.
>
> 쏘린: 그게 바로 무감각해진 자의 잔소리지. 무관심하니 인생에 대해 냉담하고 어떻게 되든 당신과는 상관없다는 거지. 하지만 죽게 되면 당신 역시 무서워질 거라구.
>
> 도른: 죽음의 공포는 동물적인 공포예요. 그걸 길들여야죠.

폐허의 시대와 모든 것이 폐허가 된 풍경의 〈벚꽃 동산〉은 일치한다. 새벽녘, 해가 뜰 무렵, 벚꽃이 필 무렵인 5월의 어느 날, 방 안 창문이 모두 닫혀 있는 차가운 집에서 작품은 시작된다. 무대는 온통 하얀색으로, 폐허의 차가움이 고스란히 전해진다. 이 동산의 주인 가족들이 재산을 거의 잃은 뒤 텅 빈 몸으로 오랜만에 집으로 돌아온 것이다. 인물들과 집은 지난 옛날을 기억하기 시작한다. 삶은 '결국 어찌할 수 없는 일'이라는 것을 겨우 받아들이면서, 남은 가족들은 옛 기억을 되새긴다. 옛날을 기억하는 것은 닫힌 창문처럼 쉽게 열리지 않아 줄곧 슬픔을 불러오고 울음을 낳는다. 이제 남은 동산마저 채무자의 저당으로 팔려나가게 된 것이다. 동산에 있는 낡은 건물, 묵은 벚꽃 나무들도 잘려나가 없어질 것이다. 이 집과 관련된 모든 기억은

'아무도 기억하고 있지 않은' 과거가 되는 것이다.

이 작품을 통하여 체호프는 한 나라의 과거가, 개인의 옛날이, 속 절없이 사라지는 것을 크게 우려했다. 사라지는 과거는 이 작품에 등 장하는, 100년 전에 만들어진, "선과 정의에 빛나는 이상으로 지내온, 유익한 일로 인도하는 말 없는 호소와 같았던, 100년 동안 굽히지 않 고 사람들에게 미래에 대한 용기와 신념을 지니게" 한 책장과 같다고 말한다. 체호프는 과거란 움트는 새싹과 같다고 거푸 말한다.

연출가 이윤택은 '이제 시간이 다 된' 것처럼 보이는 허망한 세월 에 체호프의 작품들을 안고, 먼 길을 되돌아왔다. 가진 것이 없는 주 인공과도 같은 한국 연극에 '절대로 희망은 버리지 않겠다는' 다짐으 로. 체호프는 한국 연극이 위기를 맞이하는 나쁜 시대마다 언제나 수 호신처럼 다가왔다. 체호프의 희곡과 더불어 한국 연극은 "어둡고 음 산한" 세월 속에서 "젊디젊은" 연극으로 걸어가고 있다. "길은 하나밖 에 없습니다. 그것은 고뇌하는 것입니다"라는 한 등장인물의 말과 더 불어. 이 말은 연극을 옹호하고, 연극하는 이들의 삶을 위로하는 아름 다운 발언이다.

5. 이제 다시 시작일까?

하루키의 소설집《여자 없는 남자들》(양윤옥 옮김, 문학동네, 2014) 에서, 주인공인 마흔일곱 살의 배우 가후쿠는 차를 타고 가면서 여드 름 자국이 남아 있는 스물네 살의 전속 운전사인 미사키에게 자신의 이야기를 한다. 어느 날, 미사키가 가후쿠에게 묻는다. 왜 배우가 되었는지를. 가후쿠는 "연기를 하면 내가 아닌 다른 것이 될 수 있어. 그리고 끝나면 다시 나 자신으로 돌아오지. 그게 좋았어"(31쪽). 이 말에 미사키가 되묻는다. "내가 아닌 것이 되는 게 좋아요?" "다시 원래대로 돌아갈 수 있다는 걸 안다면." "원래로 돌아가고 싶지 않았던 적은 없어요?" 매력적인 질문에 가후쿠가 대답한다. "그런다고 달리 돌아갈 데도 없잖아." 더 매력적인 답이다.

시골의 한 농가 앞에 세워져 있는 자전거를 본 적이 있다. 잉여가 없는, 있어야 할 것만 갖춘 자전거와 오래된 연극은 자본주의와 근대의 역습처럼 맞닿아 있다. 뒷바퀴의 타이어가 찢어져 비닐 끈으로 묶어놓은 모습이 참으로 인상적이었다. 브레이크는 아예 없었다. 오래된 자전거는 제 짝이라고는 찾아볼 수 없을 정도로 생의 먼지와 함께 이것저것들로 가득했다. 집의 문 앞에 기대어 있는 자전거는 하염없이 주인을 기다리고 있었다. 그렇게 오랫동안 세워져 있어도 잃어버릴 염려는 없어 보였다. 낡고 오래된 자전거임에 틀림없었다. 그 위에 올라 페달을 밟고 자전거와 더불어 이곳저곳을 오간 주인의 오랜 인생이 그대로 담겨 있었다. 겉은 벗겨지고 찢어져 속살이 드러난 가죽 안장은 세월의 무게로, 주인의 몸을 받들면서 저렇게 남루해졌다. 자전거의 녹슨 부분은 그때마다 페인트로 칠했지만, 낡음과 가난은 기침과 사랑처럼 숨길 수 없는 노릇이다. 그러나 문명적 기억으로서 연극의 품위는 자전거의 품위처럼 저렇게 생기는 것인지도 모른다.

이제 어디로 갈 것인가? 앞으로, 뒤로, 또는 한곳에 머물러야 할 것인가? 앞으로도 연극의 정의는 크게 변하지 않을 것이다. 연극은 언제나 사회 속, 사람들의 갈등과 염원을 허구를 빌려 극장이라는 장소에서 맺고 푸는 것이라고 줄여 말할 수 있겠다. 연극은 극장에서 관객과 만나는 공연이고, 사회를 이루는 풍경이다. 경제적 분배가 민주주의의 척도인 것처럼, 연극은 극장과 공연의 형태로 그 나라의 민주주의를 가늠한다.

다른 나라에서 열리는 국제적인 규모의 연극제에 가서, 극장 앞을 서성거리며 공연을 보는 것은 그 나라를 이해하는 것이기도 하다. 한쪽에는 국가가 연극을 지배하는 관료적인 형태가 있고, 다른 쪽에는 예술가들이 기획하고 운영하는 자발적인 모습이 있다. 몇 해 전 이집트 카이로에서 열린 국제실험극축제에 심사위원 자격으로 간 적이 있는데, 이 연극제에서 본 연극들은 일상적인 언어로 하되 비일상적인 경험을 안겨주었다. 연극은 이들의 삶과 사회 속에 일상을 초월하는 예술적 실천으로 오아시스처럼 자리를 잡고 있었다.

이 책의 원고를 출판사에 다 넘긴 뒤, 페루의 리마에서 우아라스를 거쳐 에콰도르의 쿠엔카, 그리고 콜롬비아 보고타에 이르는 긴 여행을 떠났다. 남미의 연극들은 일상적인 언어로 생동감이 넘쳤다. 삶을 지배하거나 조종하는 우월적인 언어와는 거리가 있었다. 꾸차라는 구어, 모국어가 된 스페인어 등이 통합된 라틴아메리카 연극들은 서양 연극의 중심언어인 말과 달리 가면과 인형, 그리고 노래와 전통의상 등을 중심에 놓았다. 처음에는 이런 원시적 연극을 하는 것이 놀라웠지만, 보면 볼수록 한국 연극이 잊고 있는 것을 깨닫게 되었다.

남미 연극들의 소재는 일상적인 삶의 바닥에서 길어 올린 것들을 통해 분출된 놀라운 것이었다. 극장뿐만 아니라 사람들이 모이는 길에서도 소박한 삶의 면모를 보여주는 인형극, 가면극, 마임 등이 많았다. 남미의 연극들은 삶이 일상의 언어 속에서 사회 속으로 재통합되는 모습이었다. 연극과 삶이, 일상과 비일상의 경계가 한통속으로 묶

여 있었다. 본디 삶과 연극 사이에는 거리가 없다. 나는 언제나 이런 연극을 소중하게 여겼다.[7]

우리의 경우처럼, 남미 연극들은 오랜 식민통치의 잔재 속에서 고통스러운 또는 가난한 삶이 허구의 연극 속으로 틈입하고자 하는 열망으로 읽혔다. 연극은 남루한 삶을 껴안고서 가치 있는 삶으로 돌려놓는 예술적 시도이며, 허구의 연극이 실제의 삶을 포용하는 것이야말로 연극의 사회적 본분임을 공부의 푯대로 삼았다. 그러나 한국의 현대 연극은 너무 빨리 서양 연극을 답습한 나머지 우리가 지녔던 전통적인 표현 요소들을 소홀히 다루고 있다. 말로 하는, 듣는 데 치중한 연극들이 몸으로 하는, 보는 연극을 앞질러가고 있다.

연극은 몸과 말과 글을 하나로 묶는 예술이다. 우리 연극언어의 회복은 몸과 말과 글을 분리하는 것이 아니라 하나로 여기는 데서 출발한다. 이제 내게 필요한 것은 몸을 통해서 울려나오는 말들의 소리와 그것들을 글처럼 새기며 읽는 태도일 것이다. 교과서에서 연극을

---

7 2011년 10월 서울에서 열린 서울국제공연예술제의 해외 초청작인 콜롬비아 마파 극단의 〈홀리 이노센트: 기이한 파티〉(롤프 압더할덴 연출, 아르코 대극장)는 평소 보기 힘든 라틴아메리카 현대 연극이었다. 이에 앞서, 우리나라에서 처음 무대에 오른 콜롬비아 연극은 1977년 따이에르 극단의 〈예언자 포폰〉(과천 한마당)이었다. 콜롬비아는 참 먼 나라이다. 안데스 산맥 높은 곳에 있어, 하늘과 가깝게 맞닿아 있는 나라이다. 높은 산에 사는 이들은 높은 산꼭대기에 있는 마을길을 맨발로 오른다. 산속과 숲속에 맨정신의 사람들이 숨어 살고, 널브러진 초원의 맨땅이 곳곳에 많다. 이들은 라마 털로 짠 판초라는 담요 같은 옷을 입고 다니는데, 그래서 그들의 가난이 살짝 가려 보이지 않을 때가 있다. 맨발의 그들은 한결같이 가난하지만, 착하다. 콜롬비아 위에서 아래로 놓인 안데스 산맥의 길을 걸을 때, 그들이 잠자게 해주었고, 내게 밥을 주었다. 커피의 나라 콜롬비아의 현대 연극은 오늘날 연극이 과거의 역사를 어떻게 말해야 하는지, 연극의 태도, 연극하는 이들의 정체적·미학적 견해가 무엇인지를 분명하게 말하고 있다. 삶을 대하는 자세를 말하기 위한 콜롬비아 연극의 언어는 총체적이다. 삶이 복잡하고, 삶의 조건들이 괴물 같을 터이므로. 〈홀리 이노센트: 기이한 파티〉 공연 전후로 만난 연출가 롤프 압더할덴은 불안했고, 말이 없었다. 남미의 역사, 과거의 역사가 현대의 연극인인 그를 짓누르고 있었다.

종합예술이라고 정의하는 것은 이것들을 개별적으로 분리하고 심급을 매기는 것이 아니라 하나로 엮는 것을 뜻한다.

  지금, 여기, 생은 돌아갈 데가 없는 깊은 어둠에 감싸여 있다. 나이가 들수록 현실의 연극보다 더 허구적인 현실이 허깨비처럼 보일 때가 많아졌다. 그럴수록 좋은 스승들의 이름을 소리 내어 불러보고 싶다. 산에서, 바다에서, 시골길에서, 남들 눈에 띄지 않는 좁은 골목 안 선술집에서, 출판사 사무실에서, 아우라지 가는 정선에서, 동강으로 가는 영월 나루터에서, 백두대간의 산길에서 눈물을 삼켰던 목젖으로.

  연극 공부에 앞서 학생들을 위한 사랑이 곧 아름다운 희생이라는 것을 가르쳐준 김교빈, 김성룡 교수. 삶과 공부는 광범위하게 일치한다는 것을, 일상적인 만남과 우정의 나눔이 사랑과 환대라는 것을 알게 해준 건축가 이일훈, 박명협, 이용범. 연극에 관한 글쓰기를 연극 공동체 안으로 이끌어준 문학과지성사의 김병익 선생님, 이인성 형. 그동안 내 책을 출간해준 출판사 청하, 솔, 을유문화사, 책세상, 푸른 사상, 열림원, 학고재, 마음산책, 들린 아침, 문학과지성사 등……. 오랫동안 학회에서 만나 연극을 연구하는 학문적 공동체의 아름다움을 언어로, 질서로, 우정으로 체득하게 해준 장 마르크 라뤼, 프랑수아즈 오댕, 알랭 쉬발리에, 비토 미노이아, 올레가스 케스미나스 교수……. 힘들 때, 연극 공부를 계속할 수 있도록 이끌어주고, 현실 연극에 대한 공부의 억압을 떼어놓게 해준 서강대학교, 서울교육대학교, 연세대학교, 서울대학교 등의 대학원 국문학과, 국어교육학과, 미학과. 그리고 연극과 춤의 고리를 놓치지 않게 해준 세종대학교 무용학과의 장선희 교수에게 감사드린다.

지금까지 주로 한국연극학회에서 논문을 발표했다. 그동안 거듭 편집위원장과 학회 부회장을 맡으면서 참 많은 도움을 받았다. 처음 논문을 발표하게 해주신 김문환, 해외의 연극학회를 소개해주고 꼼꼼하게 글을 읽어주신 신현숙, 한국연구재단의 공동연구를 같이 했던 김미혜, 연극에 관한 논의를 이끌어준 김방옥 등 여러 선생들에게 큰 감사를 드린다. 학회에서 만나 우정을 나누는 김용수, 김형기, 남상식 교수들과의 인연도 적어놓고 싶다. 좋은 연극으로 한국 연극의 역사가 된 오태석, 김철리, 기국서, 이윤택, 이병훈, 김석만, 박근형, 김민정, 김재엽, 배요섭 등 연출가들과의 만남도 잊을 수 없다. 학부시절에 만나 늘 우러러본 허은, 이원기, 박기원 같은 선배들의 환대는 잊을 수가 없다.

나는 이원기 선배가 정년을 맞이했을 때, 그 시절의 분위기를 다음과 같이 썼다. 1970년대 중반에 대학에 들어갔을 때, 선배는 나이가 많았음에도 어린 후배들을 따뜻하게 맞아주었다. 그보다 나이가 아주 어린 후배들에게도 선배는 존댓말을 쓰면서 이것저것들을 일러주었다. 꼭 40년 전의 일이다. 학부 시절에는 학교 테두리에서 만났고, 서로의 안부를 물었다. 배고프고 외로워서 견디기 힘든 시절이었다. 대학을 졸업한 후에는 선배는 연극현장에서, 나는 유학을 떠나 서로 떨어져 있었다. 그 후 대학에서 학생들을 가르치는 교수로 다시 만날 수 있었다. 이제 선배는 대학에서 정년퇴임한다. 나도 곧 그리 될 것이다. 연극과 함께했던 세월이 이토록 많이, 빨리 지나갔다. 대학 시절을 떠올리면, 몇몇 선배들이 으뜸으로 기억의 맨 밑바닥에서부터 솟구쳐 떠오른다. 연극은 교수들로부터가 아니라 선배들로부터 배웠다.

그때 만난 선배들 가운데 처음부터 끝까지 한길을 간 존경받는 선배들이 조금 있었고, 그렇지 못한 선배들이 더 많았다.

그즈음 선배들의 도움으로 브레히트와 벤야민도 읽었고, 아리스토텔레스와 루카치도 읽었고, 레이먼드 윌리엄스가 쓴 셰익스피어에 관한 책, 베케트가 쓴 프루스트에 관한 글도 읽을 수 있었다. 신뢰할 만한 선배와 싹수가 보이는 후배가 만나서 금서였던 이론서들을 흑연가루를 뿌려 복사해서 몰래 돌려가며 읽은 덕분이었다. 시대와 어긋났는지 학부 환경에 적응하지 못한 탓인지는 몰라도, 학교를 금세 그만두고 다른 학교로, 외국으로 가서 일찌감치 제 길을 도모한 이들도 많았다. 선배는 조용하게 학교에 남았다.

유신 통치, 군부독재시절의 아픔은 읽은 책의 두께보다 훨씬 더 두꺼웠고, 고통과 상처 입은 젊은 날은 우리가 꿈꾸고 흠모했던 민주화에 대한 희망보다 길고 깊었고, 질겼다. 누구도 넉넉살이를 꿈꾸지 못했다. 꿈이 없는 시대, 폭력이 정의의 이름으로 결정되던 시대의 대학과 사회의 분위기는 거의 군대와 같았다. 봄이 와도 꽃은 피어나지 않았다. 정보부 직원들이 《타임》 지를 겨드랑이에 끼고 강의실에 들어와 터무니없이 강의 내용과 교수와 학생들의 움직임을 염탐하고 다닐 때였다. 데모하다 잡히면 감옥에 끌려가 교정에서 사라지거나, 학적 변동자가 되어 금세 군대로 끌려가야 했던 시절이었다.

지금은 대부분 대학의 정원이나 운동장이 지하 주차장으로 바뀐 터라 찾아보기 힘들지만, 1970년대 중반에는 그 자리에는 탱크가 머물고 있었고, 군부대 막사가 훈련 나온 것처럼 너절하게 이어져 있었다. 한 학기에 교수의 두세 번 강의가 있었고, 시험은 대충 치렀다. 군부독재정권에 저항했던 강직하고 순수한 교수와 학생들은 학교에 오래 붙어 있을 수 없었다. 나약한 우리만 비겁하게 살아남은 것 같다.

선배는 많은 후배들에게 존경받던 선배들 중에서도 으뜸이었다. 공부하고자 했던 후배들뿐만 아니라 날탕, 건깡깡이, 둔패기와 같은 후배들도 선배 곁에 두루 몰려들었고, 살갑게 선배를 좋아했다. 선배는 이러저러한 후배들에게 훌륭한 길라잡이 노릇을 했다. 젊음 그 자체는 즐겁고 흐뭇한 시절이지만, 하늘에는 헤아릴 별이 없었고, 가야 할 길은 막혀 있었다. 도처에 검문소만 있었다. 한마디로 어둠의 시절이었다. 선배는 그 와중에도 항상 올바른 선배였다. 후배들이 몸부림치고 있을 때, 선배는 언제나 후배들 편이었다.

대학에 입학한 해부터 세어보면, 올해가 선배를 만난 지 꼭 40년째가 되는 해이다. 나는 술과 잡기에 허한 터라, 이에 능숙했던 선배와 골방과 술집에서의 만남은 많지 않았다. 시대의 우울에 사로잡혀 산과 들로 나가 떠도는 것과 스스로를 다른 곳으로 추방하는 방랑을 좋아했던 탓이다. 가까스로 유학을 다녀온 후, 선배와의 만남은 주로 연극무대나 글을 통해서였다. 대학에서 가르치는 일을 하게 되면서부터, 우리는 학내 입시 때나 대외 심사장, 그리고 연극 행사장에서 만날 수 있었다. 우리는 이제 나이가 들어 백발이 되었지만, 그때나 지금이나 세상은 부정과 부패로 마냥 패악스럽기만 하다. 도리가 어그러졌고, 인성과 사람살이는 흉악하기만 하다. 그 속에서 우리는 겨우 살아남았고, 이제 현실에서 한 발을 떼어놓을 때가 된 것이다. 이렇게 시절이 흘러가면, 남는 것은 우리 자신이 아니라 연극일 뿐이라는 사실을 절로 깨닫게 된다. 은퇴란 지난 삶과 남은 생을 갈무리하는 오늘의 시작이다.

세상을 아퀴 짓는 것은 연극뿐이라는 아주 희미한 희망만이 책 속에, 노트 속에 그대로 쓰여 있다. 선배와 알고 지낸 지난 40년 동안, 세상에는 뒤죽박죽 참 많은 일들이 있었다. 무엇보다도 정의와 민주의 갈피가 어그러져 생긴 일들이었다. 그러나 생의 자투리처럼 되어버린 연극은 언제나 '그대로' 남아 있다. '그대로'라는 단어는 변화하지 않고 정체되었다는 뜻이 아니라 한결같다는 뜻으로 썼다. 우리 시대에 이념은 그동안 얼마나 많은 이들을 고통과 죽음으로 이끌었는가? 역사는 도대체 어떤 변화, 발전을 한 것인가? 옳다고 한 것과 옳지 않다고 한 것은 얼마나 앞뒤가 다르고 달랐던가? 그럼에도 선배가 은퇴하는 지금 고맙게만 여겨지는 것은, 짧은 때가 모여 윤달이 되듯, 많은 후배들에게 변함없는 얼굴, 윤사월의 해 같은 선배의 모습이다. 혹독했던 시절에 연극은 싸움이나 전쟁에서 필요한 잠개 같은 것이었지만, 선배에게 연극은 언제나 세상을 버히는 것이 아니라 아름다운 세상을 수놓고자 하는 애타는 꿈에 더 가까웠다.

분명컨대, 좋은 선배들이 있어 외롭지 않았고, 배고프지 않았고, 슬픔을 달랠 수 있었고, 견디기 힘든 시절에 책을 읽고 공부할 수 있었던 후배들이 많았다. 우리는 선배 덕분에 이곳에 함께 있으면서 연극의 힘을 깨닫게 되었다. 선배의 정년은 우리에게 시대와 연극의 힘을 되새겨야 할 때를 생각하게 한다. …… 선배가 정년을 맞이하면서, 이제부터는 선배의 삶이 홀가분해졌으면 좋겠다. 선배는 분명 연극과 삶이 결국 하나임을 후배들에게 보여주었다. 연극은 삶의 근원과도 같은 것임을 우리에게 알려주었다. 연극을 배워서 한 것보다는 연극하면서 배운 것이 더 많다는 것을 깨닫게 해주었다. 정년은 끝남이 아니라 제자리로 돌아오는 것 같다. 그 근경과 원경에 참으로 많은 이들이 있었다.

참으로 많은 일들이 있었다. 우리가 만나서 연극 공부를 시작했던 학과는 오랜 연륜을 지닌 곳이 되었지만, 눈에 보이는 것 모두가 달라졌다. 나는 이 글을 쓰고 있는 지금, 생의 긴 연륜을 감사하게 바라보고 있다. 선배가 버텨낸 지난했던 시절을, 그곳에서 한 그루 나무처럼 살면서 어진 얼굴을 지닌 선배의 모습을, 그 선배의 모습을 가까이 혹은 멀리서 보면서 제 자신을 길들일 수 있었던 수많은 후배들의 모습을……. 다만 선배의 생의 깊이를 잴 수 없는 나 자신의 아둔함을, 한없이 안으로 빠져든 선배의 내밀한 공간을 미처 헤아리지 못한 바를 송구스럽게 여긴다. 그것들은 이제부터 후배들이 겪고 새겨야 할 몫일 것이다.[8]

대학 동기였던 최정일과 훌륭한 인재였던 김만중·채홍덕은 서둘러 생을 마감했다. 그 밖에 문학과 건축, 무용과 음악 등 연극의 주변 장르에서 만난 작가들과의 우정도 잊을 수 없다. 오지 산속에서 살다 섬으로 생의 터전을 옮긴 이영재 형, 소설가 호영송 선생님과 출판사 책세상의 김미정 편집장을 비롯해 꼼꼼하게 원고를 돌봐준 편집부 식구들에게도 감사의 인사를 드린다. 그리고 이 원고를 처음부터 끝까지 꼼꼼하게 읽고 실수를 찾아 고쳐주고, 빠진 부분을 채워 좋은 글로 빚어준 김미경 님의 고마움이 크다. 학교에서 만난 범석, 홍, 준표, 호열, 세영, 주영, 성권, 병희, 광현, 재민, 규태, 동일, 지애, 선영, 이정, 선우, 동석, 영완, 은나, 정훈 등 제자들에게도, 언제나 나를 기다려준

---

8 안치운, 〈우리는 누구이고, 연극은 무엇인가〉, 《이원기 교수 정년퇴임 기념논문집》, 36~39, 52~53쪽.

아내와 의진과 휘진에게도, 낯선 곳에서 수사처럼 청빈을 향해서 살고 있는 막냇동생과 조카 형진에게도, 이제는 홀로 계시는 어머니와 장모님께도 고개 숙여 인사드린다.

이 긴 서문이 이미 어둠 속으로 사라진, 나보다 먼저 삶과 연극의 비밀 속으로 걸어 들어간 이웃들에 대한 헌사로 읽히기를 바란다. 나도 곧 책방, 골방에 갇히게 될 것이다. 주인이 아니라 손님으로……

2016년 늦은 가을,
콜롬비아 마니살레스 대학에서
안치운

1부

연극의 기억:
멀리서인 듯이

1.
오류에서 진실로,
죽음에서 삶으로

-

〈오이디푸스 왕〉에 나타난
눈의 이미지 연구

"내 삶은 너의 눈을 위해 서서히 중독된다."

—아폴리네르, 〈알코올〉

1. 눈과 눈짓

희곡은 말을 거는 장르이다. 희곡 읽기는 말로 쓰인 나와 내 세계를 분석하는 일이다. 희곡의 꽃과 같은 말과 희곡의 씨앗과 같은 인물이 지닌 의미와 이미지는 읽는 자의 내면에서 발하는 빛을 통해 그 모습을 드러낸다. 희곡 읽기의 중요한 고갱이는 읽는 이의 눈을 통하여 번져가는 읽는 이의 사유의 힘이다. 희곡은 말로 쓰인다는 점에서 말이 지닌 최고의 권위를 발휘한다. 그 말들은 인물들이 이 세계에 대하여 쏟는 거대한 속삭임이며 절규와 같다. 속삭임과 절규 위에 희곡의 언어는 이미지가 되면서 열리기 시작하고, 상상의 것이 되고, 말하는 깊이가 되며, 무대 위에서 울려 공허하면서도 충만한 것이 된다.

그런 면에서 희곡은 '부끄러움을 지녔다'는 뜻을 담은 함수초含羞 草와 같다. 노란꽃 아카시아라고 불리는 함수초 또는 미모사mimosa의 어원은 움직이는 배우를 뜻하는 마임mime, 미무스mimus이다. 이 꽃은 콩과의 일년초로, 여름에 다홍색 꽃이 피고 꼬투리를 맺는다. 잎새를 건드리면 곧 아래로 늘어지고, 소엽小葉도 서로 닫아서 마치 부끄러움을 타는 듯하다. 희곡에 등장하는 인물들의 언어는 그의 안팎에서 온 자극에 의한 것이다. 그들은 예민하고 섬약한 존재로, 희곡의 언어는 미모사와 같다. 그 언어들이 독자들에게 말을 한다. 희곡을 읽는 것은 그 언어들이 낸 길을 따라 조심스럽게 가는 것과 같다. 희곡을 읽고 글을 쓰는 것은 희곡이 독자의 상상 속에 낸 길의 지형을 고스란히 옮겨놓는 일이다.

그리스의 고전 〈오이디푸스 왕〉은 희곡언어의 아름다움을 지닌 작품이다. 연극에서 희곡의 몫이 커지고 있다는 것은 현대 연극의 두드러진 현상이다. 그러니까 희곡의 고전이 다시 부활하고 있다는 뜻이며, 그것은 희곡을 처음부터 다시 읽어야 할 시대가 오고 있다는 증좌이다.

이 논문은 고전 희곡을 처음부터 다시 읽어보려는 시도로서 쓰였다. 대상 작품은 그리스의 고전 〈오이디푸스 왕〉이며, 눈의 이미지를 통하여 희곡언어가 지니는 침묵과 외침의 근원을 살펴보고자 한다. 주된 내용은 이 작품에 나타난 연극theatre이라는 단어의 어원인 눈의 이미지에 관한 것이다.

희곡을 읽는 것은 희곡 속의 말wort들을 듣고 이에 대립해서 대답ant/wort하는 일이다. 독일어에서 말과 대답/대답하다antwortne/책임지다verantworten는 어원적으로 밀접한 관계가 있다. 대화를 dia/logue로 분석하면 사이dia라는 단어와 말logue이라는 단어로 구분되는데, 이는 말들의 상호작용, 즉 생각한다는 의미를 띤다. 여기서 사이란 거리를 뜻하며 동시에 대상과 함께한다는 뜻을 내포하고 있다.

대화란 인물들이 자신을 객관화하고 반성하는 과정을 뜻한다. 플라톤은 《테아이테토스Theaitetos》에서 생각한다dianoeisthai는 것은 "영혼이 자기가 고찰하는 주제에 관해 자기 자신과 나누는 말"[1]이라고 정의했다. 그러니까 말들의 상호작용을 통한 생각하기는 자기 자신과

---

1 Platon, *Theaitetos*, 189e.

의 대화에서 출발하여 고립된 개인적 주체성의 한계를 벗어날 수 있는 타인과 대화하는 것, 즉 타인과 소통하는 것으로 이어진다. 그리스 비극에서 대화는 인물을 개별자로서 주체성을 나타내기 위한 것뿐만 아니라 공공적 이성의 표현을 실현하기 위한 것이었다.

플라톤의《고르기아스Gorgias》에서 소크라테스가 선에 대하여 소피스트들과 치열하게 토론하는 것,《국가Politeia》제1권에서 소크라테스가 트라시마코스와 정의에 대하여 논쟁을 벌이는 것,《향연Symposion》에서 대여섯 명의 등장인물을 통해 에로스에 찬사를 보내는 것,《파이드로스Phaidros》에서 소크라테스와 파이드로스가 한적한 교외에서 만나 에로스의 의미를 논하는 것은 모두 대화로 이루어졌다. 아이스킬로스의 〈아가멤논〉에서 클리타임네스트라가 남편을 살해한 다음 코러스장과 주고받는 격렬한 대화나, 〈자비로운 여신들〉에서 아폴론 신과 코러스장이 주고받는 대화, 그리고 소포클레스의 〈안티고네〉에서 안티고네와 크레온이 주고받는 대화는 치열하게 자기의 정당성을 말하고 있다. 그런 까닭에 그리스 비극의 대화를 대화, 즉 디알로기아dialogia라고 하지 않고 논쟁을 뜻하는 말인 안틸로기아antilogia라고 했다.[2] 코러스의 합창은 그리스 비극에서 대화의 절정이라고 할 수 있다.

희곡은 연극의 지정학적이며 공간적인 고향이다. 희곡의 역사는 희곡을 통해 자기 동질성을 확인할 수 있는 연극의 역사를 보여준다. 그러므로 연극은 희곡을 말하는 것이 아니라 희곡 속에 있어야 하고, 희곡을 누려야 한다. 연극은 더 이상 문학의 말단이 아니며, 희곡은

---

2 김상봉,《그리스 비극에 대한 편지》(한길사, 2003), 243쪽.

연극의 들러리가 아니다. 극작가와 연출가가 연극의 헤게모니 때문에 서로 싸울 필요가 없다. 이들은 공통적으로 연극을 만드는 작가일 뿐이다.

그동안 한국 연극은 극장 공간이 담을 수 있는 상상력을 중요하게 여겼고, 문자와 말보다는 이미지와 오브제를 전면에 내세웠다. 하여 연극의 모습은 크게 달라질 수 있었지만, 소리와 문자의 울림, 그리고 몸의 움직임 같은 고유한 모습을 잃어버려 자기 정체성을 잃게 되었다. 그것을 찾으려면 텍스트를 다시 읽어야 할 것이다.

그리스 비극에서 인물들의 정신 활동을 고스란히 드러내는 것은 텍스트 속에 들어 있는 말이며 쓰인 문자이다. 희곡은 흘러가는 말을 글로 고정한 형식이다. 그리스 비극은 말과 글 속에 자신들이 지녔던 정신의 형식을 정립할 수 있었다. 오직 말과 글로 자신을 표현하고 객관화할 수 있었다. 객관화란 앞서 언급한 것처럼 자기반성을 뜻하며, 또한 극장은 말과 글로써 소통하는 정신의 장소라고 할 수 있다.

연극예술을 규정하는 매혹적인 단어는 무엇일까? 연극을 정의하는 사상과 역사 속에서 변함없이 연극을 담고, 연극을 풀어줄 수 있는 용어는 무엇인가? 그것을 담고 있는 텍스트는 어떤 것인가? 고전 희곡은 이런 의문들을 풀 수 있는, 가장 매혹적인 것이라고 할 수 있다. 두려움과 매혹과 불안함을 지닌 인물들이 자신을 보호하고, 상처받고 부정하면서 최종적으로 자신의 의도를 밝혀내고 있기 때문이다.

이 깨어남을 가능하게 하는 것이 눈이다. 천체물리학자들은 새벽빛을 앞지르는 빛을 황도광黃道光이라고 부른다. 해가 뜨기 전에 유성들이 태양빛을 반사하기 때문인데, 이렇게 빛에 대해 말하는 것을 앞지르는 것은 눈으로 보는 수수께끼와 같은 흔적이다. 이것이야말로 연극이 눈과 관계 맺는 특징이라고 할 수 있다.

연극은 세 가지 동사를 행사하는 예술이라고 할 수 있다. 첫째는 '듣는다'라는 동사이고, 둘째는 '본다'는 동사이고, 셋째는 '해본다'라는 동사이다. 귀로 들으면 소리와 의미가 함께 들어오지만 잊힐 위험이 있고, 눈으로 보면 분명하게 기억할 수 있지만 착각錯覺할 수 있고,[3] 실제로 해보면 이해할 수 있다. '나는 이렇게 들었다'라는 뜻의 '여시아문如是我聞'이라는 말은 듣는 것은 미룰 수 없고, 건너뛸 수 없으며, 흔적이 없다는 뜻을 품고 있다.

왜 보는 것일까? 연극의 연원은 왜 '본다'라는 동사와 같은 것일까? '본다'라는 말은 보살핌과 시선을 같이 품고 있다. 볼거리spectacle라는 단어는 보다spectare라는 라틴어에서 왔다.[4] 또한 본다는 것은 연극한다는 것이고, 그것은 별sire에서 멀어져de 욕망한다는 것이며, 사라진 별들이 제자리로 돌아올 때까지 꿈꾸기이고 기다리기이고 희망하기이며, 눈을 잃어버리고 존재를 무화하는 재앙dé/sastre이기도 하다. 그것은 함께con 주목한다siderare는 것에 대립되기도 한다.

---

3 셰익스피어는 "젊은이들의 사랑은 그들의 가슴속이 아니라 눈 속에 있다Young men's love then lies not truly in their hearts but in their eyes"(《로미오와 줄리엣》, 2: 2: 165)고 했다. 눈의 착각은 눈에 보이는 것은 거짓이라는 사실로 이어지면서 지각에 의존하는 실증적 실험의 한계를 넘어서게 했다. 예컨대 빛은 파동과 입자의 성질을 동시에 띤다는 것을 토대로 상대성이론에 다가간 현대과학의 실험, 하나의 지점에서 대상을 바라보는 원근법을 무너뜨리고 동시에 여러 시점에서 바라본 4차원의 입체를 2차원의 화폭 위에 펼쳐놓은 현대 회화 등이 여기에 속한다.

4 이와 같은 다른 라틴어 단어로는 본다라는 뜻의 siderare를 들 수 있다. sidera는 별자리를 뜻하는데, 본다라는 이 말은 인간의 활동을 지켜주고 쳐다보면서 인간에게 영향을 주는 별들이 펼치는 장관을 뜻한다. 동시에 별을 본다는 것은 밤하늘을 성좌로 뒤덮고 있는 전조를 읽는다는 것을 의미한다. 이처럼 바라본다는 행위는 부재하기 때문에 갈망하는 것이고, 부재를 확인하는 일이고, 보게 되리라는 기대감을 품는 이른바 욕망한다라는 뜻이다. 또한 보는 것에서 멀어de질수록 부재하는 것에 빠져 고통을 겪는 것, 그것이 욕망de-sire이다. 라틴어로 desiderium은 중성명사, desideratio는 여성명사로 갈망의 의미가 있다.

한자로 본다는 동사를 뜻하는 단어에는 견見과 관觀이 있다. 두 단어 모두 헤아린다는 뜻을 지니고 있지만, 견은 눈을 약하게 가까운 곳을 살피는 것으로 쓰이고, 관은 눈을 세게 해서 멀리 본다는 뜻으로 쓰인다. 영어 idea와 theatre는 모두 '보다'라는 동사와 밀접한 관계가 있다. 이데아idea는 봄idein, 보다didō라는 말에서 유래한다. 우리가 사물을 볼 때 사물의 종류에 따라 보이는 모양, 모양새, 형태, 성질, 특성, 모습, 그리고 그런 성질이나 특성을 띠는 종류나 부류·종種 등을 뜻하는 이 말을 플라톤이 경우에 따라 지성nous이 알아보는 대상이라는 의미의 전문 용어로 전용해서 쓰게도 되었는데, 이를 우리가 이데아 또는 형상이라 말하게 된 것이다.

피타고라스학파는 "구경하는 사람은 진리를 추구하는 사람이다"[5]라고 했다. 이 말을 설명하면, 인생은 축제와 같은데, 어떤 사람은 시합을 하기 위해서, 또 어떤 사람은 장사를 하기 위해서 축제에 나온다. 가장 훌륭한 사람은 앞선 인용구처럼 구경하는theatai 사람으로 참석한다. 그리스어로 본다theatai라는 말은 진리를 추구하는 사람을 뜻하기도 한다. 따라서 보는 행위와 철학은 동의어이다.[6] 본다는 행위는 감각적 지각으로 시작되는 일이지만, 그것은 지성과 인식작용에 따른 이데아를 갖는 것을 뜻한다. 플라톤은《국가》에서 "지성을 갖추meta nou"게 하는 능력nous을 본다theoria라는 관상觀想이라는 말로 설명하면서 본다는 행위를 관상적인 활동, 즉 이론과 동일한 것으로 쓰고 있다.[7]

---

5 박종현,《헬라스 사상의 심층》(서광사, 2001), 153~154쪽.
6 박종현, 앞의 책, 153쪽.
7 플라톤,《법률》, 701d; 박종현, 앞의 책, 36쪽에서 재인용.

이것이 연극이 눈과 맺는 신비한 형식이며, '한 장면scène'을 보여주면서 동시에 '또 다른 장면autre scène'을 보게 하는 연극의 매력이라고 할 수 있다. 뒤의 '또 다른 장면'은 앞 장면의 내용을 메우고, 장면과 장면을 이어주는 역할을 한다. 여기에는 무대와 객석의 간극을 채워주는 것도 포함된다. 쉽게 말하면 보이는 장면과 보이지 않는 장면을 통해서 연극의 구조와 작품이 지닌 환영의 구조가 여러 개로 존재한다는 것을 알려준다.[8] 이 때문에 연극은 알지 못한 채 말하게 되는 오誤/해解와 듣지 않은 채 듣게 되는 오誤/독讀, 그리고 보기는 하되 잘못 보거나 못 보면서도 보게 되는 난亂/시視의 예술이 되는 것이다.

2. 희곡과 눈

왜 하필 "물리학적으로 빛과 물의 결합으로 존재하는"[9] 눈일까? 왜 하필 눈을 통한 비구두非口頭 언어, 즉 비언어적 표현일까?[10] 눈은 생물학적으로 동물의 보는 기능을 맡는 감각기관으로, 안검眼瞼·안근眼筋·누기淚器 등의 부속물로 이루어져 있다. 눈은 인식의 가장 표면적

---

8 André Green, *Un Œil en trop*(Paris: Les Editions de Minuit, 1969), pp.11~12.
9 아지자·올리비에리·스크트릭 공저, 《문학의 상징. 주제 사전》, 장영수 옮김(청하, 1989), 262쪽.
10 "인간의 의사 전달은 언어적 의사 전달과 비언어적 의사 전달로 구분되고, 언어적 의사 전달에는 다시 일반 언어(음성언어-자연언어, 문자언어-문자)와 특수 언어(인공언어: 에스페란토, 기호언어: 수화·점자), 비언어적 의사 전달에는 신체언어(음성: 놀람·고통·기쁨, 동작: 손짓·발짓·눈짓)와 신호언어(시각신호: 미술·팬터마임, 청각신호: 음악, 시청각신호: 무용)가 있다." 성광수·김성도, 〈한국인의 언어 예절과 신체언어〉, 《몸짓 언어와 기호학》, 한국기호학회 엮음(문학과지성사, 2001), 96쪽.

인 대상을 감지할 수 있는 오관 작용의 의미와 내면의 의식 세계로 통과하는 의식의 문으로 규정지을 수 있다. 눈은 인식의 도구이며, 인식을 위한 최초의 관문이다.[11] 라틴어 어원으로 보면 눈ocul은 식물의 싹 oculus과 같다. 그리스어로는 눈op에 복수접미사 thalmos가 붙은 oph-thalmos가 눈을 뜻하기도 한다.

구약 성경(《창세기》 3: 5~7)을 보면, 에덴동산에서 뱀은 이브에게 아담과 함께 금지된 열매를 먹으면 눈이 밝아질 것이라고 단언한다. 그리하여 그들은 선과 악을 알게 될 것이라고 했다. 성경에서 예수는 제자들에게 눈으로 보는 것은 행동하는 것이라고 가르친다. "오른쪽 눈이 죄를 짓게 하거든 눈을 빼어 던져버려라"(《마태복음》 5: 27~29)고 덧붙이는데, 이는 마음의 정화를 촉구하는 아주 강렬하고도 이미지가 풍부한 설교방식이다. 예수는 또 "눈은 몸의 등불이다. 그러므로 네 눈이 성하면 온몸이 밝을 것이며, 네 눈이 성하지 못하면 온몸이 어두울 것이다"(《마태복음》 6: 22~23)라고 말한다. 이처럼 눈은 마음을 반영하며, 사람의 가장 깊은 곳에 감추어진 것을 그대로 드러낸다.

눈은 이성적 실체의 순수형상을 현실적으로 존재화하는 도구이며, 이 눈을 통해서 의식을 지니고 표현하게 됨으로써 앎과 판단과 식별 등의 개념영역을 형성한다. 그리하여 눈은 깨달음을 끌어낸다. 이

---

11 생물학적인 눈에 관한 용어로는 눈, 눈먹대, 눈썹, 눈깔, 눈까풀, 눈살, 눈초리, 눈허리, 눈퉁이, 눈물, 눈망울, 눈시울, 눈자위 등이 있고, 계기에 관한 쓰임새로는 잣눈, 눈금, 저울눈, 그물눈, 겉눈, 눈어림, 눈대중, 눈치, 눈길 등이 있고, 지각에 관한 쓰임새로는 눈을 떴다, 눈뜨게 하다, 눈짐작하다, 길눈이 밝다, 눈설다, 눈결 등이 있고, 탐색, 식별, 판단에 관한 쓰임새로는 샛눈뜨다, 곁눈질하다, 짝눈이다, 먼눈 팔다, 눈썰미, 눈정신, 눈총기 등이 있다. 정서적 쓰임새로는 눈물겹다, 눈부시다, 눈꼴 사납다, 눈허리시다, 뒷눈질, 눈거칠다, 눈부라리다, 모눈[方眼]이다, 첫눈에 반하다, 눈흘리다, 눈에 독이 오르다, 눈감고 아웅하다, 눈 기울다, 눈치례하다, 눈비움이 많다 등이 있다. 이경자,《우리말 신체어 형성》(충남대학교 출판부, 1999), 112~128쪽.

런 과정은 인간이 지향하는 의식 활동의 최고 정점이기도 하다. 일상에서 우리가 몸을 의식할 때는 몸이 편할 때보다는 불편할 때이다. 몸이 생각처럼 움직이지 않을 때, 병에 걸리거나 상처를 입었을 때 더 많이 의식하게 된다. 그러므로 눈을 눈으로서 의식하는 것은 눈의 고통을 느낄 때라고 할 수 있다.

〈오이디푸스 왕〉에서 눈은 막연하게 느껴지고, 무시되고, 암묵적으로 방치되었다. 〈오이디푸스 왕〉에서 가장 고통받는 것은 눈이다. 여기서 눈은 빛에 반사된 물체를 보는 것부터 시작하지만 알아보아야 할 것을 보지 못하기도 한다. 최종적으로는 눈을 잃고 세상을 읽어 내는 희곡이라고 볼 수 있다. 여기서 눈은 세상을 읽는 창과 같았지만 자신과 세상을 분열시키기도 했다. 즉 눈이 창이 되는 경우에는 눈을 통해서 바깥세상으로 나가는 대체할 수 없는 무기와 같았지만, 자신과 세상을 분열시키는 경우에는 깨달음에 방해되는 장애물이 되는 것이다.

눈은 봄으로써 기억하는 몸의 일부이다. 〈오이디푸스 왕〉은 눈을 버리고 어둠 속에 빠져 자신만의 눈으로 세상을 보는 인물을 앞세우고 있다. 눈과 눈은 소통한다. 사람은 눈으로 세상을 보고, 눈으로 사람들과 관계한다. 눈은 몸의 일부이지만 몸의 전체이기도 하며 눈의 부정은 곧 삶의 부정이기도 하다. 그런 면에서 몸의 일부인 눈은 "자연적 세계와 사회적 세계 안에서 우리가 살아가는 일차적 존재양식"[12]이라고 볼 수 있다. 눈은 "인간의 이성, 지식, 행동, 지각된 세계의 생생한 토양이며, 인간을 사회적 존재로 연결시키는 탯줄이며, 타

---

12 정화열, 《몸의 정치》(민음사, 1999), 243쪽.

인에게 보일 수도 있고, 다른 정신들과 교류"[13]할 수도 있다.

희곡 속의 인물들은 말하기 전에 눈으로 본다. 보는 행위는 이 세상을 상징적인 것을 통해서 제 몸 안에 꾸준히 축소해 저장하는 일이다. 눈으로 보는 행위는 인물이 지닌 가장 본질적이며 원형적 것이라고 할 수 있다. 보는 것은 주체이며, 보여지는 것은 객체이고 존재하는 대상이다. 눈으로 보는 행위는 말하기 이전에 소통하는 행위이며, 말할 수 있게 해주는 순수한 본능이다. 본론에서 언급하겠지만, 보여지지 않는 것으로서 절대적 주체가 곧 신이고 신의 예언일 터이다. 인물들은 눈으로 보는 행위를 통해서 정신적으로 소통할 수 있으며, 세상을 자신의 안으로, 자신을 세상 바깥으로 옮겨다 놓을 수 있다. 이렇게 눈은 사회를 비추는 거울과 같은 역할을 함으로써 몸을 사회적으로 소통하게 한다. 몸을 "사회적 처소"[14]라고 말하는 이유가 바로 여기에 있다.

그리스 비극은 폴리스 아테네가 민주주의 시대로 접어들면서 꽃을 피운 형식이었다. 그 이전에는 귀족들에게서 권력을 빼앗아 전체적으로 통치하던 참주들의 시대였다. 기원전 6세기경의 참주체제는 이전의 귀족 지배체제에서 민주주의적인 정치체제로 이행하던 시기에 과도기적으로 나타난 정치체제였다. 서사시가 귀족들이 지배하던 시대의 문학형식이었고 서정시가 이 참주가 지배하던 시대에 적절한 문학형식이었다면, 비극은 귀족과 참주 이후, 즉 시민계급을 위한 문학형식이었다.

---

13 앞의 책, 244쪽.
14 앞의 책, 244쪽.

서정시는 참주들, 그러니까 개인의 주관적인 세계와 주관적인 자기 확신을 견고하게 한다. 여기서 개인은 절대적인 주체로서 자기를 의식한다. 서정시의 본질은 공동체에서 멀리 떨어진 참주처럼 소외된 주체의 자기반성이라고 할 수 있다. 반면에 서사시는 분열된 총체성을 복원하기 위해 자기를 반성한다. 비극은 공동체 속에서 저마다 자신을 잃지 않으면서 공동체의 구성원으로서 다른 사람들과 더불어 살아가는 방식을 극장에서 가르치는 형식이다. 개별 주체들을 시민이 되도록 하는 것인데, 이를 위해 시민들이 서로 만나야 했고, 이를 위해 거대한 야외 극장이 필요했던 것이다.

그리스 비극에서 만남을 가능하게 하는 것은 서정시처럼 독백과 회상이 아니라, 서사시처럼 보고와 진술을 통한 이야기 형식이 아니라, 대화와 코러스의 합창이다. 〈오이디푸스 왕〉에서 중요한 것은 공적인 관객인 코러스의 합창에서 드러나는 객관적 정신의 표현이다. 아테네 시민들처럼 비극의 주인공들은 개별적인 주체이면서 폴리스 공동체의 일원이어야 했다. 이 두 개의 합일을 총체성이라고 한다면, 그리스 비극은 총체성을 강조하는 문학형식이다.

여기서 총체성의 해체와 분열, 대립과 갈등을 가져오는 것이 눈이다. 비극성을 응시하면서 느끼는 연민과 공포, 전율과 미적 쾌감이 눈 속에 자리 잡고 있다. 인간의 감각기관 가운데 가장 정확한 기관이자 이러한 의미들의 상징인 눈을 뽑는 〈오이디푸스 왕〉은 어떻게 하나의 공동체를 이루고 총체성을 실현할 수 있는지를 치열하게 보여주는 전형적인 작품이다.

2.1. 비극, 질문하는 형식

그리스 비극은 그리스가 귀족사회가 아니라 시민사회이던 때, 기원전 5세기에 쓰였다. 아테네 비극시인들은 시민적인 시인이라고 할 수 있다. 폴리스를 위한 비극에서 중요한 덕목은 인간을 '나'가 아니라 시민공동체인 '우리'로 고찰하는 것이다. 아리스토텔레스가 말한 정치적 동물인 인간은 폴리스적인 존재를 뜻한다. 즉 비극을 통해서 폴리스 공동체의 온전함을 검증하고, 추상적인 인간성이 아니라 시민 공동체라는 지평 속에서 인간 삶의 의미와 가치를 고찰한 예술이 그리스 비극이다.

소포클레스가 쓴 오이디푸스 비극은 〈오이디푸스 왕〉과 〈콜로노스의 오이디푸스〉로 이루어졌다. 〈오이디푸스 왕〉은 저항할 수 없는, 맹목적인 필연성이며 인식할 수 없는 삶의 이면인 운명moira에 빠져 잘못을 저지르고 눈을 빼어 속죄하면서 안티고네와 방랑을 떠나기까지를 다룬다. 〈콜로노스의 오이디푸스〉는 20년 뒤의 이야기로, 안티고네와 함께 콜로노스에 온 오이디푸스가 신의 용서를 받고 평안한 죽음을 맞이하여 고향 테베로 돌아가게 되는 이야기이다.

지금까지 〈오이디푸스 왕〉을 다룬 연구는 아주 다양한 주제에 걸쳐 있다.[15] 이 논문은 알 수 없는 인간의 운명과 신의 섭리에 관한 근

---

15 예를 들면 ①《일리아스》와 같은 고전을 통해 정신적인 양식과 같았던 신화의 근원에 관한 연구, 신과 인간의 관계에 관한 연구, 인간의 실수와 죄와 책임에 관한 연구, 가계 및 혈통에 관한 연구, ② 오이디푸스 왕 이야기를 통한 그리스 폴리스와 서구 봉건주의에 관한 연구, 부친 살해와 같은 잘못을 저지른 왕, 근친상간을 한 왕비, 그 사이에서 태어난 사생아 왕자를 중심으로 폴리스 질서의 법과 왕, 그리고 국가와 가족의 관계에 관한 연구, ③ 앙드레 지드의《오이디푸스 Œdipe》(1931), 장 콕토의 〈지옥의 기계La machine infernale〉(1934) 같은 현대 작가들의 작품, 파올로 파졸리니의 영화 〈오이디푸스 왕〉에 등장하는 재구성된 오이디푸스 왕에 관한 연구, ④ 프로이트의 정신분석학에 의해 명명된 오이디푸스 콤플렉스complexe d'Œdipe, 이를 바탕으로

본적인 물음을 제기하는 그리스 비극에서 눈으로 본다는 행위가 무엇인지, 그것이 〈오이디푸스 왕〉에 어떻게 드러나며, 눈을 통한 기억과 눈의 부재가 인물들에게 어떤 영향을 끼치는지를 살펴보고자 한다.[16]

〈오이디푸스 왕〉은 정상적인 눈을 가진 그가 스스로 자신의 두 눈을 빼버리고 광야를 헤매는 것으로 끝난다. 그렇게 해서 정신의 깊이는 상실과 고통의 깊이에 다름 아니라는 것을 말한다.[17] 〈오이디푸스 왕〉은 부친 살해, 근친상간, 양자, 아버지의 권위를 파괴하고 다시 세우는 것 등 비극의 본질적인 문제들을 담고 있는 작품이다. 이처럼 그리스 비극은 정치적인 인간이 표현하는 미적 반성이라고 할 수 있다. 이것이야말로 고대 비극의 주된 요소들이라고 할 수 있으며, 오늘에 이르기까지 반복되는, 비극이 지니는 영속성과 맞물리는 부분이다.[18]

〈오이디푸스 왕〉은 "걷잡을 수 없는 폐허로 인하여 탄식과 눈물로 넘치고 있는 도시, 그 어두운 지옥과 같은 세계"에서 시작된다.[19]

한 문명과 신화의 관계에 관한 연구, ⑤ 현대소설과 현대회화에 다시 등장하는 오이디푸스에 관한 연구 등으로 나눌 수 있다.

16 이에 관해서는 다음과 같은 문헌을 참조했다.
S. Freud, *Malaise dans la civilisation*(Paris: PUF, 1971); E. Jones, *Hamlet et Œdipe*, trad. A.M. Le Gall(Paris: Gallimard, 1976); C. Bier, *Œdipe en monarchie, Tragédie et Théorie juridique à l'Age Classique*(Paris: Klinckisieck, 1994).

17 호메로스의《일리아스》에는 오이디푸스 왕이 "옛날 전쟁에서 쓰러져" 테베에서 장례식을 치렀다고 쓰여 있다. 그렇다면 그는 죽을 때까지 왕으로서 테베를 지배한 고대 그리스의 인물이었다는 뜻이 되고, 동시에 고대 그리스 신화와 역사적 사실이 엉켜 여러 종류의 오이디푸스 이야기를 다룬 희곡이 쓰였다고 볼 수 있다. 호메로스,《일리아스》제23권, 이상훈 옮김(동서문화사, 1976), 520쪽.

18 Christan Biet, *Œdipe*(Paris: Editions Autrement, 1999), p.10.

19 그리스 비극은 페르시아 전쟁이 시작된 기원전 5세기에 황금기를 누린 문학형식이었다. 기원전 5세기는 그리스 역사에서 전혀 비극적인 시대가 아니었다. 그렇기는커녕 오히려 그리스의 황금시대라고 일컬을 수 있는 시대였다. 그리스 비극의 매력은 비극이 그리스 황금시대에 지배적인 예술형식이었다는 데서 찾아볼 수 있다. 그것은 자유로운 정신에 의한 새로운 상상력으로

오이디푸스 왕은 이러한 세계 속에서 "나라 전체의, 나 자신의, 그리고 백성들의 슬픔을" 자신의 한 몸으로 감당하고자 한다. 이 작품에서 비극의 생성원리는 단절을 낳는 물음이며, 신약 성경의 〈요한복음〉에 나오는 표현처럼, 진리가 자유케 하는 이념이다.

〈오이디푸스 왕〉은 질문으로 시작해서 질문으로 끝난다. 비극에 등장하는 인물들은 운명대로 사는 이들이라기보다는 질문에 답하기 위해서 극단에 이르는 이들이라고 할 수 있다. 운명이 인물들을 질문하고, 질문이 운명을 결정한다. 질문이란 대상을 밝히는 것이 아니라 질문하는 행위를 통해 자기 자신의 내밀한 곳에 이르게 하는 일이다. 그것은 멈추지 않고 길을 가는 일이며, 오던 길과 가야 할 길을 끊임없이 확인하는 인내와 되묻는 고통을 요구한다.

등장인물들은 스스로 '나는 누구인가'라는 질문을 하고, 그것에 답해야 한다. 오이디푸스 왕이 "내 출생을 밝혀내지 않고 버려둘 수는 없다"고 말하는 것처럼, 자신의 근원을 묻는다는 것은 혈통과 가문의 권위와 관습에 대한 존경이기도 하며 동시에 그것에 이의를 제기하는 것이기도 하다. 그리하여 그런 태도는 "불길한 일이 일어날 테면 일어나라고 해, 내 지체가 아무리 천하다 하더라도 알지 않고는 못 배기겠어"라고 할 만큼 위험하며 고통을 동반한다.

여기서 "그 어떤 것도 나를 달리 만들 수 없다"는 신념을 품은 오이디푸스 왕의 '나는 누구인가' '운명은 어디서 왔는가'라는 질문은 '인간, 그는 누구인가'라는 질문과 등가이다. 그런 면에서 오이디프

설명할 수 있을 것이다. 그것은 보이는 것이 아니라 보이지 않는 것을 그려보는 능력을 뜻한다. 예컨대 행복 속에서 불행을 상상해보는 능력을 뜻한다. 김상봉, 《그리스 비극에 대한 편지》(한길사, 2003), 82~83쪽 참조.

왕의 질문은 자기 자신에 대한 물음이되, 이 세계에 대한 수수께끼와 같은 근원적인 물음이기도 하다.[20] 그리스 비극이 신화에 속하는 이유, 현대의 많은 작가들이 동일한 주제를 여전히 반복하는 이유가 여기에 있다.

〈오이디푸스 왕〉에서 반복하는 것은 물음뿐 아니라 가계의 운명이기도 하다. 오이디푸스 왕의 선왕인 라이오스 왕은 도시를 구하려면 아들을 갖지 말라는 아폴론 신의 계시를 어겼고, 그 어김은 오이디푸스 왕의 근친상간과 이어서 두 아들의 죽음으로 이어진다. 그 고통과 불행은 오이디푸스 왕이 자기 눈을 스스로 빼앗아버리기에 이른다. 그러므로 오이디푸스라는 인물은 "권력의 본질이며 동시에 인간의 본질"인 셈이다.[21]

그리스 비극은 묻는 형식이라고 할 수 있다. 국가의 탄생과 가족의 성립에 관련한 제도, 그리고 사람과 사람, 국가와 사람 사이의 윤리에 대한 물음의 형식이다. 제도와 윤리에 질문을 던지는 형식으로서 연극은 만들어진 제도와 정해진 윤리와의 싸움이기도 하다. 〈오이디푸스 왕〉에서 국가와 가족, 아버지와 아들, 질서와 무질서, 국가의 안정과 불안 등은 서로 대립하는 항목들이다. 그리스 비극이란 이러한 대립을 통해 새로운 장소, 새로운 입장들을 달리 제도화한다.[22]

---

20 Christian Biet, Œdipe(Paris: Editions Autrement, 1999), p.11.
21 Christian Biet, ibid, p.39.
22 이 점은 디오니소스와 폴리스에 대한 설명으로 어느 정도 설명할 수 있다. 디오니소스 신도들은 도시국가인 폴리스의 이런저런 굴레에서 벗어나 자유로워지고 싶어 한다. 폴리스의 굴레란 귀족과 하층민을 구분하는 사회적 신분이나 성차별, 도덕적이며 인습적인 전통 또는 종교일 수도 있다. 이 시대, 비극이 주는 즐거움은 곧 이러한 폴리스의 질서에서 벗어나ek 있는stasis 것을 뜻한다. 이런 상태의 체험이 곧 엑스타시스ekstasis이다. 이것은 디오니소스의 신theos을 내 안에en 들어와 있게entheos 함으로써 가능하다.

그리스 비극, 특히 소포클레스의 비극에 등장하는 인간은 "장차 닥칠 일, 닥칠지도 모를 일"을 안고 있으며, "한 번은 죽어야 할 생명"이고, "지나친 영화도 없고, 반드시 파멸"을 경험하는 존재들이다. 그리하여 "삶의 끝을 밟기 전까지는 어떤 사람의 자식도 행복한 사람이라 부르지 말라"고 경고한다.

이렇듯 〈오이디푸스 왕〉은 가정과 국가의 질서가 깨진 세계, 그 세계 속에 존재하는 한 개인의 한계를 뚜렷이 보여준다. 오이디푸스 왕은 권력의 정당한 적용을 보여주기도 하고, 위기에 놓인 그 반대의 모습을 보여주기도 한다. 질서가 파괴된 곳은 동시에 새로운 질서를 요구하는 곳이기도 하다.[23] 그 사이에 부친 살해와 근친상간 같은 비극적인 일들이 자리 잡으면서 질서를 파괴하고자 하는 욕망과 그것을 다시 세우고자 하는 필요성이 개진된다. 여기에서 도시의 새로운 질서를 세우는 인물로 등장하는 이가 크레온이다. 그리고 인간의 욕망과 법의 상관관계, 프로이트 식으로 말하면 욕망의 법칙과 현실 법칙의 싸움, 문학적 상상력의 생성, 오이디푸스 콤플렉스 같은 담론들이 생성된다.[24]

---

23 도시 속에서 삶의 공동체 과정을 유발한 것을 세속화라고 말한다면, 이런 점은 현대 연극의 생성과 무관하지 않을 것이다. 현대 연극은 세속화의 산물이다. 삶의 세속화, 연극의 세속화는 무엇보다도 삶을 지배했던 종교와 형이상학에서 해방된 삶과 연극을 뜻한다. 세속을 뜻하는 영어 secular는 세계를 뜻하는 라틴어 saeculum에서 나왔다. 세계라는 세쿨룸이 시간의 경과를 뜻하고, 같은 뜻을 지닌 mondus는 공간의 변이를 뜻한다. 존재를 시간적으로 파악한 결과인 세속이라는 단어는 막연하나마 뭔가 열등한 것을 의미한다. 세속이란 종교적 세계와는 반대되는 것으로 변하는 이 세상을 뜻하기 때문이다. 세속주의는 다른 주의ism와 마찬가지로 세속화가 낳은 개방성과 자유를 위협하는 부정적인 것이다. 세속화가 근본적으로 변화하지 않는 세계의 폐쇄성으로부터의 해방을 뜻한다면 세속주의는 하나의 이데올로기인 새로운 폐쇄성을 강요한다. 안치운, 《연극, 반연극, 비연극》(솔, 2002), 76쪽 참조.
24 서양 연극사에서 시민연극의 이념을 확인할 수 있는 대표적인 작품은 소포클레스의 〈안티

〈오이디푸스 왕〉은 끝난 이야기가 아니다. 그것은 삶과 존재의 어려움, 인간 정체성에 관한 보편적인 물음들로 다시 태어나 오늘의 신화가 된다. 오이디푸스 왕은 그리스 문명이 낳은, 인간이 품은 보편적인 꿈이야말로 비극적 현실임을 제 스스로 깨닫는 대표적인 인물인 셈이다. 세상이 비극이기 이전에 꿈이 현실을 비극적인 것으로 만들어버리는 경우를 웅변하는 인물이다. 덧붙여 극중의 공적인 관객이라고 할 수 있는 그리스 비극의 코러스는 인간이란 결국 운명 앞에 쓰러지고 마는 불쌍한 존재임을 말하고 있다.

비극의 매력은 금지된 것을 어기는 인물들의 열정, 금지된 것을 전복하면서 문학적 상상력의 힘을 증대하는 것이다. 고대 그리스 비

고네)이다. 이 희곡은 부족이 마을로 전환한 것을 고통스럽게 보여준다. 거칠게 말하면 〈안티고네〉 이후 서양의 현대 연극은 안티고네 처지에서 도시적 운명으로 상징되는 크레온과의 끊임없는 충돌이며, 파멸하는 비극이라고 할 수 있다. 새로 만든 도시와 발견한 시민계급의 매혹이 점점 커질수록 이 세계의 나약함이 드러나기 때문이다. 정복해야 할 세계가 아니라 보수해야 하고, 보존해야 할 세계로의 전환이다. 여기에 시민계급의 새로운 역할이 생겨난다. 주인공 안티고네는 크레온 왕으로 상징된 신흥도시가 질서와 평등을 필요로 한다는 것과 충돌한다. 안티고네는 여기서 혈통과 부족, 그리고 가족을 대표하는 인물이다. 안티고네 바로 앞에 도시(폴리스)의 필요성과 확대에 반대하다 죽은 그의 오빠 폴리네이케스가 있다. 정상대로 하면 삼촌인 크레온이 아니라 그가 왕이 되어야 했다. 왕이 된 크레온은 왕권을 되찾기 위해 쳐들어온 폴리네이케스를 반역자로 몰아 죽였고, 그 시체를 땅에 묻지 말고 들에 내버려두어 개와 새에게 뜯어 먹히게 하라고 명령했다. 가정과 폴리스 사이의 운명적 모순에 사로잡힌 안티고네와 크레온은 결국 충돌했고, 둘 모두 파멸의 비극을 경험해야 했다. 안티고네가 혈연 중심의 가족을 보호하고자 했다면, 법으로써 나라를 번영으로 이끌어갈 것과 시민적 충성을 밝히는 크레온은 피할 수 없는 법과 도시의 정의를 내세웠다. 결국 안티고네는 권력에 정면으로 도전해서 오빠의 시체를 땅에 묻고 체포되어 사형을 당한다. 영원히 흔들림 없는 신의 법을 믿는 안티고네의 패배는 부족문화에서 마을문화로의 고통스러운 전환을 반대하는 데서 온 것이고, 아내와 아들을 잃은 크레온의 비극은 이 괴로운 투쟁을 끝까지 몰고 간 결과에 있었다. 여기서 시민연극의 특성으로서 비극이 상정된다. 부족사회에서 시민사회로 전환하는 데서 승리의 기쁨을 얻은 이는 아무도 없다. 모두가 희생자인 셈이다. 소포클레스가 〈안티고네〉를 비극적인 결말로 끝낸 것은 아테네가 지역적인 도시에서 보편적인 주요 도시로 발전하는 것을 거부한 것을 나타낸다." 안치운, 《연극, 반연극, 비연극》, 77~78쪽 참조.

극 작품들이 신화의 범주를 벗어나지 않는 이유는 금지된 것, 그것을 어겼을 때 피할 수 없는 처벌 등 문학적 상상력의 최댓값을 누리기 때문이다.[25]

바로 그 절정에 눈의 실명이 자리 잡는다. 인물들은 좁게 말하면 개인과 가족, 넓게 말하면 국가와 법, 그리고 욕망과 윤리 사이에 존재하면서 침묵을 깨고 장막을 걷어내어 감추어진 것들을 드러낸다. 오이디푸스는 자신의 정체성, 친자관계를 비롯한 가계도家系圖, 국가가 지닌 숨겨진 의문들을 탐색해서 밝혀내는 중심적인 인물이다.

2.2. 눈으로 〈오이디푸스 왕〉 읽기

고전 희곡 읽기란 무엇인가? 우리에게 잘 알려진 작품일지라도 새로운 시대의 요구와 감각에 따른 해석이 필요하다. 중요한 것은 고전 희곡작품에 등장하는 신화든, 인간 활동의 모든 현상이든 넓은 의미의 텍스트로 이해하고, 그 텍스트에 등장하는 기호들 사이의 개별적인 의미작용을 정확하게 이해하는 일이다.

그리스 비극은 오늘날 현대 연극의 원형이며 근간을 이루고 있다. 앞에서 언급한 폴리스와 연극, 민주주의뿐만 아니라 인간, 신, 법, 정의, 자유, 개인, 사랑, 여성, 전쟁 등에 관한 본질적인 문제들을 다루기 때문이다. 그리스 비극은 이러한 것들을 극 속에서 풀어가는 놀라운 연극적 장치들을 지녔다고 볼 수 있다. 그런 맥락에서 그리스 고전

---

25 그리스 국가와 통치자, 통치자와 연극에 관한 서술은 플라톤이 차선의 국가라고 시인한 《법률》에 잘 드러나 있다. 통치자는 권력을 지녔으되 동시에 비극이 지닌 모든 불경하고 무례한 것, 예컨대 자유katacheousin, 하소연goodestatais 등을 허락했다. Platon, *Lois*(Paris: Gallimard, 1991), 800c~d.

비극인 〈오이디푸스 왕〉을 달리 읽으려면 지금까지 알려진 암묵적인 전제들, 예컨대 고정불변의 실체, 단일한 힘의 진행을 확인하는 것에서 벗어나 새로운 질문을 만들어야 한다.

오이디푸스 왕은 어떤 인물인가? 오이디푸스는 아버지 라이오스와 어머니 이오카스테 사이에서 태어났다. 아버지 라이오스 왕은 젊은 시절 엘리스의 펠로프스 왕의 궁궐로 망명해 있었다. 그는 아름다운 크리시포스 왕자를 사랑하게 되었는데, 이 때문에 그는 자식을 낳아서는 안 된다는 신탁을 받았다. 그러나 그는 이 신탁을 어기고 아들을 낳았으니, 그가 바로 오이디푸스였다. 델포이 신탁은 아들을 낳은 라이오스 왕이 아들에게 살해될 것이며 그 아들은 어머니와 결혼하게 되리라고 예언하였다. 오이디푸스가 버려진 것은 라이오스 왕과 이오카스테가 불길한 예언을 피하기 위해서였다. 불길한 예언의 증거는 염병으로, 죽음으로 확연히 드러난다.

두 발목에 구멍이 뚫리고 묶여 강보에 싸인 채 산골짜기에 버려진 오이디푸스는 다행히 산 너머 코린토스의 양치기에게 넘겨져 목숨을 건진다. 오이디푸스라는 이름에는 어원적으로 '발pod이 곪은 oidein'이라는 뜻이 있다. 뒤늦게 등장하는 양치기 노릇을 한 사자가 이를 말하기도 한다. "그 때문에 지금의 이름으로 불리게 된 것입니다"(192쪽)라고.[26] 그 후 오이디푸스는 후사가 없는 코린토스 왕 폴리보스의 양자가 된다. 그러나 여기서도 그는 제 아비의 피를 흘리고 어미의 품에서 자식을 낳으리라는 신탁을 받는다. 여기까지는 〈오이디

---

26 (〈오이디푸스 왕〉에 등장하는 코러스의 노래에서. 이하 따옴표 안의 내용은 인용문이며, 괄호 속 숫자는 번역본의 쪽수이다. 번역본은 조우현 옮김, 《희랍극 전집》, 현암사, 1974).

푸스 왕〉의 행동 중심이 신탁을 받아 듣는 것이다. 듣는 것에서 보는 것으로 옮겨갈 때[27] 비극의 징조는 더 분명히 드러나게 된다.

오이디푸스는 저주에 가득 찬 운명을 피하기 위해 별들을 보고 그곳의 위치를 재면서 비참한 예언의 죄가 이루어지지 않을 곳을 찾아 이웃나라 테바이로 피신한다. 자신의 고향으로 되돌아가는 것이다. 그는 테바이가 자신이 태어난 곳임을 전혀 몰랐다. 그러나 돌아오던 중, 신의 말씀을 듣겠다고 떠난 라이오스 왕의 행차를 산길에서 만난 오이디푸스는 왕의 부하들과 시비 끝에 왕인 줄 모르고 라이오스를 살해하게 된다. 아버지를 죽인 것이다. 보기는 했는데 잘못 보았기 때문이다. 이 작품에서 첫 번째로 일으키는 눈의 착각이다.

그런 면에서 〈오이디푸스 왕〉에서 모든 진실은 처음부터 눈에 보이지 않고 숨겨져 있다. 고전적인 인물이 등장하는 희곡이되 눈이 일으키는 착각을 통해 삶의 불확실성을 증거하는 매우 현대적인 작품이기도 하다. 전혀 모르는 상태에서 무엇인가를 아는 쪽으로 변화하는 것은 득과 실을 동반한다. 감추어진 앎을 얻기 위해서는 이미 지녔던 것을 잃어야 했다. 비극은 진실을 얻는 대신 제 몸을 잃어버리는 아픔을 감수하는 일이다.

운명이란 눈이 있어도 보지 못하는 것.[28] 그럼에도 오이디푸스 왕

---

27 사르트르는 타인이 나와 동등한 권리를 지닌 존재로서 나타나는 때는 타인이 우리를 볼 때라고 말하면서 '보는 행위'를 다음과 같이 설명한다. 프랑스어 regard는 '응시', regarder는 '응시하다'라고 번역한다. voir는 '보이다'를 뜻하는데, 의지적·의도적으로 본다는 뜻을 표현하려면 regarder라고 하는 것이 옳다고 했다. 사르트르의 응시이론은 타자의 존재란 내가 타인으로 볼 때가 아니라 내가 타인에게 보여질 때 훨씬 더 자기 자신을 확인할 수 있다는 것이다. 오이디푸스도 실명失明한 뒤, 즉 자신이 타인으로 보여짐으로써 비로소 자기 존재를 분명하게 깨닫게 된다. Jean Paul Sartre, *L'Etre et Le Néant*(Paris: Gallimard, 1943), p.130 참조.

28 서양의 고전 비극에는 눈이 있어도 진실과 아름다움을 보지 못하는 것을 말하는 장면이 많

은 진실의 힘을 믿는다고 거만하게 말한다. 늙은 예언자는 오이디푸스 왕이야말로 눈은 뜨고 있으면서도 처참한 일에 빠지고 있다고 말한다. 그러나 오이디푸스 왕은 그가 늙고 눈멀었다고 조롱한다. 이제 그의 운명을 결정하는 것은 신의 예언일 뿐이다. 그것을 몰랐던 유일한 인물은 오이디푸스였다. 그는 눈이 있어도 그 눈으로 제대로 보지 못했다. 제대로 보는 눈이 없었던 그는 부끄러움도 느끼지 못했다. 자신의 눈은 있어도 세상의 눈, 나를 볼지도 모르는 사람의 눈은 지니지 못했기 때문이다. 예언이란 오이디푸스 왕에게는 들리지 않았고, 신이란 보이지 않았던 존재이다. 어떤 장소에도 있고 언제나 나를 보고 있지만 알 수 없는 존재를 절대화한 것이 신의 눈이고, 신의 예언인 셈이다.

〈오이디푸스 왕〉은 유명한 스핑크스의 질문으로 시작한다. "아침에는 네 발로, 낮에는 두 발로, 저녁에는 세 발로 사는 것은 무엇인가?" 이 물음은 눈으로 잘 보면 풀 수 있는 문제 아닌가. 사자의 몸에 아름다운 여자의 얼굴을 한 스핑크스는 길 가는 나그네들에게 이 질문을 던지고, 이 질문에 답하지 못하면 잡아먹는 괴물이다. 스핑크스의 세금이란 사람의 목숨을 뜻한다. 공포에 떠는 시민들은 거리를 떠나고, 도시는 암흑 속에 빠져버린다. 이 장면은 마지막 오이디푸스가 헤매는 광야와 동일하다.

다. 예를 들면 "눈에 보이는 아름다움은 눈에 보이지 않는 아름다움을 속에다 감추고 있는 것이 큰 자랑거리이다" "이 눈이 마음을 움직일 수만 있다면" "눈이여, 그걸 부정하라! 오늘 밤에야 비로소 진짜 아름다움을 봤구나"(셰익스피어, 〈로미오와 줄리엣〉 1막 3장·5장), "눈 있어요? 이 고운 산을 버리고 이 늪에서 먹고 살찔 수가 있어요? 하, 눈 있어요?" "넌 내 눈을 바로 내 영혼으로 돌려놨고, 거기에는 시커멓게 착색되어 안 지워질 오점들이 보이는구나"(〈햄릿〉 3막 4장) 등.

오이디푸스는 우연히 길을 가다가 스핑크스의 질문에 정확하게 답한다. "그것은 사람이다." 답은 간단하지만 이것은 목숨을 놓고 스핑크스와 겨루는 지혜 싸움이다. 앞서 언급한 것처럼 눈은 지혜의 상동어이다. 비극은 존재론에 관한 질문과 대답으로 건축되는 집과 같고, 삶의 슬픔과 고통에 관한 해석학이다. 지혜 싸움에서 진 스핑크스는 분통이 터져 스스로 절벽 아래로 몸을 던져 죽고 만다. 오이디푸스 왕이 자신의 눈을 뽑아버리는 것처럼.

오이디푸스는 선왕 라이오스가 죽어 혼자 지내던 왕비 이오카스테를 아내로 삼는다. 세월은 흐른다. 오이디푸스와 이오카스테 사이에 두 아들과 두 딸이 태어난다. 갑자기 그리스 테바이에 전염병이 창궐한다. 산목숨들이 스러지고, 들판의 곡식은 시들고, 가축들도 병들어 죽는다. 산 사람들에게도 죽음의 공포가 몰아친다. 도시는 온통 기도와 신음 소리로 가득 차 있다.

백성들은 털실을 드리운 올리브 나뭇가지를 들고 제단 앞에 앉아 있다. 늙은 제관은 "도움의 길을 찾아주기" 바라며, "망하기 위해서 흥했을 뿐이라는 말을 듣지 않도록" 바라며, "시민들을 (제앙에서) 끌어 올려주시고, 이 도시를 반석 위에 다시 세워주십시오"라고, "그전에 행운을 주셨던 그 빛나는 별 아래서 행복한 오늘로 우리들을 인도하시옵소서. 왕께서 지금 이 나라를 다스리셔야 한다면 사람 없는 황폐한 곳이 아니라 살아 있는 사람들의 왕이 되시옵소서"라고 간청한다 (165쪽).

이에 대하여 오이디푸스 왕은 말한다. "너희들이 괴로움을 당하고 있어도 내 괴로움에 더한 사람은 없다. 너희들의 서러운 사정은 제한 몸을 괴롭힐 뿐 남에게까지 미치는 것은 아니지만, 나는 이 나라 전체의, 나 자신의, 그리고 너희들의 슬픔을 내 한 몸으로 당하고 있다"(166쪽). 궁리 끝에 오이디푸스 왕은 아폴론 신의 성지이며 땅의 한복판이라고 여겨지는 델포이(퓨토)에 있는 제우스 신의 아들이자 빛의 신 포이보스의 집에 보내 자신의 "어떤 행동이나 말이 이 나라를 구할 수 있겠는지" 신탁을 받아오라고 이오카스테의 동생 크레온에게 명령한다.

처남인 크레온이 가지고 온 신탁의 내용은 다음과 같다. "이 땅에서 생기고 키워진 더러운 일이 우리를 파멸치 않도록 씻어 없애라." 그것은 선왕 라이오스를 살해한 자를 찾아내 처단하지 않는 한, 테바이는 재앙에서 벗어날 수 없다는 뜻이다. 아폴론의 신탁은 피를 피로 갚아야 한다는 것이다. 크레온은 크게 말한다. "그 피로 이 나라가 더럽혀져서 멸망해가고 있는 것입니다"라고. 오이디푸스 왕은 되묻는다. "그가 누구인가? 그렇게 비난받는 악한이란 누구란 말인가?" 라이오스 왕을 죽인 자는 누구인가? 오이디푸스 왕의 "그토록 오래 묵은 죄의 희미한 자취를 이 넓은 천지 어디서 찾으란 말인가?"라는 질문에 크레온은 "찾으면 찾아질 것이요, 찾지 않으면 잃고 말 것이라"고 단호하게 대답한다(167쪽). 비극은 당하는 데서 오지 않고 스스로 행하는 데서 온다.

코러스장의 제안으로 오이디푸스 왕은 포이보스 신과 가장 가까운 예언자 테이레시아스를 만난다. 위대한 예언자, 그러나 아테네 여신이 목욕하는 것을 본 탓으로 그 여신에 의해 맹인이 되는 처벌을 받은 예언자는 오이디푸스 왕에게 진실을 말하지 못한다. 대신 "아아, 지혜가 아무 쓸모도 없을 때, 안다는 것은 얼마나 괴로운 일인가? 내가 그것을 알면서도 잊었단 말인가? 차라리 여기 오지 말 것을……"

하고 말하자 오이디푸스 왕은 더욱 간절하게 "대답을 거절함은 옳지 못하고, 그대를 키워낸 이 나라에 충성된 일이 아니오. …… 제발 알고 있거든 숨김없이 말해주오"(172쪽)라며 예언자에게 간청한다. 되돌아온 예언자의 대답은 간단했다. "모두들 아무것도 모르고 있습니다. 하지만 깊은 비밀을 들추어내지 않으렵니다. 왕의 비밀도"(172쪽).

그러나 말하는 것이 의무인 테이레시아스는 모든 것을 알고 있었다. 두 눈을 잃어 외부 세계에 대해서는 눈이 감겨지고 대신 신의 깨달음의 빛을 받게 되는 예언자, "영원한 어둠 속에 사는"(174쪽) 그는 왕에게 해를 끼치고 싶지 않아 말하지 않으려고 했다. 그리고 "제가 말하지 않더라도 올 것은 옵니다"(173쪽)라고 운명적인 예언을 하고 만다. 예언자가 말하려고 했던 운명은 바로 그다음 화가 머리끝까지 치민 오이디푸스 왕의 말로 고스란히 드러나고 만다. "내 손으로 혼자서 그 일을 다 저질렀을 것이다"(173쪽).

결국 예언자 테이레시아스는 진실을 말한다. "바로 당신 때문에 이 나라가 부정을 타고 있습니다"(173쪽)라고. 믿을 수 없는 진실 앞에서 오이디푸스는 "이 더럽고 염치없는 놈"이라고 말하며 진실을 부정한다. 그러나 테이레시아스의 응답은 견고하기 이를 데 없다. "진실이 내 힘입니다. 진리는 헛된 무기가 아닙니다"(173쪽). 어둠 속에 있는 자는 진실을 보고, 빛을 보는 오이디푸스 왕은 눈이 있어도 그것을 알지 못한다. 이 장면은, 참으로 아름답고 가치 있는 것은 언제나 보이지 않는 정신의 영역에 있다는 것을 웅변한다. 진실을 보지 못하고 사물의 겉모습에 매혹되는 것을 노예적 정신의 특징이라고 한다면, 그것은 보이지 않는 아름다움을 볼 수 있는 능력의 상실을 뜻한다. 이 장면에서도 보다voir와 알다savoir 사이의 관계를 연결하는 언어학적 관점은 눈의 은유에 종속되어 있다.[29] 오이디푸스의 눈에는 보이는 것이 없었다.

2.3. 방황과 죽음

그리스 비극에 나타나는 방황과 죽음은 비극에 등장하는 인물들의 위대함을 증명하는 비극의 정신이다. 그것은 보이는 것이 아니라 보이지 않는 정신의 크기이고 위대함이다.

마침내 오이디푸스 왕은 선왕을 살해한 자가 자기 자신임을 알게 된다. 그리고 가장 가까운 핏줄과 부끄러운 인연을 맺고 살고 있다는 것을 알게 된다. 자기 자신이 누구이며, 자신을 아버지라고 부르는 아이들이 누군지 알게 된다. 그러기까지 오이디푸스 왕은 신탁을 구하러 갔던 크레온이 자신을 몰래 엿보고 자신을 쫓아낼 궁리를 하고 있다고 의심하기도 하고, 타인들의 질투심은 얼마나 끈질긴 것이냐고 하면서 자신을 옹호한다. 크레온은 크레온대로 오이디푸스 왕이 자기에게 악의에 찬 비난을 퍼붓는 것을 참지 못한다. 크레온을 무시하고, 그에게서 "위험과 미움을 느끼"(178쪽)고, "추방 아니면 사형"을 선택하라고 말하는 오이디푸스 왕은 그때까지만 해도 "사람과 돈주머니 없이 왕의 자리는 손에 들어오지 않는 법이"(178쪽)라고, 눈에 보이는 것만 믿고 있었다. 보이지 않는 신탁에 관한 것, 예언자 테이레시아스를 데려온 것을 두고 오이디푸스 왕과 크레온은 서로 싸운다.

이 대목에서 판단력이 정지된 오이디푸스 왕보다는 현명하게 자

---

29 아지자·올리비에·스크티릭 공저,《문학의 상징. 주제 사전》, 장영수 옮김(청하, 1989), 259쪽.

신을 논리를 말하는 크레온이 훨씬 두드러진다. 오이디푸스 왕의 비난에 크레온은 당당하게 다음과 같이 말한다. "나는 아직 내게 이로운 것보다도 헛된 것을 잡으려고까지 아직 그렇게까지 우둔하진 않습니다. …… 나는 야심에 한 번도 끌린 적이 없고, 그런 음모에 가담하기도 싫습니다. …… 오직 시간만이 옳은 사람을 가려내주기 때문입니다. 그러나 악인은 단 하루에 드러나고 맙니다"(180~181쪽).

시간의 흐름은 눈에 보이지 않는 것이다. 오이디푸스 왕은 눈에 보이는 주어진 현실이 가능한 현실이라 믿고, 그 현실에 갇혀 있다. 보이지 않는 것을 보는 정신이 보이는 현실을 변화시킬 수 있다는 데 이르지 못하고 있는 것이다.

오이디푸스 왕과 크레온의 싸움은 "왕은 지배해야 한다"는 것, "오오, 내 나라, 내 나라여"라고 말하는 보이는 가족의 윤리와 "잘못된 지배를 해서는 안 됩니다" "이 나라는 내게도 권리가 있습니다. 왕의 독차지가 아닙니다"(181쪽)라고 말하는 보이지 않는 도시의 윤리 사이의 싸움이다. 이것은 자신의 믿음―볼 필요가 없는―에 충실한 오이디푸스 왕과 자신에 대한 사람들의 신뢰―보아야 하는―를 믿는 크레온의 싸움이기도 하다.

그 싸움 속에서, 정작 눈을 잃어 앞을 못 보는 예언자 테이레시아스는 오이디푸스 왕이야말로 앞을 제대로 보지 못하고 있다고 크게 말한다. "왕께서는 눈을 뜨고 계시면서도 얼마나 처참한 일에 빠지고 계신지, 그리고 어디서 사시고, 누구와 함께 지내고 계신지 모릅니다. 당신께서 누구의 자손인지 아십니까? 모르십니다. …… 지금의 밝은 그 눈도 끝없는 어둠이 되고 말 것입니다"(175쪽)라고 예언한다. 그리고 "밝았던 눈이 멀고, 부유의 몸이 비렁뱅이가 되어, 지팡이를 짚고 낯선 땅을 헤매 다닐 것입니다. 그리고 자기 자식들의 형제이자 아비, 자기 어미의 아들이자 남편, 아비의 잠자리를 뺏은 자, 그리고 아비의 살해자임이 밝혀질 것입니다"(176쪽)라고 덧붙이면서 사라진다.

오이디푸스 왕은 이오카스테를 통해 라이오스 왕이 아들의 손에 살해당할 운명이라는 신탁, 그리고 신탁을 피하기 위해 인적이 없는 산비탈에 내버려졌던 자신의 출생과 그 이후의 모든 일을 알게 된다. 자신의 어머니와 결혼하여 차마 볼 수 없는 애를 낳고, 자신을 낳은 아버지를 죽인다는 것을 알게 된다. 신탁은 신의 인과관계가 인간의 인과관계를 지배하는 보이지 않는 증거라고 할 수 있다.

이것은 아리스토텔레스가 말한 비극적 고통을 초래하는 과오인데, 이때부터 오이디푸스 왕은 삶 또는 자기와의 근본적 불일치인 하마르티아hamartia를 통해 성찰하게 된다. 자신이 라이오스 왕을 죽인 사실을 안 오이디푸스 왕은 "오오 그대 갸륵한 신이여, 다시는 그런 날이 오지 않도록 하시옵소서. 아니 그런 더러운 상처가 내게 찍히기 전에 차라리 이 세상에서 없어지게 하옵소서"(186쪽)라고 절규한다.

말한다는 것은 잃어버렸다는 것을 의미한다. 오이디푸스는 자신이 상실한 것을 확인한다. 말을 하면 할수록 그의 결핍, 결핍되는 것에 대한 욕망의 표현은 점점 더 커진다. 그리고 "당장 무서운 저주 속에 내 몸을 던지고 있으면서도 그걸 모르고 있다니"라고 한숨짓는다. 그리고 그는 "몸서리 난다. 그 장님이 볼 줄 안다면! 한마디만 더 들으면 모든 것이 분명해질 것이다"(184쪽), "아아, 이제 모든 것이 분명해졌구나. 모든 것이 사실이구나! 오, 빛이여, 다시는 너를 보지 못하게 해다오"(196쪽)라고 절규한다.[30] 이제 두 번 다시 보지 않겠다고 스스로 선언한 것이다.

오이디푸스가 죽음 속에서 삶을 생각하는 비극의 정점에서 코러스가 모든 진실을 노래한다. "오만은 폭군을 낳는다 / 오만은 헛되이 지나친 이득에 / 드높은 바위 끝을 기어오르고 / 손발도 여기서는 쓸모가 없다 / …… 정의를 두려워하지 않고 / 신의 궁전을 어려워하지 않고 / 말이나 행동에서 오만한 자는 / 그 불행한 오만으로 하여 재앙을 받는다"(187쪽).

그럼에도 오이디푸스는 자신의 출생을 밝혀내려고 노력한다. "내 지체가 아무리 천하다 하더라도 알지 않고는 못 배기겠어. …… 나는 내 출생을 알기에 두려워할 까닭은 없어. 그 어떤 것도 나를 달리 만들 수는 없단 말이야"(193쪽)라고 말한다. 삶을 총체적으로 사유하는 지혜란 이토록 고통스러운 일이다.

이오카스테는 이를 알고 더는 진실을 캐지 말도록 오이디푸스에게 간청한다. 그러나 이오카스테는 절망에 빠져 목을 매어 자살하고, 오이디푸스는 "너희들은 이제 다시는 나를 덮친 수많은 앙화도, 내가 스스로 저지른 수많은 죄업도 보지 마라! 이제부터 너희들은 어둠 속에 있거라! 보아서 안 될 사람을 보고, 알고 싶었든 사람을 알아채지 못했든 너희들은 다시는 누구의 모습을 보아서도 안 된다"(198쪽)고 말하면서 왕비의 옷섶에서 황금의 장식 바늘을 빼서 다시는 하늘의 해를 바라보지 않겠다며 제 두 눈을 뽑아버린다.

---

30 호메로스는《일리아스》제17권(17: 645 이하)에는 아킬레우스의 친구 파트로클로스가 헥토르의 손에 죽음을 당하고 난 뒤, 군대가 갈피를 못 잡고 혼란에 빠지는 장면이 나온다. 이때 아이아스가 다음과 같이 하늘을 향해 기도한다. "아버지, 제우스여, 이 어둠으로부터 아카이아인들의 아들들을 구하소서! 광명을 주소서! 눈으로 볼 수 있게 해주소서." 어둠이 아니라 빛 가운데에서 싸우다 죽게 해달라고 부르짖는 이 모습은 그리스 영웅들이 보여주는 보편적인 모습이다.

그는 보이는 것 속에서 있지 않은 것을 바라보기 위하여 눈을 없앤다. 자기 자신을 실재와 이화한다. 자신으로부터, 사회로부터, 언어로부터, 옛날로부터, 어머니로부터, 자신의 근원으로부터, 합체하는 타인으로부터 분리되는 것이다. 이때 눈을 잃어버려 선혈이 낭자한 오이디푸스의 육체는 지고한 풍경이 된다. 눈을 잃은 죽음 앞에서 절실하게 삶의 의미를 되묻기 때문이다.

이 장면에서 코러스는 "과연 당신으로서 되살아나고 이제는 당신으로 하여 어둠은 다시 내 눈을 덮었다"고 노래한다. 이제부터 그의 부끄러운 몸은 "땅속의 감옥"과 같다. 그곳은 "슬픔이 닿지 않는 곳으로 사는 마음은 평화롭기"(201쪽) 그지없는 곳이다. 잃어버린 그의 눈이 오이디푸스의 등불이 된다. 눈을 잃어버려 그의 온몸이 밝아진다. 그의 몸이 비로소 벌거벗게 된다. 지금까지 보는 주체였던 오이디푸스는 보여지는 객체가 된다. 보고 보여지는 관계로 보면, 보여지는 쪽은 객체이고 사물이나 도구가 된다.

오이디푸스는 딸 안티고네만을 데리고 "더러운 것 중에도 더러운 것이 있다면 그것이야말로 오이디푸스의 몸이다"(200쪽)라고 회한을 품은 채 키타이론 산을 향해 영원한 추방이라고 할 수 있는 방랑을 시작한다. 보이는 존재가 된 그는 자신을 보임으로써 오히려 자기를 더욱 잘 보게 되는 존재가 된다. 마치 배우가 가면의 눈을 통해서 더 잘 보게 되듯이, 비로소 그는 자신의 눈과 자신을 보는 눈이 마주치는 경험을 하게 된다. 두 눈이 마주친다는 것은 자유로운 존재자 사이에서만 가능한 일이다. 사르트르는 "타자의 눈을 보는 것은 자기 자신의 자유 속에 몸을 놓고서, 그 자유의 밑바닥부터 자유에 대항하려는 것이다"[31]라고 했다. 우리가 주목한 것은 이런 관계를 매개한 눈이었다.

3. 눈의 상실, 본질의 획득

시가 철학의 시원이며 끝이라고 말한 독일의 시인 횔덜린은 그의 시 〈청명한 하늘 가운데……〉에서 다음과 같이 노래한다. "생각건대 오이디푸스 왕은 눈이 하나 더 많았다"(VI, 26). 이 시구를 이해하려면 횔덜린이 쓴 시 〈회상〉에서 "예부터 신들의 말은 눈짓이다"(IV, 135)라는 구절을 먼저 읽어야 한다. 눈은 모든 것의 본질이다. 본질은 말이 아니라 말을 초월하는 그 무엇이다. 말을 초월하는 것이 눈이다. "눈이 말한다"라는 표현은 참으로 옳다. 그리고 거짓이 들어 있지 않다는 것을 강조한다. 눈은 순수의 창이다.

눈을 잃은 오이디푸스는 이렇게 말한다. "더러운 것 중에서도 더러운 것이 있다면 그것이야말로 내 몸이다"(202~203쪽), "아, 무서운 검은 구름의 이 어둠, 상처의 아픔과 어둔 기억에서 이 몸은 잘리어 시달린다"(200쪽). 이처럼 오이디푸스의 실명은 본질의 상실이다. 세상은 원래 본질과 순수로 가득 차 있었다. 그것을 바꾸어놓은 것이 운명이다. 운명은 더 이상 도래할 게 없다는 것을 말하는 또 다른 본질이다.

〈오이디푸스 왕〉은 순수와 본질을 상징하는 눈과 그것을 잃게 하는 운명과의 싸움을 보여준다. 그리스 비극은 이 싸움에서 순수와 본질의 훼손, 상실, 패배를 보여준다. 즉 오이디푸스가 스스로 눈을 빼버리는 것은 운명과의 싸움에서 패배했다는 것을 뜻한다. 그러니까 세상의 척도로써 순수의 상실을 잃어버렸다는 것을 뜻한다. 오이디

---

31 J.P. Sartre, *op. cit.*, p.449.

푸스 자신이 사랑해서는 안 될 사람과 사랑한 것, 즉 아버지를 죽이고 어머니와 결혼하고 자식을 낳은 것이 그것이다. 눈을 잃은 그가 볼만한 아름다움은 과연 무엇이고, 그것은 어디에 있는가?

운명은 세상과 인물들을 가난하게 만든다. 가난한 시대란 더 이상 올 것이 없는 세상이다. 오이디푸스가 이 사실을 알았을 때, 그는 혼자였고, 고독했다. 그의 남은 사명이란 무엇일까. 왕으로서, 한 인간으로서. 그것은 고독과 운명을 피하는 것이 아니라 그것을 최대로 이끄는 데 있다. 그것을 자신의 사명으로 알고 행하는 것, 저 혼자 머물러 있는 것이 아니라 왕으로서 자기 민족을 대표하는 것, 그렇게 해서 새로운 진실에 도달하는 것, 이름하여 눈을 잃고 스스로 광야를 헤매는 것일 터이다. 눈을 잃어버린 탓에 오이디푸스는 존재에서 부재로 넘어간다. 이제부터 그는 보이지 않는 것을 찾아나서야 한다.

오이디푸스는 광야를 헤매면서 스스로를 탓했다. 자신이 그런 짓을 했다는 것 때문이 아니라 너무 늦게 진실을 알았다는 것 때문에. 그리고 신들이 존재한다는 것으로, 진실을 획득한 것과 자신이 그 모든 것을 늦게마나 조금씩 수용할 수 있다는 것으로 스스로를 위무했다. 광야의 밤과 바람은 더 이상 고난이 아니었다. 오히려 그를 더 강하게 만들어주었다. 신을 비슷하게 닮아가는 자신을 발견했다. 운명은 세상과 자신을 가난하게 만들어놓았다는 것을 후회하지 않을 수 있었다. 가난한 시대야말로 성스럽다는 것을 그는 말하고 있다. 그는 지금 가난한 시대, 아니 성스러운 시대의 한복판에 서 있다는 것을 웅변한다. 그래서 그는 광야를 헤매면서 지치지 않는다.

오이디푸스가 헤매는 광야란 어떤 곳인가. 그곳은 오늘날 우리에게 낯설다. 눈을 잃고 난 뒤 오이디푸스가 크레온에게 "나를 산으로 보내주오"(203쪽)라고 하는 것으로 미루어, 광야는 자연이라고 해야 좋을 것이다. 광야는 모든 것이 자연 그대로 존재하는 경이로운 세계를 뜻하며, 묵시록과 같을 것이다. 그곳이야말로 이 세상의 본질이자 순수가 가득 찬 터라고 할 수 있다. 그것은 눈으로 보는 것이 아니다. 세상은 그것을 보이게 하지도 않는다. 그것은 눈짓일 뿐이며, 그것을 보는 것은 눈이 아니라 눈이 부재하는 곳에 있다.

눈의 부재는 침묵을 낳는다. 눈을 잃고 방황하는 오이디푸스는 광야의 침묵을 듣는다. 우리가 흔히 말하는 마음의 눈을 지니고 마음의 눈으로 볼 수 있게 되는 것은 눈의 상실과 같은 자기소멸이 전제되어야 가능한 일이다. 광야에서 그는 걸어가면서 선 채로 꿈을 꾸고, 뛰어가면서 꿈을 꾸고, 자면서도 꿈을 꾼다. 그는 줄곧 다른 세계 안에 존재한다. 그는 진리에 굶주려 있기 때문이다.

눈은 말하지 않고 노래한다. 노래는 세상의 본질과 순수를 담아낸다. 그 속은 텅 빈 눈의 자리처럼 공허하다. 그것을 알기 위하여 오이디푸스는 누구보다도 먼저 길을 내면서 걸어간다. 앞을 보지 못하는 대신 침묵을 듣는 오이디푸스는 이제 왕이 아니라 시인이다. 노래하는 시인이다. 눈이 없는 결여의 체험, 그 결여를 메우고자 그는 노래한다. 세상의 본질과 순수를 노래하기 위하여 운명과 싸워 패배한 시인이다. 두 눈을 잃어버린 아주 가난한 시인이다.

실명은 대상에서 분리되어 있는 거리, 그 헤어짐의 상징이다. 노래와 철학은 진리에서 떨어지는 것으로부터 시작된다. 세상은 이제부터 눈이 없는 시인을 통해 세상을 추억하게 한다. 그가 노래하면서, 회상하면서, 기다리는 것은 시가 된다. 헐벗은 오이디푸스처럼 시인이 가난한 이유는 여기에 있다. 먼저 진리를 획득하는 것, 그리고 그것을 모든 이들에게 말하는 것, 그러기 위해서 그가 치러야 하는 자기소멸과 같은 희생은 너무 크다. 자신의 눈을 잃고 세상의 눈이 되는 것이야말로.

행복에서 불행으로 옮겨온 오이디푸스는 죽지 않는다. 그는 광야를 떠돈다. 광야란 죽음의 복판이며 진실의 터와 같다. 그가 광야를 헤매는 것은 죽음과 진실의 주변을 끊임없이 맴도는 것과 같다. 〈오이디푸스 왕〉은 오이디푸스가 광야를 헤매는 것으로 끝나지만, 계속 방황하는 것으로 이어질 뿐이다. 여기에 이 작품의 탁월함과 인물의 영원함이 있다. 눈을 잃고 광야에서 방황하는 오이디푸스는, 헤밍웨이의 표현대로, "킬리만자로 높이 1만 9,700피트, 눈 덮인 아프리카 대륙의 최고봉, 서쪽 봉우리에 말라 얼어붙은 한 마리 표범"과 같았으리라.

공연의 막이 내려도, 오이디푸스의 헤매는 발걸음은 계속되어 독자와 관객을 더 먼 곳으로 이끈다. 독자와 관객들은 오이디푸스의 실명과 방황을 통하여 삶에 대한 불만, 산다는 행복, 무엇보다도 갈망하고 사랑해야 할 행복의 추방을 경험한다. 이 작품의 감동은 여기에서 피어오른다. 눈이 있을 때 그의 시야는 일정한 중심과 방향을 지닌 터라 이 세계 안에서 그는 한 점에 필연적으로 위치하고 있었다. 그러나 눈을 잃고는 공간적으로나 시간적으로 모든 제한을 벗어날 수 있었다. 눈이 있을 때 그는 자고 있었던 것이고, 환경의 영향을 받았지만 세계를 잃어버렸던 것이다. 눈을 잃고 나서 그는 광야라는 공간을 점유하고, 세계를 획득한다.

이제 멀리 있는 것은 작게 보이고, 가까이 있는 것은 크게 보이거나 그 반대의 지각을 벗어나게 된다. 눈을 감각의 매개로 삼았을 때는 세상에 대한 인식과 자연에 대한 파악이 부분적이고 우연하고 상대적이었지만, 눈을 잃고 나서는 세상에 대한 인식과 자연에 대한 파악이 오히려 전체적이고 절대적인 것으로 변하게 된다. 이제 오이디푸스는 눈에 보이는 대상과 그 대상의 배후에 있어서 보이지 않는 것을 구별하지 않게 된다. 물체가 투명하기 때문이 아니라 자기 자신이 투명해졌기 때문이다.[32]

모든 비극에 등장하는 인물들은 만족스럽게 죽는 것을 부정한다. 좋은 연극은 만족하게 죽는 인물, 즉 이미 죽어 있는 인물을 등장시키지 않는다. 오히려 죽어가는 인물, 그 죽음을 계속해서 연장하는 인물들을 내세운다. 그리하여 이 세계와의 관계를 끊을 듯 이어놓는다. 오이디푸스가 광야를 헤매는 태도는 죽음의 연장을 뜻한다. 그는 평화롭게 살기를 바라지 않았다. 눈을 잃고 길 위에서 방황하는 것은 평화롭게 죽고자 하는 의지의 표현이다. 그리스 비극은 오이디푸스를 통해 인간의 목숨이 유한하다는 것, 등장인물들이 그것을 확인하는 과정을 통렬하게 보여준다. 이것이 비극에 등장하는 인물들의 한계이다. 그러므로 죽음 역시 그들에게 주어지는 것이 아니라 이루어야 할 그 무엇이다. 죽어야 하는 의무, 이것이야말로 그리스 비극이 우리에게 알려주는 인간이 능동적으로 장악해야만 하는 것이다.

흔한 비극은 인간은 죽는다는 것을 보여준다. 그러나 훌륭한 비극은 이것은 아무것도 아니라는 것을 보여준다. 아니, 인간은 자기 자

---

32 이 부분은 다음 구절을 떠올리게 한다. "여기서 나는, 내게 어떤 일이 일어나더라도, 어떤 치욕이나 어떠한 재난도, 자연이 치유하지 못할 것이 없을 것이라고 느낀다. 헐벗은 대지 위에 서 있을 때, 나의 머리는 쇄락한 공기로 먹 감고, 무한한 공간 속으로 들쳐 올라간다. 모든 천박한 자기 집착은 사라진다. 나는 하나의 투명한 안구*a transparent eyeball*가 된다. 나는 무이다. 나는 모든 것을 본다. 우주적 흐름이 나를 관류한다. 나는 신의 일부가 된다." 랠프 왈도 에머슨, 《자연》, 신문수 옮김(문학과지성사, 1998), 21쪽.

신의 죽음에서 출발하여 존재한다는 것을 말한다. "사람으로 태어난 몸은 조심스럽게 마지막 날 보기를 기다려라. …… 삶의 저편에 이르기 전에는 이 세상 누구도 행복하다고 부르지는 마라"(204쪽)고 말한다. "오이디푸스여, 그대가 본보기"(204쪽)라고 코러스가 노래하듯이. 눈을 잃은 오이디푸스가 그 대표적인 본보기이다.

그리스 비극은 희극처럼 삶에서 죽음으로, 그리고 죽음에서 삶으로 회귀하지 않는다. 자연적인 죽음을 말하지도 않는다. 비극의 인물들은 삶을 끝장내면서 죽음에 이르는 길을 거부하지 않는다. 릴케 또한 죽음처럼 흔한 것도 없다고 했다. 그것은 자유롭지 못한 죽음이며, 필요한 순간에는 오지 않는 비겁한 죽음이다. 오이디푸스의 실명과 광야에서의 방황은 삶에 대한 사랑으로, 전혀 다른 죽음을 갈망하는 존재의 태도로 해석해도 좋을 것이다. 그리고 삶이 얼마나 불안정하며, 불행이 얼마나 행복 가까이 있는지를 기억하게 한다.

이 희곡을 읽는 것은 그러므로 작가이고, 인물을 연기하는 배우이고, 동시에 관객이 되는 모험이다. 그 모든 것은 눈으로부터 시작된다. 그리스 비극정신은 세계와 불화에 빠지면서, 즉 앞을 보지 못하는 오류, 대상과 떨어져 있는 불균형에서 시작된다. 이 불화에 기초한 비극정신은 서정시처럼 개별적인 자기의식에 한정되는 것이 아니라 집단적이고 객관적인 통일성에 기초한다. 그러므로 눈을 잃어버린 오이디푸스의 방황은 그만의 자기반성이 아닌 것이고, 끝이 없는 것이다. 상징적 거세인 눈을 잃었다는 고통 속에서 보이지 않는 정신의 위대함을 찾는 그리스 비극의 여정은 끝나지 않는다. 그 역사는 끝나지 않는 끝이다.

2.
기억의 시학을 통해 본
한국 현대 연극의 글쓰기
–
〈태〉와 〈봄이 오면 산에 들에〉를
중심으로

"그림자는 어디에 있는가*Ubi sunt umbrae.*"

—시아그리우스

1. 기억의 시학

기억은 덧없고 무상하고 변덕스러운 것일까? 시간이 지날수록 희미해지는 것일까? 과거의 역사를 어떻게 문화적 기억으로 남길 수 있을까? 어떻게 기억은 예기치 않게 출현하여 잊고 있는 것을 말하는 가? 기억은 과거의 힘이 현재의 나에게 작용해 운명을 지배하는 어떤 힘처럼 될 수 있는가?

뒤로 끌어당기는 힘과 같은 기억에 관한 큰 문제는 우리의 몸 바깥에 기억이 저장되고 있다는 점이다. 기억장치의 발전에 따라 외적으로 기억하는 시대에 살고 있기 때문이다. 컴퓨터 하드디스크에 저장된 데이터처럼, 우리의 기억은 외적으로 유지되고 연장된다. 이것이 새로운 문화적 기억의 수단이 되면서 기억에 대한 위기의식은 점점 커지고 있다. 인간이 고유하게 지녔던 기억능력은 오늘날 상대적으로 줄어들 수밖에 없게 되었다. 인간의 기억능력은 점차 불연속적인 것이 되고, 순간적인 것이 될 확률이 높아지고 있다. 컴퓨터 같은 외적인 기억장치에 의해서 의식적 기억과 물리적 흔적 사이의 문제가 점점 수수께끼로 남는다.[1]

---

1 컴퓨터 같은 새로운 도구들의 확대는 종래 정신-육체의 문제를 퇴행으로 이끈 것이 사실이다. 최근에는 생명 없는 광신경망 컴퓨터가 기억의 새로운 지위를 차지하는 문제, 그리고 이런 것들에 의해 점차 줄어드는 자발적 기억에 관한 연구들이 활발하다. 이 점에 관해서는 다우베 드

상기력의 상실은 곧 파국에 이르는 길이라고 할 수 있다. 여기에 기억의 힘으로 과거를 재현할 수 있는 인문학의 위기와 더불어 연극의 위기가 있으며, 연극이 존재해야 하는 이유가 더 크게 있다.

오늘날 문화와 예술에 관한 기억을 다룬 연구는 매우 다양하다. 문화적 기억이라는 용어로 일컬어지는 기억에 대한 광범위한 연구는 자아의 해체에 대한 위기의식과 관계있으며, 구조주의 역사학이 호소력을 발휘하지 못한 탓이라고 보는 견해도 있다. 즉 "역사적 구조는 당대인에게 보이지 않는, 그리하여 사후적으로 비로소 파악될 수 있는 과정 및 관계를 의미한다. 그러나 생생한 체험으로서의 과거는 역사라기보다는 기억의 문제이고, 그다음은 정체성의 위기라고 할 수 있다. 지난 200년간 근대적 정체성의 내용을 형성했던 민족국가의 의미가 흔들리면서 대항지구화가 생겨나고, 다른 한편에서는 '내'가 믿고 의지할 수 있는 기억에 집착하는 형상도 생겨나"기 때문이고, "주제의 친근성" 때문이라는 지적도 있다.[2] 이처럼 기억하고, 기억을 보존하는 것이 점차 중요한 논의 대상이 되고 있다.

현대소설에서도 기억은 매우 중요한 창작방법이다. 이는 기억의 글쓰기라고 일컬어지는데, 구체적으로 새로운 언어, 복원의 힘, 온전한 역사의 재구성에 관한 것이다. 예를 들어 한 작가는 "내 소설에는 두 가지 주제가 있다. 하나는 '자유'이고 하나는 '기억'이다. 기억이란 지난 과거에 일어난 일들을 살아 있게 하는 것이다. 나는 내가 잃어버린 그 자유에 대해 항상 깨어 있었고, 그것은 내 책 속에서 언제나 되

라이스마, 《기억의 메타포》, 정준형 옮김(에코리브르, 2006), 296~335쪽 참조.
2 강성민, 〈기억, 또 다른 전체주의〉, 《교수신문》 2006년 4월 5일.

살아나는 것이다"라고 말한다.[3]

연극의 매력은 오랫동안 과거의 사건을 항상 현재시제로 재현할 수 있다는 데 있었다. 그것은 연극이 과거의 단순한 저장이 아니라 늘 새롭게 기억하고 기억을 재생산하는 장르의 예술이기 때문일 터이다. 연극은 기억의 변증법적 형식이라고 할 수 있다. 기억의 고리가 하나씩 새롭게 형성될 때마다 삶의 사슬은 과거로 옮겨간다. 연극에서 기억의 저장장치는 극장이고, 희곡에서 기억의 저장장치는 글을 비롯하여 인물들 자체라고 할 수 있다. 이러한 극적 장치들은 모두 기억의 공간을 생성한다.

희곡에 등장하는 문자로서의 인물들을 살아 있는 인물로 만드는 기제는 무엇보다도 기억이다. 표면적으로는 기억을 상실하는 경우도

---

3 이사벨 아옌데,《조선일보》2001년 7월 11일. 서양문학의 고전《일리아스》나《오디세이》, 중세 서사시《니벨룽의 노래》등의 핵심은 과거의 사건을 후대에 전달하는 데 있다. 그것들이 대부분 운문으로 쓰인 것은 운율을 통해 전수할 문화적인 내용을 쉽게 기억시키려고 했기 때문이다. 운문은 기억의 서술방식이라고 할 수 있다. 18세기 후반부터 서양에서 본격적으로 등장한 자전적 소설은 자신의 정체성을 조망하고 서술하려는 자전적 기억의 산물이다. 임철우의 소설《백년여관》도 기억에 관한 글쓰기라고 볼 수 있다. 이 소설에 등장하는 허깨비들은 산 자들의 기억에 의해 자신의 존재를 증명하게 된다. 제주 4·3사건의 피해자들인 무당 조천댁과 강복수 내외가 중심이 된 위령굿 행사는 산 자와 죽은 자의 재이별을 위한 상징제의가 된다. 독일 작가 귄터 그라스도《나의 세기Mein Jahrhundert》라는 연대기 형식의 소설에서 격동의 20세기 독일 역사를 기억한다. 그것은 1900년부터 1999년까지 100개의 장을 설정해 각 장마다 10매 남짓한 분량으로 서로 다른 시각과 목소리를 지닌 다양한 작중화자를 등장시키는 변신술의 글쓰기를 통해 독일 현대사 100년을 다시 기억하는 글쓰기 시도였다. 레마르크와 윙어의 1차 세계대전 회고 가상 대담(1914~18), 히틀러의 제국 수상 취임(1933), 스페인의 게르니카 학살(1937), 핵무기 논쟁(1955), 자신의 대표작인《양철북》(1959), 베트남전 반대 시위(1966), 펑크punk의 확산(1978), 체르노빌 원전 사고(1986), 복제양 돌리 탄생(1997) 등, 해당 연도마다 그해의 가장 중요한 역사적 사건을 통해 작가는 20세기의 빛과 그림자를 기억하고자 하는 글쓰기를 시도하고 있다. 종군기자, 아낙, 노인, 어린이 등 다양한 신분으로 변신한 작중화자는 크고 작은 역사를 직접 체험한 사람의 처지에서 야만의 역사를 증언한다. 작가에게 기억이란 비판적 휴머니즘의 시각에서 증언자로서의 글쓰기를 구현할 수 있게 한다.

있지만, 자신들의 모든 상처를 무의식 속으로 억제하기도 한다. 인물들은 "감각기관에 의해 흡수된 경험이 도장을 찍는 것처럼 기억 속에 이미지eikon, 즉 상을 남긴다".[4] 이처럼 감각기관을 통해 들어온 상像, 즉 메타포와 같은 기억은 등장인물들을 행동하게 하는 기제가 된다.

기억은 소리를 저장했다 다시 듣는 것과 다르다. 거대한 공간과 같은 기억에 의한 내러티브는 현재의 행동이기도 하고, 미래를 향하는 회전판과도 같다. 현대 연극과 희곡은 두드러지게 인물들이 지닌 기억으로 독자와 관객들에게 정보를 주고, 인물들을 변형하기도 한다. 연극 속 인물들은 기억에 의존하며, 기억은 인물들에게 목표 그 자체가 되기도 하고 궁극적인 끝이 되기도 한다. 기억은 인물들에게 호소하고, 인물들을 움직이고, 인물들을 추동해 다른 행동을 하게 한다. 인물들은 극중의 흐름 안에 있으면서 나무숲과 같은 기억 속에 빠져 있기도 하고, 그곳을 나와 사건 진행을 돕거나 사라진 기억처럼 상실되기도 한다. 멀어지기만 하는 과거와 같은 기억 속에서 희미한 메아리처럼 남아 있기도 한다.

이처럼 기억은 구체적인 희곡 속에서, 공연 안에서 인물들의 의사疑似공간, 내적 공간이 된다. 연극이 새로운 현실을 창조한다면, 등장하는 인물들은 기억으로 현실을 판단한다. 그것은 서양의 고전 희곡에서도 예외가 아니다. 소포클레스가 《콜론의 오이디푸스》에서 피 흘렸던 과거 이후 평정을 찾은 오이디푸스를 보여주듯, 셰익스피어가 〈리어 왕〉에서 자신의 광기를 광야의 모든 바람결에 부르짖듯,[5] 광야란 기억이 더 이상 존재하지 않는 터가 아니라 인물과 작품에 새

---

4 다우베 드라이스마, 앞의 책, 47쪽에서 재인용.

로운 지평선을 열어주고, 폐쇄되지 않은 가능성을 열어주는 공간일
터이다.

연극에 나타난 기억에 관한 연구는, 서구 고전 희곡부터 현대 희
곡에 이르기까지 ① 비극에서 기억과 망각의 문제, ② 기억하는 고통
의 문제, ③ 기억의 공간, ④ 보이는 현실과 보이지 않는 기억의 거리
와 차이, ⑤ 망각할 수 있는 권리와 기억해야 하는 의무 사이 등의 문
제를 다루고 있다.[6]

이 논문은 오태석의 희곡 〈태〉와 최인훈의 희곡 〈봄이 오면 산에
들에〉에 나타난 기억의 내러티브 방식을 통해 작가를 포함하여 인물
들이 끊임없이 기억의 부재인 망각과 싸우면서 기억에 집착하는 바
를 분석하는 데 그 목적이 있다. 이 두 작품에서 인물들은 현재에 대
한 태도보다는 기억에 대한 태도에 빠져 있고, 희곡의 내러티브 중심
이 현재의 태도를 규정하는 기억에 있다. 두 작품은 한국 현대 희곡에
서 과거를 대하는 한국인들의 가장 보편적인 양식을 두드러지게 드
러내고 있다고 볼 수 있다.

기억과 내러티브는 밀접한 관계가 있다. 여기서 기억은 가장 유
일한 값진 물건을 보관하는 "상상의 저장소thesaurismos phantasion"[7]인
셈이다. 기억의 여신 므네모시네Mnemosyne는 고대 그리스 신화에 나
오는 인물로, 제우스와 관계하여 예술의 여신 뮤즈Muse를 낳는다. 기

---

5 이를 위해서는 Anne Bouvier Cavoret(sous direction), *Théâtre et Mémoire, Actes du Collo-que international organisé par le laboratoire Théâtre, Langages et Sociétés*(Paris: Ophrys, 2002)
참조.
6 위의 책은 연극과 기억에 관한 국제 콜로키움에서 발표한 논문들을 모은 것인데, 여기에 열
거한 주제들은 대부분 이 책에 실린 논문들이 공통적으로 다루는 것들이다.
7 다우베 드라이스마, 앞의 책, 56쪽.

억의 신 므네모시네가 뮤즈 여신들의 어머니라는 사실은 기억과 예
술의 불가분한 관계를 보여준다. 기억이란 뮤즈의 어머니 므네모시네
가 인간에게 준 선물이다. 기억이 없다면 모든 음은 멜로디를 이루기
전에 흩어져버릴 것이고, 모든 시어는 한편의 시가 되기 전에 귓전에
서 사라져버릴 것이다. 기억의 집이라고 할 수 있는 박물관museum, 메
모리memory, 뮤직music 같은 단어가 여기에서 나왔다. 이 개념은 나중
에 영혼이 출생 전에 봤던 이데아의 재인식을 뜻하는 플라톤의 '근원
기억Anamnesis' 개념으로 이어진다. 이처럼 희곡 속 인물들에게 기억
은 꺼지지 않는 횃불과 같다. 인물들이 지닌 기억은 과거와 현재를 잇
는 가교와 같아서, 주제가 꾸준히 발전할 수 있도록 기능할 뿐만 아니
라 오늘의 행위가 정당화될 수 있도록 하기도 한다.

　　이 논문에서 다룰 두 편의 희곡은 고통받는 이들에 관한 기억, 사
랑과 희망에 관한 기억을 오롯이 보여준다. 두 희곡에 등장하는 인물
들은 과거를 살고 있는 오늘의 인물들이다. 지나간 현실에 완벽하게
조응하는 기억이란 존재하지 않는다. 현대 연극의 특징 가운데 하나
는 기억이라는 형식을 통해 변형되고 활성화되는 현상이다. 그것은
기억이 "기억을 특징지우는 부재와의 싸움이기 때문이다."[8]

　　등장인물들의 기억[9]은 연극처럼, 글처럼, 무한히 넓고 변형된 공
간의 연속이다. 사물과 세상은 희곡의 글, 연극의 안으로 들어올 때

---

8 Pierre Janet, *Evolution de la mémoire et de la notion de temps*(Paris: Gallimard, 1928), p.195
9 이에 관해서는 정항균,《므네모시네의 부활》(뿌리와이파리, 2005)의 〈자아, 기억, 서울 : 삼
중의 위기와 그 대응〉참조. 필자는 이 논문에서 기억이라는 단어를 mémoire로 통일해서 쓰고
있는데, 기억이 과거(밑sou)에서 오는(venir) 것이라는 의미를 뚜렷하게 하기 위해 결론 부분에
서 sou/venir라는 단어를 유일하게 썼다.

변용과 왜곡을 경험한다. 역사가 과거의 재현이라면, 기억은 과거의 변형에 가깝다. 모든 존재는 차이와 이것의 반복에 의해서 존재할 수 있다. 연극이 존재하려면 희곡은 기억에 의한 사물과 세상의 사이, 그 차이를 반복해야 한다. 대개 기억은 "획득acquisition, 보존conservation, 변형transformation, 표현expression이라는 이 네 악장이 조화를 이루는 향연과 같다."[10]

이와 같은 기억에 의한 변용과 왜곡은 정상을, 있는 그대로를 옮기는 것이 아니라 달리하기이다. 동시에 이러한 절차들은 기억해야 하는 이유, 기억하는 내용, 기억하기 위한 방법, 기억한 다음에 해야 할 바들을 명시한다. 아리스토텔레스가 《시학Poetica》에서 기술한 것처럼 기억은 모방의 대상이 되는 셈이고, 희곡은 기억의 모방된 오브제와 같다.[11] 연극이란, 희곡이라는 글쓰기는 허구이다. 기억에 의한 연극과 희곡은 사물과 현상과 같지 않다. 그것을 허구, 이론적 실재라고 할 수 있다. 그리고 그것을 고정시키지 않고, 사라지게 한다. 사라지게 하기 때문에 실제의 사물과 세상은 더 크고, 그 존재의 양은 증가하게 된다.[12]

한 편의 희곡은 인물들을 통해서 독자들에게 '앎pensée'을 전달한

10 Jean-Yves & Marc Tadié, *Le sens de la mémoire*(Paris: Gallimard, 1999), p.11.
11 아리스토텔레스,《시학》, 천병희 옮김(문예출판사, 1991), 60~63쪽.
12 여기에 희곡과 연극은 무수한 저항을 만나게 된다. 기억방법의 저항. 희곡과 연극은 행동을, 말을, 의사를 지배하지 않는다. 연극은 오히려 그것들을 초월한다. 초월하는 그곳에 연극은 존재한다. 그렇기 때문에 연극은 어떠한 역사의 질곡에서도 예외를 인정받곤 했다. 사라진다는 것은 권력의 입장에서 보면 얼마나 즐거운 일인가? 권력을 위로하는 일종의 행사처럼 보이기 때문이다. 희곡이라는 글쓰기는 기억으로 연극하기, 기억으로 연극 만들기라고 할 수 있다. 이렇게 함으로써 한 편의 희곡은 기억—그 방법과 내용을 통하여—삶의 근거 문제, 역사의 진보 문제, 사회적 실천의 문제, 역사의 주체 문제 등에 연결된다.

다. 이 '앎'은 '사유하다cogitare, pensare'라는 단어가 '모으다'라는 뜻의 어원을 둔 것처럼, 인물들의 기억과 불가분의 관계를 맺고 있다. 이는 기억에 보관된 것을 지식으로 소유하기 위해서, 사유하기 위해서, 흩어져 있는 것을 한데 모아야 하기 때문이다. 플라톤은《메논Ménon》에서 "기억이야말로 앎"[13]이라고 했다.

등장인물들은 기억을 통해 자신의 정체성을 확인하고, 그것을 해석한다. 인물들이 스스로의 역할을 선택하고 자신의 정체성을 찾아나가는 것은 기억이라는 내러티브의 힘에 의해서이다. 그렇지 않다면 기억은 앞에서 언급한 것처럼 나무숲과 같은 상태를 그대로 유지하기 때문이다. 인물들이 이미 존재했고, 앞으로도 존재하게 된다는 것을 내세우는 유일한 내러티브가 기억이다.

희곡의 내러티브를 위해서 인물들의 언어는 말과 문자를 통해 기억되었고, 그것을 위해서 수사학이 필요했다. 그것은 대부분 상징과 은유를 활용했다. 희곡에 등장하는 인물들은 기억의 사용자들인 셈이고, 희곡은 기억을 통한 '상상의 장소ficta loca'와 같다. 인물들은 기억을 재구축하고 시간이 진행될수록 향상되도록 한다.[14] 그 기억이란 하나의 역사적 기억에 근거한 다양한 기억들이다. 희곡에 나타난 인물들의 내러티브는 기억에 대한 변증법적 예술형식인 셈이다. 기억과 상상력은 이렇게 밀접하게 연결된다.

이처럼 기억이란 근본적으로 장소의 기억이며 그것은 동시에 상상력의 거대한 미궁 또는 미로와 같다. 기억은 일차적으로 장소의 연

---

13 Platon, *Ménon*, 81d~86d(Paris: Gallimard, 1966), p.180~188.
14 Frances Yates, *The Art of Memory*(London: Routledge and Kegan Paul, 1972), p.163.

속, 재현된 장소에 의존한다. 기억은 "정보를 저장하는 문서 보관실이나 도서관, 물품을 보관하는 창고, 동물을 가둬두는 새장, 귀중품을 보관하는 금고, 숲, 들판, 미로 등의 풍경에서 나온 메타포, 동굴, 갱도, 심해 같은 메타포"[15] 등에 비유할 수 있다. 죽음에 관한 기억도 기억의 중요한 메타포라고 할 수 있다.

아리스토텔레스는 《영혼에 대하여》와 《기억과 회상에 대하여》 등에서 기억의 긍정적인 성격을 말하고 있다. "인간은 이미지(판타스마타) 없이는 이해할 수 없다." "인간은 심상들 없이는 결코 생각하지 않는다."[16] 인물들은 기억이라는 거대한 방에 있는 심상들로부터 과거뿐만 아니라 미래의 행위와 사건과 소망까지도 구성할 수 있다. 아우구스티누스는 세 개의 시간이 있다고 했다. "과거의 현재, 현재의 현재, 미래의 현재". 여기서 기억은 과거의 현재를 뜻한다. 현재의 현재는 직관이고, 미래의 현재는 기다림이다.[17] 의식 속에 들어온 기억은 모두 과거형이다. 과거로서 기억은 인물들이 현재 속에 감응한 형태로 다시 살아나며, 과거의 모든 것이 아니라 선택된 것들이 현재 속에서 다시re 짜맞추어진membered 것들이다.

그러므로 기억하는 것은 본래대로의 온전한 것이 아니라 착상·배열·표현·암기와 같은 절차를 거치며, 최종적으로 행해지는 조각난 파편들이다.[18] 희곡 속 인물들의 과거가 늘 "새로운 이유는 삶이 지

---

15 다우베 드라이스마, 앞의 책, 11쪽.
16 아리스토텔레스, 《영혼에 대하여》, 유원기 옮김(궁리, 2001), 231쪽.
17 아우구스티누스, 《고백록》, 최민순 옮김(대한성서공회, 1980), 20·26쪽.
18 엄격하게 말하면, 기억과 회상은 구별되어야 한다. 기억은 그냥 저장되어, 가지고 올 수도 있고 가져와질 수도 있는 것이라고 할 수 있다. 반면에 회상은 근본적으로 재구성된 것으로 항상 현재에서 시작된다. 우리말에서 기억과 회상 등은 같은 뜻으로 사용되는데, 이 글에서도 기억과

속되듯 꾸준하게 변하기 때문이다."[19] 그러므로 기억하는 인물들에게 필수적인 것은 시간 경험이다.[20] 희곡을 구성하는 서술적 정체성인 기억하는 인물들에 의해서 희곡은 인간의 시간을 보여주게 된다. 희곡은 인물들의 개인적인 기억이 문화적 기억으로 옮겨가는 장소와 같다.

2. 연극과 기억의 글쓰기 양태

2.1. 아픈 역사, 잊히지 않는 그 기억들

비극의 핵심에는 기억의 문제가 있다. 비극은 기억의 운명, 기억의 자유를 다룬다. 어둠의 역사에는 늘 억울하게 죽은 이들이 있다. 이 희곡에 등장하는 인물들은 떠나는 이들과 머물러 있는 이들로 구별된다. 기억과 같은 희곡의 장소란 떠도는 이들이 머물러 있는 이들을 만나는 장소이며, 떠도는 이들이 길 위에서 맞닥뜨리는 곳이기도 하다.

떠돎이란 희곡 속 인물들의 상황, 죽음에 관한 인물들의 의도를

회상을 구분하지 않고 쓴다.

19　알라이다 아스만,《기억의 공간》, 변학수 외 옮김(경북대학교 출판부, 2003), 19쪽.

20　다음과 같은 프루스트의 유명한 문장을 보자. "그녀를 포옹하여 자기의 입술을 거기에 대면서 알게 된 것이라고 상상하던 살결의 청결함과 부드러움에 준하여 평가하지 않고, 오히려 그녀의 얼굴을 섬세하고 아름다운 선의 뒤섞임으로 평가하여, 그 뒤섞임을 시선으로 풀어내고, 그 얽힌 곡선을 뒤쫓으며, 목의 흐름을 넘쳐흐르는 머리카락과 눈꺼풀의 곡선에 결합시키면서, 그녀를 그녀의 특징이 명백하게 이해될 것 같은 초상화 속에 넣어 보는 것이었다"(프루스트,《잃어버린 시간을 찾아서》제2부 〈스완의 사랑〉에서 인용). 여기서 인물의 내면에 각인된 특정한 과거에 대한 기억은 상상력과 등가이다.

담아내는 한 형식이다. 그리고 떠돎과 같은 기억의 형식은 희곡이 쓰인 시대, 공연되고 있는 시대의 인물들의 상황을 가늠하게 한다. 희곡의 많은 부분을 차지하는 이들은 떠도는 이들이다. 삶이 황폐해질수록 떠도는 이들은 늘어나고, 기억은 강화되기도 하고, 시간과 더불어 변형되기도 하고, 소멸되기도 한다.

오태석의 〈태〉에는 역사의 아픔을 지닌 채 죽어 떠도는 이들이 등장한다. 그들은 모두 역사에 존재했던 실명의 존재들이며, 작가에 의해 덧붙여진 익명의 존재들이다. 이 희곡에서, 외부에서 오는 필연적인 사건 또는 그것에 의한 변화는 인물들의 존재근거를 박탈한다. 자신의 존재가 사라지는 것을 보거나 기억할 때, 인물들의 내적 독백은 시작되고 지속된다.

충일했던 삶의 현존은 기억밖에 없다. 기억은 삶의 근거가 박탈당한 상황에서 유일하게 인물들을 존재하게 하는 힘이다. 흔적이 인물들이 남긴 발자국vestigia이라면, 인물들의 기억은 그 발자국을 찾는 investigatio 과정이다.[21] 기억은 인물들이 추구하는 유일한 진리가 된다. 절망이 극대화하면 남는 것은 삶이 적절하게 제자리로 되돌아가는 것뿐이다. 죽은 조상이 현존하지 않는 인물들이라면, 살아남은 자손은 현존의 잠재적인 구성원이 된다. 그리하여 기억은 간절하기 이를 데 없는 탄원이되, 결코 교환하거나 양도할 수 없는 그 에너지와 같다.

등장인물들이 역사에 존재했던 실명과 작가가 만들어낸 익명의 사이에 존재하는 것은 사실과 허구의 차이가 없다는 것을 뜻한다. 한

---

21 다우베 드라이스마, 앞의 책, 65쪽.

편으로는 역사적인 사실을 통해 희곡이 역사를 재현하여 묻겠다는
것이고, 다른 한편으로는 연극적 허구로 세상과 거리를 두면서 어제
의 일이 현재의 일이기도 하다는 보편성을 확대하겠다는 뜻이다. 연
극 속의 인물들은 미래가 아니라 과거로 돌아간다. 미래보다는 옛길
을 따라 과거로 향할수록 느낌이 더 많아진다.

　기억과 같은 과거로 가는 길은 느리게 갈수록 맛이 난다. 단지 숫
자로 적혀진 목적지를 단박에 가는 것보다 기억의 길을 따라 그 과정
을 즐기며 가는 것이 〈태〉를 읽는 참맛이다.[22] 역사 읽기는 과거와의
만남, 즉 기억과의 만남을 뜻한다. 〈태〉의 공간인 역사의 현장으로 떠
나기 위해서는 선조적線調的인 역사의 흐름에서 벗어날 필요가 있다.
오늘과 장래는 항상 우리를 붙잡고 놓아주지 않기 때문이다. 역사읽
기는 현재로부터의 자유를 뜻한다. 오늘, 여기에서 벗어날 때 과거 역
사의 현장으로 떠나는 이는 자연의 품과 같은 기억에 안기게 된다. 그
리하여 정신의 가벼움을 체험하게 된다.[23]

22　시인 황동규는 그의 시에서 과거로 가는 길을 떠나면서, "물결나비 한 마리가 날아와 망설
이고 있다. 봄 쪽으로 갈까, 가을 쪽으로 갈까"라고 떠나는 홀가분한 마음을 표현하고 있다. 이처
럼 길은 나비처럼 가벼워져서 기쁜 마음을 지니게 한다. 역사를 다루는 희곡은 떠나는 이를 가볍
게 해서 지나간 삶을 다시 되새겨볼 수 있게 한다. 희곡을 읽는 독자도 작품 앞에서 가벼워져야
한다. 무거움을 안겨주는 작품은 독자를 힘들게 만든다. 작품을 대하는 독자는 작가를 지우고 스
스로 읽어야 한다. 그리고 자기 자신마저 지울 수 있어야 한다. 그럴 때 독자는 희곡을 읽는 가벼
움을 경험할 수 있다. 안치운, 〈영월로 가는 옛길〉,《한국 연극의 지형학》(문학과지성사, 1998),
173쪽.
23　예컨대 영월에 가면 청령포를 쉽게 찾을 수 있다. 청령포는 단종이 세조에 의해서 왕권을 잃
고 노산군으로 강봉되어 유배당한 곳이다. 그곳에서 단종은 세조의 사약을 받고 죽는다. 그때가
1457년이었다. 지금도 청령포는 그대로 있다. 다만 단종만이 없을 뿐이다. 어린 단종이 갇혀 있
던 조그만 공간인 청령포는 강가에 남아 있다. 나무로 만든 작은 배를 타고 그곳에 닿으면 단종
이 남긴 발자국 위에 우리의 발자국을 그대로 포갤 수 있다. 그 순간 우리는 지나간 역사와 한 몸
되는 경험을 하게 된다. 그 순간 우리는 역사와 만나면서, 과거와 만나면서, 내 안에 하나의 풍경

오태석의 연극은 농경사회에서 일하는 이들을 위한 연극은 아니다. 작가는 기억과 멀리 떨어진 소비사회에 사는 이들에게 망각의 재난을 보여주기 위해서 농경사회의 충격적인 사회적 정황과 과거 역사의 정치적 조건들을 연극의 주제로 삼는다. 그의 희곡과 연극의 원자재는 과거의 아픈 역사와 농경사회에서 수입해온 것들이다. 그의 대표작이라고 할 수 있는 〈춘풍의 처〉〈어미〉〈자전거〉〈부자유친〉〈백마강 달밤에〉〈심청이는 왜 두 번 인당수에 몸을 던졌는가〉 등이 그러한 예에 속한다. 과거에 대한 기억은 대개 망자 추모, 송덕, 역사적 기억 등의 형식을 취한다.

농경사회가 주류를 이루었던 과거는 장인의 전문성이 주목받은 시대였다. 오태석은 역사적 기억을 통해 연극작품을 만들어내는 농경사회의 장인과 같다. 그의 희곡에 담긴 인물과 이야기는 장인적 기술에 기인한다.

희곡과 마찬가지로 연극 공연에서도 관객들은 그의 예술적 장치에 포박당한다. 오태석 연극의 핵심은 예술적 장치를 기억과 정체성에 초점을 맞추고, 오늘의 논리와 어법으로 푸는 데 있다. 왜냐하면 "연극적 상상력은 역사적 사실로부터 오기도 하고, 그것과의 차이로부터 더 부풀려지기도 하"기 때문이며, 작가는 기억이라는 "허구의 안으로 역사적 사실을 끌어들이는데, 허구의 공간은 역사적 사실을 확인하는 것이 아니라 달리 의심하기" 때문이다. 즉 기억 속에서 사실이 부풀려진다. 이처럼 기억 공간인 "허구는 사실을 껴안고, 그것들의 실재에 대하여 회의한다. 그 결과 역사적 사실은 허구 안에서 비로소

_____

을 만들어낸다. 희곡을 읽는 독자의 태도와 분위기는 이렇게 하여 내 안에서 창출된다.

자신의 궁극적 실재를 확인하고 극복할 수 있게 된다."[24]

〈태〉는 역사적 기억을 앞세우고, 그 뒤에 등장인물의 체험적 회상에 대한 개인적 정체성이 자리 잡고 있는 아주 짧은 희곡이다. 무대공간은 형장, 강원도 영월, 궁, 어전, 들판으로 나뉘어 있으며, 전혀 군더더기가 없다. 좁은 공간, 간략한 이야기로 구성된 〈태〉에서 무대의 연기와 연출이 이렇다 저렇다 하는 절대적 원칙들을 찾아볼 수 없는 것은 당연하다.

오태석의 희곡과 연극은 종래 연극의 인식론적 장애물과는 관계가 없는 듯 보인다. 그의 연극이 지닌 어법과 논리는 단순하지 않다. 그의 희곡작품을 읽고 공연을 보노라면, 희곡을 쓰고 연출한 그의 상상력이 기억과 매우 밀접하게 연관되어 있다는 것을 저절로 깨닫게 된다. 관객은 공포의 기억에 관한 작가의 복잡한 상상력에다가 무대 위의 복잡한 내용 전개 때문에 쉽게 이해할 수 없다.

〈태〉를 포함한 오태석의 희곡들은 대부분 그가 목격했던 이루 말할 수 없는 악몽의 희곡이다. 악몽은 기억을 잃지 않게 하기 위하여 기억을 부풀린다. 희곡을 쓰는 작가는 늘 악몽을 꾼다. 공연은 그가 빌려오는 악몽이다. 시간이 끊어지지 않는 것처럼, 악몽의 역사는 계속된다. 그것을 상징하는 것이 최근의 희곡 〈천년의 시계〉에 등장하는 시계로, 그 시간은 천년의 무게를 지녔다. 회중시계는 그것의 또다른 상징이다. 목을 휘어잡고 있는 시계, 지울 수 없는 기억과 같은 역사의 하중으로 그는 희곡을 쓴다.

태는 태아를 싸고 있는 태반과 탯줄을 뜻한다. 태반은 영양 공급

---

24 안치운,《한국 연극의 지형학》(문학과지성사, 1998), 184~185쪽.

과 호흡·배출을 하며, 탯줄은 모체로부터 산소와 영양물을 태아에게 공급하고, 불필요한 것을 모체 혈액에 보내는 구실을 한다. 이러한 태는 원초적 삶을 기억하는 공간적 비유이다. 그리고 태를 통하여 기억은 자기중심적인 것이 된다. 태를 통하여 인물들은 자기 자신을 스스로 확인하는 셈이다.

태가 긍정이고 생명이라면, 오태석의 〈태〉는 그것을 부정하고 다시 부정한다. 단종이 죽고, 사육신이 비수로 가슴을 치고 쓰러지거나 비명에 죽고, 그들의 일가가 멸족당하는 죽음을 말하지만 삶에 대한 충만함과 생명의 근원으로 귀착된다. 이렇게 해서 태는 인물들의 시간적 존재를 넘어서는 신비한 삶의 근원으로의 복귀, 완전한 존재의 순간을 경험한다.

〈태〉의 무대공간은 텅 비어 있다. 등장인물들은 조종당하는 인형처럼 있다. 움직임은 크지 않고, 대사는 많지 않다. 독자와 관객들의 시선을 빼앗는 소품은 오로지 옷소매와 살품에서 꺼내는 비수와 강보에 싸인 어린아기뿐이고, 들리는 것은 기억에 저장되는 죽음에 관한 비명, 곧 죽어갈 단종이 순진하게 장난치는 웃음소리뿐이다. 등장인물들은 둘로, 그러니까 단종을 임금으로 복위시키려다 죽은 이들과 단종을 폐위하고 산 세조로 나뉜다. 여기까지는 역사적 사실과 다르지 않다.

〈태〉는 세조가 단종을 임금으로 복원시키려고 한 성삼문에게 "너는 무엇 때문에 나를 배반하느냐?"(5쪽)[25]라는 질문으로 시작된다. 세조에게 단종의 복귀는 악몽과 같은 기억이 아닌가. 대개 질문이란 현

---

25 이하 인용한 대사에 붙은 쪽수는 1975년 한국종합출판사에서 펴낸 《오태석 희곡집》의 쪽수이다.

실감각보다 훨씬 앞질러 있을 때 가능하다. 오태석에게 악몽과 같은 기억은 질문의 바탕이다. 질문의 대상은 물론 역사이다. 이런 점은 그의 희곡과 연극의 장점으로서도 큰 역할을 하고 있다. 즉 관객의 현실 인식을 크게 뒤흔들어놓을 수 있기 때문이다. 〈태〉는 현실에 묻혀 사는 관객들의 집단적인 역사 불감증을 극장이라는 공간에서 해금시킬 수 있는 작품이다.

세조는 다시 묻는다. "그러면 어찌 내가 왕위에 오를 때 막지 못하고 나를 섬기다가 배반하느냐"(5쪽). 세조는 성삼문에게 기억을 환기시킨다. 이에 성삼문의 대답은 분명하다. "하늘에는 해가 둘이 없고 땅에는 왕이 둘이 없기 때문이다"(5쪽). 세조는 성삼문의 기억을 불완전한 것으로 여기며 다시 묻는다. "너는 내가 주는 녹을 먹고 오다가 지금 배반하니 반복무상한 자가 아닌가"(6쪽). 이에 대한 성삼문의 말은 기억의 확인이다. 오히려 나이가 들면서 기억이 어떻게 변화하는지를 세조에게 확인시킨다. "……옥음이 지금도 귀에 쟁쟁한데 너는 잊었단 말이냐. 네가 이토록 못된 줄은 참으로 몰랐다. 이놈!"(6쪽). 세조는 인두로 성삼문의 넓적다리를 지진다. 연기가 솟는다. 비명 소리가 반복된다. 이런 고통은 "네가 나를 잘 섬기면 용서하리라"라고 말하는 세조가 기억하고자 하는 것과 "내가 언제 너의 신하가 됐더냐!"(6쪽)라고 말하는 성삼문의 기억해서는 안 되는 것 사이에서 고통스럽게 벌어진다.

이 작품은 과거의 기억을 왜곡하고자 하는 세조와 불편한 기억을 그대로 품고 스스로 고통을 겪을 수밖에 없는 성삼문이 벌이는 기억의 투쟁이다. 이것은 기억을 통하여 "작가와 작품이 옹호하려는 인식론적 상대성일 것이다. 희곡이 지니는 허구의 가능성은 역사적 사실의 고정된 기록을 넘어 그것들을 기록 이전으로 되돌린다. 역사적 사실들을 시간과 공간을 뛰어넘어 저 원시의 터로 되돌려놓는다. 이제부터 역사적 사실들은 순수의 터에서 회의와 상대성의 대상으로 변모된다. 연대기적 기록에 기초한 역사의 장을 벗어난 역사적 사실들은 불안하고 초조해지게 마련이다. 다시 만들어지는 허구의 역사란 과거의 역사가 현재로 포개지는 역사이고, 과거의 역사적 사실은 현재의 사실로 이어진다는 믿음이고, 역사적 상대성의 확인이다. 여기에 작가의 언어와 문체가 보태지게 된다."[26]

다음 장면은 박중림의 집. 작가는 박팽년의 부친 박중림의 둘째 손 박순의 종을 등장시킨다. 가문이 멸족당할 때 종은 자신의 아이를 대신 죽게 하고, 가문의 씨를 몰래 받아 키우고자 한다. 이 대목은 작가가 보탠 허구이다. 마지막 장면, 세조는 이를 알고서도 죽이지 않고 "아들을 낳거든 죽여 바치고, 계집이거든 모녀가 연명하여도 좋다"(13쪽)고 말하면서 박팽년의 후손으로 대를 잇도록 허락한다. 세조의 명령으로 대역신 성삼문, 박팽년, 이개, 하위지, 유성원, 유응부 등의 가문 삼족이 멸한다. 박중림의 처가 아기를 낳으려고 한다. 〈태〉는 이처럼 미분화하지 않은 우리 사회의 군거성을 담고 있다. 죽고 죽이는 장면처럼 그의 연극이 보여주는 암울한 절망과 끝이 보이지 않는 죽음의 진열은 결코 개인 중심적이지 않다. 이것은 오태석 희곡의 특징 가운데 하나이다.

절망적인 역사, 예컨대 "단종이 죽는다 해도 어리석은 자는 여전히 어리석을 것이고, 탐욕한 자는 여전히 탐욕할 것이고, 단종이 죽는

---

26 안치운, 앞의 책, 185쪽.

다고 우매한 것이 총명으로 바뀌고, 탐욕이 자비가 된다면 대체 그만한 것들이 무엇이 그리 대단하여 과인보고 같은 탯줄을 죽이라고 그러는가"(16쪽)와 같은 허무주의가 오태석에게서는 죽음으로 드러나는데, 이것은 모두 기억이라는 공동체적 의식의 산물로 나타난다. 그것은 집단적 죽음이지 단순한 인간의 나약함으로 인한 죽음이 아니다. 이런 경향은 그의 초기 작품부터 일관되게 나타난다.

〈태〉에서 죽은 신하들은 도덕적 의식으로 양심을, 왕이 된 살아있는 세조와 신숙주는 자신들을 괴롭히는 죄에 대한 기억을 마주한다. 오태석은 후자를 강조한다. 세조가 신숙주에 이렇게 말한다. "시방 경은 과인한테 사람이 못할 짓을 하라 주장하니 웬일이오?"(16쪽). 그리고 죽은 사육신이 매일 한 번씩 찾아오는 고통을 겪는다.

희곡의 많은 부분은 세조가 겪는 기억을 기만하는 자의식을 보여준다. 죽은 자들에 대한 관심이 식을수록 세조의 기만적 의식은 더욱 커진다. 매 순간마다 스스로를 비난하고 괴롭힌다. 세조의 기만적 의식은 죄를 지은 과거로 향하고, 끊임없이 죽은 이들의 환영에 시달린다. 이 부분은 셰익스피어의 비극에 등장하는, 과거를 기억하는, 억울한 죽음의 상징인 유령과 거의 같다. 과거의 존재인 죽은 이들의 환영과 유령, 나를 바라보는 주체이며 객체인 죽은 이들의 환영은 기억되어 지워지지 않는 기억의 최댓값이라고 할 수 있는 억울한 죽음이다.

끝으로, 자신들의 아이를 대신 내놓아 죽게 하고 박중림의 아이를 기른 여종이 강보에 싸인 아이와 함께 등장한다. 종의 몸이라 먹을 것을 구하지 못해 죽기를 각오하고 차라리 세조에게 바치기로 한 것이다. 세조는 자신의 명령을 어기고 태어난 아이를 박팽년의 후손으로 대를 잇도록 명령한다. 들판에서는 자신의 아이를 죽게 한 여종의 울음소리가 널리 퍼진다. "창지…… 내 창지…… 내 창지를 내놓아, 창지야……"(30쪽). 억울한 죽음은 떠도는 죽음이며, 있어야 할 자리를 떠난 부재하는 죽음이다. 그것은 세조의 앞과 뒤에 머무르는 것이면서 보이지 않는다.

〈태〉는 억울한 죽음에 대한 기억을 강조한다. 그럴 때마다 세조는 흔들림으로 양심과 마주하며 동시에 억울한 죽음에 반응한다. 사육신의 죽음을 재촉하는 신숙주에 대해서는 "시방 경은 과인한테 사람이 못할 짓을 하라 주장하니 웬일이오?"(16쪽)라고, 단종의 유배와 시해에 대해서는 "(비통하여) 섧고도 섧다. 내 결국 저를 먼저 보냈으니 어찌 선왕들 계열에 들겠느냐. 하마 죽지도 못하리라"(28쪽)라고 고통을 토로한다. 그 최댓값은 세조 스스로 "과인이 죽었다고 공포하여라!"(28쪽)라고 말하는 부분이다. 이는 세조가 자신을 해체하는 위기의식의 절정을 보여준다.

오태석의 연극에 등장하는 인물들끼리의 대화는 서로 마주 보지 않은 채로 진행된다. 억울한 죽음, 때늦은 양심과의 대화는 상대자가 없기 때문이다. 여기서 기억은 절대적인 것이 된다. 권력이 아버지에게서 아들로, 다시 삼촌으로 옮겨가는 것을 정당화하고, 저항한 이들이 살육 당하는 미친 세상에서 인물들은 쓰러진다. "기구하기는 마찬가지"인 이들의 운명은 "위로는 상왕의 위를 찬탈하고 밑으로는 충신의 삼족을 멸하니 나으리의 기구한 처지를 뉘라 동정 아니 하겠소"(12쪽)라는 손부의 대사에 그대로 나타난다. 이것은 기억을 통하여 모든 역사가 활성화하기 때문이다. 이 작품에서 등장인물인 사육신과 박팽년의 여종은 "낳으면 낳는 대로 죽일 것이로되 채 낳지 못하면 낳지 말라고 임산부를 해치"(7쪽)는 기구한 운명, 그 소멸될 수 없는 과거의 기억에 절망한다. 그것이 확산되어, 여종은 맨 끝에서 "창지……
내 창지…… 오장 내 오장, 내 창지를 내놓아, 창지야……"(30쪽)라고
목이 메어 말한다.

과장하자면, 오태석 희곡의 길 대부분은 기억으로 통한다. 아니,
"손을 족멸"(8·9쪽)당해야 했던 기억에 저항해서 그의 희곡 글쓰기는
시작된다. 오태석에게 기억은 머무는 곳이 아니라 통과하는 곳이고,
저장하는 곳이 아니라 처리하고 옮기는 곳이다. 그것은 기억으로 덮
어 쓴 글쓰기, 기억을 옮겨 쓴 글쓰기가 아니라 해석된 경험의 기억의
글쓰기라고 할 수 있다. 최종적으로 오태석의 희곡에 나타난 기억들
은 현재를 과거와 이어준다. 역사란 과거의 기억이 끝없이 반복되는
음모의 연속이라고 말한다.

2.2. 마지막 만남의 장소는 어디인가

2.2.1. 기억이라는 자연의 공간

최인훈의 희곡 〈봄이 오면 산에 들에〉는 1977년《세계의 문학》
봄호에 처음으로 발표되었다. 두보는 나라가 망해도 산과 강은 남는
다(國破山河在)고 노래했다. 마찬가지로 연극은 사라져도 희곡은 남
는다. 산이 과거뿐만 아니라 미래까지 담은 현실이라면, 희곡은 연극
을 미래의 유산으로 남겨놓는 동시에 미래의 연극을 담은 현실이다.

작가 최인훈은 그의 자전적 소설《화두》에서 '뒤돌아보라'고 말
하고 있다. 뒤돌아보기는 곧 기억하기이다.[27] 이런 행위는 이성의 힘

---

27 그리스 신화에 나오는 오르페우스 이야기는 뒤돌아보지 말라는 경고를 어기는 한 예라고
할 수 있다. 구약 성경(《창세기》 19: 26)에서 롯의 아내가 소돔과 고모라를 떠나면서 뒤돌아보
지 말라는 경고를 어겨 소금기둥으로 변하는 것도 이에 속한다.

에 의지하여 과거를 되새기는 일이며, 이를 토대로 자신을 새롭게 변화시킬 수 있게 된다. 즉 과거의 기억을 통하여 현재의 새로운 탄생이 가능해진다. 자아의 위기가 곧 기억의 위기이고, 기억의 위기는 내러티브의 위기로 이어진다고 할 때, 〈봄이 오면 산에 들에〉는 고전주의적 희곡의 내러티브를 벗어나 내러티브의 새로운 표현 가능성을 자연이라는 공간과 이미지에 담긴 소리의 힘으로 보여주는 작품이라고 할 수 있다. 여기서 자연이란 '기억하는 나'가 '기억되는 나'와 분리되지 않고 일치됨으로써 인물들의 자기 동일성이 가능해지는 기억의 공간이다.

인물들은 자연 속 "기억이다".[28] 그러므로 이 희곡의 내러티브는 언어의 일반적인 존재방식을 넘어선다. "두 사람 다시 저마다 하는 일에 파묻힌다. 마치 무엇인가를 피하기 위해서 사람들이 매달리는 그런 일감을 다루듯, 쓸데없이 꼼꼼하게, 그러나 서툴게, 그리고 느릿느릿 / 바람소리 겨울밤의 / 한참 듣고 있노라면 이쪽 넋이 옮아가는지 / 마음에 바람이 옮아앉는지 / 가릴 수 없이 돼가면서 / 흐느끼듯 / 울부짖듯"(134쪽).[29]

희곡에 나오는 이 같은 대화와 지문은 매우 낯선 언어이다. 대화와 지문은 말이되 문자의 형태로 기억을 고립시킨 언어에 가깝다. 고립된 언어, 문맥이 없는 언어, 완전히 새로운 어둠의 언어를 만들어낸 것은 기억의 지배력이다.[30] 여기서 기억은 단순한 파편들이 아니라

---

28 최인훈, 《화두 1》(민음사, 1994), 311쪽.
29 이하 쪽수는 1990년 문학과지성사에서 출간한 《최인훈 전집 10 - 옛날 옛적에 훠어이 훠이》의 쪽수이다.
30 기억의 근원은 고통스러운 경험에 가깝다. 기억은 사실을 저장할 수도 있지만 과거를 왜곡

하나의 묶음인 맥락으로 존재한다. 인물들은 자연이라는 공간의 맥락에 놓임으로써 자기 자신의 주인공이 될 수 있게 된다. 기억은 하나의 공간이다. 또한 과거와 현재, 그리고 미래가 맞물리며 나타나는 공간이며, 과거의 고통스러운 삶과 가능한 유토피아의 삶이 연속적으로 나타나는 공간이다.

〈봄이 오면 산에 들에〉는 자연 속 시간과 공간을 기억하는 희곡이다. 인물들은 "먼데 것을 불러내"고, "기억의 바다에 가라앉은 추억의 배를 끌어내고", "기억의 캔버스 위에 기억의 잔해 찌꺼기들을 그러모으"[31]고 있다.

이 희곡의 이야기는 자연의 순환적인 흐름 안에서 변모한다. 그리고 인물들은 자연이라는 기억의 원초적 공간 속에서 점차적으로 새로운 관점을 취한다. 등장인물들은 자명한 총체성이 깨진 시대에 살면서 아예 깊은 산속이라는 곳으로 도피한 이들이다. 이들로 하여금 존재의 총체성을 찾아나서게 만드는 것은 자연이다. 이 작품은 "세계의 총체적 의미나 통일적인 자아가 더 이상 존재하지 않는다는 인식 아래 그러한 위기를 자아에 관한 성찰의 강도를 높"이는 쪽으로 나

할 수도 있다. 일반적으로 기억의 특징은 다음과 같다. 시간과 더불어 사라질 수 있고, 주의와 기억 간의 접촉이 생겨 정신없는 일이 생겨나고, 더러 기억을 재생하려 하지만 막혀버리는 좌절을 낳기도 하고, 잘못 기억할 수도 있고, 과거 경험을 상기하려고 할 때 유도질문이나 암시를 통해 새롭게 생겨날 수도 있고, 현재의 지식과 믿음이 과거를 기억하는 데 강력한 영향을 주어 수정되거나 완전하게 다른 것이 될 수도 있고, 마음에서 모두 사라져버리기를 원하는 고통스러운 정서나 사건이 반복해서 떠오르는 경우도 있다. 이를 정리하면 기억의 특징은 소멸omission, 정신없음absent-mindedness, 막힘blocking, 오류commission, 피암시성suggestibility. 편향bias, 지속성persistence이라고 할 수 있다. 대니얼 L. 샥터,《기억의 일곱 가지 죄악》, 박미자 옮김(한승, 2006) 참조.
31 최인훈,《하늘의 다리 / 두만강》(전집 7) (문학과지성사, 1994), 74쪽.

아간다.[32]

　우리의 시선을 연극 속 공간으로 옮겨오자. 연극은 수많은 기억의 공간, 즉 과거의 공간을 지니고 있다. 공간의 변이는 인물이 점유하고 있는 공간과 인물들이 있는 장소, 그리고 그들이 여기서 저기로 옮겨가는 장소 등을 모두 포함한다. 움직임으로 보아, 연극은 동굴에서 승원을 거쳐 광장으로 이어지는 공간의 변모와 같다. 연극의 역사는 동굴, 승원, 그리고 광장을 중심으로 한 공간의 역사라고 해도 좋을 것이다.

　동굴은 한 개인이 처해 있는 공간에서 개인이라는 공간까지를 모두 포함한다. 동굴이라는 공간에서 개인은 석기시대에 그려진 라스코 벽화에서 볼 수 있는 것처럼 추상적이며 기하학적인 형상, 투박하면서도 규칙적인 점과 선의 짜임새로 삶을 재현했다. 그 후 연극은 종교와 민중을 교화하는 데 쓰인 승원이라는 공간으로 옮겨갔으며, 이어서 넓은 광장이라는 공간으로 확대 변모했다. 광장이란 만인이 서로 다른 입장에서 공유하는 공간이다.

　동굴에서 승원을 거쳐 광장으로 이어지는 연극의 역사는 연극의 자연스러운 변모이면서, 인물들의 진실을 깨닫는 고통스러운 노정이기도 하다. 여기서 광장이라는 공간은 다변화한 중심이기도 하며 중심을 또렷이 정할 수 없는 지형을 뜻한다. 자연이라는 기억의 공간도 여기에 속한다. 〈봄이 오면 산에 들에〉의 자연은 유토피아적 힘으로 작용하면서 등장인물들을 구원하는 공간이 된다.

　이 희곡은 잊혀진 유토피아를 찾는 기억에 관한 상상력이 빚은,

---

32 정항균, 앞의 책, 34~35쪽.

"기억이 부활"[33]시킨 한 편의 그림이다. 자연은 과거 기억의 공간이면서 동시에 새로운 삶을 기획할 수 있는 가능성의 공간으로 존재한다. 고통스러운 과거형 기억이 미래의 아름다운 기억으로 환원되는 이 희곡은 현대 연극이 보여주는 공동체의 위기, 기억의 위기와 무관하지 않다. 통일적인 자아의 해체가 불가피한 인물들이 등장하고, 말더듬이와 같은 인물을 등장시켜 회상적 서술이 불가능해지고 있다는 모습을 보여준다. 분명한 것은 유일하게 "하늘에 뭉게뭉게 구름 / 시끌짝한 매미 소리"(125쪽)와 같은 인공의 언어가 아닌 자연의 언어들뿐이다. 이 작품에서 자연의 언어는 인간의 언어에 우선한다.

이 희곡의 매력은 인물의 묘사, 지문, 그리고 대사를 운문과 그림으로 펼쳐놓았다는 데 있다. 희곡 속 운문과 지문이 보여주는 풍경은 기억의 충실한 재현과 멀리 떨어져 있다. 지문에 의한 풍경은 문자와 달리 하나의 질료로 이루어져 있다. 〈봄이 오면 산에 들에〉 속 운문으로 된 대사들은 현실을 조망하는 전지적 시점이 불가능해진 한 개인이 자신의 내면을 보여주는 화법의 예라고 할 수 있다. 그러한 예로는 처음에 나오는 "무엇인가 기척을 살핀다 / 그 언저리에 아니면 어딘가 멀리서 / 숨어서 엿보는 / 누군가를 느끼듯……" "다만 매미 소리만이 그림에 없는 등장인물인 셈"(125~126쪽)과 같은 지문을 들 수 있다.

이 희곡 속 풍경은 시간이 갈수록 원상과 멀어져 현실과 분리된다. 대사의 경우, "달내: 그렇지만…… / 바우: 그렇지만? / 달내: 그렇지만…… / 바우: 그렇지만? / 달내: 그렇지만……"(127쪽) 같은 짧은

---

33 이 표현은 최인훈이 《화두1》 311쪽에 쓴, 최인훈 예술관의 핵심이라고 할 수 있다.

대사들은 희곡의 전통적인 서술을 벗어나고 있다. 인물들은 과거와 일정한 거리를 유지하고 있어, 인물들이 지닌 기억의 위기는 서술의 위기와 맞닿아 있다. 그것은 이 희곡의 대사가 대부분 짧은 운문으로 쓰인 근본적인 이유가 된다.

〈봄이 오면 산에 들에〉의 장소는 "깊은 산속"이다. 깊은 산속은 인물들의 위기의식과 무관하지 않다. 깊은 산속이라는 자연 공간에서 인물들은 "이쪽 넋이 옮아가는지 / 마음에 바람이 옮아 앉는지 / 가릴 수 없이 돼가면서 / 흐느끼듯 / 울부짖듯" 하고 있으며, 그 아픈 과거 기억의 상흔으로 "어느 바위 모서리에 부딪혀 피 흘리며 한숨 쉬듯 울부짖"(134쪽)고 있다. "겨울밤의 바람 소리"(134쪽)처럼 또는 "지붕에 쌓인 눈이 부서져 내리는 소리"(135쪽)처럼 다른 사람들과 관계 맺는 것이 불가능한 이들이다.

자연 공간은 이처럼 과거의 기억들을 분해함으로써 현실로부터 강요된 역할이나 규범을 뛰어넘어 자신의 정체성을 새로이 찾게끔 해주는 역할을 한다. 인물들이 제한된 삶의 가능성을 넘어서 새로운 삶의 가능성 또는 자연과 같아지는 삶의 총체성을 발견하고 실현하는 공간이 된다. 그리하여 깊은 산속은 과거 기억의 공간이기도 하며, 새로운 정체성을 탐색하는 미래의 공간이기도 하다. 달리 말하면 과거의 기억이 현재와 미래의 시점에서 그대로 재현되는 공간이다. 단순히 우리의 삶이 존재했던 물리적인 재생산 공간이 아니라 새로운 문화적 기억의 공간이다. 그곳에서 인물들은 자아를 자연이라는 전체적인 연관관계 속에 위치시킬 수 있게 된다. 그러니까 현실을 피해서 도망친 단순한 기억의 공간이 아니라 새로운 정체성의 형성을 가능하게 하는 미학적 공간이 되는 것이다.

최종적으로 깊은 산속이라는 극적 공간은 오늘의 삶과 떨어진 과거를 회상하는 공간이기도 하고, 새로운 삶을 추구하는 대안적 공간이기도 하다. 〈봄이 오면 산에 들에〉의 자연은 지금 존재하지 않는 공간이고, 현재 일어나고 있지 않은 과거의 사건이나 상상을 이야기하는 서술공간이다. 여기에서 기억은 소리로 반복된다. 인물들의 대화는 극도로 절제되는데, 소리는 인물들이 자신들의 잘못을 인식하고, 스스로를 발견하고 표현하는 내러티브로서 새로운 의미로 태어난다. 깊은 산속과 같은 자연 공간은 기억이 추구하는 잊힌 유토피아라고 할 수 있다.[34]

"깊은 산속"에서 시작된 이 희곡은 "여러 해 지나서 더 깊은 산속"(158쪽)으로 옮아가며 끝을 맺는다. 더 깊은 산속은 기억마저 무화한, 인물들의 정체성이 확고하게 드러나는 공간이다. 그곳은 현재라는, 여기라는, 모든 윤리적 단계를 넘어서는 공간이다. 인물들에게 어떠한 제약도 없는, 모두가 고통받는 일인칭 '나'에서 순간 기쁨으로 존재하는 '우리'로 변모하는 공간이다.

이 산속은 어떠한 과거 기억의 침해도 받지 않는 공간이다. "아니우 / 안 들어갈게 / 나 / 멀리 갈라우 / 마지막 / 목소리라도 / 듣고 가려구 / 달내야 / 잘 있거라 / 달내야 / 잘 있거라"(157쪽) 이렇게 말하면서 헤어진 채 살아야 하는 왜곡된 체험이 아니라 "하느님이 내린 탈을 울 엄마가 받아 쓰고 울 엄마가 받아 쓴 탈 / 이 달내가 받아 쓰고 /

---

34 이처럼 과거의 고통스러운 기억과 자연 공간이라는 상상력은 서로 대비된다. 과거의 기억이 직관과 상상력을 낳을 수도 있다. 그런 면에서 "기억한다는 것은 기억 속에 숨어 있는 것의 뒤를 밟아 찾아내는 것"이라는 알베르투스 마그누스의 기억에 관한 메타포는 유효하다고 볼 수 있다. 다우베 드라이스마, 앞의 책, 65쪽.

이 달내가 받아 쓴 탈 / 울 아배가 받아 쓰고 / 하느님이 내린 탈을 식구 고루 나눠" 쓰고, "짐승들 눈물을 닦으며 서로 마주 보는"(159쪽) 공간이다. 그렇게 해서 바우마저 "우리 장모가 받아 쓴 탈 우리 장인이 받아 쓴 탈 우리 마누라가 받아 쓴 탈 이 내 몸도 받아 쓰"게 된다(160쪽).

　이 희곡에 등장하는 인물들은 모두 과거의 기억으로 고통받고 있다. 어떤 한 가지 사실에 관한 인물들의 기억은 같기도 하고 다르기도 하다. 이 부분은 기억은 사실의 보관이 아니라 재구성한 상상에 훨씬 가까이 있다는 것을 보여준다.[35] 예컨대 달내의 어미가 나가 사는 것을 두고 포교는 "자네 마누라로 말하면, 늙은 것이 늦바람이 나서 도망을 갔다면서, 저 아랫골 사람들 말이 어느 떠돌이 중놈하고 눈이 맞은 게라드군"(144쪽)이라고 말하고, 달내는 "세 살 때 그해 여름 산불이 나서 이 집이 탔을 때 등성이 너머에서 밭 갈던 울 엄마가 달려와서 …… 불 속에 뛰어들어 잠자다 울부짖는 나를 안고 나온" 탓에 "조막손이 된"(155쪽) 것으로 알고 있고, 바우는 "문둥병"(157쪽)이라고 부르짖는다. 아비만 집을 나간 달내의 어미에 대해서 말하지 않고 "몹쓸 것"(136쪽)이라고 여기며 "잊어-버, 버, 버"(136쪽)리려고만 한다.

　아비는 의도적으로 과거의 기억을 잊고자 애쓴다. 망각은 그에게 비의도적인 기억이다. 기억이 그에게는 삶의 파괴, 그 폐허의 잔재로

35　기억은 일차적으로 인간이 지닌 불멸과 영속성에 근거한다. 그다음에는 기억한 바를 통해 과거에 새롭게 접근하는 것으로 이어지고, 의식의 검열이나 왜곡을 경험하지 않은 무의식적인 기억으로 확대된다. 또한 기억매체의 확대가 우리를 상상세계 속으로 더 끌고 들어감으로써 개인적 정체성이나 현실감각을 보존하기 힘들어진다. 최근에는 이런 관점에서 기억이 어떻게 이론화하고, 작품 속에 어떻게 실현되는지를 작품을 통해 분석 연구하는 경향이 많다. 정항균, 앞의 책, 87~88쪽 참조.

남아 있기 때문이다. 그는 작품 속에서 과거를 망각하는 현재의 인물로 존재한다. 그러나 집 나간 어미는 "흩어진, 목쉰, 그러나 들릴락 말락 한"(139~140쪽) 소리로 집으로 찾아와 "열어줘"(140쪽)라고 말한다. 달내는 그런 어미를 "꿈에요"(134쪽), "꿈에라두, 열어드릴걸 그랬어요"(136쪽), "꿈에, 꿈에"(155쪽)라면서 어미를 기억하려 한다. 어미와 달내는 기억의 주변을 배회한다. 이들은 삶의 폐허의 주체이며 잔해로 남아 있는 존재들이다.

〈봄이 오면 산에 들에〉에서 인물들이 안고 있는 비극적인 기억은 최초의 시간으로, 하나의 가족이라는 본래의 관계로 회귀한다. 여기서 시간감각은 해체된다. 유일하게 소리만이 시간의 흐름을 들려준다. 이 작품 속에서 시끌짝한 매미 소리는 푹푹 찌는 한여름을, 휘파람처럼 날카로운 먼 바람 소리는 겨울밤을, 늑대나 그런 것이 우는 소리는 어두운 밤을, 지붕에 쌓인 눈이 부서져 내리는 소리는 한겨울을, 피 묻은 칼을 뽑아들고 벼랑을 달려 내려오는 그런 바람 소리는 굼뜨고 힘들게 채울 긴긴 밤을, 이윽고 다시 들려오는 발걸음 소리는 여름내 가으내 밤마다 와서 새벽이면 돌아가는 것을, 들리지 않는 발걸음 소리는 아주 캄캄해지는 어둠을, 산등성이를 타고 넘는 바람 소리와 눈사태가 어디선가 내려앉는 소리는 겨울밤을, 불티 튕기는 소리, 황황 불타는 소리, 우지끈하는 부러지는 소리는 꿈을, 지지배배 종달새 울음소리는 봄을, 노랫소리는 호쾌한 진달래 산천의 봄의 시간을 쓰고 있다. 이런 소리들은 인물들의 잃어버린 언어를 대신하는 자연 기호이다. 소리는 말 이전의 순수한 원형의 언어인 셈이다.

잊힌 삶의 원형은 우리의 희곡에서 어떻게 드러나는가. 그것은 한마디로 산, 산의 경험에 대한 기억이라고 할 수 있을 것이다. 산은 우리에게 삶을 구원하는 기층이었으며, 기억의 주형과도 같다. 산에 있는 산신당이나 산신각, 산신제로 정성을 다하는 것이 그 예라고 할 수 있다. 그것은 산과 산신을 숭고한 것으로 여겼다는 증거이며, 산과 관련해 민중이 간직하고 있는 경험의 구체적인 모습이었다.

길을 막는 것이 숲이며 산이다. 숲과 산에는 길이 없다. 한국인과 산은 서로 분리할 수 없을 만큼 밀접한 관계를 맺고 있다. 산은 예부터 한국인들의 종교이며, 사상의 고향이며, 한국 예술의 근원적인 시학이기도 하다. 그것은 무엇보다도 국토 면적의 70퍼센트가 산이어서, 취락의 공간형태가 산에 의존할 수밖에 없기 때문이다. 희곡에 등장하는 인물들처럼 이 땅에 사는 이들은 좋으나 싫으나 산을 보면서 산과 더불어 살고 있다고 해도 그리 틀린 말은 아닐 것이다.

산은 우리에게 내면화해 있는 가장 큰 기억이다. 산이 한국 사람들의 얼굴이라면, 희곡 속 깊은 산, 더 깊은 산은 등장인물들의 얼굴이다. 그런 면에서 〈봄이 오면 산에 들에〉에서 산으로 대표되는 자연은 한국인들의 원형적 기억의 공간이며, 내러티브로 기능한다. 즉 산이라는 자연 공간에는 파편화한 단편들이 존재하지 않는다. 그곳에서는 모든 존재가 나름대로 전체이다. 총체성이 분열된 이 시대에, 기억과 자아가 분열된 등장인물들이 자아의 총체성을 찾아나서는 곳이 자연이라는 공간이다. 〈봄이 오면 산에 들에〉는 세계나 인물들의 총체적인 자아가 위기를 맞고 있지만 아직 존재한다는 믿음을 내러티브를 통해서 형상화한 작품이라고 할 수 있다.[36]

---

36 이 작품에서처럼 산을 기억한다는 것은 산에 오르는 일과 더불어 한국인의 삶을 형성하는 일차적인 조건이다. 산에 관한 기억은 한국 문화의 기원과도 같다. 그것은 삼국시대와 고려 초부터 역대 왕조가 산천의 신들을 제사 지낸 것이라든가, 진산을 숭상하고 제사를 교리화한 것으로

〈봄이 오면 산에 들에〉는 산에 사는 이들의 운명과 필연성에 관한 희곡이다. 에콜로지가 집eco에 관한 학문logie인 것처럼, 이 희곡의 장소인 산이라는 자연 공간은 인물들의 집과 같다. 산은 세상의 한 모퉁이, 구석이다. 그곳에서 가시적인 것은 더 이상 시선에 들어오지 않는다. 가시적인 것이 없을 때 만들어지는 것은 소리일 것이다.[37] 이 희곡의 내러티브에서 중요한 것은 소리를 통하여 시간이 태어난다는 것이다.

산에 사는 이들은 산에 갇혀 있으므로 저 멀리 지평선을 보지 못한다. 그것은 갇혀 있다는 뜻이 되면서 동시에 삶과 죽음의 풍경이 산과 더불어 유지되는 운명적 절차와 같다. 〈봄이 오면…〉의 기억 공간

거슬러 올라간다. 조선의 겸재에서 청전에 이르는 진경산수화를 보면, 조선 초기까지 우리나라의 산은 그야말로 울창하고 아름다웠다. 임진왜란을 겪고 일제강점기를 거쳐 한국전쟁이 끝났을 때 산은 피폐해졌다. 헐벗은 민둥산은 뒤틀린 역사와 백성들의 고통과 가난함을 상징하는 것이었다.

오늘날에는 개발이라는 이득 앞에 많은 산들이 파괴되고 있다. 지금 한국의 산들은 거친 바람 앞에 서 있는 등잔불처럼 세기말적 증후에 떨고 있다. 기억을 불가능하게 만드는 이러한 개발은 자연스런 움직임과 같은 푸르른 숲으로 덮인 산을 기계로 뭉갠다. 산은 자연이 낳은 것이지 만든 것이 아니다. 개발이 산을 만들고 꾸미려고 한다. 그렇게 해서 기억과 같은 삶의 근원적인 터를 더럽히고 파괴한다. 숲이 죽으면 산이 죽고, 산이 죽으면 사람이 죽는다.

산은 역사의 기억이고, 얼굴이다. 산은 한국인들의 원초적인 심상의 세계이며, 사유의 뿌리라고 할 수 있다. 또한 산은 한국인들에게 변함없는 숭고한 기억이며 진리와 같다. 그러므로 산을 바라다보는 것은 진리를 만나는 경건한 순간이다. 산은 이 땅에 사는 이들의 얼굴이다. 우리나라의 산은 그저 산으로만 떨어져 있지 않다. 마을은 산과 더불어 두메산촌을 이루고, 물은 산과 함께 흘러 산천 또는 강산이 되며, 그것을 그린 그림은 산 그림, 즉 산수화가 된다. 하늘과 땅, 그리고 사람의 삼재가 교감하는 제터인 태백산 정상에서 단군신화를 기리는 것처럼, "청산에 살어리랏다"고 읊는 고전시가 〈청산별곡〉처럼, 산을 떠나면 모든 곳은 객지가 된다고 노래한 어느 작가의 말처럼, 산은 문화의 기억이며 얼굴이다.

37 이 희곡이 처음 쓰인 1970년대와 오늘을 견주어보면 가장 두드러진 것은 삶과 환경의 오염이다. 이 희곡을 다시 읽을수록 맑은 공기와 햇빛, 깨끗한 물과 흙을 떠올리게 된다. 등장인물들은 과거의 인물들이지만, 시간의 두께를 지니면서 다시금 미래의 영원한 인물들로 태어난다.

은 산이다. 등장인물들은 "깊은 산속 바가지처럼 생긴 굴바닥"(131쪽)에 산다. 궁핍과 절제의 터인 산이라는 자연 공간은 이 희곡에 등장하는 인물들뿐만 아니라 한국 사람들에게 과거의 삶의 공간이면서 미래의 삶의 공간이기도 하다. 산은 시간과 공간을 모두 아우르는 삶의 테두리이다. 산에 사는 이들은 산을 닮는다. 그리하여 등장인물들은 십장생도에 나오는 무구한 존재인 산이 된다.

희곡은 "깊은 산속 밭머리"(127쪽)에서 시작된다. 산을 둘러싼 풍경은 "처녀가 김을 매고 있"고, 그 곁에 "큰 소나무가 드문드문" 있고, "하늘에 뭉게뭉게 구름"(127쪽)이 떠 있다. 여기서 "깊은 산속"은 단순히 장소만을 뜻하지 않는다. "깊은 산속"은 속 깊은 사람과 삶의 깊이로 내려가 삶의 근원, 본질을 암시한다. 그리고 우리의 삶이 갑자기 맴돌면서 역류하는 것이 아니라, 오래전부터 있어온 산처럼, 산의 계곡에서 유장하게 흐르는 물과 같음을 연상케 한다.

"깊은 산속"은 읽는 이에게 나무와 숲이 있는 산림을 기억하게 한다. 도시에 사는 대부분 사람들은 깊은 산속의 살림을 편안함과 안락함과는 거리가 먼 것으로 간주한다. 도시의 삭막함이란 편안함과 안락함의 효용가치만을 강조할 때 생겨나는 것이 아닌가. 여기에 산이 지닌, 산 경험이 주는 현실을 넘어서는 삶의 친연성親緣性과 자연으로서의 초월성이 있다.

〈봄이 오면…〉에서 달래는 김매는 일을 하고 있다. 그 일은 단순히 노동으로 끝나지 않는다. 깊은 산속에 있다는 것은 산에 있다는 것이고, 동시에 숲속에 있다는 것을 뜻한다. 숲은 수풀의 준말이다. 숲은 무성한 나무와 풀뿐만 아니라 나무가 자라는 토양, 대지를 적시는 계곡물, 스치는 바람, 나무와 땅 사이에 바위를 포함한다. 작가는 여기에 소나무와 구름을 덧붙이고 있다. 따라서 첫 장면, 김을 매는 처녀의 모습까지 깊은 산속에 자리 잡고 있는 하나의 자연 또는 그 환경으로 보이게 되는 것이다. 등장인물이 이처럼 자연 또는 환경이 될 때, 인물은 그것들의 법칙에 따라 순응하며 융화한다. 이런 모습은 우리의 기억 속에 내재된 풍경이다. 이런 기억 공간에서는 사람들이 계약이나 명령에 따라 강제되는 것이 아니라 자연과 조화를 이루게 된다.

첫 장면에서 밭에서 김을 매고 있던 달래는 가만가만 다가서는 마을 총각 바우를 엿보면서 "문득 놀라며 쳐다보다가 그대로 김을 맨다"(126쪽). '문득'과 '그대로'는 뉘앙스가 서로 엇갈린다. '문득'이 과거의 삶을 연장하는 토대의 표현이라면, '그대로'는 현재 시간 속에서 경험하는 실존과 같다. 억압이 개입하지 않는, 자유로운 실존의 모습을 보여주는 표현이라고 할 수 있다. 반면 그다음 장면에 포교가 나와서 이 처녀를 "댓바람에 관가에서 꽃가마가 나와서 질풍같이 모셔갈"(145쪽) 것이라고 하는 대목이 있는데, 아비는 이를 거절하고 딸에게 도망가라고 한다. 자연의 법칙이 아니기 때문이다.

등장인물들 가운데 아비와 달내는 깊은 산속이라는 고통스러운 기억을 제거한 공간에 있다. 이들이 살고 있는 "깊은 산속 바가지처럼 생긴 굴바닥"이 이를 상징한다. 여기서 이들은 자신들을 발견하기보다는 굴바닥에 널브러져 있는 사발과 바가지처럼 존재한다.

이들 바깥에 있는 인물인 바우는 이 희곡의 첫 장면부터 달내를 현재의 삶 속으로 끊임없이 끌어들이려 한다. 바우는 "이럴 때가 아니라니까. 우리가 내외만 되면 김매기 같은 건 내가 매일이라도 해줄 테니까……"(130쪽)라고 말하고, 달내는 계속해서 말없이 고개만 세게 가로젓는다. 이 장면은 바우에게서 청혼을 받은 달내와 아내가 되어달라고 강요하는 바우 사이의 긴장관계를 묘사한다. 그다음 지문은 다음과 같다. "갑자기 달내를 잡고 소나무 뒤로 끌고 간다. 뿌리치는 달내 두 사람 모습 소나무 뒤로 매미 소리 뚝 멎는다. 끝내 뿌리치고 나오는 달내 / 바우 우두커니 섰다가 / 사라진다 / 매미 소리 다시 시끄럽게"(131쪽).

소리는 이처럼 인물들이 어떤 역할이나 규정 또는 달내와 바우 사이에 연관된 모든 고리에서 벗어나는 표현으로 작용한다. 그것은 풍요로운 삶이 아니라 기억에 붙잡힌 인물들의 절박한 내러티브이다. 이 소리는 한번도 자신을 제대로 드러낼 수 없는, 현재라는 얇은 순간을 조건 짓고 있는 과거에 대한 기억의 소리이다. 등장인물들을 괴롭히는, 자신에 대한 심판으로 비유되는 소리이다. 그리고 그것은 어둠과 더불어 표현된다. 그 절정이 문둥이인 엄마와 분리되는 공포를 보여주는, "밤은 길지만, 그 밤을 채울"(139쪽) 꿈이다. "꾸, 꾸, 꾸, 꿈에 / 그, 그, 그 그래서-여, 여, 여, 열어줘, 줘, 줘, 줬나?"(137쪽). 인물들은 기억이라는 어둠 속에서 바라보는 이들이다.

2.2.2. 기억의 소리

〈봄이 오면…〉을 읽으면 많은 소리를 들을 수 있다. 그 소리들은 수수께끼처럼 단순하게, 어슴푸레하게 들린다. 소리는 듣는 이에게 들려오지만 그것은 또한 기억에 내재되었다가 외치는 소리이다. 예컨대 집을 떠나 가족들과 떨어져 살다가 "열어줘"(139쪽)라고 말하는 어미의 "흩어진, 목쉰 들릴락 말락 한"(139쪽) 소리는 기억의 소리이다. 소리들은 기억이라는 과거에서 거슬러 올라온 빛과 같다. 희곡을 읽는 독자나 관객들이 들은 소리들은 실은 한결같이 외치고 있었던,

어디선가에서 들려오는 기억하고 있는 소리라고 할 수 있다.

소리들은 산에서 들리는 바람 소리 같기도 하고, "멀어져가는 기척"(142쪽) 같기도 하고, "겨울밤의 산속의 …… 옮아가는"(146쪽) 넋의 외침 같기도 하다. 들리는 소리들은 과거의 서술문학들에 공통적인 운문 형태의 하나라고 할 수 있다. 소리에 의한 기억은 기억에 의한 순차적 재현이 불가능할 때, 그러니까 회상적 서술의 존립이 어려울 때 사용되고 있다. 희곡을 읽으면 그 소리의 진원지인 산에 가까이 다가서고 싶어진다. 소리를 알아들을 수 있다는 것은 듣는 이의 삶의 질서 속으로 소리를 끌어들인다는 것을 의미한다. "어두운 불빛, 가끔 샛바람에 불꼬리가 너풀거리"(135쪽)는 진원지, 그곳이 근원 또는 본질로서의 세계가 아닌가. 그 첫 번째가 " 그 말, 시끌짝한 매미 소리"(127쪽)이다.

〈봄이 오면…〉의 무대는 푹푹 찌는 한여름, 깊은 산속의 들밭이다. 처녀 달내와 총각 바우가 밭머리에서 김매기를 한다. "달내"라고 부른다. 그리고 산 바깥의 축성 노역에 사람들을 뽑아간다는, 마을에 떠도는 "그 말 들었어"(128쪽)라고 말한다. 연극은 소리와 같은, 밑도 끝도 없는 '그 말'로 시작한다. 바우는 한 번 뽑혀가면 언제 돌아올지 몰라 가을에 혼사를 치르고자 한다. "달래 말을 받아내려구 왔어"(130쪽)라는 바우의 대사가 이어지는 순간, 말이 끊기면서 매미 소리 뚝 멎고, 인물이 사라지고 다시 매미 소리 시끄럽게 들린다. 이렇게 말은 의미보다 소리로 더욱 아름답게 울린다.

여기서도 단순한 매미 소리는 들리지만 매미는 보이지 않는다. 매미 소리는 우리 귀가 흔하게 듣던 기계 소리와 다르다. 차이가 있다면, 매미 소리도 실은 흔한 소리이지만 듣는 이를 멈추게 한다는 점이다. 이때 독자는 기계 소리와는 다른 매미 소리를 통하여 매미 소리의 단순함을 깨우치게 된다. 이를 위해서는 하던 "김매기를 멈추고 들"(127쪽)어야 한다. 이것은, 하이데거 식으로 말하면, 단순하기만 한 것에서 뽑아올려도 다함이 없는 힘을 주는 체념이다. 그래야만 "매미 소리만이 그림에 없는 등장인물인 셈"(127쪽)이라는 지시문의 의미를 이해하게 된다. 매미가 외치는 소리는 관객과 독자들을 근원의 품으로 안기게 하는 힘, 즉 체념 또는 기억이다.

두 번째는 "아이구 소리"(133쪽)이다. 무대 뒤편에 십장생 같은 무대장치가 (무대에 없는 등장인물처럼) 후경으로 자리잡는다. 등장인물들의 짧고 단아한 대사들은 매미 소리처럼 반복되면서 울린다. 매우 느리게, 말과 뒤따르는 말의, 움직임과 이어지는 움직임의 "오랜 사이"(134쪽)와 반복되는 지루함을 견딜 수 있는 독자와 관객들만이 주의를 집중할 수 있다. 대사에 담긴 이야기, 그것을 옮겨놓는 등장인물들의 행동이 모두 느리다. 느리다 못해 더듬는다. 순간 길은 저만큼 멀리 가 있고, 해는 저 먼 곳으로 저물었다. 아비는 말더듬이이다. 그래서 이들은 "말은 할 수 없고, 그 움직임만으로 무엇인가를 옮겨야 한다"(140쪽).

그들의 단순한 움직임이 왜 신비한가. 독자와 관객들은 왜 등장인물들의 단순한 움직임을 쉽게 알 수 없게 되는가. 그것은 독자나 관객들이 이 부분에서 자신들과 단절해야 하기 때문이다. 이른바 사물과 세계의 근원으로 가 닿으려면, 근원의 소리를 들으려면, 새로운 전향을 해야 하기 때문이다. 그렇다면 체념이란 얼마나 어려운 일인가. 그것이 바로 "휘파람처럼 날카로운 먼 바람 소리, 어느 바위 모서리에 부딪쳐 피 흘리며 한숨 쉬듯 그 겨울밤의 바람 소리"(157쪽)이다.

순간 무대는 한여름 (들밭에서) 휘파람처럼 날카로운 바람 소리를 타고 겨울(방)로 옮겨간다. 달내와 바우가 아니라 이번에는 아버지와 달내가 관객을 향해서 앉아 있다. 귀를 기울이며, 그것을 감추듯, 쳐다보며, 눈길을 느끼며, 눈길을 되돌리며, 눈길을 거두며 말을 기다린다. 즉 말을 피한다. 말 대신 "흐느끼듯 피 흘리며 한숨 쉬듯 울부짖는 그 겨울밤의 바람 소리"(148쪽)를 듣는다. 말하기가 힘들다. 꿈을 "꾸, 꾸, 꾸, 꿈"(136쪽)이라고 겨우 말한다. 말하지 않은 채, 기억 속에 빠져 있는 인물들은 이런 언어로 자신을 제3자로 여긴다.

여기서 기억의 무게에 빠진 인물들의 진짜 화자는 표현방식에 있다. 이들의 내러티브는 겨울바람 소리에 "내, 내, 내, 내, 내, 걱정은, 마, 마, 마, 마, 말구"(148쪽), "에, 에, 에, 에미가, 또, 또, 또, 또, 오, 오, 오, 오면"(151쪽), "네, 네 네, 네가, -떠, 떠, 떠, 떠나고, -나, -나, -나, -나면"(153쪽)과 같이 "힘겹고pesant, 몸을 굽히고penchant, 언어 자체는 사용하지 않고서dépensant 언어 자체로 하는"[38] 표현이다.

말을 더듬는 것은 아비가 우는 소리이며 그의 속이 타는 바람 소리이기도 하다. 이 장면에서 인물들은 말을 하지 않고도 고개를 떨구고, 쳐다보지 않고도 고개를 주억거린다. "힘들게, 굼뜨게, 긴 겨울밤과 싸우듯"(140쪽), 단순하게, 말더듬이처럼, 더딘 움직임으로. 밖에서 들리는 흩어진, 목쉰, 들릴락 말락 한 달내 엄마의 소리를 듣는다. 이런 언어 뒤편에 존재하는 것은 언어와 정반대되는 것, 즉 침묵과 소리로 드러나는 엄마에 대한 기억이다.

여름내, 가으내 밤마다 와서 새벽이면 돌아간, 점점 느리게, 점점

---

38 파스칼 키냐르,《떠도는 그림자들》, 송의경 옮김(문학과지성사, 2003), 20쪽.

가깝게 울리는 소리를 듣는다. 이어 "쿵 하고 내려앉은 소리"(147쪽)가 들린다. 포교가 등장하여, 사또가 달내를 원한다는 것을 간단하게, 사흘 후에 달내를 데려갈 거라고 재빨리 말한 뒤 사라진다. 벼락을 맞은 사람처럼 멍한 아비는 달내와 바위에게 사립문 밖, 바람 소리처럼 도망가게 한다. 어두워지는 무대, 손을 모아 비는 딸이 있고, 쓰다듬는 아비가 있다. 그리고 그들은 움직이지 않는다. 갑자기 무대에 불길이 치솟는다, "어우러지고 설친다"(155쪽). 달래는 엄마를 두고 갈 수 없어 엎드려 흐느낀다. 엄마는 문둥이이기 때문이다. 이제부터 아비와 딸은 부재하는 엄마가 말하는 것을 소리로 듣는다. 소리 뒤편에 있는 이는 부재하는, 기억 속 엄마이다.

끝으로 "종달래 울음소리"(159쪽)가 들린다. 무대는 산비탈 꼭대기. 짐승들 노래하며 춤춘다. 산등성이를 김매면서 넘어오는 달내와 바우, 아비, 어미의 머리가 드러난다. 비탈을 천천히, 노을 속을 내려간다. 짐승들도 눈을 닦으며 그들을 쫓아 넘어간다. 네 식구가 문둥이의 탈을 쓰고, 문둥이가 된 것을 겁내지 않고. 모두가 하늘이 내린 문둥이가 된 것이다. 모두가 윤리적인 인간에서 벗어나 미학적인 인간이 된 것이다. 그곳이 "더 깊은 산속"이다.

이 희곡은 "깊은 산속"에서 시작해서 "더 깊은 산속"에서 끝난다. 깊은 산속이 기억을 안고 살아갈 수밖에 없어 실존적·미학적 삶이 불가능한 곳이라면, 더 깊은 산속은 과거의 기억을 통해 현재와의 연속성을 찾고 자신의 정체성을 분명하게 드러내는, 기억에서 자유로운 미학적 삶이 가능한 결단성이 있는 곳이다. 더 깊은 산 속은 문둥이가 된 이들의 유토피아적인 구원의 터와 같다. 그러면서 작가는 삶의 태고성을 더 멀리 아득한 곳으로 옮겨놓는다.

기억을 앞세운 내러티브의 특징은 이 같은 회화적인 묘사에 있다. 이 부분도 작가는 "더 깊은 산속 / 봄 / 지지배배 / 종달새 울음소리 / 무대를 가로질러 비탈진 능선이 뒤에서 앞으로 흘러내려와 있다 / 토끼, 노루, 멧돼지, 곰이 앞쪽에서 뛰어다니며 놀고 있다 / 짐승들 노래를 부르며 춤춘다"(159쪽)고 묘사한다. 깊은 산속과 더 깊은 산속의 차이는 거리로 벌려놓은 것이 아니다. 그것은 가깝다고 해도 늘 같을 수 없는 산이며, 이미 걸어보았다고 해서 늘 같을 수 없는 산의 길을 뜻한다. 시간이 지날수록 기억 속 공간은 더욱 분명해진다. 더 깊은 산속이야말로 어둠의 기억과 반대되는 빛과 같은 우리의 미래가 아닌가.

"우리 장모가 받아 쓴 탈 / 우리 마누라가 받아 쓴 탈 / 이 내 몸도 받아 쓰고"(161쪽)라고 노래하면서 인물들은 기억이 아니라, 망각을 기억하고 있다. "이 마지막 만남의 장소에서 / 우리 함께 모색하고 / 말을 피하고……."[39] 이때 "무대에는 십장생도의 모든 인물이 나와 있다"(162쪽). 작가는 모든 인물들을 인간의 뜻에 따른 기억으로 괴로워하지 않고, 육체의 부패가 없는 이들로, 무대를 무덤도 없는 자연의 아름다움 그 자체로 만들었다.

3. 기억 너머의 운명

근대 희곡에 등장하는 인물들이 지닌 공간과 연극하는 이들의 공

---

39 T. S. 엘리엇의 시 〈텅 빈 사람들〉에서 인용.

간은 어느 정도 일치한다. 등장인물들은 한정된 공간에 멈춰 있지 않고 끊임없이 이동한다. 움직여서 공간을 이동하는 것은 이들이 살아 있다는 것을 증거한다. 근대 이후 연극들은 광장에서 또 다른 곳으로 옮겨간다. 그곳은 아무도 없는 땅이다. 문패도 번지수도 없는 곳이다.

등장인물들은 정처없이 떠돈다. 그들에게 여기와 저기의 구분은 불가능하다. 그런 공간의 경계는 애초부터 존재하지 않는다. 아주 먼 옛날 유랑했던 무리들처럼 이곳과 저곳을 구별하지 않고 돌아다닌다. 그것은 유랑극단의 행태와 같다. 정착하지 않는다는 면에서, 고정된 삶을 원하지 않는다는 면에서, 기존의 모든 가치를 존중하지도 인정하지도 않는다는 면에서 그러하다. 교과서적인 의미로 하면, 떠도는 이들은 무정부주의적인 삶을 지향한다. 그들은 적의와 체념과 절망의 시선을 지닌 아나키스트들이었다.

앞서 언급한 것처럼, 떠도는 이들에게 경계는 없다. 경계가 무화하면 종족이나 민족, 그리고 국가라는 개념도 사라진다. 근대 연극에서 기억에 멀어져 떠도는 인물들이 확대되는 것은 자민족 중심주의가 서서히 깨지고 있다는 것을 뜻한다. 국가가 해체되는 것을 제일 먼저 몸으로 체현하는 이들이 근대 연극에 등장해서 기억 없이 떠도는 이들이다. 그 최댓값을 지닌 인물을 꼽으라고 한다면, 베케트의 희곡 《고도를 기다리며》에 등장하는 블라디미르, 에스트라공, 럭키, 포조 같은 인물들을 들 수 있다.

서양의 근대 연극은 등장하는 인물들이 자기가 사는 토대를 떠나면서 시작된다. 영화에서 말하는 로드 무비처럼, 여행의 연극, 유랑의 연극인 셈이다. 떠돎은 아무도 아닌 자의 철학, 이른바 노마드의 삶을 상징한다. 나라라든가 규범과 같은 경계를 완전하게 벗어나 있으므로 이들의 떠돎은 영원한 휴식과도 같다. 그들은 분명 길 위에 있었다. 이미 있는 길을 찾아간 것이 아니라, 가면 길이 되는 것을 알고 있었고, 그래서 그렇게 했던 이들이다.

떠돌기 때문에 그들에게 집과 절과 가족이 없었다. 그리고 고정된 정체성이라는 것이 없다. 아니, 정체성과 경계에 묶이지 않기 위하여 그들은 집이 아니라 길 위에 머물렀다. 한편으로는 국가와 사회체제에서 떨어져 있고, 다른 한편으로는 그것으로부터 완전하게 소외된 채 살아야 했다. 그들은 당대에 그야말로 아무것도 아닌 자기 자신이 되었을 것이다. 소외는 일종의 시선의 상실이다. 자기 의지에 따라 자기 삶을 변화시킬 수 없는 소외된 자는 타자의 시선을 피해 숨기 마련이다. 하여 그들은 당대에 철저하게 이방인으로 떠돌면서 존재했다.[40]

아예 자연과 같은 너른 터를 삶의 공간으로 삼고 그 안에서 처음부터 기억을 잃고 헤매고 그것을 운명으로 알고 평생을 살았던 인물들은 누구일까.[41] 《고도를 기다리며》《리어 왕》 등에 등장하는 인물들은 거지반 벌판이나 광야 또는 길 위에 있다. 그들은 길의 끝, 되돌

---

40 헤겔은 서양의 희극은 노예가 무대에 오를 때 시작했다고 했지만, 근대의 비극은 개인이라는 공간에서 공동의 공간으로, 이른바 동굴에서 광장으로 나오는 대결과 극복의 미학이라고 할 수 있다. 리어 왕, 오이디푸스 왕 같은 인물들은 신비한 자연의 의지를 깨닫고 그와 비슷한 세계관을 받아들이고 그것을 신앙으로 삼는 인물이다.

41 내가 연극을 보거나 희곡을 읽을 때 인상적인 장면은 인물들이 가방을 들고 나가고 들어오는 때이다. 극중에서 배우와 인물들에게 상징적인 오브제는 손에 든 무거운 가방이다. 그것은 아주 먼 곳에서 온 것을 뜻하며, 동시에 언제든지 떠날 수 있다는 것을 암시한다. 손에 든 큼직한 가방은 인물들의 삶이 포개져 들어가는 기억 공간이라고 할 수 있다. 더러 그 크기에 실망도 했지만, 나이가 들면서 오히려 작아야만 한다는 것을 어렴풋이 깨달을 수 있었다. 가방 안에 있는 삶에 관한 기억처럼 들어갈 미래의 삶도 간결해야 한다는 것까지. 떠도는 이방인들에게 필수적인 것이 가방이다. 연극에 등장하는 기억의 상징인 가방은 떠날 수밖에 없는 절망과 떠나지 못하게 하는 억압의 상징이라고 할 수 있다.

아 올 수 없는 지평선 너머까지 가서 방황한다. 비극에 등장하는 인물들은, 헤밍웨이가 쓴《킬리만자로의 표범》의 첫 구절처럼, "킬리만자로의 높이 1만 9,700피트, 눈 덮인 아프리카 대륙의 최고봉, …… 말라 얼어붙은 한 마리의 표범의 시체"와 같다. 이러한 희곡들에 등장하는 인물들은 구원의 불가능성으로 불안하고, 스스로 목숨을 끊는 경우가 많다.

현대 연극은 기억을 잃은 인물들을 앞에 내세우면서 삶과 세계의 불투명성을 점점 더 극대화한다. 이른바 자아의 위기라고 할 수 있는 그것의 최댓값은 기억의 완전한 상실이며, 이는 정체성의 혼란으로 이어진다. 그런 인물들은 〈봄이 오면 산에 들에〉에서 "말은 할 수 없고, 그 움직임만으로 무엇인가를 옮겨야 한다는 느낌으로, 아니, 그들이 하는 일이 쉽게 알 수는 없는 어떤 신비한 일이기 때문에 되풀이" (140쪽) 하는 느낌을 준다. 들판과 길에서 이런 인물들의 삶은 비극의 복판에 놓인다.

자기반성의 의무가 불가능해질 때, 소멸해가는 역사의 기록이 불가능해질 때, 비극은 생성된다. 그때 등장인물들은 기억에 의존한다. 기억이 없는 인물들은 조각과 같은 인형이 될 수밖에 없다. 시각과 청각 또는 다른 감각에 의해서 저장된 사물들은 우리가 잊은 사물들을 다른 모습으로 되살려놓는다. 기억은 본래의 것과 같을 수도 있지만 대부분 다르게 변용된다.[42]

우리가 〈태〉와 〈봄이 오면 산에 들에〉에서 본 바와 같이, 기억은 감각과 앎의 소유이되 변용이다. 이 두 작품은 공통적으로 시간의 개

---

42 Platon, *Phédon*, 75e~76b(Paris: Gallimard, 1976), pp.38~39.

념과 더불어 고통스러운 과거를 기억하는 희곡이다. 다른 점이 있다면 앞의 희곡과 뒤의 희곡이 지닌 시간의 흐름, 그 차이에 있다. 〈태〉가 아픈 과거의 기억과 재현되는 현재라면, 〈봄이 오면 산에 들에〉는 이를 포함해서 운명의 이질성에서 삶의 동질성으로 옮겨가는 미래의 기다림이라고 할 수 있다. "호쾌한 진달래 산천이 쩌렁쩌렁 울리는"(160쪽) 봄이 겨울의 죽음을 통과한 뒤에 살아 있는 것을 의미하는 것처럼.

한국 현대 희곡을 대표하는 두 작품은 모두 과거의 기억이 현재의 앎을 조건 짓고 있음을 보여준다. 베르그송 식으로 말하자면, 등장인물들의 내러티브는 "과거를 기억하는 것이 곧 인식"[43]임을 보여준다. 과거를 기억하는 것은 과거에서 무엇인가를 알고자 하는 데 머무르지 않고, 그것을 통해서 현재 너머 미래로 향한 인식의 방법이라고 할 수 있다. 〈태〉에서는 아픈 과거가 현재에도 반복될 수 있다는 인식과 앎과 등가인 기억을 바라보고, 〈봄이 오면 산에 들에〉에서는 기억이 미래를 바라보고 있다. 인물들은 기억, 그 자체가 되어 하염없이 역사 속에 사로잡혀 있거나, 기억의 기슭에서 침묵하거나 희미하게 살고 있는 셈이다. 그런 면에서 두 희곡의 내러티브는 끊임없이 밑sou에서 솟아오르면서venir 재구축되는 기억souvenir들을 통해 현재적으로 행동화하는 기억mémoire이라는 특징이 있다. 희곡(이라는 글쓰기)은 기억의 현상학이라고 할 수 있다.

---

43 H, Bergon, *Matière et Mémoire*, in Oeuvres(Paris: PUF, 1993), p. 67.

3.
기억과 공간

–

베르나르-마리 콜테스의
〈사막으로의 귀환〉을 중심으로

마틸드: 내 뿌리라니? 웬 뿌리? 난 배추가 아냐. 내 발은
바닥에 처박혀 있으라고 만들어진 게 아니란 말이다. 내
동생 아드리엥, 이 전쟁으로 말하자면, 난 관심도 없어.
난 전쟁을 피해서 온 게 아냐. 난 이 좋은 도시에 전쟁을
몰고 온 거야. 여긴 오래전부터 해결했어야 할 일들도 있
으니까. 이런 일들을 해결하러 오기까지 시간이 이렇게
많이 걸린 건 너무도 많은 불행을 겪으며 내가 순해졌기
때문이야. 그렇지만 불행 없는 15년을 지내고 나니, 기억
이 다시 되살아나더구나. 원한과 내 적들의 얼굴도.

—〈사막으로의 귀환〉(2: 13)

1. 기억과 공간의 시학

　연극과 희곡 분석에서 기억을 중심으로 한 연구는 매우 다양하다. 기억에 관한 연구는 습득된 문화적 기억, 이데아와 같은 근원을 재인식하는 근원기억, 자연언어를 중심으로 한 생태적 기억, 그리고 사회적 맥락에서 개인기억·집단기억이라는 용어로 일컬어질 만큼 광범위하다. 특히 인물과 자아의 해체를 다루는 현대 연극과 희곡에서 기억의 문제는 작가와 작품을 분석하기 위한 중요한 기제라고 할 수 있다. 기억의 글쓰기, 기억의 변증법 같은 용어들이 이를 증명한다.[1]

　예컨대 현대 연극은 기억과 싸우는 인물들, 기억을 잃은 인물들을 내세워 불투명한 삶과 세계의 모습을 극대화한다. 그것의 최댓값은 기억의 완전한 상실이고, 기억의 대립으로 인한 정체성 혼란으로 이어진다. 그 한 예가 연극에 등장하는 유령일 것이다. 유령은 본래 모습을 잃고 다른 모습으로 다시re 돌아오는venant 일종의 기억으로, 자신의 회귀를 뜻한다. 기억은 과거의 시간처럼 사라진 것이 다시 이

---

1 연극과 기억의 문제를 다룬 문헌으로는 다음을 참조하라. Anne Bouvier Cavoret(sous direction), *Théâtre et Mémoire, Actes du Colloque international organisé par le laboratoire Théâtre, Langages et Sociétés*(Paris: Ophrys, 2002); Jean-Yves & Marc Tadié, *Le sens de la mémoire*(Paris: Gallimard, 1999); 알라이다 아스만,《기억의 공간》, 변학수 외 옮김(경북대학교 출판부, 2003); 대니얼 L. 샥터,《기억의 일곱 가지 죄악》, 박미자 옮김(한승, 2006); 정항균,《므네모시네의 부활》(뿌리와이파리, 2005) 등.

곳 또는 저곳에 있는, 부재의 현존을 뜻한다.

이렇게 기억은 보이지 않고 잠재해 있으면서, 과거로 방향을 튼다. 기억은 과거이면서 언제나 지금 여기로 다가오는 현재이기도 하다. 텍스트 분석과 더불어 역사 분석도 그러할 것이다. 기억은 보이지 않는, 그리하여 사후적으로 드러나면서 비로소 파악될 수 있는 과정과 관계를 의미한다. 인물들이 겪은 체험으로서의 과거는 기억의 문제이며, 그것은 인물의 정체성에 관한 문제로 고착화한다. 그럴수록, 인물들은 지금까지 자신이 믿고 의지할 수 있는 기억에 더욱 집착하기도 한다.

희곡이 문자와 인물로 기억하고, 그렇게 해서 기억을 보존하는 방식이라는 점에서, 기억이라는 주제는 희곡 분석의 중요한 틀이 되고 있다. 프랑스 현대 희곡을 대표하는 콜테스와 그의 희곡들은 과거의 기억이 현재의 앎과 삶을 조건 짓고 있다는 사실을 강조한다. 등장인물들의 내러티브는 과거를 기억하는 것이 곧 오늘을 사는 인식임을 보여주는 증거와 같다. 과거를 기억하는 것은 과거에서 무엇인가를 알고자 하는 데 머무르지 않고, 그것을 통해서 현재 너머 미래로 향하는 인식의 방법이라고 할 수 있다.

〈숲에 이르기 직전의 밤〉은 아픈 과거가 현재에도 반복될 수 있다는 인식과 앎과 등가인 기억을, 〈목화밭의 고독〉은 어떠한 추동에도 변함없이 미래를 바라보고 있는 상징적인 기억들을 보여준다. 〈서쪽 부두〉에 등장하는 인물들은 기억 그 자체가 되어 하염없이 역사 속에 사로잡혀 있거나, 기억의 기슭에서 침묵하거나 희미하게 살고 있다.

〈사막으로의 귀환〉[2]에 등장하는 인물들의 내러티브가 지닌 특징은 과거와 같은 밑sou에서 솟아오르면서venir 끊임없이 재구축되는 기억souvenir들을 통하여 현재적으로 행동화하는 기억mémoire이다. 인물들이 하는 말들의 욕망은 과거의 기억이다. 그런 뜻에서 콜테스의 희곡(이라는 글쓰기)은 인물들의 과거에 담긴 기억의 현상학이라고 할 수 있다. 그 말들은 인물들이 놓인 과거와 현재 공간, 그리고 그들의 근원을 드러낸다. 사막으로의 귀환은 곧 과거로의 귀환, 기억으로의 귀환을 뜻하는데, 이 작품은 알제리라는 존재하지 않는 사막으로의 귀환으로 끝맺는다.

베르나르-마리 콜테스Bernard-Marie Koltès의 희곡에서 기억은 현대 예술의 다른 장르에서처럼 매우 중요한 창작 기제로 쓰인다. 이를 기억의 글쓰기라고 일컫는다면, 이는 새로운 언어의 탄생, 보이지 않는 과거를 복원하는 잠재적인 힘을 통하여 개인의 삶과 역사를 재구성하는 것이라고 할 수 있다.[3] 이처럼 현대 연극과 희곡에서 인물들이 간직한 기억은 주된 정보가 되며, 인물들을 규정하기도 하고 변형하기도 한다. 콜테스의 글쓰기와 더불어, 그의 작품 속 인물들이 지닌

---

2 이하 본문에서 이 작품은 〈사막…〉으로 표기한다. 번역된 대사의 인용은 유효숙의 번역 대본을, 프랑스어본은 Bernard-Marie Koltès, *Le Retour au désert*(Paris: Les Editions de Minuit, 1988)를 따랐다.

3 글쓰기와 기억의 관계는 서양 문학의 고전인 호메로스의 대서사시 《일리아스》나 《오디세이아》, 중세 서사시 《니벨룽의 노래》 등의 핵심이다. 영화에서도 마찬가지라고 할 수 있다. "과거의 기억을 호출하는 방식, 다양한 방식의 화법이 동원된다. …… 기억은 저절로 혼자서, 아무 곳에서나 이루어지는 것이 아니다. 기억은 철저하게 장소와 연결되어 있다. …… 기억은 장소에서 나온다. 장소는 이런 의미에서의 기억의 집이다." "대화방식은 두 사람이 기억을 공유하는 방식이며 동시에 각각 자신의 기억을 잊는 방식이 될 수 있다." "따라서 과거는 지나간 것이 아니며, 현재는 지금 존재하는 것만으로 이루어진 것이 아니라고 말할 수 있다." 이윤영, 〈기억, 사회. 영화―알랭 레네의 〈히로시마 내 사랑〉을 중심으로〉, 권대중 외, 《미학과 그 외연》(월인, 2010), 449~468쪽. 이처럼 기억이란 증언자로서의 글쓰기를 구현할 수 있게 하는 고전적이면서 중심적인 기제라고 할 수 있다.

기억들은 그의 삶 한편에 "심어놓은 과거의 나무"[4]로 비유할 수 있으며, 그가 쓴 희곡들은 삶의 기억과 같은 나무들이 지닌, 사라진 시간이 남긴 지워지지 않는 주름과도 같다고 할 수 있다.

콜테스가 죽기 1년 전에 쓴 희곡 〈사막…〉에 등장하는 인물들은 콜테스의 기존 작품에 등장하는 인물들과 사뭇 다르다. 앞의 작품들은 전적으로 어둠과 우울 같은 비극적인 정서에 의존하고 있다.[5] 그러나 〈사막…〉은 역사적·집단적 사건이 한 개인의 몸에 어떻게 각인되는지를 보여주는 면에서 이념적이고 정치적인 희곡이다.

고통스러운 과거의 기억은 인물에게 투쟁과 같은 목표 그 자체가 되기도 하며, 숨기고 싶은, 왜곡된 이야기의 끝이 되기도 한다.[6] 이 작품에서 드러나는, 권력을 쥔 가해자들의 집단적인 기억은 2차 세계대전 동안 프랑스와 독일의 전쟁, 1954년 이후 프랑스와 알제리의 전쟁과 관계된 폭력적인 것이다. 이에 견주어 희생양과 같았던 인물들의 개인적인 기억은 역사적인 상황에서, 개인이 지닐 수밖에 없었고 견뎌내야 했던, 배제와 추방이 가져다준 과거의 아픔, 그 기억에 관한 것이다. 〈사막…〉은 인물들이 안고 있는 과거의 기억(개인기억과 집단기억으로 구별되면서)을 끄집어내, 지난 역사를 구체화하고 앞날을 상징화한다.

---

4 Anne Ubersfeld, *Bernard-Marie Koltès*(Paris: Actes Sud-Papiers, 1999), p.68.
5 일반적으로 콜테스의 희곡들은 어두운 그림자l'ombre, 밤la nuit, 절망le désespoir 등을 다룬 것으로 여겨지고 있다. Donia Mounsef, *Chair et révolte dans le théâtre de Bernard-Marie Koltès*(Paris: L'Harmattan, 2005), p.153.
6 콜테스의 텍스트에 나타나는 어둠, 폭력, 황량함 같은 기억의 정서들과 달리 무대장치는 정반대의 모습을 보여준다. 그 안에서 텅 비어 있거나 부드러운 장면이 많은 편인데, 조용함·부드러움은 콜테스의 희곡들이 고통받았던 그 자신의 삶의 산물로, 그가 간절하게 욕망한 삶의 풍경이라고 볼 수 있다.

이 작품에서 전쟁 속 개인의 기억은 프랑스 현대사를 결정짓는 정치 이데올로기와 밀접하다. 가해자의 역사와 피해자의 역사가 있는 것처럼, 〈사막…〉에서 기억은 개인의 기억과 집단의 기억으로 분명하게 구분된다. 이것들이 기억된 과거의 내용을 펼쳐놓으면서 치열하게 대립한다. 콜테스가 이 작품의 맨 앞에서 인용한 셰익스피어의 〈리처드 3세〉 2막 2장의 글귀처럼, 기억 없이는 인물들은 "뿌리가 다 말라버린 나뭇가지"이고, "수액을 받지 못해 시든" 잎과 같은 존재들이다.

이 논문은 기억과 (기억) 공간을 중심으로, 콜테스의 희곡〈사막…〉에 나타난 기억의 내러티브 방식을 분석한다. 인물들의 기억과 그들의 내러티브는 밀접한 관계가 있다. 인물들에게 기억은 가장 유일한 값진 물건을 보관하는 "상상의 저장소thesaurismos phantasion"[7]이기 때문이다. 따라서 작가를 포함하여 작품 속 인물들이 끊임없이 기억의 부재인 망각과 싸우면서 기억에 집착하는 바를 분석하는 것이 이 논문의 목적이다.

2. 기억과 공간의 언어

2.1. 기억의 언어

전통적으로 연극의 매력은 과거의 사건을 언제나 현재시제로 재현할 수 있다는 점이다. 그것은 연극이 과거를 단순히 저장하는 것이 아니라 항상 새롭게 기억하고, 기억을 재생산하는 장르의 예술이기

---

7 다우베 드라이스마,《기억의 메타포》, 정준형 옮김(에코리브르, 2006), 56쪽.

때문일 터이다. 과거를 규범으로 재생산하는 것과 동떨어진 연극은 기억의 변증법적 형식이라고 할 수 있다. 텍스트 속에서 기억의 고리가 하나씩 새롭게 형성될 때마다 삶의 사슬은 과거로 옮겨간다. 배우 연기의 근원인 '정서적 기억'처럼, 글과 말과 몸은 연극의 기억 저장장치이다. 연극을 기억하는 곳은 극장이고, 희곡에서 기억의 저장장치는 글을 비롯해서 인물들 자체이다. 희곡의 극적 장치들은 모두 기억의 공간을 생성한다. 베르나르-마리 콜테스의 희곡들에서 문자로서의 인물들을 살아 있는 인물로 만드는 기제는 무엇보다도 기억이다.

〈사막…〉의 인물들은 표면적으로는 개인적 존재로서 기억을 잃지 않는 인물(마틸드 세르쁘누아즈)과, 집단적 광기로 자신들이 내린 모든 결정과 기억을 잊으려 하는 권력(동생 아드리엥, 경찰청장 플랑티에르, 변호사 보르니, 도지사 사블롱)으로 나뉜다. 이 작품의 주인공 마틸드는 고향에서 추방당해 낯선 곳에서 사는 15년 동안 과거라는 부재하는 것, 보이지 않는 것을 기억하고 있는 인물이다. 잃어버린 시간 속에서 그는 전적으로 몸에 새겨진 기억에 의존하면서, 그것으로 자신의 정체성을 확인하면서 생존한 인물이다.[8]

콜테스는 이런 인물들을 등장시켜, 작품 제목인 '귀환'처럼, 이미 있었던, 지난 과거의 역사(이데올로기)와 그 역사가 개인에게 남긴 지울 수 없는 상처(기억)를 묻는 동시에,[9] 다가올 현재를 드러낸다. 〈사

---

8 뮈리엘 마예트Muriel Mayette가 연출한 〈사막으로의 귀환〉은 프랑스의 국립극단 코메디프랑세즈의 연극 레퍼토리가 되었다. 〈사막으로의 귀환〉은 콜테스가 41세의 나이로 요절하기 1년 전인 1989년에 쓰였으며, 1989년에 출간되었다.
9 콜테스의 다른 작품들에 견주어 〈사막…〉은 훨씬 이데올로기적이다. 〈검둥이와 개들의 싸움〉이 신식민주의를 언급하고 있다면, 〈사막…〉은 위약한 정치·역사의 상황 속에서 저항할 수 없는 개인들의 거짓된 믿음을 부정한다. 즉 이러한 개인들의 자기기만이 축적되어 집단기억이 되는

막…)은 지금, 여기에서, 상처라는 기억의 회생과 정치적 폭력이라는 기억의 상실과의 싸움이다. 작품 제목인 사막이라는 공간처럼, 작품 속의 집과 알제리, 프랑스는 "존재하지 않는semblait ne pas exister"[10] 상징적인 공간이면서 동시에 실제 공간이기도 하다. 여기서 싸움의 무기는 이데올로기 자체가 아니라 이데올로기에 의한 상처, 즉 몸의 기억이다.

〈사막…〉은 집단이 개인의 잘못을 비판하는 것이 아니라 그 반대의 경우이다. 인물들은 몸에 각인된 상처들을 드러내면서 여기를 보라고 말하고, 세상을 향해 자신의 기억을 드러낸다. 집단적 기억이 지니고 있는 망각한 것들에 대항하고 있다. 그 대항은 장소에 대한 기억에서 출발한다. 〈사막…〉에서 인물이 놓여 있는 장소는 기억의 장소이다. 장소가 인물들의 정체성을 규정한다. 집은 인물들이 과거로 귀환하고 있다는 상징이다.

> 아드리엥: 마틸드 누나, 난 누나가 집주인 행세를 하게 내버려두지도 않을 거고, 안주인처럼 복도에 있는 이것저것을 만지게 내버려두지도 않을 거야. 황무지의 들판을 버려두고는 어느 바보가 그 땅을 경작하도록 숨어서 기다리다가, 수확을 할 때 돌아와서 그건 자기 재산이라고 주장할 수는 없는 법이라고. 집이 누나 것이라면, 이 집이 번영한 건 내 덕이야. 그리고 난 내 몫을 포기할 생각이 없다는 걸 알아둬.

바를 되묻는 정치적인 희곡이다.

10 Bernard-Marie Koltès, *Une part de ma vie*(Paris: Les Editions de Minuit, 1999), p.115.

마틸드: 내가 사용할 침대가 내 것이고, 내가 밥 먹을 식탁
은 내 것이며, 내가 거실을 정리하건 늘어놓건 그건 정당
하고 합법적이라는 걸 늘 기억할 생각이야.(2: 14)[11]

마틸드의 투쟁은, 제1장부터 프랑스와 아랍어의 충돌, 프랑스 여
자와 아랍 남자 사이에서 태어난 아이들의 정체성을 결정하는 피의
문제와 유산인 집의 소유를 둘러싼 논쟁으로 시작된다. 그 중심에 놓
인 인물이 같은 피를 나눈 누이 마틸드와 남동생 아드리엥이다. 그들
주변에 마틸드의 아들 에두아르, 아드리엥의 집에서 하인으로 일하는
아지즈, 그리고 집안일을 돕는 마암 쀨르라는 세 명의 증인이 있다.

논쟁의 배경은 2차 세계대전 때 프랑스와 독일의 전쟁, 1950년대
에 겪어야 했던 프랑스와 알제리의 전쟁이다. 그리고 이러한 역사적
사건 속, 프랑스 동부의 작은 소도시, 이 희곡의 부제처럼, '세르쁘누
아즈 집안의 역사d'histoire de la famille Serpenoise'에 관한 것이다. 주인공
마틸드는 고향에서 "말썽을 일으킨foutre le bordel dans cette ville"(18: 86)
죄로 억울하게 추방당한 인물이다. 15년 뒤, 그는 복수하기 위하여 두
아이를 데리고 고향의 집으로 돌아온다. 그의 남편, 아이들의 아버지
는 불분명하다.

아드리엥: 내가 아내가 없는 것보다도 누나는 남편이 없잖
아. 이 애들은 누구 애들이야? 누나도 누구 애들인지도 모
르겠지.(2: 17)

---

11 이하에서 인용한 대사 끝의 괄호 속 숫자는 원본의 (장: 쪽수)를 가리킨다.

이처럼 혼종으로서 마틸드가 프랑스의 파시즘과 싸운다. 그리고 작품의 끄트머리에서 "말썽을 일으킬" 아이들이 보기 싫어 고향인 도시와 집을 떠난다. 두 국가, 두 문화, 두 적대 관계 속에 화해는 불가능하다는 것을 암시한다. 〈사막…〉은 해결방법을 제시하지 않고, 두 이데올로기의 벽 앞에서 충돌하는 모습들만 보여준다. 한 국가의 잘못된 집단기억을 해체하는 것이 불가능하기 때문이다.

> 마암 쥘르: 그래요, 네, 서로 치고받고, 망가뜨리고, 눈을 뽑으세요, 어디 끝을 봅시다. 더 빨리 끝낼 수 있게 칼 가져다 드릴게요. 아지즈, 부엌에 있는 식칼을 가져오너라. 공평해야 하니 칼을 두 개 가져와. …… 조용히 싸우세요. …… 두 사람이 침묵 속에서 서로 미워하든가. 난 포기할 거예요.(6:37)

기억 속, 과거에 벌어졌던 사건의 내용이 드러나지 않은 상태에서 인물보다 선행되는 것은 장소이다. 〈사막…〉에서 그곳은 프랑스, 알제리, 그리고 이들이 헤어져 있다가 모인 집이다. 이 작품에서 집 같은 공간과 과거의 흔적인 기억은 개인의 범주에 해당하지만, 시대의 이념과 집단이 개인에게 가한 폭력, 권력은 상징적이되 집단의 범주에 해당한다. 지난 역사에 관한 개인의 기억과 집단의 기억, 그리고 역사적 상황이 펼쳐진 도시, 집, 개인의 기억과 같은 공간은 이 작품에서 인물들이 존재하고 말하려는 욕망의 기원인 셈이다.

더 정확하게 말해서, 마틸드가 집으로 돌아오기 전까지, 동생이 살고 있는, 과거에는 이들이 함께 살던 집과 도시가 기억을 지우고 권태와 지루함으로 차 있던 희미한 공간이었다면, 마틸드가 돌아온 이후 공간에는 과거의 숨은 빛깔들이 드러난다. 거짓과 진실, 기억과 망각의 싸움이 시작된다. 떠나 있던 마틸드의 출현은 집에 남아 있던 이들에게는 공포이다. 그것은 유령과 만나는 것일뿐더러, 남아 있는 이들조차 유령이 될 수 있다는 경우를 상정하기 때문이다.

아드리엥: 마틸드 누나, 살기 좋은 우리 도시로 다시 돌아왔군. 좋은 의도로 돌아온 거겠지?
마틸드: 내 동생 아드리엥, 내 의도는 선량해.
아드리엥: 누나는 당연히 전쟁을 피해서 누나의 뿌리가 있는 집으로 돌아온 거야. 잘했어. 전쟁은 곧 끝날 테니까 누나는 곧 알제리로 돌아갈 수 있을 거야.
마틸드: 내 뿌리라니? 웬 뿌리? 난 배추가 아냐. 내 발은 바닥에 처박혀 있으라고 만들어진 게 아니란 말이다. 내 동생 아드리엥, 이 전쟁으로 말하자면, 난 관심도 없어. 난 전쟁을 피해서 온 게 아냐, 난 이 좋은 도시에 전쟁을 몰고 온 거야. 여긴 오래전부터 해결했어야 할 일들도 있으니까. 이런 일들을 해결하러 오기까지 시간이 이렇게 많이 걸린 건 너무도 많은 불행을 겪으며 내가 순해졌기 때문이야. 그렇지만 불행 없는 15년을 지내고 나니, 기억이 다시 되살아나더구나. 원한과 내 적들의 얼굴도.
아드리엥: 누나, 적들이라고? 누나가? 이 좋은 도시에서? 그전에도 그러더니, 오래 다른 곳에 살아서 상상력이 더 커졌나 보군. 알제리의 뜨거운 태양과 고독이 누나 머릿속

을 뒤죽박죽으로 만들어놓은 거야.(1:13)

　〈사막⋯〉에서 과거의 기억은 인물들에게 호소하고, 인물들을 움직이고, 인물들을 추동하여 다른 행동을 하게 한다. 인물들은 극중의 흐름 안에 있으면서, 예전에 살던 고향의 집과 나무숲 같은 기억 속에 빠지기도 하고, 그곳을 나와 사건 진행을 돕기도 하고, 또한 사라진 기억처럼 스스로를 상실하기도 한다. 고향의 집에서 일하는 프랑스 식민지 출신의 하인 아지즈처럼 고향을 아주 떠난 이들에게 기억은 멀어지기만 하는 희미한 메아리로 남아 있다. 그리고 남은 것은 생득적으로 터득한 모국어일 뿐이다. 1장 맨 앞에 마틸드가 등장하면서 아랍어로 말했을 때, 아지즈는 주저하지 않고 모국어인 아랍어로 대답한다.

　그러나 고향을 떠나야 했던 마틸드에게 상처처럼 몸에 새겨진 기억은 희곡 속에서, 공연 안에서, 인물의 개인적인 의사疑似 공간, 내적 공간이 된다. 그의 몸, 그 현존이야말로 그를 둘러싼 모든 것과 싸우기 위한 정치적·이데올로기적 무기이며 요새이다. 그 속에 모국어인 프랑스어와 15년 동안 고향을 떠나 살면서 터득하게 된 아랍어의 차이는 없다. 마틸드에게 모국어는 가해자의 언어이고, 아랍어는 집단이 자신에게 가한 상처의 언어인 셈이다.

　마틸드는 자신의 몸에 난 상처가 읽히고 치유되어야만 지난 정치와 역사가 개인에게 범한 죄악을 용서할 수 있다고 믿는다. 이것이 콜테스가 크게는 연극으로, 작게는 〈사막⋯〉에서 숨길 수 없는 과거의 역사를 다루는 극적인 방식으로 보인다.[12]

마틸드: 난 당신을 알아. 난 당신을 알아봤어. 15년이 지나
고 나니, 살이 쪘고, 옷도 잘 입고, 안경도 썼고, 반지까지
꼈네. 당신이 손가락으로 나를 가리키며 나를 유배지로 쫓
아낸 그날부터 당신이 벌을 받을 오늘까지 100년이 지났
다 하더라도, 300년이 지났다 하더라도, 난 당신을 알아봤
을 거야.(5: 29)

마틸드: 그래, 맞아. 난 너와 맞서 싸워, 아드리엥. 너와 네
아들과 네 아내로 사용되는 저 여자와 맞서 싸워. 난 집 안
에 있는 너희들 모두와 맞서 싸워. 난 집을 둘러싼 정원과,
내 딸이 그 아래에서 지옥에 떨어진 나무와, 정원을 둘러
싼 벽과 맞서 싸워. 난 너희들이 숨 쉬는 공기, 너희들 머리
에 내리는 비, 너희들이 걷는 대지와 맞서 싸워. 난 이 도시
의 길과 집들과 맞서 싸워. 난 도시를 가로지르는 강을, 운
하와 운하 위의 작은 배들과 맞서 싸워. 난 너희들 머리 위
에 있는 하늘과, 하늘에 있는 새들과, 대지 위의 시체들과,
대지와 뒤섞인 시체들과, 엄마 배 속의 아이들과 맞서 싸
워. 내가 그렇게 하는 건, 나는 너희들 모두보다 강하다는
것을 알기 때문이야, 아드리엥.(6: 38)

〈사막…〉에서 사막은 조국인 프랑스, 작은 도시 속 집이기도 하

---

12 Bernard-Marie Koltès, entretien avec Véronique Hotte, "Des histoires de vie et de mort",
Théâtre/Public 84(novembre-décembre, 1988), p.109.

고, 다시 돌아가는 타향인 알제리이기도 하고, 망각되는 역사의 폐쇄성, 집단기억의 오류, 그 폭력이기도 하다. 관객 처지에서 볼 때 공간이 새로운 현실을 창조하는 곳이라면, 등장하는 인물들에게는 현실을 판단하는 곳이기도 하고 기억 그 자체이기도 하다.[13] 이 작품에서 마틸드가 15년 만에 자신의 두 자녀 에두아르와 파티마를 데리고 알제리에서 프랑스 동부의 작은 도시인 자기 고향으로 돌아오는 것처럼.

작품의 제목인 사막은 광야처럼 아무런 기억이 존재하지 않는 터이기도 하고, 인물과 작품에 새로운 지평과 폐쇄되지 않은 가능성을 열어주는 공간이기도 하다. 그러나 마틸드가 다시 찾은 옛집의 문은 굳게 닫혀 있다. 평소에도 집의 문은 닫힌 채 있다. 마틸드가 집에 들어가려고 문 앞에서 인기척을 냈을 때, 집 안에 있던 이들은 놀란다. 하인인 마암 뀔르는 문을 열다가 놀라서 도로 문을 닫고 만다.

문 바깥에서 기다리던 마틸드는 또 다른 하인 아지즈를 만나 프랑스어가 아닌 아랍어로 능숙하게, 아무렇지도 않게 말한다. "엘라슈가디 이쿤 느하르 카엡(재수 없는 하루가 될 것 같아)." 아지즈는 마틸드가 누군인지 묻지 않은 채 자연스럽게 아랍어로 대답한다. "이다아 카아네를 오크트 흐마아라 브하알 코하아 바이나(왜 재수 없는 하루가 될 것 같은 거지)?"(1: 11). 이들의 아랍어 대화는 프랑스와 알제리 사이의 해결되지 않은 정치적 문제를 암시한다.

---

13 그것은 서양의 고전 희곡뿐 아니라 〈사막으로의 귀환〉에서도 예외가 아니다. 소포클레스가 〈콜로노스의 오이디푸스〉에서 피 흘렸던 과거 이후 평정을 찾은 오이디푸스를 보여주듯, 셰익스피어가〈리어 왕〉에서 자신의 광기를 광야의 모든 바람결에 부르짖듯. 이와 관련해서는 Anne Bouvier Cavoret(sous direction), *Théâtre et Mémoire, Actes du Colloque international organisé par le laboratoire Théâtre, Langages et Sociétés*(Paris: Ophrys, 2002) 참조.

콜테스 희곡에서 인물들의 외국어 사용에 관한 문제를 좀 더 분석하면, 프랑스어가 아닌 외국어를 발화하는 인물들의 출현은 기억 공간을 확장하는 기능을 한다. 이는 프랑스의 오랜 제국주의를 비판하는 형식으로, 반파시스트적인 기제라고 볼 수 있다. 콜테스는 아프리카 언어와 아랍어를 공용으로 쓰는 것이 프랑스의 미래를 위하여 매우 중요한 결정이라고 밝힌 바도 있다.[14] 〈검둥이와 개들의 싸움〉에서는 알부리의 원주민 언어와 레온의 독일어, 〈서쪽 부두〉에서는 로돌프의 스페인어, 세실의 아메리칸 인디언 언어, 〈로베르토 쥬코〉에서는 이탈리아어 등이 그 예에 속한다.

덧붙여, 이 희곡의 다섯 막은 이슬람교에서 날마다 올리는 다섯 번의 기도 이름으로 구성되어 있다. 1막(1~4장)은 새벽의 기도인 소브 Sobh이다(마틸드는 새벽처럼, 새벽에 이 집으로 들어온다). 2막(5~7장)은 정오의 기도인 조르Zohr이다(집단기억과 같은 경찰서장, 변호사, 도지사의 복수가 펼쳐진다). 3막(8~11장)은 오후의 기도인 아스르Asr를 뛰어넘어 밤의 마지막 기도인 이샤Icha이다(공중에서 정원으로 내려온 검은 피부의 특수부대원이 등장한다). 4막(12~14장)은 네 번째인 해 질 녘의 기도 마그리브Maghrib이다(갈등이 고조되고, 카페 사이피가 폭발한다). 마지막 5막(15~18장)은 '이드 알 피트르'[15]가 열리는 라마단이다(갈등의 해소). 마틸드와 동생 아드리엥이 화해하고 같이 알제리로 떠난다. "집에서 나왔어요, 정원에서 나왔어요, 난 완전히 떠날 거예요"(4: 21)라고 말하는 마티유처럼, 집을 떠나 자유로운 공간으로 향한다.

---

14 Donia Mounsef, *Chair et révolte dans le théâtre de Bernard-Marie Koltès*(Paris: L'Harmattan, 2005), p.159.
15 라마단의 끝을 알리는 축제.

2.2. 개인기억과 집단기억의 충돌

연극에 나타난 기억에 관한 연구는, 서구 고전 희곡부터 현대 희곡에 이르기까지 ①비극에서 기억과 망각의 문제, ②기억하는 고통의 문제, ③기억의 공간, ④보이는 현실과 보이지 않는 기억의 거리와 차이, ⑤망각할 수 있는 권리와 기억해야 하는 의무 사이의 문제 등을 다룬다.[16] 희곡 속 인물들의 기억은 흡수된 경험이되, 분류되고 제거되고 남은 산물이다.

등장인물들은 맨 먼저 "감각기관에 의해 흡수된 경험이 도장을 찍는 것처럼 기억 속에 이미지eikon, 즉 상像"(다우베 드라이스마, 47)을 지니게 된다. 감각기관을 통해 들어온 상, 즉 메타포와 같은 기억은 등장인물들을 말하게 하고 행동하게 하는 잠재적 기제가 된다. 그러므로 기억은 소리를 저장했다가 재생해서 듣는 것과 다르다. 거대한 공간과 같은 기억에 의한 내러티브는 현재의 행동이기도 하며, 미래를 향하는 회전판과도 같다.

1장에서 마틸드는 겨우 열린 문틈을 비집고 집 안으로 들어간다. 그는 15년 동안의 부재 끝에 이렇게 집 안으로 틈입한다. 집단이 개인에게 가하는 폭력의 역사는 여기서도 재연된다. 이름하여 사막과 같은 길고 긴, 역사의 끝나지 않는 폭력이다. 겉으로는 문이라는 경계로, 집은 닫힌 공간으로 드러난다.

마암 뀔르: 길거리는 위험해. 어서 들어와. 난 이 문을 열어

---

16 위의 책은 연극과 기억에 관한 국제 콜로키움에서 발표된 논문들을 모은 것인데, 여기서 열거된 주제들은 대부분 이 책에 실린 논문들이 공통적으로 다루는 내용이다.

두는 게 싫어.

마암 쾰르: …… (마틸드에게) 누구시죠? 누굴 찾으세요?

마틸드: 들어가게 해줘요, 마암 쾰르 아줌마. 나예요, 마틸
드.(1 : 11)

집 안에는 마틸드를 추방한 이들이 갇혀 있고, 이들이 숨기고 있
던 지난 시절의 관계가 빗장을 연다. 이를 통하여 마틸드가 잊지 않고
있는, 유산과도 같은 과거의 상처가 조금씩, 고스란히 드러난다.

플랑티에르: 아니, 아드리엥, 넌 날 배반했어.

아드리엥: 맹세할 수 있어. 아니야, 아니라고. 난 아무 말도
안 했어.

플랑티에르: 그럼 어떻게 알았을까? 적과 내통했다고 네 누
나를 고발해달라고 부탁한 건 너였잖아. 그때 내가 제정신
이 아니어서 그렇게 했지, 그리고 그건 우리 사이의 비밀
이어야 했어. 세르쁘누아즈, 당신이 말했어. 다르게 생각할
수가 없어.

아드리엥: 난 말하지 않았어요.(5 : 31)

앞에서 언급한 것처럼, 현대 연극은 개인적·집단적 기억을 잃거
나 왜곡하는 인물들을 앞세우면서 삶과 세계의 불투명성을 극대화하
는 경향이 있다. 그것을 자아의 위기라고 한다면, 〈사막…〉에서 그 최
댓값은 아드리엥처럼 불편한 기억의 대상인 알제리라는 나라의 존재
를 부정하는 기억의 왜곡이다.

아드리엥: 누가 네게 알제리에서 전쟁이 났다고 하더냐?

아드리엥: 알제리라는 나라가 있다고 누가 말하더냐?
(4:22)

아드리엥이 자기 아들 마티유에게 하는 이런 말들은 기억의 완전한 상실이고, 정체성의 혼란과 부재를 뜻한다. 〈사막…〉에서 이런 집단적 기억을 지닌 이들은, 이 집단기억과 위배되는 개인의 기억을 지닌 인물들을 배신자로 여기고 자신들의 공동체에서 추방한다. 사막과 같은 집에 갇힌 가해자들의 삶도 비극의 복판에 놓인 것처럼, 다음 세대로 기억을 강제하는 폭력은 연장된다. 콜테스는 집단기억의 폐해를 아드리엥의 아들 마티유를 통하여 이렇게 말한다.

> 마티유: 어린애들이 나를 보고 감탄하고, 남자애들이 부러움에 가득 차서 나를 쳐다보고, 여자들이 나에게 접근하고, 적들이 나를 무서워했으면 좋겠어요. 난 영웅이 되고 싶어요, 생명의 위협을 무릅쓰고, 테러에서 살아남고, 고통을 받아도 불평하지 않고, 다쳐서 피를 흘리고 싶어요.
>
> 마티유: …… 죽이고 정복할 수 있는 적들이 있으면 좋겠어요. 난 알제리에 가고 싶어요.(4:24)

지난 과거에 대한 자기반성의 의무가 불가능해질 때, 소멸해가는 역사의 기록과 판단이 불가능해질 때, 비극은 생성되고 연장된다. 그

럭수록 등장인물들은 자신이 선별해서 저장한 기억, 즉 집단적 기억
에 더욱더 의존하게 된다. 콜테스의 〈목화밭의 고독 속에서〉에 나오
는 손님의 말처럼, "혼자서 누군가를 증오하는 건 고통스럽지만, 여럿
이서라면 그건 쾌락이 되"[17]기 때문이다. 마틸드는 이러한 과거의 왜
곡된 기억에 저항하는 유일한 인물이다. 그의 무기는 몸과 기억이다.
유령 같은 몸이다. 기억은 몸에 새겨져 지워지지 않은, 상처와 같은
흔적이다. 마틸드는 이에는 이, 눈에는 눈이라고 복수를 다짐한다. 기
억과 망각의 싸움이 시작된다.

> 마틸드: 난 마틸드야. 머리를 삭발해드리지. 당신 머리를
> 빡빡 밀어버릴 거니까 여기서 나갈 때는 적과 동침한 여자
> 들처럼 머리가 매끈할 거야. 머리를 빡빡 밀린 채 울퉁불
> 퉁하고 희멀건 머리를 하고 길거리를 다니는 것이 어떤 건
> 지 즐거움을 알게 해주지, 그건 벌거벗은 것보다 더 고통
> 스러운 거야. 느린 리듬을, 머리카락이 자라는 참을 수 없
> 이 길고 느린 리듬을 알게 해주지. 아침에 거울을 보면 거
> 울 속에는 끔찍한 늙은이가, 역겨운 이방인이, 당신의 찌푸
> 린 얼굴을 흉내 내는 원숭이가 있을 거야.
> 플랑티에르: 나를 잡고 심하게 다루는 이 애송이는 누구야?
> 난 존경받는 사람이오, 존경받을 만하니까. 경력은 흠 잡을
> 데 없고, 가정생활은 완벽하고, 이 도시에서 내 명성은 주

17 Bernard-Marie Koltès, 《*Dans la solitude des champs de conton*》(Paris: Les Editions de Mi-
nuit, 1986), p.55.

목할 만하지.

마틸드: 나도 내 머리카락에 남이 손대는 것이 싫었어. 하지만 군중 속에서 당신이 나를 지목하고, 손가락으로 나를 가리켰어. 당신은 거짓말로 사람들이 내게 침을 뱉게 하고, 적과 내통했다고 고발했어. 시간이 지나서 당신, 당신이 잊어버렸다고 해도, 나, 나는 안 잊어버렸어.

플랑티에르: 도대체 무슨 말을 하는 거요? 그리고 내가 누구라고 생각하는 거요? 아마 오래전에, 옛날에 당신에게 뭔 일이 일어났었나 본데, 아마 다른 사람으로 나를 오인하신 것 같은데? 난 당신을 모르오. 당신을 한 번도 본 적이 없소, 당신도 나를 본 적이 없을 거요.(5: 28~29)

〈사막…〉은 시간의 개념과 더불어 고통스러운 과거를 기억하는 희곡이다. 다른 점이라면, 집에 머무른 인물들과 집을 떠나 살아야 했던 인물들이 지닌 시간의 흐름, 그 차이뿐이다. 집을 떠나 먼 곳에서 살다 돌아온 이들이 아픈 과거를 재현하는 현재와 같은 기억이라면, 집을 떠나지 않고 유산으로 받은 자기 집에 계속 살고 있는 아드리엥과 그의 새 부인, 그리고 그들의 아들 마티유는 운명의 이질성을 거부하고 삶의 동질성을 관철하려는 미래와 같은 기억이라고 할 수 있다. 알제리 출신의 하인 아지즈처럼 상반되는 기억이 없는 인물들은 조각 같은 인형이 될 수밖에 없다. 시각과 청각 또는 다른 감각에 의해 저장된 사물들은 우리가 잊은 사물들을 다른 모습으로 되살려놓는다. 기억은 원래의 것과 같을 수도 있지만 대부분 다르게 변용된다. 이 작품에서 본 바와 같이, 인물들의 서로 다른 기억은 감각과 앎의 소유이되 변용이다.

아드리엥: 미친년, 세상과 맞서 싸울 수 있다고 생각하는 거지? 명예로운 모든 사람들을 도발하는 넌 누구야? 예의 범절을 조롱하고, 다른 사람들의 관습을 비판하고, 고발하고, 중상모략하고, 전 세계에 욕설을 퍼부을 수 있는 건 누구일 것 같아? 넌 여자일 뿐이야. 재산이 없는 여자, 독신의 애 엄마, 미혼모야. 얼마 전까지만 해도 너 같은 여자는 사회에서 추방당하고, 사람들이 얼굴에 침을 뱉고, 존재하지 않았던 듯이 비밀의 방에 가둬두었을 거야. 넌 뭘 요구하러 온 거야? 그래, 우리 아버지는 네가 지은 죄 때문에 일 년 동안 네가 무릎 꿇고 밥을 먹게 했어. 하지만 벌이 충분히 가혹하지 않았어.

마틸드: 그래, 맞아. 난 너와 맞서 싸워, 아드리엥. 너와 네 아들과 네 아내로 사용되는 저 여자와 맞서 싸워. 난 집 안에 있는 너희들 모두와 맞서 싸워. 난 집을 둘러싼 정원과, 내 딸이 그 아래에서 지옥에 떨어진 나무와, 정원을 둘러싼 벽과 맞서 싸워. 난 너희들이 숨 쉬는 공기, 너희들 머리에 내리는 비, 너희들이 걷는 대지와 맞서 싸워. 난 이 도시의 길과 집들과 맞서 싸워. 난 도시를 가로지르는 강을, 운하와 운하 위의 작은 배들과 맞서 싸워. 난 너희들 머리 위에 있는 하늘과, 하늘에 있는 새들과, 대지 위의 시체들과, 대지와 뒤섞인 시체들과, 엄마 배 속의 아이들과 맞서 싸워. 내가 그렇게 하는 건, 나는 너희들 모두보다 강하다는

것을 알기 때문이야, 아드리엥.(6 : 38)

〈사막…〉에서 유산을 놓고 싸우는 형제들의 태도는 기억을 대하
는 태도에서 야기된 것이다. 이 희곡의 내러티브는 '지금 여기에서 어
제를 말할 수밖에 없는', 어제를 규정하고 현재의 태도를 규정하는 과
거의 기억이다. 그 중심에 피의 문제가 있다. 누이 마틸드와 동생 아
드리엥은 같은 피를 나누었지만, 동생은 아랍인이 거의 다 된 누이의
정체성을 의심하고, 프랑스 땅에 있는 아랍의 모든 것을 부정한다.

> 아드리엥: 젊었을 때부터 (저 여자는) 유혹에 넘어갔어. 자
> 연의 부름에 응했지, 나이가 들었다고 기적적으로 숙녀가
> 되는 건 아니야.
> 마틸드: 유혹에 넘어갔다고, 마암 뀔르 아줌마? 그럼 저 녀
> 석의 자식은? 그야말로 엄청난, 어마어마한 오류 아닌가?
> 그따위를 만들어낼 필요가 있었나? 하루 종일 정원이나
> 거실에서 편안히 쉬고 있는 무익하고 게으른 저 녀석의 아
> 들이 무슨 권리로 내 집을 혼잡하게 하는 거야? …… 저 녀
> 석에게 물어봐요, 마암 뀔르 아줌마. 왜 결혼할 필요가 있
> 었는지, 왜 아이를 만들었는지.
> 아드리엥: 저 여자에게 물어봐요, 마암 뀔르 아줌마. 왜 아
> 이를 둘이나 만들었는지.
> 마틸드: 저 녀석에게 말해줘요. 난 아이들을 만든 게 아니
> 라, 내가 애를 갖게 되었다고.
> 아드리엥: 저 여자의 아들은 도시의 빈민가에 있는 아랍 카

페를 드나들어. 모두들 다 알고 있지. 피를 부르는 거야. 알제리의 태양이 우리 누나의 머리를 뜨겁게 내리쬐더니, 봐 이젠 아랍 여자가 되었고 아들도 마찬가지야. 난 저 여자의 아들이 내 아들을 빈민가에 끌고 다니는 걸 원하지 않아, 난 마티유가 아랍 카페에 드나드는 걸 원하지 않아.(6:35)

이 작품은 현대 프랑스 희곡이면서, 보편적인 인간의 기억 양식을 두드러지게 보여주는 희곡이다. 그리고 서유럽인들이 지닌 과거에 관한 가장 보편적인 양식이라기보다는, 불편하기만 한 기억의 원천을 드러낸다고 볼 수 있다.[18] 〈사막…〉은 과거의 기억 때문에 고통받고 있는 이들에 대한 기억, 가족에 대한 사랑과 원망, 희망과 좌절에 관한 기억들을 고스란히 보여준다. 이 희곡에 등장하는 인물들은 과거를 살고 있는 오늘의 인물들이다. 이들에게 지나간 현실에 완벽하게 조응는 기억이란 존재하지 않는다. 오히려 그들은 그것 때문에, 그것과 더불어, 오늘을 힘겹게 견뎌내고 있다.

마암 퀼르: 그래요, 네, 서로 치고받고, 망가뜨리고, 눈을 뽑으세요, 어디 끝을 봅시다. 더 빨리 끝낼 수 있게 칼 가져다드릴게요. 아지즈, 부엌에 있는 식칼을 가져오너라. 공평해야 하니 칼을 두 개 가져와. 오늘 아침 칼을 잘 갈아두었

---

18 인물들이 지닌 기억은 과거와 현재를 잇는 가교와 같아서, 주제가 꾸준히 발전하게끔 기능할 뿐 아니라 오늘의 행위가 정당화될 수 있게 하기도 한다.

으니 금방 끝날 거야. 이번에는 아주 서로서로 상처를 입히고, 할퀴고, 죽이세요. 그럴 게 아니면 입 닥쳐요. 입 닥치지 않으면 두 분의 목소리를 더 이상 듣지 않게 목구멍 깊숙한 뿌리부터 내가 두 분의 혀를 잘라버릴 거예요. 그리고 조용히 싸우면, 아무도 모를 거고, 살아갈 수 있어요.(6 : 37)

이처럼 〈사막…〉은 현대 연극의 특징 가운데 하나인 기억이라는 형식을 통해 변형되고 활성화하는 현상을 보여준다. 등장인물들은 기억으로 "기억을 특징짓는 부재와의 싸움"[19]을 하고 있다. 등장인물들의 기억[20]은 연극처럼 사막처럼 무한히 넓고 변형된 공간의 연속이다. 고향에서 고향 밖에서 인물들이 경험한 사물과 세상은 희곡의 글, 연극 안으로 들어올 때 변용과 왜곡을 경험한다. 이 희곡의 맨 앞에 작가가 인용하고 있는, "뿌리가 다 말라버린 나뭇가지가 어떻게 자랄 수 있단 말인가? 수액을 받지 못하는 잎들이 어떻게 시들지 않겠는가?"(셰익스피어, 《리처드 3세》 2막 2장)라는 글귀에서, 뿌리와 수액이라는 단어는 기억으로 바꿔놓아도 된다. 그만큼 기억은 이 작품에서 인물들이 삶을 연명하는 잠재적인 힘이며 말하고자 하는 욕망의 근원이라고 할 수 있다.

---

19 Pierre Janet, *Evolution de la mémoire et de la notion de temp*(Paris: Gallimard, 1928), p.195.
20 이에 관해서는 정항균, 《므네모시네의 부활》(뿌리와이파리, 2005)의 제1장 〈자아, 기억, 삼중의 위기와 그 대응〉 참조. 필자는 이 논문에서 기억이라는 단어를 mémoire로 통일해서 쓰고 있으며, 기억이 과거(밑sou)에서 오는(venir) 것이라는 의미를 뚜렷하게 하기 위해 결론 부분에서 sou/venir라는 단어를 유일하게 썼다.

마틸드: 내 국가는 어디야? 내 대지는 어디 있지? 내가 잠 잘 수 있는 땅은 어디에 있지? 알제리에 있을 때는 난 외국인이고 프랑스를 꿈꿔왔어. 프랑스에서는 더 이방인이고 난 알제리를 꿈꿔. 국가란 자신이 없는 그 장소인가? 내가 있어야 할 자리에 있지 못하고, 내가 있어야 할 자리가 어디인지 알지 못하는 게 지겨워. 국가들이란 존재하지 않아. 아무 데도 없어, 없다고. 마리, 네가 두 번 죽을 수 있다면, 난 너의 죽음을 바랄 거야. 찬송가를 부르고, 하늘이든 지옥이든 뒹굴고 있어. 하지만 거기 뒹굴면서 남아 있어. 나에게서 너의 기억을 없애줘.(8:48)

역사 서술이 과거의 재현에 가깝다면, 희곡 〈사막…〉은 과거를 변형한 기억에 가깝다. 모든 존재는 차이와 이것들의 반복에 의해 존재할 수 있다. 연극이 존재하려면 희곡은 기억에 의한 사물과 세상의 사이, 그 차이를 반복해야 한다. 그러므로 등장인물들은 치열하게 싸운다. 싸우게 만드는 원동력은 스스로가 지닌 기억의 힘이다. 인물들이 지닌 기억은 "획득acquisition, 보존conservation, 변형transformation, 표현expression이라는 이 네 개의 변화"[21]를 보여준다.

기억에 따른 변용과 왜곡은 정상을, 있는 그대로를 옮기는 것이 아니라 달리하기이다. 그래서 〈사막…〉의 형제들은 서로 싸운다. 싸움의 내용은 유산 분할이 아니라 기억의 절차로, 기억해야 하는 이유, 기억하는 내용, 기억하기 위한 방법, 기억한 다음에 해야 할 바들이

---

21 Jean-Yves & Marc Tadié, *Le sens de la mémoire*(Paris: Gallimard, 1999), p.11.

다. 아리스토텔레스가《시학》에서 기술한 것처럼 기억은 모방의 대상이 되는 셈이고, 희곡은 기억의 모방된 오브제와 같다.[22] 연극이란, 희곡이란 글쓰기는 허구이다. 기억에 의한 연극과 희곡은 사물과 현상과 같지 않다. 그것을 허구, 이론적 실재라고 할 수 있다. 허구는 실체를 고정하지 않고 사라지게 한다. 사라지게 하기 때문에 실제의 사물과 세상은 더 크고, 그 존재의 양은 증가한다.

> 아드리엥: 원숭이들은 숨어서 인간들을 응시하는 걸 좋아하고, 인간들은 슬그머니 원숭이들을 홀깃홀깃 쳐다봅니다. 인간이나 원숭이나 같은 과에서 내려오지만 진화단계가 다를 뿐이에요. 원숭이나 인간이나 누가 누구보다 앞선 건지 알지 못해요. 누가 누구를 목표로 하는지 아무도 몰라요. 틀림없이 원숭이가 영원히 인간을 목표로 하기 때문에, 인간도 영원히 원숭이를 목표로 하는 것이겠죠. 어쨌든 간에, 인간은 다른 인간들을 쳐다보는 것보다는 원숭이를 쳐다보는 것이 필요하고, 원숭이는 다른 원숭이들을 쳐다보는 것보다는 인간을 쳐다보는 것이 필요해요. 그래서 원숭이와 인간은 서로 응시하고, 서로 질투하고, 서로 언쟁을 벌이고, 서로 따귀를 때리고, 욕설을 주고받는 거겠지요. 하지만 원숭이와 인간은 머릿속에서조차 결코 헤어질 수 없고, 지치지도 않고 서로를 쳐다봅니다.(7:42)

---

22 아리스토텔레스,《시학》, 천병희 옮김(문예출판사, 1991), 60~63쪽.

희곡 〈사막…〉의 구성은 세 개의 큰 단위로 나눌 수 있다. 첫 번째 단위는 마틸드와 아드리엥이 만나서 서로 적대적인 관계를 드러내는 것이다. 그 곁에 가족 바깥의 증인들이 함께 드러난다. 두 번째 단위는 마틸드의 기억 속에 존재하는 지난 일들에 대한 원한의 노출이다. 전쟁 중에 버림받아 상처를 안게 된 마틸드의 과거 기억과 복수가 함께 노출된다. 강박에 가까운 마틸드의 도전이 시작된다. 세 번째 단위는 죽은 아버지의 유산을 놓고 벌이는 동생 아드리엥과의 논쟁이다. 이를 통하여 1960년대 이후 프랑스의 사회계급, 가부장적인 제도로 인한 아픈 기억들이 송두리째 드러난다.

2.3. 현대 연극과 공간의 언어

연극은 기억 공간이 낳은 것이되 동시에 기억을 위한 공간을 낳기도 한다. 그러니까 연극 앞에 허구·몽상의 공간이 있고, 연극 뒤에 실제와 미래의 공간이 있다. 이 모든 공간을 아우르는 것은 연극 그 자체이기보다는, 연극 속 인물들이 지닌 기억의 밑바닥과 같은 삶이다. 진짜와 가짜의 경계 같은 공간을 오가는 것은 삶의 실체이다. 연극은 삶과 견줄 수 없다. 연극은 삶의 그늘과 같은 공간에서 삶을 위하여 봉사할 뿐이다. 공간은 연극을 창출하는 유전자일 뿐, 삶을 결정하거나 대체할 수 있는 것이 아니다. 삶의 공간은 연극의 공간에서 재구성된다. 그러나 연극 속 실제와 허구를 넘나드는 기억 공간은 삶의 공간을 초월하기도 한다.

현대 희곡에 등장하는 인물들이 지닌 공간의 특징은 유추 가능한 공간성에 있다. 등장인물들은 한정된 공간에 멈추어 있지 않고 끊임없이 이동한다. 움직여서 공간을 이동하는 것은 이들이 살아 있다는 것을 증거한다. 이러한 공간의 특징은 광장에서 또 다른 곳으로 옮겨 가는 이동성에 있다. 이동과 변모의 끝은 아무도 없는 땅에 가닿는 것이다. 불모의 땅에 이르는 것이다.

교과서적인 의미에서 보면, 떠도는 이들은 무정부주의적인 삶을 지향한다. 그들은 적의와 체념과 절망의 시선을 지닌 아나키스트들이었다. 앞서 언급한 것처럼, 떠도는 이들에게 경계는 없다. 경계가 무화하면 종족이나 민족, 그리고 국가라는 개념도 사라진다. 현대 연극에서 인물들이 자신의 기억에서 멀어져 떠도는 인물들로 확대되는 것은 자민족 중심주의가 서서히 깨지고 있다는 것을 뜻하기도 한다. 국가가 해체되는 것을 제일 먼저 몸으로 체현하는 이들이 현대 연극에 등장해서 기억 없이 떠도는 이들이다.

〈사막⋯〉에서 인물들은 한결같이 뭔가를 들입다 말한다. 말을 할 뿐, 말하는 내용과 듣는 대상이 분명하지 않다. 남는 것은 말하는 자기 자신과 말하는 장소뿐이다. 서양의 현대 연극에 등장하는 인물들처럼, 이 희곡은 서서히 자기가 살고 있는 기반을 떠나는 인물들을 통해서 시작된다. 영화에서 말하는 로드 무비처럼, 〈사막⋯〉은 여행의 연극, 유랑의 연극인 셈이다.

마틸드처럼 떠돎은 아무도 아닌 자의 철학, 이른바 노마드의 삶을 상징한다. 나라와 규범 같은 경계를 완전하게 벗어나 있으므로 마틸드의 떠돎은 영원한 휴식, 부재와 같다. 극의 도입부에서 마틸드의 귀향과 극의 종결부에서 마틸드와 아드리엥의 떠남은, 그들이 이미 있는 길을 찾아간 것이 아니라 가면 길이 되는 것을 알고 있었고 그렇게 하는 존재임을 드러낸다. 떠돌기 때문에 그들에게는 머무를 집과 피를 나누고 함께할 가족이 없다. 그리고 고정된 정체성이라는 것이 없다. 아니, 정체성과 경계에 묶이지 않기 위하여 그들은 집이 아니라 길 위에 머무르는 존재가 된다.

이들은 한편으로는 국가와 사회체제에서 떨어져 있고, 다른 한편으로는 그것에서 완벽하게 소외된 채 살아가는 존재이다. 〈사막…〉의 주인공인 그들은 고향을 떠나 어떤 곳으로 귀향함으로써, 당대에 그야말로 아무것도 아닌 자기 자신이 되는 것이다. 소외는 일종의 시선 상실이다. 자신의 의지에 따라 자신의 삶을 변화시킬 수 없는 소외된 자는 타자의 시선을 피해 숨기 마련이다. 그래서 그들은 당대에 철저하게 이방인으로 떠돌면서 존재했고, 그 존재를 연장하는 인물들이다. 그런 의미에서, 작품 제목이 집으로의 귀향이 아니라 사막으로의 귀향이다. 사막은 경계 없는, 아무것도 아닌 공간인 셈이다.

〈사막…〉의 첫 장면은 마틸드가 무거운 가방을 들고 집 안으로 들어서는 모습으로 시작된다. 극중에서 배우와 인물들에게 상징적인 오브제는 손에 든 무거운 가방이다. 그것은 아주 먼 곳에서 온 것을 뜻하고 동시에 언제든지 떠날 수 있다는 것을 암시한다. 손에 든 큼직한 가방은 인물들의 삶이 포개져 들어가는 기억 공간이라고 할 수 있다. 가방 안에 든 삶의 기억처럼 그 안에 들어갈 미래의 삶도 간결해야 한다는 것까지.

떠도는 이방인들에게 필수적인 것이 가방이다. 연극에 등장하는 기억의 상징인 가방은 떠날 수밖에 없는 절망과 떠나지 못하게 하는 억압의 상징이라고 할 수 있다.[23] 〈사막…〉에서 기억의 공간은 마틸드

---

23 콜테스가 1977년, 그러니까 스물아홉 나이에 쓴 희곡 〈숲에 이르기 직전의 밤〉이 그러하다. 이 작품은 우리는 숲 바깥에 놓였고, 결코 숲에 이르지 못한다는 가정이다. 그사이, 세상은 온통 어두컴컴한 밤이다. 그래서 장소는 어떤 '길' '길모퉁이'이고, 시간은 낮이 아니라 비가 오는 밤이

가 가지고 들어오는 가방으로부터 시작된다. 마틸드의 가방은 떠날 때까지 "풀지도 않은"(18 : 86) 채 그대로 있다.

〈사막…〉의 첫 장면에서 인물들은 처음 만나자마자 프랑스어와 아랍어로 대화한다. 두 개의 서로 다른 언어는 두 개의 서로 다른 공간을 낳게 한다. 언어는 공간을 낳고, 대체하는 기능을 발휘한다.

> 마틸드: 엘라슈 가디 이쿤 느하르 카엡?[24]
>
> 아지즈: 이다아 카아네틀 오크트 흐마아라 브하알 코하아 바이나.[25]
>
> 마틸드: 아나아 에라프트하 마쉬 브하알 코하아![26]
>
> 아지즈: 우 키이프 타아르피하아?[27]
>
> 마틸드: ……아나 히야 크투우.[28](1 : 11)

콜테스의 희곡에서 의미를 지닌 장소, 즉 공간은 중요한 역할을

다. 뭔가를 기다리고 간절하게 말을 하고픈 낮을 기다리는 밤이다. 교양이 사라진 세상은 소음이 난무하는 숲 바깥이다. 등장인물들은 모두 세상의 한구석, 중심에서 벗어난, 분리된 곳에서 살고 있거나 움직이고 있다. 이 또한 교양의 인물이 실용의 사회에 적용하지 못한 탓이다. 긴 고백체의 언어들은 인물들의 고독과 불안함이면서 오늘의 세상의 절규이기도 하다. 작가는 그것을 현대적 실용 산문이 아니라 고전적 교양 운문의 고백체로 말하고 있다. 고백의 언어 속에 황폐한 삶과 세상의 비극성이 지울 수 없을 만큼 널리 깔려 있고, 그 끝이 가늠할 수 없을 정도로 펼쳐져 있다. 작품은 작가 자신의 삶의 연대기와 사뭇 닮아 있기 마련이다. 작가가 절망적인 삶을 살았다면, 작품은 작가의 삶보다 '더 절망적'일 수밖에 없다. 이것이 교양과 인문이 삶으로부터 나오고 이어지는 길이다.

24 왜 재수 없는 하루가 될 것 같은 거지? كيف تظن بأن نهارك سيكون سيئاً
25 누나가 남동생만큼 머저리라면, 그렇겠지. إذا كانت الأخت حمقاء بحال كوهاء بينا
26 누나는 남동생만큼 머저리가 아냐. أنا عرفتها مش بحال كوهاء
27 당신이 어떻게 알지? وكيف تعرف
28 ……바로 내가 그 누나니까. أنا هي كتو

한다. 〈서쪽 부두〉의 장소는 황폐한 공사장이고, 〈검둥이와 개들의 싸움〉은 아프리카의 공사장이고, 〈목화밭의 고독 속에서〉는 길 한 모퉁이, 아무도 살지 않는 어떤 곳이고, 〈숲에 이르기 직전의 밤〉은 외로운 주인공 화자가 처음부터 끝까지 끊임없이 말을 하는 어떤 길과 길모퉁이이다. 이렇게 장소는 길과 길모퉁이처럼 분명하지는 않지만, 말들은 이곳과 저곳을 오고 가는 사이에서 생성된다. 이들 공간의 특징은 일상적이지 않다는 데 있다.

이에 견주어 〈사막…〉의 공간은 이들 작품과 전혀 다른, 작은 지방 도시의 중산층 가정이다. 그리고 은유적으로 사막이 덧붙여진다. 집 안으로 들어가면 "벽으로 둘러싸인 정원, 열린 현관"(1: 11)이 나타난다. 도시 속의 이 집은 "집 고유의 냄새와 의식과 전통"(2:14)을 지니고 있다. 집을 떠나지 않고 머물러 살고 있는 동생 아드리엥에게 도시는 인구가 많지 않아 좋기도 하지만, 겨울에 춥고 여름에 더워 불편한 곳이기도 하다. 길도 예전 그대로 좁고 굽은 터라, 걷기에는 어려움이 없지만 차들이 드나들기에는 여간 힘들지 않은 곳이다. 동생은 아버지의 유산을 제 것으로 여겨 이 집을 떠나려 하지 않는다. 살면서 불편한 집을 지배하려고 한다.

그가 사는 집과 도시에는 직선의 길이 없어 보인다. 그러나 집을 떠나 15년 동안 알제리에서 살다가 다시 돌아온 누이 마틸드는 여기에서 저기로 가려면 돌고 돌아야 하고 높낮이가 있는 약간의 길을 기억하고 있다. 마틸드에게 도시의 집과 사람들, 그리고 오가는 이들이 모두 입체처럼 보이는 이유는 여기에 있다.

마틸드: 이불 속으로 들어오렴. …… 이 집을 이토록 정겹

고, 따뜻하게 만들던…….

파티마: 많은 일들이 벌어지는 있는데, 엄마는 잠자는 거와 기억해내는 것만 생각해.

마틸드: 내 옷들 사이에서 이름을 들었어. …… 내 옷들이 바삭거리는 소리 사이에서…….(3: 19~21)

마틸드가 집 밖으로 시선을 돌려도, 그가 보는 것은 그가 기억한 것의 호출일 뿐이다. 기억하는 한, 그는 자기 자신이 "나이도 들지 않았고", 스스로에게 "하인이었던 적도 한 번도 없"(5: 29)었다고 말한다.

마틸드: 시간이 지나도 …… 당신이 잊어버렸다고 해도, 나, 나는 안 잊어버렸어.

마틸드: 난 당신을 알아봤어. 15년이 지나고 나니 …… 오늘까지 100년이 지났다 하더라도, 300년이 지났다 하더라도, 난 당신을 알아봤을 거야.(5: 29)

마틸드의 기억 속에, 도시와 집은 그의 삶의 공간을 결정한 중요한 것들이다. 반면에 알제리에서 태어나 자란 그의 딸 파티마는 이 집에 대한 기억이 없는 터라 모든 것을 주워넣기만 한다. 그것이 그가 말하는 "잔디에 남은 흔적, 바람과 이슬, 나무 그루터기의 흔적"(3: 19)들이다. 마틸드에게는 그의 삶과 살던 집, 고향의 길과 사람들이 기억 속에 또렷하게 자리 잡고 있다. 이곳에서 저곳으로 가려는 거리와 시선의 산물이 공간이라면, 마틸드에게는 그 모든 것이 고정되어 있다. 그가 적과 내통했다고 마을 사람들에게 고발당해, 머리카락을 깎이는 수모를 겪고 고향을 떠나야 했던 모든 것이 그 공간과 더불어 기억되고 있기 때문이다.

마틸드는 스스로 발품을 팔아 고향으로 돌아온 유령과도 같은, 사라지지 않는 인물이다. 마틸드의 삶은 이 공간에서 다시 시작된다. 그리고 고향의 지형 조건과 자신을 적과 내통했다고 고발하고 군중 속에 몰아넣고 침을 뱉었던, 아직도 생존해 있는 고향 사람들과 지옥 이 되어버린 것 같은 자신의 삶(6장)을 논쟁한다.

그것은 고향에서 "추방당해, 존재하지 않았던"(6: 38) 마틸드가 고향으로 돌아와, 자신의 삶을 그렇게 만든 과거를 다시 끄집어내는 것에서 출발한다. 15년에 걸친 알제리에서의 삶을, 하루하루가 노동 이었고, 기억을 배반하는 모든 것과 싸워야 했던 것을 상기한다. 머나 먼 타향에서 모든 것이 낯설었고 하는 일마다 실수를 했지만, 그에게 힘이 된 것은 과거와 과거를 저장하는 기억 공간이다. 마틸드는 고향 에서 배운 삶의 모든 기술을 포기해야 했다. 타향에서는 고향의 모든 것이 허용되지 않았기 때문이다. 공간을 가로지르는 잣대가 쓸모 없 었고, 모든 것을 거의 자기 손으로 해야 했기 때문이다.

그럼에도 마틸드는 알제리에서 몸으로 새롭게 터득한 것보다는 과거의 기억이 훨씬 소중했다. 마틸드의 시간, 걸음걸이, 사유 등이 계절과 날씨에 관계없이 조금도 변하지 않은 이유는 여기에 있다. 타 향이라는 공간에서 모든 것이 처음이었지만, 그의 삶은 낡고 익숙해 질 뿐이었다. 시시때때로 새로워지는 것은 하나도 없었다. 억울한 과 거의 기억 공간이 주는, 기억으로 잃지 않을 수 있었던 덕분에 고향의 삶의 지형은 언제나 그대로 있었다. 기억 속 고향은 마틸드 삶의 밑변과 같았다.

〈사막…〉은 18장으로 되어 있다. 장으로만 이루어졌을 뿐, 분명
하게 언급된 막은 없다. 18장은 서로 연결되어 있기도 하고, 분리되어
있기도 하다. 장과 장은 일차적으로 분리되어 있으면서 서로 이어져
있는 셈이다. 희곡을 읽는 처지에서, 각 장은 독립된 장으로 여길 수
도 있고, 하나의 장을 극복해야만 다른 장으로 나아갈 수 있는 것으로
보이기도 한다. 하나의 장이 뒤로 갈수록 이야기의 깊이는 증대한다.
내용의 난이도도 점점 높아진다.

각각의 장은 평면과 같다. 평면의 장에서는 인물들이 오고 가는
짓이 우선된다. 하나의 장에서 다른 장으로 옮겨가는 것이 오름짓과
내림짓으로 여겨지지 않는다. 장과 장은 서로 교차한다. 그러므로 이
작품에서 볼만한, 시간과 공간적인 맥락을 아우르는 스펙터클은 존재
하지 않는다. 인물들의 삶이 평면적으로 보일 뿐이다. 희곡이 장으로
분할되어 있다는 것은 평면적인 삶의 진경眞景이다. 따라서 등장하는
인물들의 삶이 긴장할 수밖에 없다. 이들끼리 서로 허리춤에 달려 있
는 기억 같은 무기로 싸울 수밖에 없는 원인은 여기에도 있다.

2.4. 현실과 허구, 그 기억 공간

연극, 그것은 공간 속에 말들을C'est de la parole dans l'espace,[29] 말들
속에 공간을 짓는 일이다. 연극 속 공간은 영역이되 말들의 소리, 의미
로 확장된다. 연극을 비롯한 공연 공간은 마술적이다. 그 속에 실재와

---

29 *Théâtre/Public*, Juillet-Septembre, 2011, n.201 참조.

허구, 진짜와 가짜가 섞여 있기 때문이다. 공연 공간은 현실의 공간과 환영의 공간의 복합이다. 배우와 관객, 희곡과 독자가 서로 마주 볼 수 있는 한 장소에서 허구의 공간을 상상하는 이 만남은 이중적이다.

실제와 허구라는 두 차원의 공간은 서로 맞물린다. 물리적인 공간은 상상적인 공간에 영향을 주고, 상상적인 공간은 물리적인 공간의 지평을 넓힌다. 그것 가운데 하나가 이름이다. 마틸드의 두 아이들, 파티마와 에두아르는 순수 혈통이 아니다. 그들은 어머니 마틸드와 이름을 알 수 없는 알제리아인 사이에서 태어난, 혼혈이다. 혼혈이라는 핏속에 혈통의 복잡함이 들어 있다.

> 아드리엥: 누나 애들 이름을 잊어버렸어.
> 마틸드: 남자애는 에두아르, 여자애는 파티마.
> 아드리엥: 파티마? 미쳤군. 이름을 바꿔야 해. 다른 이름을 찾아줘야 한다고. 파티마! 나에게 누군가가 이 애의 이름을 물어보면 어떻게 대답하라는 거야? 난 조롱거리가 되기 싫어.
> 마틸드: 이름을 바꾸지 않을 거야. 이름은 만들어지는 것이 아니라, 요람 주변에서 얻어지는 거고, 아이가 숨 쉬는 공기에서 시작되는 거야.(2:16)

혼혈이 인물 내부의 복잡한 공간이라면, 〈사막…〉에서 집은 외부로 보이는 공간이다. 이 작품에서 집은 되돌아온 집으로, 구체적이다. 집에 대한 서술은 일상의 삶부터 상실과 귀향에 이르기까지 그 범위가 매우 크고 넓다.

1960년대 초, 마틸드는 자신의 두 자녀 에두아르와 파티마와 함께 알제리에서 프랑스 동부의 작은 도시인 자신의 고향으로 15년 만에 돌아온다. 유산으로 받은 자기 집에는 동생인 아드리엥과 그의 새부인, 그리고 그들의 아들 마티유가 살고 있다. 마틸드와 아드리엥의 과거 감정적인 빚 청산과 집 소유를 무릅쓰고 문제로 집은 전쟁터가 되어버린다. 이 밖에 파티마는 아드리엥의 첫 부인인 마리의 환영을 보는 정신이상 증세를 보이고, 마티유는 아버지의 심한 반대를 무릅쓰고 알제리 전쟁에 참가하려는 "꿈"을 꾸는 등, 모든 인물들이 저마다 다른 문제를 지닌 채 서로 싸우며 고민한다.

〈사막…〉에서 마틸드가 찾는 집과 가족들은 잃어버린, 억울한 생의 순명한 원형이다. 아무도 원하지 않는 유령처럼 돌아온 마틸드의 귀향으로 전쟁을 치르는 가운데, 자신들의 이익을 위해 타인의 삶의 근간마저 파헤치고 도려냈던 집단적인 과거가 드러난다. 마틸드는 살 곳이 없고 갈 곳이 없는 인물이 아니라, 살아 있는 존재이면서 어디든 갈 수 있는, 다시 돌아오는 유령과 같은 무서운 존재이다.

> 마틸드: 아이가 홍콩에서 태어났으면 이름을 추웨이 타이라고 지었을 거고, 아이가 바마코에서 태어났으면 이름을 샤데미아라고 지었을 거고, 아메카메카에서 아이를 낳았으면 이름을 이즈타지위앗이라고 지었을 거야. 누가 날 말릴 수 있었겠어? 태어나는 아이를 처음부터 외국으로 보내기 위해서 스탬프를 찍을 수는 없는 거잖아.(2: 16)

고향을 떠나 집에서 부재했던 마틸드가, 오래된 길을 따라 집으로 돌아와 존재가 된다. 자신의 과거가 숨 쉬고 있는 옛집으로 왔다. 집이 아니라, 자신이 부서지고 자신을 쫓아내고 떠돌게 한 고향의 집으로 되돌아온다. 그에게 삶과 집은 뒤엉켜 있는 지옥, 사막과도 같은 곳이다. 그 끝은 집에서 국가라는 더 큰 공간으로 옮겨간다.[30] 콜테스의 국가관, 타민족과의 결합의 중요성이 통째로 드러나는 대목은 마틸드의 다음과 같은, 그의 온 삶의 파국을 말하는 절박한 대사이다.

> 마틸드: 내 국가는 어디야? 내 대지는 어디 있지? 내가 잠
> 잘 수 있는 땅은 어디에 있지? 국가들이란 존재하지 않아,
> 아무 데도 없어. 없다고.(8:48)

이처럼 상처는 깊고, 분노는 걷잡을 수 없다. 돌아온 집은 겉과 달리 폭력이 감추어진 이중적인 공간일 뿐이다.

> 마틸드: (관객들에게) 난 저녁에는 절대로 말을 하지 않아
> 요. 저녁은 거짓말쟁이이기 때문이죠. 외부의 동요는 영혼
> 의 고요를 나타내는 흔적일 뿐이고, 집들이 조용한 것은
> 위험하게 정신의 폭력을 감추고 있는 거예요. 그래서 난
> 저녁에는 말을 하지 않는답니다.(14:67)

---

30 콜테스를 작가로 키운 것은 문학과 여행이다. 문학은 고전에 대한 감각을, 여행은 장소라는 공간에 대한 감각을 키워주었다. "고리키로부터는 〈Les Amertumes〉을, 도스토옙스키로부터는 〈Procès ivre〉를, 셰익스피어로부터는 〈La Marche〉를, 샐린저로부터는 〈Sallinger〉를 글쓰기의 유산으로 받을 수 있었다." Stéphane Patrice, *Koltès subversif* (Paris: Descartes & Cie, 2008), p.27.

〈사막…〉의 주된 공간은 벽으로 둘러싸인 집과 정원이다. 공연에서 이 작품의 무대장치는 무대를 길게 가로지르는 높고 커다란 벽으로 세워져 있다. 벽 너머로 잎이 하나도 남지 않은 앙상하고 창백한 나무 한 그루가 보인다. 벽은 위험한 세상으로부터 인물들이 자기 자신을 보호할 수 있는 역할을 한다. 인물들이 자신을 옹호하고 보호할 때, 벽은 점점 더 높아진다. 자기 자신의 세상만을 구축하게 되어, 시간이 흐르면서 자신을 가두는 감옥의 벽이 되기도 한다. 마침내는 자신이 나가는 것조차 방해하고 남이 들어오는 것도 저지하게 된다. 자기 자신과의 벽, 그리고 타인과의 벽. 벽은 이렇게 늘 양면성을 동시에 지닌다.

벽으로 둘러싸인 공간이 집이다. 이처럼 〈사막…〉의 집은, 조용하지만 "위험하게 정신의 폭력을 감추고 있는"(14 : 67) 상징적인 집이다. 콜테스는 집에 가까이 다가가거나 거리를 두는 것에 따라서, 집과 배경과의 관계에 따라서 그 정체성이 결정되기 마련이라고 말한다. 마틸드가 요구하는 집은 단순한 집이 아닐 것이다. 그것은 "집과 저녁, 저녁과 국가"(14 : 67)처럼 확대된다.

마틸드에게 집은 삶을 품는 곳이며, 삶을 바라다보는 눈과 같기도 하다. 그에게 집은 삶을 품고 삶을 드러내는 눈과 전혀 다르지 않다. 추운 곳에 사는 이누이트는 얼음 바다 속 물개들이 숨 쉬기 위해서 뚫어놓은 구멍을 눈이라고 말한다. 너른 바다가 얼음 속에 있고, 그 구멍은 바다와 세상이 만나는 접점이며 통로이기도 하다. 마틸드에게 집은 세상을 향해 열리고 닫히는, 크고 작은 문들을 지닌 공간이다. 그가 되돌아왔을 때 살짝 열린 문은 사진기의 조리개 같은 눈으로, 뭔가를 찾고 말하기에 앞서는 집의 숨구멍이다. 문이 열리고 닫히는 작용은 집의 숨쉬기와 같다. 얼음 속에서 얼음 바깥으로의 분리, 집 안에서 집 바깥으로 그리고 그 반대로 이어지는 분리와 연장의 흔적은 애써 기억하는 즐거움과 집 떠난 괴로움의 기억을 낳는다. 그 끝은 침묵하기일 터. 그때 두꺼운 집과 울음(18장)은 소리 없는, 침묵하는 아우성이 된다.

태초에 사람이 있었고, 집도 있었다. 집의 끝은 사막이다. 〈사막…〉의 끝에 이르면, 집이 텅 비어 있다. 사람들은 집을 나와 길 위에 있다. 사람이 집에 있지 않다는 것은 집에 있을 수 없는 외부의 탓을 말하는 것이기도 하고, 집이 집다운 격을 잃어버려 삶이 그곳에 있을 수 없다는 저항의 의미이기도 할 터이다. 〈사막…〉의 인물들은 집을 나온 나그네가 된다. 콜테스에게 집은 더 이상 삶이 거주하는 공간이 아닌 셈이다. 집의 원형을 잃어버렸다는 것은 숨길 수 없는 사실이다.

마틸드의 동생 아드리엥은 맨발로 출연한다. 자신의 외동아들 마티유가 벽을 넘어 집 바깥의 세상으로 나가고 싶어 할 때, "(자신의 맨발을 가리키며) 내 발을 봐, 마티유. 이게 바로 세상의 중심이야"(4: 23)라고 말하면서 아들의 행동을 저지한다. 한밤중에도 양복을 차려입는 아드리엥이 맨발로 있는 것은 문명 가운데의 원시적인 면모를, 그리고 위험스러운 세상을 사방의 벽으로 막고 안전한 자기 집에 있다는 것을 의미할 수도 있다. 연극이 끝나기 바로 직전, 아드리엥은 신발을 신고, 누이 마틸드와 함께 "진정한 사막"(Anne Ubersfeld, 65)으로 떠날 채비를 한다. 이들이 떠나기 전 화해하는 장면의 대사는 다음과 같다. 그동안 모두가 희생자로서 고통을 감내하고 있었던 셈이다.

아드리엥: 미안해, 마틸드 누나, 미안해. 누나가 여행 가방

을 싸기도 전에 난 이미 신발을 신었어. 난 누나가 떠나겠다고 말하기 전에 떠나겠다고 말했어. 내가 누나 흉내를 낸다고? 난 미치지 않았어. …… 난 누나가 사는 방식에 찬성한 적은 한 번도 없어. 난 항상 예의범절 편이었지. 난 항상 아빠 편이었어.

마틸드: 아빠 편, 그래 맞아. 나에 대항해서. 넌 어린 개처럼 아빠를 흉내 냈어. 아빠에게 찬성하고, 내가 무릎 꿇고 밥 먹는 것을 비웃으면서 바라봤어.

아드리엥: 난 비웃지 않았어, 마틸드 누나. 맹세해. 그건 고통의 표현이었어.(18:84~85)

〈사막…〉의 집들이 집답지 않은 이유는 여기에 있다. 집들은 사람과 자연에서 분리되어 있고, 집과 집이 이루는 공동체도 사라졌다. 사람들은 길 위에 휑하니 있다. 길 곁의 집들은 작고, 사람이 깃들어 있지 않은 집들은 희미하다. 홀로 남겨진 집을 바라보는 마암 뀔르의 시선은 쓸쓸하게 고정되어 있다.

마암 뀔르: 슬픔이 이 집을 지배할 때 난 아지즈가 좋아. 마틸드와 주인은 거실에서 삐쳐 있고, 마티유는 울고, 파티마는 신음하면서 추위에 대해 불평하고, 에두아르는 책 속에 파묻혀 있고, 모든 게 평온하고, 조용하고, 슬퍼. 집은 우리 거야.(13:67)

반면에 가출한 이들의 시선은 여기저기로 흩어져 있다. 집을 뛰쳐나온 실향민, 뜨내기들은 가늘고 앙상한 나무처럼 여위었고, 집에 등 돌린 채 걷고 있다. 아지즈는 기억에서 조국을 잃어버린 인물이다.

> **마티유**: 네가 아랍인이 아니면 넌 뭐야? 프랑스인? 하인?
> 널 뭐라고 불러야 하지?
> **아지즈**: 얼간이. 난 얼간이야, 아지즈. 돈을 요구할 때만 사
> 람들이 내 이름을 기억하지. 난 내 집이 아닌 집 안에서 얼
> 간이 짓을 하며 시간을 보내지, 내 것이 아닌 정원을 가꾸
> 고, 내 것이 아닌 바닥을 닦아. 그리고 전방에서 전쟁을 할
> 수 있도록 난 내가 번 돈으로 프랑스에 세금을 내. 그 안에
> 서 누가 아지즈를 보호하지? 아무도 보호하지 않아. 누가
> 아지즈에게 전쟁을 걸지? 모든 사람들이.
> **사이피**: 그런 식으로 말하지 마, 아지즈.
> **아지즈**: 극우파는 나보고 아랍인이라고 해, 주인은 나보고
> 하인이라고 하고, 병무청은 나보고 프랑스인이라고 하고,
> 나는 나 자신을 얼간이라고 불러. 나는 아랍인이든 프랑스
> 인이든 주인이든 하인이든 관심 없어. 난 프랑스에 관심 없
> 는 것처럼 알제리에도 관심 없어. 나는 내가 편들어야 하지
> 만, 내 편이 아닌 것에 관심 없어. 난 찬성도 반대도 아무것
> 도 아니야. 내가 찬성이 아닐 때 누군가 나더러 반대라고
> 말한다면, 그럼 난 다 반대야. 난 진짜 얼간이야.(15:73)

아지즈가 지닌 이런 마음의 풍경은 하염없어, 국가와 민족의 정체성이 말소된 이들의 기억의 전형이다. 〈사막…〉에서 소외된 그들이

가는 곳이 도시 한가운데 있는 '사이피Säifi 카페'이다. 이 카페는 사람들의 시선에서조차 멀어져 있는 곳이다. 아지즈는 사람들이 억압하는 세상으로 조금 비켜서 있는 곳에 이르러 겨우 제 곁에 눈을 돌리게 된다. 그러나 다른 사람들은 한쪽으로 내려앉은 저울추처럼 세상 한쪽으로 기울어 있다. 집에서 멀어지자 풍경은 커지고, 사람은 더욱 작아지고 제 모습을 잃기 시작한다.

그 정점은 카페의 폭발이다. 16장에서 권력을 가진 집단기억들은 아랍인들이 모여드는, 극중에서 아지즈와 에두아르가 마티유를 데리고 가는 이 카페를, 프랑스 문화와 아랍 문화가 만나는 중성적 공간이자 한 문화가 다른 문화를 "초대하고 유혹하는 공간"[31]인 사이피 카페를 폭파한다. 이로 인하여 프랑스에서 태어나고 자란 마티유가 희생당하는데, 그는 그곳에서 처음으로 다른 문화, 민족차별, 프랑스 제국주의, 그리고 "모든 쾌락을 지불해야 하는 이 세상이 잘못되었다"(15: 71)는 것을 알게 된다. 사이피 카페가 폭발했을 때 아지즈는 "완전히 죽었"[32](16:77)다. 극의 끝부분에서 마틸드의 아들 에두아르는 "도약하여 뛰어내리고, 허공 속으로 사라진다"(17: 80). 그가 원했던 사막으로의 귀환인 셈이다.[33]

---

31 Donia Mounsef, *Chair et révolte dans le théâtre de Bernard-Marie Koltès*(Paris: L'Harmattan, 2005), p.161.

32 아지즈의 철자는 Aziz이다. 철자로 보면 그의 이름은 A부터 Z까지를 포함하고 있는 셈이다. 두 문화 속에 있던, 불완전한 그가 완전하게 죽은 것이다.

33 죽음과 연결되는 공간에 관한 부분은, 콜테스의 희곡 〈로베르토 쥬코〉에서 쥬코가 말하는 "내가 세상에서 제일 좋아하는 건 꽁꽁 언 호수 위로 떨어지는 아프리카의 눈이야. …… 난 떠날 거야. 지금 바로 떠나야 해. …… 눈 내리는 아프리카에 가고 싶어. 죽을 거니까, 떠나야 해"(3·8장, *Roberto Zucco-suivi de Tabataba*》[Paris: Les Editions de Minuit, 1990])와 사뭇 같다. 그리고 〈목화밭의 고독 속에서〉에서는 "밤에 벌거벗고 목화밭의 고독 속에서 산책하며 말하듯"

에두아르: 나는 떨어지면서 여기서 1,400킬로미터 떨어진
우주에 가 있을 거고, 지구는 엄청난 속도로 나에게서 멀
어질 거야. 지구는 나에게서 떨어져 나갈 거고, 나는 지구
에서 떨어져 나갈 거야. …… 내가 여기서 수백만 킬로미
터 떨어진 허공 속에 놓이게 된다면, 그건 더 나을 거야.
(17:78)

3. 사라진 기억, 지워진 얼굴

〈사막…〉의 끝부분에 이르러, 아지즈와 에두아르 모두 이곳이 아
닌 저곳으로, 삶의 세상이 아닌 죽음의 세상으로 갔다. 집이 아예 눈
에서 멀어지자, 한때 집에 거주하던 사람의 얼굴이 사라지고 짐승의
거죽을 지닌 남루한 맨손과 같은 형체만 남았다. 아드리엥처럼 두 다
리만이 제 그림자와 함께 맨발로 걷고 있다. 17장에서는 아랍인도 프
랑인도 아닌 아지즈처럼 사람들의 남은 형체마저 어둠 속으로 사라
진다. 에두아르도 허공 속으로 사라진다. 실체가 아닌 그림자 속, 그
곳에 제 얼굴은 없다.

마리라는 형체가 있는, "다른 사람들에게 모습을 보여주고 싶지
않은"(16:75), 죽어서도 존재가 사라지지 않고 나타나는 유령이 등장
한다.[34] 아드리엥의 첫 부인인 마리가, 존재자가 아닌 존재인 유령으

(Dans la solitude des champs de conton[Paris: Les Editions de Minuit, 1986], p.30) 하는 내용
과 거의 비슷하다.

34 유령으로 등장하는 마리는 매우 흥미로운 존재이다. 텍스트에 분명하게 나오지는 않지만,

로 등장한다. 유령만이 남는다. 억울하게 죽은, 올바르게 매장되지 않은 유령 마리를 볼 수 있는 존재는 파티마이다. 유령 마리는 존재하지만, 익명의 존재이다. 마르트의 대사처럼, 이곳에서는 "유령 맞아. 난 확신해. 하지만 순결한 사람만이 그 유령을 볼 수 있"(16: 77)다. 유령인 마리의 등장은 살아 있는 이들에게 상징적 부채이고 공포일 터이다. 유령을 보지 못하는 아드리엥이 마리와 대화하는 파티마를 "저 미친 애"(16:75)라고 말하는 이유이다.

파티마가 검은 피부를 지닌 건강한 특수부대원의 쌍둥이를 출산한다. 이 아이들의 피부도 검은색이다. 아이들의 얼굴은 온통 검은 피부로 지워졌다. 파티마는 이 아이들의 이름을 "로물루스Romulus, 레무스Remus"라고 짓는다. 로마제국의 건설자 로물루스와 레무스는 군신軍神 마르스Mars와 레아 실비아Rhea Silvia의 쌍둥이 자식으로, 이리에게 양육된다. 희곡의 맨 끝에서 마틸드와 아드리엥이 알제리로 자발적인 귀환 또는 귀향을 시도함으로써, 문제의 이 집에는 자연스럽게 알제리인을 아버지로 둔 파티마와 그의 두 흑인 쌍둥이 아이들이 남게 된다. 아이들의 출생과 잔존은 이 집을 프랑스의 미래라고 해석하게 하기도 한다. 이것이 콜테스가 표현하는, 오늘날 프랑스가 숨기고 있는 집과 삶의 실체일 터이다. 집이 사라지고, 가족 공동체가 해체되고, 공존과 공생이 불가능한 폐쇄된 사회의 모습이다. 이 점을 당당하

마리는 아드리엥에 의해서 죽은 인물로 보인다. 유령으로 등장한 마리(16장)는 파티마와 만나 현실적인 대화를 하는데, 이 모습은 그들 곁에 있는 팔랑티에르와 마틸드에게는 비현실적으로 보인다. 마리가 하는 말 속에서 마리가 죽은 원인이 조금 드러난다. "그 사람은 너를 해칠 거야. 나도 해쳤어. 부유함은 인간을 바꿔놓지 않아"(16: 75). 마리는 "난 결코 용서할 수 없어. 난 결코 용서하지 않을 거야"(16: 76)라고 말하면서 사라진다.

게 웅변하는 이가 특수부대원이다.

특수부대원: 난 이 땅이 좋아, 부르주아. 하지만 이 땅을 채
우고 있는 인간들은 싫어. 누가 적이지? 넌 친구야, 아니면
적이야? 난 누구를 지켜야 하고, 누구를 공격해야 하는 거
지? 적이 어디 있는지 더 이상 모르게 되면, 난 움직이는
모든 걸 다 쏘아버릴 거야. …… 국가는 존재하기도 하고
존재하지 않기도 한다고, 인간은 자신의 자리를 차지했다
가 잃어버리기도 한다고, 도시나 영지, 집들, 그 집 안에 사
는 사람들의 이름들이 인생의 굴곡에 따라 변한다고 사람
들은 말해. 그렇다면 모든 것이 다른 질서에 맡겨진 것이
고, 아무도 자기 이름을 모르고, 자기 집이 어디인지 모르
고, 자기 나라가 어디인지 국경이 어디인지 모르는 거야.
뭘 지켜야 하는지 모르게 되지. 누가 이방인인지 모르게
돼. 누가 명령하는지 모르게 돼. 사람들은 역사가 인간을
통솔한다고 말하지만, 한 인간의 인생이란 너무도 짧은 법
이야. 그리고 웅크리고 있는 살찐 암소인 역사는 되새김질
이 끝나면, 참을성 없이 발로 때려. 내 임무는 전쟁으로 가
는 거고, 내 유일한 휴식은 죽음일 거야.(11:57)

〈사막…〉은 다양하게 해석할 수 있다. 마틸드가 알제리에서 알제
리인 사이에 둔 두 아이(파티마, 에두아르)를 데리고 자신의 고향 프랑
스로 돌아와 이곳을 사막으로 여기는 '사막으로의 귀향'으로 해석할
수도 있고, 연극 마지막 장면에서 제2의 고향이 된 알제리로 되돌아

가면서 실제 '사막으로의 귀환'으로 해석할 수도 있다. 그러니까 사막은 이 희곡 맨 끝에 이르러 프랑스의 집에 남는 파티마와 그의 두 흑인 아이들의 미래, 프랑스의 미래일 수도 있다. 희곡을 읽는 독자나 관객들이 자신들의 고향이라고 여기는 그 장소가 실제로는 사막일 뿐이라는 것을 상징할 수도 있다. 전쟁을 치르러 고향 집에 돌아온 첫 번째 유령 마틸드처럼, 두 번째 유령 마리처럼, 꿈에 그리는 귀환이 악몽의 귀환이 될 수 있다는 암시이기도 하다. 공간에 대한 작가의 상상력은 이렇게 다층적으로 보태진다.

16장·17장에서 아지즈와 에두아르가 사라지고, 마티유가 부상을 당해 피를 흘리고, 파티마가 유령인 마리와 대화를 한다. 마틸드와 아드리엥은 알제리로 같이 떠나고 남은 인물들은 "완전히 까만, 머리는 곱슬곱슬"(18 : 85)한 쌍둥이 아이들뿐이다. 그 아이들의 이름이 집 안과 바깥인 국가의 앞날을 조명할 뿐이다. 콜테스는 미래의 기억과 같은 이 세계의 앞날을 이렇게 적어놓았다.

4.
슬픔을 넘어서는 응시
–

피나 바우쉬와 타데우즈 칸토르 작품의
시각적 이미지 연구

"현실이라는 위험을 겪지 않은 사람은 환영에 매혹될 수
없다."

—타데우즈 칸토르

1. 드라마를 대신하는 몸과 몸의 이미지

20세기로 들어오면서 연극에서 이야기 또는 드라마의 힘은 상당 부분 제한되고 그 빈자리에 새로운 종류의 연극성이 포진하기 시작한다. 텍스트를 대신하며 연극 현상에 다양성을 부여한 것은 무엇보다 이미지의 힘이다. 그것은 연극이 연출가 중심으로 전개되면서 이미 자리 잡기 시작한 경향이다. 텍스트의 영역이 아닌 무대는 연출가의 창조력이 집중되는 연극성의 핵심 터전이 되었고, 무대장치와 오브제, 배우의 몸과 연기 방법을 둘러싼 논의는 연극의 제일 관심사로 부상한다. 그리하여 상징주의와 초현실주의 연극에서, 잔혹극과 해프닝·환경연극에서 이미지는 말에 우선하여 관객에게 작용하고 의미 구축의 주된 방법이 되어간다.

새로운 연극 현상의 근원에 레만Hans-Thies Lehmann이 '포스트드라마틱 연극'[1]이라고 포괄적으로 정의한 '드라마 이후의 연극'의 다양한 경향을 빼놓고 설명할 수는 없을 것이다. 현대 연극에서 급속하게 감염되기 시작한 드라마의 위기, 그 한계에서 벗어나 현대인의 존재 조건을 드러내려 노력한 다양한 연극적 시도들이 현대 연극의 주된 흐름이다. 인간 상호 간의 관계와 갈등, 그리고 행위로써 갈등을 해소하

---

1 Hans-Thies Lehmann, *Le Théâtre Postdramatique*(Paris : L'Arche, 2002) 참조.

는 드라마의 법칙은, 거대한 사회에 의해 주체가 해체되고 주체는 단지 호명될 뿐이라는 위기의식을 감지한 현대 연극에서는, 페터 스존디가《현대 드라마 이론》에서 지적했듯이 이미 안으로부터 파열되고 있었다.

연극에서 허구의 가치는 그것이 표상하는 일상적인 삶이 상상력의 가능성을 극대화할 때 가장 커진다. 그런데 그 허구를 창조해내는 개개인의 힘이 무력화할 때 연극은 그 무력함을 고발하고 관찰하는 것으로 허구의 창조를 대신한다. 허구는 실제로 대신되거나 허구의 허구인 이미지로 치환된다. 이미지는 리얼리티의 구조가 아니라 그것이 구조화하는 방식을 드러내는 것이 되고, 허구에 대한 긴장을 실제에 대한 긴장으로 바꾸어놓는다.

드라마가 해체되고 이미지로 대체되는 경향은 언어와 이성적 구조의 정합성에 대한 의문에서 생겨나기도 한다. 18세기 시민사회가 성립된 이래 신성시되어오던 인간 이성에 대한 신뢰는 20세기로 들어서면서, 특히 양차 세계대전을 거치면서 완전히 무너졌다. 남은 것은 인간의 실존뿐이었으며 그것을 보증해주는 것은 상처받고 견뎌낸 인간의 몸과 거기에 담긴 집단적 기억이었다. 타데우즈 칸토르, 로버트 윌슨, 하이너 뮐러, 피나 바우쉬, 마티아스 랑고프 등의 연극에서 보이는 바와 같이, 연극은 분절언어로 구축되는 드라마의 구조보다는 신체에 담긴 상처를 기억하거나 꿈과 악몽을 분석하거나 인간이 실존하는 풍경을 묘사했다.

그러나 드라마 이후의 연극, 또는 드라마 너머의 연극을 만들어낸 또 하나의 힘은 바로 여러 예술 장르 사이의 정신적 결합 혹은 경계 허물기에서 왔다. 표현주의나 상징주의, 초현실주의, 다다 등 예술의 새로운 경향들은 동시대 다양한 예술가들 사이의 정신적 교감을 토대로 한 예술운동의 형태로 존재했으며, 그 전통을 이은 많은 작가들이 경계 위에 서 있거나 경계를 허물었다. 피나 바우쉬와 타데우즈 칸토르는 그런 정신 안에서 20세기 연극의 범위를 넓혀놓은 대표적인 인물들이다.

피나 바우쉬는 1970년대 춤연극이라는 탄츠테아터를 하나의 장르로 만들면서 연극과 춤의 경계를 허물고 새로운 연극, 새로운 춤의 물꼬를 튼 안무가/연출가이다. 그의 춤연극은 주어진 드라마적 텍스트를 재현하는 것이 아니라 표현 주체의 상태를 즉각적으로 표현함으로써 무대 위에서 새로운 커뮤니케이션을 실현했다. 그것은 내러티브라는 우회로를 거치지 않은 현존의 언어였으며, 불완전한 존재, 소통을 갈망하지만 소통하지 못하는 불행한 존재로서 우리의 속박과 결핍을 그대로 드러내는 새로운 몸의 언어였다.

칸토르의 '죽음의 연극'은 그의 화가적 기질과 연출가/배우의 욕망을 독창적인 형식으로 체현한 새로운 종류의 연극이었다. 칸토르에게 예술은 경험의 돋을새김과 분리할 수 없는 것이었다. 조르주 바뉘는 그의 형식을 '고아적 형식'이라고 이름 붙인 바 있는데, 그것은 연극의 계보학에서 근원을 따져볼 수 없는 그의 연극적 창조성에 대한 찬사이다.

피나 바우쉬의 춤연극과 타데우즈 칸토르의 죽음의 연극은 춤과 연극을, 죽음과 연극을 만나게 하여 그 한계를 지워버리는 독특한 형식을 지녔다. 이들은 아방가르드의 전통을 따름으로써가 아니라 거기서 벗어남으로써 새로운 아방가르드의 길을 만들어내었다. 칸토르는 말한다. "나는 묘지로 가는 작은 길로 접어들기 위해 아방가르드의 고

속도로를 떠났다……."[2]

이들은 규범으로 정해진 아카데미즘을 일찌감치 벗어던졌다. 해프닝과 다다이즘의 세례를 받은 칸토르와 전통의 단절 속에 자기 표현의 중요성을 인식하는 독일 표현주의 계보 위에 선 피나 바우쉬는 텍스트에서 자유로운 "자율적 이미지"를 무대 위에 구축한다. 이들은 역사의 불행한 흐름 속에서 대칭적인 위치에 있었다.

피나 바우쉬는 1, 2차 세계대전을 일으키고 유대인 대학살을 자행한 독일, 그 전쟁으로 인해 오히려 정신적으로 피폐해지고 죄의식으로 가득 찬 독일에서 태어났다. 칸토르는 그 세계대전을 겪은 폴란드의 유대인이다. 그의 아버지는 아우슈비츠에서 돌아오지 못했으며, 그 역시 수용소를 경험했다. 그들은 죄의식과 피해의식의 수레바퀴에서 벗어나지 못할 운명이었던 것이다. 그리하여 그들의 예술작품에는 인간 존재의 어두운 그늘, 악에 대한 탐구가 항상 동반된다.

그러나 칸토르는 세계인이고자 했다. 그는 "사람들은 내가 '코즈모폴리턴'이라고 비난한다. 그러나 내가 진짜 하고 싶은 것은 유럽 예술 현상에 폴란드의 '뉘앙스'를 부여하는 것이다. 예술에서 중요한 것은 뉘앙스이다"[3]라고 말한다. 그 점에서는 피나 바우쉬도 마찬가지이다. 그녀는 "내가 새라면 여러분은 나를 독일 새라고 부르시겠어요?"[4]라고 반문한다. 새처럼 살고 싶어 한 그는 자신 속에서, 그리고 인간의 보편성 속에서 살고자 했던 것이다. 그들의 정신은 한 민족, 한 국

---

2 Guy Scarpetta, *Kantor au présent*(Arles: Actes Sud, 2000), p.30.
3 *Ibid.*, p.34. 칸토르는 또한 고향집은 그리워했지만 고국을 그리워한 것은 아니었다. 그는 예술에서 민족주의를 경계했다.
4 요헨 슈미트, 《피나 바우쉬: 두려움에 맞선 춤사위》(을유문화사, 2005), 249쪽.

가에 속하는 것이 아니라 인류의 결핍과 고통에 속해 있다.

이 글에서는 피나 바우쉬의 작품세계를 집약적으로 볼 수 있는 영화 〈황후의 탄식〉과 칸토르의 죽음의 연극의 현상학인 〈죽음의 교실〉을 살펴보면서, 이들이 연극을 구축한 주된 방식인 몸과 몸의 이미지의 체현을 연구하고자 한다.

2. 피나 바우쉬: 결핍과 갈망의 산파술

1973년 피나 바우쉬가 부퍼탈 발레단 단장으로 임명되어 '탄츠테아터 부퍼탈'로 개명했을 때, 2차 세계대전 이후 침체에 빠져 있던 독일 춤계에서 탄츠테아터[5]는 마리 비그만Mary Wigman과 쿠르트 요스Kurt Jooss의 표현주의 전통과 클래식/네오클래식 발레, 미국 그레이엄 무용의 가르침을 계승하며 새로운 표현 양식으로 구체화한 독창적인 무용 형식으로서 독일 춤의 새로운 활력의 원천이었다. 탄츠테아터의 또 다른 안무가 요한 크레스니크Johan Kresnik가 사회적·정치적인 자본주의 시스템의 악습에 저항하는 안무된 연극을 지향한 반면에, 피나 바우쉬는 "과정으로서의 작품work in progress"으로 춤의 세계

---

5 '탄츠테아터'의 탄생은 에센의 에콜 폴크방의 대부인 쿠르트 요스가 클래식 발레와 '새로운 문법'을 결합시키고자 했던 1920년대로 거슬러 올라간다. 그러나 '탄츠테아터'가 구체적인 예술작품으로서 피나 바우쉬나 요한 크레스니크의 초기 작품에 나타난 것은 1967년이다. 그리고 '탄츠테아터'라는 말이 무용단을 지칭하기 위해 최초로 쓰인 것은 1972년 베를린의 안무가 게르하르트 보너Gerhard Bohner에 의해서이다. Jochen Schmidt, "Sentir ce qui fait bouger les gens, Trente ans de théâtre dansé en Allemagne", *Le théâtre dansé de notre temps, Trente ans de l'histoire de la danse allemande*(Seelze: Kallmeyer/Goethe-Institut, 1999).

를 만들어갔다.

노르베르트 세르보스Norbert Servos는 탄츠테아터를 '체험의 연극le théâtre de l'expérience' 범주에 넣고, 진정한 탄츠테아터의 창조자는 피나 바우쉬였다고 기술한다. 특히 부퍼탈의 단장직을 맡은 1973년 이후, 연극과 춤의 혼합이었던 바우쉬의 춤연극은 그때까지 존재하던 어떤 범주에도 들어가기를 거부하는 예술이었으며, 표현주의 춤의 혁명적 전통을 독창적인 방법으로 발전시킴으로써 서양 무용사의 새 장을 열었다. 춤이 진정 문학의 굴레에서 해방되고 리얼리티로 회귀하게 된 것이다.

피나 바우쉬는 일상적인 현실에서 출발하여, 드라마적인 길잡이를 따르지 않고 장면들의 자유로운 연상적 뒤얽힘을 통해 작품을 구성했다. 이런 과정을 거쳐 유일한 관점도 없고, 일의적인 의미도 없는 작품이 창조되었다. 피나 바우쉬와 무용수들이 함께 만들어낸 작품은 관객이 주관적·주체적으로 그것을 감각하고 인식하는 방식으로 완성된다. 그리하여 그들의 관객은 수동적인 소비자 처지에서 벗어나게 된다.[6]

피나 바우쉬의 최근작 중 하나인 〈어제, 오늘 그리고 내일의 아이들을 위하여〉(2003)에는 박쥐가 된 쥐의 이야기가 나온다. 한 무용수가 관객에게 해주는 이야기는 이런 것이다. 날아보는 것이 평생 꿈이었던 쥐는 태양이 자유로워지는 것을 도와주다가 눈이 먼다. 그렇지만 그 일로 쥐는 밤에만이라도 날 수 있게 된다. 그리고 그 덕분에 모

---

6 Norbert Servos, "L'Expérience du corps, Comment le théâtre dansé se raconte", *Pina Bausch ou l'Art de dresser un poisson rouge*(Paris: L'Arche, 2001), pp.16~23.

든 동물들은 햇빛을 볼 수 있게 된다. 서로 의지하는 사람들의 이야기, 모든 것을 가질 수 없지만 내 것을 고집하는 사람들, 동시에 사랑을 그리워하는 사람들의 이야기이다. 또 다른 작품에서는 무용수가 금붕어에 관한 희비극적인 이야기를 들려준다. 어떤 사람이 금붕어를 길들여 땅에서 살 수 있게 했다. 금붕어는 너무 잘 배운 나머지 자기가 물에서 살았었다는 사실을 잊어버렸으며, 나중에 물에 빠지게 되자 물에 빠져 죽고 만다. 문명화 과정이 인류에게 끼친 영향도 그와 같다. 자신의 것이 아닌 환경 속에서 인간 몸의 진실은 점점 사라져가는 듯하다.[7]

피나 바우쉬의 춤연극에는 이런 에피소드와 이미지가 몽타주[8] 되어 있다. 무용수/배우들과의 우회적인 질문과 대답을 통해 만들어지는 피나 바우쉬의 작품에는 작품 전체에 걸쳐 이어지는 이야기[fable]가 없다. 작품은 드라마적 재현이 아니라 무대 위 무용수/배우

---

7 Norbert Servos, *Pina Bausch ou l'Art de dresser un Poisson rouge*(Paris: L'Arche, 2001), p.33.

8 대 위 콜라주와 몽타주의 역사는 다음과 같다. 1920년대에 쿠르트 슈비터스Kurt Schwitters 의 '테아트르 메르츠théâtre-merz'는 콜라주를 도입한다. '사물의 습관적 지각과 이해를 전복하기 위해서' 모든 재료가 평등하도록 경쟁한다. 서열은 철폐하고, 목적은 더 이상 그 안에서 요소들이 섞이는 전체 조화를 만들어내는 것이 아니라 '혼란스러운 동시성'을 배열한다. 베를린 다다이스트들은 1차 세계대전 후 폐허와 충돌·분해에 기초하여, 미와 환영illusion의 부르주아적 이상을 구성할 수 있었던 모든 것과 형식의 파괴에 기초하여 작업했다. 비루하고 일상적인 오브제와 진부한 소음, 모든 종류의 소리들의 난입이 그때까지는 정합성, 귀에 부드러운 음악성, 매끄러운 이미지들에 기초해 있던 무대세계를 분열시켰다. 50년 뒤, 이미 (어느 정도 다다이즘의 계승자인) 해프닝을 알고 있던 1970~80년대의 미국에서, 연극 또는 춤의 무대는 마찬가지로 단절과 파편화, 불협화음과 기 스카페타Guy Scarpetta의 용어를 따르면 "불순물"의 장소인 것으로 드러난다. 저드슨 처치 댄스 시어터나 리처드 포먼의 공연에서 볼 수 있듯이, '인접성 또는 동시성으로 연결된, 또는 단절로 나뉜 요소들'은 콜라주 효과를 만들어낸다. 텍스트와 역할이 사라지는 것과 어깨를 나란히 하여, '공연자의 즉각적인 육체적 현존'에 힘입어, 몸과 그 능력, 관객과 함께하는 체험 속에서 몽타주 효과는 작동했다. Odette Aslan, "Le Processus bauschien", *Théâtre/Public*, 139, p.44 참조.

들이 표현하는 여러 개인의 모습, 그들의 결핍과 갈망을 표현하는 이미지로 이루어진다.[9]

피나 바우쉬는 자신의 테마는 근본적으로 늘 똑같다고 말한다. 그것은 사랑과 두려움, 외로움과 동경, 애정과 육체적 폭력 등이다. 그는 주도권을 쥔 주어진 텍스트에 기초하는 안무나, 춤이 복종해야 하는 요소로서의 줄거리나 음악에 조화롭게 따르는 안무를 거스르는 무용가 계보에 속한다. 그는 아카데믹한 용어를 파괴하고 때때로 그 특징들을 패러디하여 그것들을 무너뜨리는 작업을 완성하려 했다. 그녀는 부조화 속에서 수집하고 콜라주와 몽타주를 실행한다. 무용수들과, 심지어는 극장의 환경과 부딪히면서 수많은 시행착오와 변화를 거친 끝에 나온 그의 작품[10]은 직접적인 해석이 불가능하다. 뮤직홀

---

9 피나 바우쉬의 무대는 과거와 미래가 없는, 오로지 만들어지고 있는 과정의, 나누고 있는 경험만이 존재하는 현재의 무대와 같다. 이런 의미에서 피나 바우쉬의 무대가 지닌 공간은 이와 같은 경험을 최대한 드러낼 수 있는 텅 빔 그 자체이다. 무대 공간이란 아무것도 쓰이지 않은 흰 종이와 같다. 그 위에 배우들의 움직임이 채워진다. 따라서 극단적으로 빈 무대 공간에서 배우의 신체는 최대한으로 드러나게 된다. 이런 경우 무대장치의 요소들은 움직일 수 있는 것들, 예컨대 의자와 바퀴 달린 긴 걸상, 줄 달린 마이크 같은 이동성으로, 또는 거울과 모래, 흙 그리고 물구덩이 등과 같은 유동성으로 규정된다. 이런 요소들은 흔적이라고는 전혀 남기지 않는 것들이다. 그 결과 피나 바우쉬의 공간은 배우들의 신체에 의해 만들어지면서 동시에 파괴되는 곳이다. 이야기는 늘 현재 시제로 단절된다. 행동이 이루어지는 장소를 정의하는 연극적 기호들도 변화무쌍하다. 텅 빌 수도 있고 죽음일 수도 있다. 피나 바우쉬의 춤연극에서 죽음을 나타내는 연극적 대상물들은 땅과 움직이는 것들이 대부분이다. 〈나와 함께 춤을Komm, Tanz mit mir〉(1977)에서는 죽은 나무의 가지가, 〈잔인한 남편Barbe-Bleue〉(1977)에서는 땅에 떨어진 나뭇잎이, 〈아리안Arien〉(1979)에서는 고여 있는 물에 빠진 손수건이, 〈카페 뮐러Café Müller〉(1978)에서는 금이 간 벽들이 죽음의 기호들이다. 이와 같이 무대장치의 부재와 이야기의 흔적을 없애려는 시도는 연극적 환상의 파괴에 다름 아니다. 안치운, 〈피나 바우쉬론: 춤연극 연구〉, 《공연 예술과 실제 비평》(문학과지성사, 1993), 356~357쪽.

10 예를 들면 〈반도네온〉의 공연을 앞둔 총연습 때 시간이 많이 지체되었다. 극장장은 (아직 제목이 없던) 이 작품을 위한 구조물들을 무대에서 치우라는 명령을 내렸다. 오페라하우스의 저녁 프로그램에 바그너 오페라가 있었기 때문이다. 피나 바우쉬는 무대장치를 철거하는 중에도 연

과 카바레 볼테르의 모습이 엿보이는 그의 작품에는 진정한 의미의 다성성polyphonie이 존재한다.

2.1. 〈황후의 탄식〉

피나 바우쉬는 탄츠테아터 부퍼탈 단원들과 함께 지금까지 약 40편에 이르는 춤연극 작품을 만들어왔으며, 그 작품들은 레퍼토리 목록에 들어가 순회 공연되고 있다. 그런데 피나 바우쉬가 단 한 번 만든 영화작품이 있다. 피나 바우쉬의 모든 무용작품의 견본집이라는 평가를 받는 이 영화는 〈황후의 탄식Die Klage der Kaiserin〉이다.

피나 바우쉬는 늘 도시와 그 안에 사는 사람들에게 지대한 관심을 기울여왔다. 그녀가 만든 춤연극작품들 중 13편은 세계 각지의 도시들에서 의뢰받고 그 도시에 잠시 체류하며 만든 것들이다. 그리고 거기에 속하는 작품들은 바우쉬 자신이 말하듯, 단지 그 도시에 '관한' 작품이 아니라 그 도시를 매개로 살펴본 인간 본연의 문제를 다룬다. 그런 피나 바우쉬에게 정작 자신이 정착하여 작업하는 도시인 부퍼탈은 이 영화를 통해 피나 바우쉬의 작품목록에 들어가게 된다.

피나 바우쉬는 페데리코 펠리니의 연출 아래 1983년 〈그리고 배는 계속 항해한다E la nave va〉에 출연하면서[11] 영화 제작 기술을 옆에서 볼 수 있었다. 〈빅토르〉와 〈조상들Ahnen〉을 창작한 뒤, 1987년 10월부터 1989년 4월까지 바우쉬는 자신의 영화 〈황후의 탄식〉을 비디

습을 계속했는데, 그 느낌을 좋게 여겨 그것을 최종 버전에 수용했다. 총연습날 아침 제1막이었던 것이 휴식시간 뒤로 옮겨졌다. 원래 제2막으로 예정되었던 장면과 춤들은 서프라이즈 효과인 무대 비우기와 더불어 서막을 형성했다. 요헨 슈미트, 위의 책, 131~132쪽 참조.

11 피나 바우쉬는 배의 침몰을 다루는 이 영화에서 눈먼 백작부인을 연기했다.

오로 제작한다. 처음에는 빔 벤더스 감독의 카메라맨이었던 마르틴 셰퍼Martin Schäfer와, 그리고 그가 사망한 후에는 데트레프 엘러Detlef Erler와 함께 제작했다. 그리고 그것을 35밀리 영화로 옮겼다. 장르는 바뀌었지만 바우쉬의 작업 방식은 바뀌지 않는다. 바우쉬는 자신의 무용단의 숙달된 무용수들, 오랜 동반자들과 함께 영화를 만들었다. 라이문트 호게가 극작가로, 마리온 치토가 의상 담당자로, 마티아스 부르커트는 음악 조언자로 참여했다.

무대는 부퍼탈 주위의 숲과 들판, 다리, 도시 중심부, 온실, 양탄자 가게, 옛 극장의 연습실, 서스펜션 전차 등으로 옮겨졌다. 영화는 피나 바우쉬에게 무대보다 더 강렬한 몽타주의 가능성을 제공해주었다. 무용수가 무대에 나오면 퇴장할 때까지 존재할 수밖에 없고 한 장면과 다른 장면 사이에 등·퇴장이 있어야만 하는 무대에 견주어, 영화에서는 카메라의 시선이 무용수의 몸을 분할하고 강조했다. 그리고 편집(편집의 본령은 몽타주이다)은 장면과 장면을 나누면서 시간의 제약 없이 자유로이 이미지들을 분할, 결합했다.

요헨 슈미트는 이 영화가 영상 내용 면에서 볼 때 피나 바우쉬 명작선집과 같다고 말한다. 이 영화가 이미 바우쉬의 무대작품에서 비슷한 형태로 다루었던 많은 테마들을 모으고 있기 때문이다. 초현실적인 영상들이 급진적인 몽타주 기술에 의해 결합된 이 영화는 당시 관객들에게는 너무나 파격적이어서 받아들여지기 힘들었지만, 지금 시각으로 보면 오히려 현대적임을 알 수 있다.

우리는 이 영화를 통해 영원히 회귀하는 피나 바우쉬의 관심과 그의 언어를 만날 수 있다. 영화에는 부퍼탈 탄츠테아터의 단원들뿐 아니라 부퍼탈의 많은 이웃들도 참여했다. 중국의 옛 음악에서 따온 영화 제목은 피나 바우쉬의 다른 춤연극작품들과 마찬가지로 주제를 직접적으로 드러내지 않지만, 그렇다고 작품과 무관한 것도 아니다. 아마도 작품을 보고 떠오르는 생각은 제목과 일치할 것이다. 피나 바우쉬의 춤연극이 추상적인 춤에 일상적 차원의 제스처들을 끌어들였다면 영화 〈황후의 탄식〉은 영화를 추상의 영역으로 끌고 들어간다.

바우쉬는 자신이 무대에서 한 것을 영화에서도 실행했다. 장소를 결정하고 핵심어를 둘러싼 즉흥을 만들어낸다. 그 과정을 통해 미세 시퀀스와 음악들의 몽타주가 결정되고 무대 위에서 한 것처럼 제스처의 양식화가 이루어진다. 바우쉬는 이미 무대공연을 통해서 보인, 안무된 공연을 녹화한 것도 아니고 영화에 합당한 감독 역할을 한 것도 아니다. 이 영화에서는 움직임만이 중요한 것도 아니고 카메라가 몸만을 대상으로 삼지도 않는다. 바우쉬는 삶의 체험에서 출발한 경험의 조건들을 창출했다. 피나 바우쉬의 춤연극작품이 탄츠테아터의 다른 대가들의 작품과 비교될 수 없는 것과 마찬가지로 〈황후의 탄식〉 역시 영화를 위한 다른 작품과 다르다. 이것은 춤영화도 아니고 춤에 관한 영화도 아니었다. 그렇다고 보통 영화인 것도 아니었으며, 본질적으로 바우쉬적인 영화였다.

2.2. 〈황후의 탄식〉의 시각 이미지들

2.2.1. 사람들 : 모순적 존재의 출구 없는 상황

영화는 시칠리아 장례음악과 함께 큰 나무들 사이로 낙엽이 쌓인 공원 잔디밭에서 시작한다. 검은 원피스 차림의 여자가 바람을 일으키는 기계로 힘겹게 낙엽을 이리저리로 흩뜨린다. 이 이미지에서는 행위의 목적보다는 그 힘겨움이 드러난다. 같은 음악이 계속 흐르는 가운데 영상이 바뀐다. 검은 코트를 입은 여자 두 명이 커다란 개들을 몰고 간다. 다시 낙엽에 바람을 일으키는 여자, 그리고 나서 바니걸, 진흙밭을 걸어 언덕을 올라간다. 쓰러졌다가도 다시 일어나 헤매는 그녀. 음악은 계속되고, 어두운 숲 나뭇가지들이 깔린 빈터에서 파란 수영복을 입고 엄마를 애타게 부르는 여자가 있다. 다음 장면은 다시 바니걸이다. 여전히 언덕을 헤매고 있다. 프록코트로 잘 차려입은 노인 두 명이 그 진흙밭을 걸어 언덕을 오른다. 수영복 차림의 두 여자가 초원 옆의 거리에서 비를 맞으며 무언가를 애타게 기다리다 뛰어간다. 바니걸, 아무 데로도 가지 못하고 방향을 잃고 뛴다. 모든 것을 포기한 듯이 같은 곳을 반복해서 걷는다.

다음 장면은 큰 온실과 작업장으로 연결된 길이다. 위는 제대로 잘 입었지만 아래는 팬티만 입은 여자가 담배를 피우며 걸어간다. 어느 집 마당에서는 하이힐을 신고 스카프를 맨 여자가 양을 들어 옮긴다. 다시 염소를 옮긴다. 염소는 끌려가지 않으려 버티지만 그녀는 염소의 뿔을 잡고 잡아끈다. 한 집에서는 여장을 한 남자가 일을 하고 있다.

흰 페인트로 번호가 적힌 아름드리 나무들 사이로 푸른 드레스를 입은 여자가 보온병을 들고 헤맨다. 팔을 옷에 끼었다 뺐다 하면서, 반항하듯이, 길을 잃고 헤매듯이 왔다 갔다 한다. 다음 장면, 찻길 한복판에 소파가 놓여 있고 아까 담배 피우며 가던 여자가 거기 앉아서 담배를 피우고 있다. 차들은 쉴 새 없이 지나가고, 그걸 무심히 바라보며 담배 피우는 여자. 아이를 안고 나무 옆을 걸어가는 노인들. 아이들은 울고, 노인들은 나무 사이를 걸어 어디론가 간다. 화려한 홀, 벽에 설치된 발레용 바를 만지며 여성 드레스를 입은 남자가 걷는다.

그는 일상복 바지 위에 검은색 드레스를 입었다. 다음은 진흙밭을 삽으로 파는 남자의 장면이다. 검은색 슈트로 성장한 그 옆에는 검은 우산이 꽂혀 있다. 이 장면에서 장례음악은 끝난다.

하나의 내러티브가 아니라 상이한 연상을 일으키는 다양한 장면으로 구성된 몽타주이기 때문에 모든 장면과 모든 풍경이 동일하게 영화의 정조를 표현한다. 고립된 이미지의 연속인 이 영화에서 우리는 해석의 발판을 잃는다. 이미지들은 교대로 반복해서 등장한다. 두 번째 등장할 때, 그사이 장면의 이미지와 충돌 또는 상승작용을 하면서 이미지는 처음 등장할 때의 느낌과 달라진다. 걸어 올라갔던 사람이 아무 변화 없이 다시 걸어 내려옴으로써 허무의 느낌을 준다.

이런 장면도 있다. 한 남자가 눈 쌓인 숲속에서 무릎으로 걸어 힘겹게 앞으로 나온다. 카메라에서 조금 가까운 위치로 왔을 때 카메라 밖에서 갑자기 작업복을 입은 두 남자가 등장해 이 사람의 팔을 잡고 들어서 제자리로 돌려놓는다. 남자는 순식간에 자기가 출발했던 처음 장소로 되돌아가게 된다.

남녀관계에 대한 관찰은 인간관계의 본질을 보여주는 장면들을 만들어낸다. 한 여성의 얼굴이 클로즈업되어 있다. 아무것도 보고 있지 않은 눈. 사랑을 속삭이는 한 남자의 목소리가 들린다. 냉담하던 여자의 표정은 남자의 리드미컬한 속삭임과 함께 남자의 손길이 얼굴에, 코에, 뺨에 닿음에 따라 조금씩 누그러지고 웃음기를 띤다. 여자의 시선은 점점 분명해져, 이제 그녀는 그 남자의 움직임을 본다. 남자는 여자의 입술을 손가락으로 짚는다. 행복한 표정의 여자. 그러나 다음 순간 여자는 혼자서 울고 있다. 눈을 내리깔고, 그녀의 시선은 사라졌다. 눈물을 흘리며 웃다가 한숨 쉰다. 또 다른 버전의 장면에서 그녀는 남자와 침대에 함께 누우면서도 옷이 구겨질까봐, 화장이 지워질까봐 마음을 쓰느라 정작 상대방에게는 집중하지 못한다.

2.2.2. 자연 : 공간의 빛과 어둠

이 작품의 정조를 지시해주는 가장 중요한 요소는 자신이 일하는 스튜디오에 갇혀 살던 이 안무가가 발견한 주변의 자연환경일 것이다. 언제나 극장 무대로 흙과 나뭇가지, 물웅덩이, 꽃밭 등을 가지고 들어가던 바우쉬가 이번에는 극장 밖으로 나가 이 자연 조건을 만끽한다. 부퍼탈이라는 도시, 사람들이 사는 환경, 여기서 거칠게 자신을 드러내놓은 자연과 배우/무용수들의 접촉을 보여주는 것이 이 영화의 주된 이미지 구축 방식이다.

우선 영화가 촬영된 장소들을 살펴보면 다음과 같다.

- 어두운 숲과 숲속의 빈터
- 낙엽이 쌓였거나 눈이 쌓인, 그리고 눈 덮인 나무들이 있는 부퍼탈 옆 공원, 다시 푸르러진 잔디밭
- 시골길, 건설현장 옆으로 이어진 길, 도시의 도로
- 집 앞의 작은 뜰, 곡물창고
- 온실, 분수, 수영장
- 강물이 흐르는 다리 위
- 지붕, 탑, 순찰로
- 서스펜션 전차 내부
- 유리창으로 둘러싸인 리히트부르크(구 영화관)의 스튜디오(롤러스케이팅하도록 되어 있다. 밖에서 촬영되고 다음에는 안에서 촬영된다.)

- 춤추는 화려한 방, 벽을 따라 바가 설치되어 있다.
- 규정되지 않은 장소, 거기에서 카메라가 카페 테이블 하나와 의자 두 개, 양탄자 상점의 소파 하나, 디스코테크의 좌석 하나를 클로즈업해서 다룬다.

가을의 낙엽이 쌓인 공원 한편에서 출발하는 영상의 이미지는 하늘이 배경이 되는 언덕길과 진흙밭, 자갈밭, 도시의 도로, 숲속의 빈 터 등으로 연결된다. 하늘을 찌를 듯한 침엽수림에서 사람들은 헤매고, 너른 풀밭이나 끝없이 이어진 시골길에서도 마찬가지이다. 이 장소들은 사람들이 고통받고 자기 삶의 가치를 찾아 헤매는 터 그 자체의 시각적 은유이다. 만일 이 작품에 나오는 장소들을 실내와 실외로 나누어본다면, 사람들이 실외의 자연 속에서는 발가벗겨져 고통받고 식탁이 있는 부르주아적 실내에서는 그 속박에 못 견뎌한다는 것을 알게 될 것이다. 온실 정도를 그 경계 공간이라 할까? 아니면 강물이 흘러가는 다리 위? 온실에서 옷을 입지 않고 온몸에 진흙을 바른 남자와 눈발이 흩날리는 다리 위에서 하늘하늘한 원피스를 입은 여자의 춤은 이 영화에서 몇 개 없는 자유와 기쁨, 자연스러움을 보여주는 장면이다.

그런데 여기서 장소들은 단순한 배경이 아니다. 흙이나 잔디밭, 꽃밭, 물웅덩이 등으로 이루어졌던 피나 바우쉬의 무대가 배우/무용수들의 몸과 부딪혀 새로운 의미를 만들어내는 인간 존재의 근원을 나타냈듯이, 이 영화 속의 환경은 사람들이 서 있는 '지금 여기'이자 우리의 정조와 연결되는 자연 그 자체이다. 바우쉬는 이 영화가 고통받는 자연을 다루었으며, 그 고통에 대해 무언가 알리고 싶었다고 말

한 바 있다.[12]

이 작품의 음악적 라이트 모티프는 주세페 이오자Giuseppe Iozza의 장례음악Pomeriggio di dolore이다. 이 음악은 계속 다시 나타나는 검은 의상의 바니걸의 이미지와 함께 간다. 신발을 신었다 벗었다 하면서 진흙밭을 헤매고, 어디로 가야 할지 모르면서 계속 뛰어가는 바니걸, 그녀의 가슴은 무방비상태로 옷 위로 드러나며, 걷는 것이 힘겨워 계속 엎어진다. 쓰러져도 다시 일어나 헤매는 그녀, 상처받기 쉽고 연약하며 하찮은 존재인 그녀는 진흙밭인 언덕을 오르고 자갈밭 옆 끝없이 펼쳐진 오솔길을 따라 힘겹게 뛰어간다. 적대적인 바닥과 싸우며 자신에게 맞지 않는 장소로 옮겨져 혼자 구원도 방책도 없이 헤매는 그녀는 철마다 다시 태어나고 냉대받는 자연을 체현하고 있는 것일까?[13]

영화의 시퀀스들을 보면 화면이 극장 무대처럼 보인다. 카메라는 먼 풍경이나 경치를 보여주려 하지 않는다. 배우의 몸을 클로즈업하거나 그들이 돌아다니는 모습을 찍거나, 카메라가 보여주는 자연/배경은 주위의 연관관계에서 떨어져 나와 추상적인 공간이 된다. 자연은 그 자체 지리적인 콘텍스트 안에 존재하는 것이 아니라 춤과 영화에 종속되는 이미지로 존재한다. 실제로 영화에서 자연 속에 있는 인물들은 실내의 인물들보다 원경에서 찍힌다. 실내의 인물들이 몸통이나 다리, 얼굴 등으로 클로즈업되는 경향을 보이는 데 반하여 자연 속

12 P. Bausch à Elisa Vaccarino in *Altre scene, altre danze*(Turin: Einaudi, 1991), p.66; Odette Aslan, *Danse/Théâtre/Pina Bausch, Théâtre/Public*, v.139, Janvier-Février, 1998, p.47 에서 재인용.

13 *Ibid.*, p.47.

〈황후의 탄식〉의 바니걸

의 인물들은 갈 곳을 잃고 헤매는 몸 자체들이다.

어두운 숲, 눈 덮인 산, 양 떼로 가득 찬 언덕, 너른 풀밭, 마른 나뭇가지들이 여기저기 흩어진 숲속의 빈터는 그 빛과 어둠으로 우리 존재의 슬픈 내면을 비춘다. 밝음 속에서 소외되는 것과 어둠 속에 갇히는 것은 본원적으로 같다. 진흙밭을 힘겹게 걷는 것과 눈 쌓인 산을 헤매는 것 또한 같은 일이다. 자연이 우리에게 존재의 상징성을 내줄 때, 우리의 몸은 한없이 성스러워지고 한없이 솔직해진다.

2-2-3. 고통과 즐거움의 이미지

이 영화에는 삶의 즐거움을 억제하는 일상적인 속박에 관한 이미지들이 이어진다. 예를 들면 스튜디오에서 선생의 질책을 들으며 발레 연습을 반복하는 남자의 모습이 있다. 스튜디오는 낡았고, 발레는 정확해야 한다. 키 작은 학생은 키 큰 선생의 구령에 따라 같은 동작을 계속 반복한다. "다시 해봐!" "하나 둘 셋 넷!" 다음 장면에서 발레 연습을 하던 남자는 한 여자와 양탄자 가게 소파 위에 앉아 있다. 여자는 말을 가르쳐준다. "발음을 정확하게 해야지!" 어물거리며 남자는 여자가 하는 말을 따라 한다. 우연찮게도 여기서 학생 역의 남자는 얼굴이 검은 동양인이다. 그는 키가 작고, 독일어를 잘 못하고, 발레를 배워야 한다.

그러나 이 남자가 행복해하는 순간이 있다. 다른 남자와 부기 음악에 맞춰 춤을 출 때, 이들은 행복하다. 키 큰 남자는 한 다리를 이 남자의 허리에 감고, 이 남자는 그의 허리를 손으로 감았다. 홀을 돌면서 서로 눈길을 보내며 마주 보고 춤추던 두 남자는 다음 장면에서 음식이 잘 차려진 레스토랑에 함께 앉아 있다. 이들은 포크를 들지 못하고 서로의 얼굴을 훔쳐보며 행복해한다. 한편, 눈발이 흩날리는 다리에 서서 물을 뒤로하고 하늘하늘한 아사 꽃무늬 원피스만 입고 카메라를 바라보며 춤을 보여주는 여자도 스튜디오에서 발레를 배우던 남자보다는 훨씬 행복해 보인다.

옛 극장의 스튜디오에서 연회복을 입고 롤러스케이트를 타는 사람들 역시 행복해 보인다. 여기서는 남자들도 여성용 드레스를 입었다. 행복감이나 불안감, 소외감 같은 감정의 영역을 표현할 때, 이 영화에서 남자들은 흔히 여성용 드레스를 입는다. 기념일을 축하하며 롤러스케이트를 타는 사람들의 모습을 길게 비춘 뒤, 갑자기 영화는 도망치는 사람들의 비명 소리로 가득한 장면을 보여준다. 사람들은 화사한 드레스를 벗고 벌거벗은 상태로 이리저리 도망 다니고 있다.

아이와 노인에 대한 묘사도 양가적이다. 노인들은 헛되이 걸어

다니고 아이들을 숲으로 데리고 간다. 아버지인 듯한 사내는 아이를 줄에 매달아 나뭇가지에 높이 건다. 어린 여자아이 둘은 벌거벗은 채 엄마 품에 서로 안기려 울고 있다. 반면에 어둠 속에서 자기 젖을 짜는 여자는 그 젖을 손바닥에 받아 자기가 마신다. 한 여자는 마치 아이처럼 "엄마!"를 부르며 숲속을 헤집는다. 방의 구석진 벽 옆에 가슴을 내놓고 검은 천으로 눈을 가린 채 앉아 있는 여자, 망사 드레스를 입고 물속에 가라앉는 남자, 눈밭에 쓰러지는 남자, 전화를 걸어 화장실의 수돗물 소리나 변기 물소리만 들려주고 끊는 여자, 양 떼에게 술을 권하며 취해서 들판을 돌아다니는 여자, 여장을 하고 다리를 내놓은 채 카페 테이블에 혼자 앉아 긴 담뱃대로 담배를 피우는 남자, 포크로 머리 빗는 남자.

고독과 단절 속에 출구 없이 놓여 있는 사람들의 모습은 이 영화 대부분의 이미지를 규정한다. 그중에서도 술 취한 한 여자(메히틸트

©cineclassic

〈황후의 탄식〉에서 얀 미나리크가 무거운 옷장을 지고 가려 애쓰고 있다.

그로스만Mechtild Grossmann)의 긴 대사는 우리에게 절망감을 안겨준다. "어떤 이가 사랑하는 사람의 텐트 밖에서 죽는다면 난 놀라지 않아, 그렇지만 사랑에 빠진 누군가가 계속 살아갈 수 있다면 그건 놀라운 일이야."

　영화의 마지막 장면은 주크박스의 음악에 맞춰 춤추는 할머니의 시퀀스이다. 일제Ilse라는 이름의 70세 노파는 어릴 때부터 춤꾼이 되고 싶었지만 등이 변형되어 그 꿈을 이룰 수 없었다. 그는 부퍼탈의 카페 '로만티카'의 텅 빈 복도에서 트리니다드Trinidad의 음악에 맞춰 아무의 눈치도 보지 않고 도발적이고 무관심하게 춤을 춘다. 노파의 이 춤은 피나 바우쉬 작업의 상징이 될 수도 있고, 또는 "불가능한 춤"의 은유가 될 수도 있다.[14] 결핍과 외로움, 사회적 소외 속에서 불가능해 보이는 춤을 추는 그녀는 의연하다.

　노년 여성의 이미지가 스톱모션으로 잡히면서 끝나는 이 마지막 시퀀스는 피나 바우쉬가 하나의 끝없는 정지상태 속에 등장인물들의 움직임을 동결하고 싶어 했다는 것을 보여준다. 여자와 남자, 젊은이와 늙은이, 어른과 아이, 자연과 인간, 이 불가능한 관계가 영화 전체를 지배했다. 그것을 이겨내는 여인의 춤이 정지상태로 오래 지속되는 것, 그것은 확실히 예쁘장한 청년이 관능적인 소파에 앉아 영원히 죽지 않기를 기도하는 것보다는 건강해 보인다.

　〈황후의 탄식〉은 '과정 속의 작품'이자 완성된 영화이며, 열린 작품이면서 이미 끝난 창작물이다. 피나 바우쉬의 가장 보편적인 주제

---

14 Gianni Rondolino, "La plainte de l'impératrice", *Pina Bausch, Parlez-moi d'amour*(Paris: L'Arche, 1995), p.120.

를 담고 있는 이 영화는 영화이면서 동시에 옮겨다니는 무대와 같은 느낌을 주는 몽타주이다.[15] 그 안에서 추상적인 춤과 몸동작이 장례 음악, 탱고, 왈츠, 부기, 로큰롤, 라틴아메리칸 음악 같은 구체적인 음악과 섞이고 부딪혀 우리에게 인생의 아이러니를 안긴다.

등장하는 몸들은 사회적인 의미의 절제나 가림 없이 존재의 심연을 보여준다. 피나 바우쉬가 보여주는 신체는 정직하다. 인간의 관계가 가능한 것은 우리가 서로에게 정직할 때라고 말하는 듯하다. 피나 바우쉬의 춤연극이 정직한 삶의 모습이듯 그의 영화에서 보여지는 이미지들도 정직한 몸의 이미지를 드러낸다. 그리고 그 정직성은 동작이나 이념에서도 단순함을 뜻한다.

대자연으로 나간 그의 몸 이미지들은 폭력과 애정의 장으로서의 신체의 의미를 극대화한다. 부드러움의 추구와 사랑의 실패, 성적인 적대감과 복장도착, 걷기, 뛰기, 떨어지기, 공기와 물속에서 점점 세어지기와 점점 느려지기, 풀밭 또는 진창, 외치기, 울기와 말하기, 시선놀이, 춤을 향한 애정과 살아가기의 어려움을 말하는 지혜로운 몸과 상기되는 추억들. 영화의 구성은 안무적 구성이며 교체와 반복성 위에 기초한 재료들의 몽타주이다. 이 영화는 피나 바우쉬의 모든 작품의 이미지들을 요약하고 있으며 그의 춤연극 작품들을 본 관객들에게 그 기억을 일깨운다. 그리하여 작품의 몽타주 기법에 영화를 보는 능동적인 관객이 직접 실행하는 콜라주가 더해진다.

---

15 피나 바우쉬는 이 작품에 대해 이렇게 이야기했다. "이것은 아직 진정한 영화가 아니다. 그건 단지 내가 좀 더 큰 무대를 자유로이 쓸 수 있는 것과 같은 일이었다." *Ibid.*, p.124.

3. 타데우즈 칸토르: 죽은 이들을 되살리는 무대 위의 지휘자

피나 바우쉬가 글룩의 오페라를 원작으로 하여 〈오르페우스와 에 우리디케〉를, 그리고 스트라빈스키의 음악을 배경으로 〈봄의 제전〉 을 만들던 1975년, 60세가 된 칸토르는 〈죽음의 교실〉을 만들고 연극 에 관한 마지막 선언문[16]인 〈죽음의 연극에 관한 선언문〉[17]을 발표했

---

16 칸토르가 남긴 연극에 관한 선언문은 1960년 〈앵포르멜 연극에 관한 선언문〉을 시작으로, 1965년 〈제로 연극에 관한 선언문〉, 1968년 〈기록 연극에 관한 선언문〉, 1970년 〈1970년 선언 문〉, 그리고 1975년 그의 대표적인 선언문이라고 할 수 있는 〈죽음의 연극에 관한 선언문〉 등이 있다.

17 이 선언문은 칸토르가 〈죽음의 교실〉을 준비하면서 쓴 것으로 이 연극에 등장하는 여러 가 지 인형과 배우의 조건에 관한 글들을 담고 있다. 전체적으로는 10개의 짤막한 글들로 구성되어 있다. 간단히 살펴보면 다음과 같다.

제1장 : 연극무대에 마리오네트가 다시 등장해야 한다는 E.G. 크레이그의 이론을 긍정하고 있 다. 즉 "무대에서 배우는 이제 다시 인형의 역할을 해야 한다. 이는 자연에 의해서 창조된 인간은 예술작품의 추상적 구조에서는 오히려 간섭에 지나지 않기 때문이다."

제2장 : 인간과 배우는 이제 초인형에게 자리를 내주어야 한다는 크레이그의 이론이 다시 언급 되고 있다. 이를 통하여 "관객들은 존재의 행복에 경의를 표하게 되고 신성해지고 죽음이라는 것을 즐겁게 존경할 수 있기 때문이다."

제3장 : 신비하고 낭만적인 마네킹부터 19~20세기의 추상적 이성주의에 이르기까지 인간의 인 공적인 창조를 논하고 있다.

제4장 : 새로운 예술이론인 다다이즘과 연극에서 이미 만들어진(레디 메이드의) 리얼리티 개념 의 등장에 관하여.

제5장 : 해프닝의 즉각적인 리얼리티에서 예술작품의 요소를 탈물질화하기에 관하여.

제6장 : 개념론의 교조주의에 대한 거부와 아방가르드. "예술에서 삶의 개념은 오로지 삶의 부재 에 의해서만 다시 받아들일 수 있다."

제7장 : 아방가르드와 마네킹의 등장에 관하여.

제8장 : 가장 명백한 리얼리티를 드러내는 마네킹, 전이의 과정을 보여주는 마네킹, 텅 빈 오브 제로서, 술책으로서, 죽음의 메시지로서, 배우의 모델로서의 마네킹에 관하여.

제9장 : 크레이그 식의 상황 해석과 살아 있는 배우의 등장, 혁명적인 순간, 인간의 이미지의 발 견에 관하여.

제10장 : 전체적인 요약으로, 죽음의 조건과 예술과 예술가의 조건을 언급하고 있다.

다. '죽음'과 관련하여 칸토르는 거칠 것 없는 친밀감을 보여준다. 그에게 연극은 죽음의 연극이며 배우의 모델 또한 죽음이다. 무대는 레테의 강을 건너는 것과 같고, 마네킹은 죽음의 이미지와 생명의 이미지 사이에 있다. 그리하여 〈죽음의 교실〉은 '죽음의 무도'를 보여주는 공연, '죽음 너머의 풍경'을 제시하는 연극이라는 평가도 받는다.

칸토르의 연극은 연극과 해프닝, 퍼포먼스, 그림, 조각, 오브제와 공간예술 사이 어딘가에 존재한다. 무대의 회화적인 시를 위해 칸토르의 무대는 명시적으로 현실의 드라마적 재현을 부인한다. 오브제라는 다른 측면에서 보면, 고문이나 감옥·전쟁·죽음을 담은 그의 연극은 진정으로 '드라마틱'하다. 그러나 그것은 드라마적 방식의 연출을 통해서가 아니라 반복되는 제의를 통해서이다. 그의 연극에서는 '고루한 낡은 농담인 동시에 끝없이 슬픈 것으로서의 이미지들의 연속'이 언제나 그로테스크한 드라마에서 일어날 법한 장면들로 우리를 이끌지만, 드라마는 반복적인 리듬으로, 타블로처럼 보이는 배열로, 마네킹처럼 보이는 인물들로 변형되어버린다.[18]

칸토르의 연극을 설명하려면 그가 연극인이기 전에 화가였다는 사실에서 출발해야 할 것이다. 칸토르는 역설적인 두 개의 직업을 갖고 있었다. 하나는 영구적인 작품을 창조하는 화가라는 직업이고, 다른 하나는 상연시간이 지나면 사라져버리는 나약한 예술인 연극이

D. Bablet(éd.), "Le théâtre de la mort"(Lausanne: L'age d'homme, 1977), pp.215~224; "Le théâtre de la mort", *T. Kantor, Les voies de la création théâtrale 11*(Paris: CNRS, 1983), pp.59~65 참조. 안치운, 〈타데우즈 칸토르론: 오브제의 기능에 대하여〉,《공연 예술과 실제 비평》(문학과지성사, 1993), 309~310쪽.
18 Hans-Thies Lehmann, *Le Théâtre Postdramatique*(Paris: L'Arche, 2002), pp.108~109.

다. 칸토르는 1915년 폴란드 크라코프 근처의 작은 도시 비엘로폴에서, 유대인 교사인 아버지와 가톨릭교도 어머니 사이에서 태어났다. 고등학교를 졸업한 칸토르는 그 무렵 가장 영향력이 컸던 상징주의에 끌려 화가가 될 결심을 하고, 1934년부터 조형예술과 무대미술을 공부했다.

고든 크레이그의 제자 카롤 프리츠Karol Frycz와 함께 작업한 칸토르는 메이예르홀트와 피스카토르를 발견한다. 그는 러시아와 독일 구성주의의 영향을 받고, 뒤샹Duchamp과 피카비아Picabia의 다다이즘, 브르통Breton의 초현실주의에서 자기 예술의 기본 방향을 발견한다. 뿐만 아니라 앵포르멜, 추상주의, 플럭서스, 아르테 포베라(가난한 예술) 등 현대 예술의 주된 흐름도 그의 회화와 연극 작업에 큰 영향을 끼쳤다.[19]

해프닝과 다다의 영향을 받았지만 칸토르는 자신의 예술세계에 대해 이렇게 말했다. "다다이스트들은 웃음을 주지만 나는 울게 만드는 다다이스트이다."[20] "스탈린 시대 이전 1947년에 나는 프랑스에 있었는데, 그때 초현실주의 전시회가 내 경험에서는 결정적이었다.

---

19 칸토르는 1942년 독일 점령 치하에서 지하연극을 시작했다. 첫 작품인 〈율리시즈의 귀환〉 (비스피안스키Wyspiansky 작, 1945년 공연. 1989년에 〈나는 결코 돌아오지 않을 것이다〉와 함께 재공연)은 폭격당한 아파트에서 공연했다. 당시 상황 때문에 일상적인 오브제와 가공되지 않은 재료들을 사용할 수밖에 없었으며, 전통적인 연극 공간을 포기해야만 했다. 그리하여 그에게 연극은 외부 사건들에 저항하는 하나의 방법이 되었으며, 이 생각을 끝까지 견지했다. 스탈린 시대에 크라코프의 미술학교 무대미술 교수직을 박탈당한 그는 그림을 그리면서 예술을 하는 친구들과 함께 크리코 2(Cricot 2, 서커스라는 단어[to cyrk]에서 철자바꾸기를 한 말)라는 연극 그룹을 만든다. 그들의 초기 작품들은 지하실에서 탄생했다. 그리고 셰익스피어의 〈햄릿〉 (1956)이나 아누이의 〈안티고네〉(1957) 공연에서 이미 커다란 인형과 잡다한 오브제들을 사용했다. Albin Miche(éd.), *Dictionnaire du Théâtre*(Paris: Encyclopædia Universalis, 2000), pp.466~468 참조.
20 Guy Scarpetta, *op.cit.*, p.147.

스탈린 시대는 분명 모든 것을 타락시켰다. 그렇지만 그 사회, 그 정치의 바깥에 있는 예술가였던 내게는 그것이 또한 많은 것을 가져다 주었다. 그것이 나의 이성적 인식을 바꾸게 한 것이다. 내가 '더럽힘'의 행위 때문에 생기는 더러움에 관심을 기울이게 된 것은 바로 이때부터이다."[21]

칸토르는 자신의 예술과 리얼리티의 관계에 대해 다음과 같이 고백한다. "모든 것은 레디 메이드이다. 예술작품도, 배우도, 죽음도. 가장 뛰어난 폴란드 작가 중 하나인 브루노 슐츠의 '강등된' 리얼리티 개념을 나는 받아들인다. 나는 이것을 '가장 낮은 등급의 리얼리티'라 이름 붙였다. 그것은 리얼리티를 쓰레기통 쪽으로 끌고 가는 것이다. 파괴되고 파손된 상태 쪽으로. 리얼리티의 파괴는 일상생활 속에서는 불필요한 리얼리티를 창조한다. 나는 이 쓰레기통과 영원 사이에서 무언가를 찾는다. 영원, 그것은 예술이다. 쓰레기통, 그것은 리얼리티가 망가지는 곳, 불필요해지는 곳, 그 기능을 벗어나는 곳이며, 그러므로 예술의 요소로서 사용될 수 있는 곳이다."[22]

칸토르의 무대에서 등장인물들은 이미 유령 같은 존재들이다. 그들은 죽은 이들의 왕국에서 상징적인 귀환을 하는 인물들이며 과거의 공포를 되살려 몰고 오는 사람들이다. 칸토르의 작품은 그 주제가 살아남은 사람들이며, 재난 이후의 연극이다.[23]

1960년대 이후 그는 〈광인과 수녀〉(1963), 〈물닭〉(1971), 〈죽음의 교실〉(1975)을 비롯하여 폴란드 작가 스타니슬라브 이그나시 비트키

21 *Ibid.*, pp.34~35.

22 *Ibid.*, p.35.

23 Hans-Thies Lehmann, *op.cit.*, p.109.

에비치Stanislaw Ignacy Witkiewicz의 작품들을 많이 무대에 올린다. 그러나 칸토르의 연극이 드라마적 연극이 아니었던 것처럼, 텍스트와 관련하여 그는 언제나 자율적인 연극을 주장했다. 텍스트는 물론 선행하는 요소이지만 공연이 그것을 재현하거나 설명하는 것은 아니다. 텍스트는 단지 '레디 메이드'로서 거기에 현존한다. 1965년의 '제로 연극 선언'에서 이미 단어의 의미, 심리학, 리얼리티의 구조는 포기되었다. 텍스트가 공연을 지배하는 문학으로서의 지위를 포기하자 그것은 공연의 동반자가 된다.

칸토르는 말한다. "우리는 비트키에비치를 공연하는 것이 아니라, 비트키에비치와 함께 공연한다"[24] 그는 텍스트가 그들이 되돌아가야 할 '잃어버린 집'이라고 말하지만 연극적 상황 자체는 텍스트에서 나오는 것이 아니라 연출가에게서 나온다. 그리하여 공연은 공연이 담고 있는 행동과 무대적 행동 사이의 긴장 속에서 생명력을 얻는다.

〈죽음의 교실〉도 비트키에비치의 《목의 종양Une tumeur cervicale》(여기에서는 주인공의 이름)이라는 작품을 원작으로 하여 만든 상연물(séance dramatique)이다. 그러나 〈죽음의 교실〉 자체의 텍스트[25]는 대부분 칸토르에 의해 쓰였다. 칸토르는 관객이 〈죽음의 교실〉을 이해하거나 따라가기 위해 원작을 알 필요는 없다고 말한다. 원작과 공연의 이야기는 얽힌다. 원작으로부터 단편들이 수집되고 등장인물들이 동원된다. 그러나 공연은 전혀 다른 콘텍스트에서 진행되며 그것은

---

24 T. Kantor, textes de T. Kantor, réunis et présentés par D. Bablet, Les voies de la création théâtrale 11(Paris: CNRS, 1983), p.39.
25 텍스트는 두 가지 버전이 있는데, 그중 두 번째 버전이 위의 책에 실려 있다. pp.79~180.

상호침투와도 같은 작업이었다.[26]

3.1. 〈죽음의 교실〉

〈죽음의 교실〉은 칸토르의 마지막 선언인 '죽음의 연극'의 무대
적 형상화라 할 수 있으며 아직까지도 칸토르의 대표작으로 기억된
다. 조르주 바뉘는 칸토르가 〈죽음의 교실〉 공연과 함께 아방가르드
전통에서 완전히 분리되어 자신만의 세계를 구축했다고 평가한다. 해
프닝을 현재의 힘에 대한 찬사라 할 수 있다면, 칸토르의 '죽음의 연
극'은 현재의 에너지에 과거의 기억을 얹고, 탈색되지 않은 과거, 모
순을 잃지 않은 과거의 이미지들을 되살려내는 그 자신만의 연극이
되었다는 것이다. 그것은 칸토르가 아방가르드의 고속도로를 몰라서
가 아니라 그것을 벌써 지나쳐 그 자신만의 길을 발견한 데서 기인한
다. 칸토르가 발견한 길은 그림과 연극 사이의 작은 골, 삶과 죽음 사
이의 작은 골이며, 그 길이 구체화한 것은 바로 〈죽음의 교실〉과 함께
였다.[27]

동굴이나 지하저장고처럼 돌로 된 벽과 아치형 천장의 극장 크
리코트 2는 공연을 위해 교실로 전환된다. 그러나 무대는 왼쪽 한 귀
퉁이에 있을 뿐, 오른쪽 옆과 정면의 공간은 계단식으로 된 객석이다.
긴 실내 한 귀퉁이에 마련된 무대, 그것은 객석과 같은 평면상에 있었
으며 거기에는 교회나 (폴란드) 학교에서 흔히 볼 수 있는 책상 붙은
긴 나무 의자들이 열을 이루고 있다. 이 무대 공간과 객석 사이에는

---

26 그리고 1980년의 〈비엘로폴-비엘로폴〉에 이르면 비트키에비치는 사라지고, 텍스트는 칸
토르와 배우들 사이의 오랜 창조작업을 거쳐 탄생한다.
27 *Trois cahiers pour Kantor, Théâtre/Public*, v.166~167, Janvier-Avril, 2003, pp.71~72.

긴 줄로 경계선이 표시되어 있다.

칸토르는 극장 한구석에 무대가 있는 이유를 다음과 같이 설명했다. "만일 사람들이 앉아 있는 방 안에 '비정상적'인 행동을 하는 낯선 이가 들어오고 그가 방 한가운데에 있다면 사람들은 즉각 그것을 '공연'으로 여길 것이다. 그러나 만일 같은 현상이 구석에서 이루어진다면 아까의 그 사람들은 그를 바라보며 거부감을 느낄 것이다. 공포를 느낄 수도 있다. 한가운데서 관객에게 제공되는 것은 인위적인 공연으로 여겨져 '위험이 느껴지지 않지만', 같은 현상이 구석에 놓이면 진짜가 되고 현실이 된다.[28] 거기에서 울타리와 낯섦이 탄생한다.

관객이 대기실을 지나 무대공간으로 들어설 때 배우들과 칸토르는 이미 거기에 있다. 무대 위는 어둠 속이다. 객석 쪽에서 비치는 조명을 받아 눈부셔하며, 칸토르는 관객들을 응시한다. 배우들은 나무 벤치에 모여 앉아 움직이지 않는다. 관객들이 모두 앉고 극장에 정적이 흐르면 배우들은 서서히 움직인다. 마치 마네킹처럼 굳은 몸으로, 고정된 시선으로, 그들은 천천히 오른손을 들어 손가락 두 개를 편 손을 위로 쳐든다. 마치 무언가 애절하게 요구하듯이.

칸토르와 배우들은 모두 검은색 옷을 입었으며 공연 전체에서 색깔이라고는 없다. 흑백 사진에서 나온 것처럼 이들의 의상은 검은색과 흰색뿐이다. 그것을 벗어나는 색깔인 배우들의 얼굴 역시 밀랍 색깔로 칠해져 있어, 이들이 살아 있는 사람들인지 밀랍인형박물관에 전시된 인형들인지 알 수가 없다. 나이 든 노인들로 구성된 배우들은 무덤에서 돌아온 듯 섬뜩한 느낌을 주며 극중의 성性과 실제 성이 다

28　*T. Kantor, textes de T. Kantor, réunis et présentés par D. Bablet, op.cit.,* p.80.

른 경우도 많다. 칸토르는 등장인물과 배우의 관계를 서로 포장하는 관계라고 규정지으면서 등장인물과 배우의 내부 성性 사이의 긴장이 가장 클 때 연기의 힘이 가장 커진다고 생각했다.

무대 뒤에는 아치형으로 뚫린 문이 있어 배우들은 여기를 통해 퇴장했다가 다시 등장하곤 한다. 이들이 처음 나갔다 들어올 때 이들에게는 아이들 크기의 밀랍인형들이 하나씩 매달려 있다. "옛날이 다시 한 번 돌아올 수 있다면" 하는 추억의 왈츠에 맞춰 밀랍인형을 달거나 안은 채로 그로테스크하게 등장하는 이들은 춤 아닌 춤을 추며 의자들 주변을 돈다. 배우들 눈에는 초점이 없고 밀랍인형 눈에는 인조눈동자가 만들어져 있어서 누가 인형인지 누가 배우인지, 배우가 있기는 한 건지 알 수가 없다. 칸토르는 이들 옆에 서서 지휘하기도 하고 속도를 제어하기도 한다. 드니 바블레는 이 첫 장면을 이렇게 해설한다.

〈죽음의 교실〉, 그것은 우선 공간, 중성적으로 보이는, 교실의 공간이다……. 이 공간에 오브제들이 있다. 벤치들, 특히 나무의 현실성이 부여된 매우 구체적이고 사실적인 벤치들은, 마치 그것들이 〈죽음의 교실〉의 등장인물인 것처럼 서로 사이가 뜬 채로 분리할 수 없이 한 덩어리로 모여 있다. 학교의 평범한 긴 나무의자, 그것은 마치 카론의 배처럼 죽음으로 향하는 여행의 긴 의자 같기도 하다. "대입장"[29] 이후—여기서 키 작은 노인들이 밀랍으로 된 자신의 "어릴 적 인물"을 저마다 자신의 등에 매단 채 들어오는데, 이들은 "승리의 퍼레이드처럼" 와서 긴 의자

---

29 큰따옴표(" ") 안에 적힌 부분은 칸토르의 텍스트이다.

들 위에 자리를 잡는다. 첫 시퀀스는 매우 흥분된 "수업들"을 보여주었다. 그러나 지금 "모든 이들은 나뉘어졌다. 싸움판의 위기 뒤에 침묵이 자리를 잡는다. 마치 꿈속에서처럼 모두가 사라졌다. 단지 빈 교실과 빈 의자들만이 남았다. 아무것도 침묵과 이미지의 부동성을 깨뜨리지 못할 것이다. 이것은 약간은 묘지와 같다".

벤치 위에는 밀랍으로 만든 아이들만 남았고, 키 작은 노인들은 사라졌다. 그리고 타데우즈 칸토르는 이것을 본다. "연기 구역을 뚫고, 공연 속으로 자신을 던지면서, 타데우즈 칸토르는 그의 작품 속에서 생길 수 있는 균질화하는 경향을 끊임없이 중단시킨다. 그는 리얼리티의 차원과 인식의 차원을 증식시킨다. 그는 창조자인 자신을 눈에 띄게 한다. 그의 날카로운 현존에서뿐만 아니라 그의 반-부재 상

사진 1. 밀랍으로 만든 아이들의 모습이 섬뜩하다.

태에서도 마찬가지다. 그는 흩뜨리는 요소이다. 그림 위에 붙은 사진의 말단이며, 몽타주 속에 출입이 허락된 한 부분이며, 다른 리얼리티의 이질적인 집단 속에 있는 리얼리티의 일단이다. "드라마적 상연"은 그의 연기(놀이)의 결과일 뿐이다(사진 1).

3.2. 〈죽음의 교실〉의 시각 이미지들

3.2.1. 청소부: 죽음의 이미지

관객이 들어오는 처음부터, 배우들이 모든 소동을 벌이는 순간에도, 바닥에 비질하는 자세로 부동의 상태에 있는 것이 청소부다. 그녀는 배우들이 다 나간 뒤 교실이 비고 아무것도 남지 않았을 때 비로소 움직이기 시작한다. 칸토르는 이것이 만일 밀랍인형들이 꿈꿀 수 있다면 모든 밀랍인형들이 꿈꾸던 순간일 것이라고 서술한다. 왜냐하면 인형들의 첫 번째 목표는 관객의 주의를 끌어 그들이 살아 있다고 믿게 하는 것이며, 두 번째 목표는 무기력함과 죽음의 분위기를 창조하는 것, 그 느낌으로 삶을 계속해서 변화시키는 것이고, 세 번째, 이것은 불가능한데, 관중을 다시 한 번 속이고 놀래키고 두렵게 하는 것, 즉 죽음의 상태에서 삶의 상태로 옮겨가는 것일 것이기 때문이다. 여기서 청소부는 그녀가 움직이기 시작하는 이 순간에 이 세 번째 역할을 현실화한다.[30]

그녀는 "자신의 일상적 임무"인 청소를 다시 시작한다. 그녀는 이 일을 몇 번이고 반복해서 주저함이 없으며 동작도 확실하다. 그녀는 바닥에 쓰러져 있는 몇몇 아이들을 보고, 벤치에 앉은 다른 아이들

---

30 *T. Kantor, textes de T. Kantor, réunis et présentés par D. Bablet, op.cit.*, p.107.

사이에 데려다 두기 위해 그들을 일으켜 세운다. 그때, "그녀의 시선은 바닥을 뒤덮은 곰팡이 슨 낡은 책 무더기에 놓인다. 그녀는 책들을 한 번에 여러 권씩 주워, 그것을 둘 곳을 찾는다. 신중하게, 그녀는 자신의 짐을 첫 번째 벤치에 놓는다. 그녀는 다른 책들을 가지러 돌아온다. 그리고 그렇게 여러 번 반복한다"(사진 2).[31]

이제 그녀는 책을 정리한다. "지칠 줄 모르며, 책의 층이 쌓임에 따라 조심성을 높이면서. 그녀는 바닥에 떨어진 종이 한 장을 본다. 그걸 주워서, 살펴보고, 판독하려 한다. 그녀는 그 종잇조각이 빠져나온 책을 열심히 찾는다. 그녀는 그것을 찾고 조심스럽게 종잇장을 거기에 정리해놓는다. 그러나 이렇게 조심스럽게 정리해놓은 묘지에서 비죽 튀어나온, 반항적인, 다른 책이 있다. 그녀는 튀어나온 책을 끄집어내기 시작한다"(사진 3). "모든 바리케이드는 위태롭게 흔들리도

(왼쪽부터 시계방향) 사진 2, 3, 4, 5
〈죽음의 교실〉에서 산자와 죽은 자의 만남.

록 놓여진다. 드디어 이 서커스 묘기는 성공한다. 청소부는 개선장군
처럼 그 책을 흔든다. 이 움직임이 곰팡이 슨 책들의 전체 더미를 쏟
는다. 그녀는 이 재난 앞에서 어리둥절해 있다. 그것들을 모두 다시
배열하기를 포기한 채. 게다가 그건 중요하지도 않을 것이다"(사진 4).

곰팡이 슨 책을 바리케이드처럼 쌓고 무너뜨리는 동안, 교회지기
는 그 옆에 있다. 무대 오른쪽에 무릎에 신문을 펼쳐놓은 채 앉아 있
다(사진 3과 4). 청소부는 이제 자기 발밑에 엉망진창으로 쏟아진 책
들을 포기한 채 "의심스러운 눈으로" 교회지기의 신문을 보고는 그것
을 집는다. "그녀는 그것을 접고, 페이지를 넘긴다. 신문 역시 책만큼
이나 낡고 곰팡이가 슬어 있다. 그녀는 빛 가까이 간다. 읽기 시작한
다. 하지만 근시이기 때문에 그녀는 음절 하나하나를 중얼거리며 읽
는다……. (우선 광고부터) … 알로이즈 코즐로프스키의 약국, 당신에게

집에서 제조한 환약을 권해드립니다…, … 결혼 소식…, …저렴한 레스토랑…, (그녀는 페이지를 넘긴다. 그러나 흥미로운 것을 아무것도 발견하지 못한다. 갑자기 무언가가 그녀의 주의를 끈다……. (그녀는 읽는다) 사라예보에…, (그녀는 1차 세계대전이 시작된 이 도시를 알지 못하므로, 반복한다) 사라예보에서…, 가브릴로 프린시프라는 한 세르비아인이 왕위계승자를 암살했다, 페르디난드 대공…, 그의 부인도 함께…"(사진 5).

"그녀는 일어서서 신문을 조심스레 반으로, 그리고 4분의 1로 접고 그 위에 손을 올려놓는다. 마치 그 일이 일어나지 않도록 이 커다란 재난을 붙잡으려 하는 것 같다." 그러나 다음 순간 이렇게 외친다. "이렇게 우리는 전쟁을 치른다!" 아주 만족스러운 듯이. 그녀는 다음 장면에서는 '가정부-죽음'이라 불린다. 긴 청소용 솔의 대를 휘돌리며 사람들을 한쪽으로, 그다음엔 바닥으로 밀어내는 그녀의 행진은 그 자체로 죽음의 무도가 된다.

청소부가 책들을 정리하는 동안 등장인물들 사이에서 현존하는 칸토르는 말한다. 청소부는 "현실적 기능을 수행하기를 계속하는 본원적인 악녀이다. 죽음의 교실 분해라는 소재 속에 그 기능들의 공허는, 거의 서커스에서처럼 선명한 방식으로 모든 것의 몰락을 강조한다. 물건들의 이런 낮은 차원의 활동들이 인간에 대한 것으로 옮겨진다. 그리고 모호하지 않은 몸 닦기는 그 역시 죽음인 청소부의 다른 역량을 보여준다."

관람하는 무대가 아닌 관찰되는 공간으로서 크리코트2에서 투박한 검정 모자와 검정 치마를 입고 무표정하게 인형들을, 책을, 배우들을 청소하고 정리하고 흩뜨리기도 하는 이 커다란 여성(사실은 남자배우)은 섬뜩한 공포의 원천이다. 누운 배우의 맨다리를 걸레로 썩썩 닦는 그의 모습에서는 장의사의 모습을 넘어 도살장 또는 실험실이 연상되기도 한다. 아는 것이 없기 때문에 아무 거리낌이 없는 그녀의 동작들은 기계요람[32]의 큰 소음처럼 무대를 휘감는다.

3.2.2. 곰팡이 슨 낡은 책들 : 찢어지고 학대받는

〈죽음의 교실〉에서 아이 크기만 한 인형[32]을 안고 업고 무대에 등장하는 배우들은 어린 시절을 다시 체험하는 노인들이다. 노인들은 교실의 긴 의자에 앉아 그들의 젊은 시절을 다시 산다. 주름살과 해진 의상의 배우들은 텍스트 구절들을 지껄이기도 하고 제스처를 취하기도 하는데, 대사와 제스처는 아무런 관계도 없다. 이것은 사라지는 기억에 대한 환영이며 죽음 너머의 풍경이다. 그렇기 때문에 여기에는 드라마가 없다. 다만 죽음의 춤과 같은 제의가 있을 뿐이다.

이 제의 속에서 오브제들은 리얼리티로 향하는 '쓰레기통' 속의 오브제들이다. 리얼리티는 망가져서 실용적인 가치, 교환가치를 잃게 되며 그때가 돼서야 예술의 요소로 사용되어 칸토르의 오브제가 된다.[33] 쓰레기통에서 영원으로, 또는 영원히 사라지지 않는 형이상학적인 의미로. 그리하여 그는 오브제들과 무대 행동의 재료들에 새로이 가치를 부여한다. 나무, 쇠, 천, 책들, 옷들과 신기하고 그로테스크한 오브제들이 여기서는 어떤 특질, 놀라운 촉각적 힘을 얻어, 시적인 특질을 지니게 된다.

칸토르 연극에서는 인간인 배우가 사물의 '주변'에서 솟아오른

---

31 극중 등장하는 나무 요람. 큰 소리를 내며 기계적으로 흔들린다.
32 이 인형들은 배우들의 어린 시절을 나타내는 분신이다.
33 Guy Scarpetta, *op.cit.*, p.35.

다.[34] 드라마에서는 모든 것이 인간의 플롯 주위로 돌고, 사물들은 '장식품/부차물'로서만 필요하다. 그러나 여기서는 드라마에서 필수적인 인간-사물의 위계질서가 사라진다. 칸토르 제의의 시적인 연극에서, 오브제들은 기억의 서사적 정신의 무의식적 차용처럼, 그리고 사물들에 대한 기억의 편애처럼 나타난다. 그리하여 오브제들은 제의의 드라마를 심화하는 기호로서 주체가 된다. 〈죽음의 교실〉에서 의자는 낡았고, 벽은 구멍 났고, 먼지와 뜨겁고 오래된 무언가로 뒤덮인 탁자들은 부식되고, 바래고 낡고 곰팡내 나고 얼룩졌다. 이 상태에서 사물들은 그들의 상처받기 쉬운 허약함을 증명하고, 그렇게 하여 새로운 강도를 갖는 그들의 '삶'을 증명한다. 상처받기 쉬운, 무대의 일반 구조를 구성하는 인간 연기자들 역시 상처 입은 오브제들의 동반자가 된다. 그중에서도 곰팡이 슨 낡은 책들의 이미지는 밀랍인형들과 함께 공연 전체를 관통하면서 연극을 과거로 되돌리는 가장 중요한 오브제이다.

책들은 청소부에 의해 맨 앞의 긴 탁자에 바리케이드처럼 쌓였다가 그의 손짓 하나에 다시 무너진다. 바래어 힘을 잃고 한 장 한 장 떨어지는 낡은 책들은 먼지처럼 가볍다. 칸토르가 책들이 쌓인 탁자를 장례용 관을 놓는 탁자에 비교할 때, 책들은 관이나 시체와 같아진다. 책들이 바리케이드처럼 쌓일 때 이 바리케이드 뒤에는 "아이들의 허수아비"들이 있다. 사람 형상으로 만들어진 사물이지만 인공적인 눈동자들을 통해 살아 있는 현존의 시선을 만들어내는 이상한 죽은 몸들. 이 아이들과 책들은 등가이다. 죽음의 세계에서 되살아온 아이들

---

34 Hans-Thies Lehmann, *op.cit.*, p.112.

사진 6 〈죽음의 교실〉의 한 장면, 학살의 현장과 같은 교실.

처럼 죽음의 세계에서 빠져나온 낡은 책들, 이들은 찢어지고 학대받고 바닥에 널브러진다. 이들은 군인의 검은 사망통지서와 뒤섞이며 피처럼 바닥을 뒤덮는다(사진 6).

책 속에 담긴 것은 사람이다. 《로미오와 줄리엣》에서 캐플릿 부인은 줄리엣에게 패리스 백작의 얼굴을 책이라 생각하고 자세히 읽어보라고 말한다. 빈 교실로 되돌아온 낡은 책들, 낡아서 안의 글씨가 더 이상 잘 보이지 않는 책들은 이미 내용이 아니라 형식이 된다. 마치 밀랍인형들이 인간의 형식이듯이. 형식으로서의 책들은 다시 생명력을 부여받고 버려진 인간, 잊힌 학살의 상징이 된다.

3.2.3. 칸토르의 현존

그러나 칸토르의 연극을 특별하게 만드는 것은 무엇보다도 다른 배우들 사이에서, 또는 배우들의 부재 속에서도 지속되는 칸토르 자신의 등장일 터이다. 배우가 아니면서 무대 위에서 현존하기. 조르주 바퀴가 현재의 에너지로 과거를 되살리는 칸토르의 연극에 찬사를 보낼 때 그 본질에 있는 것이 바로 이 칸토르의 현존이다. 그는 관객과 공존하면서 과거를 불러들이는 무당과 같고 죽은 인물들을 지휘하는 오케스트라의 지휘자와 같다. 그는 자신이 무대 위에 있으면서 하는 일은 배우의 환영illusion을 깨는 일이라고 고백한다.[35] 자신이 일방적으로 배우들을 지배하는 것이 아니라 배우들이 환영에 빠지지 않도록 리듬을 주는 역할을 하는 것이며, 배우들이 환영에 빠지지 않아야 공연이 성공적이라는 것이다.

칸토르는 자신의 현존을 "불법적"인 것이라 일컬었다. 그러나 그의 연극에서는 우선 관객의 존재가 '불법적'이다. 무대를 한구석에 처박음으로써 관객은 관객이 아닌 것이 된다. 그러고는 자신의 존재도 불법적인 곳에 둔다. 바로 연기 공간 주변에. 그것은 관객에게 충격적이며 도발적인 것이다. 관객이 입장할 때부터 칸토르는 태연하게 무대 옆에 서 있다. 그의 존재와 함께 극장은 진중하지만 낯선 풍경이 된다.

배우들이 연기할 때 그는 배우들의 연기를 집중해서 보는 제1의 관객이다. 마치 그리스 연극의 코러스와 같다. 관객에게 그의 모습은 전면이 아니라 옆면이나 등이 보인다. 침묵하는 그의 자연스럽고 진지한 존재는 가벼운 배우들의 존재와 그들의 소동을 거짓말같이 상쇄한다. 그는 배우와 관객 사이, 죽음과 삶의 경계에 있는 이 연극에 균형을 잡아주는 이다. 배우와 한 공간에 있고 배우를 닮았지만 살아 있는 존재, 무대 이미지들을 허구로 인식시키면서 실존의 무게를 얹

---

35 *T. Kantor, textes de T. Kantor, réunis et présentés par D.Bablet, op.cit.*, p.189.

어주는 존재, 그는 그 스스로 하나의 이질적인 무대 이미지가 되면서 마치 사진사처럼, 화가처럼, 무대 곁을 서성인다.

시나리오 없이 즉흥적으로 움직이는 듯하지만 사실상 그는 공연의 총보를 관리하고 있다. 그는 배우들이 원작과 공연 텍스트 사이에서 연기하고 있을 때도 공연 텍스트의 흐름을 지킨다. 그는 연기 공간 옆에서 배우들을 바라보며 생각에 잠기고 배우들과 작은 소리로 말도 나누며 공연을 진정하게 현존하는 것으로 만든다. 그의 생각하는 표정 속에서, 그의 즉흥적이고 리드미컬한 손짓 속에서, 무대는 재현 불가능한 현존물이 된다. 그리고 배우들이 커튼콜을 위해 다시 무대에 등장할 때 배우가 아니었던 칸토르는 돌아오지 않는다. 그에게 공연은 함께 고민했던 흔적이지 평가받을 대상은 아닌 것이다.

그의 욕망을 화가의 욕망이라 일컬을 수 있을 것이다. 잊힌 기억을 불러 다시 기록하고 싶은 욕망을 품은 그는 관객 앞에 서서 무대 이미지들을 조절하며, 조형적 형식으로 생각되는 배우와 단순한 장식이 아닌 진정한 조각품들인 오브제를 통합하는 공간을 규정하는 화가와 같다. 그것은 참여 연극이나 정치 연극의 관례적인 표현을 거부하면서 언제나 상투적인 표현과 용인된 생각을 전복하려는 그의 기질과도 관련이 있다. 목격자로서 그는 아이러니한 역사를 살아 있는 제의로 만들어 대중적 관객에게 펼쳐 보인다.

삶과 죽음, 상처와 기억, 희생자와 사형집행인이 끊임없이 순환되는 과정을 만들어내면서 그는 관객과 함께 죄의식을 떠안는다. "죽음은 사람들의 관심을 끌고 그 관심을 밀어낸다. 배우에게도 똑같은 일이 일어나야 한다. 예술가는 스스로 공식적인 인식을 금해야 한다. 예술가는 사회적 인식을 하는 사람이 아니다. 그는 혼자여야 하고, 달리 말하면 배우/행동자acteur가 되어야 한다"는 그의 말은, 죽음과 같은 빈 공간으로 예술가를 밀어넣는다.

4. 이미지와 결핍

피나 바우쉬와 타데우즈 칸토르. 이들은 설명할 수 없는 것을 설명하려 했으며, 이들이 도달한 연극 형식은 그 시도의 소산이었다. 그것은 우리 자신의 극복할 수 없는 결핍과 갈망, 벗어날 수 없는 기억을 무대에 올려 관객과 공유함으로써 이 출구 없는 상황을 성찰하고자 하는 연극의 새로운 방식이다. 그러므로 우리는 피나 바우쉬의 결핍의 연극과 타데우즈 칸토르의 기억의 연극 속에서 우리 자신의 역사, 우리 자신의 정신, 몸으로 들어가는 통로를 발견한다.

〈황후의 탄식〉에서 피나 바우쉬가 무용수/배우들과 일상인들의 얼굴과 몸, 의상과 헐벗은 몸 등을 통해 만들어낸 이미지들, 특히 자연을 포함한 일상생활의 장소에서 보여지는 소외의 이미지들은 인간의 본원적인 외로움과 갈망에 관한 슬픈 정조를 그대로 드러내준다.

〈죽음의 교실〉에서 오브제와 밀랍인형, 유령 같은 배우들을 무대 위에서 지휘하면서 칸토르가 보여주는 과거와 죽음의 이미지들은 "가장 낮은 등급의 리얼리티"를 수단으로 인간의 비극성을 설명하는 예술의 영원성에 도달하는 탁월한 예를 보여준다. 칸토르에게는 과거와 상실, 죽음이 현재와 소유, 삶의 허위를 넘어서는 방법이었으며 피나 바우쉬는 욕망과 결핍, 불안의 세심한 감지가 상처받기 쉬운 우리 존재들을 조명하는 방법이었던 것이다. 칸토르가 "나는 위대함이란 수단의 절제에 의해서 달성된다고 확신한다"[36]고 했듯이 이들의 연극에는 정신으로 연결되는 물질 외에는 존재하지 않는다.

이들에게 연극은 주어진 드라마적 텍스트의 재현을 넘어 표현 주체의 행위와 상태를 상징적으로 보여주는 즉각적인 언어가 된다. 그것은 이야기라는 우회로를 거치지 않은 현존의 언어다. 재현의 경계에 서 있는 이들 연극에서 이들이 만들어내는 이미지는 그 표면이 바로 이야기와 같다. 춤과 연극과 영화 사이에 있는 바우쉬 작품의 이미지나 회화와 연극의 사이에 있는 칸토르 작품의 이미지나 모두 마찬가지이다.

등장인물들은 더 이상 어떤 특정인을 가리키는 것이 아니라 과거의 우리, 현재의 우리 자화상인 보편적인 인물로 존재한다. 자신을 인지하지 못하고 희생당하는 칸토르 연극의 인형 같은 등장인물이건 피나 바우쉬의 질문을 받고 자신의 고민과 상처를 솔직하게 털어놓는 부퍼탈 탄츠테아터의 무용수들이건, 그들이 우리와 마주 보고 전면화하는 이미지는 우리 마음의 심연을 뚫고 직접적인 체험을 전해준다. 그들은 고통스럽되 절망하지 않고, 죄의식을 품고 있되 영원성을 기약하는 사람들이다. 그들이 몸으로 써낸 글과 그림들은 광시곡적인 언어로 우리에게 다가온다. 고통의 근원은 무엇인가. 우리에게 고통은 이미 전제되어 있다. 그렇기에 죽음의 연극과 삶의 춤 그 어딘가에 예술은 존재한다.

---

36 T. Kantor, textes de T. Kantor, réunis et présentés par D.Bablet, op.cit., p.182.

5.
죽음과 애도의
글쓰기

–

윤영선
희곡 연구

"누군가가 죽어갔다……. 거기 아직도 누가 슬퍼하고

있느냐? 그래 나는 한 죽음을 보았다."

—윤영선, 〈사팔뜨기 선문답〉 20

1. 연극, 삶의 글쓰기

이 논문은 2007년에 요절한 연출가이자 극작가 윤영선(1954~2007)의 희곡작품 속, 말들의 공간과 이미지에 나타난 죽음과 애도의 문제를 분석한 것이다. 그가 살아 있을 때《윤영선 희곡집1》이, 사후에는《윤영선 희곡집》(이 논문에 인용한 작품의 대사 끝 숫자는 이 책의 쪽수를 가리킨다)이 출간되었다.

윤영선은 희곡을 쓰면서 연출을 한, 2000년 이후 한국 현대 연극의 희곡법과 연출에서 '특별했던' 탈영토적 작가였다. 그의 작가적 연대기는 한국 연극에서 아주 긴 연혁을 보여주지는 못했지만, 그가 쓰고 연출한 작품만 살펴봐도, 아무도 자신의 이야기를 들어주지 않는다고 느끼는 불안한 인물들이 소리 지르는 상황 같은 현대 연극의 특징을 고스란히 지니고 있다. 〈사팔뜨기 선문답〉에서처럼, (목)소리란 일반적으로 들리는 것으로 간주하지만, 그의 희곡과 연극에서 (목)소리란 선택적으로 집중하고 기억하고 반응하는 기제로 쓰인다. 그의 작품들은 말(하기)이 능동적이면서 수동적일 수 있다는 것을 한결같이 보여주고 있다.

윤영선은 사후에 젊은 연출가들과 배우들에 의해서 더 많이 공연되는 한국 현대 연극의 독특한 자리를 차지하는 연극작가라고 할 수 있다.[1] 그가 쓴 희곡 가운데 아버지라는 존재와 그 죽음을 다룬 〈사팔뜨기 선문답〉과 〈떠벌이 우리 아버지 암에 걸리셨네〉, 그리고 친구의 죽음을 대하는 인물들이 등장하는 〈여행〉을 중심으로, 미발표 산문과 연극론에 기대어 죽음과 애도의 글쓰기를 분석·조망하는 것이 이 논문의 의도이다.

윤영선은 1954년 전남 해남에서 태어나 단국대 영어영문학과를 졸업한 뒤 연우무대에서 〈한씨 연대기〉 〈칠수와 만수〉의 조연출을 했으며, 미국 뉴욕 주립대 연극학과에서 7년간의 유학 생활을 마친 후 1993년에 귀국했다. 유학 시절에는 '없는 극단'을 만들어 연극 활동을 했다. 연우무대로 돌아온 윤영선은 1994년 〈사팔뜨기 선문답―난 나를 모르는데 왜 넌 너를 아니〉를 직접 쓰고 연출해 국내에서 첫 공연을 했다. 2001년에는 첫 희곡집 〈윤영선 희곡집 1〉을 출간했다. '희곡집 1'이라고 이름 붙인 것으로 보아, 꾸준히 출간하려는 의욕이 있었던 것 같다.

그의 희곡작품은 연대기적으로 〈사팔뜨기 선문답―난 나를 모르는데 왜 넌 너를 아니〉(1994), 〈떠벌이 우리 아버지 암에 걸리셨네〉(1996), 〈맨하탄 일번지〉(1997), 〈키스〉(1997), 〈G코드의 탈출〉(1998), 〈내 뱃속에 든 생쥐〉(1998), 〈파티〉(1998), 〈나무는 신발가게를 찾아가지 않는다〉(2000), 〈미생자〉(2004), 〈여행〉(2005), 〈임차인〉(2005)

---

1 2008년 9~10월에는 윤영선을 추모하기 위하여 〈여행〉(이성열 연출, 정보소극장), 〈키스〉(김동현·채승훈·남긍호 연출, 아르크 예술극장 소극장), 〈임차인〉(박상현, 정보소극장)으로 윤영선 추모 1주년 기념 연극제가, 사망 5주기를 맞이한 2012년 11~12월에는 정보소극장에서 〈맨하탄 일번지〉(이곤 연출), 〈임차인〉(류주연 연출), 〈나무는 신발가게를 찾아가지 않는다〉(윤한솔 연출)로 추모 연극제가 열렸다. 그리고 2013년 4월에는 윤영선을 기리는 '게릴라극장 극작가전2 〈파티―윤영선님을 그리며〉'가 〈파티〉(황두진 연출) 공연으로 대학로 게릴라극장에서, 8월에는 미발표 작품인 〈죽음의 집2〉(극단 백수광부, 이성열 연출)가 선돌극장에서 공연되었다. 페스티벌 기간 동안 많은 이들이 그의 연극을 보면서 그를 기억하고, 그의 연극세계에 빠져들었다.

등으로 열거할 수 있다.[2] 2006년 9월 윤영선 작, 연출의 〈임차인〉을 마지막으로 그의 활동은 병든 그의 몸처럼 조금씩 줄어들기 시작했다. 간암에 걸린 윤영선은 2007년 8월 24일 이웃들과 세상에서 멀어졌고, 8월 26일에는 그의 장례식이 있었다.[3]

윤영선의 희곡세계를 관통하는 큰 주제는 죽음과 애도이다. 죽음에 관한 정신적 고통과 고통의 방식인 공포감을 말하고, 죽음이라는 소멸의 위협에 사로잡힌 상처받은 인물들이 등장하는 그의 희곡들은 죽음이라는 상실의 감정과 완성되지 못한 애도의 불안을 다루고 있기 때문이다. 그의 희곡언어는 인물들이 죽음과 같은 상실로 상처받았을 때, 몸은 어떤 소리를 내고 싶어 한다는 전제에서 쓰인 고통스러운 기억들의 향연이다.

그는 스스로 "죽음의 이미지, 억압의 이미지, 이성의 이미지를 살려보려고 했다"(윤영선 1994, 66)고 밝히고 있다. 그것은 아버지의 죽음(〈사팔뜨기…〉 〈떠벌이 우리 아버지…〉), 친구의 죽음(〈여행〉)이라는 고통스러운 기억과 애도 작업을 둘러싼 감정의 표현이다. 작품 속 인물들은 죽음에 대한 애도가 촉진되는 상황과 무관하다. 아버지라는

---

2 윤영선의 작품들 가운데 공연을 통해 많이 알려진 것은 〈키스〉이다. 1996년 그는 단속적인 말들로 그 의미를 알 듯 모를 듯하게 만든, 형이상학적인 대사들이 반복되고, 존재와 관계·소통에 대한 고민과 철학이 담긴 작품 〈키스〉를 쓰고 연출했다. 윤영선·이성열 연출로 연우무대 소극장에서 워크숍을 마련한 〈키스〉는 그 이후 남긍호가 합세해 1997년 5월 혜화동 1번지에서 1·2·3부로 나뉜 완성도 높은 작품으로 세상에 널리 알려졌다. 그것이 '프로젝트그룹 작은파티'의 시작이었다. 〈키스〉는 1997년 한국연극평론가협회 올해의 연극 BEST3에 선정되어, 1998년과 1999년 당시 문예회관소극장과 예술의전당 자유소극장에서 공연되기도 했다. 그 후 그가 쓰고 연출한 〈여행〉은 2006년 서울연극제 우수작품상과 희곡상, 연기상, 무대예술상을 받았다.
3 그 후 윤영선 유고집을 만들기 위한 위원회가 구성되었는데, 나는 위원이 되어 일기를 포함한 모든 미발표 유고를 유산처럼 받아 읽었다.

존재가 너무나 폭력적이었던 탓에, 등장인물들은 대부분 존재론적 불안에 휩싸여 있다. 〈파티〉부터 〈키스〉, 그리고 〈임차인〉에 이르기까지, 그의 작품들은 죽음의 동굴과 같은 이미지, 즉 그로테스크한 내용들과, 애도를 경험하지 못한 인물들의 분리 불안과 같은 말들의 정서로 가득하다.

본론에서 다룰 중심 희곡은 〈사팔뜨기…〉 〈나무는…〉 〈떠벌이…〉 〈여행〉이다. 그 중심어는 폭력적이었던 아버지의 죽음과 섬약하기 이를 데 없는 아들의 (미완성된) 애도 과정이라고 할 수 있다. 주제의 발달 과정으로 보건대, 이 작품들은 아버지라는 권력과 공포, 아버지의 죽음과 아들의 애도, 현실적인 죽음과 애도라는 연속적인 고리를 담고 있다.

윤영선의 희곡작품을 이해하고 분석하려면 죽음과 같은 상실, 애도와 같은 보상을 전제로 해야 한다. 그의 희곡언어는 상실의 최댓값인 죽음의 산물이다. 그의 연극은 현실 속 죽음의 하중이 연극 속 가벼움의 극치라는 것을 대조적으로 보여준다. 그의 연극은 가볍지만 무겁고, 쉽지만 어렵고, 웃지만 눈물이 난다. 이는 윤영선 연극의 역설과도 같다. 그에게 연극이란 "우리에게 존재하지 않은 존재를 경험하게 해주고, 우리가 잠시 사라져 아무 곳에도 없는 이가 되"(미발표문 〈작은 새〉)는 상징적인 시간이었다.

윤영선은 연극이라는 글쓰기를 통하여 삶의 실재를 달리 발견한 작가였다. 그리고 우리를 연극이라는 허구 속으로 초대해서 우리 자신마저 달리 새롭게 발견하게끔 했던 작가였다. 그러나 그의 연극에 관한 연구는 답보되어 있다.

2. 죽음과 애도: 윤영선 희곡의 지형도

윤영선의 대표 희곡은 〈사팔뜨기…〉〈떠벌이 우리 아버지…〉〈키스〉〈파티〉〈나무는…〉〈여행〉 등이다. 한결같이 희곡의 전후 맥락을 예측할 수 없다. 돌이킬 수 없는 사랑과 시간에 관한 언어들이 하찮은 것에서 불쑥 튀어나온다. 그 시작은 1995년에 윤영선과 이성열 연출로 워크숍을 하고, 그해 5월에 대학로 소극장 혜화동 1번지에서 처음으로 공연한 〈키스〉이다.[4]

윤영선의 작품 연대기는 세 가지로 구분할 수 있다. ① 발표작 순으로, 〈사팔뜨기 선문답〉〈떠벌이 우리 아버지 암에 걸리셨네〉〈맨하탄 일번지〉〈나무는 신발가게를 찾지 않는다〉〈키스〉〈G코드의 탈출〉〈미생자〉〈여행〉〈임차인〉 등이 있고, ② 미발표작으로 〈죽음의 집 1〉〈죽음의 집 2〉〈거세〉 등이 있으며, ③ 청년기 습작으로 〈우리는 어디로 가고 있나요?〉〈누가 온달을 죽였는가〉 등이 있다.

윤영선에게 연출은 멀리 있고 희곡은 가까이 있었다. 그에게 연출이 오래전 추억과도 같은 것이었다면, 희곡 쓰기는 기억을 유지시켜주는 거주지와 같았다. 그가 써놓은 글에는 글쓰기, 텍스트에 관한 내용이 많았다. 예컨대 그는 이렇게 말했다.

"텍스트는 농경지 확보를 위해 야성적 삶을 제거해버린 인위적인 공간

---

4 〈키스〉는 입을 맞추는 연극이 아니라 소리를 내는 연극이다. 이 작품의 인물들은 키스를 통해서 말을 가로막고, 말을 비워 몸을 더듬는다. 삶의 희열, 죽음의 고통을 드러내는 표정은 공통적으로 눈감은 채 일그러져 있고, 그때 몸은 소리를 질러 희열을 넘고 고통을 자른다. 이 작품은 몸이 내지르는 (목)소리의 연극, 키스하는 입에서 나오는 말들을 듣는 언어연극이다. 그리하여 〈키스〉는 말을 소리로, 익숙한 키스를 낯선 키스로 대체하는 연극이다.

이다. 잡초를 뽑아버리고 자기가 원하는 씨앗을 뿌리기 위해 갈아엎은 빈 공간이다. …… 텍스트는 슬프다. 텍스트는 거기 있지만 불행히도 자웅동체가 아니다. 텍스트는 기다리고 있다. 누군가 자기 몸을 열고 자기 몸의 속삭임과 외침을 들려주기를 열망한 채. …… 희곡 텍스트를 읽을 때는 내가 읽지만 다른 사람들이 내 등 뒤에서 함께 읽고 있다는 느낌이 든다. …… 언어와 세계는 서로 어긋나고 잠정적 화해를 할 뿐이다. 자기가 택한 현실 속의 삶이 헤아릴 수 없이 많은 가능성의 선택 가운데 하나로 직조되듯 텍스트도 작가에 의해 수많은 행동의 지류 가운데 하나를 본류로 택했을 뿐이다. …… 텍스트는 …… 잠들어 있다. 모든 것이 깨어났을 때, 정지된 불길이 타오르고. ……그때야말로 진정한 마법의 순간이다. 응결된 공간에 시간이 흐를 때, 아니면 공간이 시간성을 획득했을 때야 모든 것들이 살아 움직이고 사건이 발생하기 시작하는 것이다."(미발표 글 〈텍스트1〉)

윤영선에게 연극은 "자기 정화와 반성을 위한 공간"(미발표 글 〈동해에서〉)이었다. "새들을 키우는 나무가 되고 싶었던"(〈나무는…〉 281, 306) 그는 "나무가 나무를 낳"(283)는 것처럼, 희곡을 쓰면서 자신과 대화할 수 있었다. 그의 희곡은 중심에서 벗어나 있던 자신이 기거하고, 자기 자신과 대화했던 내면의 집이었다. 이 공간에서 "죽어가는 살과 세포와 부패하는 내장과 삐걱거리는 뼈"(309)와 같은 세상의 소리는 소멸하고 "죽음을 저만치 밀쳐내는"(310) 자급자족의 언어가 태어났다. 그것은 "상처 난 기억, 망가져버린 시간, 봉인된 비명"(307)의 언어들이다. 무대 공간은 "보고 싶지 않은 기억이 숨어 있"는 "자기만의 어둠" "어두운 심연"(307)과도 같은 곳이었다. 살아 있는 동안 그는 "죽음이 찾아오는 걸 보면서"(306) "피로와 후회와 함께 절망과 희망을 뒤섞으며"(309) "무엇인가를 움켜쥐려" 하고, "무엇인가를 보려고" 하고, "무엇인가를 들으려" 하고, "뭔가를 먹으려, 무엇인가를 말하려" 하고, "어디론가 가려고"(306~310) 했다.

내적 지향의 윤영선은 연극계 주류에서 한 발짝 떨어져 있었다. 그의 작가적 삶은 자유와 불복종 같은 단어와 잘 어울렸다. "난 문 밖으로 나가지 않을래. 문을 열고 나가면 정글이야"(281)라고 말하는 그는 한국 현대 연극 집단이나 단체에 소속되는 경향에서 떨어진 덕분에 자신만의 고유한 연극세계를 구축할 수 있었다. 그 끝에서, 그가 기다리는 인간은 "오지 않"았고, "절망의 씨앗 속에 …… 거짓 속에 태어난 사람들"(〈미생자〉 313) 뿐이었다. 그것이야말로 그가 삶의 불안과 긴장 속에서 작품을 쓰고 연출했던 이유가 된다.

윤영선의 삶의 후기로 갈수록, 〈미생자〉〈여행〉에서처럼 인물들은 타자와의 결별을 꾀한다. 말들이 난삽하게 이어지거나 간헐적으로 끈긴다. 인물들은 자신들의 성격, 욕망 등을 거의 소진한 채, 그 한계에 이르러 겨우 남아 있는 제 목소리를 바깥으로 내지른다. 정확하게 말하면, 이 순간, 인물들이 말하는 대상은 분명하지 않다. 무엇을 말하는지도 드러나지 않는다. 이러한 것이 탈근대 희곡의 특징이라고 한다면, 윤영선의 희곡은 "탈근대 희곡은 시기적으로는 20세기 후반 이후 발표된 희곡들 중 일부로, 그 형식적 특성은 전통적인 텍스트의 특성들—안정적 주체성과 개연성을 갖춘 인물들, 명료한 갈등구조, 논리적인 극구성, 소통이 가능한 언어—에서 이탈되는 불안하고 분열적인 정체성, 불분명한 갈등, 비논리적이며 파편적인 극구성, 소통이 불가능한 언어, 비재현적 미학과 감각적인 탈주, 일상성의 틈입 등으로 설명될 수 있다"(김방옥 6).

　이처럼 윤영선 희곡 속 인물들은 이름을 지닌 인격이 아니라 익명의 '목소리'로 존재한다.[5] 소리에 가까운 말들은 언어가 더 이상 인물들을 대변하지도 않고, 인물들이 그것들을 제어하지도 못한다는 뜻이다. 그 최댓값은 인물들과 목소리로 남은 말들이 서로 하나로 결부되지 않는다는 데 있다. 인물들과 목소리는 서로 결별하고 있다. 그런 말들은 내게서 발화하여 상대방으로 파고드는 말이 아니다. 울렸다가 그냥 사라지는 절명의 말들이다. 사라지는 것은 소리이지만, 나아가 인물이라는 존재이기도 하다. 그때 소리는 이어지지 않고, 제각기 찢어지고 끊어진다. 여기서 등장인물은 인간과 동물의 경계를 뛰어넘는다.

　인물들의 말들이 소리로 울릴 때, 그것은 내용이 아니라 형식이다. 텅 빈 말들의 울림은 전혀 논리적이지 않다. 여기서 소리 자체는 인물들을 내재화하는 이미지이다. 소리가 의미를 전달하는 것이 아니라 울릴 뿐이라면, 소리는 공간에서 태어나고, 이어서 곧 공간 그 자체에 이르게 된다. 정해진 공간이 아니라 임의의 공간, 정상의 공간이 아니라 가상의 공간, 구체적으로 이름을 붙일 수 없는 부정의 공간이 된다. 그의 에너지는 의미 없는 소리들을 통해서 공간의 잠재성을 만들어내고, 그것을 완전하게 소멸시킴으로써 인물들마저 무화해버린다.

---

5 김방옥은 〈임차인〉에 대해서, "서로 분리되었지만 부분적으로 연결된 상태에서 각각 다른 두 인물들이 등장하는, 네 개의 에피소드로 이루어져 있다. 이 작품은 전반적으로 인간 정체성의 불확정성과 타자와의 소통 불가능성을 다루고 있다. 그러나 이 극의 주제를 우리 사회의 정치경제적 구조의 하나라고 할 수 있는 임대와 임차의 관계, '갑'과 '을', 소유와 피소유의 문제로 해석하는 것도 가능하다. 또 그런 정치경제적 구조의 경계를 뛰어넘고자 하는 버림받은 유기견(인간)과 인간의 불안전한 정체성에 끼어드는 다른 동물들의 존재에도 주목할 수 있다"(김방옥 23)고 쓰고 있다.

윤영선은 인물들과 말들의 소멸에 이르러, 그 끄트머리에서 제 삶마저 끝장낸다. 그것은 조용하지 않다. 그것이 삶에서 가장 유일한 것이므로, 그 무의미의 말들은 더 이상 의미 있는 것은 없다고 폭발적으로 전언한다. 제 자신이 이미 죽음의 문턱에 이르렀다는 것을 자각하고 말하는 유언의 풍경이다. 풍경처럼 되살아나는 제 삶의 모든 것들을 웅얼거림으로, 겨우 내지르는 외마디 소리로, 제 삶의 모든 풍경과 같은 공간을 한꺼번에 다 보여주고 사라지게 한다. 그리고 남은 것은 침묵이다. 죽음과 같은 아주 팽팽한 침묵이다.

2.1. 상실 공간 속 인물과 불안

죽음에 관한 사라지지 않는 불안과 미완성된 애도는, 현대 연극에서 작가의 글쓰기나 등장인물들을 이해하는 매듭과도 같다. 현대 연극은 죽음을 대하는 인물들의 불안과 애도의 문제를 일상적인 삶에 종속된 반영으로 드러낸다. 인물들은 분열, 우울, 강박, 히스테리 같은 증상에 깊이 빠져 첨예화하거나 극단화하고(프리츠 리만 27), 자기 자신과 존재의 현실을 의심의 눈으로 바라본다. 그럴수록 인물들의 적개심, 죄의식, 극단적인 자기 중심성이 커지고, 존재와 세상의 현실을 갈라놓은 기만이 커진다(D. Switzer 32).

불안과 공포는 커질 수밖에 없으며, 그 중심축은 아버지와 같은 권력을 쥔 존재와 '작가'와 등가인 피해자인 자식과 주변 인물들이다. 고대 연극에서 인물들을 위협하는 것이 마성이나 복수하는 신들에 의한 불안이었다면, 현대 연극에서는 우리 자신이고, 나라는 존재와 가장 밀접한, 나를 조종하고 나에게 폭력을 행사하는 '아버지'라는 존재인 경우가 많다. 여기서 '아버지'는 불안 체험, 죽음의 공포를 체험하게 하는 근원이다. 이것을 윤영선 연극, 희곡 쓰기의 시원이라고 할 수 있다.

윤영선의 경우, 죽음의 대한 불안, 불완전한 애도 체험은 진보가 아니라 퇴보의 형식이다. 그의 작품에 등장하는 인물들에게 변화, 발전, 성숙이라는 단어는 걸맞지 않는다. 인물들은 정상적인 애도에 이르지 못한 채 그것들과 직면하고, 그것들의 경계선에 놓인다. 프로이트가 말한 것처럼, 등장인물들은 저항의 형태로 침묵하기도 하고, 연상의 끊어짐으로 뜬금없이 말하고, 대상을 언급할 때 이름을 지우면서 자기 자신에게 저항하거나 방어한다(리처드 월하임 75).

등장인물들은 자신을 억압한, 살부의식처럼 죽이고 싶었던 대상의 애도가 아니라 그 죽음의 공포에 물들어 있다. 인물들의 첫 번째 반응은 침묵과 무기력이다(〈사팔뜨기…〉). 두 번째 반응은 인물들을 사회와 단절시키는 죄의식과 적개심이다(〈떠벌이…〉〈나무는…〉). 세 번째 반응은 이름 지우기, 즉 익명이다(〈사팔뜨기…〉〈키스〉). 이와 같은 희곡 속의 말들은 죽음에 대한 두려움을 완화해주는 기능을 발휘하지 않는다. 오히려 내면화한 공포를 간헐적으로 드러내면서 흩어진다(〈키스〉〈여행〉).

아버지의 상실은 인물들에게 아버지를 향하던 리비도를 포기하게 만드는데, 그것은 리비도의 포기가 아니라 상습적인 성적 욕망의 투사와 같은(〈키스〉〈여행〉〈임차인〉) 리비도의 집착과 왜곡으로 변형된다. 아버지의 (부재, 상실, 죽음에 대한) 애도가 불가능할 때, 자기 자신의 '내부의 공허감과 외부 세계의 공허감'(D. Switzer 40)은 더욱 커지기 때문이다.

이런 요소들이 윤영선 희곡에 나타나는, 정신분석학에서 말하는

"불안의 근본 형태들"(프리츠 리만 16)이다. 이것은 이별의 절정으로, 그것을 보완하는 리비도의 회수를 동반한다. 보완물이라고 할 수 있는 열정 덩어리를 뜻하는 리비도는 무엇보다도 윤영선의 희곡에서 성적인 충동과 애착으로 구체화한다. 애정 불이행의 소산인 이 열정은 자기 파괴적으로 사용되며, 성적 욕망의 대상을 자기 것으로 만들거나 소유하여 붙들기 위한 기제로 쓰인다.

그것은 결국 스스로를 고갈시키는 에너지로 변모한다(〈여행〉). 이 또한 아버지의 억압을 고통스럽게 여기다가도, 아버지의 상실을 제대로 받아들일 수 없을 때 야기되는, 달리 말하면 부정적 애도 단계에 멈춘 형태라고 할 수 있다. 인물들은 항구적 불안, 병적인 자폐성, 착란적인 망상(프리츠 리만 37)에 빠져 있는 경우가 많다. 〈사팔뜨기…〉 〈떠벌이…〉에서 아버지의 죽음 이후, 〈여행〉에서 친구의 죽음 이후, 리비도는 관성처럼 작가를 떠나지 않는다. 그것은 동시에 삶의 공허함, 지루함을 뜻한다. 아무 죄책감 없이 지속적이고 충동적으로 성적 욕망의 대상을 말하는 대목은 윤영선 희곡 곳곳에 많다.

> 양훈: 왜 나한테는 그런 여우가 안 걸리냐?
>
> 상수: 그런데 정말 믿을 수가 없는 거야. 그렇게 예쁘고 조용한 애가 침대 위에선…….
>
> 양훈: 그럴 때는 나한테 넘겨야지.
>
> (〈여행〉368쪽)

> 여자: 사내의 벌거벗은 몸이 한눈에 들어왔어.
>
> 중년 사내: 나를 안아주었던 여인은 신발을 신고 어디론가

떠났어.

여자: 그 남자에겐 나의 어떤 흔적이 남아 있을까?

중년 사내: 허공에 그녀의 몸을 그리고 나서 그녀의 몸을
껴안았어.

(〈나무는…〉 299)

윤영선 희곡에 등장하는 대부분의 인물들은 사는 동안 한곳에 오
래 있지 못했다.[6] '집'이라고 발음하면 종성인 ㅂ 때문에 위아래 두 입
술이 닫힌다. 입안에는 빈 공간이 생기고, 그것은 입 바깥으로 새어나
가지 않는다. 보이는, 또는 보이지 않는 여러 가지를 담아내고 있는
희곡 속 집은 닫혀 있되 무엇인가를 지니고 있다. 집은 삶을 품는 곳
이기도 하고, 삶을 바라다보는 눈과 같은 곳이기도 하다. 집은 삶을
품고, 삶을 드러낸다. 추운 곳에 사는 이누이트는 얼음 바닷속 물개들
이 숨쉬기 위해서 뚫어놓은 구멍을 눈이라고 말한다. 너른 바다가 얼
음 속에 있고, 그 구멍은 바다와 세상이 만나는 접점이며 통로이다.
집에도 세상을 향해서 열리고 닫히는 문들이 있기 마련이다. 집의 문
은 사진기의 조리개와 같은 눈으로, 뭔가를 찾고 말하기에 앞서는 숨
구멍이다. 문이 열리고 닫히는 작용은 호흡의 작용과 같다. 얼음 속에

---

6 윤영선이 생을 달리하기 전, 그는 여러모로 나에게 말을 걸어왔다. 동해에 있을 때는 바닷가 마
을 어달리로 놀러 오라고도 했고, 높은 산에 오르고 싶다고도 했다. 그때 이미 그의 몸은 질병으
로 죽음 가까이에 이르러 있었다. 몸이 아파 그는 주로 동해에서 지냈다. 그가 살면서 밭을 갈던
이기리에 함께 간 적도 있었다. 그 후 서울로 거처를 옮기고 나서도 동해에 자주 갔다. 나중에 안
사실이지만, 그는 전문 등산학교에 등록해 한 달 동안 북한산 계곡과 암장에서 힘든 암벽훈련을
받기도 했다. 동해를 다녀온 뒤로 그의 삶이 많이 달라진 듯했다. 연극이 아니라 온통 산과 자연
의 삶을 말했기 때문이다. 그의 삶 한 자락을 이처럼 써놓은 이유는 삶과 글쓰기, 그리고 연출이
한통속이기 때문이다. 또한 그의 희곡과 연출을 분석하는 일상적 기준이 될 수 있기 때문이다.

서 얼음 바깥으로의 분리, 집 안에서 집 바깥으로, 그리고 그 반대로 이어지는 분리와 연장의 흔적은 애써 기억하는 즐거움과 집 떠난 괴로움의 기억이다. 그 끝은 침묵하기일 터. 그때 집은 소리 없는, 침묵하는 아우성이 된다.

인물들은 어느 곳에 있더라도, 아버지의 억압 속에 있다. 아버지가 등장하는 희곡 속 다른 인물들은 언제나 머뭇거리고, 망설이고, 우유부단하다. 그리고 늘 회의적이다. 인물들의 성장 과정을 보여주는 내용들은 아버지의 억압과 폭력 아래에서 야기된 본능적 충동의 발설이다. 성적 욕망에 관한 충동적인 언사들은 꿈속에서 돌발하는 억제된 공격이고, 자신을 억압한 아버지가 언급했던 가차 없는 도덕에 대한 위협과도 같다.

이 같은 처벌 불안, 애도에 관한 강박적 표현들은 "욕망의 원인인 대상이 지배하거나 명령하는 위치에 있는 행위자가 된"다(대니 노부스 60). 작품 속 아버지는 항상 말도 안 되는 소리는 하지 마(〈사팔뜨기…〉 23), 밥 먹어라(41), 한 잔 더 따라라(42), 웬 잔소리가 그렇게 많아?(42), 그만둬라(42), 너 밥 먹을 때는 워크맨 벗어라(43), 너 그게 말버릇이냐?(43), 입 다물어(43), 하지 말라고 했지(44), 조심해라, 찾아주라(〈떠벌이…〉 61), 잘 듣거라〉(66), 더 찔러라(67), 그만 마셔라(69)……처럼 강요하는 존재이다. 상대적으로 다른 인물들은 복종 또는 거역을 선택할 수밖에 없는, 자발성을 잃고 자신의 본능적인 충동마저 침해당한 분열적 존재가 된다.

윤영선의 작가적 토대는 절대적인 아버지에게 맞서는 것이 아니라 아버지의 죽음과 같은 부재 이후에도 자연스럽게 감정을 내보일 수 없는 인물들의 불안과 증오에서 창출된다. 아버지에게 대항하는 인물은 제 이름을 숨긴 채, 〈사팔뜨기…〉에서는 '목소리'로, 〈떠벌이…〉에서는 '이미지'라는 책임이 없는 익명으로 말하고자 하는 자유를 복원하고, 억제를 경감시키며, 감정적 요구인 적대감을 드러내고(줄리아 크리스테바, 49) 보상하면서 고립된다. 베케트 식으로 말하면, 인물들은 그 고통을 "감내하고 …… 그 흔적으로 뒤틀린 신체들이다"(질 들뢰즈, 98).

이처럼 윤영선은 고통스러운 분리 불안상태로 인해, "자기 존재성을 드러내는 내면"(미발표 글 〈동해에서〉)에 빠져 있던 작가였다. 그런 탓에 그는 늘 자신의 내면과 외면이 혼동되어 무엇인가에 조급하게 몰렸고, 그가 내놓은 극작 아이디어가 뜬금없는 것으로 보이기까지 한다. 그가 어떤 것으로부터 공격을 받고 있었다면 그것은 아버지의 억압이다. 아버지의 과거 또는 아버지의 불안이고, 자기 자신의 과거 또는 자신의 불안이다.

윤영선의 희곡들은 배우의 내면에 미리 존재하는 개별성이기보다는 오히려 목소리, 이미지처럼 비정형적 인물들의 몸짓과 그들이 말하는 위상에 따라서 강조된다. 그리고 문학적인 표현(이른바 작가가 말하는 '서정적 침입'이라는 것, 〈동해에서〉)과 음악적인 요소들이 덧붙여 창조된다.

희곡의 주제는 대부분 인물들의 비정상적인 애도에 관한 불안과 강박적 사유이다. 희곡 속 아버지라는 절대적인 인물은 지배할 수 없는, 오류가 없는 존재였다. 아버지라는 인물은 무조건 복종을 요구하는 존재이다. 인물들은 아버지의 포로로서 삶의 근거를 찾았으며, 용서·회복·화해와 동떨어진 존재로 확장될 수밖에 없었다. 죄의식 가득한 희곡 속 인물들은 아버지의 포로였던 셈이다. 인물들이 말하고 싶은 울부짖음은 신성시된 아버지의 추락을 말할 수 없는, 죽은 아버지라는 존재의 위험과 등가이다. 이때 작품(공연)은 작가가 독자나 관객에게 억지로 부과하는 체험이 되고, 작가에게 작품은 삶으로부터의 추방, 즉 불안과 상실에 대한 불가능한 중재가 된다. 작품 속에는, 아버지라는 존재와 죽음을 부정하고 싶지만 저항할 수 없었듯이, 벗어나고 싶지만 영원히 벗어나지 못할 불안과 동거하는(줄리아 크리스테바, 55) 내용들이 들어 있다. 그러므로 윤영선 희곡의 중심 주제는 비정상적 애도를 둘러싼 과정이다.

2.2. 말과 목소리의 현상학

연극의 에너지는 잠재된 것을 보여주는 것이라고 할 때, 희곡이 지닌 잠재성이란 공연의 에너지이며 다시 일으켜 세우는 것을 뜻한다. 다시 일어날 수 있게 하는 것은 근원으로 가는 것이다. 근원주의자였던 윤영선은 항상 스스로에게나 자신의 바깥에 위험할 수밖에 없었다. 새로운 극작법과 연출을 한다는 것은 용기를 필요로 하는 일이고, 위험을 감수해야 하는 일이기 때문이었으리라.

혁명revolution은 다시re 돌아가게volvere하는 것, 그러니까 멈추어 있는 것을 돌아가게 하는 것이다. 연극에서 그의 글쓰기 원형은 죽음과 불안 같은 삶의 근원과 혁명, 그 의미망에 속해 있다. 윤영선의 희곡과 연극이 담고 있는 이야기는 거의 모두 실재에 상상력을 보탠 것이다. 이것은 허구가 가져다줄 수 있는 삶의 승격과도 같다.

그런 면에서 윤영선의 연극무대는 삶을 승격시키는 무한한 상상력의 공간이라고 할 수 있다. 윤영선의 희곡에서 주목할 것은 인물들이 머무르는 공간이다. 그의 희곡 속 공간은 모두 작고 좁으며 그로테스크한 곳이다. 죽은 자의 공간이 아니라 살아 있는 자가 위협받고 있는 공간이다.

작가의 상상력은 이때 보태진다. 집이 보이지 않고, 사람이 사라진 자리에, 사람 얼굴을 한 석상이 실쭉 웃고 나타났다가 이내 거꾸로 땅에 처박혀 누워 있다. 무관심과 방관의 극치인 셈이다. 죽는 것을 두려워한 탓일까? 사람들이 떠난 후, 사람과 더불어 살던 개와 소 같은 가축도 빈집을 나와 길 위에 지쳐 누워 있거나, 제 몸의 반쯤만 또는 꼬리만 나무의 여린 줄기처럼 남아 있다. 웃자란 나무들 잘려서 산모퉁이를 빠져나간다. 그 언저리, 하늘을 날던 가벼운 새가 물 위에 앉는다. 발자국, 물결로 가늘게 퍼진다.

이 속에서 인물들은 죽음과 직면하여 하나같이 죽음의 공포로 늙어버린 채, 가까스로 앉거나 서 있다. 그들은 움직이지만, 그 동작들은 불안을 안긴다. 그리고 불안과 애도의 움직임은 반복되고 누적된다. 심리적으로 편향된 인물들은 "파내려고 하면 할수록 …… 점점 더 안으로 파고드"(〈임차인〉 441)는 이름 없는 '여자' '남자' '주인' '기사' '손님' 등으로 무너져 내린다. 불안한 몸들이 흥얼거리는 말들은, "옛날에 보던 것들이 모두 그대로 있"(453)는 것과 같은, "텅 비어 있는" (450) 인물들의 변형되고 억압된 정서이다.

〈여행〉에서 인물들은 죽음을 마주 보며, 그 불안을 회상하면서 위태롭게 존재한다. 그들 주변에는 죽음만이 삶의 주름과 같은 풍경을 만든다. 친구의 죽음을 말하는 인물들은 위로와 애도가 아니라 대부분 상대방을 공격한다. 고통의 감정이 재발해서 분리되는 공포를 잊기 위하여 안간힘을 다해 말을 생성하고, 말에 의존한다. 그것은 겨우 살아 있는 인물들의 무력한 싸움이다. 〈여행〉에서 사건은 없고, 움직임은 무위일 뿐이며, 삶 속의 뒤엉킨 말들은 재생산된 불안의 심연을 뚫고 나온다. 말들은 능동적 주체로 결별한 허무이고, 실현할 바를 전제로 하는 말이 아닌 그저 삶을 소진하는 말들의 유희에 가깝다. 불안은 말들로 대체되고, 그 말들은 무한히 지속되고 연장되고 유지된다.

윤영선의 희곡에서 죽음은 중요한 언어이고, 인물들은 지연된 애도로 불안해하는 이들이다. "누군가가 죽어갔다. …… 거기 아직도 누가 슬퍼하고 있느냐? 그래 나는 한 죽음을 보았다"(〈사팔뜨기…〉 20). 이 짤막한 대사야말로 윤영선 연극의 출발이고, 그 끝은 "아직도 희망은 있는 걸까? 아직도 내 핏속에 푸른 잎사귀를 돋아나게 할 수 있을까? 어서 빨리 늙어서 죽어버렸으면"(40)이다. "나는 죽었다. 죽어버렸다" "난 이미 오래전에 죽었었어" "나는 정신병자다. 우리 세대는 모조리 광인이다"(〈떠벌이…〉 87~89)라고 말하는 아버지이지만, 작가는 아버지에게 "왜 죽지 않는 거야? 땅 밑으로 들어가도 왜 죽지 않는 거야?"(90)라고 말한다. 그사이 작가는 "전 보잘것없는 내 인생이 싫어서 매일 술을 마실"(69) 뿐이고, "숨이 끊어질 때까지 숨을 쉬지 않기도"(91) 하면서 삶을 지탱한다.

죽음은 모든 것이 끝난 것이 아니라는 윤영선의 세계는 그의 첫 작품 〈사팔뜨기…〉에 고스란히 들어 있다. 그것은 "나는 가족을 위해서 국가를 위해서 매일 매일 싸워왔다. 너희들을 위해서"(〈떠벌이…〉 72)라고 말하는 아버지와, 그를 "망령들이여, 망령들이여!"(74)라고 부르면서 "아름다움에 대한 마음까지도 부서져버린다면 아무리 좋은 사회제도를 만들지라도 필요 없는 것"(93)이라고 믿는 아들은, 그리하여 "난 복수를 해야 한다. 복수를. 아버지의 무덤을 찾아가 암세포를 찔러야 한다"고 말한다. "아버지의 몸 곳곳……을 죽여야 한다"

(93)고 말하는 아들의 불가능한 애도 이야기는 그 후 계속해서 변모되고 확장된다.

2.2.1. 부재하는 아버지의 목소리: 〈사팔뜨기…〉 〈나무는…〉을 중심으로

〈사팔뜨기…〉는 윤영선이 1993년 유학을 마치고 돌아온 그 이듬해에 공연되었다. 이 희곡에서 그는 '목소리'라는 인물을 통하여 자신의 내면의 소리를 드러낸다. 나머지 '이미지1·2·3·4·5·6'은 작가의 가족들이다. '이미지5'는 권력과 폭력을 행사하는 아버지이고, 나머지 '이미지들'은 그 아픔을 견뎌내야 하는 가족 구성원들이다. 겉으로 드러나는 아들은 '이미지6'인데, 그가 말하지 못하는, 억눌린 저항을 대신하는 것이 '목소리'이다.

"명령이라도 내리려는 듯 지시봉을 높이 쳐"드는, "야수와 같은 고함을 질러대는"(25) "병적인 정복자"(26) 같은 아버지는 언제나 어머니가 올리는 밥상을 집어 던지기 일쑤이고(21), 이런 광경 앞에서 아들은 "그 소리에 놀라서 땅바닥에 눕고" "세상이 뒤집어지는 듯"(21)한 경험을 한다. 아버지의 잘못을 말할 용기가 없는 아들은 "우리 아버진 언제나 옳아요"(22)라고 말한다.

아버지와 아들의 "음험한 화해의 길트기"(김미도, 98~102)라고 할 수 있는 윤영선 연극세계의 근원과도 같은 이 희곡에서, 아들은 작가의 대체인물이며, 아버지의 죽음을 경험하는 인물이다. 아버지는 "이미 오래전에 죽"(〈떠벌이…〉 89)었지만, 아들은 "검은 옷에 부츠를 신고 검은 모자와 선글라스를 쓰고 있는"(24) 아버지를 애도하지 못한다. 그 이유는 무엇보다도 "겪고 있는 고통이 헤아릴 수 없기 때문"이고, "제 핏속에 아직도 요동치는 사랑에 대한 갈등과 배반의 아픔과 고통, 복수를 향한 몸부림에 나를 괴롭히고 있"어 "미칠 것 같"(84)기 때문이다.

윤영선의 연극세계를 관통하는 주제를 담은, 첫 작품 〈사팔뜨기···〉는 아버지라는 존재의 억압과 폭력 속에서 자신의 "내면 속에 떠도는 생각들을 형상화해놓은" 작품으로, 인물들은 "작가의 내면 속에 억눌려 있던 목소리"(16)들이다.

"그때 한때는 빛나는 이마 높이 쳐들고 온몸에 푸른 잎사귀 피우던 시절이 있었지. 하지만 어느 틈엔가 뒤틀린 장판지처럼 눅눅하게 녹아내린 하오의 햇빛 속에 서 있었어. 시간의 관절이 무참히도 꺾이고, 누군가가 죽어갔다. 거기 또 누가 아파하고 있느냐? 아직도 지우지 못한 아픔으로 거기 누가 한숨 쉬고 있느냐? 묵은 서류 뭉치처럼 이 모든 것이 낡아버린 얘길까? 거기 아직도 누가 슬퍼하고 있느냐? 그래, 나는 한 죽음을 보았지."(20)

이처럼 〈사팔뜨기···〉는 억압된 자신의 말을 바깥으로 내지르지 못해서 등장인물인 '이미지들'의 목소리로 이를 대변한 작품이다. 아들은 겨우 병든 아버지의 삶을 경험하고, 아버지로 인한 자신의 심각한 상실의 문제를 드러낸다. 아버지의 폭력에서 살아남은 아들의 입을 통해 암에 걸린 아버지의 지당하고 엄한 말씀들이 드러난다. 물음은 죽음에 이른 아버지가 아들에게 말하는 "너희들은 날 어떻게 기록하느냐?"(87)라는 것이고, 대답은 "난 복수를 해야 한다. 복수를. 아버지의 무덤을 찾아가"(93)라는 아들의 증폭된 절규이다.

〈떠벌이…〉에 이르러서 아들의 목소리(들)는 햄릿과 오레스테스의 목소리로, 어머니의 목소리는 거트루드와 클리타이메스트라로, 아버지의 목소리는 선왕 햄릿과 아가멤논으로, 누나의 목소리는 오필리어와 엘렉트라와 카산드라의 목소리로 분열된 인격들을 분출한다. 그러니까 고전 희곡 속에 등장하는 인물들을 내세워 겨우 말들을 일으켜 세운다. 이때 아버지의 병든 몸은 죽음을 마주하고 있었다. 〈떠벌이…〉는 세계가 존재하는 한 아버지와 아들의 억압관계, 아들의 미완성된 애도가 필연적으로든 우연적으로든 반복되는 것이라고 말하고 있다. 증오한 아버지를 애도하지 못한 그의 "몸은 엉망이 되어"(94) 이렇게 말한다.

"여러분을 모신 것은 다름이 아니오라 제가 겪고 있는 고통이 헤아릴 수 없기 때문에 어쩔 수 없이 택한 방법이외다. 요즈음에는 미칠 듯한 격정과 정열, 그리고 분노가 모두 죽어버린 시대입니다. 세련과 교양이라는 채찍에 길들여진 이 동물, 나. 이성과 논리에 재갈이 물려버린 나, 그러나 제 핏속에서 아직도 요동치는 사랑에 대한 갈망과 배반의 아픔과 고통, 복수를 향한 몸부림에 나를 괴롭히고 있습니다. 내가 얼마나 미칠 것 같습니까? 애기를 하자고요? 할 수 없습니다."(84)

그리고

"아는가? 밤마다 내가 손톱과 이빨을 날카롭게 갈고 있다는 것을. 아는가? 밤마다 내 철창 속에 갇히어 으르렁거리는 야수. 내 안에 사는 짐승. 누구도 몰래 혼자 처리해야 하는 일들이 있지. 아무도 없는 어두운 곳,

홀로 있을 때면 짐승의 거친 숨소리가 들린다. 허옇게 빛나는 날카로운 이빨, 질질 흘려대는 침, 난 문의 걸쇠를 확인하고 두터운 커튼을 내린 뒤에 짐승에게 살며시 접근한다. …… 피가 튀고 뼛속의 뇌수가 흘러내린다. 난 부러진 야수의 다리와 어깨를 들고 으그적으그적 씹어서 먹어버린다. 난 입술에 묻은 피를 조심스레 닦아내며 이제 얼굴을 알아볼 수 없는 야수의 잔해를 땅속에 파묻어버린다."(〈나무는…〉 288)

급기야, 지독하게 증오한 대상인 아버지는 결국 자기 자신의 몸 안으로 들어간다. "아버지, 이제 내 가방 속에 들어가세요"(〈떠벌이…〉 94)처럼, 아버지와 아들이 동일한 존재가 된다. 아들은 아버지의 죽음을 부정하지 못하고, 상실감을 부인할 수밖에 없게 된다. 아버지와 아들의 경계가 없어지는 매력적인 장면이다.

윤영선의 글쓰기는 〈사팔뜨기…〉(2구)에서처럼, "(가족들 모두가) 낚싯줄에 걸린 물고기처럼 가는 길을 멈출 수밖에, 휘파람을 불면서 줄을 잡아당기"는 아버지와 그 줄에 매달려 "좌우상하로 움직이고, 그 움직임에 따라 끌려다니는" 가족들의 이야기이다. 가족들은 내장을 토해낼 만큼 고통스러운 존재이고, 그 가운데 작가와 등가인 아들은 "난 끝까지 분노해야 해, 이 아픔을 내 얼굴에 간직하고 싶었어. 그런데, 그런데…… 내가 끝까지 분노할 수 있을까"(29)라고 회의하는 여린 존재이다.

전체적으로 보면 윤영선의 희곡은 혼자 말하고, 강요하고, 폭력을 행사한 아버지와 "말하고 싶지 않은 것만 말한, 듣고 싶지 않은 것만 듣는, 말하고 싶지 않아도 말해야 한, 듣고 싶지 않아도 들어야 한……"(35) 아들의, 그러니까 "아버지하고 아들 관계"(43)의, 아들이 아버지를 애도할 수 없는 과정의 글쓰기라고 할 수 있다. 그 속에서 작가는 아버지에 대하여 거푸 "복수를 해야 한다. 복수를. 아버지의 무덤을 찾아가 암세포를 찔러야 한다. …… 암세포를 죽여야 한다"(93)고 말한다.

그러나 애도하지 못한 아버지의 존재는 언제나 작가의 몸속에 남아 있다. 그래서 "어서 빨리 늙어서 죽어버렸으면"(40) 하는 윤영선은 이렇게 말한다. "아버지, 아직도 거기 계시나요?"(94)라고. 이 장면은 〈떠벌이…〉의 끝 장면으로, 작가는 아버지를 애도하지 못한 아들의 모습을 보여준다. 그래서 아버지의 죽음은 "옛날의 사건"이었지만, "무의식 속에 남아 있는 강박관념(처럼)이 꿈속에 다시 나타나는"(25) 존재이다. 죽음과의 화해라고 할 수 있는 애도가 이루어지지 않을 때, 인물들의 "목소리에서는 시체 썩는 냄새가 풍긴다. …… 땀구멍으로 기어나오는 죽음의 벌레, 내 영혼은 수세미처럼 낡아져서 녹슨 역사의 후라이팬"(45)이 된다.

끝에 이르러 아들은 "아버지를 죽여버리고 싶어, 그런데 그 애비가 내 속에 들어 있어"(45)라고 자조적으로 말한다. 아들의 우울증을 보여주는 이 대목은 아버지라는 "대상과 자기 자신을 무의식적·나르시시즘적으로 동일시함으로써 대상 상실이 자아 상실로 전환된"(프로이트 255) 결과라고 할 수 있다. 이것은 급격한 자기애의 상실, 자기 비하를 낳는다. 그것은 〈나무는…〉에서 상실과 박탈이라는 내용으로 이어진다.

〈나무는…〉(2000)의 끝부분 말들은 애도와 우울증의 최후의 내러티브, 즉 가족의 비극과 더불어 그의 죽음을 예견하는 내러티브이다. "난 이제 아침이 돼도 눈을 뜨지 않을 것이다. 창문을 통해 비치는 햇빛에 눈부셔하지도 않고 자명종 소리에 놀라지도 않을 것이다. ……
브람스의 음악도 슈베르트의 음악도 듣지 못하고, 누군가에게 안녕이
라고 말도 못하고"(309). 이 희곡은 "죽어가는 살과 세포와 부패하는
내장과 삐걱거리는 뼈와 함께 …… 나는 일어나네. 죽음을 저 만치 밀
쳐내고 나는 가야 할 곳을 향해. 나는 어디까지 걸어가야 하는 거지?
닳아빠진 내 신발을 끌고"(310)라는 대사로 끝난다.

윤영선은 첫 작품 〈 사팔뜨기…〉에서 〈임차인〉에 이르기까지, 즉
이미 오래전에 죽음의 문턱에 이르렀다. 그는 고통을 피하려 서둘러
죽음의 자리로 들어섰다. 언제 그가 "정체 모를 이 세상에 인간으로
태어나"(윤영선 2001 서문) 숨을 쉬고 살았던가? 그는 "말하고 싶어도
말 못"했고, "듣고 싶어도 못 들"(〈사팔뜨기…〉 35)었다. 반대로 그는
"기억하고 기억하고 또 기억하고 기억하려고" 글을 썼다. 상실과 죽
음에 대한 기억이 그에게 글을 쓰게끔 한 동인이기도 했지만, 상실과
박탈에서 벗어나지 못했다. 그래서 하는 말이 "내 글들이 그 많은 샛
길을 찾아 달아날 수 있었으면"(윤영선 2001 서문)이다.[7]

위험한 존재들이라고 할 수 있는 이 인물들의 공통점은 애도가
불가능하다는 데 있다. 〈여행〉에서 인물들은 아버지라는 과거와 화해
할 수 없어, 그 자신이 아버지가 될 때 더욱 폭력적인 인물이 된다. 아
버지의 죽음과 아버지라는 과거를 애도하지 못한 아들들의 오늘은

---

[7] 기억과 글쓰기의 관계는 이처럼 윤영선에게도 예외가 아니었다. 그에게 기억은 ① 그의 글쓰
기 작동양식이었고, ② 언제 어디서나 의식과는 떨어진 곳에서 자신의 과거의 삽화를 보존하고,
③ 과거의 기억를 다시 보고 싶지 않지만, 그 과거의 기억은 그를 떠나지 않으며, ④ 어떤 형태로
언제든 다시 모습을 드러내는 것이었다. 이 부분에 관해서는 장 벨맹-노엘,《문학 텍스트의 정신
분석》, 최애영·심재중 옮김(동문선, 2001), 12쪽 참조.

폭력으로 드러나는데, 그것은 전적으로 애도 불이행의 결과라고 할 수 있다.

〈나무는…〉는 내면에 간직한 리비도를 어떻게 사용해야 할지 몰라 우왕좌왕하는 감정들이 과장되어 드러나는 작품이다. "저 매끈하게 다리가 빠지고, 젖가슴이 봉긋한 …… 녀석의 성기를 내 안에 깊이 깊이 집어넣어서 …… 그저 옷을 벗고 벗기고 …… 불쌍한 정액 …… 나를 안아주던 여인은 …… 내 성감대의 떨림과 환희들이 기억으로 넘어가는 것을 …… 사내의 흔적은 어디에도 없고 …… 내가 불결하게 느껴졌어……"(292~300). 이처럼 윤영선의 희곡에는 상실 공간에 빠져 전후 맥락을 예측할 수 없는 언어들, 돌이킬 수 없는 사랑과 시간에 관한 리비도에 해당되는 언어들이 불쑥 튀어나오고 반복된다.

2.2.2. 죽음의 상실: 〈떠벌이…〉를 중심으로

윤영선의 연극과 희곡 속 인물들은 구성과 관계 속에 존재하기보다는 고통스러운 상황을 기억하면서 시간의 흐름 속에 삽입된다. 희곡 속 이야기들은 원인과 결과가 연관되지 않는다. 이야기들은 불안의 역동, 불안으로서의 애도 속에 나타난다. 인물들은 그 속에 슬쩍 들어왔다가, 앉았다가, 서 있다가 사라지는 이미지적인 인물에 가깝다. 〈임차인〉에서처럼 희곡 속 인물들이 이야기의 서술에 따라, 시간의 흐름에 따라 변용되는 바가 없는 이유는 여기에 있다.

윤영선 희곡의 인물들은 물리적인 환경과 동떨어진 이미지라고 할 수 있다. 인물들은 아버지라는 존재의 내면화된 반응 속에 갇혀 있다. 인물들의 말들은 그 속을 빠져나가려는 노력이되, 불가능한 노력이다. 삶의 마감이 죽음이라면, 살아 있는 인물들의 말들은 죽음으로

뻗어나가야 하는데, 인물들의 말들은 죽음을 애도하거나 분리하지 못한 채 그저 죽음을 암시하고 반응하면서 제 삶의 주변을 빙빙 돈다. 말들의 내용을 이루는 규범이 존재하지 않는 이유는 여기에 있다.

윤영선의 인물들은 저 스스로를 말할 뿐, 상대방의 말들에 주목하지 않는다. 무대에서 인물들이 마주 보거나 주목하는 장면이 드문 이유는 여기에 있다. 인물들이 발화하는 때부터, 저 스스로의 말들의 가능성에서 벗어나 있기 때문이다. 죽음에 대한 애도, 즉 삶의 가능성을 믿지 않는 인물들에게 마지막으로 남은 것은 말하면서 자신을 제거하는 언술행위뿐이다. 인물들이 반응하는 것은 말들이 아니라 듣는 신체이다. 인물들은 살아 있는 물질과도 같다. 말들은 인물들의 사유에 대한 유기적 운동의 결과이기보다는 신체의 지각에 훨씬 가깝다.

많은 비평가들이 윤영선 연극을 분석하면서 작가의 이러한 급작스러운 글쓰기 태도를 언급[8]하는 까닭은, 희곡 속 인물들이 전체적으로 예측 가능하지 않기 때문이다. 윤영선의 삶의 태도는, 비유하자면, 물질적 역량에 해당되는 삶의 정독이 아니라 그 모든 것을 잃어버린, 결코 가능하지 않은 바를 깨달은 삶의 소진일 터이다. 일상적으로 삶을 희망하고 가능한 것을 염두에 둘 때는 인물들이 말하는 바가 분명하겠지만, 희곡 속 인물들은 그것과 너무나 먼 곳에서 출발하고 끝을 맺는다. 그 결과, 인물들은 염원하고, 실천하고, 완수하는 것이 없다.

불가능함을 향해 나아가는 인물들은 가능성이라는 현실 속에서는 그냥 머물고 있는 존재로 보일 수밖에 없고, 자신을 활성화하려는

---

8 노이정, 〈윤영선의 〈사팔뜨기 선문답〉 읽기〉, 《공연과 리뷰》 12 (1995) ; 정의진 외, 〈몸을 해부한 연극〉, 《공연과 이론》 2(2000).

바를 지니고 있지 않다. 인물들은 사건의 시작과 끝, 나와 바깥의 경계 없이 그냥 있는 존재들이다. 밤이 아침 속에 휘발되어 사라지는 것처럼, 인물들은 사물화하여 자신의 안과 자신의 바깥 사이에 구분도 명확하지 않은 존재가 된다(〈사팔뜨기…〉). 말들은 순서가 없는, 조합이 어려운, 관점도 파악하기 어려운 유희가 된다. 갈망하지 않는 인물들은 결국 쓸모없는 언어를 발화하는 존재로 귀결된다(〈나무는…〉). 그 결과, 윤영선 희곡의 특징은 점층적·귀납적 구성과는 아무런 관계가 없다.

인물들에 관한 가장 적절한 표현은 우연한 배열, 단순한 배치일 것이다(〈임차인〉). 앞에서 언급한 것처럼 순서 없이 그냥 끼어들고, 목적이나 욕망 없이, 거의 모든 것을 단념한 채 그냥 존재할 수밖에 없는, 그렇게 함으로써 자신을 폐기하는 인물들이다(〈여행〉). 처음에는 무엇을 보여줄 것처럼 보이는 인물들도 점차 아무것도 아닌 인물들로 분해되어가고, 극의 끄트머리에 가서는 거의 모두 불완전한 인물들로 추상화한다(〈임차인〉).

그들은 거의 모두 닫힌 공간 안에 있다(〈사팔뜨기…〉 〈떠벌이…〉). 인물들이 이곳에서 저곳으로 가는 과정이 분명하지 않다. 출발하는 곳과 도착하는 곳이 딱히 구분되지 않는다. 꼭짓점이 없으므로 중심도 없고 귀결점도 없다. 인물들은 어떤 공간에 그냥 있다. 사건이나 말들이 인물들의 공간을 규정하는 바도 크지 않다. 작품의 맨 앞에서 이곳은 어떤 곳이다라고만 말할 뿐이다(〈나무는…〉). 공간의 변용이 분명하지 않은 터라, 인물들이 나타나고 사라지는 것이 애매할 때가 많다(〈사팔뜨기…〉).

극의 진행에 따라 인물들이 배열되고 증가되면서 인물들의 성격은 실현하거나 구체화하는 바가 아니라 잃어버린, 상실한 바를 드러낼 뿐이다. "단 한 번도 의지대로 살아보지 못한"(〈맨하탄 일번지〉 117) 인물들은 만나서 서로 생성되는 존재가 아니라 잃어버린 존재가 된다. 〈여행〉에서처럼, 최종적으로 인물들은 애도하는 존재가 아니라 애도의 대상이 된다.

애도는 이별의 끝이다. 그것은 세상 속 통용이라는 것과의 결별이다. 사물과의 이별이고, 사람과의 헤어짐이고, 나무처럼 세상에 정립되어 있는 모든 것과의 떨어짐이다. 모든 변화와 성장의 멈춤이고, 세상에 뿌리내린 모든 것의 회수이며 자폭이다. "……우리 총알 병사가 방금 자폭했습니다"(〈미생자〉 353)라고 등장인물인 종군기자가 말하는 것처럼. 작가와 연출가로 살았던 윤영선은 아버지의 상실을 경험했고, 연극하면서 사람에 대한 열정, 나아가 그 소중한 대상을 잃어버렸다. 데뷔 이후 그는 무관심의 존재로 남아 있는 것을 원치 않았지만, 말년에 이르러 자신이 연극동네에 배어 있지 못하다는 사실을 절실하게 느낀 작가였다.[9]

모병관: 날 바보라고 생각하신 것 같은데 사람을 그렇게 함

---

9 미발표 유고에는 미완성 희곡을 빼놓고는 긴 글이 거의 없는 편인데, 유독 자신의 글을 표절한 영화 대본을 다룬 글들은 그 양이 많았다. 그 글들은 절차를 밟아 해결하려고 했지만 상식적으로 해결되지 않는 바에서 오는 절망, 그리고 이 일이 이렇게 될 수밖에 없는 한국 사회에서 오는 절망을 두루 담고 있다. 그는 소송에 이르기까지 무척 고독했고, 참담한 결과에 힘들어했고, 절망에 이르렀다. 그는 자신에 대하여 "참 힘들었습니다. 사고무친 천애고아라도 되는 것 같았습니다"라고 썼다. 이미 영화는 한국 영화 흥행사에 남을 만큼 '국민영화'라는 이름으로 크게 알려진 다음이라, 인터넷을 비롯한 여론은 그에게 불리하게 만들어지고 있었다. 그는 자신이 제소한, 표절이 영화의 크기와 흥행의 성공에 견주어 하찮은 것으로 여겨지고 있는 바를 감당할 수 없었다. 그리하여 "맞습니다. 나는 광부이고 해녀이고 농부입니다. 나는 늘 연극을 '노가다'로 생

부로 판단해서는 안 된다구요. …… 사람들은 잘 모르면서
도 자기 멋대로 사람들을 판단하는데요. …… 그건 공포
심 때문이라니까요. …… 날 바보라고 생각하는 것은 좋은
데요, 그건 당신들 공포심 때문이라는 걸 아셔야 한다구
요.(337)

그의 작품 연대기는 사라진 인물들을 기억하는 작품에서 출발하
여, "아직 태어나지도 않은 사람, 또는 태어나기를 원치 않는 사람, 또
는 태어나기를 거부당한 사람들 …… 아직 오지 않은 인간, 거짓 속에
태어난 사람들"(〈미생자〉 313), 이른바 각주 같은 인물들에 관한 작품
들로 이어졌다. 그것은 그가 살면서 소유했던 기억들의 분출이라고
할 수 있다. 그 기억들은 애초 매혹적이었지만 삶의 후반기에 가서는
자폐적인 현상을 보인다. 매혹적인 기억을 상호 소통의 결과라고 한
다면, 자폐적인 기억은 애도하지 못한 폐쇄된 관계, 황량한 일상의 결

각하고 있습니다. 그래서 우리는 연극 연습을 작업이라고 하지 않을까요. 다만 우리의 작업이 예
술이 되기를 꿈꾸고 있을 뿐입니다." 그는 자신의 작업을 "막장에서 비 오듯 땀을 흘리면서 캐온
석탄, 바다 깊숙이 들어가서 따온 진주, 일 년간 고생해서 수확한 벼"로 여기면서 발뺌만 하는 거
대 자본의 영화사와 한국 사회를 향해 싸우고 있었다. 이 싸움의 시작은 그를 절망하게 했고, 싸
움의 결과는 그를 절망 속에 병들게 했다. 그리하여 그는 "나는 깨달았다네. 우리 시대의 징후와
오염과 탐욕이 무엇이고 집단광기가 무엇인지, 그리고 내가 얼마나 한국의 문제에 소홀했던지
를. 천성산과 새만금과 평택 미군기지 확장 등이 무엇인지, 힘없는 자들의 삶에 내가 얼마나 무
책임했던지를." 이를 통탄하며 그는 자기 이름을 바꾼다. "벗들이여, 난 이제 이름을 바꿀 거네.
나를 이제 윤영선이 아니라 윤준섭이라 불러주게. 농부 준畯, 불꽃 섭爕이네." 그는 자기 자신
을 용서할 수 없었다. 그 후 일 년 반이 지났을 무렵, 그는 아예 일어나지 못했다. 그가 말한 대로,
"시간은 모든 것을 바꾸어놓았다. 예전의 밭은 이제 달라져 있었다"(미발표 글〈동해에서〉). 그가
나약했던 것보다 세상이 더 위악해졌다. 그의 병세는 날로 위급해졌다. 그는 말한다. "절벽에서
뛰어내리고 가시를 삼켰고 제 앞발을 씹어 먹었습니다. 제 심장을 꺼내서 시궁창에 버렸습니다"
(〈임차인〉 452). 그리고 그는 돌아올 수 없는 길로 떠났다.

과라고 할 수 있다.

> 아내: (냉장고) 문을 열려고 하는 순간 혹시 그 안에 할아
> 버지가 계시면 어떻게 하지? 주무시다가 깨시면 뭐라고 말
> 을 하지? 하는 생각이 드는 순간, 소름이 쫘악 끼쳤다니까.
> 남편: 잠깐 잠깐, 지금 도대체 무슨 말을 하는지 알 수가 없어.
> 아내: 도대체 말을 듣는 거야 먹는 거야?
> 남편: 냉장고 안에 할아버지가 산다니……, 도대체 무슨 소
> 리야?(315)

2006년, 필화사건으로 연극동네 동료와의 신뢰문제를 고민할 수
밖에 없었던 윤영선이 말년에 이름을 바꾸고, 세상을 통째로 부정한
까닭은 여기에 있다.[10] 이 사건으로 법정투쟁을 할 때, 작가로서의 억
울함에 관하여 소訴를 제기한 그는 법원의 결과가 나오기 이전에 이

---

10 〈키스〉는 윤영선의 인식을 절망의 구렁텅이로 몰았으며, 그의 삶을 단축시켰다. 윤영선은
2006년 1월에 영화 〈왕의 남자〉가 자신의 작품 〈키스〉를 표절했다는 사실을 알고는, 이에 크게
분노하면서 삶의 절망에 깊게 빠져들었다. 그는 '연극동네 벗들이여'라는 제목의 글에서 "어떻
게 이런 일이 있을 수가 있을까요. 〈키스〉의 원작자인 나에게 사전에 양해를 구한 바도 없고 허
락을 얻지도 않았고 고지도 하지 않았을뿐더러 시나리오 집필 과정에도, 심지어는 영화 시사회
에도 초대받지 않았는데, 어떻게 대한민국에서 이런 일이 생길 수가 있을까요?"라고 크게 절망
한 듯 쓰고 있다. 그 절망은 깊고 컸다. 그런 탓에 그는 "영화는 보지 않았습니다. 볼 수가 없었습
니다. 아마 영화 보는 도중에 심장이 터져버리거나 미쳐버릴 것 같았습니다"라고 말한다. 그 후
지리멸렬한 과정을 거친 끝에 변호사를 통하여 이 사건을 해결하고자 '영화 상영 금지 가처분'
소송을 했지만 그는 아무 결과도 얻지 못했다. 오히려 작가 자신의 존재감을 드러내 과시하려고
소송을 했다는 엄청난 비난과 오해, 심지어는 저주스러운 말까지 들어야 했다. "나는 경악했다.
그것은 공포였다. 거대산업에 자기 권리를 빼앗긴 소수의 목소리는 이런 식으로 묻혀버리는 것
이구나. …… 나는 믿음을 깨뜨려버렸다. 대다수 국민들이 빠져 있는 광기 속에서 내 이야기에
귀를 기울이는 사람은 소수일 것이다"(미발표 글 〈글 1〉).

미 스스로를 감옥에 가두어버렸다. 이웃들과의 신뢰관계가 어긋난 그 삭막함은 윤영선의 삶을 삭아 내리게 했고, 글쓰기마저 재처럼 만들어버렸다. 그즈음 그는 산으로만 들어가 제 삶의 문을 닫아걸었다. 산 속에서 나무처럼 뿌리를 내리고 스스로를 유폐했다. 제 삶을 폭력적으로 대하면서, 이웃들에게 제 삶을 이해시키고 매달리기보다는 세상과의 이별을 준비했다.

그의 배는 복수腹水로 차오르기 시작했다. 복강 안에 장액성漿液性 액체가 괸 상태를 뜻하는 배에 가득한 물은 자기 자신에 대한 복수復讐이며, 죄의식의 산물이다. 그것은 그의 희곡 속에 이렇게 드러난다.

> 미생자7: 나는 몸이 없기 때문에 너희들처럼 고통당하지 않는다. 나는 태어나지 않았기에 나는 그저 너희들을 지켜 볼 뿐이며, 너희들이 날 원하지 않기 때문에 난 태어나지 않는다. 너희들 태어나서 죽지 않고 살아가는 것들아.
> (〈미생자〉358)

〈나무는…〉에서 윤영선은 칠흑처럼 어두운 내용의 말들을 거듭 사용한다. 그 말들은 그 스스로의 죽음에 관한 것이기도 했다. 그가 경험한 원초적 죽음의 공포가 수수께끼처럼 스며 있다. 그 사이에서 윤영선은 다음과 같이 말한다.

> "꿈을 꾸었어. 올려다보면 하늘 끝까지 닿을 만큼 커다란 나무들이 들어찬 숲속을 한없이 걷고 있었어. 길을 찾을 수 없었어. 신발이 해지고 온몸에 난 생채기에선 피가 흘렀지만 난 계속 숲 속에서 길을 찾았어.

아무 말 없이 서 있는 나무들 사이에서 난 나이를 먹기 시작한 거야. 허리가 굽고 사지에 힘이 풀리고 이빨이 듬성듬성 빠지기 시작하더니 머리털마저 빠지는 거야. 하얗게 센 머리털이…… 어디선가 슬픔을 이기지 못해 나무는 자기 가지를 툭툭 부러뜨리며 급기야는 자기 목을 스스로 꺾어버리더군. …… 대지는 비명을 내지르고 고통에 못 이겨 돌멩이들은 자기들끼리 맞부딪쳐 머리가 깨어지고 풀들은 창백한 얼굴로 떨기 시작했어."(〈나무는…〉 304)

그러나 그는 "자기의 상처는 홀로 껴안고" 갔다. "자기의 상처가 이미 다른 사람의 가슴엔 더 많은 상흔을 남기고 있는지 조심스럽게 모색하면서" "늘 여백의 아름다움과 그것의 허허로움 속에서"(2006년 4월 일기), 간신히 버티고 있는 나무처럼 살다 갔다. 나무의 바깥인 현실은 죽음에 대한 고통스러운 기억만큼의, "생활과 기억과 문화를 박탈당한 배타적인 공간"(2006년 4월 일기)이었던 셈이다. 그는 세상을 떠나기 1년 전 일기에 이렇게 썼다.

"미생물을 죽이지 마라. 강물의 흐름을 따르도록 노력하라. 강물과 강물의 흐름을 자기가 원하는 대로 하기 위해 강물을 정지시키고, 소독하고, 정체시켜서 수돗물처럼 만들지 말라. 그런 곳에서는 생명이 살지 못한다. 강물은 깨끗한 것도 더러운 것도 아니다. 하지만 그곳에는 많은 것들이 함께 있으며, 그것들과 함께 강물은 흐르고 있다. 강가에 있는 그 모든 것들의 흐름이다."(2006년 7월 25일 일기)

그는 삶도 연극도 연기도 강물처럼, 그 속의 생물처럼 그냥 그렇게 흘러가게 하고 싶었던 작가였다. 그는 소독된, 멸균된 세상, 죽은 연극과 싸우고 있었던 게다. 삶의 끝자락에 이르러 윤영선은 작가와 연출가가 형편없어진 이 세상을 드러내면서 삶의 형식을 근원적으로 다시 물었다. 그것은 "너와 나의 관계, 신과 악마의 존재, 의식과 무의식이 뒤엉킨 실타래, 욕망과 사랑과 불안이 부글부글 끓는 혼돈의 도가니, 개인인 나와 사회인 너, 혼돈인 나와 질서이고 형식인 너의 만남이 상처 내고 각성시키는 관계"(《동해에서》)에 관한 물음을 뜻한다. 그런 이유로, 연극의 몫이 줄어드는 이 세상에서 "극장을 짓고 극장에서 살았던 사람들"(《동해에서》)을 중하게 여겼다. 그는 극장과 공연예술이 오늘날처럼 변모된 이유는 연극 표현의 '새로운 방법'이 주는 강박과 콤플렉스 때문이라고 했다.

앞에서 언급한 것처럼, 윤영선은 살아서 한 권의 희곡집을 출간했으며 많은 작품을 직접 쓰고 연출했다. 그리고 죽어서 그의 모든 글들은 무덤과 같은 한 권의 유고집 속에 들어 있다. 인류 활자문명의 종언처럼, 그는 살아생전, 연극도 제 모습을 잃기는 마찬가지라는 점을 고민하던 작가이며 연출가였다. 유한한 생을 무한한 허구로 돌려놓으면서 그 생을 되새김질하는 인류의 재현문화가 사라지고 있다는 점을 염려한 것이다. 도살장에서 거죽이 벗겨지고 생을 마감하는 짐승처럼, 기억과 상상력의 확장인 책과 연극이 무참하게 잊히고 있는 것은 사실이다. 그가 쓴 희곡들은 한결같이 사람 구실 하기 힘들다는 사실(《사팔뜨기…》 《미생자》), 책과 연극도 제구실하기 힘든 세상이라는 사실(《파티》), 글쓰기·희곡과 같은 책과 공연을 통한 연극의 절멸을 드러내놓고 말할 수는 없어도, 삶이 도살장과 같고, 도서관과 극장과 같다는 사실(《임차인》 《죽음의 집》)들을 말하고 있다.

아버지: 우리 식구는 모두가 총 맞고 죽었다. …… 너희 에
미는 얼굴이 없을 것이다. 얼굴이 없어. 그리고 너희 누이
는 오른쪽 젖가슴을 대검으로 찔렸지. …… 내가 욕조에서
칼 맞아 죽고, 낮잠 자다 귓속에 부은 독약으로 죽었듯이,
이 모든 살인이 바로 대한민국에서 일어난 거야. 이놈아.
…… 아, 대한민국, 대한민국…….

(〈떠벌이…〉63)

썩어가는 책과 기록으로만 남은 그의 연극은 오늘날 대한민국에
서 살고 있는 우리의 삶과 한국 연극의 외연이라고 볼 수 있다. 그가
작품에서 다룬 도살되는 삶과 책("가방 속에서 책이 나온다. 또 책이 나
온다. 계속 나오는 책에는 모두 핏자국이다"(63). 그리고 연극이 풍기는
먼지와 냄새는 기억의 형식에 관한 그 내연이라고 할 수 있다.

"잘 듣거라. 너는 이 애비가 일으킨 왕국을 이어받을 놈이다. 너는
누구보다도 강해야 하고, 뱀처럼 간교해야 한다. …… 이 세상은 음험
하고 비정하다. 너에게 칼을 주랴 아니면 총을 주랴. …… 이 애비의
몸에 나 있는 상처를 그 칼로 다시 한 번 더 찔러라. 내 핏속의 분노를
너의 칼 속에 담아야 한다"(66~67)고 말하는 것처럼. 윤영선은 삶과
책과 그리고 연극이 휘발되어가는 지금, 여기, 이 야만의 시대에, 죽
이는 사람이 그대로 있고, 죽이는 공간인 도살장이 형태와 이름만 바
뀐 채 도서관 또는 극장이 되고, 그 안에서 죽음을 당하는 대상(책과
연극, 그리고 삶)은 날로 늘어난다고 말하는 것이다.

2.2.3. 애도하지 못한 죽음: 〈여행〉을 중심으로

죽음이라는 부재는 비감한 일이다. 몸뚱어리가 처음에는 육체의 동굴이 되었다가 사유의 감옥이 되고, 이어서 무덤이 되는 것을 깨닫는 일이다. 작가적 삶이란 육체와 사유 사이, 희곡과 연극 사이 삶의 진실과 세상의 실재에 관한 깨달음이다. 〈여행〉 이전 작품들에 대해서 평론가들은 윤영선의 연극을 관념적 연극, 삶에 대한 형이상학적 질문의 연극으로 요약했다(김방옥, 139; 노이정, 112).

〈여행〉(2005)은 윤영선이 관념의 세계에서 일상의 삶으로 주거지를 옮긴 작품이지만, 새로 옮긴 주거지에서의 삶은 너무나 부박했다. 그는 첫 희곡에서부터 자신의 그림자를 뛰어넘을 수 없는 불안 속에 있었다. "어느 틈엔가 뒤틀린 장판지처럼 눅눅하게 녹아내린 하오의 햇빛 속에 서 있"었다. 그래서 그는 약했다. "아직 지우지 못한 아픔으로 거기 누가 한숨 쉬고 있느냐"라고 자기 자신에게 물었지만, 그는 대답 대신 "그래 나는 한 죽음을 보았지"(〈사팔뜨기…〉, 20)라고 말한다. 그는 벌써 오래전부터 삶의 길이 아니라 죽음의 길로 들어가는 여행을 해야 했던 셈이다.

평론가 김성희는 "윤영선의 〈여행〉은 여러 차원에서 매우 일상적인 삶을 그려낸다. 먼저 여행을 떠나는 5명의 인물들은 전통적인 드라마에서처럼 통일적 주제로 연결되는 집중적인 대화를 나누지 않는다"(김성희, 61)고 말한다. 기차 안에서 5명의 남자들은 성적인 얘기, 고인이니 친구니 하는 용어 문제로 서로 대립하고, 자식 얘기, 실종된 기택이 얘기. 다른 여자, 승객에 대한 관심 등을 두서없이 떠들어댄다. 이들은 "억압된 것의 회귀와 달리 …… 주체의 외부로부터, 즉 실재에서 유출된 것으로 회귀"(대니 노보스, 82)하여 "타자에 대한 공격적인 경쟁심과 관능적인 애착이라는 양가성"(대니 노보스, 83)을 드러낸다. 이들의 이러한 "상징적 대립, 상징적 승인"(대니 노보스, 91)에 관한 "말들이 산만하게 이어지고, 단절되기도 하고, 다른 인물의 엉뚱한 목소리가 끼어들면서 분산되고 파편화된, 다성성의 대화를 이어나간다. 산만하고 잡다하고, 연상에 따라 다른 방향으로 전개되고, 여러 화제들로 분산되는 일상적 대화의 성격을 반영하고 있다"(김성희, 61)고 쓰고 있다.

〈여행〉은 여러 면에서 윤영선의 마지막 삶과 조우한다. 그는 이 작품에서 자신의 죽음을 맞이하러 떠날 준비를 한 것 같다. 이 작품은 "서울역에서부터 술에 취해서 친구의 장례식까지 가는 그 '여행', 그리고 친구들"에 관한 것이다. 그는 그날 "억수로 취해" 자신의 "두뇌 속에 각인된 그 모습"이 "사실적이면서 비사실적인 현실로 다가왔다"고 말한다 (〈여행〉 작가의 글에서).

그렇게 친구의 장례식에 있으면서 그는 "나는 이 세계를 지적으로 재구성하고 싶은 욕망에 떨며 밤을 보낼 것이며, 그릇된 삶의 모습에 치를 떨 것이다. 그러나 또한 나는 알고 있다. 견디기 위해서 나무나 풀처럼 술에 취해 몽롱한 눈으로 비스듬하게 이 세상을 보아야 한다는 것을. 그리고 희망한다. 눈을 부릅뜨고 주장하지 않기를. 넌지시 말을 하기를"(위의 글)이라고 했다. 그런 이유로 이 작품에 나오는 친구의 죽음은 곧 자기 자신의 죽음이기도 했으며, 죽음이 가져다주는 상실감은 살아 있던 윤영선이 겪어야 했던 불안이기도 했다.

〈여행〉에서 인물들의 자세는 불완전하다. 이들은 앉아 있지도 서 있지도 못한 채, 엉거주춤한 자세로 있다. 일어설 수도 없고, 펑퍼짐하게 앉아 있을 수도 없다. 여기에서 저기로 움직일 수도 없고, 한자리에 앉거나 누워 있을 수도 없는 이들이다. 그 불안한 자세로 그들은 자기 자신을 빙빙 돈다. 그런 자세로 자기 자신의 목소리만을 겨우 유지한 채, 말한다. 이들의 언어는 현실을 정확하게 보는 언어와 동떨어져 있다. 이들에게는 그들만의 고유한 현실이 없기 때문이다.

인물들은 함께 있는 다른 인물들과 통사적으로 맺은 관계 바깥에 있다. 그런 이유로 인물들의 말들은 서로 단절되어 있다. 이들에게는 죽음이 문제가 아니라 침묵이 문제일 터이다. 말들을 하면서, 제 몸속의 말들을 다 소진하면서, 그렇게 폐기되려는 인물들이다. 더 정확하게 말하면, 인물들은 말하는 자기 자신과 말하는 타자로 구별된다. 등장인물들은 아무것도 가진 것이 없는 게 아니라, 제 몸에서 말하는 타자를 소유한, 그것과 일치하거나 섞이는 이들이다.

윤영선이 자신의 삶 말미에 쓴 〈여행〉은 아버지를 애도하지 못한 자신(들)이 오래된 삶의 방식들을 그대로 구축·재현하면서, 아버지가 되어, (자기 자신처럼) 간암으로 죽은 친구를 문상하러 가는 길과 장례식장에서 얼마나 비굴하고, 남루해지는지를 통렬하게 보여주는 작품이다. 이 작품에 등장하는 인물들에게 친구의 죽음 앞에서 서로를 위로하거나, 살아남은 친구들끼리의 조화·공감하기와 같은 미덕은 찾아볼 수 없다. 이들은 거꾸로 서로를 의심하고, 비판하고, 억압하고, 소외시킨다. 친구가 잠시 자리를 비운 사이에도, 극단적인 마조히즘인 행동양식을 보인다. 인물들이 모두 자신에 대한 소망을 포기한 탓이다. 그것은 거듭된 "상실 불안과 고독에 대한 불안"이며, "위험한 자기기만"이다(프리츠 리만 105).

〈여행〉에서의 죽음은 작가와 인물들에게 일상의 "틈바구니로 스며드는 죽음, 매일매일 밥상 위를 앵앵거리고 날아다니는 죽음, 밥상 위에 알을 까놓고 봄날 꽃처럼 피어나는"(411), "오늘 밤에 내가 죽을지도 모르"(414)는 현실적인 죽음이다.

이 희곡의 줄거리는 죽은 친구의 장례식 앞에서 살아 있는 이들의 비참한 싸움이 전부이다. 아버지를 제대로 떠나보내지 못한 이들은 지연된 애도의 문제를 그대로 노출한다. 이들은 죽은 자를 애도하기는커녕 자기 자신들이 해결하지 못한 집단 애도의 문제만을 통째로 드러낸다. "그런 병신새끼, 그냥 장례식에 가지 말까 보다. …… 아무 말 없이 있다가 갑자기 죽어버리는 게 어딨어? 안 그래? …… 그 병신새끼는 죽어도 싸다니까?"(371). 죽은 자를 위로하지 않고 이렇게 비판하는 인물들이 지닌 무의식의 원형 속에는 언제나 아버지와의 갈등, 아버지의 죽음에 관한 애도의 문제가 깊게 박혀 있다.

윤영선의 희곡은 죽음이라는 상실, 그러니까 결핍 또는 박탈을 애도하지 못한 인물들의 이야기이다. 박탈은 (사랑하거나 동경하는) 대상을 상실하거나 빼앗긴 상태이고, 결핍은 그 대상은 존재하지만 부족하거나 왜곡되게 전달된 상태를 뜻한다. 인물들은 상실감에 휩싸여 있지만, 그것을 어찌 애도할 줄 모르는 존재들이다. 이 왜곡된 정서의 밑바닥에는 소통의 불가능함, 운명적으로 거역할 수 없는 절대성이 주는 깊은 상처와 악몽이 있다. 그것은 〈사팔뜨기…〉와 〈파티〉에서 시작해 나중에 〈여행〉〈죽음의 집〉으로 귀결된다.

〈여행〉은 뒤늦게 애도를 실행하는 작품이다. 이 작품의 등장인물들은 상처 입은 원형으로 돌아간다. 그들은 충분히 슬퍼하며 울지 못한 울음을 다시 울기 위하여 삶에서 죽음을 배웅하는 장례식장으로 향한다. 그러나 상처 입은 과거를 드러내는 일이 쉽지 않다. 모두들 위험한 자기기만에 빠져 있기 때문이다. 상실 불안에서 비롯된 그들의 행동과 말들은 고인이나 같이 문상하러 가는 친구들을 이해하는 것이 아니라, 자기 스스로를 감추고, 자기 자신을 도덕적으로 우월하다고 느끼면서 상대방과 싸우고, 상대방을 경멸하고 불안하게 만들면서 자기의 불안에서 벗어나려고 한다.

> **양훈**: 근데 경주 그 새끼 왜 이렇게 갑자기 죽어버린 거야?
> **만식**: 고인을 그렇게 말하는 게 아니야.(369)

> **양훈**: 기택이? 그 자식 이름은 왜 부르고 지랄이야 지랄은, 죽은 사람을 안 그래?
> **상수**: 죽긴 누가 죽었다고 그랬어?
> **대철**: 거 기택이 이야긴 또 왜 꺼내.
> **만식**: 그래. 그만해라. 그리고 대철이는 왜 그래?
> **대철**: 내가 그 자식 생각만 해도 정말 속이 뒤틀린다. (375)

> **대철**: 뻔뻔스러운 새끼, 넌 부끄럽지도 않아?
> **기택**: 허허! 이런 세상 천지에 죽마고우 내 친구한테 이런 말 들으려고 이 서기택이가 다시 살아난 줄 아나?
> **대철**: 너 이 새끼, 이렇게 나타날 수 있는 거야?
> **기택**: 이런 나쁜 놈의 자식을 보았나. 나쁜 놈은 친구 뒤에서 험담하는 놈이 나쁜 놈이다. 이놈아. 내가 너한테 뭘 잘못했는데 내가 나쁜 놈이야. 말해봐.(391~393)

〈여행〉은 슬픔 치료에 관한 연극이면서, 치료의 효력을 상실한 삶의 연극이다. 그것은 애도하는 과정을 통해 과거의 자기 자신을 지우고 새롭게 태어나는 과정을 뜻하며, 동시에 애도 과정이 종결되지 못한 탓에 삶에 대한 용기를 지닐 수 없는 불안의 표현이다. 인물들이 모인 장소는 장례식장이지만, 죽은 친구도 자기 자신도 애도하지 못한다. 인물들에게 삶은 해결해야 할 심리적인 문제로 깊이 새겨져 있다. 자기 자신에게 집착하는 바가 크고, 분노에 붙잡혀 있기 때문이다. 애도를 배우지 못한 이들은 친구의 죽음 앞에서도 자신들이 해결하지 못한 과거의 상처로 인하여 애도를 실행하지 못한다.

이들에게 여행과도 같은 장례식은 상실한 의식이다. 죽음 앞에서 새로운 자기체험을 하는 것이 아니라 과거의 상처로 인해 다시금 기억은 수치스러운 것이 되고, 학대받은 과거의 삶이 자신들을 괴롭히고, 잘못된 자기 이미지들이 인물들 모두에게 생의 문제를 반복적으로 들추어낸다. 이들은 애도에 관한 감정의 혼란으로 친구의 죽음을 기만하기까지 한다. 애도와 분리가 불가능할 때, 이들은 어쩔 수 없이 "공생으로의 뒷걸음질을"(베레나 카스트, 154) 한다.

> 만식: 자, 이제 마무리하자.
> 양훈: 무슨 마무리? 우리 아직 마무리하지 않았어. …… 그러니까 우리를 좀 어떻게 해줘야지.
> 태우: 내가 뭘?
> 양훈: 우리가 그냥 이렇게 살 수는 없잖아.
> 만식: 양훈아, 가자…….
> 양훈: 경주도 죽고, 또 오늘 밤에 내가 죽을지도 모르잖아.(412~414)

유고란 남긴 글이되 말할 수 없었던 것을 담은 삶의 전부이기도 하다. 남은 글, 그러니까 삶이 고스란히 글로 전이된 것이 유고인 셈이다. 그것은 쓰고 남은 글이 아니라, 쓰면서 삶을 소진한 글이다. 삶을 글로 맞바꾼 글이다. 그 최후에 삶이 공연처럼 사라지고 글이 남았다. 주인 없는 글이 유고이다. 그 끝자리에서 윤영선은 다시 묻고 답한다. "아직도 희망이 있는 걸까? 어서 빨리 늙어서 죽어버렸으면" (〈사팔뜨기…〉 서문)이라고.[11]

3. 미완성의 애도

윤영선 희곡의 본질적인 대상은 아버지를 향한 분노와 자기 내면에 형성된 이룰 수 없는 애도의 탄식이다. 그는 현실에서 이런 감정을 뒤집어엎지 못했지만, 희곡 속에서 겨우 자립한 개인으로 가까운 친구에게도 도움을 청할 수 없는, 친구 모두에게 배타적인 목소리를 낼 수 있었다. 그런 이유로 〈여행〉은 죽은 자에 대한 연민이며 불안을 두려워하는 인물들의 왜곡된 주장, 그리고 자기연민에 관한 언술행위일 뿐이다. 그런 언술들은 인물들이 지닌 상실의 불안, 미완성의 애도를

11 이에 관한 평론들은 다음을 참조하라. 임혜경·가티 라팽, 〈윤영선 연출가와의 만남〉,《공연과이론》123(2006); 노이정, 〈윤영선의 〈사팔뜨기 선문답〉 읽기〉,《공연과리뷰》12(1995); 윤영선과 정혜원의 대담, 〈열린 연극과 예술적 사유의 추구〉,《공연과리뷰》43(2003); 허동성, 〈일상적인 것의 낯익음과 낯설음, 윤영선 원작의 〈파티〉와 〈G코드의 탈출〉,《공연과리뷰》21(1992); 안치운·기국서·김철리·오경숙·윤영선의 대담, 〈한국연극에서 연출의 위상〉,《연극평론》27(2002); 윤영선, 〈나무는 신발가게를 찾아가지 않는다〉와 관련이 될 수도 있고, 없어도 무방한 생각들〉,《연극평론》13(2001); 김미도, 〈음험한 화해의 길트기〉,《공연과리뷰》21(1999).

상쇄한다. 인물들은 아버지와 동일시되는 존재들이고, 그런 삶으로 자신을 희생하는 존재들이다.

　윤영선의 희곡에는 비교적 가족 이야기가 많이 등장한다. 그 가족은 해체된 가족이고, 가족 구성원들은 사랑과 이해가 아니라 분노와 상실감을 안고 있는 인물들이다. 따라서 희곡의 이야기는 이러한 인물들이 내면에 깃든, 억압되거나 잠재된 감정을 말과 행동으로 외부로 표출하면서 전개된다. 나이가 많든 적든 인물들은 상실의 감정을 경험한 터라, 이들의 태도는 분노, 마비, 혼란, 절망 등으로 대별할 수 있다. 분노는 더러 폭발되고, 울음을 동반하고, 기이한 웃음을 드러내기도 한다. 희망이나 현실을 긍정하는 이야기보다는 죄책감, 공포, 적개심 등이 두드러진다. 이들은 이렇게 병들어 있고, 심리적인 죽음에 이른 인물들이다. 윤영선의 희곡에 등장하는 인물들은 애도하지 못한 채 충격과 부정, 죄책감과 후회, 적의와 원망, 분노와 증오, 불안과 두려움, 식습관의 기이한 변화, 공상과 환상 속에 갇혀 있다.

　윤영선의 초기 작품부터 후기 작품에 이르기까지, 희곡들은 공통적으로 상실을 정상적으로 애도하지 못한 반응들로 가득하다. 그런 이유로 인물들은 대부분 현실을 파악하고 대응하는 면에서 나약하고 미숙하다. 예컨대 절망하고 슬퍼하는 감정들을 기이하게 표현할 뿐이다. 현실을 받아들이지 않고 외면할 때, 희곡의 언어들은 그로테스크하게 변모한다. 치료되지 못한 내면의 감정들이 솟구칠 때, 인물들과 그들의 언어는 더욱 어둡고 혼돈스러운 내면으로 가라앉는다. 그 끝은 세상의 외면이다. 이때 무대는 경계 너머, 탈脫경계에 놓이게 된다 (김방옥의 논문 제목처럼).

　윤영선 희곡에서 "가슴의 작은 불씨" 같았던 말들의 탄생과 "샛

길을 찾아 달아나"(윤영선 2001 작가 서문)는 공간의 창출은 이런 결과라고 할 수 있다. 그리하여 그의 희곡언어들은 "산속에 홀로 있을 때, 나무와 풀들, 샘터에서 …… 바람, 밤 마당을 환한 꽃으로 장식해준 배나무, 밤하늘 위에 떠 있었던 오징어배의 불빛, 풀벌레들……"이고, 다른 한편으로는 텅 빈 무대, 관이 놓여 있는 무대공간(〈사팔뜨기…〉), 어둠 속 무대공간(〈떠벌이…〉), 지하실 골방(〈맨하탄…〉), 비스듬히 배치된 방(〈G코드…〉), 아주 특이하게 생긴 거실(〈파티〉). 거리에서, 나무와 빌딩 사이에서(〈나무는…〉), 풍경 소리, 겨울새 소리들, 또는 그런 느낌의 소리들이 아주 간간이 들리는 하얀 눈밭(〈미생자〉), 기차역(〈여행〉)이다.

윤영선은 사는 동안 그는 "죽음처럼 어두운 구멍 속으로 빨려들어가"(〈G코드의 탈출〉 183)고 있었지만, 좋은 벗들을 만나서 살고 싶었다. 자신을 "떨리게 해주었고, 피폐해진 가슴에 작은 불씨를 살려낸 눈빛을" 지닌 이들을 잊지 않으려 했고, 그들이 준 "따스한 말들을" 가슴에 품고 살고 싶었다. 그러나 그에게 가장 큰 벗은 "산속에 홀로 있을 때 흐느끼지 않도록 도와준 나무와 풀들"이고, "옥수숫대를 넘어뜨렸던 바람"이었고, "밤 마당을 환한 꽃으로 장식해준 배나무"였고, "밤하늘 위에 떠 있었던 오징어배의 불빛, 풀벌레들"이었다. "사이가 좋지 않았던 아버지가 돌아가신 후"(〈G코드…〉 171), 그는 "빈 하늘 가장자리를 스쳐 지나가며 우는 기러기"(〈사팔뜨기〉 서문)와 같았다.

그는 그렇게 외롭게 살다 갔다. 그렇다. 그는 세상의 중심이 아니라 기꺼이 변두리에 있기를 자청하며, 자신의 몸에 상처를 입혀 세상을 기억하고 살아 있는 연극을 추구하다 삶을 마감했다. 그의 희곡들은 현실의 모든 의미는 이미 상실되었다고 말하는 것 같다. 그는 글쓰기와 무대 글쓰기인 연출을 통하여 연극을 통하여 현실을 불구로 인식했다. 그는 현실을 "내 무덤이야. 저 소리는 내 장례를 알리는 소리고, 또 내 탄생을 알리는 소리로 적격"으로, 그것은 또 "영화가 끝나고 자막이 올라가는 모습을 보면서, 이 더러운 세상이 끝나고 죽은 영혼들이 하늘로 올라가는"(〈G코드…〉 203~204) 것으로 여겼다. 작게는 아버지와 "풀어야 할 얘기들이 너무 많았지만, 이미 늦어버린"(〈G코드…〉 173~174) 그에게 아버지에 대한 분노와 절망은 컸고, 생은 짧았다.

그는 이렇게 외치고 있다. "썩은 몸들아 보라! 나무 한 그루가 서 있다. 그 옆에 또 나무 한 그루가 서 있다. 그리고 그 옆에 또 다른 나무 한 그루가 서 있다. 소나무 옆에 소나무, 또 그 소나무 옆에 소나무일 수가 있다. 참나무 옆에 참나무, 또 그 참나무 옆에 참나무일 수도 있다. 떡갈나무나 사과나무나 자작나무나 벚나무나 층층나무나 물푸레나무일 수도 있다. 머리를 하늘로 향한 나무들은 땅속 깊이 뿌리를 박고 저마다 꿈을 감추어두고 있다"(〈나무는…〉 281~282). 그는 "나무가 부러웠"(〈G코드…〉 174)고, 한 그루 "나무가 되고"(〈나무는…〉 281) 싶었던 게다. "나무들에게 얘기하고 얘기하고 또 얘기하고, 나무를 부러뜨리지 말아달라고 바람에게 부탁하고 부탁하고 또 부탁하면서 그렇게 작은 나뭇가지 하나를 부리로 물어 나르면서 누군가에게 빌고 빌고 또 빌고 또 빌었을 것이다"(2006년 4월 30일 일기).

윤영선이 서울에 살다 강원도 동해시에 처음 갔을 때, 그는 사람들한테 "여기가 옛날에 그냥 허허벌판이었어요"(윤영선 〈허허벌판〉에서)라는 말을 들었다. 그는 "모두 떠나고 지금은 거의 비"(〈임차인〉 450)는 곳을 좋아했다. 그렇다 그가 있던 곳과 그가 떠난 곳이 모두 허허벌판 같다. 사는 동안은 "달이 구름 사이로 잠깐 나온 (사이), 무엇인가를 본 듯. 놀란 몸짓. 사이. 조심스레 몇 걸음 다가가며, 누구세요? 저기 …… 누구세요?"(〈임차인〉 446)라고 말한 것 같다.

지상을 떠나기 얼마 전, 그는 "뒷산에서 꿩 우는 소리를 들"(2006년 6월 25일 일기)었다고 썼다. 그가 가족과 이웃들을 떠나서 홀로 가는 길은 "흐린 날 동백나무 숲을 지나듯 얼마나 어둡고 빛났을까?"(윤영선 〈폭력 또는 비애 같은〉에서). 혹시 그는 "죽어서 흙이 되기로 한" 것은 아닐까? "누군가는 물이 되고, 누군가는 바위가 되"(윤영선 〈사람〉에서)는 것처럼. 그는 말하고 글 쓰고 싶어 했지만, 세상은 그에게 그렇지 못했다. 그는 이 세상에 "다시는 …… 오지 마세요"라고 스스로 말한다(〈임차인〉 453).

극작가·연출가 윤영선은 참으로 조용하게 왔다가 말없이 갔다.[12] 〈나무는…〉의 끝 대사들은 그의 죽음을 예견한 듯하다. "난 이제 아침

---

[12] 그는 왜 산에 사로잡혔고, 바위와 접촉하려고 했을까? 나이가 쉰을 넘은 중년에 어찌 등산학교에 가서 고된 등반기술을 배우려고 했던 걸까? 중년이란 삶의 균형보다 몸의 균형이 어려운 때가 아니겠는가. 정말 자일에 몸을 맡기고 바위를 껴안으며 붙고 싶었던 것일까? 혼신의 힘을 다해 오르는 등반은 어차피 하강을 해야 하는 오름짓인데, 무엇 때문에 그는 그 위험을 즐기려 했던 것일까? 더 높은 곳에서 낮은 곳을 내려다보기? 불안의 극점에 이르러 불안 그 자체마저 인식하지 않게 되는 알피니즘을 경험하기 위하여?

등반은 오르려는 행위이지만 귀환의 불안이 더 큰 모험이다. 등반이 어려운 것은 난이도 때문만이 아니라 산이 주는 매혹 탓이다. 산에 매혹당하면 그만 산 앞에서 마비된다. 놀라서 정지되는 꼴. 그래서 바윗길은 첫 피치가 늘 어렵다. 그다음부터 등반은 되돌아올 수 있는 매혹이기도 하지만, 그렇지 않을 수도 있는 삶으로부터의 추방, 즉 불가능한 중재와 같다. 희곡에 등장하는 인물들이 말하고 싶은 울부짖음은 등반에서 추락할 수 있는 육체의 위험과 등가이다. 산은 결코 오르는 이가 완벽하게 지배할 수 있는 곳이 아니지 않겠는가? 글쓰기처럼 등반은 그냥 매혹일 뿐이다.

그는 어떤 것에 포로가 되고 싶었던 게다. 오르고 싶지만 내려와야 하듯이, 벗어나고 싶지만 영원히 벗어나지 못하는 것처럼. 그 마지막은 죽음이다.

이 돼도 눈을 뜨지 않을 것이다. 창문을 통해 비치는 햇빛에 눈부셔하지도 않고 자명종 소리에 놀라지도 않을 것이다. …… 브람스의 음악도 슈베르트의 음악도 듣지 못하고, 누군가에게 안녕이라고 말도 못하고." 그가 그토록 듣고 싶어 했던 브람스와 슈베르트의 음악은 무엇이었을까? 〈나무는…〉은 "죽어가는 살과 세포와 부패하는 내장과 삐걱거리는 뼈와 함께 …… 나는 일어나네. 죽음을 저만치 밀쳐내고 나는 가야 할 곳을 향해. 나는 어디까지 걸어가야 하는 거지? 닳아빠진 내 신발을 끌고"(308~309)라는 대사로 끝난다.

이렇듯 그의 연극은 오래 전에 죽음의 문턱까지, 고통을 피하려 서둘러 들어선 죽음의 자리와도 같다. "정체 모를 이 세상에 인간으로 태어나"(《윤영선 희곡집1》서문) 숨을 쉬고 살았던 윤영선은 "말하고 싶어도 말 못"했고, "듣고 싶어도 못 들"었다. 반대로 그는 "기억하고 기억하고 또 기억하고 기억하려고"(〈사팔뜨기…〉 34~35) 글을 썼다. 그리고도 답답해서 하는 말이 "내 글들이 그 많은 샛길을 찾아 달아날 수 있었으면"(서문)이다.

윤영선은 삶의 공포에 대한 내밀한 글쓰기를 좋아한 작가였다. 그의 인물들은 희곡 제목인 사팔뜨기처럼 곁눈질하는 이들이다. 작품 속에는 공포와 불안의 시선, 즉 죽어가는 시선을 지닌 이들이 많이 등장한다. 그들은 더듬거리며 말을 한다. "생각을 정리한 뒤에 말을 하려고 하는 순간 어디에선가 덜커덕거리는 소리가 들립니다. 말이 목구멍 어디에선가 걸려버리는 소리입니다. 그 지점에서 나는 숨이 턱 막힙니다. 내 말의 진정성에 대한 스스로의 반문 때문입니다. 순결주의에 대한 원칙을 고수하자는 것은 아닙니다. 현실적인 여러 이유로 인해 나 자신에게 했던 맹세와 추구했던 세계로부터 멀어져버렸을 때 말들은 헛되이 껍질로 남아버리는 것이지요. 역으로 나의 귀중한 경험에 대해 대충 말해버렸을 때, 알맹이는 빠져나가버린 나락 껍질 같은 말들이 내 목구멍에 가득 차버리는 것이지요"(〈동해에서〉).

동시에 언어가 오염되었다는 그의 사유도 큰 몫을 차지한다. 그는 "내 언어에 어떤 절대적인 면책 특권이 주어지지 않았다는 의미도 될 수 있고 …… 언어 자체가 이미 더럽혀진 언어에, 그 나름의 어떤 절대적인 의미가 훼손 혹은 변질되어버렸다"고 말한다(〈동해에서〉). 그의 생이 "그냥 문을 열고 나와서 마냥 걷다가 그냥 술을 마셔대는 것이 전부였"던 것 같다. "그게 견디기 힘들었다는 거죠. 또 그걸 누구에게 말을 합니까? 친구요? 친구들한테도 말할 수 없는 거죠"(〈임차인〉 439).

연극으로 삶에 복무했던 윤영선은 2007년 한여름의 끝자락, 연극 바깥으로 사라졌다. 그의 작품들은 시간을 미분하지 않고, 하나의 더께로, 덩어리로 껴안고 살고 있는 풍경을 지니고 있다. 살아 있는 동안 그의 시선은 이곳 현재에서 저곳 미래를 향하는 눈이 아니라, 벌써 동굴 너머 저곳까지 갔다 온 것을 기억하고, 지금 되돌아와서 이곳과 저곳의 경계가 그리 새삼스럽지 않다는 생의 풍경을 전하고 있다. 그 중심이 죽음과 애도이다.

그의 연극은 온통 맨집, 맨사람, 맨얼굴, 맨주름, 맨하늘, 맨물, 맨돌, 맨그늘, 맨구름, 맨그림자, 맨다리, 맨머릿바람, 맨가슴, 맨발, 맨손, 맨땅, 맨산, 맨길뿐이다. 그의 연극은 맨정신, 맨눈으로 제 집과 자신 앞에 놓인 풍경에 복종한 산물이다. 그의 연극은 소리로 치면 저음이고 성분으로 보면 가출이다. 그의 연극들은 집 떠나 길 위를 떠도는 이들이나 집에 갇힌 채 있는 이들의 소리와 풍경을 담고 있다. 세상이 눈길 한 번 주지 않은 집과 사람들을 일체의 수사학을 버린 채 움켜잡는다. 자신의 논리를 설명하지도 않는다. 그의 연극들은 겉과 속이 통째로 명백하다. 집이 허하기 때문일 것이고, 집 안의 삶이 집과 조응하지 않기 때문일 것이고, 나아가 집이 집답지 않고, 아버지가 아버지답지 않고, 아들이 아들답지 않기 때문일 것이다. 그 끝은 집에 거주할 수 없는 삶, 그 부박한 삶이 될 것이다. 그 탓이 무엇 때문인지를 묻는 일은 전적으로 독자 또는 관객의 몫이다.

6.
한국 현대 연극과
죽음의 언어

–

기국서 연구1

"오, 시인이여, 말해다오. 그대가 하는 일이 무엇인가를. …… 그대는 어찌 그것을 견디는가? 어찌 그것을 맞아들이는가? …… 별과 폭풍, 그리고 침묵과 분노는 어찌하여 그대를 아는가?"

— 라이너 마리아 릴케

1. 연극과 죽음

연극 속 죽음이란 인물들이 죽어 다시 이 세계에 내던져지는 것과 같다. 일상에서의 죽음이 영원히 문을 닫아버리는 것이라면, 연극 속 죽음은 죽음의 제의이면서, 이를 통한 죽음의 현존이다. 죽음이든 재현된 죽음이든 그것은 결여의 상태를 뜻한다. 죽음은 상대방에 대한 환영의 부재이고, 철저하게 버림받은 자신이기도 하다.

연극 속 죽음은 그러므로 작가 또는 등장인물들의 삶을 무질서한 방식으로 유지시키는 것이고, 생전의 얼굴을 포기하는 것에 이른다. 그것은 경직이고, 비생존이고, 자신의 폐허로 들어가기이다. 그 속에서 침묵과 궁핍을 경험하는 것에 이르고, 최종적으로 나를 사라지게 하는 것에 가닿는다. 연극 속 죽음은 인물들의 기억을 통해 재현된다.

폴란드의 연출가 타데우즈 칸토르는 "기억은 무덤을 나온 과거이며 무대는 그 과거를 드러내는 묘지와 같은 곳이다. 그 묘지는 문자나 은유에 의하여 슬픈 흔적이고, 교실은 내 어린 시절의 방의 자취이다"[1]라고 말했다. 칸토르가 지울 수 없었던 흔적은 질병과 고문, 위협

---

1 *Kantor, l'artiste à la fin du XXe siècle*, Ouvrage collectif publié sous la direction de G. Banu (Paris: Actes Sud, 1990), p.12.

으로 가득했던 이 세계와 죽음, 그리고 허무와 타인들이었다. 이런 것들이 그가 연극으로 말한 죽음, 즉 20세기 말 우리의 세계이다.[2] 죽음의 연극이라고 불렸던 그의 연극은 이런 세계의 의심과 확신으로 삶의 정면을 마주 보는 것이었다.

연극예술은 삶과 죽음의 경계에 존재한다. 배우는 삶과 죽음의 경계선에서, 관객들 앞에서 죽음의 이미지들을 육화하는 존재이다. 연극에서 재현하는 배우의 모델은 죽음이다.[3] 배우는 피할 수 없는 죽음을 허구의 이름을 빌려 능동적으로 장악한, 그렇게 부활하는 유한한 존재일 터이다. 죽음이 세계와의 정상적인 관계가 끝났다는 것을 의미할 때, 배우는 죽음으로부터 새로운 관계를 맺는 존재 이다. 연극에 등장하는 배우는 살아 있는, 죽음에서 벗어나 있는 유한한 목숨의 관객들과의 거리를 전제로 연기한다. 관객들에게 무엇인가를 보여주기 위한 행동보다는 그 무엇에서 분리되고자 하는 결심이 우선된다.

연극과 시각예술의 차이점은 볼거리와 사진의 차이점과 일치한다. 즉 사진 안의 행동이 살아 있는 존재들이 죽어 있거나 사라지지 않는 행동이라면, 연극에서 볼거리란 기억 속에 저장된 사건과 사람들이 무대에 등장하기 위한 부활행위라고 볼 수 있다. 잊지 않기 위하여, 잊지 않는 것이 삶의 진리라는 것을 웅변하기 위하여, 망각의 강을 건너가는 행위이다.

연극은 인간이 죽음을 맞이하고, 죽음에 대항하는 자리와 같다. 연극 속 인물들의 죽음은 대부분 정당하게 매장되지 못한, 억울한 죽

---

2 T. Kantor, *leçon de milan*, tr. de M-T Vido-Rzewuska (Paris: Actes Sud, 1990), p.68.
3 J. Klosowicz, "Le théâtre de la mort doit-il mourir?", in *Kantor, l'artiste à la fin du XXe siècle, op. cit.*, p.163.

음이다. 연극은 이러한 죽음을 무대에 등장시켜 인물들이 죽음 앞에서 스스로의 주인이 되게끔 하는 시도라고 할 수 있다.

칸토르는 자신의 연극을 말하면서 "공포는 현대사회에도 존재한다. 외적인 세계 앞에, 우리의 운명 앞에, 죽음 앞에, 모르는 사람 앞에, 허무 앞에, 빈[空] 것 앞에. 예술가들이 용감하게 이 공포를 정복하는 영웅은 아니다. 배우는 무기도 방어도 없이 공포 앞에 의도적으로 자리를 잡는 불쌍한 사람이다. 공포가 생기는 곳은 그 의도 안에서이다"라고 했다.[4] 칸토르가 매번 작품을 마지막 작품이라고 한 이유는 여기에 있다. 그의 마지막 작품은 또 다른 마지막 작품으로 계속 이어진다. 연극은 그에게 삶이 안겨주는 고독, 죽음과 같은 공포를 피하지 않고 치료하는 행위라고 할 수 있다.

이 논문을 통하여 나는 한국 현대 연극에서 연출가 기국서가 남겨놓은 흔적을, 그가 쓴 희곡과 공연들 가운데 덜 알려진 작품들을 대상으로 삼아 분석하려고 한다. 주제는 작품의 기원과도 같은, 불가능한 체험인 죽음과 말하지 못하는 억울하게 죽은 인물들에 관한 것으로, 당대에 저항했던 연출가의 세계를 분석하는 것이다. 그가 희곡으로 쓴 글을 토대로, 그가 연출한 작품을 토대로, 절망과 죽음의 언어를 분석하는 것이 이 논문의 목적이다.

---

4 T. Kantor, "La peur et la gloire", in *Kantor, l'artiste à la fin du XXe siècle, op. cit.*, p.36.

2. 기국서와 한국 현대 연극: 삶의 역사, 연극의 흔적

기국서(1952~), 그는 1980~90년대에 왕성하게 활동한 뒤, 2000년 이후로 작품활동을 거의 하지 않고 있는 연출가이며, 그때부터 그의 개인적인 삶은 별로 알려진 바가 없다. 1970년대에는 신촌에 있던 76소극장에서 〈관객모독〉(페터 한트케 작, 기국서 연출) 공연으로, 1980년대에는 〈기국서의 햄릿〉 연작(1981~1990)과 베케트의 〈고도를 기다리며〉 같은 현대극으로 동시대 연극의 맨 앞자리에 놓였던 연출가이다. 그의 이름 앞에는 제도권 연극과 비제도권 연극의 구분이, 그의 이름 뒤에는 외인부대와 같은 아방가르드, 냉소주의와 허무주의 가득한 실험적 이단아, 언더그라운드의 대부 같은 표현들이 새겨져 있다. 2002년 이후에도 더러 공연을 했지만, 국내 초연인 〈로베르토 쥬코〉(베르나르-마리 콜테스 작, 기국서 연출)를 빼고는 이전만큼 주목받지 못했다. 그의 작품 이전 이후에 평단의 인정과 공공기관의 지원 같은 은총이라는 것은 없어 보인다. 그는 묵묵히 살고, 연극을 할 뿐이다.

연출가 기국서는 '76단'을 선택하지 않았다. 그는 그것과 함께 있었다. '76단' 뒤에 그가 병풍처럼 있고, 그의 앞에 '76단'이 전위대처럼 자리 잡고 있다. 연출가 기국서와 '76단'은 서로 묶여 있어, 기국서의 연극이 곧 '76단'의 연극과 거의 동일시된다.[5] 아름다움을 추구하

---

5 '76단'은 1976년 당시 20대 초반의 김태원·이주 등이 주축이 되어 출발했다. 이들은 고등학교 시절부터 "학업에는 별로 열의를 두지 못한" 미술반 선후배로 권진규나 하인두의 전람회에서 자주 만나 "무엇인가 뜻있는 일을 해보고자" 극단을 만들었다고 회고한다. 그 후 1978년 김태원의 미국 이민에 이어서 1977년 9월부터 기국서와 '76단'의 인연은 시작되었다. 〈'76'소극장과 열린 연극의식의 터〉, 《공간》 1988년 6월호, 129쪽.

지 않는 '76단'과 연출가 기국서는 한국 현대 연극에서 일종의 반항적인 무리에 가깝다. 기국서와 위 극단에게 당대라는 시점은 언제나 "혼돈의 세월"과도 같았다. 그 속에서 그들은 한 무리가 되어 "둥둥 떠다니며 같이 견뎌가는 동지"가 되었다.[6]

이들의 연극하는 태도는 불안전한 삶으로 아름다움을 배반하는 데 있었다. 기존의 연극질서를 불편하게 한 것이 아니라 스스로를 괴롭히면서 출발했다. 기존의 것들에 대해서 환상이 없었다. 기국서와 '76단'은 한국 연극의 불순한 타성에 저항하되 자신들을 방어하지 않았다. 그러한 정신의 밑바탕에는 폭력적이고 억압적인 사회 속에서 "불안정한 존재이면서 고뇌하는 영혼"[7]이 자리 잡고 있었다. 그들은 본질적으로 무방비였다. 그것이 기국서와 '76단'의 출발이었고 종착이었다.

기국서, 그는 한국 현대 연극의 비인칭적 연출가에 속한다. 그가 쓰고 연출한 대부분의 작품에서 인물들은 한없이 죽어간다. 누군가가 죽고, 계속 죽는다. 그것을 제어하지도 않는다.

그의 첫 연극적 경험은 고등학교 시절, 유덕형의 〈생일파티〉부터였다고 한다. 이 작품에서 "무대는 뼈대로 장치가 되어 있고 마지막에 그 장치를 통해 어둠 속으로 사람이 사라지는 장면까지 이르렀을 때 매우 충격"을 받은 후, 오태석의 〈루브〉을 통해서는 연극의 재미를, 임영웅의 〈고도를 기다리며〉를 통해서는 대사의 볼륨을 발견했다고 한다.[8] 연극을 바라볼 수 있었던 때였다.

---

6 기국서, 〈행복한 나날들〉(1992년 4월, 엘칸토 예술극장), 극단대표 노트에서 인용.
7 기국서, 앞의 글에서 인용.

    1977년 9월 '76단'에 합류하면서부터 그의 연극작업은 본격적으로 시작되었다. "반체제, 반문화, 반기성적"[9]라는 개성을 띤 '76단'에서 그가 이룩한 작품목록 가운데, 1980년부터 시작된 '기국서의 햄릿 시리즈'와 그가 직접 쓰고 연출한 〈미아리 텍사스〉, 그리고 그 이전 페터 한트케의 〈관객모독〉, 사뮈엘 베케트의 〈고도를 기다리며〉 같은 작품 등이 비교적 많이 알려졌다. 1978년부터 공연하기 시작한 〈관객모독〉은 '76단'의 존재 의의를 널리 알려준 작품이라고 할 수 있다.[10] 1970년대 이후 한국 연극에 있어서 '76단'만큼 뚜렷하고 독특한 집단적 연극의식을 내세운 극단은 거의 드물다.

    1976년부터 연극 연출을 시작한 기국서와 '76단'의 연극 공연들은 당대 한국 연극의 현실과 포용하는 것이 아니라, 척박하고 암울한 한국 연극의 현실을 부정하는 데서 출발했다. 1970년대부터 그는 한국 연극의 외형적 징후를 "넘치는 공연 공간, 폭주하는 공연물, 그리고 교묘한 상업주의로의 타락"[11]으로 규정했다. 연출가 기국서와 '76단'은 한국 연극의 현실을 부정하고, 이를 극복하기 위하여 "집단적 연극의식"을 강조했다.[12] '76단'의 창단은 평론가 한상철의 지적대로 "정치·사회적으로 표현의 통로가 막혀 있던 우리나라에서 잠복된 상태였지만 내면적으로 분출시키고자 하는 열기, …… 그 내연內燃하는

---

8 기국서와 안치운의 대담, 1992년 4월 30일, 엘칸토 예술극장.
9 〈'76'소극장과 열린 연극의식의 터〉, 《공간》 1988년 6월호, 128쪽.
10 이에 대하여 평론가 한상철은 "연극사에서도 비록 소극장 공연이었지만 연극이 그 사회에 대해서 또는 관객에 대해서 얼마만큼의 충격을 줄 수 있느냐는 문제를 가장 첨예하게 제시해준 공연"이라고 했다. 앞의 글, 132쪽.
11 기국서, 〈'76'소극장과 열린 연극의식의 터〉, 《공간》 1988년 6월호, 128쪽.
12 앞의 글, 128쪽.

열기"[13]와 무관하지 않다.

기국서와 '76단'의 출발은 1970년대 한국 사회의 현실과 정면으로 대결하면서 이를 연극행위로써 뛰어넘으려는 의지로 가능했다. 70년대 군부통치에 의한 정치적 억압과 극심한 사회 불균형 속에서 그와 그의 무리들은 살아가는 고통, 아니 살아 있어야 하는 아픔을 지녀야 했다. 그리고 연극으로 자유로운 표현과 인간 존엄의 정신을 지켜야 한다는 도덕적 의무감을 품고 있었다. 그런 태도야말로 연극하는 이들로서 당연한 의무임을 깨닫고 실천하려 했다. 이런 시각은 연극행위를 "미학적 관심보다는 넓은 의미에서 정치적 의식의 산물"로 만들었다.[14]

당시 한국 연극은 지켜야 할 사회적 도덕률이 깡그리 사라진 사회 속에서 침묵하기도 했고, 그 억눌림을 뚫고 저항하면서 예술적 순수성을 잃지 않으려고도 했다. 기국서와 '76단'은 기존 연극을 수용하기보다는 당대 현실에 반항하면서 자신들의 미학적 출구를 새롭게 창출하려고 했다. 기존 한국 연극의 가치질서보다는 자신들의 존재질서에 의지한 채 "열린 공간성과 독특한 자율성 창출"[15]을 연극행위의 목적으로 삼았다. 그 결과 '76단'은 "지금까지 반체제적이고 반문화·반기성적인 공연작업을 통해 동시대적 상상력이나 의식이 어떻게 관객과 서로 만나게 되는가 하는 문제를 집요하게 추적"[16]하는 창작 동기를 마련하게 되었다.

---

13 앞의 글, 130쪽.
14 앞의 글, 128쪽.
15 앞의 글, 128쪽.
16 앞의 글, 128쪽.

지금도 그렇지만, 기국서의 삶과 연극작업 속에는 현실을 긍정하고 한 계단씩 올라가는 그런 일상성이 없다. 현실의 제도와 질서를 무시할 뿐만 아니라 일상성이 요구하는 성실과 평온무사를 기대하지 않는다. 그에게 현실은 한번 뒤틀린 이래 변함없는 것으로 고정되어 있다. 그런 이유로 기국서의 연극들은 현실을 뛰어넘는 비현실적인 것에 속한다. '76단'의 첫 공연이 〈탕자 돌아오다〉인 것처럼 이들은 이 뒤틀린 세계의 탕아들이었다. 기국서와 '76단'의 연극은 현실의 뒤틀림, 그것에서 벗어나고자 하는 탕아들의 반항이다.

되돌아본 이 세계에 대한 그들의 맨 처음 대응은 두 번째 공연의 제목처럼 뒤섞인 세상에 대한 〈구토〉일 수밖에 없었다. 구토 증세는 미쳐버린 세계에 미치지 않으려는 이들의 몸이 겪어야 하는 고통스러운 깨달음이다. 구토는 나중에 연극예술에서 생명의 바다와 같은, 그러나 현실에 침묵하는 관객들에 대한 모독으로 이어졌다.

기국서의 연극은 뒤틀린 현실의 일상성을 벗겨내는 터라 폭력적이면서 외설적이기도 하다. 말들의 허구, 현실과 허구의 모호한 구분, 말과 행위의 무의미함, 인물들의 광기 등이 이를 증명한다. 비이성의 이름으로 폭력을 정당화하는 사회 상황 속에서 이들의 저항하는 새로운 의식은 당연히 금기의 통로를 벗어나 외설적으로 보일 수밖에 없었다.

연출가 기국서가 존중하는 가치는 연극의 자율성이며, 동시에 연극하는 자율성이다. 자율성의 주된 대상은 무엇보다도 기국서 자신일 수밖에 없다. 그것이 기국서의 창작태도를 결정하는 첫 번째 요소이다. 이런 태도와 입장은 그의 연극이 기존의 연극제도에 함몰되기보다는 체제나 장소의 확립을 무시하는 "언더그라운드적 성향"[17]쪽으로 귀결되었다.

편향적 또는 경향적인 이런 태도는 기국서를 한국 연극의 현실에서 멀리 떨어져 있게 했다. 개인사적으로 보면, 그의 연극은 자신의 고립된, 좌절된 삶의 증언에 가깝다. 그것들은 텍스트를 채우고 있는 시적이고 잠언적인 말들, 일상의 틀에서 벗어난 허구, 의미와 구조와 무관한 무의미한 행동과 광기 어린 세계의 풍경 등이다. 이런 요소들이 뒤엉켜 그의 연극을 채우고 있다.

기국서의 연극은 자기 자신에게서 시작해 세상으로 이어진다. 기국서는 "연극이 세계를 반영하는 것이 아니라 해석하는 것"[18]이라고 여긴다. 해석이라는 용어는 반영이라는 말의 부정이다. 그러나 그는 아직 그가 이룩해놓은 연극행위의 양과 질만큼 평가받지 못하고 있을 뿐만 아니라 한국의 연극 현실과 멀리 떨어져 있다. 그럴수록 좌절한 그에게 연극은 구원과도 같은 것이었다.

시대가 불안해 보일수록, 기국서가 쓰고 보여주었던 작품들이 되살아난다. 그의 작품들은 자신이 세상보다 더 이상 나빠질 수 없다는 자각에서 온 것으로 보인다. 그의 이러한 태도는 삶의 순정과 이어지는 예술의 자각이라는 문제를 낳는다.

1970년대 이후 한국 연극에서 그의 존재보다 주목받은 것은 그가 던지는 연극의 메시지였다. 그는 독특한 글쓰기와 연출을 함께 한 연극작가임에 틀림없다. 그는 처음부터 지금까지 악동처럼, 머물지 못하고 배회하는 떠돌이처럼, 자신이 만든 가치만을 긍정하면서 사는

---

17 기국서와 안치운의 대담, 1992년 4월 30일. 엘칸토 예술극장.
18 앞의 대담.

무정부주의자처럼 연극했다. 연극이 더는 세상에 깊이 개입하지 않는 지금, 세상에 대한 불만이 불만 같지 않고, 거부가 거부 같지 않은 오늘날, 지난 시절 그가 했던 연극작업은 새롭게 조망될 필요가 있다. 일상의 삶에 초연한 기국서라는 연출가와 난장 같은 그의 작품과 바닥이 흐려 잘 보이지 않는 세상이 한통속으로 혼란스럽고, 그것들의 원인이 동질의 것일 때, 우리에게 그의 연극은 더욱 절실해진다. 그의 연출은 어두운 세상 나들이이고, 삶 전체를 가로질러가는 두려움이다.

기국서, 그는 언제나 자신과 같은 세상을 연극으로 말하고자 한 연극 작가였다. 세상과 자신을 동일시할 수 있을 때 그는 글에 빠지고 무대를 건져 올렸다. 그는 일상의 삶 속에서 글로써 무대를 꿈꾸고, 무대에서 말로써 세상의 상처를 드러냈다. 그가 쓴 작품처럼, 그의 머릿속은 태풍이 몰아치는 광활한 바다 같기도 했고, 화전민의 불타버린 텃밭과도 같이 시커멓고 허하기만 했다. 그런 탓으로, 기국서의 연출 언어는 보석이 아니라 언제나 절망으로 빛이 났다. 세상의 정체를 의심하는 언어이면서, 세상의 고통으로 주저하지 않고 나아가는 언어였다.

기국서가 대표로 있던 극단의 이름은 '극단劇團 76'이 아니라, 정확하게 극이 빠진 '76단團'이다. 그 이유는 고정적이지 않고, 무엇에 얽매이지 않겠다는 의지로 볼 수 있다. 연극만을 고집하는 극단이 아니라 연극의 바깥도 허용한다는 것, 또는 연극 그 자체만을 위하는 것이 아니라, 연극을 통해서 결과가 그 무엇이어도, 거칠게 말하면 연극으로 시작해서 그 끝은 연극이 아니어도 좋다는 강한 의지가 숨어 있다.[19] 이러한 의지는 그들의 3회 공연작품인 〈버드, 베드〉 이후 "연극운동을 할 것인가" 아니면 연극을 넘어서 "문화운동으로 갈 것인가"[20]

하는 갈등으로 표면화하기도 했다.

이것은 연극 창조집단으로서 극단의 존재양식에 관한 근원적인 물음에 속한다. 연극에 머무를 것인가 아니면 연극으로써 연극 너머 문화운동으로 이어져야 할 것인가는 당대 젊은 연극인들이 안고 있

---

19 극단 '76단'은 자신들의 행위에 대하여 〈극단 '76단'의 기본성격과 방향〉이라는 글로 표현하고 있다. 1976년 '76단'이 창단할 때 쓰인 것으로 보이는 이 글—1991년 4월 창단 15주년 기념공연 〈지피족〉 팸플릿에 실린 〈'76단'의 기본성격과 방향〉에서 인용—은 이들의 행위 목표를 구체적으로 논할 수 있는 자료가 된다. 10개의 선언적 문구로 이루어진 글의 내용을 소개하면 다음과 같다.

① '76단'의 존재를 위한 진정한 계기는 강인한 자율성 획득에 있다고 스스로 믿는다. 참된 자율성이란 자아와 타인에게 책임과 규제를 함께 가지는 일종의 미래를 위한 공동의 끈이기 때문이다.

② '76단'은 단순한 연극적 행위에만 만족하지 않는다. '76단'은 연극적 행위가 수반되고 파급시키는 우리들 의식의 심화와 확대에 기여함을 더욱 문제시한다.

③ 그런 뜻에서, 우리는 진정으로 무엇을 말하고자 하는 이야말로 무엇을, 어떻게 표현할 것인지를 끊임없이 탐구하는 자라고 굳게 믿는다.

④ 따라서 '76단'이 레퍼토리로 선정하는 작품은 동시대의 의식과 창조활동에 결정적 동기와 상상력을 제공할 수 있는 작품을 우선한다.

⑤ '76단'은 연극적 표현의 기교로서 표현수단의 총체화를 이루도록 한다. 표현수단의 총체화란 순간적이고 연극적인 체험이나 정신의 긴장화가 아닌 그 이상의 것이다.

⑥ '76단'은 이 사회, 이 문화풍토 속에서 더욱더 성실하게 자신의 삶을 책임지려는 의식 있는 젊은 연극인들에게 유효한 기회를 제공한다. '76단'은 우리들 뜨거운 욕망의 부드러운 대기이자 강건한 토양이 될 것이다.

⑦ '76단'이 앞으로 부딪칠지도 모를 모든 문제들의 해결 관건으로서 우리는 대화의 통로를 갖는다. 생산적인 대화란 냉정한 이성과 절제력, 그리고 인간적으로 풍부한 감성을 지닐 때라야 비로소 가능하다는 것을 우리는 안다.

⑧ '76단'은 결코 서두르거나 부유하지 않으며, 영속적이고 과감한 개성을 갖는다. '76단'을 그 내부로부터 결정짓는 것은 그 강인한 주관성과 주체에 있다.

⑨ '76단'은 관조하고 분석비평하는 자가 아니라 창조하고 파괴하는 자의 것이다. 그러나 우리는 우리를 보호하기 위해서 더욱 날카로운 손과 이빨을 가질 것이다. 올바른 정의나 진리보다 오해나 편견이 얼마나 무섭다는 것을 우리는 너무나 잘 알고 있다.

⑩ 우리는 이상과 같은 것을 달성하기 위해서 더욱 현실적이고 구체적인 제안들을 마련할 것이다. 진정으로 꿈꾸는 자야말로 헛된 꿈을 꾸지도 않는 법이다.

20 〈'76'소극장과 열린 연극의식의 터〉,《공간》1988년 6월호, 129쪽.

는 고유한 숙제였다. 연극이 어떻게 되더라도, 기국서가 강조한 것은 "실존적인 자율의식으로써 극단의 운영, 단원들끼리의 대화 통로를 마련하고, 극단이 민주적인 구조체가 되기 위한 자율성"[21]이었다.

3. 작품의 속, 작품의 바깥

기국서가 대부분 쓰고 연출한 작품들의 경향은, 덜 알려진 작품들을 보아도 다음과 같다. 소외된 계급의 삶과 죽음(〈미아리 텍사스〉), 정치와 권력 그리고 억울한 죽음과의 관계(〈햄릿 시리즈 1~5〉), 죽은 말의 존재와 기능(〈관객모독〉〈지젤〉〈개〉) 등이다. 그의 연극 스펙트럼은 연극과 죽음을 통한 일상성의 해체에서, 죽음과 같은 부정의 언어를 통한 새로운 창조행위로까지 이어진다고 할 수 있다.

기국서가 연출해서 잘 알려진 연극 〈관객모독〉은 좌절된 세계의 현실을 말들의 의미를 넘어서서, 말들을 왜곡해서 드러내는 작품이다. 그것은 세계가 허구처럼 전복되어 있을 때, 말 역시 진실을 담아낼 수 없는 죽은 언어라고 여긴 결과일 터이다. 말은 단순히 허구로서 존재의 죽음, 죽은 세상의 존재를 드러내고 확인한다. 그의 〈관객모독〉은 살아 있는 말이 사라진 1970년대 후반 우리 사회의 죽은 풍경을 담고 있다.

말이 사라진 사회로 대변되는 현실에서 기국서의 연극은 말없는 행위, 행위 없는 말의 연극으로써 곧 죽은 사회를 대변했다. 말이 없는

---

21 앞의 글, 128쪽.

행위나 행위 없는 말이나 모두 정상적인 것이 아닌 죽음이나 광기에 속한다. 이 세계의 현실성을 부정하는 죽음과 광기의 연극이 〈관객모독〉이었다. 말은 내뱉자마자 사라지는 것처럼, 그 시절 삶이 그러했다. 이 작품에서 등장 배우들이 끊임없이 말을 내뱉는 것은 소멸해가는 존재를 확인하기 위한 몸부림이다. 말로써 죽음과 조응하고, 죽어가며 말함으로써 존재를 다시 태어나게 하려는 창조적 노력인 셈이다.

기국서가 연출한 작품 중에는 소홀하게 언급되는 것이 많은데, 1990년 바탕골소극장에서 공연된 〈미아리 텍사스〉(기국서 작)가 그러하다. 이 작품의 인물들은 모호하고, 내용의 전개는 애매하고, 무대 위의 오브제만이 상대적으로 분명해 보였다. 이 작품에서 기국서가 드러내는 인물들의 세속적인 욕망을 알 수 있게 한 것은 그마나 오브제들이었다. 공연 전체로 보면, 인물들의 대사는 난해하고 난삽하고 시적이었다. 그는 "분열되었고, 그것이 그를 확장하고, 그의 내부에 믿음이 확대되게 만들었"[22]다.

이 공연에서 그가 배우들에게 씌운 대사는 공연할 때마다 달랐다. 그래서 작품의 말미를 도저히 종잡을 수 없었다. 기국서는 76단의 정신적 지주와 같은 역할을 했던 터라, 그의 영향력은 극단의 공연 가운데 연출이 다른 작품에까지 크게 미쳤다. 〈지피족〉이 그런 예에 속한다. 이 작품에서 현실은 온통 허구로 보인다. 현실은 영화 촬영으로 대체된다. 무대에는 온갖 혐오스러운 냄새와 소품들이 가득하다.

기국서가 쓰고 연출한 작품인, 죽은 이들이 시체라는 인물로 등장하는 〈작란作亂〉(연극실험실 혜화동 1번지, 1993)과 일찍 늙어버린 몸

---

22 모리스 블랑쇼, 《미래의 책》, 최윤정 옮김(세계사, 1993), 111쪽.

의 세계를 표현한 〈지젤〉(바탕골소극장, 1994)은 분석되고 기록되어야 할 작품이다. 기국서의 생애에서, 1993~94년은 그가 가장 많은 작품을 한 해라고 볼 수 있다. 1994년에 첫 번째로 연출한 작품은 〈지젤〉이다. 발레 고전작으로 유명한 동명의 작품을 그는 등장인물만 빌려오고 이야기의 구조와 대사는 모두 스스로 새롭게 쓰고 연출했다. 엄격하게 말해서 이 작품은 기국서의 〈지젤〉이다. 이 작품의 공연과 동시에 역시 그가 쓰고 연출한 〈개〉가 대학로의 다른 극장에서 공연되었다.

두 작품을 관통하는 바는 이 시대를 어두운 시대라고 본다는 점, 등장인물들은 그 혼란의 와중에서 죽음을 노래하고 있다는 점이다. 그는 죽음을 생각할 수 없는 것, 표현 불가능한 것의 경험으로 여긴다. 그런 탓에 그의 〈미아리 텍사스〉 〈작란〉 〈지젤〉 〈개〉는 공통적으로 불투명하고, 불분명하고, 모호하고, 어둡고, 이해하기 어려운 작품이다. 일의성으로 해석하기도 어려운 작품이다. 모든 인물과 사물이 사라지는 연극이다. 무대는 거의 텅 비어 있고, 시간은 부재한다. 내용도 공허하다. 그 사이사이에 죽음이 현존한다.

3.1. 미친 세상의 풍경: 〈미아리 텍사스〉(바탕골소극장, 1990년)

〈미아리 텍사스〉는 미친 세상의 풍경을 담고 있다. 연출가 기국서까지 공연 중에 배우로 등장해서 아무렇지도 않게 미친 사람들의 소굴에 들어가곤 했다. 극작가 오태영은 이 시절의 기국서를 "흐릿한 눈동자로 몽상만 꿈꾸는 반건달"이라고 했다(위 공연 프로그램에서 인용). 1987년 서울의 봄, 그러니까 한국 사회가 민주적인 절차를 회복하는 시기에, 연극하는 이로서 밥값이라도 해야 한다고 말했던 기국서를 기억하고 있다고 했다. 그리고 기국서의 연극을 "자성의 소리" "어두운 종교예술의 비밀결사" "불온한 연극"이었다고 말한다.

기국서는 이 작품으로 미아리 텍사스라는 지역과 이곳에서 생활하는 사람들의 삶이 아니라 동시대를 호흡하는 우리 전체의 모습을 그리려 했다고 말하고 있다(프로그램에서 인용). 그가 이 지역에서, 그러니까 이 텍스트에서 바라보는 대상은 "생존현장 속 하부구조의 힘과 생존"이다. 진흙투성이가 되어 미아리 텍사스에서 살아가는 이들이 작품의 중심인물이지만, 맨 끝에 광인이 등장해서 니체의 아포리즘 같은 말을 하고는 어둠에 감싸인 이곳을 떠난다. 이 작품은 자신과 이 세계의 좌절을 확신하며 증언하는 도구처럼 보인다. 조직적인 공창지대의 이름을 그대로 딴 〈미아리 텍사스〉는 기국서 자신의 서술에 따르면 "동시대의 한 단면"이다.[23] 이 작품을 통해서 그는 삶이 아니라 살 수 없는 삶을 드러낸다. 작품 속, 살고자 하는 생존의 강인함보다 더 큰 것은 살 수 없게 만드는 사회의 암울함이다.

등장인물들 가운데 여성은 속칭 '매미'들이고, 남자들은 매미들을 돌보는, "의리는 좋은데 약에 약"(이하 겹따옴 안의 대사는 대본에서 인용한 것이다)한, "결국 혼자일" 뿐인 기둥이거나 지나가는 손님이다. '매미'들은 모두 "속에 열이 나 터질 것 같"고 "갈 데가 없는" "지푸라기라도 잡아야 할 텐데 아무것도 잡을 게 없어" 곧 "죽을" 존재들이다. 살아 있는 지금은 "어지럽고, 찢어지는 몸"을 지녔고, "죽으면 씻어지고, 죽으면 썩는"다고 믿는 "절규와 광란"의 존재들이다. 그들이 사는 세상은 "골목"과 같은 곳이고, "바람이 안 통"하는 곳이다. 경선

---

23 기국서, 〈미아리 텍사스〉공연 팸플릿에서 인용.

의 대사처럼, 이들의 "눈은 앞만 보는데, 눈에 아무것도 안 보이고 노래도 안 들리"는 어두운 세상이다. 이 미친 세상에서 이들이 꿈꾸는 것은 하나, 조용한 "배를 타고, 아무 소리도 안 내고, 계속 나가보는" 것이다.

미준: 눈이 하나는 우리를 보고, 하나는 하늘을 쳐다봐.
경선: 아냐. 하나는 땅을 보고, 하나는 우리를 보는 거야.

화정: …… 머리 위서부터 물이 주르륵 흘러내리는 것 같애. 그런데 조금도 시원하지가 않아. 더운물도 아니고 아니고. 아니 물 같지는 않아. 술인지 그게 뭘까? 그래서 그걸 덜어낼려구 그러는데 그러는데 안 되는 거야.

화정: 속이 뜨거워. 위가 뜨거워. …… 죽으면 씻어지겠지, 죽으면 썩는 거야. 썩어서 씻어내려갈 거라구. …… 그런데 시간은 점점 내게 다가와 죽음의 순간이. 몸도 무거워져…….

봉규: 사랑, 죽어가니까 사랑이란 말이냐. 살려니까 사랑이란 말이냐. 빌어먹을 사랑을 버리면 살아가고, 사랑을 주우면 죽어가고 그러는 거야?

영식: 어떻게 할까? 도망을 갈까? 아니면 …… 한 계단 올라서버릴까? 어떡하지? 도망을 치면 어디로 갈까? 갈 데가

없어. 저쪽도 안 되고, 이쪽도 안 돼. 갈 데가 없어. …… 아무도 없어. 아무도 없는 거야.

경옥: 나 좀 구해줘. …… 나는 견딜 수가 없어. 이렇게 떠선 안 돼. 숨이 가빠. 땅에 다리가 붙어야 할 텐데.

미준: 이상한 냄새, 빗물 냄새랑 섞여서 바로 이 냄새가 났던 거야.

봉규: (나와서 거울을 본다.) 너는 누구냐? 네가 누구냔 말야, 인마. 이름을 대. 이름, 그래, 나이는. 뭐라구? 이름이 없어? 나이도 몰라? 나 이런……. 그럼 너는 …… 말은 할 줄 아니? 듣기는 해? …… 그래 내버려두마. …… 그래 거기서 사라져라.

동일: …… 그냥 떨어지는 거야. 응. 그러면 땅이 이렇게 올라와. 순식간에 말이야. 까무러치면 죽는 거야. 그지, 이해가 가니?

극의 끝에 이르러 '광인'이 들어선다.

광인: 결코 아침은 찾아오지 않을 것이며, 밤만 있을 것이며, 그리고 밤에 익숙해져서, 새삼스럽게 아침을 증오하고 침을 뱉으며 새삼스럽게. 그리하여 지구의 자전은 서서히

멈추고, 모든 지구의 플라스틱이 덜커덩거리기 시작하고, 마침내 지구의 공전이 멈추어 태양이 도망가고, 모든 지구의 밤이 더욱 깊어져, 모든 밤 찬미자들이 더욱 기뻐 날뛰며, 급기야 인간들의 심장이 멈추어 피가 말라붙고, 살이 허물어져 뼈가 녹는다. (긴 사이 번개가 지나간다.) 썩은 것들이 활개 치면서 냄새를 풍긴다. 썩은 것들이 썩지 않고 더욱 활발해져서 그 곰팡내 나는 풀빵살이 죽처럼 세균을 퍼뜨리며 그래서 세계는 핵분열처럼, 원자폭탄같이 정신분열을 일으키고 있다. 끔찍하게 혼돈을 일으키면서, 그리하여 이 끔찍한 지리멸렬 가운데에서 죽을 때까지 증오심을 확대시키고 있는 것이다. (천둥이 친다.) 벽 너머에 벽이 있고, 철조망은 하늘을 덮었으며, 이끼는 목 밑에까지 자란다. 이 썩은 것들! 이 썩어 문드러질 것들! 너희들이 거름더미로 돌아가라. 너희들의 쓰레기 속에 묻혀라. (천둥이 친다. 광인이 죽는다. 죽어가며) 오, 이 아름다운 자연이여.

극의 맨 끝 대사는 "경옥: 놀다 가세요"이다. 이 아름다운 자연에서 놀다 가라는 것이다. 아니, 이 썩은 세상에서 쓰레기처럼 놀다 가라는 것이다. 몸을 굽혀서 우리의 팔을 잡아당기는 것이다.

3.2. 기국서와 시대의 불안: 〈작란〉(혜화동 1번지, 1991년)

〈작란〉의 무대는 "지하실 감옥, 시체 안치실, 어떤 곳이든 좋은, 죽은 자들이 진흙더미처럼 누워 있"는 곳이다. 전체적인 내용은 "죽은 자들의 유희"이다. 인물들은 "삶이란 정말 쓸데없다는 생각에 죽음의 세계로 들어선", "썩는 냄새를 풍기고" 맡는, "헛것의 세상"에 사는 이들이다. 시간은 죽은 자들이 자신들의 처소를 나왔다가 다시 들어갈 때까지이다. 그 시간은 "반짝이는 보석처럼, 깃털처럼, 쉴 틈도 없"는 "몽롱하고 흐릿한", 위태위태한 때이다. 이 작품은 죽음과의 만남이며, 끝나지 않는 죽음이 던지는 냉소이다.

이 작품이 공연되었을 때, 팸플릿도 없었다. 관객들이 극장에 가면 "이 연극은 장난이 아니다"라고 공연 포스터 위에 쓰인 글귀만 볼 수 있었다. 〈작란〉과 장난은 일종의 동어반복이며 음성적 말장난에 속한다. 현실을 비켜가는 장난의 연극은 어디에도 없다. 이 공연도 관객의 고정적인 시선과 상식을 훨씬 뛰어넘는다. 등장인물의 이름도 없고, 그럴듯한 상황도 없고, 서로 주고받는 대사도 없고, 다들 이리 뛰고 저리 뛰고 횡설수설한다. 언어가 해체되고 기존 연극문법의 중요성이 산산조각 난다.

이 작품의 제목은 장난이 아니라 '작란'이다. 〈지젤〉처럼, 비존재와 존재가 합일되고, 비존재가 존재로, 존재가 비존재로 이어지는 작품이다. 작품의 제목에는 장난이 아니라 그야말로 난亂을 만들어作 보이겠다는 그의 의도가 들어 있다. 이 작품의 공연은 '연극실험실'이라는 이름이 붙은 곳에서 이루어졌다.[24] 이 작품은 어렵게 하는 연극이다. 이것은 어려운 주제를 어려운 방식으로 전달하겠다는 것이 아니라, 연극의 저장과 전달 방식을 가장 연극적으로 표현하겠다는 뜻이다. 그러니까 이야기를, 그 이야기의 저장과 전달 방식을 배우의 몸에

---

24 연극실험실의 전통은 연극의 난리를 꾸미는 곳이다. 연극의 창조자와 그 권리를 분명하게 하기가 연극실험실의 좌우명이다. 그것은 아르토의 비신학적 무대를 교조로 받아들인 현대 연극의 여러 후계자들—예컨대 그로토프스키의 연극실험실—의 작업이 증명한다.

다 죽음처럼 고통스럽게 새기는 일이다. 배우를 통하여, 배우의 몸을 통하여, 죽음을 "체험하고 생각했다기보다는 자기 안에 지니고 있"[25]다는 뜻이다.

무대는 온통 검은색이고, 무대 중앙에는 땅바닥에 앉아 무릎에 고개를 처박은 채로 있는 종이 조형물이 검은색 컬러텔레비전 수상기와 함께 있다. 이 같은 조형물은 무대 좌우편에도 걸려 있다. 흰색을 띠고, 죽은 시신으로 해골과 뼈가 드러난 채 벽에 걸려 있다. 같은 형태의 또 다른 조형물 하나는 거꾸로 매달려 있다. 모두가 허무에 대한 인식을 드러내고 있다. 배우들의 의상은 하얀 상복이다. 극중 공간은 살아 있는 이들이 모이는 곳이 아니라 죽은 이들이 현실을 넘어서 온, 죽음을 소유한 지옥이다.

배우들은 이상한 몸짓을 반복한다. 이상한 말들이 그 몸짓 사이로 새어 나온다. 글로 적으면 띄어쓰기가 제대로 되지 않는 말들이 고장 난 스피커에서처럼 잘렸다 이어졌다 하면서 기어나온다. "흐릿해, 흐릿해서 좋아." "어쩐지 위-태-위-태 해" "시무룩했어. 시무룩하고 말이 없었어" "몽롱하고 흐릿해. 뿌옇고 흐릿해. 흐릿해서 좋아"라는 말들이 반복된다. 들리듯 들리지 않게, "웅성거림, 참을성 없는 중얼거림"[26]으로.

등장인물들은 모두 죽은 이들이지만 살아 있을 때의 이야기를 예언처럼 한다. 무대에는 죽은 이들의 죽은 자로서의 질서와 살아 있었을 존재로서의 질서가 켜로 층위를 이룬다. 그들은 노동하다가 죽은

---

25 모리스 블랑쇼, 앞의 책, 112쪽.
26 앞의 책, 139쪽.

이, 몸을 팔다가 병으로 죽은 창녀, 돈을 너무 많이 벌다가 심장마비로 죽은 여인들이다. 그들은 "정신 차려, 정신 차려. …… 책 속의 활자들이 개미처럼 일어났다. 모든 언어들이 웃는다. 그 개미들이 줄지어 말을 시작했다. 판단하고 새까만 군더더기 없는 말들을"이라고 말한다. 이런 말들은 일종의 예언이다. "말들이 예언적이 될 때, 주어지는 것은 미래가 아니라 …… 존재의 모든 가능성에서 떨어져 있는 현재이다."[27]

〈작란〉은 죽은 이들의, 그러니까 심각하게 죽어가라는 제의와 같다. 관객들은 시간을 초월한 제의에 참여하게 된다. 관객들은 죽은 인물들과 함께, 죽어감에 눈을 돌리라는 부름을 받는다. 죽은 인물들이 갑자기 켜진 텔레비전 수상기에서 나오는 상품 광고를 보면서 삶에 틈입하려고 열광하고, 그렇게 존재한다. 배우들은 죽음의 아름다움이 아닌 살아 있었음의 회상으로 죽음의 고통이 배가되는 인물들로 존재한다.

관객들은 그렇게 죽음과 만난다. 배우에게 "오후의 햇볕으로 천천히 몸을 말려, 안으로 물이 흐르게 두어, 나뭇결로 스며드는 뿌연 내 영혼, 말라붙어가는 내 청춘, 눈이 떠지고 햇살과 나뭇결이 내 몸을 다시 살린다. 목소리, 발바닥 소리, 공기의 정적의 흐름이 목덜미, 가랑이, 발가락 사이를 맴돌고 흐른다"와 같은 말들은 얼마나 어려운 일인가? "헐벗은 불모의 땅"[28]과 같은 공간에서 살아 있는 인물이 아니라 죽은 인물들의 살아 있을 적 아름다움과 살아 있었음을 회상하

---

27 앞의 책, 128쪽.
28 앞의 책, 129쪽.

고 예언하는 배우로 존재하기 때문이다. 예컨대 죽은 인물들을 맡은 배우들의 연기는 모방적인 행위, 그 전통적인 연기방식과 구별되어야 했다.

단절된 시간 속, 죽은 이들의 읊조림을 위해서, 그 세계의 풍경을 위해서 기국서가 강조한 배우들의 저장과 전달 방식은 느리게 반복하는 말과 움직임이다. 짧은 외마디, 반복되는 단절된 말과 행위가 이 작품의 주조를 이룬다. 반복과 단절과 느린 행위는 정상적인 말의 연속, 그리고 속도의 변형을 가져다준다.

"가장 편하게 누워서 시선을 고정시킨 채 입만 벌려 호흡으로 말하련다. …… 말이 없을 때는 땅 바로 위의 …… 의식과 무의식도 없고, 즉흥도 없다. 죽음 같은 생명이 있다. 시작되는, 말하자면 시작하기 직전의 고요 같은 부동이다. 그것이 숨을 쉬고 있으며, 그것이 폭발을 내재하고 있다. 투명해서 좋아! 아 가벼움처럼, 아 부드러움처럼, 아 간지럼처럼, 비듬처럼, 설렘처럼, 부끄러움처럼……." "어떤 역사가가 말하기 시작했다. 땅 위를 기던 그것들이 산 위로 올라가기 시작했다. 절벽에 서서 절벽에 서서 말하기 시작했다."

이렇게 해서 등장인물들이 "갑자기 하나의 인간에서 다른 인간으로 변모한다."²⁹ 〈작란〉 속에서 변형되는 것은 죽은 이들이 아니라 이들을 보는 살아 있는 "위태위태한" 관객들이며, 기국서가 놓여 있는 "그럴 리가, 그럴 리가, 그럴 리가" 없는 한국 연극의 현실이며, "죽은 자도 당황하는" 이 땅에 사는 "무엇을 해야 할지 잊어버린 듯한" 이들이며, 정화되는 것은 지쳐 있는, 이 모든 것이 "이해가 가지 않는, 심장

---

29 앞의 책, 131쪽.

이 터질 것 같은, 눈물을 철철 흘리는, 급기야 고독 속에 휩싸여, 완전한 고요 속에 휘말려, 마네킹처럼 철로 위에 누워, 차갑고 빠른 빛의 소리를 듣"는 연출가 자신의 절망스러운 언어이다.

3.3. 죽음이란 죽어 다시 이 세계에 내던져지는 것. 나 혼자: 〈지젤〉(바탕골소극장, 1994년)

기국서가 1994년에 첫 번째로 내보인 작품은 〈지젤〉이다. 동명의 발레 고전으로 유명한 작품을 그는 등장인물만을 빌려오고 이야기의 구조와 대사는 모두 새롭게 쓰고 연출했다.

기국서는 현대성을 가증할 만한 욕망으로 해석한다. 그는 그 욕망에 의해 고통스럽게 죽어가는 인물들을 내세우면서, 죽은 인물들을 무대에 등장시켜 왜곡된 언어와 정신들을 섬뜩하게 드러낸다. 죽음이 모든 이들을 구별 없이 사로잡는다. 그렇게 함으로써 그는 현실의 왜곡, 그 깊이와 넓이를 줄줄, 속속들이, 숨 가쁘게 보여준다. 그의 연극은 마치 가쁘게 기어오르는 숨결 같다. 단 한 번의 숨결을, 그 숨결이 끊어지는 순간을, 그럼에도 불구하고 세상의 넌덜머리들을 몸과 언어에, 끊임없이 '말'에 싣는다.

앞서 언급한 것처럼, 1993~94년은 기국서가 〈작란〉을 비롯해 〈지젤〉과 〈개〉에 이르는 공연을 통해, 그의 삶에서 가장 왕성하게 작업하던 때이다. 위의 세 작품은 각각 독립된 작품이면서도 동시에 같은 맥락을 취하고 있다. 공통적인 맥락은 등장인물들이 죽음이라는 절대에 내맡겨져 있다는 점이다. 기국서의 이 세 작품에는 삶의 이곳과 저곳의 구별이 없다. 삶의 저곳과 같은 죽음은 이곳에 있기 위한 또 다른 방식이다. 인물들은 벗어날 수 없는 죽음의 지대에 있다. 〈지젤〉역시 죽음으로 파고들어가 죽음을 향한 욕망과 죽음에 대한 유혹을 전해준다.

〈지젤〉의 등장인물들은 알브레히트, 힐라리온, 지젤, 광녀이다. 알브레히트는 어두운 세계관 탓에 일찌감치 삶이 마모된, 늙어버린, 자신의 존재가 변형된 인물이다. 스스로 밝히길, 그는 "이 세계를 혼란스럽게 하려고 태어난", 이 세계가 혼란스러워야 생기가 나는 "검은 영혼"의 인물이다. 그가 정신에 상처를 입은 인물이라고 한다면 힐라리온은 몸에 상처가 많은 인물이며, 나중에는 미쳐서 과거와 현재를 왔다 갔다 하는 인물이다. 지젤은 미래가 없는 시선을 지닌 인물이다. 광녀는 미친 정신을 지닌 닫힌 존재이며, 섹스와 죽음의 상징이자 도발의 화신이며, 다른 인물들을 죽음의 세계로 유혹하는 인물이다. 지젤 역시 죽음의 세계에서 춤을 추는, 그 고통을 춤으로 드러내는 인물이다. 이 모든 인물들은 공통적으로 죽음이라는 가증할 만한 욕망의 소유자들이다. 그리고 그들이 사는 세계는 혼란의 와중이다.

기국서는 〈지젤〉 원작의 인물들을 오늘이라는 절망의 동굴 속에 넣기도 하고 동시에 과거의 패러디 속으로 내던지기도 했다. 이들은 영원하게 살지 않으려 한다. 그들은 젊은 나이에 희망을 잃고 죽음을 배운 늙어버린 인물들이다. 그래서 서로가 서로에게 말하지 않는다. "어떤 다른 시간과 공간에서 존재"하는 이들의 대사 대부분이 관객을 향하고 있다. 죽음이 억울해서 아니라 죽음이라고, 내가 바로 죽음의 언어라고 진정하게 말하는 것과 같다.

대사는 때로는 호흡이 짧은 단문으로, 때로는 쉼표와 마침표 없이 멈추지 않고 줄줄 흘러간다. 불현듯 의식이 어느 언어에 걸리면 그때 긴 호흡이 이어진다. 예컨대 "이 사회의 간질간질한 …… 습자지처럼 얇은 …… 안개처럼 흐릿한 …… 위선과 …… 도덕관념과 …… 이 사회의 모호한 책임 회피를 …… 그런 것이 갑자기 생각난다" 같은 대사문이다. 따라서 관객 처지에서 들으면 이런 대사들은 목소리로만, 소리의 울림으로만 접수하게 된다. 등장인물들은 목소리로, 그 목소리에 열광해서, 사라지는 목소리의 끝을 뒤이은 목소리로, 더 큰 목소리로 사라지고, 모든 소리를 의심해서 끝내는 자기 자신마저 의심한 나머지 스스로 목소리가 되어 광포하게, 더 발악하며 사라진다.

알브레히트와 힐라리온, 그리고 광녀는 철저하게 목소리로 유혹한다. 알브레히트는 "북창동 골목에서, 신촌 네거리에서 눈을 번쩍번쩍 크게 뜨고, 사냥감을 찾는" 존재이다. "도발의 화신"인 광녀는 "나는 미친 정신이다"라고 말하는 존재이다. "힐라리온 상사의 대표"인 힐라리온은 경제적 사냥꾼이면서 "가끔씩 죽음의 그림자를 느끼"는 존재이다. 목소리로 자신을 발견하고 조롱하고, 기쁨의 존재로 증오의 존재로 고통과 불안에 함몰된다.

반면에 지젤은 몸으로 유혹하고 유혹을 체감한다. 지젤은 몸으로 춤을 추면서 사라지는 고통을 육화해낸다. 몸을 날려 위로 사뿐히 오르지만, 이내 가볍게 경쾌하게 그러나 추락한다. 공중에 잠시 떠 있는 지젤의 몸은 목소리처럼 머무르다 사라진다. 지젤의 고통은 몸의 추락에 있다. 그녀의 절망은 춤을 추는 몸이 결국은 상승하지 못하고 땅으로 내려오고 만다는 사실에 있다. 그러므로 그녀는 절망할 때 더욱 더 몸을 놀려, 발을 굴러 위로 오른다. 가능한 한 길게 그곳에 머물기 위하여. 그녀는 고통을 길게 하고 싶은 것이다. 고통이 끝나면 바로 죽음으로 이어지기 때문에 그녀는 연장하고 싶은 것이다. 죽음이 아니라 고통을 가능한 한 길게, 반복하며.

이 작품에서 인물들의 대사는 짧은 단문으로, 종결어미가 모두 '~다'로 끝난다. 배우들의 몸은 죽은 몸으로, 모두 벌거벗은 몸이다. 죽은 이들이 지옥에서 최고의 마지막 욕망을 드러낸다. 그것은 죽은 이의 벗은 몸 보기이다. 그것이 광기이며, 유혹이며, 죽음의 모습이다. 이곳에서 짐승과 인간의 이야기는 구별되지 않는다.

인물들 가운데 힐라리온은 위(63빌딩, 구조, 설비)를 향하고, 알브레히트는 아래로 향한다. 말들이 갔다 오는 것처럼. 살아 있는 몸은 가벼움의 춤이고, 죽음은 굳어진 몸이다. 알브레히트가 죽어갈 때, 죽음의 문턱 너머에서 지젤이 춤을 추며 몸을 상승한다. 허무한 낭만에 고요한 신비가 보태진다. 전체적으로 〈지젤〉에서 소유본능은 힐라리온에게서, 파괴본능은 알브레히트에게서, 신들린 복종은 지젤에게서 발견된다.

알브레히트의 말대로, 이 세상은 병원이 시체가 되고, 모든 의사가 환자가 되는 곳이다. 하수구에 시체들이 떠다니는 곳이다. 이러한 죽음의 세계에서는 인물들이 서로 마주 보지 않는다. 이것이 죽음 이후의 불행이다. 죽어가는 몸이 춤추는 몸을 향한 대사, 그것이 춤이다. 죽어서 다시 태어나는 것이 춤의 구원이다. 기국서는 이렇게 말한다. 죽음이란 죽어 다시 이 세계에 내던져지는 것이라고, 그것도 나 혼자로.

3.4. 미친개의 상상력 : 〈개〉(충돌소극장, 1995년)

〈개〉(이 작품은 발표되지 않은 희곡으로, 공연 때 배우들이 갖고 있던 텍스트에서 대사를 인용했으며 " "로 표기했다) 는 사람과 개의 대화이다. 사람이 개가 되고, 개가 사람과 차이 없이 말을 한다. 사람의 추락이고, 개의 소멸이다. 〈개〉의 대사는 추락과 소멸 속에 부여된 소리들이다. 1장에서 개는 무대 위로 등장하지만, 등장인물인 도베르만 핀셔라는 개의 말들은 전광판에서 문자로 흘러나온다. 개의 주인과 개 사이는 서로 대화가 통하지 않는다.

극의 맨 처음, 개의 주인은 친구의 전화를 받고, 그 친구가 점점 작아져서 쥐가 되었다는 말을 듣는다. "점점 작아져서 …… 찍찍거리면서 돌아다니다 …… 수챗구멍 쪽으로 겨우 기어가서 그 구멍에 첨벙 빠지니까 그때서야 겨우 편해져서 가쁜 숨을 몰아쉰" 쥐 된 친구의 말들을 관객들에게 전한다. 그것이 개가 된 인간의 파멸이고, 인간과 대화하는 개가 완수해야 되는 임무처럼 보인다.

서른여섯의 평범한 가장인 개 주인의 친구는 아무 이유 없이 쥐가 된다. 그리고 주인공은 개가 되기 시작한다. 그가 "짖는 소리는 점점 인간의 언어에 가까워진다." 그 후 2장부터 개가 된 주인공과 개의 언어들이 겹으로 흐른다. 예컨대 이런 식이다. 개가 된 주인공이 "그렇지 자유! 개가 된다는 것은 사람들이 지고 있는 모든 어깨의 짐을 벗는다는 말이 될 것입니다"라고 말한다.

같은 순간 전광판에서는 개의 의식이 말로 전해진다. "개도 외롭다. 늑대만 외로운 게 아니다. …… 저쪽에 들개가 보인다. 들개는 자유로울까? 외롭지는 않을까. 누군가에게 밥을 얻어먹는다면 그만큼 자유로울 수 없다. 그것은 역사의 진리다. 밥 얻어먹으면 구속된다. 그렇다. 그러나 그렇다고 하더라도 정신은 자유로워야 할 텐데……. 정신의 자유야말로 진짜 자유가 아닐까?"처럼. 개는 "미친개는 …… 게거품을 일으키다가 바로 죽는다. 나는 미친개가 아니다"라고, 자신의 "사색은 건전하고 때로는 안개처럼 우수에 젖기도 한다"고, "나는 미친개도 관심이 간다. 비판력이 없어진 개들이 미친개다……. 자제력이 없어진 개들이 미친개다. 그러나 미친개들은 상상력이 풍부하다. 상상력이야말로 이 세계를 구원하는 것은 아닐까? …… 비논리를 논리로 바꾸어주는 것이 아닐까? …… 왜곡된 세계를 바로잡지는 않을까?"라고, "무서운 속력으로 돌진하면 미친개다. 무서운 눈으로 쳐다보면 미친개다"라고 말한다. 이런 대사들은 인간의 불가항력적 추락, 그 추락 속에 파멸하는 모습들을 드러낸다.

4장에 이르러, 개가 된 주인공은 암캐를 만나 사랑하고, 개는 "개들은 땅에 엎드린다. 더로 드러눕는 개들도 있다. 개들도 권태가 있다. 한밤중에 일어나려고 일어나서 눈을 빛내려고 눈을 빛내서 오랫동안 잊고 있던 달빛을 보고 들개처럼, 늑대처럼 달빛을 보려고 한밤중에 눈을 뜬다. …… 태양 아래서 개들은 혓바닥을 헐떡거리며 태양을 증오한다. …… 때론 개들은 웃는다. …… 너무 기가 막혀서 소리도 안 내고 웃는 것이다"라고 말한다. 개 주인이 새 여자를 만나 동거하면서 쾌락을 나누는 동안, 개는 "개들은 관념적이다. 개들은 한밤중에 공연히 짖는다. 개들은 귀신을 본다. 개들은 바람 소리를 듣는다. …… 개는 귀신을 보고 짖고, 땅두더지는 땅을 파고 다닌다"고 말한 뒤 무대를 빠져나간다.

그 후 개가 된 주인과 새 여자 사이에서 점박이 새끼가 태어나고, 아내는 그의 곁을 떠나고, 새 여자와도 헤어진다. 그 뒤로 그는 타락하고, 불구가 된다. "무시무시한 공포, 얼어붙을 듯한 충격, 사랑의 배신으로 인한 황량한 가슴! 납덩어리 같은 무거움" 속에 빠져 살게 된다. 그리고 개장수가 되어, 투견장에 있게 된다.

같은 사이, 개는 "나야말로 진짜 개다. …… 우리는 몇천 년간 인간들을 관찰해와서 인간들보다 더 확실하게 너희 인간들을 묘사할 수 있다. 너희들은 아직까지도 너희 인간을 묘사할 수가 없어서 와글거리고 떠들어대고 죽이고 살리고 예술하고 정치하고 역사하고 그러는 것 아니냐?"라면서 인간을 묘사하고, 평가하고, 비난하고, 교훈하고, 정의하는 독백을 한다.

여기까지가 1막이다. 이것이 기국서가 지닌 삶의 전망이다. 이렇게 동물인 개는 죽음에서 자유롭다고 인간에게 말한다. 기국서의 눈에는 개라는 인간의 변모, 그 죽음만이 보일 뿐이다.

2막의 제목은 '그들의 탈출'이다. 죽음으로부터의 탈출, 해방으로 읽히는 대목이다. 2막은 개가 된 주인과 개의 탈출로 시작한다. 주인은 이 순간에 "어느 순간 역사의 틈바구니에서 튕겨져 나왔다. 사생아들처럼 …… 모든 것이 느닷없이 무너지기 시작했다. …… 집이 날아가고 공동체가 깨어지지 시작했다. …… 사람들이 죽어가고, 그런 추락의 파편들이 암세포처럼 몰려왔다. 세계가 벌거벗은 겨울 숲처럼 검게 변하고 …… 우리는 이 플라스틱의 화려한 세계에서 버림을 받았다. …… 우리의 존재는 사람들에게 잊혔다. …… 사람들은 우리를 두들겨 패기 시작했다"고 말하고, 바닷가에서 "쓰레기와 공해를 버리고 나는 노래하는구나. …… 인간들의 이기심과 탐욕들이 보기 싫게 널려 있었지. 빈대처럼 자본주의가 온 거리를 돌아다녔지. 바퀴벌레처럼 후기산업사회가 온 집 안을 돌아다녔지. 몰지각한 평론처럼 …… 자유가 획득되었다. 정말 넓다. …… 잃어버린 세월은 비참해. 모든 기억은 참담하다"고 말한다. 죽음으로 외면해버린 삶을 읽는 장면이다. 그것은 극단적인 삶의 풍경이다. 한계와 같은, 동시에 진실과 같은, 우리가 지나쳐버린 삶의 모습이다. 기국서는 우리가 망각한 것이 죽음이라고 말한다. 우리가 이렇게 사멸하고 있다는 것을 말하고 있다.

그리고 바다에 폭풍이 인다. 폭풍은 삶이 부서지는 한계이다. 그 속에서 주인은 "지구의 반을 지배했고, 앞으로 나머지 반을 지배하려는 야심으로 가득 찬 콘크리트 횃불을 본다. …… 사막을 걷는다. 사람이 없는" 세상을 본다. 그 순간 개는 "주인 잘못 만나서 고생길로 들어섰다. …… 나는 무슨 죄인가. 나는 추운 건 자신 있어. …… 나는 대항하려 했으나 그가 그것을 말렸다. …… 한번 주인은 영원한 주인이다. …… 문득 내 친구 진돗개 생각이 났다. 글쎄 7개월을 헤매다가. …… 우리들은 거리에서 도망쳐서 바닷가에 도착했다". 극은 이렇게 교묘한 회피와 소망, 우연한 돌발성으로 끝난다. 개가 된 주인공이 아내의 전화를 받는다. "여보, 나 잠깐 개가 됐었어." 아내는 "당신 또 미쳤구려"라고 말한다. 그렇게 모두가 텅 빈 지점에 이른다.

3.5. 물과 연극: 〈관객모독〉(76소극장, 1976년)

모든 물은 바다로 휩쓸려 들어간다. 산의 눈물과도 같은 강물도 바다에 흡수된다. 과거처럼 바다는 모든 물이 모여들지만 넘쳐나는 일이 없다. 물이 모인 바다는 근원이다. 그곳에 오래된 연극이 있다. 그 끝은 침묵이다. 물의 침묵.

한국 현대 연극에서 물과 만나는 연극을 꼽으라고 한다면, 그것은 〈관객모독〉이다. 이 작품은 말이 물이 되어 폭포처럼 흘러내려 비수가 되어 관객들의 정수리에 꽂히는 연극이다. 이 작품은 연극의 근원을 되묻는, 언어가 물줄기를 거슬러 올라오는 것과 같은 연극이다. 연극이 물에 빠져 알몸이 되어, 그러니까 어떤 연극을 추방하고 최초의 연극으로 되돌아오는 매혹이다.

극단 76단과 기국서 작품들 가운데 〈관객모독〉은 상투적인 연극과 순진한 관객과 계몽적인 비평을 모독하는, 가장 많이 알려진 연극이다. 이 연극은 당대의 연극과 불화하는 연극이다. 40년 넘게 한국 연극의 변방에서 소외를 이겨내며 죽지 않고 있는 연극이다. 한국 연극의 현실은 "썩었고, 미숙하고, 천박하고, 상스럽고, 이기적이며, 소란스럽고 위태롭다"고 진단하면서 중심에 있는 연극들을 가짜라고 말하면서 해체하고 추락시키는 연극이다. 한국 연극은 관객들을 바보로 만드는 연극을 팔기 위하여 구걸하고 있다고 말하는 연극이다. 관객들로 하여금 극장을 천국으로 여기게 하는 교활함을 고발하는 연극이다. 그리고 자신들의 연극도 역시 가짜임을 고통스럽게 말하면서 자신의 존재마저 추방하는 연극이다. 연극이란 허구에서 새롭게 시작해야 한다는 것을 말하는 연극이다. 허구의 연극이 현실을 감싸고, 현실보다 훨씬 크다는 것을 증명하는 연극이다.

연극과 물은 나란히 있다. 이때 연극은 물로서 나체가 된다. 연극은 물처럼 자신을 벗어버려 뚜렷하게 부각시킨다. 물처럼 연극이 노출하니까 연극은 관객들의 시선을 요구한다. 그리하여 연극은 사회의 껍질을 벗어던지게 하는 의지이다.

〈관객모독〉은 극단 76단이 창단한 이래 지금까지 40년 동안 계속해오고 있는 공연이다. 40년 동안 해온 공연을 연장하는 실험이다. 신선한 것이 아니라 끊임없이 이어지는 실험처럼, 1976년부터 지금까지 극단 76단은 이 작품으로 한국 연극과 관객을 모독했으며 자신들을 학대했다. 그 한구석에 연출가 기국서가 홀로 자리 잡고 있다. 연극에 매혹되고 연극하는 이웃들과 함께, 가진 것 없이.

흔히들 연극에서 메시지를 전달하기 위하여 배우들은 지각 전체의 레퍼토리들을 두루 사용한다. 예컨대 손짓, 신체의 자세와 표현, 호흡, 양식화한 제스처, 강요된 침묵, 고정된 움직임, 놀이, 제의 양식 등을 사용한다. 이 작품에서는 이 모든 것이 부정되거나 거꾸로 행해진다. 사건을 재현하는 연극을 부정하고, 재현하는 과정에서의 언어의 허구를 숨김없이 드러내기 때문이다. 이것만으로도 관객들은 즐거워한다.

물은 흐른다. 물은 밤과 낮의 리듬처럼 서로 합쳐지고 흩어지고 넘쳐난다. 그리고 무정형이다. 밀려왔다 밀려가면서 사람들을 덮치기도 하고 무한히 확장되기도 한다. 〈관객모독〉은 서서 상대방에게 말하는 연극이 아니다. 배우들은 힘들고 어렵게 말한다. 말을 비틀고, 자신의 몸을 뛰게 한다. 그리고 말을 하되 달리한다. 말을 우회시키고, 말의 순서를 바꾸고, 쉽게 말하는 방식을 포기한다. 뛰면서 가파른 숨결을 몰아가며 배우들은 병든 한국 연극의 문법과 화법을 거부하고, 전투적으로 저항한다.

언어연극이라고 불리는 이 연극은 지금까지 합리적인 전통에서 이성의 우위를 전면적으로 부정하는 것과 같은 맥락을 지녔다. 〈관객모독〉은 연극을 허구적으로 재현하는 과정이며, 이것이야말로 언어학과 연극이 겹치거나, 서로 닮거나, 서로 일치하는 부분이라는 것을 말한다. 따라서 공연은 쉽게 파악되고 전달되는 연극과 언어에 대한 이데올로기적 폭압성을 경고한다. 이러한 이데올로기적 왜곡을 피하고 관객이 비판적인 태도를 견지하기 위해서는 필연적으로 모독을 받아야 한다는 것이다.

그리고 뻣뻣이 앉아 있는 관객들을 향하여 물세례가 이어진다.

모호하고 어렴풋한 세계에 대한 물세례. 관객들은 공연 끝부분에 물을 뒤집어쓴다. 물이 순수하고 단순하게 관객들을 공격한다. 물세례는 공연의 끝이지만 관객의 시초이다. 관객들이 다시 태어난다. 물에 빠져, 물에 씻겨 벌거벗은 것처럼. 물세례는 관객과 연극이 외피를 벗는 르네상스, 즉 다시re 태어남naissance이다.

〈관객모독〉은 모든 것이 위반의 코드로 이루어진 연극이다. 무대는 텅 비어 있다. 등장하는 배우들은 무대 위에서 패배할 수밖에 없는 싸움을 하고 있는 존재들이다. 새롭게 태어날 연극을 위하여. 물이 모인 바다는 결코 넘쳐나는 법이 없다. 흘러넘치는 일이 없다. 그것이 삶을 위하여 괴로워하고 번민하는 연극이다. 동시에 삶을 확장하는 쾌락의 연극이다.

4. 도발과 명상의 사이 — 2000년 이후 기국서의 성찰

연출가 기국서는 한국 현대 연극에서 아주 변별적인 자리를 차지하는 연출가이다. 그의 짧지 않은 연출 경력과 공연을 보자면, 그처럼 결여와 부재라는 고통을 연극으로 분명하게 드러낸 연출가는 드물다. 그러나 주목할 작품의 이력과 달리, 그는 평단에서 제대로 된 평가를 받지 못했다. 연출가 기국서를 다룬 평론은 그리 많지 않을 뿐만 아니라 그것마저 이단아·실험적·부적응자와 같은 이름으로 한정되어 있다.[30]

---

30 기국서뿐만 아니라 이 땅의 수많은 연극 연출가들과 그들의 작품이 비평이라는 글쓰기로

연출가 기국서가 비평의 대상으로 심도 있게 논의되지 못한 바를 언급하면 다음과 같다. 비평의 시각에서 보면 기국서의 연극언어는 반어적이고, 시적이고, 난해하다.[31] 관객을 향해 말하는 기국서의 연극 앞에서 비평은 새로운 논리를 찾는 노력을 해야 했다. 극의 논리적인 구조보다는 운문 형식의 텍스트를 통해 배우들의 시적인 담화로 말하는 기국서의 작품들은 기존 비평의 포충망에 걸려들기도 어려웠고, 논리의 이름으로 분석되기도 어려웠다. 기국서 연출세계에 관한 연구의 부재는 한국 연극 연출의 스펙트럼을 확대하고 연출가 연구를 다양하게 확장하기 위해서 매우 시급한 일이라고 할 수 있다.

덧붙이면, 기국서의 연극은 극의 구조에서 배우에 의한 미학적 태도를 존중하기보다는, 당대 사회의 정치적 억압과 사회적 불평등 같은 조건에 훨씬 더 많은 영향을 받은 산물인 터라, 기존의 한국 연극의 관례로 분류하는 것조차 어려웠을 수도 있다. 기국서와 '76단'의 작품에 대한 일반적인 비평보다는 작가의 참여, 관객의 수용이라는 데에 더 많은 비중을 두는 연극사회학적 비평으로 논의되어야 하는 이유는 여기에 있다.

아무튼 그는 동시대의 연극하는 동료들과 달리, 한국 연극의 제도권과 거리를 유지하고 있다. 더 분명하게 말하면 그는 소외되어 있

마무리되지 않은 것은 한국 연극의 발전을 위해서 우려해야 할 일이다. 이름 있는 외국의 연극 연출가를 보는 담담한 눈길과 아울러 한국 연극 연출가에 대한 절실한 논의는 한국 연극의 발전을 위해서 화급한 비평의 과제라고 볼 수 있다.

31 그 이유는 많겠지만, 크게 보면 그의 연극이 작가나 배우보다는 자기 자신의 사유를 통째로 드러내고, 관객을 염두에 두는 직접적인 발언과 연출을 고수하기 때문일 것이다. 반면에 기존의 비평은 작가와 배우에게 큰 비중을 두어, 공연작품에 대한 평가가 앞의 이 두 가지 요소에 따라 좌우되었기 때문일 것이다.

다. 그가 겉으로 내거는 것은 연극행위의 자율성인데, 그것은 그와 그의 연극활동 전체가 언제나 당대의 가치와 충돌했기 때문일 것이다. 그는 언제나 고립되어 있다. 고립은 한편으로는 좌절로 이어졌고, 다른 한편으로는 그를 순수한 존재로 되돌려놓는, 순수한 존재로 남겨놓는 미덕을 발휘하기도 했다.

연출가 기국서와 '76단'의 예술적 순수성은 현실을 부정하면서 꿈을 꾸는 행위에 있다. 그 결과 공연작품들은 거의 "보이는 세계와 보이지 않은 세계가 서로 충돌하고 서로 밀접하게 연결되어 있는"[32] 공간성을 띠게 된다. 현실에 몸담으면서 현실 밖을 꿈꾸는 이들의 연극은 현실을 인정하거나 회피하는 대다수 연극과는 달리, 음울하고, 광란적이고, 도발적이고, 때로는 치기에 가까울 정도로 나이브하다. 그런 이유로 '76단'의 실험적 공연은 미학적인 관심보다는 정치적인 관심이나 의식에 더 가까울 수밖에 없었다. 이를 가능케 한 것은 "소외된 젊은 의식이었고, 요즘 말로 하면 제도권 밖의 젊은 의식"이고 "민중의식과는 전혀 다른 일종의 서구 지향의 소小부르주아적인 의식"[33] 이 작용한 것이라고 스스로 밝히고 있다.

한국 현대 연극에서 영향력이 컸던 연출가들은 많다. 그중에서 연출가 기국서가 차지하는 자리는 매우 크되 독특했다. 그런데 2000년대에 들어 한국 연극의 기억에서 기국서는 거의 잊혀가고 있었다. 그가 연극을 하지 않고 어디서 무엇을 하고 사는지 알기 어려웠다. 간헐적으로 2인극 같은 소품들을 소극장에서 공연했지만, 그 공연들은

---

32 Arthur Adamov, *Ici et maintenant*, collection 'Pratique du théâtre'(Paris: Gallimard, 1964), pp.13~14.
33 〈'76'소극장과 열린 의식의 터〉,《공간》1988년 6월호, 129쪽.

1970~90년대에 그가 보여준 작품들과 크게 달라 보였으며, 관객들의 관심도 적었다.

그가 다시 연극으로, 극장으로 돌아왔다. 지난 2008년 4월, 그는 〈찬란한 오후〉(볼프강 바우어 작, 정민영 옮김, 스튜디오 76)를 연출했다. 무엇보다도 그가 다시 연극 연출을 한다는 것이 반갑기 그지없었다. 기국서는 한국 현대 연극에서 연출적 개성으로 보자면 첫 번째로 언급되는 연출가이다. 공연 프로그램에는 기국서가 "한국 현대 연극의 충격과 혁명이라 일컬어지는 작품세계"를 지녔다고, 극단 골목길의 대표 박근형이 말하고 있다. 그리고 "전위적인 연출가" "극단 골목길의 정신적 토양을 만들어준 선생님"이라고 덧붙이고 있다. 그만큼 그는 후배들에게 훌륭한 연출의 선배로 기억되고 있었다. 그를 따르는 후배들을 보자면, 그는 쉽게 연극을 그만둘 수 없는 처지가 된 것이다.

기국서가 연출한 작품 가운데 최근의 것이라고 할 수 있는 〈찬란한 오후〉는 오스트리아 극작가 볼프강 바우어의 작품으로, 잘 만들어진 줄거리도, 특별한 사건도 없다. 공연은 프로그램에 소개된 것처럼, 반복되는 일상을 지겨워하는 젊은이들이 어느 여름날 오후 방 안에서 두 시간 동안 벌인 모습을 담아낼 뿐이다.

등장인물들은 담배를 피우고, 음악에 심취하고, 술 마시고, 섹스하고, 무의미한 잡담을 하고, 운 좋게 얻어온 대마초를 피우다 싸우고, 그 와중에 뜻하지 않은 살인을 저지른다. 등장인물들의 말과 행동에서 진지함은 찾아볼 수 없다. 작가와 연출가는 오늘날 젊은이들이 할 수 있는 일은 사회에 저항하기보다는 음악과 영화, 그리고 마약을 즐기면서 그저 오늘을 견디는 것뿐이라고 말하는 것 같다. 그렇게 살 수밖에 없다고 말하는 것 같다. 공연을 보고 나니 1980년대 이후 사회와 젊은이들의 삶을 대하는 기국서의 태도는 변함이 없다는 것을 알게 되었다.

기국서는 이번 공연을 통해 "예술과 퇴폐의 경계를 무대 위에서 실험하려 한다"며 "등장인물들의 심리를 세밀한 부분까지 추적해 표현하면서 마치 영화의 클로즈업을 보는 느낌이 들도록 할 것"이라고 밝혔다. 이번 공연의 핵심은 '퇴폐'이다. 그의 말대로 공연은 변방에 있는 젊은이들의 일상과 전혀 다를 바 없었다. 공연은 젊은이들의 무의미한 일상에서 일어나는 우연스러운 일들과 돌발적인 사건들을 조각처럼 보여주지만, 연극의 의도는 그리 가볍지 않다. 이 연극은 겉으로는 우리의 일상을 그대로 보여주고 있지만, 겉면을 벗기고 숨어 있는 뒷면을 보자면 일상은 이유 없는 불안과 고독의 진열장과 같다는 것을 진술하고 있다. 등장인물들은 그림을 그리는 이, 시나리오를 쓰는 작가, 하릴없이 배회하는 이들이다. 그들은 한결같이 젊고, 똑같이 불안하고, 너나없이 충동적이다.

기국서의 연극은 그리 어렵지 않다. 관객들은 쳐다보다가 어느 순간 극중 이야기가 혹시 내 이야기가 아닌지 당혹스러운 경험을 하게 된다. 배우들의 연기라고 보이는 것이 점점 사라지는 순간, 관객들은 불안해진다. 관객들도 배우들처럼 자기 자신을 억압하고 있는 것이 무엇인지 진지하게 생각하게 된다. 기국서는 참으로 오랫동안 연극으로 사회적 억압과 싸우고 있었다. 그가 보여주는 연극 속 사회는 언제나 불안하고, 정체되어 있으며, 변화하지 않는 억압의 구조를 취하고 있다. 그는 배우들을 통하여 사회가 여러 가지 구속의 형태를 재생산하고 있다고 말하고 싶어 한다. 그 밑바탕에 폭력성이 잠재되어 있다는 것을 강조한다. 공연의 제목처럼, 겉으로는 찬란한 오후와 같은 일상이, 뒤집어보면 가장 어두운 심연이 된다.

이처럼 삶과 예술의 경계, 예술과 퇴폐의 경계를 연극을 통하여 보여주는 것이야말로 그가 젊은 날부터 해온 연출작업의 중심이라고 할 수 있다. 그런 모습을 오늘 다시 본다. 그런 면에서 기국서는 전혀 실험적이지 않은, 가장 연극다운 정형을 만드는 연출가임에 틀림없다. 그는 연극이야말로 삶과 길항하는 모순어법이라는 것을 말하는 기초적인 연출가이다.

기국서는 연극을 통하여 삶에 저항한다. 그가 힘들게 살았고 힘들게 살아가고 있는 것은 천성의 체질 탓도 있지만, 그가 추구하는 연극이 항상 현실의 원칙과 어긋나기 때문이다. 그의 연극과 마찬가지로 그의 삶도 공연과 함께 끝나지 않고 현실과 길항한다. 따라서 그가 연출한 공연을 이해하고 분석한다는 것은 그의 삶을 이해하고 분석하는 것과 같은 맥락이다.

공연은 시작되자마자 즉시 흔들리고 무너져버린다. 이것이 연극 예술의 특징이다. 사라진다는 것, 일회적이라는 것, 나약하다는 것, 저장되지 않는다는 것, 복사되지 않는다는 것, 사람의 몸으로 한다는 것, 하는 사람과 보는 사람이 같은 장소에 있다는 것, 글을 몰라도 볼 수 있다는 것이 연극과 극장의 원리이다. 관객이 연극을 보고 이해한다는 것은 연극 공연을 통하여 바로 자신의 몸이 내는 소리를 듣는 것, 곧 자신의 내면의 풍경을 읽는 것이다.

〈찬란한 오후〉가 그러하다. 앞서 언급한 바와 같이, 이 공연은 연극적이지 않고 너무나 일상적이다. 일상은 공연처럼, 공연은 일상처럼 가깝다. 사라진다는 면에서 삶과 연극이 같은 것처럼. 기국서는 극장은 어두운 곳이며 극장 바깥의 밝음과 대비되는 곳이라는 명제를 잘 아는 연출가이다. 그렇다. 그의 연극은 어둡다. 어떤 사회에서나 극장은 존재한다. 실외에 있는 극장으로, 실내에 있는 극장으로, 또는 원형으로 또는 사각형으로. 극장은 항상 변모해왔다. 극장이 있는 곳에 연극을 하는 이들이 모인 극단이 있다.

역사적으로 보면 극장은 고정적인 데 반하여 극단은 유동적이다. 한곳에 머무르지 않고 떠돈다. 우리의 남사당이 그렇고, 서양의 경우도 같다. 이를 유랑극단이라고 한다. 반면에 연극을 보는 관객들은 떠돌지 않고 한곳에 머무르는 이들이다. 이런 경우 누가 누구를 유혹하겠는가? 당연하게도 떠도는 자가 멈추어 있는 자를 유혹하기 마련이다. 옛날 유랑극단 시절 이야기를 들으면, 연극 한 편 보고서 보따리 들고 집을 뛰쳐나와 극단에 들어간 이들이 많았다. 연극에 매혹되었고, 연극하는 떠도는 삶에 유혹되었기 때문이다.

기국서는 〈찬란한 오후〉처럼 번역극을 연출하더라도, 작품의 내용을 우리의 삶으로 돌려놓는다. 그러니 굳이 번안이라고 말하지 않아도 될 것이다. 아주 친근하게 이름을 바꾸고, 내용을 덧붙이고, 극의 구조를 일상적으로 치환한다. 〈찬란한 오후〉는 먼 나라 이야기가 아니라 지금, 여기의 이야기로 탈바꿈한 공연이다. 기국서는 그런 가능성을 극장의 원리에서 찾는다. 모든 것이 가능하고 허락된 곳이 극장 공간이라는 것을 내세우면서.

그는 공연을 통하여 우리에게 왜 극장이 필요한가를 되묻고 답을 구한다. 밝은 곳에서 우리가 일한다면, 어두운 극장에서는 일하지 않고 놀고 꿈꾼다고 그는 말한다. 일하는 것이 효용을 얻기 위해 조건에 억압당하는 것이라면, 놀고 꿈꾸는 공간은 효용이 아니라 무용無用이고, 억압이 아니라 즐거움을 낳는 곳이라고 말한다. 극장에는 형태가 정해져 있지 않은 상상력이 존재하기 때문이다.

따라서 밝은 곳에서 소통하는 언어와 어두운 곳에서 소통하는 언어는 다르다. 달리 말해, 밝은 곳에서의 걸음걸이가 직립보행이라면, 어두운 곳에서의 그것은 몸을 뒤틀고, 뒹굴고, 기고, 뛰고, 날고 하는 짓이다. 당연히 기국서의 연극에는 후자의 몸짓이 더 많을 수밖에 없다. 〈찬란한 오후〉에서 배우들은 아무렇지도 않게 말하면서 불안에 떨고 있다. 젊은이들의 몸들은 정상이되 기형이다. 배우들의 말은 뜻을 지녔으되 갈피를 못 잡고 횡설수설한다.

기국서의 연극은 비틀거리는 발걸음과 같다. 배우들의 언어·표정은 반듯한 걸음걸이를 요구하는 교육과 상충한다. 뒤틀림으로 즐거움을 선사하려는 것이 기국서의 연극이다. 그리고 옷을 입어 몸을 가리는 것이 아니라 옷을 벗어 헐벗은 몸을 빛낸다. 그의 연극은 처음부터 포상과 훈장으로 존재의 상처를 가리는 일과 거리가 멀다. 기국서의 연극은 모든 존재와 사물의 상처를 드러내 그것들을 비춘다. 시인의 표현을 빌리면 "상처가 꽃이 되는"(정진규, 몸시 55) 것이다.

기국서의 연극은 학교라는 제도와 다르고, 교실에서 배우는 처지와 사뭇 다르다. 사물에 고정된 이름이 있다는 것, 고정된 쓰임새가 있다는 것, 사물은 고정된 자리에 놓여야 한다는 것과 크게 떨어져 있다. 그는 극장이야말로 자연적인 것으로 우회하기 위한 깊고 넓은 공간이고, 사유하고 꿈꾸며, 그것들을 드러내는 곳이라고 말한다. 사유하고 꿈꾼다는 면에서 극장은 모든 것이 가능하고 모든 것이 허락된 곳이라고 주장한다. 사회가 극장에 이 같은 기능을 부여한 것보다 더 크게 더 멀리, 극장과 연극이 이 같은 기능을 발휘해야 한다고 믿는다.

그런 면에서 그가 실천하는 극장에서의 꿈과 극장 바깥에서의 윤리는 서로 감시한다. 기국서의 연극을 보면, 사회는 부여하면서 극장을 감시하고 극장은 얻어내면서 사회를 반성하게 한다는 사실을 깨닫게 된다. 그가 보여주는 공연을 통하여, 극장 안의 꿈은 사회를 감시해서 반성하게 하고, 극장 밖의 윤리는 극장 안의 꿈을 가능하게 한다는 사실을 알게 된다.

연극 속 죽음은 움직이지 않아 고정된 것이기도 하고, 중단된 움직임movere이기도 하다. 그것이 연극의 순간moment이다. 죽을 운명을 타고난 메두사의 입을 크게 벌린 얼굴처럼, 공포로 울부짖는 죽은 신의 얼굴처럼. 일상의 아름다운 삶이 자유로움과 살아 있다는 행복의 사이라면, 죽음은 그 정반대, 즉 어둠 속에 빠지는 일이다. 연극 속 죽음은 인물들이 자신의 어떤 '사각지대'에 빠지는 일이다. 그때 인물은 비로소 절대적인 '혼자'가 된다. 기국서가 다시 의식을 붙잡고 연극할 때는 언제인가? 연극으로 다시 제 죽음을 증거할 때는 언제인가?

공연 목록

1976년 창단 공연 〈탕자 돌아오다〉 앙드레 지드 작 / 김태원 연출 - 연극인회관

1976년 〈구토〉 사르트르 작 / 김태원 연출 - 연극인회관

1976년 〈버드, 버드〉 L. 머피 작 / 김태원 연출 - 연극인회관

1976년 〈마지막 테이프〉 S. 베케트 작 / 기국서 연출 - 76소극장

1977년 〈니나 + 게오르크〉 A. 베르크만 작 / 기국서 연출 - 76소극장

1977년 〈環環〉 김상수 작·연출 - 76소극장

1977년 〈관객모독〉 P. 한트케 작 / 기국서 연출 - 76소극장

1978년 〈LUV〉 M. 쉬스갈 작 / 송승환 연출 - 76소극장

1978년 〈고도를 기다리며〉 S. 베케트 작 / 강능원 연출 - 76소극장

1978년 〈순장〉 김영덕 작 / 기국서 연출 - 76소극장(연극한판 80)

1978년 〈나비〉 김두삼 작 / 김일우 연출 - 76소극장(연극한판 80)

1979년 〈판각사의 노래〉 박제천 작 / 김창화 연출 - 76소극장(연극한판 80)

1979년 〈아름다운 사람〉 유진규 작·연출 - 76소극장(연극한판 80)

1979년 〈순장〉 김영덕 작 / 기국서 연출 - 76소극장

1980년 〈1980년 5월〉 오태석 작·연출 - 공간사랑

1980년 〈신파극〉 강계식 작 / 기국서 연출 - 공간사랑

1980년 〈기국서의 햄릿〉 셰익스피어 작 / 기국서 연출 - 국립소극장(서울비평가그룹 특별상)

1981년 〈요지경〉 이근삼 작 / 기국서 연출 - 실험극장

1981년 〈관객모독〉 P. 한트케 작 / 기국서 연출 - 실험극장(서울비평가그룹 연출상)

1981년 〈햄릿2〉 셰익스피어 작 / 기국서 연출 - 문예소극장(서울비평가그룹 특별상)

1982년 〈2인의 판토마임 콘서트〉 김성구 작·연출 - 세종소극장

1982년 〈통, 막, 살〉 무세중 작·연출 - 문예소극장

1982년 〈매호씨 거기서 뭐하는 거요?〉 김성구 작·연출 - 문예소극장

1983년 〈우린 아무것도 하지 않았다〉 남정희 작 / 기국서 연출 – 창고극장

1983년 〈관객모독〉 P. 한트케 작 / 기국서 연출 – 공간사랑(영희연극상)

1984년 〈햄릿과 오레스테스〉 셰익스피어 작 / 기국서 연출 – 문예대극장 로비

1984년 〈빵〉 오태영 작 / 기국서 연출 – 문예대극장

1985년 〈일어나라 알버트〉 바니 사이먼 작 / 기국서 연출 – 실험극장

1985년 〈미궁〉 F. 아라발 작 / 기국서 연출 – 어울림소극장

1985년 〈임금알〉 오태영 작 / 기국서 연출 – 문예소극장

1986년 〈관객모독〉 P. 한트케 작 / 기국서 연출 – 공간사랑

1986년 〈침묵의 감시〉 전기주 작 / 박근형 연출– 시민소극장

1986년 〈사진작가〉 김경원 작 / 기국서 연출 – 창고극장

1986년 〈로젠크렌츠와 길덴스턴〉 T. 스토파스 작 / 이길환 연출 – 창고극장

1987년 〈화혼제〉 김성구 작·연출– 창고극장

1987년 〈고도를 기다리며〉 S. 베케트 작 / 기국서 연출 – 문예소극장

1989년 〈관객모독〉 P. 한트케 작 / 기국서 연출 – 신선극장

1989년 〈습관의 힘〉 T. 베른하르트 작 / 박근형·김국희 연출 – 공간사랑

1990년 〈활활활〉 장효선 작 / 박동과 연출 – 동숭아트센터 대극장

1990년 〈햄릿4〉 기국서 작·연출 – 대학로극장(극단현대극장 제작)

1990년 〈미아리 텍사스〉 기국서 작·연출 – 대학로극장, 바탕골소극장

1990년 〈햄릿5〉기국서 작·연출 – 문예회관대극장(제작 극단신협, 한국예술평론가
　　　협회 연출상)

1990년 〈행위예술제 : 행동드림1〉 서승원 작·연출 – 공간사랑

1991년 〈지피족〉 공동창작 / 이주 연출– 대학로극장

1991년 〈춘향 1991〉 공동창작 / 박근형 연출 – 동숭아트센터대극장

1991년 〈작란〉 기국서 작·연출 – 혜화동 1번지

1992년 〈마네킨 작가〉 서승원 작 / 김국희 연출 – 공간사랑

1992년 〈행복한 나날들〉 S. 베케트 작 / 기국서 연출 – 엘칸토예술극장

1992년 〈고도를 기다리며〉 S. 베케트 작 / 김국희 연출 – 동숭아트센터 소극장

1992년 〈PLAY PLAY〉 S. 베케트 작 / 김국희 연출 – 혜화동 1번지

1995년 〈미친 리어〉 셰익스피어 작 / 기국서 연출 – 예술의전당 자유소극장

1996년 〈개〉 기국서 작·연출 - 충돌소극장

1996년 〈풍금이 있던 자리〉 신경숙 작/ 김종연 연출 - 떼아뜨르 굿누리

1996년 〈관객모독〉 P. 한트케 작 / 기국서 연출 - 강강술래소극장

1996년 〈아스피린〉 박근형 작·연출 - 강강술래소극장

1998년 〈지피족〉 공동창작 / 기국서·이성렬 연출 - 문예대극장

1998년 〈쥐〉 박근형 작·연출 - 혜화동 1번지

1998년 〈귀신의 똥〉 박근형 작·연출 - 혜화동 1번지

1998년 〈푸른 별 이야기〉 박근형 작·연출 - 혜화동 1번지

1998년 〈만두〉 박근형 작·연출 - 혜화동 1번지

1998년 〈목포의 눈물〉 장우재 작 / 기국서 연출 - 호암아트홀

1999년 〈훼미리 바게뜨〉 김낙형 작 / 기국서 연출 - 동숭아트센터 대극장(문화관광
　　　부 지원 선정)

1999년 〈쥐〉 박근형 작·연출 - 혜화동 1번지

2000년 〈물속에서 숨 쉬는 자 하나 없다〉 박근형 작·연출 - 강강술래소극장

2000년 〈대대손손〉 박근형 작·연출 - 아리랑소극장

2000년 〈나 하늘로 돌아가리〉 기국서 작·연출 - 단막극장

2002년 〈로베르토 쥬코〉 베르나르-마리 콜테스 작 / 기국서 연출 - 동숭아트센터 소
　　　극장

2003년 〈루나자에서 춤을〉 브라이언 프리엘 작 / 하일호 연출 - 게릴라소극장(문예
　　　진흥원 창의적 예술 지원 선정 / 서울연극제 출품작)

2003년 〈불어를 하세요〉 M. 쉬스갈 작/ 기국서 연출 - 연우소극장

2003년 〈선〉 오태영 작 / 김나연 각색 / 기국서 연출 - 국립극장소극장(서울문화재
　　　단 연극 지원 선정)

2003년 〈타이거〉 M. 머레이 쉬스갈 작 / 기국서 연출 - 낙산소극장

2004년 〈관객모독〉 P. 한트케 작 / 기국서 연출 - 대학로극장

2004년 〈관객모독〉 P. 한트케 작 / 기국서 연출 - 동숭아트센터 소극장

2004년 〈새벽부인〉 알레한드로 까소나 작 / 하일호 연출 - 연우소극장

2004년 〈행복한 나날들〉 S. 베케트 작 / 기국서 연출 - 낙산소극장

2004년 〈흐르지 않는 시간〉 호세 리베라 작 / 김국희 연출 - 청아소극장(서울문화재

단 연극 지원 선정)

2006년 〈관객모독〉 P. 한트케 작 / 기국서 연출 - 창조콘서트홀(극단 76단 30주년 기념 공연)

2006년 〈리어왕〉 셰익스피어 작 / 기국서 연출 - 아르코대극장, 국립극장 하늘극장, 사다리아트센터(극단 76단 30주년 기념 공연, 서울문화재단 연극지원 선정)

2006년 〈검둥이와 개들의 싸움〉 베르나르-마리 콜테스 작/ 김낙형 연출 - 블랙박스 소극장(극단 76단 30주년 기념 공연, 서울문화재단 연극 지원 선정)

2007년 〈랩 관객모독〉 P. 한트케 작 / 양동근 연출 - 스튜디오76, 클럽바나나

2007년 〈행인두부의 마음〉 정의신 작 / 기국서 연출 - 스튜디오76

2008년 〈늦게 배운 피아노〉 허성수 작·연출 - 스튜디오76

2008년 〈찬란한 오후〉 W. 바우어 작 / 기국서 번안·연출 - 스튜디오76

2009년 〈용산 의자들〉 E. 이오네스코 작 / 기국서 번안·연출 - 스튜디오76

2009년 〈12월의 그녀, 늦게 배운 피아노〉 허성수 작·연출 - 스튜디오76

2010년 〈목화밭의 고독 속에서〉 B. M. 콜테스 작 / 기국서 연출 - 연우소극장

7.
연극과
글쓰기의 실험

–

기국서의 미발표 희곡을
중심으로*

* 이 글은 〈기국서 연구: 한국 현대 연극과 죽음의 언어〉에 이은, 그가 쓰고 연출한 작품의 분석
론이다. 앞 글의 중심이 기국서와 극단 '76단'의 공연사라면, 이 글의 중심은 기국서가 1990년
부터 1995년에 이르는 동안 쓰고 연출한 미발표 희곡에 관한 구체적 분석이다. 이 두 편의 글에
서 몇몇 중복된 내용은 전체적인 이해를 위하여 그대로 두었다

......

당연의 세계는 물론의 세계를 길들이고

물론의 세계는 우리의 세계를 길들이고 있다.

당연의 세계에 소송을 걸어라.

물론의 세계에 소송을 걸어라.

......

—김승희의 시, 〈세상에서 가장 무거운 싸움〉

1. 현대 연극과 연극언어

20세기 현대 연극에서 연출과 희곡 글쓰기의 경계는 분명하지 않고 모호해졌다. 희곡에서도 이야기 또는 드라마의 역할은 줄어들고, 미디어를 통한 새로운 연극성들이 공연에서 드러나기 시작했기 때문이다. 고정된 텍스트를 대신하며 연극의 다양성을 부여하게 된 계기는 무엇보다 글쓰기의 변모와 미디어 언어의 확대라고 할 수 있다. 이런 현상은 연극이 연출가 중심으로 전개되고, 연출가가 희곡까지 쓰는 경우가 많아지면서 자리 잡은 경향이라고 할 수 있다.

희곡 텍스트의 영역 바깥인 무대공간은 연출가의 창조력이 집중되는, 연극성을 발휘하는 핵심 터전이 되었다. 특히 연출가가 쓴 희곡 텍스트는 무대장치와 오브제, 배우의 몸과 연기 방법에 관한 논의와 더불어 현대 연극의 큰 관심사로 부각했다. 상징주의와 초현실주의 연극에서처럼, 잔혹극과 해프닝·환경연극에서처럼, 연출가의 글쓰기는 다양한 이미지들과 더불어 관객들에게 의미 구축의 주된 방법이 되었다. 현대 연극의 이러한 현상들은 레만이 정의한 '포스트드라마 연극'의 한 경향이라고 할 수 있을 것이다.[1]

---

1 Hans-Thies Lehmann, *Le théâtre postdramatique*, tr. Philippe-Henri Ledru(Paris: L'Arche, 1999).

기국서는 연출과 글쓰기를 병행한 작가로, 한국 현대 연극에서 1990년대 이후 그가 차지한 역할은 매우 컸다. 그것은 한국의 현대 연극에서 급속하게 다가온 드라마의 위기, 그 가속화한 현상과 거기에서 벗어나려는 연극적 시도들을 그의 글쓰기와 연출작품을 통해 볼 수 있기 때문이다. 1990년대 초반에 쓴 기국서의 미발표·미완성 희곡과 연출작품에서 인간 상호 간의 관계와 갈등, 그리고 행위로써 갈등을 해소하는 드라마의 법칙은 찾아볼 수 없다. 그의 글쓰기는 타오르는 목마름으로, 신열로, 악몽으로 단숨에 써내려간 것 같다.

　기존의 문법과 어긋난 기국서의 연극들은 소극장에 맞게 크기가 작고, 인물들은 집요하고, 희곡 속 시간의 흐름은 황급하게 마구 달리기도 하고(〈작란〉 연극실험실 혜화동 1번지, 1993), 이야기는 막막한 곳으로 흘러가버리기도 한다(〈미아리 텍사스〉 바탕골소극장, 1990). 그의 연극은 극적 전개를 위한 적절한 시간과 공간이 존재하지 않는, 인간이 부재하는 미시 사회일 뿐이다(〈개〉 충돌소극장, 1994). 한마디로 기국서 연극에 등장하는 인물들은 제 모습을 잃어버린 존재, 즉 해체되어 소멸하고 있는 존재들이다. 그들의 삶은 불시에 끊어지고, 완결·종결과는 무관하게 불연속적으로 호명될 뿐이다(〈지젤〉 바탕골소극장, 1994). 죽은 이들이 시체라는 인물로 등장하는 〈작란〉과 아울러 일찍 늙어버린 몸의 세계를 표현한 〈지젤〉처럼, 기국서의 연극 속 인물과 세계는 이미 안으로부터 파열되고 있다.

　한편으로 기국서의 글쓰기와 연출 경향은 원형과도 같은 드라마 텍스트의 권위를 벗어나 무대, 즉 해체된 텍스트[2]의 확장, 새로운 텍

---

2 텍스트의 구별을 둘러싼 논의는 Egil Törnqvist, *Transposing Drama:Studies in Representa-*

스트로 볼 수 있을 것이다. 기국서의 글쓰기와 연극에는 원형은 없지만, 근원은 있다. 그것은 데리다의 표현을 빌리면 의존적인 "말로 환원되지 않는 (자생적) 무대를 꾸미는"[3] 것과 궤를 같이한다.

기국서의 생애에서, 1990~95년은 그가 가장 많은 작품을 쓰고 연출한 시기라고 볼 수 있다. 이 논문에서 다룰 기국서의 작품 네 편—〈미아리 텍사스〉(1990), 〈작란〉(1993), 〈지젤〉(1994), 〈개〉(1994)—은 그가 가장 왕성하게 활동하던 바로 이 시기에 쓰였고 공연되었다. 그리고 활자화하지 못한 채, 공연 후 사장되었다. 그가 쓴 희곡과 공연은 평가와 연구, 성찰과 반성의 대상이 되지 못한 채 미완성으로 남아 있다.

〈미아리 텍사스〉와 〈작란〉은 공통적으로 불투명하고, 불분명하고, 모호하고, 어둡고, 이해하기 어려운 작품들이다. 일의성으로 해석하기도 어려운 작품들이다. 연극 속 모든 인물과 사물들이 사라지고, 무대는 거의 텅 비어 있고, 시간은 부재한다. 내용도 공허하다. 그 사이사이를 삶을 한꺼번에 탕진한 죽음과 죽음에 관한 주술적이고 간결한 헌사들이 메우고 있다. 어두운 시대 속 인물들은 거의 모두 죽음을 운문으로 노래하고 있다.

1994년에 첫 번째로 연출한 작품은 〈지젤〉이다. 발레의 고전작품으로 유명한 동명의 작품에서 등장인물만을 빌려오고 이야기의 구조와 대사는 모두 그가 새롭게 쓰고 연출했다. 엄격하게 말해서 이 작품은 원작을 해체한 기국서의 〈지젤〉이다. 이 작품의 공연과 동시에 역

---

tion(New York: St Martin's Press, 1991), pp. 2~15.

3 Jacques Derrida, *L'écriture et la différence* (Paris: Editions du Seuil, 1967), p. 352.

시 그가 쓰고 연출한, 개라는 수의壽衣를 걸친, 개가 된 인간의 이야기 〈개〉가 대학로 다른 극장의 무대에 올랐다. 생각할 수 없는 죽음을, 표현 불가능한 것의 경험으로서의 죽음을, 기국서는 무대 벽면에 전광판을 걸어놓고, 인간이 아닌 개, 개가 된 인간, 즉 "탈육체화의 현상"[4]과 같은, 탈현재화한 실존과 결합시켜놓았다.

이 시대의 긴장과 불안을 복원한 기국서의 이 네 편의 작품들은 "말 이전의 언어를 되찾으려는"[5] 연극으로 이해할 수 있다. 이러한 시각에서 이 논문은 현대 연극의 새로운 글쓰기 형태를 보여준 연출가 기국서의 작품을 분석하는 것이다. 구체적으로 한국 현대 연극에서 연출가 기국서가 남겨놓은 흔적을, 그가 쓴 희곡과 공연들 가운데 덜 알려진 작품들을 통해 분석하려고 한다. 주제는 작품의 기원과도 같은 말들의 해체와 죽음, 억울하게 죽은 인물들의 불가능한 체험, 미디어와 춤 같은 새로운 연극언어의 확장에 관한 것이다.

2. 연극언어의 확장과 새로운 글쓰기

인류 활자문명의 종언처럼, 오늘날 사회는 유한한 생을 무한한 허구로 돌려놓으면서 그 생을 되새김질하는 인류의 재현문화를 점차 축소시키고 있다. 시간은 지속적으로 흘러가지만, 그것을 기록, 저장, 되새김질하는 재현문화는 상실되고 있다. 도살장에서 거죽이 벗겨져

---

4 심재민, 〈포스트드라마 연극의 수행성, 현상학적인 몸, 그리고 새로운 형이상학〉, 김형기 외, 《포스트드라마 연극의 미학》(푸른사상, 2011), 79쪽.
5 Jacques Derrida, *op. cit.*, p.352.

생을 마감하는 짐승처럼, 기억과 상상력의 확장인 책과 연극이 잊히고 있다.

연극은 오늘날 불안한 삶을 위한 받침대 노릇을 하지 못하고 있다. 글로 쓰인 책과 시간과 공간 속에서 이루어지는 연극이 제구실을 하기 힘들어졌다. 책의 소멸과 연극의 절멸을 드러내놓고 말할 수는 없어도, 도살장과 같은 도서관과 극장, 썩어가는 책과 기록으로만 남은 연극은 이 시대의 숨길 수 없는 외연이다. 연극언어의 변모는 연극이 생존하기 위한 내연이다. 현대 연극은 불안한 삶, 완결되지 않은 형식과 깊은 관계가 있다. 형식의 변모는 단순한 연속으로 산만하게 이어지기도 하고, 질서 없이 교체되기도 한다. 그 변화의 속도는 열정 pass/ion처럼 간다. 가서 되돌아오는 것이 아니라, 가서 어떤 방향pass으로 간다.

오늘날 현대 연극의 특징은 열정처럼 끝없이 가면서 서사적 긴장을 소멸시키는 것이다. 현대 연극은 사건들의 연대기를 해체하는 바람이며, 바람은 열정처럼 불고 싶은 대로 불면서 시간적 종말로 향한다. 현대 연극에서 형식의 변화, 그 탐색은 수수께끼처럼 답을 찾아 어디로 가야 할지 모르는 만큼 소멸과 가속화가 이루어져 복합적인 양상을 보인다. 시간이 해체되고, 사건들은 이야기되기보다는 나열되고, 하나의 구조로 완성되지 않는다.[6] 인물들은 그냥 내던져진 존재들이다.

---

6 이와 같은 현대 예술에서 종말과 예술가들의 해방을 둘러싼 논의는 작가에 대한 고통스러운 이해와도 같다. 이에 관해서는 김형기 외, 《포스트드라마 연극의 미학》(푸른사상, 2011);이브 미쇼, 《예술의 위기》, 하태환 옮김(동문선, 1999);아서 단토, 《예술의 종말 이후》, 이성훈 외 옮김(미술문화, 2004) 참조.

연극을 분석하는 일은 연극을 하나의 형식으로, 하나의 책으로 읽는 것에 비유할 수 있다. 연극은 세계를 하나의 공연으로 남김 없이 변형해 재흡수하는 것. 이를 위해서 연극 그 자체가 무엇인가가 아니라, 그의 연극 안에서 말하고 있는 사람, 연극하고 있는 사람이 누구인지를 인식할 필요가 있다. 왜냐하면 언어의 완전한 집결지는 언설의 소유자, 말하는 이이기 때문이다.

위에 언급한 기국서의 연극에서 시간의 흐름을 파악하기는 매우 어렵다. 등장인물들은 모두 정지된 시간 속에 내던져져 있다. 그리고 자신과 타인들의 죽음에 대해서 말한다. 죽음처럼 내던져진 인물들은 관념적인 언어로 일상을 아무렇지도 않게 말한다. 기국서는 이러한 해체된 언어를 통하여, 언어가 항상 말하는 것은 존재인지, 아무것도 말하지 않지만 침묵하지도 않는 연극은 가능한지, 연극에서 언어의 기능을 고스란히 드러내기 위하여 언어를 우회할 수 있는 방법이 과연 존재하는지를 실험한다. 기국서가 남긴 유일한 것은 그가 쓴 텍스트와 연출한 공연뿐이다.

연출가 기국서, 그는 1980~90년대에 왕성하게 활동한 뒤 2000년 이후로는 작품활동을 거의 하지 않고 있으며, 그의 개인적인 삶은 별로 알려진 바가 없다.[7] 2002년 이후에도 더러 공연을 했지만, 국내

---

7 1970년대에는 신촌에 있던 76소극장에서 〈관객모독〉 공연으로, 80년대에는 그의 〈기국서의 햄릿〉 연작(1981~90)과 베케트의 〈고도를 기다리며〉 같은 현대극으로 동시대 연극의 맨 앞자리에 놓였던 연출가이다. 그의 이름 앞에는 제도권 연극과 비제도권 연극의 구분이, 그의 이름 뒤에는 외인부대와 같은 아방가르드, 냉소주의와 허무주의 가득한 실험적 이단아, 언더그라운드의 대부 같은 이름들이 새겨져 있다. 1976년 이후 기국서와 극단 '76단'의 연극활동에 대해서는 안치운, 〈기국서 : 한국 현대 연극과 죽음의 언어〉, 한국연극학회 편, 《한국현대연출가 연구1》 (연극과인간, 2012), 117~151쪽 참조.

초연인 〈로베르토 쥬코〉(베르나르-마리 콜테스 작, 기국서 연출, 2002)를 빼고는 주목받지 못했다. 최근의 작품은 그가 쓰고 연출한 〈햄릿6, 삼양동 국화 옆에서〉(남산예술센터, 2012)였다.

기국서는 연극동네에서 잘 보이지 않는 작가이다. 그러나 기국서는 늙지 않는 연극작가이다.[8] 연극은 연극하는 이들에 의해서 그 태를 달리할 수 있지만 그 본연은 언제나 같다. 그러니까 달리 변모한 연극의 역사는 연극하는 이들의 삶의 역사에 가깝지, 연극 그 자체의 역사는 아닐 터이다. 기국서의 연극은 1980년대 이후 거의 달라지지 않았다. 그의 삶도 마찬가지였다. 그러나 기국서의 연극들은 삶을 상투적으로 반영하는 데서 멀리 물러나 있다. 기국서가 중심인 극단 '76단'은 1976년 이래 제도에 얽매이지 않고, 자기들이 세운 원칙대로 연극했던 집단으로 유명하다.[9]

기국서에게 당대라는 시점은 언제나 "혼돈의 세월"과도 같았다. 기국서 연극의 특징은 불안한 삶으로 아름다움을 배반하는 데 있다. 그는 기존의 연극 질서를 불편하게 한 것이 아니라 스스로를 괴롭히면서 자신만의 연극 질서를 세우고 실천했다. 기국서는 기존의 연극들에 대한 환상이 없었다. 정신의 밑바탕에는 폭력적이고 억압적인

---

8 기국서와 '76단'의 출발은 1970년대 한국 사회의 현실과 정면으로 대결하면서 이를 연극 행위로써 뛰어넘으려는 의지로 가능했다. 70년대 군부통치에 의한 정치적 억압과 극심한 사회 불균형 속에서 그와 그의 무리는 살아가는 고통, 아니 살아 있어야 하는 아픔을 지녀야 했다. 그리고 연극으로 자유로운 표현과 인간 존엄의 정신을 지켜야 한다는 도덕적 의무감을 지니고 있었다. 그런 태도야말로 연극하는 이들로서 당연한 의무임을 깨닫고 실천하려 했다. 이런 태도는 연극행위를 "미학적 관심보다는 넓은 의미에서 정치적 의식의 산물"로 만들었다. 〈76소극장과 열린 연극의식의 터〉, 《공간》 1988년 6월호, 128쪽.
9 안치운, 〈기국서 : 한국 현대 연극과 죽음의 언어〉, 한국연극학회 편, 《한국현대연출가 연구1》 (연극과인간, 2012), 117~151쪽.

사회에서 "불안정한 존재이면서 고뇌하는 영혼"[10]이 자리 잡고 있었다. 현실 사회에서 그는 본질적으로 무방비였다. 그것이 기국서의 글쓰기와 연출의 출발이자 종착이었다. 기국서 연극의 근원은 연극의 미래에 투신하는 자유로운 아나키즘이다. 그가 쓴 희곡 텍스트들이 장소와 상황에 맞게 가감할 수 있도록 쓰였지만, 출판되지 않은 채 사라진 까닭은 이와 같은 맥락에서이다.

현대 연극은 볼거리를 보여주어야 하는가? 아니면 이 세상을 바라보는 시선으로 존재해야 하는가? 어떻게 연극은 자신의 존재를 확인할 수 있는가? 아니면 확인시켜야 하는가? 연극은 저장되지 않은 말들이 모여 있는 장소이다. 연극의 말이란 살아 있고, 유일하고, 모방할 수 없는 말이다. 그 말들은 사회와 그 비극적인 정황들과 사람들의 고통과 원한, 사랑과 죽음을 이야기한다.

기국서 연극에 등장하는 기이한 인물들의 존재는 곧 정체성에 대한 도전과 같다. 기국서 연극은 세상의 질서와 인물들의 분열 사이에 놓여 있다. 기국서의 연극은 그러므로 새로운 연극이기보다는 흐름과 경향을 거슬러 원초적인 역할로 돌아가야 한다고 말하는 연극이다. 낮고 작은 극장으로, 기이한 배우의 몸의 아름다움으로, 말과 같은 순간의 제국으로, 산문이 아니라 운문의 글쓰기로, 최종적으로 말의 권위가 곧 이성이 되는 사회로.[11] 기국서는 그점을 깊이 생각하고 실천

---

10 앞의 글, 128쪽.
11 지금도 그렇지만, 기국서의 삶과 연극작업 속에는 현실을 긍정하고 한 계단씩 올라가는 그런 일상성이 없다. 현실의 제도와 질서를 무시할 뿐만 아니라 일상성이 요구하는 성실과 평온무사를 기대하지 않는다. 그에게 현실은 한번 뒤틀린 이래 변함없는 것으로 고정되어 있다. 그런 이유로 기국서의 연극들은 현실을 뛰어넘는 비현실적인 것에 속한다. '76단'의 첫 공연이 〈탕자 돌아오다〉인 것처럼 이들은 이 뒤틀린 세계의 탕아들이었다. 기국서와 '76단'의 연극은 현실의

한 연극작가라고 할 수 있다.

1990년부터 1995년 사이에 쓴 기국서가 쓴 희곡들은 섬세한 언어들로 가득하다. 그는 연극이 다시금 제(대로 된) 언어를 회복해야 한다고 믿고 실천한 연출가였다. 제대로 된 연극언어란 잃어버린 연극언어의 발견이면서 동시에 새로운 글쓰기의 창출이기도 했다.

연극을 정의하는 고전적인 수사는 "연극은 세상의 거울이다"라는 것이다. 이는 거울이 세상을 있는 그대로가 아니라 거꾸로 보여준다는 것을 뜻한다. 기국서 연극의 매력은 삶을 거꾸로 말하는 데 있다. 그의 연극에서 배우는 무대에 등장해서 이렇게 저렇게 살아야 한다는 것을 결코 교훈적으로 말하지 않는다. 오히려 그의 연극은 이렇게 살 수밖에 없는 지경과 저렇게 살아도 되는지를 보여주고 관객 스스로가 반문하게 한다. 기국서의 연극의 특징은 그 거울이 온전하지 않다는 데 있다.

이 시기, 그의 연극은 "모호성, 비연속성, 이질성, 비-텍스트성, 다원주의, 여러 가지의 약호, 전복 도착, 주제 및 주인공으로서의 행위자, 데포르마시옹déformation, 재료로서의 텍스트, 해체"[12]와 같은 포

뒤틀림, 그것에서 벗어나고자 하는 탕아들의 반항이다. 되돌아본 이 세계에 대한 그들의 최초의 대응은 두 번째 공연의 제목처럼 뒤섞인 세상에 대한 〈구토〉일 수밖에 없었다. 구토 증세는 미쳐버린 세계에서 미치지 않으려는 이들의 몸이 겪어야 하는 고통스러운 깨달음이다. 구토는 나중에 연극예술에서 생명의 바다와 같은, 그러나 현실에 침묵하는 관객들에 대한 모독으로 이어졌다. 기국서의 연극은 뒤틀린 현실의 일상성을 벗겨내는 터라 폭력적이면서 외설적이기도 하다. 말들의 허구, 현실과 허구의 모호한 구분, 말과 행위의 무의미함, 인물들의 광기 등이 이를 증명한다. 비이성의 이름으로 폭력을 정당화하는 사회 상황 속에서 이들의 저항하는 새로운 의식은 당연히 금기의 통로를 벗어나 외설적으로 보일 수밖에 없었다. 안치운, 〈기국서 : 한국 현대 연극과 죽음의 언어〉, 한국연극학회 편, 《한국현대연출가 연구1》, 122쪽.

12 김형기 외, 《포스트드라마 연극의 미학》(푸른사상, 2011), 27~28쪽.

스트드라마의 개념을 두루 지니고 있었다. 이 시기에 기국서 연극들
은 작고 낡고 허름한 극장에서 공연되는 경우가 거의 대부분이었다.
그곳에서 기국서는 "배우가 말쑥한 수건으로는 무대 바닥을 닦고, 걸
레를 가지고 자신의 영광스러운 몸을 문지르는 것",[13] 진실을 허구로
말하는 것, 스스로 정상이라고 믿을 때는 사리를 판단하지 못하다가
아예 미쳐버렸을 때 비로소 진리를 깨닫는 것 등과 같은 모순어법의
연극들을 창조했다.

2.1. 말들의 해체, 그 풍경

이 논문에서 다루는 기국서가 쓰고 연출한 작품들은 그동안 한
국 연극계에서 소홀하게 언급만 되었을 뿐, 논의된 바는 거의 없었다.
1990~95년에 쓰인 작품들인 〈미아리 텍사스〉〈작란〉〈지젤〉이 이에
속한다. 이 연극들은 공통적으로 미친 세상, 해체된 말들의 풍경을 담
고 있다. 등장인물들은 모호하고, 내용의 전개는 파편적이며, 무대 위
의 오브제만은 조각들로 해체되어 있다. "분열되었고, 그것이 그들을
확장하"[14]게 만든 인물들은 분명한 연결고리 없이 각자의 길을 가면
서 소멸하는 존재들이다. 그들의 대사는 난해하고, 난삽하고, 시적이
다. 기국서가 배우들에게 씌운 대사는 공연할 때마다 달랐다. 텍스트
는 공연할 때마다 쓰이고 소멸됐으며, 공연할 때마다 다시 조금씩 새
롭게 덧붙여지면서 생성되었다.[15]

기국서의 위 작품들 제목은 장소와 의도, 그리고 인물의 이름으

---

13 안 위베르스펠트, 《연극기호학》, 신현숙 옮김(문학과지성사, 1988), 274쪽.
14 모리스 블랑쇼, 《미래의 책》, 최윤정 옮김(세계사, 1993), 111쪽.
15 이 논문에서 겹따옴표(" ") 안에 인용한 대사는 초연 때의 대본을 따른 것이다.

로 되어 있다. 〈개〉는 인간이 갑자기 개가 되고, 개는 점점 인간의 언어를 구사한다. 거실이라는 구체적인 장소와 개라는 이름과 달리 이곳에서의 이야기는 온통 허구로 보인다. 〈개〉에서 말들의 해체는 일상의 파편적인 언어에서 시작된다. 〈작란〉의 무대는 온갖 혐오스러운 냄새, 소품들로 가득하다. 〈작란〉의 무대공간은 "진흙처럼 누워 있는" 시체들이 등장하는 "지하실, 시체 안치실"이다.

〈개〉〈지젤〉〈미아리 텍사스〉〈작란〉에서 이야기들은 이어지는 것이 아니라 불시에 중단된다. 분산되고, 말소된다. 〈작란〉은 죽은 이들의, 그러니까 심각하게 죽어가는 제의와 같다. 관객들은 시간을 초월한 제의에 참여하게 된다. 관객들은 죽은 인물들과 함께, 죽어감에 눈을 돌리라는 부름을 받는다. 이 작품은 죽은 인물들이 갑자기 켜진 텔레비전 화면에서 나오는 상품 광고를 보며 삶에 틈입하려고 열광하고, 존재하는 이들의 이야기이다. 그들은 죽음의 아름다움이 아닌 살아 있었음의 회상으로 죽음의 고통이 배가되는 인물들이다. 〈개〉는 개와 개가 되어 되돌아온 인간의 "개 같은 언어로 된 횡설수설"이다. 개는 죽은 인간이 되돌아온 유령인 셈이다. 이렇게 혼자 존재하는 속사屬辭와 같은 개는 〈미아리 텍사스〉에서 정상적인 질서와 이유를 뛰어넘는, 되돌아온 광인, 즉 익명적인 존재이다.[16]

1990~95년 기국서의 연극은 삶의 연극이 아니라 익명의 연극, 부재의 연극, 고통의 연극이라고 할 수 있다. 연출가 기국서까지도 "흐릿한 눈동자로 몽상만 꿈꾸는 반건달"[17]처럼, 공연 중에 이름 없는

---

16 이른바 유령학에 관한 내용인데, 이 부분은 서동욱,《일상의 모험》(민음사, 2005), 111~134쪽 참조.
17 〈미아리 텍사스〉공연 프로그램에서 인용.

배우로 등장해서 아무렇지도 않게 미친 사람들의 소굴에 들어가곤 했다. 극작가 오태영은 이 시기 기국서의 연극을 "자성의 소리" "어두운 종교예술의 비밀결사" "불온한 연극"[18]이었다고 말한다.

기국서는 〈미아리 텍사스〉에서 미아리 텍사스라는 지역과 이곳에서 생활하는 사람들의 삶이 아니라 동시대를 호흡하는 우리 전체의 모습을 그리려 했다고 말하고 있다. 그가 텍스트의 미아리 텍사스에서 바라본 것은 "생존현장 속 하부구조의 힘과 생존"이다. 등장인물들은 미아리 텍사스에서 살아가는 이들이고, 맨 끝에 광인이 등장해서 니체의 아포리즘 같은 말을 하고 떠난다. 〈작란〉에 이르러서는 기국서 자신과 이 세계의 좌절이 해체된 말들로 더욱 분명하게 드러난다.

이들 작품은 그가 절망적인 삶을 증언하는 도구인 셈이다. 조직적인 유곽의 이름을 딴 〈미아리 텍사스〉와 죽은 자들이 모여 있는 〈작란〉은 기국서 자신의 서술에 따르면 "동시대의 한 단면"이다.[19] 그 속에 사는 이들은 〈개〉에 언급된 "외로운 인간, 자유로운 늑대와 들개"로 각별해진다. 이 작품들을 통하여 그는 삶이 아니라 살 수 없는 삶을 드러낸다. 작품 속, 살고자 하는 생존의 강인함보다 더 큰 것은 이들을 살 수 없게 만드는 "책 속의 활자들이 개미처럼 일어나, 모든 언어들이 웃는"(〈개〉) 시체 안치실과 같은 사회의 암울함이다. 그 끝은 죽임과 죽음에 관한 말들의 표현에 이른다. 〈미아리 텍사스〉가 삶에서 죽음으로 가는 연극이라면, 〈작란〉은 삶과 죽음의 경계에 관한 연

---

18 〈미아리 텍사스〉 공연 프로그램에서 인용.
19 〈미아리 텍사스〉 공연 프로그램에서 인용.

극이다. 〈개〉는 공연 프로그램에 기국서가 쓴 글처럼, "정신의 자유"를 말하면서, "미친 척해서 왜곡된 세계를 피하려 하는" 이들의 연극이다.

이렇게 되기 전까지 기국서는 "미끈하고 싱싱하고 탄력이 있으며 명민하고 지적이고, 사색은 건전하고 때로는 안개처럼 우수에 젖기도 한, 아름다움에 반하고도 하지만 불의를 보면 몸을 불구덩이에도 던질 용기가 있"던 존재였다고 스스로 말한다. 그런 존재가 〈미아리 텍사스〉 끄트머리에서 "어떻게 할까? 도망을 갈까? 아니면 ……한 계단 올라서버릴까? 어떡하지? 도망을 치면 어디로 갈까? 갈 데가 없어. 저쪽도 안 되고, 이쪽도 안 돼. 갈 데가 없어. …… 아무도 없어. 아무도 없는 거야." "나 좀 구해줘. …… 나는 견딜 수가 없어. 이렇게 떠나선 안 돼. 숨이 가빠. 땅에 다리가 붙어야 할 텐데"라고 말한다. 〈개〉에서는 "비판력이 없어진 개들, 영향력이 없어진 개들, 자제력이 없어진 개들"처럼 되고, "무서운 속력으로 돌진하는 미친개, 무서운 눈으로 쳐다보는 미친개"가 된다. 〈미아리 텍사스〉에서는 "이름도 없는, 나이도 모르는, 말을 할 줄 모르는, 순식간에 까무러쳐 죽는 이"가 된다. 〈지젤〉에서는 "나는 내 존재가 부담스럽다. 나는 가끔씩 죽음의 그림자를 느낀다"고 말하는 이가 된다.

이와 같이 기국서 연극에서 드러나는 말들의 해체는 말들의 운문에 이른다. 그 절정은 〈미아리 텍사스〉 맨 끝에 이르러 종말을 뜻하는 '광인'의 출현이다. 광인은 삶과 죽음의 끝에 놓인 인물이다. 미래의 끝을 몰고 오는 광인의 말은 앞에 등장했던 인물들의 말들을 훨씬 초월한다. 그의 종말론적인 말들은 실현될 수 없는 것이지만, 말들의 매력을 최대한 담고 있다. 광인의 말은 그의 존재가 고정되어 있지 않을 때, 그의 말은 진술로서 최댓값을 지니게 된다. 이것은 설득하지 않는 말이면서, 자신을 보장받으려 하지도 않는 말들이 가진 의미의 무한함이다.

광인: 결코 아침은 찾아오지 않을 것이며, 밤만 있을 것이며, 그리고 밤에 익숙해져서, 새삼스럽게 아침을 증오하고 침을 뱉으며 새삼스럽게. 그리하여 지구의 자전은 서서히 멈추고, 모든 지구의 플라스틱이 덜커덩거리기 시작하고, 마침내 지구의 공전이 멈추어 태양이 도망가고, 모든 지구의 밤이 더욱 깊어져, 모든 밤 찬미자들이 더욱 가쁘게 날뛰며, 급기야 인간들의 심장이 멈추어 피가 말라붙고, 살이 허물어져 뼈가 녹는다. (긴 사이 번개가 지나간다.) 썩은 것들이 활개 치면서 냄새를 풍긴다. 썩은 것들이 썩지 않고 더욱 활발해져서 그 곰팡내 나는 풀빵살이 죽처럼 세균을 퍼뜨리며 그래서 세계는 핵분열처럼, 원자폭탄같이 정신분열을 일으키고 있다. 끔찍하게 혼돈을 일으키면서, 그리하여 이 끔찍한 지리멸렬 가운데에서 죽을 때까지 증오심을 확대시키고 있는 것이다. (천둥이 친다.) 벽 너머에 벽이 있고, 철조망은 하늘을 덮었으며, 이끼는 목 밑에까지 자란다. 이 썩은 것들! 이 썩어 문드러질 것들! 너희들이 거름더미로 돌아가라. 너희들의 쓰레기 속에 묻혀라. (천둥이 친다. 광인이 죽는다. 죽어가며) 오, 이 아름다운 자연이여.

무질서 속에서 새로운 질서를 말하는 광인은 일상적인 인물들이 존재의 변모를 겪은 후의 모습이다. 그는 일상의 시간, 집단적·개인적인 욕구를 초월한 세계를 말하는 존재이다. 속박에서 자유로울 수 있는 최댓값인 광인의 대사는 말들의 해체가 절망과 죽음의 산물이라는 것을 보여준다.

광인의 말에 빠져들려는 것이 그의 말을 듣는 주변의 존재들이다. 광인의 시적인 운문의 말과 이어지지 않는, 이 단절된 대사로 말들은 인물보다 더 초월적인 지위를 얻고, 삶의 풍경은 더욱 남루해진다. 〈미아리 텍사스〉의 맨 끝 대사는 놀랍게도 광인과 큰 차이를 보이는 세속적인 인물 경옥의 "놀다 가세요"이다. 기국서는 절망의 한복판에서도 삶의 궁극을 "이 아름다운 자연에서 놀다 가는" 것이라고 억지로 말한다. 그러나 그 말의 실제는 이 썩은 세상에서 쓰레기처럼 놀다 가는 것이다. 작품의 제목인 '미아리 텍사스'는 말들이 해체되어 다시 태어나는 종말론적인 지점이다. 시간을 제어할 수 없을 때, 남는 것은 놀다 가는 것이다.

이처럼 말들로 해체되는 풍경은 광인의 고유한 아포리즘처럼 가속화한 삶, 중심도 방향도 없는 삶의 역설일 뿐이다. 그와 같은 시적인 운문의 말들은 시간의 항해를 불가능하게 하면서, 수수께끼 같은, 모호함을 띤 말들을 낳는다. "······죽음 같은 생명이 있다. 모든 것이 시작되는. 말하자면, 시작하기 직전의 고요 같은 부동이다. ······ 아, 가벼움처럼, 아, 부드러움처럼, 아, 간지럼처럼, 비듬처럼, 설렘처럼, 부끄러움처럼 ······ 투명해"(〈작란〉에서 인용). 이처럼 말들의 시제는 현재이지만, 내용은 시간의 관계를 훨씬 초월해 시작하고, 이어지고, 돌아가듯 펼쳐지고 있다. 이것이 기국서 연극이 지니는 인물들의 본질적인 결핍이다.

〈지젤〉에서 인물들의 대사는 단문短文으로 종결어미가 모두 '~다'로 끝난다. "나는 이 세계를 혼란스럽게 하려고 태어났다"(알브레히트), "나는 미친 정신이다"(광녀), "나는 몸을 떨었다"(지젤). 이들은 죽은 몸으로, 모두 벌거벗은 몸이다. 죽은 이들이 삶의 모든 계산을 초월한 지옥에서 최고의 마지막 욕망을 드러낸다. 그것은 죽은 이의 벗은 몸 보기이다. 그것이 광기이며, 유혹이며 춤이라는 죽음의 모습이다. 이곳에서 짐승과 인간의 이야기는 구별되지 않는다. 인물들 가운데 힐라리온은 위(63빌딩, 구조, 설비)를 향하고, 알브레히트는 아래(숲, 죽음)로 향한다. 말들이 갔다 오는 것처럼.

벗은 몸과 춤은 이들을 더욱 높은 경지로 이끈다. 알브레히트가 죽어갈 때, 죽음의 문턱너머에서 지젤이 춤을 추며 몸을 상승한다. 살아 있는 몸은 가벼움의 춤이고, 죽음은 굳어진 몸이다. 허무한 낭만에 고요한 신비가 보태진다. 말들이 해체된 곳에 모든 사물과 인물들이 탈바꿈된다. "가만히 있다는 것은 이 시대의 유일한 덕목이"(알브레히트)라고 말하는 것처럼.

〈개〉는 부정적으로 말들이 해체되는 연극이다. 〈개〉에서, 등장인물인 개는 "미친개는 …… 게거품을 일으키다가 바로 죽는다. 나는 미친개가 아니다"라고 했다가, "미친개들은 상상력이 풍부하다. 상상력이야말로 이 세계를 구원하는 것은 아닐까? …… 비논리를 논리로 바꾸어주는 것이 아닐까? …… 왜곡된 세계를 바로잡지는 않을까?"라고 말하기도 한다. 그러고 나서 "한밤중에 일어나려고 …… 눈을 빛내려고, 눈을 빛내서 오랫동안 잊고 있던 달빛을 보고 들개처럼, 늑대처럼 달빛을 보려고 한밤중에 눈을 뜨는" "혓바닥을 헐떡거리며 태양을 증오하고, 배때기를 땅에 대고 혓바닥을 깨물고 …… 너무 기가 막혀서 소리도 안 내고 웃는" 개를 말한다. 이처럼 개라는 인물의 안과 바깥에서 동시에 개를 말한다. 이런 대사들은 인간의 불가항력적 추락, 그 추락 속에 파멸하는 모습들을 드러낸다. 이런 개의 분열된 모습은 시간이 거세된 공간, 시간의 붕괴의 체험이다.

배우가 해체된 말들을 발화하는 것은 어려운 일에 속한다. 인물들이 헐벗은 불모의 땅과 같은 공간에서 살아 있는 존재가 아니라 죽은 인물들의 살아 있을 적 아름다움과 살아 있었음을 회상하고 예언하기 때문이다. "가장 편하게 누워서 시선을 고정시킨 채 입만 벌려 호흡으로 말하련다. …… 말이 없을 때는 땅 바로 위의 …… 의식과 무의식도 없고, 즉흥도 없다." 이와 같이 〈개〉에서 인물들의 존재, 그 윤곽을 가늠하는 것은 매우 어렵다.

〈개〉와 〈지젤〉의 대부분 대사들은 때로는 호흡이 짧은 단문으로, 때로는 쉼표와 마침표가 없이 멈추지 않고 줄줄 흘러가기도 한다. 불현듯 의식이 어느 언어에 걸리면 그때 긴 호흡이 이어진다. 이런 말들은 분리된 불안의 드러냄이다. 예컨대 〈지젤〉의 알브레히트의 "이 사회의 간질간질한 …… 습자지처럼 얇은 …… 안개처럼 흐릿한 …… 위선과 …… 도덕관념과 …… 이 사회의 모호한 책임 회피를 …… 그런 것이 갑자기 생각난다" 같은 대사는 스스로 관조할 수 없는 존재의 비감을 지닌 인물이 삶의 순수한 위험에 가까이 접해 있다는 것을 보여준다.

이런 인물들은 "내 몸에는 상처가 많다"(〈지젤〉의 힐라리온)고 말하는 존재이다. 관객 처지에서는 이런 대사들을 목소리로만, 소리의 울림으로만 접수하게 된다. 등장인물들은 목소리로, 그 목소리에 열광해서, 사라지는 목소리의 끝을 뒤이은 목소리로, 더 큰 목소리가 되어 사라지고, 모든 소리를 의심해서, 끝내는 자기 자신마저 의심해서 스스로 목소리가 되어 광포하게, 더 발악하며 "너희들의 거름 더미로 돌아가라, 너희들의 쓰레기 속에 묻혀라"(〈미아리 텍사스〉의 광인)고 말하면서 증발한다. 인물과 인물 사이에 아무런 고리도 없다. 그들의 말들은 불연속적인 연쇄일 뿐이다.

2.2. 죽음의 공간으로서 연극언어

연극은 죽음을 인간의 땅으로, 죽은 이를 인간으로 되돌리는 공간이며 시도이다. 그곳은 모든 소외와 싸우는 공간이다. 현대 연극이, 기국서의 연극이 이와 같은 연극의 종언, 역사의 종언과 싸우는 것이라면, 그 연극 속 시간과 공간은 정확하게 구분되지 않는다. 인물들은 그 시간과 공간에서 이탈해 있다. 그렇다면 인물들의 상실과 결핍의 원인이 있는 그곳은, 모든 의미가 배제되는 그곳은 공간이되 가상 공간이다. 그런 이유로 기국서의 작품에서는 인물도, 이름도 비현실적이다. 〈개〉 〈작란〉 〈미아리 텍사스〉 〈지젤〉은 모두 중력이 부재하는 현실 바깥이다.

어떠한 역사의 준거틀도 엿볼 수 없는 극중 공간은 "헐벗은 불모의 땅"[20]이다. 그곳에서 인물들은 예언의 말들을 드러낸다. 옛날을 상기하기도 하고, 아무런 흔적도 없는 과거를 터무니없이 말하기도 한다. 이런 주제들이 기국서가 연극으로 말하는 죽음, 즉 20세기 말의 풍경이다.[21] 죽음의 연극이란 이런 세계의 의심과 확신으로 불안한

20 모리스 블랑쇼, 《미래의 책》, 최윤정 옮김(세계사, 1993), 129쪽.
21 T. Kantor, *Leçon de milan*, tr. de M-T Vido-Rzewuska(Paris: Actes Sud, 1990), p.68.

삶의 정면을 마주 보는 것이다.[22] 기국서의 연극도 죽음을 정면으로 마주 보게 한다. 연극은 인물을 통하여 죽음에 최대한의 권한을 부여한다. 극장은 관객들이 죽음과 만나는 특권적 장소이다.

일반적으로 죽음은 불투명하지도, 터무니없지도 않다. 작위적이지도 않다. 그러나 기국서의 연극에서 언급되는 죽음은 너무나 일반적이라 황당하기까지 하다. 죽음은 삶 속에서 단 한 번 일어나는 일이다. 기국서의 연극에서 죽음은 있지만, 그 연원이 없다. 막연하게 삶과 공존하는 것이 그의 연극 속 죽음이다. 뜬금없이 배우가 등장해서 "나는 죽음이다"라고 말하는 것처럼(《작란》), 기국서 연극에서 죽음은 그래서 은밀하지도 않다. 그의 죽음은 돌아오지 않는 것이 아니라 돌아오는re-venant 죽음이며, 머무르는 죽음이며, 버텨내는 죽음이다. 그런 죽음은 유령revenant과 같이, 유령이 되어 모든 것을 상실하고 "되돌아오는 죽음이다."[23]

죽음의 역할은 말하기이다. 기국서의 작품에 등장하는 배우들은 죽음으로 말을 찾아내는 존재이다. 완전하게 죽지도 못한, "스스로 수용한 죽음을 통해 운명을 벗어난"[24] 존재에 이르지 못한 그들은 아무 때나 등장하고, 아무 때나 끼어들고, 어떤 순간에도 현존한다. 그리고 수수께끼 같은 말들을 전한다. 여기에 사건은 없다. 죽음은 죽은 인물

---

22 죽음의 연극을 말했던 폴란드의 연출가 타데우즈 칸토르는 "기억은 무덤을 나온 과거이며 무대는 그 과거를 드러내는 묘지와 같은 곳이다. 그 묘지는 문자나 은유에 의하여 슬픈 흔적이고 교실은 내 어린 시절의 방의 자취이다." T. Kantor, *l'artiste à la fin du XXe siècle*, Ouvrage collectif publié sous la direction de George Banu(Paris: Actes Sud, 1990), p.12. 그리고 최근에 발표된 손원정의 〈환영과 현실의 경계에 서다〉, 《한국연극학》 49 (한국연극학회, 2013), 73~98쪽.
23 서동욱, 《일상의 모험》(민음사, 2005), 114쪽.
24 위의 책, 120쪽.

들의 등장으로 확인되는데, 이 순간이야말로 말들이 태어나는 때이다.

삶에서 죽음을 이기는 것은 없다. 죽음은 삶의 절대적인 부정이다. 〈미아리 텍사스〉는 절대적인 부정에 이르지 못한 인간이 죽음에 연루되고, 〈작란〉은 존재를 무로 돌린 죽음이(죽은 이가) 삶으로 관통하는 연극이다. 〈지젤〉은 죽은 것 같은 "일찍 늙어버린" 이가 "빛을 잃어가는 세계를 응시"하는 연극이다. 〈미아리 텍사스〉는 죽음을 시작하는 극단적인 형태의 삶을 보여주는 연극이다. 〈개〉는 스스로 목숨을 끊은 것이 아니라 인간이 자신의 존재로부터 소외되어 개가 된, 삶을 이중화한 연극이다. 사람처럼 말하다 개가 된 인물은 인간의 완전한 죽음 앞에 이른, 인간의 개별성과 동일성을 거의 잃어버린 존재이다. 등장인물 개는 거의 모든 것을 잃었지만, 남은 것은 그래도 말할 수 있는 최소한 인격성을 띤 익명적 존재이다.[25]

〈작란〉 속 인물들의 죽음은 대부분 정당하게 매장되지 못한, 억울한 죽음으로 무한하게 죽어간다. 〈작란〉은 삶과 분리할 수 없는 죽음을 무대에서 등장시켜 인물들이 죽음 앞에서 스스로의 주인이 될 수 있게 한다. 〈작란〉의 무대는 죽음의 상징과 같은 "지하실 감옥, 시체 안치실, 어떤 곳이든 좋은, 죽은 자들이 진흙 더미처럼 누워 있"는 곳이다. 진흙 더미는 소멸된 존재들의 감금이여 묶음이다. 극의 전체적인 내용은 "죽은 자들의 유희", 그곳에 닿기이다. 인물들은 "삶이란 정말 쓸데없다는 생각에 죽음의 세계로 들어선", "썩는 냄새를 풍기고" 맡는, "헛것의 세상"에 대해서 말한다. 시간은 죽은 자들이 자신들의

---

25 위 문장에 쓴 '개별성' '동일성' '인격성' '익명적 존재'라는 단어들은 앞의 책, 120쪽에서 인용했다.

처소를 나왔다가 다시 들어갈 때까지이다. 그 시간은 "반짝이는 보석처럼, 깃털처럼, 쉴 틈도 없는" "몽롱하고 흐릿한" "위태위태한 시간"이다. 여기서 죽음은 일종의 노력이다. 그것은 얻고자 하는 노력이 아니라 달리 될 수밖에 없는 소외이며, 달리 되고자 하는 생존이다. 〈작란〉은 죽음과의 만남이며, 끝나지 않는 죽음이 던지는 냉소이다.

기국서는 이렇게 연극을 죽음을 삶으로 이끄는, 번역하는 인간의 땅이라고 말한다. 극장의 본질은 그 공간에서 죽음으로 불확실한 삶에 이르는 것을 보여주는 것, 삶을 억류하는 죽음으로 다시 돌아오는 것이라고 말한다.

〈미아리 텍사스〉는 죽음에 이르고, 죽음을 번역하는 연극이다. 포스트드라마 연극의 미학에 보면, 이 연극은 "미메시스가 불가능한 상황에서 육체에 고통의 기억을 기록하는 작업"[26]이다. 이 작품에는 속칭 '매미'라고 불리는 여성들과 매미들을 돌보는, "의리는 좋은데 약에 약"한, 한 장소에 유폐되어 "결국 혼자일" 뿐인 기둥이라고 불리는 남성, 그리고 죽음을 불안해하면서 떠돌다 지나가는 손님들이 등장한다.

가난하고 헐벗은 여성인 '매미'들은 모두 "속에 열이 나 터질 것 같"고, "갈 데가 없는", "지푸라기라도 잡아야 할 텐데 아무것도 잡을 게 없어" 곧 "죽을" 불안한, 점진적인 소멸 속에 있는 존재들이다. 살아 있지만 죽음에 가까이 있는 이들은 "어지럽고, 찢어지는 몸"으로 "죽으면 씻어지고, 죽으면 썩는"다고 믿고, "절규와 광란"으로 죽음을 마주하면서 삶을 연명하는 존재들이다. 그들이 사는 미아리 텍사스는

---

26 심재민, 〈포스트드라마 연극의 수행성, 현상학적인 몸, 그리고 새로운 형이상학〉, 김형기 외, 《포스트드라마 연극의 미학》(푸른사상, 2011), 101쪽.

세상의 끝과 같은 "골목"이고, "바람이 안 통"해 썩어가는, 죽음으로 변모하는, 죽음이 두려운 공간이다. 등장인물 경선의 대사처럼 이들은 "눈은 앞만 보는데, 눈에 아무것도 안 보이고 노래도 안 들리"는 기원과도 같은 어두운 세상에 던져져 있다.

이 미친 세상에서 이들이 꿈꾸는 것은 하나뿐이다. 조용한 "배를 타고, 아무 소리도 안 내고, 계속 나가보는" 것이다. 존재가 죽음을 향해 미끄러지는 것처럼, 죽음은 시선의 완전한 망각이다. 소리도 없이 나아가는 행위는 불확실성과 체험을 통해 죽음에 이르는 길이다. 인물들은 죽음을 찬미한다. 보이는 모든 것이 보이지 않는 것으로 변모한다.

> 미준: 눈이 하나는 우리를 보고, 하나는 하늘을 쳐다봐.
> 경선: 아냐. 하나는 땅을 보고, 하나는 우리를 보는 거야.
> 화정: ……머리 위서부터 물이 주르륵 흘러내리는 것 같애.
> 그런데 조금도 시원하지가 않아 더운물도 아니고 아니고
> 아니 물 같지는 않아. 술인지 그게 뭘까? 그래서 그걸 덜어
> 낼려구 그러는데 그러는데 안 되는 거야.

이들은 보호받지 못하는 공간 속에 있다. 그들은 붙들리지 않는 공간 속으로 흘러가고 싶어 한다. 그것이 충만해지는 순간에 이르러 이렇게 말하게 된다.

> 화정: 속이 뜨거워. 위가 뜨거워. …… 죽으면 썻어지겠지,
> 죽으면 썩는 거야. 썩어서 썻어내려갈 거라구. …… 그런

데 시간은 점점 내게 다가와. 죽음의 순간이. 몸도 무거워

져…….

봉규: 사랑, 죽어가니까 사랑이란 말이냐. 살려니까 사랑이

란 말이냐. 빌어먹을 사랑을 버리면 살아가고, 사랑을 주우

면 죽어가고 그러는 거야?

이처럼 죽음이 충만한 시간은 삶의 기원에 이르는 시간이다. 삶인 사랑이 죽음에 제물로 바쳐지는 순간이다. 그래서 등장인물들은 한결같이 순수한 위험에 가까이 접해 있다.

〈미아리 텍사스〉처럼, 〈작란〉에서도 이야기는 종결되지 않는다. 이것저것 이야기가 뒤죽박죽 옮겨가지만, 의미 있는 종결을 보여주지도 드러내지도 않는다. 이야기에 형태를 부여하는 것도 없다. 인물들이 "어떤 다른 시간과 공간에서 존재하는" 〈지젤〉과 "어느 순간 역사의 틈바구니에서 튕겨져 나온" 〈개〉처럼, 극중 공간은 살아 있는 이들이 모이는 곳이 아니라 죽은 이들이 현실을 넘어서 온, 죽음을 소유한 위험 가득한 지옥이다.

인물들은 염려 속에서 이상한 몸짓을 반복한다. 이상한 말들이 그 몸짓 사이로 새어 나온다. "고독하군. 우리가 이렇게 표류한 것이 며칠이나 됐지?" "우린 시간관념이 없잖아요." "참 그렇지." "잃어버린 세월은 비참해. 모든 기억은 참담하다." 그러나 말하기란 살아 있음의 임무이기도 하다. 말들은 그 임무를 강요한다. 죽음은 말의 불확실성에 몸을 맡기게 한다. 말들이 내맡겨지는 것이다. "중심을 가운데로 …… 중심을 가운데로 …… 중심을 가운데로……"라고 말하는 것처럼.

〈지젤〉의 등장인물들은 알브레히트, 힐라리온, 지젤, 광녀이다. 알브레히트는 어두운 세계관으로 일찌감치 삶이 마모된, 삶을 연소시켜 늙어버린, 자신의 존재가 변형된 인물이다. 스스로 밝히길, 그는 "이 세계를 혼란스럽게 하려고 태어난", 이 세계가 혼란스러워야 생기가 나는 "검은 영혼"의 인물이다. 그가 정신에 상처 입은 인물이라고 한다면 힐라리온은 몸에 상처가 많은 인물이며, 나중에는 미쳐서 과거와 현재를 왔다 갔다 하는 인물이다. 지젤은 미래가 없는 시선을 지닌 인물이다. 광녀는 미친 정신을 지닌 닫힌 존재이며, 섹스와 죽음의 상징이자 도발의 화신이며 다른 인물들을 죽음의 세계로 유혹하는 인물이다. 지젤 역시 죽음의 세계에서 춤을 추는, 그 고통을 춤으로 드러내는 인물이다. 불가항력의 추락 속에 파멸에 이르는 인물이다. 이 모든 인물들은 공통적으로 죽음이라는 가증할 만한 욕망의 소유자들, 소멸하면서 목소리를 내는 이들이다. 그들이 사는 세계는 혼란의 와중, 소멸의 세계이다.

〈지젤〉이 죽음 속의 이야기라면 〈미아리 텍사스〉는 삶에서 죽음으로 내던져진 이들의 이야기이고, 〈개〉는 삶과 죽음이 뒤죽박죽 엉킨 이야기이다. 그리고 〈작란〉은 죽은 자들이 행하는 삶의 순례기라고 할 수 있다.

〈작란〉의 등장인물들은 죽어서 다시 이 세계에 틈입한 존재들이다. 일상에서의 죽음이 영원히 문을 닫아버리는 것이라면, 〈작란〉 속 죽음은 죽음을 불러 치르는 제의라고 할 수 있다. 세속화한 죽음이든 재현된 죽음이든 그것은 모든 가능성이 증발된, 결여의 상태를 뜻한다. 그것이 종말이다. 〈작란〉 속 죽음은 상대방에 대한 환영의 부재이고, 철저하게 버림받은, 억울한 자신이기도 하다. 연극 속 죽음은 작가 또는 등장인물들의 삶을 무질서한 방식으로 유지시키는 것이고, 생전의 얼굴을 포기하는 것에 이른다. 그것은 등장인물이 제 이름 대신에 여1, 남1처럼 익명의 반복이고, 경직이고, 비생존이고, 자신의 폐허로 들어가기이다.

〈개〉는 "무시무시한 공포, 얼어붙을 듯한 충격, 황량한 가슴, 납덩어리 같은 무거움"이 지배하는 곳의 이야기이다. 공통적으로 작품의 등장인물인 죽은 자들은 과거의 기억처럼 던져져 있다. 〈미아리 텍사스〉에서 남자 2명, 여자 3명은 단지 여1, 여2, 여3, 남1, 남2로 반복적으로 불린다.

〈지젤〉에 등장하는, "옛날하고 지금하고 막 왔다 갔다 한다"는 인물들에게 삶의 이곳과 저곳에 대한 구별이 없다. 삶의 저곳과 같은 죽음은 이곳에 있기 위한 또 다른 방식일 뿐이다. "한꺼번에 떨어지는 법을 가르치"고 배우는 인물들은 벗어날 수 없는 죽음의 지대에 있다. 〈지젤〉의 등장인물들은 오늘이라는 절망의 동굴 속에 빠져 있고, 동시에 과거의 패러디 속으로 내던져진 이들이다. 그들은 젊은 나이에 희망을 잃고 죽음을 배운, 죽음을 분출하는 늙어버린 인물들이다. 죽음은 움직이는 삶의 공백, 서로 말할 필요가 없는 거세된 시간이다. 그래서 "어떤 다른 시간과 공간에 존재"하는 이들 대사의 대부분은 관객을 향하고 있다. 죽음이 억울해서가 아니라 죽음이라고, 내가 바로 죽음의 언어라고 진정하게 말한다. 〈지젤〉에서 춤은 죽음의 가시적인 현상이다. 〈지젤〉에서 춤은 죽음으로 파고들어가 생명을 소진하고 죽음을 향한 욕망과 죽음의 유혹을 전해준다.

〈지젤〉〈작란〉〈개〉의 이야기 구조는 파편 같은 작은 에피소드들의 연속, 몰입이다. 〈작란〉의 등장인물들은 모두 죽은 이들이지만 살아 있을 때의 이야기를 파괴적인 예언처럼 한다. 무대에는 죽은 이들의 죽은 자로서의 질서와 살아 있었을 존재로서의 질서가 켜로 층위를 이룬다. 그들은 노동하다가 죽은 이, 몸을 팔다가 병으로 죽은 창녀, 돈을 너무 많이 벌다가 심장마비로 죽은 여인들이다. 그들은 겨우 "정신(을) 차려. …… 책 속의 활자들이 개미처럼 일어"나는 인물들이다. 그 개미들이 줄지어 말을 시작한다. "새까만 군더더기 없는 말들"은 일종의 예언이다. 이처럼 "말들이 예언적이 될 때, 주어지는 것은 미래가 아니라 …… 존재의 모든 가능성에서 떨어져 있는 현재이다."[28]

〈지젤〉의 등장인물들도 죽음의 세계에서 말들을 지속하지만, 어떠한 변화도 일어나지 않는다. 죽는다는 것이 죽음에서 벗어나는 것처럼 여겨지기도 한다. 이 작품의 분위기는 인물들의 조급함과 불안, 말들의 조급함들로 막연하고, 두렵고, 부산스럽다. 말들이 증발한다. "여2: 난 20년 동안 나를 찾았어. / 여1: 찾았어? / 여2: 아니, 아직. / 여1: 저세상에서 이리로 넘어왔는데도? / 여2: 넘어왔어도 마찬가지야." 이들이 말하는 20년이라는 시간은 덧없는 존재인 인물들의 불안과 공포의 무게이다. 이들은 오로지 죽음만을 보기 때문이다. 그 시간은 가시화한 죽음 속에서 소생, 변모된 삶을 꿈꾸는 시간이다.

1990~95년에 기국서가 쓴 작품들은 대부분 운문으로 쓰였고, 그 시적인 대사들은 한결같이 허무하고 뜬금없다. 이런 작품들의 공연은 관객의 고정적인 시선과 상식을 훨씬 뛰어넘는다. 언어가 해체되고 기존 연극문법의 중요성이 부재한다. 〈지젤〉처럼 비존재와 존재가 합일되고, 비존재가 존재로, 존재가 비존재로 이어지고, 역전되는 경

---

27 모리스 블랑쇼, 《미래의 책》, 128쪽.

우가 여기에 해당된다. 관객들은 등장인물들을 통하여 침묵과 궁핍을 경험하는 데 이르고, 최종적으로 관객 자신을 사라지게 하는 것에 가 닿는 경험을 하게 된다. 인물들의 죽음과 연극 속 죽음의 공간에서 죽음이 내면화하는 경험을 하게 된다.

기국서 연극에서 인물들의 죽음의 경험은 기억으로부터 재현되어 관객들에게 전이된다.[28] 죽음으로 인물들이 변모한다. 죽음에 이곳과 저곳의 구별이 없는 것처럼, 〈작란〉 속에서 변형되는 것은 죽은 이들이 아니라 이들을 보는 "위태위태한" 관객들이며, 기국서가 처해 있는 "그럴 리가, 그럴 리가, 그럴 리가" 없는 한국 연극이며, "죽은 자도 당황하는" 이 땅에 사는 "무엇을 해야 할지 잊어버린 듯한" 이들이며, 정화되는 것은, 이 모든 것이 "이해가 가지 않는, 심장이 터질 것 같은, 눈물을 철철 흘리는, 급기야 고독 속에 휩싸여, 완전한 고요 속에 휘말려, 마네킹처럼 철로 위에 누워, 차갑고 빠른 빛의 소리를 듣"는 연출가 자신이다.

기국서의 〈개〉 〈지젤〉 〈미아리 텍사스〉 〈작란〉 속 죽음은 이렇듯 비인칭의, 뚜렷하지 않은 죽음이다. 완전한 고요처럼, 공허한 텅 빈 공간을 만들어내는 죽음이다. 그곳에서 죽음은 필요불가결한 것이 되며, 삶은 다시 구원받는다. 그것이 글을 쓰고 연출을 하는 기국서의 고뇌일 것이다.

---

28 이것을 돕는 기제가 무대장치이다. 무대장치는 죽음의 상징이며 동시에 그 두려움을 회피하는 물리적 표현이다. 〈작란〉의 무대는 온통 검은색이고, 무대 중앙에는 땅바닥에 앉아 무릎에 고개를 처박은 채로 있는 종이 조형물이 검은색 컬러텔레비전 수상기와 함께 있다. 이런 조형물은 무대 좌우편에도 걸려 있다. 흰색을 띠고, 해골과 뼈가 드러난 시신들이 벽에 걸려 있다. 같은 형태의 또 다른 조형물 하나는 거꾸로 매달려 있다. 모두가 허무에 대한 인식을 드러내고 있다. 배우들의 의상은 죽음이 정화되는 하얀 상복이다.

2.3. 글쓰기로서의 춤과 미디어

춤은 연극언어의 새로운 것이 아니라 본질이며 근원이다. 춤은 연극언어를 근원적인 것으로 회복시킨다. 춤이 성립되기 위해서는 몸이, 움직임이, 리듬이, 의식의 마비 같은 것이 의지와 의도를 뛰어넘어야 한다. 춤은 연극언어의 자발성, 원시성을 낳는다. 춤은 몸을 던지는 일이다. 춤이 음악과 가까운 것은 음악이 몸을 의식의 바깥으로 이끌기 때문이다. 춤은 고정된 의식의 통제 바깥에서 가능하다. 그 끝은 춤추는 몸, 그 주체마저 잃어버리는 황홀과 같은 지경에 이르는 것이다.

이에 반하는 것이 언어 중심의 근대 연극이다. 앙토냉 아르토는 《연극과 그 짝패Le Théâtre et son double》에서 거칠게, 언어로 만든 집인 희곡 텍스트를 "정신의 배설물"[29]이라고 다소 경멸적으로 말했다. 몸이 버림받았기 때문인데, 여기서 언어와 정신은 작가의 동의어일 터이다. 아르토는 희곡작가와 배우 또는 연출가의 만남을 정신과 정신의 평등한 만남이어야 한다고 말한다.

기국서의 〈지젤〉은 연극의 비언어를 말하면서 몸을 매개로 연극의 뿌리를 찾는 경향과 맞닿아 있다. 〈지젤〉은 음악과 발레극으로 잘 알려져 있지만, 기국서의 〈지젤〉은 아돌프 아당의 음악과 아무런 관계가 없다. 기국서의 〈지젤〉은 오로지 죽음과 삶을 몸이라는 매개를 통해 말하는 연극이다. 사물인 배우의 몸은 사유를 낳는 순수한 매개이다. 기국서의 〈지젤〉에서 춤은 삶을 육화한 아름다움의 절정이다. 이것은 말하는 인물보다 말하지 않는 춤이 정직하게 보여지는 이유이

---

29 Jacques Derrida, *op.cit.*, p.345.

기도 하다. 비언어적 움직임의 절정인 춤이 〈지젤〉의 중심언어이다.

〈지젤〉은 몸의 움직임, 즉 춤으로 경합하며 사유하는 연극이다. 그것은 연극에서 언어를 벗어난 비언어화의 절정이다. 기원으로서의 몸, 순간을 경험하는 춤은 연극언어의 새로운 발견이며 재창조이다. 비언어인 춤은 몸을 매개로 해서 무엇인가를 말하는 것이지만, 매개하는 몸이 춤 그 자체이기도 하다. 말라르메는 춤이 있는 곳을 '순수한 터'라고 했다. 그곳은 하고 싶은 말을 줄일 수도 있고, 한없이 늘여 놓을 수도 있는 유랑하는 몸이 매달려 있는 대기와 같다. 몸이 몸 같지 않아 위험하고, 낯익은 것들이 낯설어지면서 의미심장해지고 절박해지고, 모든 것이 선회해서 과민하게 인식되는 공간이다. 춤은 인간적인 언어인 몸으로 보편적인 언어를 만들어낸다. 이때 주체의 지고성을 낳는 아름다운 몸은 사유하는 몸이 된다. 춤은 몸뚱어리로 텅 빈, 그러나 순수한 터에서 마음의 논리를 뛰어넘는 사유하는 철학이다.[30]

몸이 정상이 아닌 경우를 불구라고 한다면, 〈개〉는 불구가 된 인간의 절정이다. 〈개〉에서 주인공은 갑작스레 개가 되고, 서른여섯의 평범한 가장인 개 주인의 친구는 아무 이유 없이 쥐가 된다. 사람이 개가 되고 쥐가 되는 것은 몸의 불확실성·무용성無用性이며, 몸에 각인된 모든 가치의 역전 현상이다. 개가 된 주인공이 "짖는 소리는 점점 인간의 언어에 가까워진다." 이처럼 〈개〉는 말과 소리에 인간의 영역을 제공한다. 아리스토텔레스가 정의한 것처럼, "말을 한다는 것은 인간만 할 수 있는 일이 아니다. …… 말을 한다는 것과 목소리를 낸

---

30 춤연극처럼 연극과 춤 사이에 어떠한 차이도 없어 보인다. 무대에 흔적을 남기지 않는 것이나 하나의 장면이 이미지로 무음화해서 사라지는 것은 현대 연극과 춤의 공통된 현상이다.

다는 것은 정도의 차이만 있을 뿐 근본적인 차이는 없다."[31]

〈개〉에서 개가 된 주인공은 인간의 언어로 말한다. 개는 인간 자체의 부재이며 망각이다. 같은 순간에 전광판에서는 개의 의식이 말로 전해진다. 말은 인간이 결별하지 못한 망설임이다. "개도 외롭다. 늑대만 외로운 게 아니다. …… 저쪽에 들개가 보인다. 들개는 자유로울까? 외롭지는 않을까. 누군가에게 밥을 얻어먹는다면 그만큼 자유로울 수 없다. 그것은 역사의 진리다. 밥 얻어먹으면 구속된다. 그렇다. 그러나 그렇다고 하더라도 정신은 자유로워야 할 텐데…….정신의 자유야말로 진짜 자유가 아닐까?"처럼. 공허한 인간이 개가 될수록 말하고자 하는 충동 의지는 커진다.

〈지젤〉에서 알브레히트와 힐라리온, 그리고 광녀는 철저하게 목소리로 유혹한다. 알브레히트는 "북창동 골목에서, 신촌 로타리에서 눈을 번쩍번쩍 크게 뜨고, 사냥감을 찾는" 만족할 줄 모르는 존재이다. "도발의 화신"인 광녀는 "나는 미친 정신이다"라고 말하는 권력 의지가 있는 존재이다. "힐라리온 상사의 대표"인 힐라리온은 경제적 사냥꾼이면서 "가끔씩 죽음의 그림자를 느끼"는 혼란 상태의 존재이다. 이들은 목소리로 자신을 발견하고, 조롱하고, 기쁨의 존재로, 증오의 존재로, 고통과 불안에 함몰된다.

반면에 지젤은 몸으로 권력을 유혹하고 권위에 맞선다. 지젤은 몸으로 춤을 추면서 사라지는 고통을 육화해낸다. 지젤의 고통은 몸의 추락에 있다. 그렇게 몸에 권리를 부여한다. 그녀는 절망할 때 더욱더 몸을 놀려, 발을 굴러 위로 오른다. 가능한 한 길게 그곳에 머물

---

31 한석환,《존재와 언어: 아리스토텔레스의 존재론》(길, 2005), 151쪽에서 재인용.

기 위하여. 그녀는 고통을 길게 하고 싶은 창조자이다. 고통이 끝나면 바로 죽음으로 이어지기 때문에 그녀는 연장하고 싶은 것이다. 죽음이 아니라 고통을 가능한 한 길게, 반복하며. 전체적으로 〈지젤〉에서 소유본능은 힐라리온에게서, 파괴본능은 알브레히트에게서, 신들린 복종은 지젤에게서 발견된다.

알브레히트의 말대로, 이 세상은 병원이 시체가 되고, 모든 의사가 환자가 되는 곳이다. 하수구에 시체들이 떠다니는 곳이다. 이러한 죽음의 세계에서는 인물들이 서로 마주 보지 않는다. 이것이 죽음 이후의 불행이다. 죽어가는 몸이 춤추는 몸을 향한 대사, 그것이 춤이다. 죽어서 다시 태어나는 것이 춤의 구원이다. 기국서는 그렇게 말하는 듯하다. 죽음이란 죽어 다시 이 세계에 내던져지는 것이라고, 그것도 나 혼자로.

연극에서 허구의 가치는 그것이 표상하는 일상적인 삶이 상상력의 가능성을 극대화할 때 가장 커진다. 그런데 그 허구를 창조해내는 개개인의 힘이 무력화할 때 연극은 그 무력함을 고발하고 관찰하는 것으로 허구의 창조를 대신한다. 허구는 실제로 대체되거나 허구의 허구인 이미지로 치환된다. 이미지는 리얼리티의 구조가 아니라 그것이 구조화하는 방식을 드러내는 것이 되고, 허구에 대한 긴장을 실제에 대한 긴장으로 바꾸어놓는다. 드라마가 해체되고 이미지로 대체되는 경향은 언어와 이성적 구조의 정합성에 대한 의문에서 생겨나기도 한다.[32]

---

32 18세기 시민사회가 성립된 이래 신성시되어오던 인간 이성에 대한 신뢰는 20세기에 들어서면서, 특히 두 차례의 세계대전을 거치면서 완전히 무너졌다. 남은 것은 인간의 실존뿐이었으며, 그것을 보증해주는 것은 상처받고 견디어낸 인간의 몸과 거기에 담긴 집단적 기억이었다. 피

드라마 이후의 연극, 또는 드라마 너머의 연극을 만들어낸 또 하나의 힘은 여러 예술 장르 사이의 정신적 결합 혹은 경계 허물기에서 왔다. 표현주의나 상징주의, 초현실주의, 다다 등 예술의 새로운 경향들은 동시대 다양한 예술가들 사이의 정신적 교감을 기반으로 한 예술운동의 형태로 존재했으며, 그 전통에 선 많은 작가들이 경계 위에 서 있거나 경계를 허물었다.

한편 〈개〉는 사람과 개의 대화이고, 개와 개와의 대화이다. 사람이 개가 되고, 개가 사람과 차이 없이 말을 하기 때문이다. 이런 역전 현상은 사람의 추락이고, 개의 소멸이다. 〈개〉의 대사는 추락과 소멸 속에 부여된 비인격화한 소리들이다. 1장에서 개는 무대 위로 등장하지만, 등장인물인 도베르만 핀셔라는 개의 말들은 전광판에서 문자로 흘러나온다. "개들도 권태가 있다" "개들은 관념적이다" "개들은 바람 소리를 듣는다"처럼.

그러나 "정신적으로 육체적으로 타락한" 개의 주인과 개는 서로 대화가 통하지 않는다. 누군가에게 직접 말하지도 않는다. 다만 극의 맨 앞, 개의 주인은 친구의 전화를 받고, 그 친구가 점점 작아져서 쥐가 되었다는 말을 듣는다. "점점 작아져서 …… 찍찍거리면서 돌아다니다 …… 수챗구멍 쪽으로 겨우 기어가서 그 구멍에 첨벙 빠지니까 그제야 겨우 편해져서 가쁜 숨을 몰아쉰" 쥐가 된 친구의 말들을 관객들에게 전한다. 개는 "인간들보다 더 확실하게 인간들을 묘사할 수 있다"고 말한다. 그것은 개가 된 인간의 파멸이고, 인간과 대화하는 개

나 바우쉬와 타데우즈 칸토르는 그런 정신 안에서 20세기 연극의 범위를 넓혀놓은 대표적인 인물들이다.

가 완수해야 하는 임무처럼 보인다. 〈개〉는 인간에게서 사랑이 사라지고 인간이 개라는 익명적 존재로 변모하는, 불구의 연극이다. 개는 "자기들의 본성 때문에 파괴되는 줄도 모르는 파괴되어가는"(〈지젤〉) 존재들이다.

〈개〉는 2막으로 구성되어 있다. 1막은 4장이며, 2막은 세 번의 암전이 있지만 장으로 구분되어 있지는 않다. 1막 4장의 제목은 '암캐를 찾아서'이다. 개가 된 주인공은 암캐를 만나 사랑하고, 개에 대한 정의가 이어진다.[34] 개와 사람은 용도가 바뀌고 그것이 순환되어 비정상적인 관계들이 야기된다. "……너희들은 아직까지도 너희 인간을 묘사할 수가 없어서 와글거리고 떠들어대고 죽이고 살리고 예술하고 정치하고 역사하고 그러는 것 아니냐?"라면서 세상의 삶에 대해서 말한다. 기국서 연극에 나타나는 절망은 모든 존재의 삶이 이처럼 무에 가까워지는 것이며, 죽음처럼 비물질적인 것이 되는 것이다. "내 안에서 서로 싸우고 있는 정념들이 서로 칼을 놓고 바깥을 응시하는"(〈지젤〉) 것이다.

연극에서 인물의 비물질성은 특정 없는 사람이 된다는 것을 의미한다. 이야기는 줄거리보다는 에피소드 형식이고, 인물들의 말들은 종종 절망적인 충동으로 불행하게 끝난다. 인물들을 뒤흔들었을 체험을 말하는 장면들은 관객들이나 희곡을 읽는 독자들에게 어렵고 확실

---

33 "개들은 땅에 엎드린다. 더러 드러눕는 개들도 있다. 개들도 권태가 있다. 한밤중에 일어나려고 일어나서 눈을 빛내려고 눈을 빛내서 오랫동안 잊고 있던 달빛을 보고 들개처럼, 늑대처럼 달빛을 보려고 한밤중에 눈을 뜬다. …… 태양 아래서 개들은 혓바닥을 헐떡거리며 태양을 증오한다. …… 때론 개들은 웃는다. …… 너무 기가 막혀서 소리도 안 내고 웃는 것이다"(〈개〉 공연 대본에서 인용).

하지 않다. 그것은 감정의 지나침, 추상의 지나침이라고도 할 수 있다.

〈미아리 텍사스〉에서 "······죽으면 썻어지겠지. 죽으면 썩는 거야. 썩어서 썻겨 내려갈 거라구. 춤을 추고 싶어. 그래서 새처럼 가볍게 날아가고 싶어. 그런데 시간은 점점 내게 다가와. 죽음의 순간이." 〈지젤〉에서 "나는 내 존재가 부담스럽다. 나는 가끔씩 죽음의 그림자를 느낀다."

〈개〉의 2막이 시작할 때, 무대 뒤 전광판에 쓰인 단어는 "그들의 탈출"이다. 탈출은 비물질적인 존재가 보여주는 행동이다. 2막에서 첫 장면은 이 작품을 이해하는 데 매우 중요한 단서가 된다. 오늘날의 세상을 말하는 대목인데, "공동체가 깨어지지 시작했다. ······ 사람들이 죽어가고, 그런 추락의 파편들이 암세포처럼 몰려왔다. 세계가 벌거벗은 겨울 숲처럼 검게 변하고 ······ 우리는 이 플라스틱의 화려한 세계에서 버림을 받았다. ······ 우리들의 존재는 사람들에게 잊혀졌다. ······ 사람들은 우리들을 두들겨 패기 시작했다."

이런 대사는 더욱 확대되어, "쓰레기와 공해 ······ 인간들의 이기심과 탐욕들 ······ 빈대처럼 자본주의가 온 거리를 돌아다녔지. 후기 산업사회가 온 집 안을 돌아다녔지. ······ 잃어버린 세월은 비참해. 모든 기억은 참담하다"고 말하는 것으로 이어진다. 인간 내면의 것들이 바깥으로 펼쳐지면서 세상의 형태는 비극적 정황 속에 갇히게 된다. 마음속의 몰락과 세상의 부정은 점점 분명해진다. 이 대목에서 신중한 것은 사건들의 연속이 아니라 그것들의 시간이다. 즉 시간들이 노출되는 것이다.

기국서가 보는 것은 오늘날 세상이 지닌 파괴적인 시간의 모습이다. 죽음의 순간들이란 이처럼 모든 것이 비물질적인 것이 되고 생의 버팀목이 사라진 풍경을 낳는다. 그것은 극단적인 삶의 풍경이다. 한계와 같은, 동시에 진실과 같은 삶의 모습이다. 그것은 기국서에게 끔찍하고 황홀한 세상을 낳는다. 〈개〉의 끝은 이렇게 교묘한 회피와 소망, 우연한 돌발성으로 끝난다. "사람들 중에 사람을 찾는" 개처럼, "위험을 막아줄 사람은 사람이기 때문이다"라고 말하는 것처럼, 모두가 텅 빈 지점에 이르게 된다. 어둠의 밑바탕에서 환한 낮의 세계로 이입되는 순간이다. 기국서의 연극에서 시간의 근원은 어둠이고, 그 다음이 빛이다.

3. 기국서의 소외와 수용

기국서는 자신의 연극을 위하여 오랫동안 낯선 언어로 말한 작가이다. 1990~95년에 그가 쓰고 연출한 연극들은 대부분 비개인화한 인물들이 등장하는 불확실한 이야기들로 채워져 있다. 이야기들은 우리 삶 속에서 유추할 수 있는 것이지만, 현실적으로 일어나기 어려운, 여러 가지 해석이 가능한, 연극의 원천적인 힘을 지닌, 그러나 아무런 결과도 보장해주지 않는 것이다. 인물들은 죽음을 모르는 척하는 것이 아니라, 죽음을 거부하는 것이 아니라, 영원히 어찌할 수 없는 죽음을 맞이하는 존재들이다.

그곳에서 작가로서 기국서의 작품이 존재하고, 연출가로서 모험이 시작된다. 연출가 기국서의 연극에는 서술된 이야기나 구조가 있지 않다. 간헐적인 주제들이 서로 우연하게 연결되어 있거나, 이름 없는 인물들이 개인적인 형태로 존재하는 경우가 허다하다. 인물들이 드러내는 것은 주관적인 어조뿐이다. 그 최댓값은 불특정 다수에서 엿볼 수 있는 비개인성이다.

기국서 연극에서 솟아오르는 주제는 언제나 해체된 말들과 죽음이다. 연극 속 죽음은 언제나 종말을 향한다. 그것은 연극이 보여줄 수 있는 모든 상황의 끝이기보다는 상황의 역전이다. 그것은 구체적으로 아무런 상관이 없는 죽음으로(〈미아리 텍사스〉〈지젤〉), 낯선 말들의 해체로(〈작란〉), 특정한 체험을 전하는 새로운 미디어에 관한 것으로(〈개〉), 항상 연극의 기원으로 향한다. 기국서의 연극언어는 삶의 거부, 즉 죽음에 최대한의 권리를 부여할 때 출발한다. 그의 연극은 한마디로 죽음과의 동맹이다.

이처럼 기국서 연극에 등장하는 인물들은 한 치도 '오늘'을 벗어날 수 없는 이들이다. 이들은 과거에 용접되어 있는 현재의 인물들이다. 시작과 종말이 없는 이들에게 남은 것은 오로지 말하기뿐이다. 기국서 연극에서 말은 삶이 더 확장되고, 심화하고, 유효한 것이 되게 하는 표현의 이중화이다. 그런 면에서 기국서의 연극은 새로운 연극이 아니라 오래된, 지속하는 연극이다. 이 논문에서 다룬 네 편의 작품 속 인물들이 언제나 동일한 과거, 동일한 기억을 지닌 것이라든가, 그들이 시제와 주제를 뛰어넘는 흐릿한 말들을 하는 것은 그런 이유 때문이다.

〈미아리 텍사스〉〈지젤〉에서 배우가 어둠 속에서 말할 때가 있는데, 그것은 그냥 말이 아니고, 그냥 들리는 소리가 아니다. 말하는 존재와 배경이 보이지 않은 채 울리는 소리는 상상 너머의 소리이다. 〈개〉에서 전광판 위에 적힌 글들은 연극의 지평을 지금 여기가 아니라 아주 오래전으로 되돌려놓는, 좁은 무대와 작은 극장을 사막과 같은 너른 공간으로 확장하는 주문이다. 그 소리를 듣는 관객들은 서서히 갇히는 존재가 된다. 이렇게 해서 기국서의 연극은 관객을 과거의 포로로 만든다. 춤에 이른 몸으로, 어둠과 빛과 소리로. 그 역할을 통해, 기국서는 한국 현대 연극에서 새로운 글쓰기와 연출을 통해 연극 언어를 확장한 연출가·연극작가라고 할 수 있다.

한국 현대 연극에서 기국서의 연극언어는 기존 연극의 문체와 다르다는 이유로, 형태가 추상적이라는 이유로, 아직 완벽하지 않다는 이유로, 말과 주제에 담긴 화려함에도 불구하고 소외된 것이 사실이다. 그런 면에서 기국서는 비평이나 연구의 대상으로 보상받지 못한 작가라고 할 수 있다.

그는 자신이 쓰고 연출한 작품들, 그러니까 희곡이나 공연을 그것 자체로 보존하는 데도 성공하지 못한 작가이다. 그의 희곡은 활자화하지 않은 채 사라지는 경향이 많았고, 공연은 이야기들의 무절제처럼 방기되었다. 엄밀히 말하면, 그는 연극을 위한 글쓰기를 하는 작가, 연극을 실천하는 연출가로서의 존재론적 질문에는 시달렸지만, 정작 작품에 관한 논쟁과 연구는 세상에 내맡겼다. 그리하여 기국서와 그의 연극들은 결국 미완성으로 남게 되었다.

1990~95년의 기국서 작품들은 그가 맞닥뜨린 고통과 혼란스러움을 담고 있었지만, 그 작품들은 기국서의 세계를 성급하게 몰아붙였다. 그가 쓴 '새로운 언어'들은 한국 현대 연극의 통상적인 전통과 이해 너머에서 출발했다. 그는 고전적인 희곡 작법, 연출 형태를 무장해제하여 새로운 연극언어를 창출한 희곡작가·연출가로 평가받아야 할 것이다. 〈지젤〉을 비롯한 네 편의 작품 내용과 문체, 구성 등은 얼핏 무질서한 것처럼 보이지만, 기국서는 21세기를 맞이하는 세계의

분열을 모색한, 그것을 누구보다 먼저 체험하고 섬세한 글쓰기와 과
감한 연극실험으로 보여준 연극작가로 남아야 할 것이다.

2
부

기억의 연극:
저주받은 몫

8.
목소리의 숨결에서
빛으로

–

**관객의 역할과
의미에 관한 연구**

"그리스인들은 연극 감상이 시민의 의무라고 생각했다.
그것은 주의력, 판단력, 인내심 같은 모든 사회적 덕성을
요구하는 일종의 노동이었다."

―팀베레이크 베르텐베이커, 《조국을 위하여Our Country's Good》

"텍스트 속에서 말하는 이는 오직 독자이다."

―롤랑 바르트, 《S/Z》

"눈을 들어 하늘을 바라볼 때, 우리는 과거를 응시한다."

―파스칼 키냐르, 《은밀한 생Vie Secrète》

1. 관객을 사유하기

관객 연구, 그것은 매우 낯설다. 관객이라는 언어가 그렇고, 관객을 사유하는 언어도 그렇다. "일종의 인공두뇌une espèce de machine cybernétique"[1]인 연극을 보는 관객이라는 낯섦과 더불어 미디어의 영향력이 지배적인 오늘날 분명하지 않은 관객[2]이라는 존재에 대해서 말하는 머뭇거림, 그리고 집단의 문화적 내재성에도 불구하고, 연극이 발송하는 다음적多音的 전언을 읽어내는 관객의 역할과 의미를 둘러싼 모호함이 함께 있다. 이 점에서 관객 연구는 "말해질 수 없는 것에 대해서는 침묵을 지켜야 한다"[3]는 비트겐슈타인의 명제를 상기하게 한다. 이것은 관객들에게 침묵의 목소리로 표현될 수밖에 없는 더 깊은 경험의 차원이 있음을 뜻한다.

---

1 Roland Bartes, "Littérature et signification", *Essais critiques*(Paris: Seuil, 1964), p.258.
2 이 논문에서 우리는 관중public과 관객spectateur을 구분한다. 관중은 연극을 보러 극장 바깥에서 안으로 들어간다는 사회문화적 문맥을 중요시한 존재이고, 관객은 무대 위 연기자에 상응하는 개념으로 공연 속에서 활동하는 존재를 말한다. 따라서 관객이란 공연의 실제 세계 가운데 일부이며, 공연에 의해 조건 지어지는 존재라고 할 수 있다. 관객을 뜻하는 spectateur는 '보다'라는 라틴어 specere에서 파생했다. 여기서 파생한 라틴어 speculatio는 산 높은 곳에 있는 망루, 즉 강물처럼 흘러가는 것을 바라보는 결핍된 매혹을 뜻한다.
3 "what can be said at all can be said clearly and what we cannot talk about we must pass over in silence", Ludwig Wittgenstein, tr. by D.F. Pears and B.F. McGuinness, *Tractatus logico-philosophicus*(London: Routledge, 2001), p.3.

관객에 관한 연구는 현실, 욕망, 상상력, 환상, 실재 등과 같이 연극의 주제와 밀접한 관계가 있다. 일반적으로 연극과 관객의 연구는 작가의 의도와 관객의 수용의 일치·불일치라는 수용 질감의 문제, 상이한 읽기, 즉 독법에 관한 문제, 다종다양한 독법의 결과가 되풀이되고 끊임없이 결합을 바꾸어가면서 연극의 큰 영역을 만들어가는 문제, 관객에 의한 보편성의 개별화, 개별성의 보편화를 통한 연극과 삶을 구분하는 문제에 집약되어 있다. 이것은 곧 공모의 문제이다.

관객이 있어야 연극이 존재한다는 면에서 관객은 연극의 공모자, 연극은 관객의 공모자이다. 공모共謀(conivere/conniver)란 함께co 눈감는nivere 것을 뜻한다. 그것은 연극이 관객의 기대에 부응하거나 그 기대에 어긋나기 이전에 생성되는 믿음과 같은 합의이다. 그리고 관객이 연극을, 연극이 관객을 미리 생각했고 느꼈다는 암묵적인 합의의 신호이다. 공모란 가시적이며 현실적 존재인 관객과 비가시적 꿈인 공연의 만남이며 융합이다. 공연의 힘이 대상인 현실을 변형하는 것이라면, 관객의 힘은 공연을 봄으로써 현실세계와는 다른 새로운 상상력의 세계를 만들어내는 것이다. 그것이 가능한 까닭은 공모가 욕망이 낳는 믿음의 한 형태이기 때문이다.

공연을 향한 관객의 믿음은 연극을 통해 존재하지 않는 새로운 세계를 보고 싶다는 욕망에 근거한다. 연극을 생산하는 작가의 믿음은 소유할 수 없는 현실세계를 무대 위에 달리 세우려는 욕망에 근거한다. 관객이 지닌 공모의 힘은 곧 연극 생산자가 지닌 꿈의 또 다른 이름인 상상력과 등가이다. 관객의 욕망은 부재하는 대상을 꿈꾸고, 작가의 상상력은 무대 위에 그 대상을 그려내며, 공모는 그 대상에 실체성을 부여한다.

그런 면에서 연극에 의미를 부여함으로써 연극을 살아 움직이게 하고 연극에 독자성을 부여하는 관객은 연극 생산자와 한패, 즉 등가의 존재임에 틀림없다. 공모자로서의 관객은 연극을 사랑하는 이를 뛰어넘는 신비로운 존재이다. 이 가정을 기본으로 출발하면, 관객 연구의 준거틀은 연극이라는 장을 전제로 할 때 가능해진다. 관객을 결정짓는 것은 연극이고, 연극을 결정짓는 것은 관객이다. 그러므로 관객[4]에 관한 사유는 연극이라는 장 속에서 제 모습을 갖추게 된다.

연극에서 관객의 역할과 의미를 묻는 지금, 우리는 연극 창조를 본질적이고 근원적으로 여기는 반면에 연극 관극을 부수적이고 이차적이라고 여겼던 지난 역사가 사라진 것인가를, 연극의 작가가 죽고 연극의 관객이 태어나는 것인가를 되물어야 한다. 롤랑 바르트는 연극이라는 텍스트를 "다양한 종류의 글이 뒤섞이고 부딪히는 다차원적인 공간"이며, 작가는 "텍스트를 구성하는 그 모든 흔적을 하나의 공간에 모아놓는 사람"[5]이라고 했다. 이를 빗대어 말하자면, 관객은 텍스트라는 임자 없는 연극의 문으로 들어오되 나가는 문이 저마다 다른 존재이다. 관객은 연극이라는 현실에서 눈을 뜨는 존재이다.[6]

---

4 여기서 관객은 희곡작가와 연출가가 공연을 창작할 때 가정했던 상상의 관객이 아니라, 공연을 보고 실제적인 효과를 논할 때 중요한 실제의 관객을 뜻한다. 즉 "시간의 흐름과 공간의 공유를 경험하는 구경꾼의 집단"인 관중public이 아니라(데리 호즈슨 지음,《연극용어사전》, 김익두 외 옮김[한국문화사, 1998], 51쪽), 연극심리학·연극기호학·수용미학·연극인류학 분야에서 다루는 "오랫동안 소홀히 다루어지고 잊혀왔던" spectator, spectateur/Zuschauer라는 연구 대상으로서의 관객을 뜻한다(파트리스 파비스,《연극학 사전》, 신현숙·윤학로 옮김[현대미학사, 1999], 37쪽).

5 Roland Bartes, "La mort de l'auteur", *Le bruissement de la langue*(Paris: Editions du Seuil, 1984), pp. 66~67.

6 아리스토텔레스는《니코마코스 윤리학》에서 "세 가지 삶이 있다. 첫째는 향락적인 삶, 둘째는 정치적인 삶, 셋째는 관상theoria하는 삶"인데, 사람 구실 하는energeia 삶은 관상하는 삶이

그렇다면 관객과 연극의 관계는 평등한 존재가 아니라 모순의 존재가 맺는 관계일 터이다. 연극은 모순의 관객들과 만나는 힘든 예술이다. 연극에 의미를 부여하고 연극을 풍요롭게 만드는 자발적 존재인 관객은 누구인가, 연극에 독자성을 부여하는 관객은 어떤 존재인가? 이 논문은 연극의 창조와 그 역할을 담당하는 작가의 죽음이 아니라 무한한 해석 가능성을 안고 있는 관객이라는 존재, 공모와 모순의 존재에 대해서 말하려고 한다.

2. 관객이란 연극의 언어

왜 하필 연극의 관객 연구인가, 아니면 연극 연구에서 '이제, 비로소, 그리고 오직' 연극의 관객론인가. 이렇게 묻는 것은 연극과 연극을 만드는 작가의 존재가 더 이상 문제 되지 않는다는 뜻인가? 지금까지 작품의 전사적前史的 전제였던 연출가와 희곡작가, 그리고 배우라는 존재를 더 이상 의식하지 않고도 작품을 자유롭게 언급할 수 있다는 뜻인가? 저자의 죽음이 아니라 연극의 죽음을 말하는 지금, 연극을 만든 '숨어 있는' 작가를 중심으로 하는 연극의 내재적 연구보다는 '숨어 있지 않은' 관객 중심적인 외재적 연구를 주장하기 위해서인

라고 했다. 아리스토텔레스,《니코마코스 윤리학》, 최명관 옮김(서광사, 1985), 36쪽. 피타고라스도 《디오게네스 라에르티오스 *Diogenes Laertius*》 8,8(박종현,《헬라스 사상의 심층》[서광사, 2001], 152~153쪽에서 재인용)에서 피타고라스도 "인생은 축제와 같다. 어떤 사람은 시합을 하기 위해서 오고, 어떤 사람은 장사를 하기 위해서 오고, 가장 훌륭한 사람은 구경하는 사람으로서 참석한다"고 했다. 구경하는 사람theatai의 몫이 진리 추구이고, 이것이 철학이 되었다.

가? 관객의 탄생을 말하면서, 관객에게 읽혀지지 않은 연극은 존재하지 않는 것과 같다고 말하면서, 해석의 무한한 가능성과 해석자의 자유를 말하는 것은 당연한가?

"육체적으로 존재하며 동시에 심리적으로 극의 공간에 개입하는"[7] 관객을 가정하지 않는 연극은 없다. 과장하자면 연극의 역사는 관객의 역사이다. 고대 원시 연극의 경험은 동서양 연극에서 비슷했다. 밤, 불, 춤, 신비한 자연의 의지 등은 세계관을 낳고, 공동체적 경험으로 이어졌다. 그것은 구체적으로 가면·노래·춤 등을 통해 의미 공간을 얻으면서 관객들의 일치를 가능하게 했고, 경험의 극단인 황홀상태를 불러왔다. 이것이 연극이 관객에게 주는 주술의 끝이다. 이에 행위와 말이 덧붙어서 집단적인 경험이 된다. 관객을 연구하는 연극사회학은 여기서 출발한다.[8] 그러나 연극 연구에서 관객에 관한 부분은 연극의 중심부로부터 밀려나 있었다.

우리는 관객을 연극 연구의 중심 주제로 삼는 것을 지금까지 망설여왔다.[9] 관객은 공연을 위한 도구나 연모 같은 협력자라고 여기던

---

7 안 위베르스펠트,《연극기호학》, 신현숙 옮김(문학과지성사, 1988), 169쪽.

8 Jean Duvignaud, *Sociologie du théâtre, ou essai sur les ombres collectives*(Paris,: P.U.F, 1965). Guy Debord, *La société du spectacle*(Paris: Buchet/Chastel, 1967) 참조.

9 관객 연구와 관련해 내가 참고한 글들은 다음과 같다. 서연호, 〈연극관중론〉《창작과 비평》 1973년 겨울호; 〈연극관객의 의식구조 연구〉(대한민국예술원 연극분과, 1984); Hans Robert Jauss, *Pour une esthétique de la réception*, tr. Claude Maillard(Paris: Gallimard, 1974); 〈독자란 무엇인가〉,《우리 시대의 문학 3》(문학과지성사, 1983); 차봉희 편저,《독자반응비평》(고려원, 1993); 차봉희,《수용미학》(문학과지성사, 1985); 심영희, 〈독자/청중의 사회학을 위하여〉,《예술과비평》 1985년 봄호; 차봉희,《현대사조 12장》(문학사상사, 1981); D.W. Fokkema, Elrud Kunne-Ibsch, *Theories of Literature in the 20th Century*(윤지관 옮김,《현대 문학 이론의 조류》 [학민사, 1983]); 파벨 캉파뉘, 〈관객이라는 이차적 역할〉, 피에르 라르토마(외), 이인성 엮음,《연극의 이론》(청하, 1988); 안치운, 〈한국 연극의 새로운 제도 연구: 관객론을 중심으로〉,《공연예술과 실제 비평》(문학과지성사, 1993); 안치운, 〈연극 읽기〉,《연극 제도와 연극 읽기》(문학과

소박한 시절이 있었다. 연극 속에 연극이 중첩됨으로써 관객들에게 이야기와 장소에 대한 특별한 관점을 제공하는 극중극Le théâtre dans le théâtre이나 소외효과를 통해 현실에 대한 부인작용·dénégation과 환위성 renversement 등으로 관객을 공연에 참여시키는 노력도 있었다.

관객에 대한 판단은 일반적으로 긍정과 부정의 의미를 아울러 지닌다. 한편으로는 연극에 대한 관객의 판단을 보편적이고 건전한 것이라고 여기는 긍정적인 의미이고, 다른 한편으로는 전문성이 결여된 것으로 여기는 부정적인 의미이다. 긍정적인 의미는 관객의 판단을 연극과 관객의 개별성과 특수성으로 인정하는 시각이고, 부정적인 의미는 관객의 판단이 연극의 추상화로 귀결되는 것을 비판하는 시각이다.

현대 연극 연구의 권위는 연극 바깥, 즉 관객보다는 연극 안으로만 향하고, 그것이 계속되면서 연극을 내면에 유배시켜버리는 결과를 낳았다. 그것은 작가에 의한 연극 창조가 관객에 의한 연극 향수보다 가치론적으로 우위를 차지하고 있기 때문이었다. 또한 연극 연구의 중심이 관객과 연극의 만남을 매우 우발적인 것으로 여기고 있기 때문이었다.[10]

지성사, 1997).

10 일반적으로 관객을 다룬 연구는 "사회적인 배경, 물리적인 배경, 무대 상연과의 관계, 이 둘 (연극과 관객) 사이의 상호관계라는 4개의 층위에서" 일어난 연극(연기자를 포함하여)과 관객의 상호작용에 관한 것이다. 사회적인 배경에서는 연기자의 꾸준한 참여와 관객의 비지속적·부차적인 참여를, 물리적인 배경에서는 연극의 지속과 생성, 연기자들의 허구적인 시간과 관객의 실제적인 시간을, 무대 상연과의 관계에서는 이미지의 대상이 되는 연기자와 잠재적이며 다의적인 영향을 끼치는 관객을, 두 집단의 상호관계에서는 허구-미지의 경험과 실제-구성된 경험, 상상케 하는 경험과 상상된 경험, 연극적인 허구와 연극 외적인 현실 사이의 갈등을 다루고 있다. 피에르 라르토마(외), 〈관객이라는 이차적 역할〉, 이인성 엮음, 《연극의 이론》(청하, 1988),

무대는 공연이라는 양식을 통해 사물과 세상을 가두지 않고 새롭게 하는 가능 조건으로서 존재한다. 즉 사물과 세상이 함축적으로 들어 있는 것이 아니라 공연이라는 형식 안에 들어옴으로써 사물과 세상은 비로소 자신들의 존재를 확인하게 되는 것이다. 사물과 세상이 자신들의 존재를 획득하는 장소가 공연, 무대, 연극이라는 텍스트일 것이다.

변용과 왜곡은 정상을, 있는 그대로를 옮기는 것이 아니라 달리하기이다. 표현ex/press이라는 단어는 이렇게 해서 만들어졌다. 짓누르기press는 자연을 인위적으로 변형하기이다. 그것을 제도화해서 집단적인 향유의 대상으로 바꿔 밖으로ex 드러낼 때 문화가 형성된다. 공연이 네모난 무대에서 펼쳐 보인(재현한) 역사는 한낱 우연이다. 책이 두루마리 양피지에서 네모난 형태를 띠는 것에 이르는 것처럼.

무대장치, 의상, 조명, 배우 등 어떠한 재료와 형태를 취하건 무대란 용적을 담는 그릇과 같다. 무엇인가를 담을 수 있는 보존의 그릇과 같다. 무대라는 것은 이미 완결되어 고정된 형체가 아니다. 공연이 보존되기 위하여 피난 온 곳이 무대가 아니다. 오히려 무대는 공연이 자기를 오랫동안, 명확하게 보존하기 위하여 선택한 곳이며, 유형화하고 체계화하는 언어적 활동의 소산이자 그 가능 조건으로 존재한다. 무대는 공연, 연극의 내용이나 이미지들 사이의 함축적인 관계를 가시화하고 테두리 짓는 활동의 형식이다.

중요한 것은 극장이라는 형식 안에 담긴다는 것은 단지 외부에 있던 것이 그곳으로 장소만 옮기는 것을 가리키는 것이 아니라 이미

328~333쪽.

그 속에서 태어나고 형성되었다는 것을 의미하며, 그 안에서 비로소 자신의 모습을 획득했다는 것을 말한다. 극장이라는 형식의 변화는 사방이 트인 곳에서 갇힌 곳으로, 넓은 곳에서 좁은 곳으로 구체화되었다. 그것은 보존의 확실성, 전달의 분명함을 낳기 위한 공간의 발견과도 같다. 따라서 공연은 관객이 외부세계와 자신의 내면세계가 만나는 하나의 공간이며 장이다.

연극의 생산자들은 작품을 극단極端의 끝자리에 놓는 것으로 평가한다. 반면에 관객들은 작품을 극단과 극단의 너른 스펙트럼 사이에 놓는 것으로 평가한다. 연극이라는 공간에서 관객은 순간순간 보이는 것과 보이지 않는 창조적인 것에 대하여 독자성을 부여한다. 이리하여 연극은 고정불변하는 것이 아니라 변화하며, 즉자적으로 존재하는 것이 아니라 관객이라는 주체의 개입에 따라 생성되고 소멸된다. 따라서 관객은 연극을 변모시킬 뿐만 아니라 연극의 가치를 결정하는 필수불가결한 존재라고 할 수 있다.

관객을 연극 담론의 하나로 논한다는 것은 연극 연구의 대상이 창작 이론, 역사 분석 같은 테두리에 한정되지 않는다는 것, 공연을 통해 형성되는 관객들의 반응적 언표에 이르기까지의 모든 것을 포함한다는 것을 의미한다. 이제 연극으로 '말함'이 아니라 연극을 떠받치고 있는 '봄'이 더 중요해졌다. 연극에 대한 진리의 결정권은 행함이 아니라 봄에 있다. 관객이 보는 행위를 통하여 자기 자신과 연극이라는 대상을 믿음의 관계로 맺을 때, 공연은 관객에게 하나의 실재로 보인다. 관객의 믿음이 부재할 때 공연은 처음부터 끝까지 '가짜'의 존재에 지나지 않는다. 그런 면에서 관객은 연극을 생성하는 언어라고 할 수 있다.

2.1. 관객의 독자성과 실재성

관객을 둘러싼 담론은 주체로서 관객이 대상인 공연과 결합해서 생기는 관객의 독자성과 공연의 실재성에 관한 것이다. 연극을 포함한 공연예술은 같이 보는 것이지만, 늘 혼자 보는 것으로 마무리된다. 공적인 장소에서 개인적인 읽기가 된다. 이것은 연극을 보면서 관객이 자기 자신인 '나'를 '그'라는 등장인물로 대치할 수 있는 순간이다. '그'가 된 관객 '나'는 비인칭적인 존재이다. 그 순간부터 관객은 자신이 연극에 돌입했다는 사실을 발견하게 된다. 그리고 '나' 스스로의 침묵에 권위를 부여한다. 연극을 보면서 말없는 명상으로 끊임없는 긍정을, 그 속삭임을 감지하게 된다. 그리하여 공연은 관객에게 하나의 이미지가 되고, 상상의 것이 된다. 공연이 끝나면 관객도 자기소멸을 경험하게 된다.

관객이 연극 담론의 대상이 되는 것은 그동안 소홀하게 다루었던 관객의 존재, 관객들의 언표의 층이 두터워졌기 때문이며,[11] 나아가 이것이 연극문화를 결정짓는 중심적인 특징으로 자리 잡고 있기 때문이다. 관객이라는 존재는 익명의 존재들이다. 관객의 반응은 즉각적이다. 문제는 관객의 즉물적인 반응이 연극의 언어들을 일반화하는 데 있다. 이렇게 되면 연극은 빠른 속도로 존재하고 사라진다. 연극은 빠르게 흘러가는, 빠르게 소비되는 이마주들에 불과하다. 가스통 바슐라르의 표현을 빌리면, 이것은 참된 연극과 관객을 가로막는 '인식

---

11 이것은 긍정적이기도 하고 부정적이기도 하다. 긍정적인 면은 관객의 존재가 중요하게 여겨진다는 데 있고, 부정적인 면은 가상공간에 익숙한 오늘날 관객들에게서 사물과 인간에 대한 깊은 응시와 사유가 사라지고, 인간과 삶에 대한 종합적인 인식을 찾아보기 힘들다는 데 있다. 연극과 관객이 모두 획일화해가고 있는 바는 이런 탓이다.

론적 장애물l'obstacle épistémologique'[12]이다. 가스통 바슐라르는 이마주를 사물을 감성적 언표의 차원에서 경험했을 때 생성되는 흐릿한 인식질료라고 했다.[13]

사물에 대한 이해, 즉 연극에 대한 이해는 이 이마주가 합리적인 개념들의 틀에 복속될 때 가능한데, 오늘날 관객들은 연극에 대한 이마주와 개념을 혼동한다. 사물, 그러니까 연극에 대한 이마주를 인식으로 여긴다. 이것은 한국에서 연극에 관한 깊은 담론이 생성되지 않는 이유가 될 것이다. 그러나 우리는 관객을 말해야 한다. 물질을 뜻하는 라틴어 materia는 어머니 mater에서 비롯되었다. 관객은 연극의 큰 물질이다.[14]

예부터 좋아한다는 것은 안다는 것과 비교되곤 했다. 그 둘을 놓고 저울질하는데, 대개 아는 것이 좋아하는 것을 넘어서지 못하고, 좋아하는 것은 즐기는 것에 이르지 못한다고들 말한다. 그것은 공자의 삶을 함축하고 있는《논어》〈옹야편雍也篇〉에 나오는 다음과 같은 문장으로 유명하다. "아는 자는 좋아하는 자만 못하고, 좋아하는 자는 즐기는 자만 못하다知之者不如好之者, 好之者不如樂之者."[15]

---

12 Gaston Bachelard, *La formation de l'esprit scientifique*(Paris: Vrin, 1975), p.79.

13 François Pire, *De l'imagination poétique dans l'œuvre de Gaston Bachelard*(Paris: Librairie José Corti, 1967), p.190.

14 연출가, 극단, 희곡작가, 배우, 연극평론가, 무대미술가들이 모두 연극의 권력이 되고 그 권력을 행사하는 지금, 관객은 연극의 근원적인 에너지라고 할 수 있다. 관객만이 조직이 없고, 협회가 없다. 그것은 연극에 대한 헌신적인 사랑의 결과일 것이다. 본래 연극이란 평론가를 포함해서 연극을 창조하는 작가들의 연극 사랑을 실천하는 행위라고 할 수 있다. 그런데 그것이 오늘날에 이르러 조잡한 연극이념을 내세운 권력과 위선적 다툼으로 변질하고 말았다. 그런 연극은 진리가 아니라 권력의 변형이다. 그렇게 변형된 권력 앞에서 연극작가들은 자유롭지 못하다.

15 류종목,《논어의 문법적 이해》(문학과지성사, 2000), 201쪽.

관객이 대상인 연극을 감상하고 인식하는, 이른바 아는 것이 관객을 단순히 변화·발전시킨다면, 대상인 연극 그 자체를 좋아하고 즐기는 것은 관객의 운명을 송두리째 바꿔놓을 수도 있다고들 한다. 좋아하고 즐기는 것이 아는 것과 다른 점은, 만족을 넘어 위험할 수도 있다는 우려일 터이다. 그것은 정상과 평상을 넘어서는 지나침이다. 너무 아는 것보다는 너무 좋아하고 즐기는 것이 위험스러워 보이게 마련이다. 그런데 또한 지나침을 동반하지 않고 좋아하고 즐기는 것은 뭔가 빠진 느낌을 준다. 좋아하고 즐긴다는 것은 알면서도 지나침에 이르는, 앎 너머의 어떤 경지임에 틀림없다. 그것은 어쩔 수 없는 안타까움이 아니라 그 무엇으로도 중지시킬 수 없는, 온몸의 세포들이 열리고, 모든 감각들이 취하는 적극적인 태도이며,[16] 관객과 연극의 관계에서 절정이라고 할 수 있다.

관객은 연극을 좋아하는 팬fan이다. 팬은 좋아한다는 뜻이다. 팬에는 벼락맞은fascination, 영감, 계시, 광신, 숭배와 같은 뜻이 담겼다. 이들 단어는 한마디로 좋아함으로써 어떤 경지에 오른 상태를 말한다. 또한 많은 것을 얻어 깊어졌다는 뜻인데, 반면에 잃어버리게 되는 것도 하나 있다. 바로 시선이다. 팬은 좋아함으로써, 좋아하고 즐기기 위해 시선을 잃어버린다. 좋아하면서 즐긴다는 것은 하나만을 보기 위한 시선을 지니고자 나머지 것을 향한 시선을 모두 봉쇄해버리는

---

16 동양 연극의 고전이론서인 《나띠야 샤스뜨라》에 따르면, 관객은 "모든 감각기관이 정상이고, 행동거지가 바른 사람, 옳고 그른 것을 판단하는 데 명석하고 공연의 좋고 나쁜 점을 잘 파악하는 사람이 바람직하다. 또한 기쁜 장면을 보고 기뻐하고 슬픈 장면에서 슬퍼하고 비참한 장면을 보면 그 상태를 느낄 줄 아는 사람이 진정한 관객이다. 모든 좋은 장점을 한 사람의 관객이 다 가지고 있을 수는 없다. 왜냐하면 세상에 알 것은 많고 인생은 짧기 때문이다." 《나띠야 샤스뜨라》하, 이재숙 역주(소명출판사, 2005), 270쪽.

포기의 행위이다.

맹목의 신자들은 끼리끼리 모인다. 팬에 '사원에 관한'이라는 뜻
이 있는 것은 이와 같은 이유 때문이다. 여기서 사원이란 어떤 것을
좋아하는 이들이 모이는 극장과 같은 장소를 뜻한다. 연극은 그곳에
서 관객 스스로 자신을 타인에게, 자연에, 생명 등에 다시re 묶는ligion
종교와 같다. 팬의 반대말이 바깥이라는 프로pro가 붙은 프로팬profane
이다. 팬이 사원 또는 절 같은 성聖의 개념이라면, 프로팬은 절 바깥인
속俗과 그 문 바깥에 있는 문외한을 뜻한다. 그러나 팬과 프로팬은 반
대 개념이라기 보다는 상보적인 개념이다.

관객은 성과 속을 넘나드는 존재이다. 관객이 공연예술을 만나는
사원이 극장이다. 역사적으로 극장의 기원은 모두 사원이었다는 것이
그것을 증명한다. 극장에는 문이 두 개 있다. 앞문으로 프로팬들이 들
어오고, 뒷문으로 팬들이 등장한다. 이들은 극장이라는 공간에서 서
로 제 모습을 확인한다. 팬은 프로팬들에 의해서, 프로팬은 팬들에 의
해서. 이것을 소통이라고 한다. 소통은 앞서 언급한 배타적이고 고정
된 시선의 불행을 막아주는 구실을 한다. 그렇다면 팬인 관객, 좋아하
는 행위로 인한 시선의 결핍은 타인의 시선으로 채워지는 셈이다. 귀
가 음악을, 눈이 회화를, 죽음이 과거를, 문학이 침묵으로 환원된 언
어를 가진다면, 연극은 무수한 관객의 시선을 취한다. 그것이 연극을
완성한다.

연극의 관객과 배우는 공통적으로 물리적인 세계 속에서 실제
의 몸을 지니고 있는 존재이다. 그들은 사회적 세계와 관계 맺는 존
재이기 때문에, 극장·연극이라는 공간은 동질적이지 않고 매우 다층
적이며 비균질적이다. 이러한 비균질성이야말로 관객과 배우가 만

나는 역학과 그들의 공간에서 중요한 특성이라고 할 수 있다.[17] 데리다가 말한 "재현의 끝에서 이어지는 원초적 재현fin de la représentation mais représentation originaire, 해석의 끝에서 이어지는 원초적 해석fin de la l'interprétation mais interprétation originaire"[18]이란 이러한 비균질적 존재와 공간의 차이와 충돌에서 나오는 새로운 용적, 다차원을 지닌 장소들의 펼침이라고 할 수 있다. 이를 통하여 관객과 배우, 관객과 연극의 의미작용의 완결을 지연시킬 수 있으며, 다양한 관점을 가능하게 할 것이다.

그런 면에서 연극과 관객의 소통은 무대와 객석, 배우와 관객의 성적인 주고받음을 환기한다. 그것은 인공적인 것도 아니고 생물의 분자식처럼 표기되는 반복적으로 고정된 것도 아닌, 함께co 간다ire 는 면에서 연극과 관객의 관계는 성적coire인 관계로 비유할 수 있다.[19] 공연이라는 텍스트와 연극작가, 관객, 그리고 이 세상은 서로를 비추는 존재들이다. 관객은 작가를 반영하고(그와 나는 하나다), 세상은 하나의 연극을 반영하고(신의 책, 대자연의 책), 공연은 피와 살이며(작가자신의 살과 피, 그러나 연극적 변형을 거쳐 내 것이 된다), 이 세계는 판독해야 할 연극이 된다(공연은 나의 세상 읽기가 된다). 연극의 관객론을 말해야 하는 이유는 여기에 있다.

---

17 Francis Sparshott, *A measured pace: Toward a philosophical understanding of the arts of Dance*(Toronto: University of Tononto Press, 1995), p.114.
18 Jacques Derrida, "Le théâtre de la cruauté et la clôture de la représentation", *L'écriture et la différence*(Paris: Seuil, 1979), p.349.
19 연극적 소통의 에로틱한 가능성에 대해서는 다음의 글을 참조하기 바란다. Roland Barthes, "Eros et le théâtre", *Roland Barthes par Roland Barthes*, coll. Ecrivains de toujours, n.96, (Paris: Seuil, 1975), pp.86~87.

관객은 일차적으로 연극이라는 은폐된 권력의 자장 바깥에 놓인 이들을 뜻한다. 연극작가들이 연극이라는 이름으로 연극동네를 만들어 권력을 연습하고, 연극을 제도화하면서 권력을 생산하는 순간, 관객들은 연극을 본다. 연극을 좋아한다는 사랑의 이름으로, 연극의 허구 속에 담긴 자유의 정신으로. 그러므로 관객에 대한 연구는 연극 현실의 이해보다는 연극의 이상으로 되돌아가게 한다.

재현représentation/vorstellung이라는 개념으로 말한다면, 관객은 연극을 다시re 나타나게présentation 하는, 앞으로Vor 불러세우는stellung 존재이다. 그러니까 관객은 연극을 매개로 자신을 재현하는 유동적인 존재이다. 관객은 연극이라는 공간 안에 자신을 불러세워 대상화하는 연극보다 먼저 존재한다. 관객은 바라본다. 관객은 그가 의식하든 의식하지 않든 자신이 이해하려고 하는 것만 지각하게 된다. 그러므로 공연이라는 대상은 미지의 것으로 남을 수밖에 없다.

공연과 관객은 서로 대상Gegenstand이다. 공연은 관객에게, 관객은 공연에 '대해gegen', '서 있는stehen' 어떤 존재이다. 그러므로 대상이라고 말하는 관객은 그것을 바라보는 시선을 전제하고 있다. 관객이 공연 앞에 있는 한, 공연이라는 대상의 존재는 모호하고 유동적이며, 인식하기 어려운 어둠으로 남는다. 어두운 곳은 극장이 아니라 관객의 대상인 공연이다.

오늘날 연극의 진리를 추구하는 이들은 교만과 독신篤信의 욕망을 품은 연극작가가 아니라 연극 속에 자신을 옮겨다놓는, 그러한 연극적 공간을 조작할 수 있는 소박한 관객이다. 관객은 연극 앞에서 겸손한 자세를 취한다. 그것은 관객은 볼 권리와 읽을 자유가 있을 뿐, 연극을 지배하겠다는 어떠한 권력도 지니지 않았기 때문이다. 관객이 지닌 최고의 것은 시간과 공간의 조작을 가능하게 하는 상상력이다. 상상력을 통하여 관객은 공연이라는 대상에 대해 어떤 시선 또는 방법을 투영함으로써 어떤 생각을 하게 된다. 관객의 이러한 심미적 경험이야말로 야우스가 말한 "근원적인 불복종성"[20]이라고 할 수 있다.

2.2. 관객의 눈과 기억

연극언어에서 철자법과 문법은 무엇인가? 연극과 관객 사이의 거리는 책과 그것을 읽는 독자 사이의 거리보다 훨씬 멀다. 글의 붓끝과 인쇄매체가 아닌 배우와 무대장치, 어두운 밤과 바람, 달빛, 불과 같은 것들이 사라지고 다른 것으로 대체된 지금, 관객의 연극 읽기는 다시 어렵고 새로운 것이 되고 만다.[21]

연극을 읽을수록 우리는 연극이 내뿜는 빛의 원천으로 돌아가고 싶어진다. 그 진원지를 알고 싶기 때문이다. 우리가 사는 삶의 세계에서 스스로를 격리해놓는 고정화한 시간과 경험이 아니라, "사물을 조작하여 사물들 속에서 살기를 포기"[22]한 과학 활동이 아니라, 이미 존재하지만 감지하지 못했던 움직임과 공간을 다시 발견하는 관객의 주관적인 시간을 체험하고 싶기 때문이다. 그곳으로 돌아가면 문명적 사유로서, 표현으로서, 연극의 잠재력을 발견할 수 있기 때문이다.

---

20 이것은 "정치, 사회적인 지배, 억압이나 이데올로기에서 언제든지 벗어날 수 있는 특허권 Lizenz에 다름 아니다". 차봉희, 《수용미학》(문학과지성사, 1987), 44쪽에서 재인용.
21 그 한 가지가 오늘날 예술인들의 사생활이 신문, 잡지, 방송을 통해 공적으로 끊임없이 소비되고 있는 점이다. 소비되는 배우들의 사적인 것과 공적인 것을 관객들이 구별하기는 어렵다. 그래서 연극은 오늘날 수많은 대중의 호기심에 슬그머니 미끄러져 들어가거나, 아예 잊히거나, 잠음을 내거나, 나아가 비본질적인 대상이 되고 만다. 그런 면에서 오늘날 연극은 사적인 은밀함을 드러내지 않은 채 무대라는 공적인 장소에서 드러내고 표현할 수 있어야 한다.
22 M. Merleau-Ponty, *L'oeil et L'œprit*(Paris: Gallimard, 1964), p.9.

그러나 아직도 그 진원지는 어둠에 가려져 있다. 우리는 그것을 심연이라고 말한다. 그러니까 연극에 대하여 알면 알수록 우리는 어둡고 깊은 심연 속, 그 언저리에서 방황하며 머무르는 것이다. 그것이 관객의 운명이다. 연극에 관한 글뿐만 아니라 관객에 대한 근원적인 이론은 여기에서 나온다.

메를로퐁티에 따르면, 관객이 공연을 보는 것은 관객의 몸속에서 진행되는 움직임, 변화이다. 이 보는 행위와 움직이는 것은 서로 이어져 있어, 관객의 몸은 양자가 결속되어 있는 장소이다. 관객은 자신의 눈을 통해서 공연을 보며, 관객이 저 스스로 하는 움직임 때문에 볼 수 있게 된다. 반대로 관객의 움직임은 봄에 의해서 알려지며, 관객의 눈은 보기 위해서 움직인다. 이처럼 관객은 봄과 움직임이 서로 얽혀 있는 가운데 역전성과 반사성의 구조로 되어 있는 존재이다. 이를 메를로퐁티의 표현대로 하면, "존재의 들이마시기와 내쉬기inspiration et expiration de l'Etre"[23]이다.

관객에게 가장 필요한 교육이 있다면 그것은 "기억에 관한 교육"[24]이다. 관객의 기억은 보여지는 현상에서 본질로 넘어가기 위한 것이다.[25] 연극의 관객은 희곡을 듣고, 배우가 행하는 것을 본다. 관객은 무엇을 말하고자 하는 희곡작가의 의도와 무엇인가를 행하려는

---

23 *Ibid.*, pp.31~32.
24 Anne Ubersfeld, *L'école du spectateur*(Paris: Editions sociales, 1981), pp.323, 334~335.
25 "플라톤은《파이돈》에 나오는 대화에서 기억행위(anamnèsis)를 설명한다. 현상에서 본질로 넘어가기 위해서는 영혼과 결합되어 있는 것, 육체가 가리고 있는 것에 대한 회상이 존재해야만 한다. 플라톤은 철학을 영혼이 다시 살아나 아득한 예전의 결합인 하나를 다시 기억하기에 앞서 불가피한 죽음의 연습으로 규정한다. 기억행위는 육체가 살아 있는 것이 되기에 앞서(즉 영혼이 유령, 육체의 분신, 내면의 인격원리가 되기에 앞서) 행해지는 생명연습이다." 파스칼 키냐르, 《은밀한 생》, 송의경 옮김(문학과지성사, 2001), 289쪽.

배우의 행동을 동시에 읽는다. 관객의 기억에 의한 발견이라고 할 수 있는 이것은 관객이 본 것, 들은 것에 따라 생긴다.[26]

　기억은 부재와의 투쟁이다. "인간을 만드는 것은 기억이다. 프로이트에 의하면 기억은 무의식 속에서 모든 상처를 억압하고, 베르그송에 의하면 기억은 자라서 행동에 봉사하고, 미래를 향하여 빙빙 돌고, 보들레르 식으로 말하면 기억은 향기와 음악 속에서 과거를 되찾고, 과거를 살아 있게 하고, 샤토브리앙 식으로 말하면 나이가 들면 기억은 더 이상 위로하지 않는 것"[27]이 된다. 이와 같은 기억을 통해서 관객은 경험한 바를 의식 속에 지니거나 다시 생각해낼 수 있고, 과거에 받은 인상을 재생한다.

　따라서 관극觀劇행위는 관객이 과거에 받은 인상들을 선택함으로써 구성되는 기억에 의존한다. 이 기억의 재생은 다시 경험하는 것이지만, 최초의 경험과 다른 방식으로 경험하는 문명적 질서에 해당한다. 그것은 연극작가가 만든 공연을 읽음으로써 문명의 질서 안으로 편입하는 평면적 공간에서 시작한다. 연극 읽기란 타인의 공연을 읽음으로써 관객이 문명의 질서 속으로 편입하는 과정이라고 할 수 있다. 읽는다는 것은 책으로 말하면 철자법과 문법을 통해 평면으로 드러누워 있는 사실을 다시 일으켜 세우는 주술행위이다. 연극과 불, 연극과 벗은 몸의 매혹성, 연극과 불륜 또는 스캔들[28]에 관한 정념, 이런 것들이 주술행위를 부채질하는 요소들이었다. 이런 요소들은 문자에 견주어 신중하지 않다는 비판을 들은 것이 사실이다.

26　기억에 대해서는 아리스토텔레스,《형이상학》, 980a27 이하 참조.
27　J-Y Tadié & Marc Tadié, *Le sens de la mémoire*(Paris: Gallimard, 2002), p.9.
28　안 위베르스펠트,《연극기호학》, 신현숙 옮김(문학과지성사, 1988), 274쪽 참조.

희곡작가가 말하는 것과 배우가 행동하는 것 사이에는 거리가 있다. 관객은 희곡작가가 말하는 것과 배우가 행하는 것 사이의 거리를 좁히면서 그것을 통합한다. 그러니까 관극행위는 공연의 의미를 수수께끼 풀듯이 찾아가는 행위가 아니라 공연의 구조와 관객의 구조가 얽혀 짜이는 공동의 유희이다. 로만 잉가르텐의 현상학적 예술이론에 따르면, "작가가 창작해놓은 작품을 텍스트text라고 부르고, 이것을 독자가 읽고 이해하여 재생산해낸 텍스트를 작품Werk이라고 한다. 즉 작가에 의해서 생산된 텍스트와 독자에 의해서 다시 탄생하게 되는 작품을 구분하고 있다".[29]

여기서 공연의 구조만 떼내어 보더라도, 공연 안에서 "기호들의 결합방식은 거의 무한대에 가까운데, 이와 같은 기호는 결합방식에 따라서 수많은 관계 유형을 그들 사이에 설정한다. 즉 그것들은 서로를 강화시켜주며, 서로를 반복하기도 하며, 서로를 정확하게 규정하거나 서로를 없애기도 하며, 서로 고쳐주고 서로 모순되기도 하며, 실현 가능한 일체의 행위 내에서 전언들의 망, 즉 혼합된 언어를 구성하기도 한다".[30]

글을 쓴다는 면에서 주석을 덧붙이는 연극비평가와 희곡작가의 거리는 연극과 관객의 거리보다 가깝다. 그것은 연극비평가와 희곡작가 사이에 존재하는 글이 명백한 친화력을 발휘하기 때문일 것이다. 반면에 관객은 배우들의 말과 행동을 듣고 보면서 끊임없이 작품과 자신을 연결하는 무형의 끈과 통로를 발견해야 한다. 그것은 연출가

---

29 차봉희, 《수용미학》, 18쪽.
30 질 지라르 외, 《연극이란 무엇인가》, 윤학노 옮김 (고려원, 1988), 28쪽.

와 작가의 고의적인 의도를 훨씬 벗어나는, 관객이 작품과 자신을 비교하는 평온한 것이 아니라 스스로 자신을 관찰해야만 하는 불안과 같은 것이다.

이것은 수용미학이 강조하는, 스스로 생각하고 성찰하는 독자의 몫과 같다. 이를 구체적으로 언급하면, 독자인 "나 자신과 나의 현재 상황에 직접 관련된, 곧 내가 처한 현실 인식에서 비롯되"는 것이고, "내가 책을 읽을 때 이것은 무엇을 의미하며, 그때 나에게 무슨 일이 일어나는가 등을 생각하고, 몸과 마음이 결부된 실제적인 참여 행위로 이해에 힘"[31]이 되는 것을 뜻한다. 관극은 이러한 능동적인 힘에 의해서 가능하다. 그렇다면 연극은 오직 관객의 주석에 의해서만 풍부해진다. 이 글의 뒷부분에서 언급하고 있는 관객의 반응으로서 감성적인 언표들은 연극을 엉뚱하게 만들기도 하고, 놀라운 충격을 안겨주기도 한다.

이렇게도 말할 수 있겠다. 관객의 주석이 있기 전에는 연극의 과거가 있었고, 관객의 주석이 끝난 후에는 연극의 미래가 있을 것이다. 연극의 과거와 미래는 사실 존재하지 않는다. 그리고 연극의 현재는 오로지 관객의 기억 속에만 존재한다. 연극의 시간은 곧 관객이 겪는 현재의 시간이다. 관객의 시간 경험은 공연의 실제 시간과 재현된 허구 시간 사이에서 형성된다. 그리하여 연극의 끝은 모두 무無로 되돌아간다.

---

31 차봉희, 앞의 책, 13쪽.

2.3. 관객의 이중적 존재와 연극 읽기

관객의 얼굴에 나타난 표정에서 이미 관객의 얼굴은 그가 바라보는 것을 물려받고 있다. 보여지는 것의 의미는 그것을 관찰하는 얼굴 표정에서 얻어진다. 그것은 곧 관객의 미래라고 할 수 있다. 그런 면에서 연극은 관객의 현실現/實이다. 관객에 관한 사유는 연극이라는 현실 속에서 전개될 수밖에 없다. 연극은 관객이 드러나는[現] 존재이고, 관객은 연극을 넘어서는 실질적인[實] 존재이다. 그런 뜻에서 연극 바깥의 관객도 없고, 관객 바깥의 연극도 없다. 연극이 극장에서 관객들과 만나는 예술인 한에서는 그렇다.

연극이라는 텍스트는 관객의 앞에도 뒤에도 없다. 연극은 관객을 넘어서는 곳에 있다. 관객이라는 존재의 역할과 의미를 질문할수록 그 대답인 연극은 생명을 연장하면서 존재하게 된다. 그러므로 관객은 연극의 빛, 즉 명료함이다. 관객 없는 연극은 한낱 순수한 "목소리의 숨결flatus vocis"[32]에 불과하다. 관객이 연극을 밝히는 빛과 같은 존재라면, 연극은 매우 불투명한 존재이다. 관객은 불투명한 존재인 연극을 가로질러간다.

관객의 삶 속에서 형성되는 경험과 지각은 대개 사회문화적인 영향을 받기 마련인데, 관객의 지각에 드러나는 세계는 불완전한 것일 수밖에 없다. 이것을 관객이 지닌 실존적인 세계라고 한다면, 관객은 연극을 통해서 본질로의 환원을 기대하게 된다. 그러나 관객에게 불완전한 실제 세계와 본질적인 연극 세계는 항상 어긋나기 마련이다. 이러한 불완전성을 인식하기 위해서는 거리를 두는 반성적 의식이

---

32 Umberto Eco, *Lector in Fabula*(Paris: Grasset, 1985), p.61.

필요하다. 빛과 같은 관객의 반성적 인식은 세계를 불완전하며 명확하지 않은 부분과 함께 보게 한다. 그로부터 통상적인 기대에 어긋나는 차이를 감지하게 된다.

연극은 관객을 거부하지 않는다. "관극행위는 원한다면 언제든지 내가 널, 네가 날 거부하지 않고 받아들이는 황홀경의 체험이다. …… 그러므로 공연이 창조적이라면 그것의 읽기는 더 창조적이다. 즉 창조적 연극은 세상의 혼돈과 싸운다면 관객은 그 혼돈의 주인공이 되고자 싸운다. 이때 관극행위는 완성되고, 관객은 공연과 소통하고 공연은 이루어지고 죽어가고 최후로 관객만이 남는다."[33]

관객의 황홀경ekstasis, existentia은 자신의 바깥ek, ex으로 나가 존재하는 것이고, 빛이란 연극과 관객 사이에 얽힌, 그러니까 그늘진 매듭을 푸는 필수조건이다. 매듭이란 연극이 재현한 현실의 주름이다. 관객은 이렇게 해서, 연극을 통해서 배운다. 다시 태어난다.[34] 그것은 관객만이 체험할 수 있는 일종의 자기 확장이다. 연극을 통한 관객의 앎connaissance 속에 관객의 태어남naissance이 있다. 그중에서도 가장 중요한 순간은 관객의 거듭남renaissance이라고 할 수 있다.[35] 앞서 언급한 관객이 연극과 공모하는 것과 관객이 연극을 통해서 배우는 것과 태어나는 것은 일종의 자기 확장에 속한다.

---

33 안치운, 《연극 제도와 연극 읽기》(문학과지성사, 1997), 40~41쪽.

34 Hans Robert Jauss, *Pour une esthétique de la réception*, tr. par Claude Maillard(Paris: Gallimard, 1978), p.141.

35 관객의 황홀경béatitude이란 산스크리트 연극에서 말하는 연극을 통한 여러 앎, 예컨대 bhâvas, vibhâvas, anubhâvas를 통합한 것에 비유할 수 있는 라사rasa와 같다. 이에 관해서는 K.M. Varma, "La Base du théâtre classique indien", *Les Théâtre d'Asie*(Paris: CNRS, 1961), pp.30~34.

연극은 관객과의 만남을 통해서만 이루어진다는 전제는 연극은 만인의 것이라는 것, 연극의 보편성을 뜻한다. 이때 관객은 불특정 다수를 가리킨다. 연극은 나타내지 않고 비밀스럽게 극장에 모인 모든 익명의 관객과 함께하는 것이되, 그 공유의 몫은 일치하지 않는다. 그것은 연극을 읽는 수신자로서 관객들의 문법적 능력이 서로 다르기 때문이다.

관객들은 연극이 드러내거나 남겨놓는 의미론적 속성들을 달리 해석한다. 관객이 해석하는 부분을 연극의 '언급 부재 또는 말해지지 않는 것non-dit'[36]이라고 할 수 있는데, 관객에게서 해석의 상이함과 다수성이란 이 복잡성의 산물일 것이다. 관객의 문법적 능력이란 언급 부재가 현실화하는 것을 뜻한다. 관객의 능동성을 요구하는 부분은 여기서 발견된다. 그런 면에서 관객은 연극의 '공조자le coopérateur'이다. 관객의 역할과 의미는 여기부터 생성되고 분화한다.

연극은 조명의 힘, 그 밝기로 밝아지는 것이 아니다. 무대를 밝히는 관객의 깊이는 관객이 무대를 올려다보거나 내려다보는 시선, 관객이 무대와 떨어져 있는 거리에 따라 규정되는 것이 아니다. 그것은 오히려 관객과 무대의 관계에 따라 결정되다. 그것은 관객 앞에 놓인 장소와 용적으로서의 연극의 공간 그 자체가 아니라 관객이 연극의 공간을 통해서 자신이 살고 있는, 체험하는 공간을 상정하는 것이다. 그런 관계를 토대로 관객에게 초점의 대상이 되는 것과 배경의 차원이 서로 역전된다. 관객은 연극의 공간을 통해서 이미 존재하고 있었지만 의식하지 못하고 있던 공간 그 자체를 새롭게 깨닫게 된다. 메를

---

36 Umberto Eco, *ibid.*, p.62.

로퐁티의 표현을 빌리면, "존재의 돌연한 폭발déflagration de l'Etre"[37]을 경험하는 것이다.

관객의 연극 읽기는 연극의 의미를 창출하기 위해 자신의 안에 빛을 밝히는 행위이다. 그러니까 연극이 지닌 의미와 이미지는 읽는 자의 내면에서 나오는 빛을 통하여 그 모습을 드러낸다. 연극 읽기는 관객의 눈을 통하여 무대와 공연 주변으로 번져가는 읽는 자의 사유의 힘이다. 읽는 행위는 시선의 태어남, 자기 속에서 무엇인가를 찾기 위하여 전적으로 자기 안으로 향하는 시선이다.

그렇다면 독자와 관객의 시선을 자기 안으로 향하게 만드는 그 힘은 어디서 오는 것일까. 관객이 자기 안에서 빛을 발견하고 모색할 수 있게끔 유인하고 인도하는 빛은 어디서 오는 것일까. 그것은 조명의 밝기가 아니라 관객이 공연을 읽었던 연극언어에 담긴 의미들이다. 의미를 담은 연극언어가 쌓이면 공연의 두께를 형성한다. 따라서 관객은 꿈을 꾸기 위해서는 눈을 감으면 안 된다. 눈을 뜨고 읽어야 한다. 좋은 연극은 이 환상의 풍부성을 공연이라는 언어 속에 포진해 놓고 읽히기를 기다리는 연극이다.

관객은 익명으로 존재한다. 반면에 연출가, 배우, 무대미술가 같은 연극의 저자들은 작품처럼 이름을 밝힌다. 연극이 실명이며 실상이라면, 관객은 익명이며 가상이다. 관객은 실명과 실상의 연극을 좋아하는 익명과 가상의 존재이다. 관객이 공연을 통해 무엇인가라고 묻는 것은 알고자 하는 물음이되 유혹이다. 그것은 질문하는 관객이 질문의 내용과 답, 그 유혹에 빠지는 것을 욕망한다는 암시이며, 모르

---

37 M. Merleau-Ponty, *L'œil et L'esprit, op, cit.*, p.65.

는 채 묻는 것이되 알면서 다시 묻는 시도이기도 하다. 관객의 매혹, 그것은 연극의 팬fan이 되는 것이다. 앞에서 말한 것처럼, 관객은 연극이라는 사원fanum에 들어가는 이를 뜻하며, 연극을 보고 벼락 맞은 나무fanaticus처럼 비물질적인 익명의 존재가 된다. 작가가 유명으로 묘사하는décrire 예술가라면, 관객은 익명으로 해독하는déchiffrer 예술가이다.

관객에게 공연은 대상이고 현실이다. 관객은 그것을 통해서 진정한 현실과 만난다. 전정한 현실은 공연을 매개로 관객의 내면에서 다시 창조된 현실이다. 그런 면에서 관객은 스스로 현실을 재창조해야 하는 존재이며, 그 행위는 공연을 있는 그대로 보는 것이 아니라 구성하고 다시 창조해야 한다. 눈뜬 관객이 보는 행위는 속으로 눈먼 사람의 더듬거림과 겉으로 드러난 시각착오를 거쳐 진정한 수용에 이르게 된다. 이것은 관객이 공연의 핵심, 이른바 공연의 새롭고도 명확한 의미를 깨치기 위한 지난한 과정이며 적극적인 행위이다.

관객의 존재는 연극을 삶과 연결하되, 삶과 연극을 구별하는 요인이 된다. 연극을 삶의 예술이라고 말할 수 있는 이유는 연극이 삶과 일치하지 않되, 삶을 분열시키고 재현함으로써 삶을 반성하기 때문이다. 관객은 연극의 보편성을 위해서 존재하는 동시에 연극의 개별성을 위해서 존재하는 이중적인 존재이다. 관극행위란 공연을 통하여 관객에게 내재화한 개별성과 보편성의 구체적인 경험이다.

연극의 수용과 해석이 각기 다른 이유는 관객의 개별성과 보편성이 다르기 때문이고, 이것들이 연극을 바라보는 관점의 차이를 드러내기 때문이다. 관객들이 연극을 보고 이렇다 저렇다 말하는 차이, 갈등은 곧 연극을 생성하는 요인이 된다. 그런 면을 확대해서 말하면,

연극의 실체는 부재일 터이다. 연극은 관객의 관점으로 미결정에서 결정된 존재로 전이한다. 연극의 존재, 즉 비현실화한 텍스트는 관객에 의해서 현실화하기 전까지는 미완결된 존재일 수밖에 없다.

새로운 연극이 있다면 새로운 관객의 존재도 가능할 것이다. 새로운 연극을 낯선 연극, 새로운 관객을 낯선 관객으로 말해도 좋을 것이다. 낯선 연극과 낯선 관객은 질문을 새롭게, 낯설게 하는 존재이다. 질문하는 것이 연극의 몫이고 대답하는 것이 관객의 몫이라면, 한국 연극에서 질문은 반복되었으며 대답은 한쪽으로 기울었다. 그것들의 대립과 길항도 자주 끊겼다. 연극이 존재하지 않기 때문에 관객이 없는 것이 아니라, 관객이 없기 때문에 연극이 없다고 말하는 편이 옳다. 질문의 불행, 즉 연극의 불행은 연극이 지속되지 못하는 것이고, 대답의 불행, 즉 관객의 불행은 그것이 새로운 질문(연극)과 만나지 못하는 것이다. 대답 없이 질문이 결코 생겨나지 않는 것처럼.

2.4. 관객의 몸과 감성적 언표

관객의 현실은 연극을 통한 경험으로 이루어진다. 그것은 관객이 연극을 통하여 반응하는 삶이다. 이것을 달리 말하면 관객의 언표라고 할 수 있을 것이다. 관객의 언표를 중시하는 태도는 지금까지 연극, 희곡작가, 연출가 위주의 작품 해석 이론을 중시하던 연극 내재적 연구 형태를 벗어나는 것이다. 관객은 공연 내내 언표를 통하여 관객으로서의 삶을 이어갈 수 있다. 그 공연이 좋다 싫다 말하는 것은 아주 단순한 관객의 언표일 터이고, 손짓과 같은 몸짓의 변화는 관객의 몸에서 발생하는 자연발생적인 언표이되 문화적 환경에 따라 달라지는 감성적 언표라고 할 수 있다.

그럼에도 관객을 다룬 많은 연구는 관객의 수, 나이, 학력, 직업, 관극 횟수, 성별 등에 기초한 통계적·지속적·개념적 언표에 머물고 있다.[38] 이런 요소들은 관객의 현실을 뜻할 뿐, 관객의 다양한 실재를 드러내지는 못한다. 현실은 나타나 있는 실재를 뜻한다. 그러니까 관객의 현실적 요소들은 관객의 실제를 표현한다. 따라서 관객의 현실을 넘어 실재를 규명하는 것은 통계와 같은 현상적인 차원을 넘어 관객의 존재론적 차원으로 넘어간다는 것을 뜻한다. 이것이 곧 관객의 감성적 언표에 관한 연구이다.

이처럼 공연이 물질적인 것이라면, 관객은 보는 행위를 통하여 그것을 비물질적인 것으로 만든다. 관객이 내면에 형성된 감각의 환영과 같은 비물질적인 이미지들은 관극행위에서 가장 순수한 상태를 뜻한다. 그리고 관객은 이런 과정을 거쳐 공연뿐만 아니라 삶의 진정한 실재에 대해서 최종 판단을 내리게 된다. 결국 연극의 진정한 모습은 관객의 내면에서 태어나 자리 잡고 소멸하게 된다. 한 편의 연극을 보는 관객은 내면의 수만큼 복수로 변모·부활한다.

관객의 감성적 언표를 주도하는 것 또는 매개하는 것은 관객의 몸이다. 이것은 관객의 반성적 몸에 대한 연구라고 할 수 있다. 관객의 몸으로부터 연극 속 시간과 공간은 하나의 의미를 얻으며, 의식은 활동할 수 있는 토대를 마련한다. 관객의 몸은 그때부터 기억의 시동 장치가 된다. 그것은 "주체인 관객이 연극 읽기를 통해서 객체들의 실제행위 속에서 자신을 잃어버리고 함몰되는 경험이며 반응이다. 관객

---

38 Anne-Marie Gourdon, *Théâtre, Public, Perception*(Paris: Editions du CNRS, 1982), pp.19~24.

이 연극을 통하여 자신을 일그러지게 할 때 세계가 변형되는 경험이다. 관객은 공연이란 텍스트 안에서 이렇게 자신을 변형시키고 위로하고 꿈꾸는 경험을 하게 된다. 함몰되는 관객의 몸은 모든 것이 고정되어 있지 않고 분열되어 안이 텅 비어 있는 존재가 된다. 텅 비어 있는 존재로서의 관객은 앞에서 나눈 주체와 객체의 구별이 없고, 구별이 없기 때문에 '나'라는 관객은 수많은 자아들로 분열된다."[39]

관객의 감성적 언표는 모든 것을 수용하고, 가능한 것으로 여기는 최고의 상태, 이름 붙이자면 황홀한 경험이며 관객의 쾌락으로부터 생성된다. 예컨대 연극과 공존했던 관객 그 자체가 아니라, 관객이 연극을 주목하면서, 관극이 끝난 뒤에 보여주는, 연극을 인식하고 그것에 반응했던 표정과 움직임, 소리와 침묵과 같은 언표들이다. 이것은 고정적이지 않으며 순간적으로 보여지고 사라지는 다양한 언표들이다. 이런 요소들은 통계적으로 환원할 수 있는 계획적이고 통계적이고 정합적인 것이 아닌, 매우 복잡한 요소들이다. 그것은 관객의 몸을 부활시키는 일이다. 관객의 몸과 함께, 몸을 통해서, 몸이 더불어 가는 연극을 위해서이다.

관객은 연극 바깥에 놓인다. 관객 처지에서 보면, 관객은 연극의 내적 요소가 아니라 외적 요소인 셈이다. 연극이 관객에게 하나의 파동처럼 닿는 것이라면, 관객은 연극에 밀물처럼 다가가는 존재이다. 연극의 관객이 줄어드는 까닭은 관객의 부재에 앞서 연극의 파동이 예전처럼 왕성하지도 않고, 관객들에게 유효하지도 않기 때문이다. 옛날처럼 연극이 종교적인 행사의 격을 갖추고 있다면 관객의 존재

---

39 안치운,《연극 제도와 연극 읽기》, 42~43쪽.

는 엄격하고 의무적이었을 터이다. 이제 관객만 줄어든 것이 아니라 연극의 존재가치마저 형편없이 추락했다. 그렇게 되면 연극의 몰락은 관객의 지위가 추락하는 것으로 이어지고, 연극은 관객들이 위치한 현실과 타협한다. 미덕과 같은 연극의 영역은 외적으로는 이야기와 극장이라는 허구의 중심일 것이고, 내적으로는 난장·욕망·광기와 같은 극적 표현이다.

연극이 도시국가의 운명을 예언하고 진단하던 시대의 관객들은 대부분 도시의 시민들이었다. 오늘날 연극은 도시의 운명을 결정하는 시민들 몫이 아니라 연극하는 이들의 소산이 되고 말았다. 이것은 전적으로 연극과 현실 사이에 아무런 차이가 없게 한, 연극 바깥의 현실과 우호적인 관계를 맺은 연극과 연극작가들 탓이다. 연극을 비롯한 모든 예술은 현실과 적대적인 관계를 맺으면서 현실의 바깥 요소들을 통해 현실을 재단하고, 표현할 수 있었다. 연극은 현실을 비현실화함으로써 현실보다 더 큰 현실을 드러내는 예술이다.

관극행위란 비현실의 연극과 현실의 관객이 관계 맺는 암묵적 의식행위이다. 연극적 환상이란 관객의 허구, 즉 비현실의 연극 속으로 참여할 때 생성된다. 관객의 부재는 연극의 외적인 영역, 예컨대 연극의 사회적 역할, 극장의 이데올로기, 연극과 기술문명 등에 관한 성찰을 앗아간다. 그리고 오늘날 연극이 갖춰야 할 내적 요소의 상실로 이어진다. 크게는 연극도시, 작게는 연극동네가 황폐해졌다는 것은 관객의 부재에서 시작하여 불가피하게 연극 안팎에 대한 성찰의 부재라는 결과를 낳을 수밖에 없다.

우리가 관객의 반응으로서 감성적 언표들을 주목하는 이유는 그것이 극장 공간 안팎에서 다른 관객들과 공존하면서 드러나기 때문이며,[40] 이것이 개념적 언표들과 차이를 보일 때 관객들은 자신의 삶과 거리를 두게 되기 때문이다. 이 거리는 관객의 인식을 고양시키거나 소외시키기는 계기가 된다.

연극이 제각각 다른 것은 작가가 다르기 때문이라면, 관객이 다른 것은 그들이 반응하는 언표와 그 이전에 이를 결정하는 선험적인 요소들이 다르기 때문이다. 또한 연극이 있는 극장에서 관객의 정신적 노력의 산물이라고 할 수 있는 감성적 언표들은, 무용을 비롯해 그 밖의 다른 예술이 있는 장소에서의 언표들과 다르다. 그것은 연극과 그 밖의 다른 예술에 반응하는 관객의 언표들이 다르게 조직되기 때문이다. 구체적으로 언급하면, 첫째로 오늘날 관객의 감성적 언표들이 변모했기 때문이며, 둘째로 많은 연극이 시청각적 언표를 크게 확대해서 관객을 자극하기 때문이다. 그 결과 관객들은 진지한 사유 없이 감각적 판단으로 관극하고, 연극은 점차 기획(기획사)의 대중자본주의적 코드로 양식화해가고 있다. 관객의 욕구를 조작하는 감성적 언표들을 지닌 연극이 많은 것 또한 사실이다. 그 변화의 밑바탕을 고려하자면 이것은 연극의 권력 문제와도 맞닿아 있다.

오늘날 최고의 이데올로기는 볼거리라고 할 수 있다. 볼거리의

---

40 건축가 승효상은 한스 샤룬Hans Scharoun이 설계한 '베를린 필하모니 홀'에서 관극한 경험을 아래와 같이 적고 있다. "서양 건축에서 극장의 원형은 그리스의 야외극장이다. 반원형인 이 극장은 무대를 아래에 두고 경사진 언덕에 동심원을 그리도록 객석을 배치한 형태이다. 객석에 앉은 관객은 무대의 배우를 볼 뿐 아니라 그 자리에 함께한 관객들도 본다. 이것이 상징하는 것은 바로 공유라고 하는 가치를 엄두에 둔 건축개념이다. …… 나는 음악만을 듣고 있지 않았다. 오케스트라 건너편 테라스에 앉은 할머니들의 감동받은 표정을 보고 있었고, 그 옆 테라스에 옹기종기 모여 있는 연인들의 밀어를 들었으며, 그 위에 앉은 노인의 사색을 느꼈다. …… 옹기종기 모여 앉아 아름다운 시간과 공간을 공유하는 듯한 경험을 우리의 선한 기억 속에 저장하는 순간이었다." 승효상, 《건축, 사유의 기호》(돌베개, 2004), 131~132쪽.

부패는 "인간과 인간의 분리와 소외의 표현이며, 비사유의 사유, 공식적 기억상실증"[41]이라고 할 수 있다. 이런 현상들은 대중추수적인 연극이 점점 더 많아지고 있기 때문에 빚어진 결과일 터이다. 오늘날 연극이 날로 관객을 잃고 있는 이유는 관객의 변화하는 언표를 알아차리지 못하고, 연극의 변화가 관객의 언표 변화보다 느리기 때문이다. 이것은 연극이 관객들에게 호소하는 연극적 코드, 특히 감성적 코드가 관객이 연극을 보고 반응하는 감성적 언표보다 훨씬 느리고 고정적이라는 뜻이다. 연극에서 부정적인 관객은 하나의 개념처럼 존재한다. 연극이 존재하기 위한 큰 권력의 자장 안에서 물질적으로만 존재한다. 연극을 관객이 주목해야 하는 대상이라고 여기지만, 관객을 연극이 주목해야 하는 대상이라고는 여기지 않는다.

3. 연극의 의미, 관객의 결핍

이제 연극의 의미는 연극이 아니라 관객이 담지하고 있다고 말하는 것이 가능하다. 이것은 연극 바깥의 관객이 연극의 의미를 지시한다는 뜻이다. 이것은 관객을 연극의 "변수가 아니라 상수로서 전제하는"[42] 것을 넘어 연극과 관객의 관계가 서로 등가라는 것을 말한다. 이것은 관객이 연극에 대한 반응과 더불어 반응하는 자신까지 드러내기 위하여 연극이 필요할 수 있다는 것을 뜻한다. 이것을 자기 지

---

41 G. Debord, *La société du spectacle*(Paris: Buchet/Chastel, 1967), pp.159, 172.
42 피에르 라르토마(외), 〈관객이라는 이차적 역할〉, 이인성 엮음, 《연극의 이론》, 325쪽.

시성이라고 할 수 있다. 관객은 각자 자신의 관객인 셈이다. 그러므로 더 많은 관객을 위해서 연극은 관객이 자신을 드러낼 수 있는 환경으로 존재해야 한다. 좋은 연극은 관객의 몸을 자극하여 관객 스스로 자신의 감성적 언표를 드러내면서 자신의 존재를 확인할 수 있게 한다. 이는 관객의 의식보다는 몸에 더 많은 의미를 주기 때문이다.

관객은 연극을 보는 것이 아니라 연극을 통하여 자신을 드러내는 존재로 변화하고 있다. 즉 "관객은 자신의 인상을 기억으로 남긴다. 관객은 연극을 보면서 깃털과 같은 자신의 또 다른 흔적을 공연에 남긴다. 공연이라는 텍스트는 의미 이전에 존재하는(전미래적 의미), 의미 부재가 아니라 의미로 채워지기를 기다리는 존재이다. 관객의 반응은 관객이 공연에 부여하는 의미이며 동시에 자기 정체의 투영이다. 관객의 자기 정체의 투영이 바로 관객이 지니는 결핍이다. 관객은 공연을 통하여 원하는 의미를 구하지 못하면, 다시 말해서 자신의 결핍을 구하지 못했을 때 (그 결핍을 채우는 것이 아니라) 연극을 버리게 된다. 진정한 관객은 공연을 통하여 자신의 결핍을 발견하고 그 위에 존재한다."[43] 감성적 언표는 그것을 가능하게 하는 결정적 요소인 셈이다.

관객 이전의 연극은 연습일 뿐이다. 하이데거의 말을 빌리면, "최소한 사물적 존재방식을 취하는 존재"[44]이다. 연극은 관객 앞에서만 잠복된 순간을 넘어 현재화하고 활성화한다. 그러니까 연극은 관객의 존재 바깥에서는 활동을 예비한 잠재태이며 가능태일 뿐이다. 그런 면에서 연극은 관객과의 만남을 전제로 빈 공간이 즐비한 텍스트이

---

43 안치운, 앞의 책, 58쪽.
44 M. 하이데거,《예술 작품의 근원》, 오병남·민형원 옮김(예전사, 1996), 19쪽.

며, 그 공간들은 관객이 개입하여 잉여적 가치를 만들어내는 창조적 공간이다. 숙명적으로 관객을 기다리면서 존재하는 '게으른 연극'[45]은 관객의 해석 안에서만 살아 있는 움직임, 즉 창조적인 활동이다.

움베르토 에코의 이론에 따르면, 허구의 연극은 "표현적 인공물의 연쇄une chaîne d'artifices expressifs"이고 관객은 그것을 "현실화actu-alisé"하는 수신자이다.[46] 그런 면에서 관객은 연극과 상관관계를 맺으면서 연극의 통사적 규칙을 참조할 수 있는 능력을 지닌 "조작자 l'opérateur"[47]이기도 하다. 관객론은 연극의 창작론에서 연극 해석의 다양성을 문제 삼기 위한 해석론으로 이어진다.

결론적으로, 연극이 존재하기 위해 관객이 필요한 것이 아니라 관객이 존재하기 위해 연극이 필요한 것이다. 비유하자면, 이는 영혼을 지닌 육체가 아니라 육체를 지닌 영혼이라고 말하는 것과 같다. 연극의 권력이란 연극의 존재를 위해서 관객의 존재를 인정하지 않으려는 태도의 산물이다. 따라서 관객 연구는 연극권력을 해체하고 작가와 작품에 대한 유명론적 연극이론들을 부정하는 데서 새롭게 출발한다.[48]

---

45 Anne Ubersfeld, *L'Ecole du spectateur, op. cit.*, p.303.

46 Umberto Eco, *Lector in Fabula, op. cit.*, p.61.

47 *Op. cit.*, p.62.

48 소포클레스의 〈엘렉트라〉와 장 지로두의 〈엘렉트라〉는 같은 이야기를 다루지만, 여왕 클리타임네스트라가 남편인 아가멤논 왕을 죽인 원인을 바라보는 두 작가의 시각은 크게 다르다. 소포클레스는 클리타임네스트라와 그의 정부 아이기스토스가 지배욕에 불타 아가멤논을 죽였다고 말한다. 그러나 장 지로두는 그의 희곡에서 클리타임네스트라가 아가멤논을 살해한 이유를 왕이 찻잔을 집어들 때나 왕관을 머리에 쓸 때 새끼손가락을 공중으로 쳐드는 습관 때문이라고 설명한다. 감성적 언표로 보자면, "이처럼 육체적인 면에서 서로 잘 맞는 사람들 사이에서는 아주 사소한 기벽이 애정을 촉발하는 계기가 되지만, 그 반대인 경우에는 폭발적인 노여움을 불러일으킬 수가 있는 것이다." 미셸 투르니에, 《외면일기》, 김화영 옮김(현대문학, 2004), 144~145쪽.

연극의 미래

–

연극, 인간, 자연

"나무에 혀가 있고, 흐르는 시냇물에 책이 있으며,

돌 속에 설교가 있는……."

—셰익스피어, 〈당신이 좋으실 대로〉

1. 연극: 삶의 순환을 상징하는 자연

오늘날 연극의 스타일과 양식의 변화가 가능한가? 산업자본주의, 초자본주의, 정보화 사회, 디지털 시대, 첨단 테크놀로지, 가상현실과 사이버 공간 같은 것이 세상과 삶의 지형을 급격하게 변화시키고 있는 현실에서, 현대 연극은 어떤 유형의 연극으로 귀결될 것인가?

현대 연극에는 여러 가지 예술 사조가 서로 어울리고 공존한다. 남의 것을 베끼는 것도 혼성모방이라는 이름으로 정당화되고, 남의 작품을 추근대면서 획득하는 기호의 조작과 모방도 실험·재구성이라는 이름으로 계속 이어지고 있다. 이렇게 혼재된 상태에서 현대 연극은 더 이상 앞으로 나아가지 못한 채 정지하고 있다. 그리고 연기, 연출, 극작, 비평, 무대장치 등을 이성적으로 사유하기보다는 기술과 기계 또는 코드로 바라보는 시각이 굳어지면서 미학적 지위를 요구하고 동시에 추락하고 있다. 현대 연극이 말하는 인간의 표상들도 단순해지고 도식적이 되기는 마찬가지이다.

이제 현대 연극은 자연에 대립되는 기술로 실재하는 삶을 증발시켜버리면서 자신을 확대재생산한다. 그렇게 하면서 저물어가고 있다.[1] 그 속도는 빠르고, 그 힘은 멈출 줄 모른다. 이런 연극의 시뮬레이션이 흘러넘치고 있다. 자연을 보충하고 대리하던 기술이 자연을 초월하고 있다. 기술적 인공이 자연적 사물보다 우위에 있다. 가상현실에서는 기계적 인공과 자연이 아무런 마찰 없이 만나고 있다. 자연과 인공, 현실과 가상, 주체와 객체의 전통적인 이분법이 무력해지고 있다. 이런 현상들과 더불어 현대 연극의 황혼, 연극의 밤을 알리는 것은 생태계의 파괴로 인한 삶의 혼미함, 존재의 망각이다.

몸과 자연은 연극의 물질이다. 그러나 오늘날 우리는 물질적인 것과 전혀 딴판의 삶, 연극을 살고 있다. 라틴어로 물질을 뜻하는 materia는 어머니mater에서 비롯됐다. 그런데 현대 연극은 연극의 물질, 그러니까 연극의 근원을 경시하고 남용하고 있다. 물질은 삶의 근원을 산출하고 풍요로움을 안겨주고 삶의 질서를 만들어주던 것이었는데, 이런 것들이 고착화·각질화하고 있기 때문이다. 미래의 연극공간을 위해서는 연극을 물질적으로 살아가는, 알아가는 기술이 필요하다. 그러나 현대 연극은 삶의 근원보다는 덩치 큰 이익을 추구하려고

---

1 "감히 말한다면 한국의 현대 연극과 춤에는 산과 원, 그것들의 개념이 사라졌다. 이 땅의 지형적 특색을 산이라고 한다면 우리의 현대 연극과 춤은 산으로부터 너무 먼 곳에 있다. 한국 연극과 춤의 현대적 변모는 산의 부재를 뜻하며 산의 망각으로 이어진다. 오늘날 한국 연극과 춤에는 산이라는 입체가, 산과 산이 붙어 산맥을 이루는 연극과 춤의 아우라aura가 사라졌다. 산을 이루는 깊이의 계곡과 길이의 능선을 타고 물 흐르듯, 바람 스치듯, 낙엽 쌓이듯, 새싹 돋아나듯 생명의 순환과 같이 에돌면서 연극과 춤을 기대하는 이들이 있을까? 연극과 춤이 살아 있는 예술이라고 말하는 것과 산이 살아 있다는 것은 일맥상통하는 말이다. 길이 없기 때문이 아니라 이미나 있는 길의 끝에서 새롭게 시작되는 길을 찾기 때문이다. 산 대신 평면이 한국 연극과 춤의 새로운 아우라로 자리를 차지한다. 산이 있는 토폴로지topologie의 연극과 춤은 흐트러짐 없는 위세로 하늘로 치솟아오르는 장관이 없고 시야를 압도하는 옹자가 없는 평면의 연극과 춤과 다르다. 평면의 무대는 정태적인 무대장치와 기계적인 배우들의 움직임만으로 채워진다. 조야한 무대장치들이 배우들의 길을 막고 관객들의 상상력을 틀어막는다. 무대장치와 배우들 사이를 오고 가는 삼투현상과 교감은 없다. 산이 저곳에 있다고 한 것처럼 이것들은 서로 별개의 차원으로 존재한다. 산이 입체라면 산의 부재는 평면을 뜻한다. 문제는 우리의 연극과 춤 무대가 입체적이지 않고 평면적으로 고정되어가고 있는 암울한 사실이다." 안치운, 〈연극과 춤 그리고 산에 대하여〉, 《연극 제도와 연극 읽기》(문학과지성사, 1996), 64~65쪽.

한다. 무엇보다도 인간을 중심에 놓는 이기적인 세계관에 빠져 다른 생명체와 생태계의 권리를 무시한다. 인간을 생태계와 분리시켜 고립과 긴장의 체계 속으로 몰아넣기도 한다.

그런 연극들은 관객들에게 신경적 강박을 호소한다. 이를테면 거의 모든 작품들이 인간의 억압과 정신적 소외를 보여준다면서 상투적으로 억압과 소외를 갉아먹고 있다. 연극의 독창성을 결정짓는 근거인 물질 또는 기원을 잊고 있는 지금, 현대 연극의 불안은 점점 커지고 있다. 핵의 위험, 환경파괴, 유전자 조작 등도 그 불안의 원천이다. 현대 연극은 연극 안팎에서 세를 키워가고 있는 이러한 야만을 경계해야 할 것이다.

잠언적 잠재력을 갖춘 연극, 자연과 생태환경의 중요성을 알리려는 작품은 많지 않다.[2] 지금까지 한국의 현대 연극은 생태운동의 전위로 나서지 못했다. 몇 가지 예외적인 경우를 제외하고는, 특히 이 땅의 운명에 거의 무관심하다. 오늘날 한국의 현대 연극이 거주하는 극장은 정갈한 장소도 아니고, 어둠이 빛이 되는 장소도 아니고, 관객들에게 견딜 수 없는 불안감과 궁금함을 주는 장소도 아니다. 무대장치와 같은 바위, 물, 나무, 바람, 꽃, 흔들리는 잎사귀, 숲 등이 조화로운 계곡과 견줄 수 없을 정도로 천박해진 극장에서는 보고 듣는 것들이

---

2 루소의 표현을 빌리면, 연극은 "자연의 책"이다. 루소가 말하는 자연의 책, 자연적 언어란 "살아 있는 신적 진리이며, 순수한 감정 속에서 음성화되는 도덕적 명령이다. 그것은 자연의 목소리로서 내면의 목소리이며, 의식과 양심의 목소리이다. 자연 속에 또는 우리의 존재 내면에 심어져 있는 자연의 말과 언어는 목소리라는 생생하고 직접적인 현전 양태를 통해서 드러난다. 그런 한에서 자연의 언어는 이미 우리에게는 언제나 이해되어 있는 목소리일 뿐이며, 그것의 진리는 영원한 현전의 양태로 이미 우리에게 사유되어 있다." J. Derrida, *De la grammatologie*(Paris: Minuit, 1967), p.27; 김상환, 《해체론 시대의 철학》(문학과지성사, 1996), 387쪽에서 재인용.

주는 울림이 사려져버렸다. 연극과 극장은 관객들이 더 이상 귀향하는 곳이 아니다. 근원이 없기 때문이다.

기술 복제 시대, 자본주의 시대에 현대 연극은 지금 퇴행적으로 변하고 있다. 다른 나라와 비교해보면 무엇보다 연극의 획일성이 두드러진다.[3] 한국의 현대 연극은 남의 것을 그대로 모방하는 아류주의와 야만의 사회, 광포한 소리의 권력 아래에 놓여 있다. 소리가 대화를 대신하고 있다. 여기서 "지칠줄 모르는 익명의 웅성거림과 같은 소리"[4]는 합리주의와 이성의 산물인 대화를 부정하는 그 무엇이다.

기표에 대한 기의의 구속력이 소멸된 터이므로 오고 가는 말들이 헛되다. 말들이 의미 대신 진동인 소리로 공기 속을 가로지를 뿐이다. 소리들은 소음으로 전락하고 있다. 언어가 물질적인 육체와 결별할 때, 자연과 멀어질 때, 존재는 무가 된다. 또한 연극에서는 시적 언어, 은유를 찾아볼 수 없게 된다. 눈에 보이는 것, 이미 알려진 것만이 있을 뿐이다. 멀리 떨어져 있거나 아직 보이지 않는 것을 상징적으로 지시하는 능력은 없다. 연극의 소외는 여기에서 생성된다.

소리는 사회의 질서를 모방한다. 일상의 삶이 즐겁지 않은 까닭은 질서가 깨진 만큼 소리의 질이 깨져버렸기 때문이기도 하다. 소음

---

3 서양의 연극과 춤의 무대가 지니는 전통은 사각인 평면이다. 평면은 곧 시간적 개념과 동일하다. 평면의 무대에서 시간은 무의 개념이기 때문에 무대장치와 같은 길을 만들어 유의 개념인 공간을 만들 수밖에 없다. 그러므로 서양 연극과 춤의 무대는 평면과 같은, 평면을 감싸는 틀의 개념이 강하다. 틀이 곧 무대이다. 우리의 연극과 춤이 이상이라는 내용물에 현실을 담으려 한다면, 서양의 연극과 춤은 현실을 이상화시킨다. 다시 말해서 현실에 이상을 적응시키며 현실이라는 그릇에 이상의 적절한 부분들을 담는다. 우리의 연극과 춤이 극장이라는 공간, 즉 평면의 사각지대로 들어오게 되면서 예전에 우리가 지녔던 산과 같은 자연스런 무대는 존재하지 않게 되었다." 안치운, 〈연극과 춤 그리고 산에 대하여〉, 67쪽.
4 리스 블랑쇼, 《미래의 책》, 최윤정 옮김(세계사, 1993), 323쪽.

이란 어이없는 소리이며, 기의 없는 기표가 직물처럼 엮여 있는 소리이다. 야만의 소리란 연극의 물질이었던 것들을 총체적으로 대신하거나 매개하는 기호의 범람을 뜻한다. 그것은 무한하고, 넘쳐나고, 기호화하고, 정보화하여 존재한다.

부정적으로 보자면, 이러한 현대 연극은 이 헛된 소리에 종속된 기표의 기표일 뿐이다. 야만의 사회 속 현대 연극은 광포한 소리들로 채워진 집과 같다. 그런 곳에서는 한순간도 쉬지 않는, 물 흐르는 소리들은 아예 들리지 않는다. 자연이 명한 필사의 길을 따라 부는 바람 소리에 대해서 말하지 않는다. 태어난 자리에서 일생을 보내는 나무의 흔들리는 소리에 귀 기울이지 않는다. 소들이 무심하게 되새김질하는 소리는 기억에서조차 사라져버렸다.[5]

목소리와 의미에 종속되지 않은 소음과 같은 기호들이 더 많은 한국 현대 연극은 삶의 태도에 관한 윤리적 선택을 질문해야 한다. 연극은 과연 어떤 주제를 통해서 오늘날 우리의 삶에 개입할 수 있는가? 그것은 욕망하고 복수하고 화를 내는 가부장적인 태도[6]가 아니라 구체적으로 연극을 통한 환경보호와 생태지향적 사고의 실천이다.[7]

---

5 음악은 소리를 되찾고 보호하기 위하여 소음과 싸운 하나의 소산이다. 소음은 일종의 권력과 같다. 연극은 소리와 소음의 싸움이 벌어지는 터와 같다. 좋은 연극은 소리를 통하여 사회의 소음을 전달하고, 권력을 조정하고, 분노를 진정시키고, 삶을 제의화한다. 그렇게 해서 가능한 사회의 모습을 제시하고 재현한다. 소리는 연극이 삶을 반영하여 달리 드러내는, 즉 탁월하게 소유하는 하나의 방법이다. 관객은 공연을 보기 위하여 돈을 지불한다. 돈은 성격이 모호한 중성과 같다. 관객은 공연을 통해 소리의 조화를 경험하고자 한다. 그것은 단순한 소리가 아니라 조화로운 질서를 가능하게 하는 정당한 권력을 맛보는 행위와 같다.
6 서양 연극과 춤의 역사는 더 높이 오르고자 하는 부친 살해의 역사와 다를 바 없다. 고전주의를 죽인 낭만주의처럼, 사실주의를 죽인 자연주의처럼. 그렇게 해서 새롭게 태어난 것을 확인시키는 단절과 살육의 역사이며 죽임이 계속 이어지는 역사이다.
7 생태주의 연극의 사고는 이른바 순환적 사고이다. 예컨대 비는 공중에 있는 수증기가 대기권

자본의 논리인 생산과 확대재생산에 반하는 연극의 논리와 생명 추구가 현대 연극의 화급한 물음이다.

현대 연극을 포함해서 예술이 삶의 근거에서 멀어지면 그 기표와 기의는 따로 놀게 된다. 연극언어가 연극하는 이들의 의식만 팽창시키고 확대시키기 때문이다. 그 끝은 분명한 자기소멸이다. 언어가 현실에서 떨어져 나올 때 기표가 기의와 완전히 결별하는 것처럼, 연극과 이것을 실천하는 이들의 실제 삶 사이에는 근본적인 균열이 생긴다. 떠올리기 싫지만, 그 끝은 무섭다.[8] 공연된 연극들은 무너진 기표

높은 곳에서 찬 기운을 만나 물방울이 되어 땅으로 내리는 것을 말한다. 비의 본질은 물이되 물의 방울이다. 수증기가 바다에서 온 것으로, 수증기는 하늘로 올라갔다가 땅으로 내려와 다시 바다로 흘러간다. 비는 돌고 도는 어떤 것이다. 바다와 강은 땅 위에 흐르는 물의 모습이다. 비는 땅 위의 물이 구름으로 그 모습을 바꾸었다가 다시 이 땅에 내리는 물이다. 물은 돌고 도는 상징이다. 피는 우리 몸속으로 흐르는 동맥과 정맥의 통로를 따라 돌고 돈다. 이렇게 하면서 영양분을 옮겨주고, 필요 없는 찌꺼기를 거두어간다. 우리는 이것을 신진대사라고 말한다. 우리의 목숨은 피의 돌림 현상에서 비롯된다. 비나 피 모두 물을 바탕으로 이루어진다. 비와 피는 물이 존재하는 닮은꼴이다. 비가 무생물로서 우주 공간을 떠돌아다닌다면, 피는 생물의 몸속을 이 모양 저 모양으로 돌아다니는 물이다. 물을 옛말로는 '미'라고 했다. '미'나리는 물이 많은 곳에서 자라는 나리일 터이다. '미'역도, '미'더덕도. '바다'라는 말의 어근은 '받'이다. 이 '받'의 어원은 '비'의 어원과 같다. 결론적으로 비와 피와 바다의 어원은 같다. 의미상으로 모두 물이다. 흐르지 않으면 썩는다. 괴면 죽음이 되는 것도 있고, 부패하는 것도 있다. 밤과 낮이 가림 없이 돌아가듯 비와 피는 돌고 돌아야 한다. 강물이 흐르는 곳에서 삶의 거처가 마련되고, 부족과 문명이 탄생하지 않았던가. 피 또한 몸이 살아가는 데 없어서는 안 될 뿌리 깊은 샘물이 아닌가. 비는 지구에서 살아가는 모든 생물에게 필요한 피요, 피는 모든 동물에게 비가 된다. 비가 식물성이라면 피는 동물성이다. 동물은 식물을 바탕으로 하여 살아간다. 비와 피의 우리말 원형은 모두 '미'다. 그리고 비는 세상의 모든 것을 씻어낸다. 비는 씻김굿이다.

8 많은 언어의 어원은 자연 속에서 찾아볼 수 있다. 예컨대 욕망은 부재를 확인하는 것de/sire이다. 별자리sire의 영향력 아래 놓이는 것이 별을 보고 관찰하는 것이다considerare. 욕망하다는 볼 수 없음, 부재를 아쉬워하기, 희망하기, 꿈꾸기, 기다리기이다. 그래서 욕망désire은 재앙désastre이라는 단어와 어원이 같다. 욕망 그것은 재앙이다. 욕망할 만한 것과 주목할 만한 것은 같다. 부재하는 별자리를 따라 길을 가고, 별자리를 예언하는 것이 노래odos이다. 노래의 어원은 부재하는 것, 길의 어원과 같다. 언어의 표현이 자연에 근거한 어원에서 멀어지거나 무관한 것으로 여겨지고 발화하는 것이 두렵다.

가 되고, 춤추고 연극하는 이들은 무대 위에서 연기하는 자동기계 장치로 전락하는 것이 아닐까. 이 반성 없는 현상이 한국의 현대 연극에 넘쳐흐른다. 문제는 생태학적 사유의 빈곤에서 왔다.

비트겐슈타인의 말대로, "엉망으로 만들어놓은 거미줄" 같은 환경을 다시 손가락으로, 그러니까 연극으로 다시 이어놓을 수는 없을까? 연극이 삶의 패러다임을 바꾸어놓을 수 있을까? 자연과 문화를 화해시키고, 몸과 언어를 결합시킬 수 있을까? 인간은 지구의 거주자가 아니라 방문자라는 시각을 지니게 할 수는 없을까? 인간이 있는 곳에 연극이 있다면, 연극은 인간과 삶, 그 터전인 땅과 환경을 위해 무엇을 할 수 있을까? 세상은 삶이 거주하는 집이라면, 극장은 연극이 거주하는 집이다. 하여 작가와 작품들은 세상과 극장을 동일시하고, 삶과 연극을 서로 견주어 비유하곤 했다. 모든 진리는 다른 진리와 조화를 이룬다Omne verum vero consonat고 했다.

2. 생태주의 연극의 공간 환경

자연을 존중하고 보호하자고 내세우는 에코 테아트르는 서양 문명의 역사관인 선조적 역사관, 즉 프로메테우스 신화에 근거한 현대 문명의 진보에 부정적인 견해를 취하는 것으로 시작된다.[9] 성장 지상주

---

9 1970년대 이후 이 분야의 연구는 생태학, 생태문학, 생태연극, 녹색미학, 산업화 시대의 생태주의, 문학생태학, 인류생태학, 생태심리학, 생태윤리학, 생태의학, 생태건축학 등 다양한 영역의 학문과 결합되어 있다. ökologie, ecology, oiskos, 자연살림체, 자연이라는 집에 관한 연구도 여기에 포함된다. 그 원인은 《성장의 한계 : 인류의 현 상태에 대한 로마 클럽 보고서》(1972)에

의와 속도주의에 빠진 서양 문명을 되돌아보고 속도주의라는 강박을 뒤로하면, 이 세상은 매우 나약하며 보호해야 하는 것임을 알게 된다.[10]

자연의 생태계는 우리가 사는 집oikos, eco이다. 오늘의 문명은 집을 무시한, 집 위를 가로질러 길을 내는 문명이다. 그리하여 남는 것은 지나갔다는 흔적과 지나가기 위한 파괴뿐이다. 제국주의는 정복과 파괴를 위하여 길부터 만든다. 이제부터라도 세상을 집으로 여겨 다듬고, 제한하고, 개발이 아니라 보호해야 하는 곳으로 생각할 필요성이 있다.

그것이 곧 프로메테우스 신화에 반하는 노아의 신화일 것이다. 노아의 신화에서 길은 바깥으로 향하는 것이 아니라 안으로 되돌아온다. 그럼으로써 세상은 더욱 인간적인 유대가 가능한 터가 되고, 보다 아름다움이 가득한 터가 될 것이다.[11]

서 볼 수 있다. 로마 클럽은 1968년 지구의 황폐화와 생태계의 파괴를 염려하는 유럽의 지식인 30여 명이 로마에 모여 만든 클럽으로, 미국의 MIT대학 연구팀과 공동으로 생태계 파괴가 각 영역에서 어떻게 진행되고 있으며, 이것이 앞으로 인류에게 어떤 영향을 끼칠 것인가를 종합적으로 다룬 보고서가 이것이다. 보고서는 핵에너지의 위험, 화학물질 오염 문제, 지구 온난화 현상, 사막화 현상, 천연자원의 급격한 감소, 동식물의 멸종 가능성, 산업폐기물 오염 등을 다루고 있다. 한편, 1972년 스웨덴의 스톡홀름에서 열린 제1차 유엔인간환경대회는 개막일인 6월 5일을 '세계 환경의 날'로 제정하여 기념하고 있다.

10 자연과 사람을 중심으로 하는 생태학은 문명의 역사가 자연과의 공생이 아니라 지배와 착취의 관계로 변화했음을 지적한다. 원시 토템 신앙, 신화의 현상 뒤에 그것을 주관하는 신을 상정한 것은 인간이 자연의 힘을 두려워했음을 나타내준다. 그러나 인간이 자연의 위협에 맞서 이성의 힘, 기술과 문명의 힘으로 자연을 정복하면서부터 인간과 자연의 관계는 역전됐다. 즉 "자연의 겁탈과 인간의 문명화는 짝을 이룬다". 동서양의 고대 연극은 자연의 연극, 자연이 지닌 마술적인 힘의 연극으로, 야외극장과 숲이 무대였다는 점을 떠올릴 필요가 있다. 오늘날 대기 중 이산화탄소 농도는 과거 16만 년 이래 최고치를 기록하고, 지구 온난화 현상은 날로 심각해지고 있다. 이것은 생물체 전체의 위기일 터이다. 따라서 이른바 생태학적 인식이 필요하며, 이것은 연극을 비롯한 모든 예술 분야에도 해당된다.

11 생태학이라는 말은 과학과 철학을 종합한 헤겔의 저서 《유기체 일반형태론》에서 처음 썼다. 헤겔은 《수정의 영혼》이라는 책을 내기도 했는데, 이 책에서 그는 "자연의 예술형식"을 기본

생태주의 연극에서 공간의 특징은 직선 위를 그냥 가로질러가는 것이 아니라, 길 위에 머물게 하고 길을 잃게 하는 데 있다. 길이 없는

으로 하는 미학, 말하자면 하찮은 돌멩이 하나, 눈에 띄지 않는 사물 하나에도 깊은 존경을 표해
야 한다는 견해를 주창했다. 자신의 교회는 다른 곳이 아니라 "이 멋진 자연 자체"라는 그의 말
도 생태학적 인식의 싹을 드러낸다. 생태계의 위기는 인류의 프로메테우스적 개발계획과 자연
에 대한 인간의 가차 없는 지배에서 온다. 과학 지식의 성장, 기술의 진보, 경제활동 등을 큰 가치
로 여기는 근대적인 사고도 문제 삼을 수 있다. 이원론적 세계관, 인간에 의한 자연의 지배, 이성
중심주의, 인간에 대한 인간의 지배, 기술 중심주의, 성장 제일주의, 자본주의 생산체제 등이야
말로 생태계를 회복할 수 없을 정도로 파괴한 근본 원인이라고 할 수 있다. 이에 생태철학은 "모
든 살아 있는 생명"과 "무엇보다도 인간의 생명"에 대한 존재론적 책임을 강조하고, 생명의 원리
인 자유와 기술 시대에 존재론적 의무로서 요청되는 "책임의 원칙"을 결합시킨다. "왜 인간이 존
재해야 하는가를 우리에게 말해줌으로써 또한 인간이 어떻게 존재해야 하는가"를 말해주는 생
태철학은 인간의 이념을 새로이 정립해야 한다고 주장한다. 김용민, 《생태문학─대안 사회를
위한 꿈》(책세상, 2003), 73~74쪽 참조. 이 책에서 다루고 있는 주제를 연극과 연계해서 정리하
면 다음과 같다.

산업사회의 연극 / 생태주의 연극의 비교
• 자연과학의 세계상 : 기계론적 세계관 / 유기체적 세계관
• 인간의 역할 : 자연 정복, 지배 / 자연에 동참, 공생, 성찰과 창의성
• 자연에 대한 태도 : 필요한 도구, 착취, 인간 중심주의 / 생물체의 다양성 보호, 생물 중심주의,
자연 그 자체의 가치 인정
• 땅에 대한 관계 : 영토의 개념, 이용과 소유 / 생물 지역주의, 땅의 윤리와 거주 공간
• 사회적 가치 : 성차별, 가부장제, 인종주의, 위계질서 / 생태 페미니즘, 동반자 관계, 차이 인정
과 존중, 평등주의
• 신학과 종교 : 초월적 신성, 일원론 / 내재적 신성, 다신론과 범신론
• 교육과 연구 : 각 분야 특수한 연구, 가치로부터 자유로운 지식, 자연과학과 정신과학의 분리 /
학제 간 통합연구, 연구에 대한 지적·윤리적 책임 요구, 종합적 세계상 정립
• 정치체제 : 독자적 민족국가, 권력의 중앙집중, 가부장적 과두정치, 문화적 동질성 강조, 민족
의 안전 우선, 군사주의 / 다민족 연방제, 분권화된 지역주의, 평등 민주주의, 다원화 사회, 인간
과 환경 우선, 비폭력주의
• 경제체제 : 다국적 산업, 세계화, 경쟁, 성장 추구, 단기적 이익 추구, 자연의 대상화 / 공동체
경제, 협동, 성장의 한계 인식, 지속 가능한 발전 추구
• 기술 : 화석연료 사용, 이윤 추구적 기술, 과도한 쓰레기, 생산과 소비 우선 / 재활 가능한 에너
지원 추구, 생태적으로 부드러운 기술, 쓰레기의 양을 줄이고 재활용, 생태계 보호와 재건 우선
• 농업 : 단종 경작, 산업화한 대규모 농업, 화학비료, 화학살충제, 저항력 없는 잡종 재배 / 다종 경
작, 공동체 경작과 가족 경영, 유기 농업, 농약 대신 미생물 이용, 종의 원상태 보존과 다양성 유지

곳, 길이 에둘러 있는 곳에서 돌고 돌아가는 것은 퇴보가 아니다. 생태주의 연극은 길을 막는 숲과 같다. 길이 있는 곳으로 나아가는 것이 아니라 길을 막아 길 위에 머무르게 한다. 막힌 길 위에 오랫동안 서 있을 수 있는 것, 그것이 성숙이다.

이를 위해서는 숲과 같은 미로 속에 빠져 앞으로 가는 것과 뒤로 가는 것의 구별이 없어지는 경험을 해야 한다. 그것이 미로라는 지형이 우리에게 주는 만남의 미학이다. 미로(속의 생태주의 연극)는 입체(의 연극)에 속한다. 장애물을 만나면 그 곁에 가까이 가기. 그것과 마주하기. 그것의 울림에 귀 기울이기. 이 모든 것을 권태롭게 여기지 않고 오히려 스스로가 맑아지는 것으로 경험하기.

그러나 한국의 현대 연극은 앞으로만 가는 초고속 산업사회의 자취와 하나도 다르지 않다. 중심의, 중심의 한복판으로 이어지는 직선을 긋고 그 위에서 앞으로만 나아간다. 나아갈수록 큰, 더 큰 연극의 땅과 좋은, 더 좋은 연극이 있을 것이라고 믿는다. 그러나 불행하게도 그 순간 연극은 멈춘다. 앞으로만 나아가려는 연극은 아주 작고 작은 것들의 속삭임에 귀를 기울이지 않는다. 그 결과 연극의 수명은 줄어들고, 작가들은 상실된 기억을 되짚어보려는 신경강박증에 빠지고 만다.

'앞으로'라는 방향과 빠른 속도주의야말로 연극과 작가들이 경계해야 할 위험이다. 앞으로 내딛는 발걸음에 고개를 뒤로 젖히며 시선을 돌리기란 쉬운 일이 아니다. 공연과 작가, 그리고 비평을 포함해서 지금 한국의 현대 연극은 중증의 기억상실증으로 고통받고 있다. 보이는 것은 뒤가 아니라 앞뿐이다. 그러나 앞은 멈추어 있지 않고 나아갈 뿐이다. 의지와 관계없이 몸은 휩쓸려 나아간다.[12]

생태주의 연극에서 배우에게 중요한 것은 기억하는 힘이다. 배우는 그러한 운명적 힘에 빠져있는 존재이다. 깊숙한 골짜기나 산에서 밭을 일구면서 나무와 풀, 하늘과 물과 더불어 평생을 사는 이들처럼 인간의 시간을 무시하고 한평생 극장에서 살 때, 연기는 하나의 정신이 되고, 배우는 정신으로 사는 이들이 된다. 배우의 삶은 살았던 지역이나 여건과 따로 떨어뜨려 생각할 수 없다. 터가 그들에게 모든 것을 제공할 수 있었기 때문이다.

기억을 현실로 여기는 이들은 과거의 어떤 것, 그 힘에서 빠져나오기를 아예 포기한 이들이다. 그들의 실존은 기억하는 힘에 달려 있다. 사유한다는 것은 뒷걸음질치게 하는 것이 아닌가. 그들은 시간을 몸으로 느낀다. 그들이 지닌 동물적 감각은 자연이 베푼 정서일 따름이다. 그런 배우들은 해의 위치, 빛깔, 살에 닿은 공기의 감촉으로 시간을 안다. 공기의 느낌이 시간마다 다르다는 것을 느낀다. 세분화한 시간이 아니라 어떤 덩어리 같은 것으로 시간을 받아들인다.

시간에도 모양과 부피가 있으며, 순간순간 달라지는 느낌으로 시간을 안다는 것을 설명하기는 참 어렵다. 이는 자연이 주는 정서가 사람의 감각을 극도로 예민하게 만들 때 가능한 일이 아닌가. 지식이 아니라 통찰 같은 것이 존재의 특권이 되는 경우가 아닌가. 우리가 극장에서 그들을 만나 자연스럽게 우리의 기억을 반추하게 되는 것은 그

---

12 그런 의미에서, 아름다운 산과 강이 거대한 극장 공간으로 전환된 선유놀음과 누정樓亭을 통해서 자연환경 속의 극장 공간을 되새겨보는 일은 매우 중요하다. 특히 시를 읊고 악기를 연주하고 노래와 춤, 연극을 감상하는 다목적 극장 공간인 누정은 아름다운 자연환경과 잘 어울리도록 개방적인 건축구조를 취하고 있다. 사진실, 〈자연 환경 속의 극장 공간〉,《공연문화저널》 2003년 여름호(공연문화산업연구소), 70~85쪽.

런 이유 때문이다. 그러나 이제 배우의 존재를 확인하기보다 소멸을
우려해야 하는 때가 되었다.

공연이 끝나면 버리게 되는 무대장치 쓰레기들은 누가 염려하고
있는가? 나무 한 그루에 못 미치는 공연은 얼마나 많은가! 죽은 자의
눈으로 사물을 보는 연극은 얼마나 많은가! 이제 삶과 자연을 말하는
에콜로지Ecology[13]를 빼놓고는 춤과 연극을 포함해서 모든 예술과 인
류의 미래를 논할 수 없는 시대가 되었다는 것은 분명한 사실이다. 생
태주의가 생명의 근간으로서 전 인류의 관심사이자 의미가 된 것이
다. 일찍이 환경문제에 관심을 기울여온 국가들은 교육 속의 환경, 환
경 속의 교육을 강조하고 있으며, 예술과 환경과의 문제와 관련해 심
도 있는 논의와 실천을 하고 있다.[14]

자연과 삶의 관계를 중시하는 연극학자들과 실천가들은 연극과
에코eco를 연결한다.[15] 그들은 인간과 비인간, 지배와 억압의 구분을

---

13 생태학을 뜻하는 Ecology라는 말은 1866년 독일의 동물학자 헤켈Ernest Haeckel이 고안
해냈다. 개체와 환경의 관계를 나타내는 말은 그리스어의 집·거처를 뜻하는 oikos와 말·논의·
학문을 의미하는 logos를 결합하여 만든 것이다. 경제학을 의미하는 economy는 oikos에 '관
리하다'를 의미하는 nemein을 결합하여 만든 oikonomos에서 온 말이다. Bonnie Marranca,
Ecologies of Theater-Essays at the Century Turning(Baltimore: The Johns Hopkins Univ. Press,
1996), xiv.

14 기후과학자들은 2100년까지 전 세계의 평균온도가 섭씨 2도 상승할 것이라고 예측한다. 그
렇게 되면 위도가 높은 북반구 대륙에서는 온도가 섭씨 4~6도쯤 뚜렷이 상승하게 될 것이라는
예측이 있다. 오염물질의 대기 방출이 지금처럼 높은 수위로 지속된다면 21세기에는 지구의 온
도가 두 배로 높아질 수 있다. 그런 규모와 속도의 기후변화를 인류는 한 번도 겪어본 적이 없기
때문에, 그 결과는 예측할 수가 없다. 실제로 빙하가 녹고 숲이 죽어가고 영구 동토가 녹아 없어
지고 있다. 온실효과로 해수면이 높아지면서 삶은 심각한 위협에 맞닥뜨리게 된다. 이것은 모두
인간이 자초한 자연재앙이다.

15 생태학의 개념을 바탕으로 생태철학이 전개되었다. 이는 원래 1973년 노르웨이의 아르네
나에스Arne Naess가 제창한 심층생태학과 연관이 있는 것으로, 원자적이고 기계적이며 이원론
적인 종래의 뉴턴적·데카르트적 세계관에 반하여, 상호연관성의 원리, 관계성의 원리에 바탕을

없애고, 여성과 남성, 서양과 동양을 아우르며, 생태학적 상상력에서 출발하는 에코 테아트르eco-theatre, 또는 연극의 생태학ecology of theatre, 에코 카바레Eco-Cabaret를 주장한다.[16] 이윤과 지배, 그리고 독점을 요구하는 자본주의 체제에 반대하는 에코 테아트르는 연극 생산에서 소모적인 물질들을 줄여나가고, 에코eco라는 단어의 어원처럼 각 지역사회에 사는 주민들이 직접 등장해서 다민족 문제, 동물 살생, 생산과 소비, 약물중독 문제 등을 제기하고 풀어간다. 또한 구성원들의 평등을 추구하고, 가능하면 버려진 땅이나 자연 속에서 공동생활을 영위하한다. 그리고 생태학적 상상력을 토대로 만든 '작은' 작품, 정신적 수련에 이르는 연습과정을 중시하는 작품을 통해 우리에게 '남은 희망'을 말한다.[17]

3. 생태주의 연극: 삶을 위한 시학

한국 연극도 이제부터는 에너지와 물정책에 관한 환경민주주의

둔 철학운동이다. 프리초프 카프라,《생명의 그물》, 김동광 외 옮김(범양사, 1995), 22쪽 참조.
16 Erika Munk, "Theatre and Ecology", *Theatre*, spring/summer, v-25, n-1(1994), pp.23~71 참조.
17 서양 연극의 경우, 1960년대 이후 공동체와 생태 연구를 주장하고 실천하는 극단과 작가들을 열거하면 다음과 같다. 리빙 테아트르The Living Theatre, 피터 브룩Peter Brook, 폴란드 연극연구소 The Poland Theatre Laboratory, 태양극단Théâtre du Soleil, 빵과 인형극단The Bread and Puppet Theatre, 안나 핼프린Anna Halprin, 메레디스 몽크Meredith Monk, 퍼포먼스 그룹The Performance Group 등이다. 그 후에는 로버트 윌슨Robert Wilson, 마리아 이렌 포르네스Maria Irene Fornes 등으로 이어지고 있다. Bonnie Marranca, *Ecologies of Theater-Essays at the Century Turning*(Baltimore: The Johns Hopkins Univ. Press, 1996). xvii, pp.34~48.

를 요구하는 '쿠리티바 선언'과 세계습지보호협약인 '람사르 협약'처럼 연극을 통해 자연과 인간과 생명의 소리를 듣는 노력을 기울여야 할 것이다. 삶이 일회적인 것만큼 연극도 일회적이고 나약하다. 한번 파괴된 자연은 거의 회복시키기 어렵다. 네덜란드가 1992년부터 둑을 허물고 간척 농경지를 습지로 되돌려놓기 위한 '자연회귀 마스터 플랜'을 실시하고 있는 것처럼, 연극이 앞장서서 자연을 보호하고, 인간 생명의 소중함을 적극적으로 말해야 하는 때가 되었다. 문제는 연극의 생태윤리적인 역할과 올바른 이해에 있다.

오늘날 현대 연극이 경계해야 할 점은 연극제의 무분별한 증가와 자연을 파괴해서 거대한 극장을 건설하는 일이다. 엄격한 필요성을 능가하는 수요처럼 자기 증식력에 중독되면 그것과의 단절·절연이 불가능해진다. 그것만이 살길이라고, 그것만이 연극을 하면서 물질적인 풍요를 누리고 연극을 문화의 중심으로 만드는 길이라고 믿게 된다. 그리고 그것을 위해서는 자신의 생존조건을 망가뜨리는 분별없는 위반도 서슴없이 하게 된다. 개발이라는 명목을 내세워 그린벨트를 해제하는 것처럼, 무분별한 개발에 대해 환경파괴라고 말하지 않고 환경친화적이라는 이름을 내거는 것처럼. 지금까지 이렇게 가난과 멸시와 위기를 무시하고 살아남은 연극을 기억하자면서, 지금 이렇게 해야만 연극과 연극하는 이들이 살아갈 수 있다고 믿고, 믿게 한다.

예부터 연극은 몸으로 하는 예술이었으며, 그 터는 하늘을 우러러볼 수 있는 땅이었다. 연극은 땅에 뿌리내린 몸과 정신의 자유가 결합해서 존재하는 예술이다. 배우의 놀이는 흙에 몸을 대는 것에서 출발한다. 흙이 없어진다면 몸은 기계가 될 것이다. 흙과 몸과 자연의 조화가 연극의 생명일 것이다. 흙을 떠나서는 삶이 없고, 삶을 떠나서는 연극이 없다.

연극은 문명의 소산이지만, 동시에 연극은 문명의 억압에 저항한다. 문명은 인간에게서 흙을 털어내는 방식을 고수한다. 그래야만 삶을 영위할 수 있는 것처럼. 그러나 삶은 집 안팎에서 사람들과 함께, 흙과 함께 이루어진다. 만약 흙이 없다면 삶에는 파멸밖에 없다. 연극도 예외가 아니다. 따라서 연극을 하는 이들을 포함한 모든 예술가들은 본디 생태학자이고, 자연보호주의자이고, 생명주의자일 수밖에 없다. 우리는 이 점을 잊고 있다.[18] 나는 오늘날 연극하는 모든 이들이 자연의 고독을 더 깊이 느껴야 한다고 생각한다. 아니, 자연보다 더 고독해야 한다고 여긴다.[19]

---

18 안치운, 〈연극과 자연〉, 《연극, 반연극, 비연극》(솔, 2002), 227쪽.
19 익스피어가 〈겨울 이야기〉(4:4:87~97)에서 페르디타와 보헤미아의 왕 폴릭제네스의 입을 통해서 말한 "창조적 자연을 품고 있는 예술the art which shares with great creating nature"이 아니라 "자연이 만들어내는 예술an art that nature makes"을 발견하고 "예술 자체가 자연the art itself is nature"이 되어야 하는 것을 깨닫고 경험해야 하는 것 아닐까!

10.
현대 연극과
연극 소통의 문제

–

몸의 언어에서
새로운 미디어의 언어로

"나중에 작품이 건조해져서 시대성이 사멸할 때, 비로소
깊은 빛남과 좋은 향기를 얻게 된다."

—니체, 《차라투스트라는 이렇게 말했다》

1. 미디어의 시대와 연극의 언어

연극은 극장에서 관객들에게 말하는 소통의 양식이다. 연극은 사물과 세상을 가두고 안에 옮겨다놓는, 이른바 재현하는 장르이다. 이를 위하여 연극은 관객들과 만나는 표현도구를 지닌다. 그것은 연극을 말하게 하는, 연극의 고유성이라고 할 수 있다. 연극은 소통을 전제로 한다. 연극은 소통을 위한 도구의 심급에 따라 결정되고 변화해왔다.

연극을 비롯한 현대 공연예술이 무대공간과 배우의 몸, 연출의 창의력에 많은 비중을 두는 것은 사실이다. 이러한 텍스트들은 시각적인 요소들을 앞세워 관객의 자유로운 독해를 가능하게 하는 특징을 띠고 있다. 연출가들은 텍스트 해석에서 쓰인 글의 의도를 초월하기도 한다. 그 텍스트를 모방하기보다는 아예 말소하기까지 한다. 작가의 유산인 글을 외면하거나 망각하기도 한다. 텍스트를 현실의 매개나 모방이 아니라 가상 또는 이상에 존재하는 것으로 여기기도 한다.

지금까지 연극의 텍스트로서 희곡이 지녔던 고유하고 완결된 영역 바깥인 이미지로 향하는 텍스트의 탈영토화 현상은 계속되고 있다.[1] 첨단 테크놀로지에 따른 연극 텍스트의 변화는 텍스트의 다양성

---

[1] 춤연극, 연출가 연극, 매체연극, 탈희곡적 연극 등이 여기에 속한다. 이에 관해서는 이경미,

과 자유로움을 가능하게 했고, 말하고 듣는 청각적인 문화를 보고 읽는 시각적인 문화로 바꿔놓았다. 그리고 연극을 읽는 독자-관객에게 새로운 감각을 요구하기도 했다. 나아가 연출가나 독자-관객에게 텍스트 생성에 대한 근원적인 질문을 다시 던지고, 새로운 텍스트를 만드는 계기를 마련해주기도 했다. 연극이라는 용어 역시 공연예술, 공연, 테크놀로지 연극 등으로 확대되었다.[2]

오늘날 연극은 고전적인 의사소통의 도구를 뛰어넘는다. 재현을 가능하게 하는 도구, 그 고유성과 독창성을 규정하기 어렵기 때문이다. 달리 보면, 의사소통의 고유한 대상, 그것을 가능하게 하는 선험적인 독립성이 변모하고 있기 때문이다. 사회 환경의 변화와 기술 매체의 등장이 가져다준 실험적이고 파격적인 형식 덕분에, 관습적이고 고답한 이론들이 해체된 바도 있었다. 영상 이미지의 활용, 해체와 재구성을 통한 연극의 즉시성 탈피, 춤연극, 미디어 연극, 이미지 연극처럼 표현 영역을 초월하는 작업, 새로운 매체들을 조합하는 알레고리 미학 등이 여기에 속할 것이다.

말하기 위한 도구인 연극에서, 새로운 미디어 언어의 영향력을 강조하는 것은 표현매체인 도구적 고안이 연극이 말하는 바를 초월하는 역류 현상이다.[3] 이것이 확장되면 연극을 비롯한 공연예술 장르

〈현대연극에 나타난 포스트아방가르드적 전환 및 관객의 미적 경험〉, 《한국연극학》37(2009), 205~244쪽; 김형기, 〈다매체 시대 연극의 탈영토화, 연출가 연극-춤연극-매체연극〉, 《한국연극학》34(2008), 39~99쪽 참조.
2 이러한 쟁점을 다룬 논문으로는 백노라, 〈현대공연학 이론의 쟁점과 미디어 테크놀로지 연극〉, 《한국연극학》34(2008), 127~158쪽 참조.
3 이경미, 〈동시대 연극의 새 경향과 2010 서울연극올림픽〉, 《연극평론》59(2010), 33~46쪽 참조.

의 통폐합에 이르게 되는데, 그 끝은 연극이 더 이상 본래의 모습으로 는 존재할 수 없는 지경에 도달했다는 뜻이기도 하고, 연극은 연극으 로 존재할 수 없다는 뜻이기도 하다. 한때는 장르별로 칸막이를 쳐놓 고 이곳과 저곳을 구분하던 경계가 무너지고 있다.[4]

이런 상황에서 오늘날 연극이 어떻게 저 스스로의 주체성을 갖추 게 되는가는 중요한 문제가 아닐 수 없다. 말과 글과 몸이라는 연극의 고전적인 도구가 지닌 목적과 주체라는 함의가 사라지면, 현대 연극 은 익명성의 늪 속으로 빠져 실종될 수도 있을 것이기 때문이다.

연극에서 말하기 위한 소통 장치에 앞서 중요한 것은 말함, 그 자 체일 터이다. 연극에서 새로운 미디어의 표현이 확장되었다는 것은 표현도구의 본래성이 거꾸로 변모했다는 것을 뜻한다. 즉 말하는 내 용과 그것을 표현하는 주체가 떨어져 있거나, 내용이 주체에 귀속되 지 않는 경우이다.[5]

현대 연극은 텍스트에서 가출한 미디어 연극이며, 새로운 표현도 구를 찾아 앞으로ad 가는venture 모험의 연극이다. 연극의 새로운 표 현기제는 박탈당한 감각을 회복하는 일과 연결되어 있으며, 동시에 고유한 감각만을 믿을 수 없어 폐쇄된 회로를 나와 바깥을 향하는 커

---

4 연극과 영화, 무용, 음악, 미술 등등의 칸막이가 낮아지거나 달리 세워지고 있는 현상도 이에 속할 것이다. 언어가, 국경이, 민족이, 서로 뭉치고 섞인다. 현대 연극에서 뮤지컬이 가장 대중적 인 장르로 소비되고 있는 현상이 이를 증명한다. 연극과 음악에 이어서 연극과 영화, 춤과 연극 이 섞이는 것처럼, 크게는 공연예술 연구에서 시작하여 작게는 인접한 두 개 분야가 공통적으로 지녔거나 비슷한 성격의 장르들이 서로 통합한다. 장르가 서로 섞인다는 것은 공연예술의 본향 을 떠난 지 오래되어 서로를 그리워하는 것만이 아니라 고유한 영역이 해체되고 있다는 것을 뜻 하기도 한다.
5 Emmanuel Levinas, *Autrement qu'être ou au-delà de l'essence*(La Haye: Marinus Nijhoff, 1974), p.63.

뮤니케이션의 모험과 깊이 연결되어 있다. 새로운 연극과 낯선 표현을 위한 감각으로 빛, 소리, 오브제와 같은 미디어의 확장은 보편화했다. 연출가들이 텍스트 해석에서 쓰인 글의 의도를 초월하는 것도 그런 예에 속한다.

고전적인 연출처럼 쓰인 텍스트를 분석하고 해석하는 과정이 아니라 새로운 미디어 언어와 더불어 연출가의 의도대로 해체하는 현상은 텍스트가 작가의 유산이라는 사실을 잊게 한다. 그렇게 되면 공연은 텍스트의 주체성과 대립된다. 현대 연극에 나타나는 이러한 텍스트의 개방화, 탈영토화脫領土化는 더욱 크고 광범위하게 진행될 것이다. 미디어 시대의 연극은 고전적인 텍스트에 거주하는 것으로 만족하지 않기 때문이다.

현대 연극에서 새롭고 낯선 미디어들의 메커니즘은 고전적인 언어인 몸과 더불어 어떤 미학적 가치를 지니고 있는가? 글로 쓴 텍스트를 뛰어넘는 확장된 빛, 소리, 오브제 같은 새로운 미디어의 언어들은 연극의 고전적인 언어인 말과 움직임이 부족해서 덧붙이려는 것도 아니며, 그것들을 제거하고 새롭게 대체하려는 것도 아니다. 이 같은 새로운 미디어 언어에 대한 우려의 최댓값은 표현 주체의 익명성이다. 새로운 미디어를 통한 표현이 강조될수록, 억제할 수 없는 그것들은 표현 그 이상이 되어버리기 때문이다.

현상적으로 보면, "현대 연극에서 미디어의 몫이 커질수록 표현도구인 배우의 몸이 멀어지고, 배우의 말, 텍스트의 글이 보이지 않고 들리지 않게 되는 것은 어느 정도 옳다. 에드워드 골든 크레이그처럼 살아 있는 배우를 물질과 같이 초인형이라고 말하는 것이나, 쓰보보다처럼 좁은 무대의 벽면을 트는 것이 아니라 아예 벽이란 존재하지 않는다고 말하며 보이지 않는 상상의 새로운 극장 양식을 택하는 것"[6] 이 이에 속할 것이다.

이처럼 새로운 미디어가 지배하는 연극은 말하는 스스로인 소통 장치를 기호로 만들기도 한다. 연극이 소통으로서 말하는 바가 낯선 것이 아니라 도구인 연극 자체가 낯선 것이 되어, 연극은 존재와 '다른 어떤 곳'에 있게 된다.[7] 그 근거는 아리스토텔레스가 《시학》에서 비극의 열등한 요소로 설명한, 재현의 수단인 표현lexis과 재현의 양식인 장경場景(opsis)[8]이 역전되는 데서 찾을 수 있다. 현대 연극에서 새로운 미디어란 곧 이미지를 통해서 확대된 가뭇없는 표현과 장대한 스펙터클의 산물을 뜻한다. 연극이 표현하는 것보다는 표현된 것에 더 빠질 수 있게 된 것이다.

말하는 내용이 말하는 이(것)의 독창성에 따라 결정된다는 것이 연극 표현의 고전적인 정의일 것이고, 소통의 기본적인 전제일 터이다. 현대 연극에서 이것이 역전되거나, 말하는 내용이 말하는 이를 초월한다는 것이 새로운 미디어를 통한 현대 연극의 역설일 터이다. 이 경우, 연극의 본래성이 줄어든 반면, 연극이 드러내는 것에 몰입하는 관객의 역할은 더욱 자유로울 수 있게 된다. 그럴수록 연극은 익명이 되어가고, 유명화有名化한 관객들이 공연에 답하고, 공연이 완성되는 몫을 지니게 되기 때문이다. 긍정적으로 보면, 이런 상황에서 관객이

---

6 안치운, 《연극, 반연극, 비연극》(솔, 2003), 43쪽.
7 이것이 앞의 주 5에서 인용한 책의 제목처럼, 연극이 머물던 고전적인 정의를 떠나서 '존재 다른 곳autrement qu'être ou au-delà'이 된다.
8 Aristote, *La Poétique*, Texte, tradution, notes par Roselyne Dupont-Rocet Jean Lallot(Paris: Editions du Seuil, 1980), pp.53~57.

공연에 응답하는response 몫abilité 즉 책임responsabilité 역할은 더욱 커지게 된다. 관객의 수동성은 줄어들고, 자율성은 확대될 수도 있게 된다.

연극은 사물과 세상을 가두고 안에 옮겨다놓을 수 있다고 믿었던 그것과 궤를 같이한다. 사물과 세상에 대한 저장과 기억에 관한 낙관적인 믿음이, 연극을 비롯한 공연예술이라는 학문의 독자성과 함께 고정적인 제도를 낳았다. 이런 공연예술은 세상에 대한 일회적인 기억을 연장하기 위한 저장의 틀이다. 어떻게 저장할 것인가—일종의 학문 분류 체계—에 따라 사물과 세상은 자신의 속살과 그것 나름대로의 편차를 드러낸다. 어떻게 저장할 것인가가 변하면 당연히 연극의 실천과 그 연구방법이 달라질 가능성도 있다. 연극 표현의 고유성을 잃는 것과 연극 표현의 가능성이 확대되는 것이 동시에 이루어질 수 있기 때문이다.

이 논문에서는 이와 같은 시각에서 연극의 고유한 표현도구인 몸의 언어를 다시 사유하고, 이어서 새로운 미디어 언어로 변화하는 과정을 이론적으로 살펴보려고 한다.[9]

2. 몸의 언어에서 새로운 미디어의 언어로

2.1. 연극과 모방 수단

연극은 본디 표현하고자 하는 바가 있고, 여기에 이를 위한 수단·

---

9 여기에 포함되는 것이 말하는 도구로서의 연극, 말해진 소통으로서의 연극, 도구의 자유로서의 연극, 소통의 구원으로서의 연극이다.

도구가 덧붙었으리라. 이를 연극 표현을 위한 기술이라고 한다면, 연극의 역사는 표현매체가 확장, 변모해온 역사라고 할 수 있을 것이다. 연극의 역사는 말하고자 내용과 그것을 물리적으로 외면화하는 표현도구, 즉 미디어와의 관계로 이어져왔다고 볼 수 있다. 아리스토텔레스가《시학》에서 언급한 율동, 언어, 화성 같은 모방의 도구적 수단이 이에 해당할 것이다.[10] 그리고《수사학》에서 언급한 이러한 기술들은 "감추어져 있어야 하며, 자연스러운 분위기를 풍겨야 할 것이다"[11]라고 했다.

그러니까 이때에도 새로운 미디어를 경계한 것으로 보인다. 사용하되 감추어야 하고, 감춰져야 할 미디어에 관한 이런 논의는 이미 연극의 오래된 미래라고 할 수 있다. 그러나 기술인 미디어를 사용하되 무효화하는 것이 어떻게 가능한가? 물론 인위적인 것을 경계해야 한다는 것으로 읽히는데, 모방(의 수단)이 자기 자신의 흔적을 지우는 일이 가능한가?

말하기 위한 조건들은 부수적으로 필요했다. 그러나 이제는 작가가 말하려는 내용이 그것을 전달하는 재료들에 압도당하는 모습을 걱정하게 된 것이 현대 연극의 특징이라고 할 수 있다. 이러한 전통적인 표현기제를 해체하고 그에 대립하는 미디어가 지닌 인공미를 말하는 것은 이미 미학의 아주 오래된 과정이었다.[12] 근대 연극 이후는 도구적 능력을 갖춘 기술적 인공미가 연극의 자연적 본연을 초월하기 시작한 과정이라고 할 수 있다.

---

10 아리스토텔레스,《시학》, 천병희 옮김(문예출판사, 2002), 27쪽.
11 아리스토텔레스,《수사학》3권, 이종우·김용석 옮김(리젬, 2008), 22쪽.
12 위르겐 하버마스,《현대성의 철학적 담론》, 이진우 옮김(문예출판사, 1994), 44~67쪽.

연극의 미디어화, 그러니까 앞서 언급한 바와 같이, 연극을 훨씬 벗어난 기술적 인공인 미디어의 시대라는 것을 드러내놓고 강조하는 것은 예술적 가능성이라고 할 수 있는 도구적 고안이 연극으로 말하고자 하는 정신을 초월하는 대립 또는 역전된 결과일 수밖에 없을 것이다.[13] 전에는 연극이 새로운 미디어와 만남으로써 스스로를 확장하는 모습을 꿈꾸었다면, 이제는 연극이 새로운 미디어로 인해서 유령처럼 본모습을 잃고 떠도는 현실을 걱정하는 것이기도 하다. 연극이 과거화하거나 연극이 종언을 맞는다는 우려가 나온 것은 이때부터라고 할 수 있다. 새로운 미디어 언어들은 오늘과 내일을 위한 연극의 소통을 위한 구원이 될 수 있고, 자율성이라는 미명 아래 연극의 디자인을, 연극의 위상을 어두운 곳으로 이끄는 위험한 것일 수도 있기 때문이다. 그 최종적 질의는 미디어와 연극의 자율성에 관한 것이다. 따라서 연극과 일치하는 것으로서의 짓는poiesis 미디어, 연극과 불화하는 것이 아니라 상동하는 미디어에 관한 미학적 논의가 필요한 바이다.

이미지는 언어가 지시하는 대상과 언어가 발화하기 위한 음가를 지니지 않은, 글과 음성으로 환원되지 않는 언어이다. 예를 들면, 지시 대상과 작별한 로버트 윌슨의 언어들은 그래서 짧고 빛처럼 순간적이다. 그의 무대에서 시간은 듣는 것이 아니라 보는 것으로, 공간은

---

13 그런 면에서 미디어는 연극의 역설이다. 연극사는 새로운 미디어를 통한 불화와 친화의 역사일 터이다. 다른 말로 하면, "현대 연극은 역설paradoxe의 연극이다. 거꾸로 말한다는 뜻을 지닌 역설은 글자 그대로 비켜서서para 말하는 것doxe이며, 어긋나게para 말하는 것이다. …… 역설은 이치에 어긋남이고, 배리背理처럼 등진, 간접의 논리이다. 그렇다면 …… 새로운 연극을 위한 낯선 표현기제들은 기존의 표현들에 기생하면서 더 어긋나고, 더 멀리 가고, 더 간접적인 것이 될 수 있다는 가정은 어렵지 않다. 천국보다 더 낯선 연극이 될 수도 있다는 것"이다. 그 최댓값은 연극의 자연미가 줄어들고 인공미가 확대되는 지점일 터이다. 안치운, 〈연극의 새로운 표현 기제〉,《연극, 반연극, 비연극》(솔, 2000), 37쪽 참조.

보는 것이 아니라 듣는 것으로 환원된다. 그리고 그것은 정해진 것이 아니라 발견되어야 하는 자율적인 것일 뿐이다. 그것으로 텍스트의 전체성이 만들어지고 텍스트와 공연은 완성된다. 관객들에게 발견된 진실이 허구라는 사실은 중요하지 않을 것이다.[14]

연극의 고유한 언어와 새로운 미디어의 확장된 언어는 상충하기도 한다. 연극의 고유한 언어에 속하는 무대, 배우의 몸과 말, 텍스트의 문자를 초월하는 것이 새로운 미디어에 속하는 인공언어이다. 새로운 미디어 언어는 대상을 지시하고 발화하고, 이를 위해 필요한 분절화한 음가 같은 것이 문법적으로 고정되어 존재하지 않는다는 특징이 있다. 그러한 새로운 미디어 언어들은 소리와 빛에 의한 영상, 그리고 비문자인 아이콘을 더 크게 확대하기 때문이다.

이런 새로운 미디어 언어들은 음성이 아니라 기호에 의지하면서 언어가 수행했던 지시 대상들을 지워버린다. 시뮬레이션, 시뮬라크르 같은 개념이 이를 설명하는 용어들이다. 이렇게 되면, 새로운 미디어에 의한 기호들은 지금까지의 재현이라는 개념을 송두리째 바꿔놓게 된다. 실재가 있고 그것을 재현하는 것이 서로 등가로 놓였던 고유한 연극의 언어가, 실재와 아무 관계가 없는 기호로 그냥 흘러가고 사라질 수 있기 때문이다. 이처럼 새로운 미디어 언어는 기호로서, 연극의 모든 자연언어들을 환치한다.[15]

---

14 Frédéric Maurin, *Robert Wilson*(Arles: Actes Sud, 1998) 참조.
15 이 문제는 후기 구조주의 연극에 해당하는 것으로, 문자언어에 의한 전통적인 연극 개념, 즉 로고스 중심의 연극 개념을 상당히 바꿔놓은 계기이기도 하다. 극작가의 언어 중심을 벗어나 그 이전으로 거슬러 올라가게 함으로써, 연극의 원초적 근원인 흔적gramme을 발견하게 한다. Jacques Derrida, *L'écriture et la différence*(Paris: Editions Seuil, 1967) 참조.

연극 표현의 근원은 고유한 몸일 터이다. 글의 배후에 말이 있고, 말의 배후에 몸이 자리 잡고 있는 셈이다. 데리다 식으로 말하면, 몸과 말과 글은 연극의 문자 즉 근본적인 에크리튀르écriture이고, 그 이행은 흔적에 흔적을 남기면서 끊임없이 대리보충하는 과정을 거친다.[16] 이처럼 텍스트에서 가출한 미디어 시대의 연극을 둘러싼 논의는 우울하기도 하다. 미디어의 시대, 연극은 말하는 스스로인 소통장치를 기호로 만들어버리기 때문이다. 연극이 소통으로서 말하는 바가 낯선 것이 아니라, 도구인 연극 자체가 낯선 것이 되기 때문이다. 그렇다면 오늘날 연극은 확대된 새로운 미디어들과 함께 제 위상이 나아졌는지 아닌지를 되물어야 하며, 이를 위하여 연극 고유의 언어인 몸의 언어를 다시 사유할 필요가 있을 것이다.

연극은 무엇보다도 몸의 언어로 발화하는, 몸의 울림이 전달되는 장르이다. 연극은 배우가 중심인, 배우의 몸으로 노출되는 예술이다. 현대 연극에서 배우는 노출되는 것이 아니라 그 이상, 그러니까 말해지는 것으로, 정보를 만들어내는 기호를 산출하는 것이 아니라 기호 자체로 머무르는 경향이 점점 증대한다. 배우에 관한 이론에서도 미디어 이론들이 배우의 몸의 언어를 달리 해석하고 확충한다. 배우에 대한 고전적 정의들이 달라지게 된 배경은 여기에 있다. 크게 보면 배우, 배우의 몸과 같은 연극 고유의 유산이 줄어드는 것이다.

고전적인 의미에서 보면, 배우의 몸에서 오는 말과 표현의 울림은 말의 공명이며 의미의 공감이며 소통의 산물인 감동이었다. 연극 속 배우가 표현하는 말의 공명은 소통이라는 과정을 거쳐서 관객의

---

16 Jacques Derrida, *Point de suspension*(Paris: Galilée, 1992), p.274.

몸으로 들어가는 제의와 같다. 연극의 소통, 그것은 곧 배우와 관객의 관계, 그러니까 관객의 몸속으로 들어간 들숨이 다시 날숨으로 되돌아나와 배우에게 가는 의미 변화 과정을 뜻했다. 다가가는 공명에게 몸은 일차적으로 저항의 대상이기도 하고 울림의 변조를 가능케 하는 장場이기도 하다. 이와 같은 생산-수용 과정은 배우와 관객의 소통 관계를 논리적·윤리적으로 해석할 수 있는 측면이기도 했다.

연극에서 배우의 예술은 가장 인간적인 예술이다. 그것은 날숨이 배우의 몸에서 나오면서 그냥 나오지 않고 소리를 동반하는 것과 밀접하다. 그 소리는 몸을 떨게 하고, 숨을 가쁘게 한다. 소리에 저항하기 시작한 몸이 점차 소리에 종속되어 결국에는 몸 또한 울림으로 반향反響한다. 연극의 소리는 이렇게 울림으로 극의 동기를 부여받는 것처럼 넓게 퍼진다. 그것은 무대와 객석을 잇는 보이지 않는 파장, 즉 소통이다. 파장은 텍스트에서 공연으로, 무대에서 객석으로, 배우의 몸에서 관객의 몸으로 넓게 물결친다.[17] 이것이 인간적 산물로서 연극의 일회적 현존성이라는 연극예술의 가치이다.

말하는 배우와 듣는 관객의 몸은 표현되는 내용과 더불어 노출될 수밖에 없다. 연극에서 말과 같은 소리는 몸을 울리기 위하여, 몸이 울릴 때까지 몸으로 향한다. 그리고 몸은 소리를 받아 가두지 않고 밖으로 내보낸다. 연극에서 배우 역시 떨리는 몸을 지닌 관객을 바로 보고 그 관객의 날숨을 듣는데, 그것을 연극의 귀속이라고 할 수 있다.

연극의 공감은 연극이 내는 소리가 관객의 몸에 닿아 되울려 퍼

---

17 메이예르홀트가 "이 세상에서 가장 아름다운 것은 삶이다"(안나 살로비에바, 《스타니슬랍스키의 삶과 예술》, 김태훈 옮김 [태학사, 1999], 152쪽)라고 했을 때, 그 삶의 거처는 관객과 배우의 몸이라고 할 수 있다.

지는 물결과도 같아, 잔잔하게 평정을 이루기도 하지만 때로는 폭포처럼 용솟음쳐 구토를 일으키기도 한다. 연극이 번역되는 것과 같은 현상인 구토는 몸이 반응하여 내보여주는 미적 본능의 하나일 것이다. 아르토가 도달하려고 한 페스트에 걸린 배우란 관객이 구토하게끔 하는 이를 뜻한다. 이것이야말로 배우의 궁극적인 표상이다.[18]

침묵 속 움직임과 같은 춤, 그리고 침묵의 장소를 지시하는 음악처럼, 흔적과 같은, 분명하게 적혀 있지 않은, 복제될 수 없고 일회적인 몸의 언어는 연극의 제의적인 가치를 규정하는 본질적인 것이다.[19] 배우의 몸에서 나오는 추상적이고 본래적인 제의성·일회성은 고스란히 관객에게 전이된다. 그런 면에서 배우와 관객에게 중요한 것은 몸의 존재이다.

몸의 언어는 연극이 추구하는 공동체적·내적 의미의 중심이다. 메를로퐁티의 정의를 옮기면, 인간의 몸이 이 세계의 축인 것처럼 일차적으로 배우의 몸은 변함없는 연극의 축軸이다.[20] 축인 몸은 이 세계에서나 연극에서나 떨어지지 않아야 한다. 몸이 부재하면 연극은 이루어지지 않기 때문이다. 그것은 관객에게도 적용되는 언급이다.[21]

연극은 배우 몸의 좌우의 경계를, 춤은 몸의 상하의 경계를 넘나들고 확대하려 한다. 춤은 상승하고 추락하는 몸의 희망과 절망의 교차점에 존재한다. 오르기 위해서 떨어져야 하고, 추락하기 위해서 다

18 Antoine Artaud, *Le théâtre et son double*(Paris: Gallimard, 1964), p.27.
19 Ciro Burni, *Danse et Pensée*(Sammeron: Germs, 2003), p.15
20 이는 메를로퐁티가 지각현상학의 이론으로 설명하는 인과적 사고에 관한 수용과 전이의 운동 개념과 비슷하다.《지각현상학》, 류의근 옮김(문학과지성사, 2002), 131쪽.
21 Maurice Merleau-Ponty, *Le visible et l'invisible*(Paris: Gallimard, 1964), p.300.

시 상승해야 한다. 그 숨바꼭질 같은 몸의 상승과 추락이 율동이다. 춤은 가장 높이 오르고 가장 낮게 떨어지려 하는 수직과 상승의 예술이다. 위로 올라가려는 열망보다는 밑으로 떨어지는, 떨어질 수밖에 없는 절망이 더 큰 예술이다. 반면에 연극은 몸의 좌우, 그 방향에 조건 지어진다. 좌우의 연극에서 몸은 높이보다 자신의 주변과 관계 맺어진다. 더 이상 떨어질 수 없는 바닥에서 연극은 배우의 몸을 빌려 오르지 않고 좌우 옆으로, 앞뒤 길이로, 관계망을 펼쳐간다. 몸이 바닥에 놓여 있기 위해서는 바닥의 법칙, 즉 균형을 이루어야 한다.

2.2. 현대 연극과 몸의 언어

현대 연극에 등장하는 인물들은 마치 오르다 떨어지기라도 한 듯 균형을 잃어버린 그대로 앉아 있거나 드러누워 있다. 불편한 몸 그대로 즉물卽物로 존재하는 경향이 크다. 몸 자체가 즉물적인 언어로 관객에게 보여지고 말을 한다. 몸의 언어는 형이상학적 언어가 아니다. 다시 말해 삶을, 몸을 언어를 빌려서 말하는 것이 아니라 삶이, 몸이 언어가 되는, 수식과 논리와 문법이 필요 없는 원초적 본능의 언어인 셈이다.

여기에 몸 같지 않은 몸들이 상형문자로 몸의 내면을 드러내 보여 준다. 반복적으로. 그리고 몸의 부재를 오브제를 통한 이미지로 대신 채운다. 여기에 몸과 의식의 분열이 있다. 현대 연극이 형이상학적인 언어에서 물리적인 몸과 같은 즉물적 언어로 변모하고 있는 것은 주목할 필요가 있다. 그런 맥락에서 현대 연극에서 몸의 풍경은 낯설다.

현대 연극의 주류 언어가 된 새로운 미디어 언어에 앞서, "연극의 몸, 몸의 언어에 대하여 묻는 것은 연극에 내재된 결정론적 사유를 언급하기 위해서이다. 춤과 더불어 연극은 공통적으로 몸만이 가능하게 하는 유일한 예술이다. 춤과 연극에서 고유하고 독창적인 표현기제는 몸이다. 춤과 연극은 배우의 몸으로 반응해서, 몸으로 기억(저장)하고, 몸을 통하여 바깥으로 드러내 전달한다. 그런 면에서 배우의 몸은 안과 바깥이 중첩되어 있는 셈이다. 몸은 주어이며 술어인 것처럼 안이 되는 동시에 바깥도 된다. 사물과 세계를 보고, 관객과 주체적으로 마주하고 보는 것도 몸이며, 반대로 그것들에 대상적인 것으로 보여지는 것도 역시 몸이다."²²

이 과정에서 주목해야 할 것은 고유한 몸의 언어가 새로운 미디어의 언어와 중첩되고, 대립되고, 대리보충되는 부분이다(이 내용은 7. 연극과 글쓰기의 실험 중 '2·3 글쓰기로써의 춤과 미디어'에서 다루었다). 그런 면에서 오늘날 연극은 춤과 크게 다르지 않다. 현대 연극과 춤의 특징은 주어진 드라마적 텍스트의 재현을 넘어 표현 주체의 행위와 상태를 상징적으로 보여주는 즉각적인 언어에 있다. 그것은 이야기라는 우회로를 거치지 않은 즉각적인 현존의 언어다. 재현의 경계에 서 있는 연극(과 춤)이 만들어내는 이미지의 표면은 이야기와 같다.

예컨대 피나 바우쉬의 작품들은 춤이되 연극이다. 동시에 춤을 영화처럼 한다. 등장하는 인물들은 더 이상 어떤 특정인을 가리키는 것이 아니라 과거의 우리, 현재의 우리의 자화상인 보편적 인물로 존재한다. 배우와 등장인물 사이가 불분명하다. 이들이 전면화하는 이미지들은 관객들에게 직접적인 체험을 전해준다. 이들의 춤은 몸으로 써낸 글과 그림과 같다.

---

22 안치운, 《한국 연극의 지형학》(문학과지성사, 1998), 90쪽.

연극과 춤이 만들어지는 것이 아니라 태어나는 것이라고 한다면, 연극과 춤은 만들어진 언어가 아니라 본디 태어나는 미결정된 언어이다. 이런 언어들은 연극과 춤에서 없어서는 안 될 전제조건이다. 몸의 언어는 개인적이고, 비효율적이고, 상징적이고, 텅 비어 있는 의식과 같다. 몸의 언어는 언어의 단순한 부정이 아니라, 부정함으로써 언어적 행위를 수행한다. 이것은 행위에 대한 무한한 변화로 행위를 풍부하게 만든다. 연극뿐만 아니라 춤의 역사는 몸에서 말로, 말에서 글로 이어져왔다. 글 이후, 연극과 춤은 몸과 말의 언어에서 글의 언어 쪽으로 옮겨왔고, 의지했고, 연극과 춤 자신을 저장했다. 그 끝은 새로운 미디어 언어에 의한 이른바 탈언어화에 이르게 된다.

근대 연극만 하더라도 아주 오랫동안 언어 속에 자리 잡았고, 언어와 함께 견고하게 언어화하기 시작했다. 대체로 언어 연극은 근대화 과정의 결과이다. 한국 연극에서는 특히 이것이 진보의 이름으로―'신극'이라는 글자 그대로―새로운 연극의 동력을 제공하는 것으로 여겨졌다. 원시적인 몸은 자연스럽게―'구극'이라는 이름으로―언어 아래에 놓이게 되었다. 언어는 연극의 특권적 중심이 되었다.

이런 과정에서 희곡과 희곡을 쓰는 작가가 연극의 중심에 놓였고, 배우들은 화술을 연기의 중요한 부분으로 공부해야 했다. 공연을 준비하는 배우의 작업은 희곡에 등장하는 인물의 성격 분석과 흔히 말하는 등장인물의 역사에 관련되는 '마술적 가정'이라는 허구의 망에 의해서 이끌려왔다. 따라서 연출가들에게 텍스트를 해석하는 일은 창조적인 역량을 평가받는 잣대가 되었다. 근대 연극에서 언어가 지니는 역할은 연출가의 지위와 맥락과 연결되어 있다.[23]

그 후 연극의 고유한 언어를 말하면서 연극의 뿌리를 찾는 경향이 점차 두드러졌다. 문자 중심의 연극에서 벗어나려는 문명화한 언어에서, 글과 말의 한계를 뛰어넘어 몸으로 또는 말과 몸을 한데 모아 글에서 멀어지는 이미지를 내세우는 현대 연극의 현상은 뒤로 가는 것처럼 보인다. 말과 글보다 더 원시적이고, 더 모호하고, 더 추상적이고, 한순간에 사라질 수도 있는 나약한 몸과 이미지를 연극의 중심 기호로 내세우기 때문이다.

나아가 말과 글과 몸의 구분을 아예 구분하지 않기도 한다. 그 최댓값은 "예술가들, 기술자들 또는 지식인들을 구분하기가 늘 쉽지는 않으며, 동양과 서양을 더 이상 분리할 수도 없"는 것이고, 말과 글과 몸이 "존재하지 않게 될 때조차도, 그것에 향수를 느낄"[24] 수 있는 것이다.

이 부분은 연극의 비언어화를 말할 때 곧잘 비유되는 오늘날 연극의 동양 연극화를 경계하게 한다. 연극의 비언어화는 연극이 동양 연극처럼 되는 것, 서양 연극에 반하는 동양 연극의 영향이라고 말하는 것과 다르다. 연극의 비언어화가 주는 매력은 "감각적, 지성적, 정신적 통일성"이며, 몸의 "안과 밖에 동시에 어떤 것을 향한 긴장을 재발견하는 것이다."[25] 언어가 배우는 것이라면, 비언어는 언어 이전이되 언어의 한계를 넘어서 배우는 것이다. 이를테면 언어에 지배당하

---

23 앙토냉 아르토는 《연극과 그 짝패Le Théâtre et son double》에서 거칠게, 언어로 만든 집인 희곡 텍스트를 "정신의 배설물"이라고 다소 경멸적으로 말하지 않았던가. 여기서 정신은 작가와 동의어일 터이다. 아르토는 희곡 작가와 배우 또는 연출가의 만남과 정신과 정신의 평등한 만남이어야 한다고 말하는 듯하다. 위의 책, 108~109쪽 참조.
24 유제니오 바르바, 《연극인류학—종이로 만든 배》, 안치운·이준재 옮김(문학과지성사, 2001), 7쪽.
25 위의 책, 23쪽.

지 않기 위한 조건이라고 할 수 있다.

연극의 비언어적 요소인 배우의 생명력의 흔적에 대해서 유제니오 바르바는 ①"균형 속에서 작용하는 힘들의 활성화와 확장, ②움직임들의 역학을 지배하는 대항들, ③일관성 있는 비일관성의 적용, ④탈일상적인 등가물들을 통해 무의식적인 운동과 결별하는 것"[26] 등을 말하고 있다. 이처럼 현대 연극에 나타나는 비언어화 현상은 연극에서 언어와 비언어를 구분하는 박약한 이원성을 극복하는 출발이라고 볼 수 있다. 그리고 연극의 기원과 그 후 문자와 미디어로 확장 변모한 연극 사이의 형태론적 중간을 나타내기도 한다.

현대 연극의 비언어적 경향은 배우가 연극의 중심이 되는 것이다. 이것은 유치하고 무분별하게 여겨졌던 배우의 몸과 몸짓에 대한 복구이며 재발견일 터이다. 몸의 연극 위에 말의 연극, 말의 연극 위에 글의 연극이 있는 것처럼. 글의 연극은 미학적 감수성이 뛰어난 눈에 호소하는 눈의 연극이라고 할 수 있으며, 말의 연극은 귀의 연극이고, 그 아래 몸의 연극이 있다. 이러한 몸의 복구와 재발견은, 구체적으로 말하면, 배우들이 일상적으로 모든 감각을 기울여 살피는 노력이며, 가장 작은 충동, 무의식적인 반응 또는 일상의 삶에서 나타나는 극미한 긴장마저 지각할 수 있는 능력을 회복하는 일이다.

이성적인 문자에 견주면 유치하고 무분별하게 여겨지는 몸으로의 회귀는 연극의 진보가 아니라 퇴보로 말할 수도 있겠다. 그러나 배우의 기억은 무엇보다도 배우의 몸에 난 상처 자국과 긴밀하게 연관되어 있으며, 일상에 관한 삶의 엿보기이자 살펴보기라고 할 수 있다.

---

26 같은 책, 69쪽.

인간homo이 흙humus에 뿌리내리고 있는 존재인 것처럼. 몸에서 충동이 어떻게 태어나는지, 그것이 어떤 역학과 궤도를 따라서 이동하는지를 아는 것이며, 이를 통하여 삶을 식별하고 삶을 취할 수 있는 다양한 의미를 밝히는 일이다.

연극에서 몸의 언어란 세월의 흔적이 밴, "하나의 신체적 기억에 의해서 융합되어 나타"난 이미지이다. 다른 말로 하면, "파악할 수 없는(어려운) 삶과 그 삶의 대립물인 몸의 물질성에 관한 관찰"[27]이다. 배우의 몸과 몸짓은, 파스칼 식으로 비유하자면, 생각하는 갈대인 셈이다. 배우의 몸을 통한 현대 연극의 비언어화는 연극의 뿌리를 말하는, 얹힌 문자와 말에 대한 모든 강박을 덜어내고 뿌리를 숨기지 않고 드러내려는 힘든 역사이다. 있는 그대로의 몸을 보여주려는 힘든 행위이다. 현대 연극이 비언어화한다는 것은 연극이 춤과 같아진다는 뜻이기도 하다. 현대 연극은 역설적으로 몸의 언어로 되돌아가고 있다.

오늘날 현대 연극은 언어와 비언어 사이에서, 한쪽은 고정된 언어에 더욱 견고하게, 다른 한쪽은 미지의 언어인 비언어에 더욱 가볍게 자신을 의지하고 있다. 따라서 연극의 비언어적 특성에 관한 연구는 지식에 대한 탐구가 아니라 미지의 것에 대한 탐구라고 할 수 있다. 새로운 연극의 창조가 아니라 근대 연극의 잿더미 위에서 부활하는, 잃어버린 연극 찾기라고 할 수 있다. 이것은 다른 배우가 모방할 수 없는 한 배우의 개인적인 몸 또는 사적인 개성을 말하며, 이를 통하여 문화적 맥락으로 이어지면서 끊임없이 반복되는 과정을 거쳐 문화마저 초월하는, 일상이되 일상을 넘어서는 초일상적 표현기술로

---

27 같은 책, 14쪽.

확대된다. 그리하여 비언어적 몸의 훈련과 표현은 정신의 훈련과 표현이기도 하다. 그 절정이 춤이며, 연극이 춤과 같아지는 것이다.

> "권투 시합이 말이 없는 이야기라고 해서 여기에 텍스트나 언어가 존재하지 않는 것은 아니다. 또한 권투 시합이 텍스트가 즉흥적으로 이루어지는 행동이라는 이유만으로 그 시합이 다소 야만적이며, 원시적이며, 무표현적이라고 할 수도 없다. 권투 선수 간의 가장 정제된 언어는 관중의 불가해한 뜻에 결합적으로 반응한다. …… 장내 아나운서는 무언의 스펙터클에 말로써 합일성을 부여하지만, 퍼포먼스로서의 권투는 분명히 말보다 춤이나 음악에 더 가깝다."[28]

연극을 넘어 춤의 시대가 오고 있다는 말은 의심할 여지가 없어 보인다. 그리하여 연극과 춤 사이에 어떠한 차이도 없어 보인다. 무대에 흔적을 남기지 않는 것이라든가, 하나의 장면이 이미지로 무음화하여 사라지는 것은 현대 연극과 춤의 공통된 현상이다. 현대 연극과 춤의 무대는 글을 쓰는 텅 빈 공간과 같다. 말과 글로 구성된 단어와 문장이 발화하는 것이 아니라 오로지 배우의 몸짓, 공간 속에서 몸들의 움직임이 낳는 이미지들이 서로 얽혀 낯설고, 나약하고, 박약한 문장들을 이루고 하나의 이념을 만들어간다.

---

28 Joyce Carol Oates, *On Boxing* 11; 정화열,《몸의 정치와 예술, 그리고 생태학》, 이동수 외 옮김(아카넷, 2005), 258쪽에서 재인용.

2.3. 새로운 미디어 언어의 특성

현대 연극에서 새로운 미디어 언어에 관한 물음은 다음과 같이 정리할 수 있다. 선조적 표현이 아닌 다성적 체계와 같은 새로운 미디어와 함께 하는 연극의 실재는 무엇인가? 이를 위한 구체적인 질문들은 다음과 같이 확대되고 세부적이 된다.

연극의 인공미를 만들어 내는 미디어média를 옹호하고 정당화할 것인가, 아니면 부정할 것인가?[29] 연극에서 미디어를 통제할 것인가, 방임할 것인가? 아직도 연극의 모방 또는 재현을 변함없는 모델로 여겨야 할 것인가? 미디어는 연극의 진보인가? 아날로그 연극이 있고, 디지털 연극이 따로 있는가? 미디어는 아날로그 연극을 디지털 연극으로 바꿔놓는가? 예컨대 작가의 글, 배우의 몸과 인물의 말을 빛과 소리처럼 이분법적으로 환원하여 재구성하면서 재생하는 것인가? 그리하여 미디어 연극은 번역할 필요도 없는, 역사적인 시간을 건너뛰고 이곳과 저곳을 구분하지 않으면서 아주 가볍게 미끄러지듯 오가는 것인가?[30] 연극을 예술이라고 하고 미디어를 기술이라고 하면, 연

---

29 새로운 연극은 낯선 표현으로서 빛, 소리, 오브제를 강조하고 그것들에 가치를 부여하면서, 일상적인 것이라고 해서 진부한 것은 아니라고 말한다. 새로운 표현을 특별하게, 무제한적으로 내포하는 연극들은 하찮은 물건을 연극 안으로 끌어들여 가치를 부풀려놓기도 한다. 그런 면에서 미디어 연극의 언어들은 한정되지도 않는다.

30 새로운 미디어의 언어가 한국 연극에 큰 영향을 끼친 것은, '1999 국제무용제' 참가작이었던 일본 카오스 무용단의 〈로미오와 줄리엣〉이나 그해 서울연극제 초청작이었던 필리프 장티의 〈미궁〉이라고 여겨진다. 무대 위 사물의 비대한 등장이 삶과 연결되어 있었고, 그렇게 해서 새로운 예술로 등장했다. 그것도 아주 당연하게. 오브제의 비대화는 삶의 비대화이고, 연극의 위장이며, 동시에 비대해지는 모든 것의 고발이며 모방으로 읽었다. 그 후 2000년 로버트 윌슨의 〈바다에서 온 여인〉, 2010년 〈크라프의 마지막 테이프〉에 이르는 작품들에서처럼 시간과 공간의 제약에서 벗어나 아주 가볍게 재생되고 합성되는 그 과정이 이에 속한다. 한편으로는 시공간에 종속되지 않은 채 그냥, 그렇게, 문맥도 없이, 스위치를 누르면 돌아가는 테이프처럼 목소리들이 고통 없이 서로 섞이고, 교환되고, 흔적도 없이 탈실재화脫實在化하는 그 결과들이 있고 다른 한

극과 미디어는 예술과 기술로 구별되어 서로 대립하는 것인가? 현대
는 당연히 기술사회이므로, 연극과 미디어의 관계가 미디어 쪽으로
기울어, 연극의 존재론적 불안은 더욱 커지는 것인가?

연극 바깥에서 사회는 디지털 사회, 정보화 사회, 후기 구조주의
사회, 테크놀로지 사회로 변모하고 있다. 이 속에서 현실은 미디어에
힘입어 현실보다 훨씬 더 현실적인 가상 현실로, 실재는 실재보다 더
엄청난 과실재過實在로, 자연은 자연보다 더 자연적인 인공으로, 원본
은 원본보다 더 원본적인 모사로 두드러지고 바뀐다는 사실은 재론
의 여지가 없어 보인다. 이런 맥락에서 연극 고유의 법칙인 개별성과
우연성은 기술의 법칙인 필연성·보편성으로 바뀔 수밖에 없다. 연출
가 연극이라고 하는, 20세기 초의 이른바 아방가르드 연극처럼, 연극
은 "탈문화화와 탈재현화를 통한 재연극화로 요약할 수 있다."[31]

이런 전회를 연극에 적용해서 연극과 미디어의 관계, 감성과 실
재 그리고 형이상학적 초월이라는 두 개의 존재론에 대한 물음이 현
대 연극에서 새로운 미디어를 사유하는 행로가 될 것이다. 겉잡아서
말하자면, 연극이 전통적·국지적인 자연언어로 남아야 하는지(이와
같이 고전적 모방관계인 자연언어로 회귀해야 하는지), 인공언어로 남아
야 하는지(그리하여 아주 오랜 역사 동안 자연언어가 지녀온 표상과 재현
이라는 권력, 즉 그 지배적인 구조와 질서를 소급해서 부정해야 하는지) 확
연하게 구분해서 말하기는 어렵다. 미디어에 의한 인공적 표상의 세

편으로는 그것을 기술과 자본주의의 심화 과정으로 여기며, 보고 나서는 무중력 상태에 빠진 것
처럼 불안이 남기도 했다.
31 최영주, 〈연극성의 실천적 개념〉,《한국연극학》31 (2007), 243~278쪽 참조.

계가 확장되어 극장이 사이버 공간이 된다면, 극장에 가야 하는지, 연극이 어떻게 존재할지는 어려운 문제일 수밖에 없다. 그것은 단순히 극장이 영화의 이미지처럼 가상의 현실 공간이기 때문만은 아닐 것이다. 더 큰 이유는 연극의 뿌리로 돌아가기 힘들기 때문일 터이다.

이와 같이 미디어 언어를 둘러싼 논의는 현대 연극의 새로운 언어로서 긍정적인 평가와 더불어 기존 연극언어의 콘텍스트와 너무 동떨어진 언어라는, 감각에 몰두하는 정신분열적인 언어, 자신만의 견고한 엘리트주의에 빠진 언어라는 평가를 받게 된다. 그 최댓값은 연극을 기표가 범람하는 대신에 기의는 부재하는 무대라고 말하는 것이다.[32]

새로운 미디어 언어는 암호와 같다. 미디어는 연극을 결정짓는 새로운 운명과도 같다. 신기술과 같은 미디어는 연극을 더욱 전문화하기도 하고, 연극을 분절하기도 한다. 오늘날 미디어는 연극을 변화시키는 주체이다. 미디어의 개념과 활용은 그 가상적 실재성으로 연극을 재편성하고 재창출하는 것임에 틀림없다.[33]

문제는 그 불안과 혼돈으로, 그 내용은 다음과 같다. 오늘날 연극

32 Michael Vanden Heuvel, *Perfoming Drama/Dramatizing Performance: Alternative Theatre and the Dramatic text*(Michigan: The University of Michigan Press, 1991), pp.55~56.
33 연극의 텍스트가 언어적 기호들signs verbaux과 비언어적non-verbaux 기호들의 총체를 전제로 한다면, 텍스트가 지닌 언어적 기호의 총체들과 더불어 비언어적 기호들은 현대 연극에서 점차 중요해진다는 것은 분명해 보인다. 이 두 개의 언어가 서로 깊은 관계를 맺기 때문이다. 현대 연극의 연극성은 입으로 발화하는 자연언어보다는 인공언어, 문자언어보다는 비문자 언어들인 기호들의 두께에서 온다는 견해는 더욱 새로운 미디어의 언어를 확충하는 계기가 되었으며, 이것으로 기호와 기호의 관계(부분과 부분), 기호와 기호체계(부분과 전체)의 관계가 연극 분석의 중요 이론이 될 수 있었다. Anne Ubersfeld, *L'école du spectateur*(Paris: Editions Sociales, 1981), p.10.

은 어디에 어떻게 있는가? 현대 연극이 미디어를 석권해서, 연극의 새로운 아름다움을 보여줄 수 있는가? 아니면 미디어가 현대 연극을 지배해서, 미디어에 의한 인공미를 보여줄 수 있는 것인가? 미디어는 연극의 미래인가? 오늘날 연극은 스스로의 주체성을 지니고 있는가? 아니면 익명성의 늪에 빠져 실종되고 있는가? 같이 가는가, 따로따로 가는가? 아니면 연극과 미디어는 동상이면서 이몽인가? 그 과정에서 연극의 원초적 기억, 그것을 잊지 않는 연극의 자율성, 자율적 지위에 관한 물음을 빼놓을 수 없을 것이다.

　미디어의 시대인 오늘날, 연극은 전율하고 있다. 연극은 세상이 너무나 많이, 그것도 빨리 변화하고 있다는 것을 실감하다. 정보화 사회, 테크놀로지 시대의 미디어가 삶의 방식, 나아가 인간의 존재방식을 모두 바꿔놓고 있기 때문이다. 이 가운데 연극은 제 모습을 가늠할 수 없을 정도로 불안하다. 연극과 미디어의 관계는 곧 연극과 자본주의, 연극과 첨단 테크놀로지 같은 대립의 문제들을 낳는다. 그것은 이어서 연극과 현실, 연극과 가상현실이라는 문제로 확대된다. 따라서 연극과 오늘날 미디어와의 관계는 미디어만의 문제에 머무르는 것이 아니라 연극의 존재론적 문제로 귀결된다.

　미디어가 연극을 변모시키고 해체하는 이유는, 미디어가 연극의 현실을 더욱 가상성의 세계로 이끌어갈 수 있기 때문이다. 그러니까 연극이란 현실 이전에 어떤 변모를 뜻한다. 미디어가 연극을 변모시키는 문제는 연극이 이럴 수도 있고 저럴 수도 있다는 가능성 이전의, 말하자면 연극의 존재에 관한 근원적인 문제일 듯하다. 미디어와 연극의 관계는 곧 연극 이후의 문제가 아니라, 연극 이전의 문제일 듯하다. 연극을 아무도 모르는 것으로, 규정할 수 없는 것으로 만들어놓을 수 있기 때문이다. 또한 그것은 다시 연극의 원점으로 이끄는 기획일 듯하다. 그렇게 해서 연극의 새로운 창조적 변형을 초래할 수 있기 때문이다.[34]

연극의 존재론적 해체는 이미 있어온 것이 사실이다. 미디어 시대의 연극은 고전적인 텍스트에 거주하는 것으로 만족하지 않는다. 그 최댓값은 미디어가 연극을 표현의 자유 또는 그 억압(즉 오랫동안 연극을 지배해온 소통체계의 역사 또는 그 장중한 특권 같은 것을 마비시키는 해킹 따위의 의미로서)에서 해방해놓은 또 다른 문자로 해석하는 데 이른 것이다. 그러니까 미디어가 표현의 대리보충이 아니라 새로운 기호의 제국을 만들 수도 있다는 가정 또는 확신일 터이다. 그것이 현대 연극의 축복인지 불행인지는 분명하지 않다.

연극에서 표현의 도구인 미디어가 확충되면 그것은 자극을 넘어 분명 이미지의 시대, 이미지의 연극이 된다. 그것은 낯선 연극이면서 무한한 연극이다. 얼핏 보면, 2010년 10월 서울에 온 로버트 윌슨이 연극의 빛을 강조한 것처럼, 빛이 없다면 연극이 불가능하다고 단호하게 말하는 듯이 될 것이다. 그의 이미지 연극처럼, 미디어를 확대한 연극은 상형문자와 같은 연극이다. 그것은 읽기보다는 눈으로 보면서 즐기는 연극일 수밖에 없다. 더러는 일상의 무미건조한 반복을 행하는 연극일 수도 있다.[35]

이 논문의 앞머리에서 언급한 것처럼 새로운 미디어의 도래는 익

---

34 이런 맥락에서, 이 논문의 앞부분에 연극의 고전적 언어인 몸을 언급했다. 그것은 연극의 에피스테메의 소산이고, 연극 사유의 본성에 해당하기 때문이다.
35 백노라, 〈로버트 윌슨 연극에 나타난 이미지의 구조와 지향성—'해변 위의 아인슈타인'과 '햄릿머신'을 중심으로〉, 《한국연극학》 25(2005), 39~69쪽 참조.

명의 연극, 그러니까 정신의 빈곤을 드러내는 기하학적 무대를 낳을 수도 있다. 연극의 미디어가 연극의 고유한 문자를 모르는 문맹자를 낳을 수 있다는 우려는 여기에 기인할 것이다. 그것은 연극이 제 길을 잃고 미아가 되는 데 그치지 않고, 연극이 지녔던 고유한 기억의 기능을 잃어버려 망각의 시대를 낳는 데 이를 것이다. 그것을 무관심의 공간, 무관심의 연극이라고도 말할 수 있다.

또 다른 예는 캐나다 연출가 로베르 르파주의 공연을 통해서 볼 수 있는 것처럼, 미디어의 확장이 고전적인 내러티브를 향한 끊임없는 애정과 착종된 혐오와 함께 공연 속에 공존하는 점이다. 연극에서 미디어가 첨단 테크놀로지의 동의어가 되고 영상무대언어라고 일컬어지면서, 이야기는 상징언어에 힘입어 점점 더 근원적인 표현언어에 이르는 것이 그런 맥락이다. 시적 테크놀로지의 세계를 보여주었다는 평가를 받은 〈달의 저편〉(2003)과 〈안데르센 프로젝트〉(2007)이 그런 사례를 보여주는 작품들이다. 그는 고전적인 이야기와 첨단 미디어의 혼용이라는 역설을 극대화하는 연출가이다.[36]

2009년 3월, 아르코 예술극장 대극장에서 공연된 리미니 프로토콜의 〈카를 마르크스: 자본론 제1권〉에서 배우들은 마이크를 이용하여 자기 목소리를 재생해 하나의 물질로 만들고 있다. 그 소리는 배우의 몸에서 나오는 육성이되 동시에 기계로 환원되어 울리는 목소리의 이미지라고 할 수 있다. 그 이미지화한 소리는 무대 위에서 배우들이 주고받는 일상적인 대화와 텍스트 속에 있는 문자로서의 언어를

---

36 이선형, 〈로베르 르빠주, 《오타 강의 일곱 지류》에 나타난 이미지의 진실성〉, 《한국연극학》 33(2007), 223~246쪽; 김형기, 〈다매체 시대 연극의 탈영토화, 연출가 연극-춤연극-매체연극〉, 《한국연극학》 34(2008), 77~82쪽 참조.

훌쩍 뛰어넘는다. 그 소리는 모든 과거화한 것들을 현재화로 이끄는 도구의 언어인 셈이다.

3. 새로운 미디어, 연극 소통의 가능성

연극과 미디어, 이 둘이 언제나 아무렇지도 않게 같이 갔다. 갈 데까지 간 두 언어가 동거를 넘어서 의미를 창출하는 중심언어가 되기도 했다. 아리스토텔레스 식으로 말하면, 미디어는 연극에서 재현의 수단en hois, les moyens, different means, 媒材이라고 할 수 있다. 매재媒材인 미디어는 서로 섞여 쓰이기도 하고 분리되어 쓰이기도 한다. 그러니까 재현을 실현하는 수단이 미디어라고 할 때, 그것들은 언어와 화성과 만나 하모니가 되고, 이것에 율동이 덧보태져 리듬이 되고, 리듬만은 춤이, 화성을 배재한 언어와 리듬의 만남은 시, 즉 운문과 산문을 결정한다.《시학》에는 "춤은 멜로디 없이 리듬을 매재로 삼아, 리듬에 형상을 보태서 성격과 감정과 행위를 재현한다"(1447a 25~26)고 쓰여 있다.

미디어는 그 자체로는 역할이 크지 않은 존재일 터이다. 미디어는 다른 어떤 것과 관계를 맺을 때 새로운 의미를 창출하게 된다. 이때 미디어는 연극을 이루는 시스템의 근간이 된다. 미디어는 하나로 규정되지 않는다. 그것은 연극의 형태, 리듬, 언어, 멜로디 등을 통해서 형성되는 이미지들의 재료라고 할 수 있다. 연극의 금을 긋고, 연극의 빛깔을 입히고, 연극의 꼴을 이루어 나타내는 재료일 것이다. 가장 고전적인 것이 "율동과 언어와 화성"(《시학》 1147a 25)일 것이다.

연극에서 미디어의 쓰임은 "자연적인 순서"(《시학》 1447a 12)였다. 오늘날 연극과 미디어에 관한 논의의 핵심은 미디어와 그것이 기능하는 '자연적인 순서'가 일치하는가에 있을 것이다. 미디어는 일차적으로 목적이 있는 행위로서의 기술일 터이다. 미디어는 그것대로 "독특한 능력dunamis, finalité"(《시학》 1147a 25)을 지니고 있었다. 미디어의 기능은 겉으로 보이기보다는 잠재된 것으로, 나중에 행위energeia, acte로 실현되는 것을 뜻한다. 그런 면에서 미디어는 연극의 수단, 방법, 능력을 뜻한다고 해석할 수 있다.

그런데 현대 연극에서 미디어는 위에서 설명한 잠재된 능력의 원소를 훨씬 초과한다. 언어가 정치가 된 것처럼, 미디어는 단순한 매재가 아닌 셈이다. 비유하자면, 매재가 연극의 노동자이던 시대가 있었고, 연극의 노동자가 되기를 원하는 시대가 이어지기도 한다. 미디어를 어떻게 해석하느냐에 따라 그 의미가 달라지기 때문이다.[37]

그 결과는 "미디어가 연극의 소통과 구원이 될 수 있는가?"라는 물음이다. 이것을 풀어보면, 미디어가 연극의 소통을 가능하게 할 수 있는가, 미디어가 연극을 살릴 수 있는가 하는 물음일 터이다. 미디어가 어원적으로 이곳에서 저곳으로 이끄는 중간을 뜻한다면, 연극의 두께란 연극 안이라는 현재 속에 연극 바깥의 과거와 연극의 미래를 두루 지니고 있어야 할 것이다. 그 반대의 경향은 미디어media를 불편한 것으로 여기고, 미디어media가 부재im하는 즉발immediately의 연극

---

37 이 논문의 주제처럼, 그러니까 미디어가 연극의 소통과 구원이 될 수 있는가를 묻는 것처럼, 오늘날을 미디어의 시대라고 정의하는 것처럼, 미디어는 매재를 넘어서 연극의 영혼, 연극의 본질이 된 셈이다. 미디어는 더 이상 연극 속에 잠재된 것이 아니라 처음부터 겉과 속을 지배하는 문맥이고, 질서이고, 시각이고, 의미인 셈이다.

을 생산하는 일이다.

연극에서 몸의 언어로부터 새로운 미디어 언어에 이르는 논의는, 연극의 미래를 언급하기 전에, 오늘날 연극이 과거와 현재를 어떻게 끌어안고 있는지를 묻는 연극의 가능성에 대한 과정을 전제로 한다. 연극이 표현을 위하여 두터운 시간을 형성하고 있는 바를 몸과 같은 일회적이고 유일한 옛날의 '미디어'로부터 시작해서 풀어놓는 방식이다. 과거에 종속되었던 몸 또는 새로운 표현기제와 같은 미디어를 뭔가를 담아내는 그릇으로 여기는 태도이다. 이를 바탕으로 시작한 논의의 정점은, 미디어가 연극의 두께가 되고, 이를 통해 연극이 삶과 세계의 사유를 뜻하게 되는 데 있다.

이 논문에서 서술한 내용은 작품 분석에 앞서 지금까지 연극의 그릇과 부피로서 미디어는 무엇이었는가, 고전적인 몸의 언어가 지닌 유효성이 소멸되는 것인가, 아니면 새로운 방식으로 확장·진보하는 것인가 더욱 확장된 빛·소리·오브제와 같은 새로운 미디어 언어들은 고전적인 언어와 어떤 경계를 이루는가에 관한 물음에 이론적으로 답하는 것들이라고 할 수 있다.

현대 연극은 앞에서 예로 든 작품들처럼, 청각과 시각 이미지를 중심으로 한 것이다. 그런 부분에서 현대 연극은 듣기에서 보기로, 그리고 보기에서 읽기를 강조하며 변화 생성되었다. 읽기란 마음의 기본적인 움직임에 따라 기호를 해석하는 일이다. 즉 시각의 망막에 들어온 인쇄된 낱말의 의미를 스스로 번역하는 것이다. 새로운 미디어의 연극에 들어 있는 동작, 색, 모양, 소리 등은 연극적 기호가 된다. 여느 장르와 달리 현대 연극은 문화적 차이나 언어적 차이 때문에 작품의 순수한 형식적 차원의 체험은 불가능해도, 내용 없는 기호의 충격은 가능하다. 이것은 이미지 같은 기호의 명확성과 직접성이야말로 공연예술 읽기에 결정적인 역할을 하기 때문일 것이다.

이처럼 오늘날 새로운 미디어가 연극을 가능하게 할 수 있는가 하는 물음에는, 연극 고유의 언어인 몸의 언어의 변모, 그리고 새로운 미디어 언어와 함께 대리보충되어 창출되는 바를 찾을 때 비로소 대답이 주어질 것이다. 그 가능성은 몸의 언어에서 미디어 언어로 이어지고 합쳐지는 과정에서 찾을 수 있을 것이다. 그것이야말로 새로운 미디어를 통한 현대 연극의 소통에 관한 속뜻이 될 것이다.

11.
연극치료에서
기억의 문제

–

기억공간과
극장공간

"모든 고통은 이야기의 일부가 될 수 있으면 견딜 만한
것이다."

—아이작 딘센

"우리는 주변에 사람이 없기 때문이 아니라 자신이 중요
하다고 생각하는 것을 남에게 전달할 능력이 없기 때문
에 고독한 것이다."

—카를 융

1. 연극치료: 눈을 뜨고, 눈을 감고

연극치료는 복잡하지만, 자신을 드러내는 표현과정에서, 타자와
의 관계에서 겪는 위기나 고통을 극복하기 위한 치료기제라고 할 수
있다. 연극치료는 이때 겪게 되는 소외감, 열등감, 모멸감, 갈등, 적응
장애 같은 문제들을 절대적 치료가 아니라 연극적 행위로 승화해서
치료하는 예술적 치료로 일컬어진다.[1] 극적 기법을 이용하는 것이어
서 표현에 의한 치료요법이라고도 하고, 놀이와 같은 표현을 이용하
는 것이어서 매체 치료요법이라고도 한다.

이것이 가능한 것은 연극과 연극치료가 기본적으로 삶과 공생한
다는 사실에서 출발한다. 이 명제를 풀어보면, 연극과 연극치료에서
표현은 언제나 삶을 매개로, 삶 속에서, 삶과 공생관계를 맺는다. 삶
이 연극을 낳고 연극이 삶을 반추하면서 다시 삶을 낳는다는 면에서
연극은 삶의 경험이고, 저장이고, 달리 드러내는 표현이다. 동시에 연
극치료는 놀이를 통해 스스로를 반성하고 객체화하는 과정이다. 놀
이를 통한 존재의 이중적 표현이라고 할 수 있는 이 과정은 "타자와
유사하게 또는 타자와 다른 자기 자신을 설정하게"[2] 하는 효과를 낳

---

1 이 과정에서 연극치료의 대상인 지체 및 다중 장애증, 적응장애 같은 부적응증, 불안심리 같
은 정신증 양상이 야기된다.
2 이것은 라캉의 거울 효과에 관한 것으로, 놀이와 같은 거울을 통하여 주체와 객체의 거리를

기도 한다. 연극치료, 나아가 춤치료에서 몸은 '영혼의 아픔을 기억하는' 곳이다.[3]

이처럼 삶과 그 경험을 객관화하는 연극 최고의 미덕은 나와 다른 존재의 고통을 드러낼 수 있다는 것이고, 타인의 고통이 곧 자신의 고통일 수도 있다고 공감하는 정신이다. 놀이에 기초한 연극의 가장 큰 가치는 타인의 정서와 고통에 가까이 가는 공감이라는 정신이 안겨주는 자유의지에 있다. 오늘날의 사회와 개인은 삶 속에서 정서적·정신적 가치의 미덕을 더러 잃어버렸거나, 많은 부분을 잊고 있다.

연극과 연극치료의 명백하고 분명함은 삶을 눈앞에서 객관화하는 잔치, 그러니까 극장 공간, 놀이 공간에서 타자와 함께하면서 개인의 아픔과 공동체의 가치를 발견하고, 숙고하고, 영원한 것으로 만드는 과정에 있다. 이것은 삶을 말하고, 노래하고, 행동하고, 삶을 목격하고 반추하는 일련의 과정이다. 말하는 데 멈추었다가 다시 하는 강약이 있고, 노래하는 데 음정이 있고, 행동하는 데 맷돌이 낟알을 빻는 것처럼 부서지는 삶의 주저와 쉴 새 없는 새로운 삶의 박차가 있다. 연극치료는 그 속에서 놀이가 지닌 상징의 촘촘한 법칙을 발견해 활용하는 것이다.

박물관museum이 기억muse의 집um인 것처럼, 연극은 기억의 예술이라고 할 수 있다. 연극은 삶을 드러내고 재현하는 육체의 미묘한 몸짓이다. 기억은 원천에 관한 문제이다. 연극 속 기억은 과거의 시간이며, 과거의 시간은 그대로 머물러 있지 않고 변형된다. 연극치료는 타

<hr />

유지하고, 이를 통하여 자신의 기억과 경험을 재인식하는 것을 뜻한다. 대니 보부스, 《라캉 정신분석의 핵심 개념들》, 문심정연 옮김(문학과지성사, 2013), 154~155쪽.
3 가브리엘 로스, 《춤 테라피》, 박선영 옮김(리좀, 2005), 31쪽.

자와 함께하는 공동체의 활동이면서, 동시에 그 구성원들의 현존과 참여를 통해 욕망의 우물 속으로 들어가는 심리치료 방법이다. 큰 극장인 사회와 작은 극장인 무대 공간은 삶을 살리기 위하여, 문명을 유지하기 위하여, 우리의 삶을 끊임없이 빼앗고 살해할 수 있는 터전이다.

맷돌에 갈리는 곡물처럼, 이와 같은 연극의 극적인 기법과 과정을 차용한 연극치료는 삶을 잘게 잘라놓으면서 삶을 위로하고, 갈등을 풀고, 개인과 삶과 주변 세계와의 틈을 치료한다. 개인이 안고 있는 항구적인 불신, 병적인 자폐성, 착란적인 망상, 인지적 착각, 투사를 현실로 여기는 분열, 분리 불안, 상실 불안 같은 현상들처럼, 연극치료의 방법들은 시대의 요구에 부응하면서 다양하게 변모하지만(로버트 랜디, 29~68), 삶을 위로하고 치료하는 데 가장 기초적인 것은 삶을 되새기고 자신과 남을 묶어주는 기억과 같은 연극 형식이다. 삶을 객관화하기 위해서 부순 삶, 그러니까 죽인 과거의 삶을 위로하기 위해서 필요한 것이 기억이고, 기억한 것을 불러오는 것이 몸과 말과 글이었다. 연극을 창조하는 과정에서 기억의 역할, 연극치료에서 치료 기제로 쓰이는 기억의 활용은 이러한 기억과 재기억의 사회적·미학적·윤리적 단계를 미세하게 밝히는 것이라고 할 수 있다.

이 글에서는 기억이 축적되어 반응과 창조의 기제로 쓰이는 과정에 주목하고, 연극치료에서 바탕이 되는 기억을 개념적으로 밝히고자 한다. 기억이 발생·저장·전이되는 과정에 입각하여 기억이 지닌 극적 속성, 치료과정에서 분석 대상이 되는 기억의 주름을 다룬다. 구체적으로는, 연극치료에서 표현의 추동력이 되는 기억에 대한 관찰, 감각과 느낌과 이미지들을 기록한 기억에 관한 해석이다. 이것은 동시에 연극 공연에서 관객의 반응을 해석하고 이해하는 데에도 도움이 될 것이다.

2. 연극, 연극치료와 기억

2.1. 삶을 보충하는 기억

기억은 자기에게 일어난 일상적인 내용들을 담는 일화기억, 지식과 사실을 기억하는 의미기억, 일의 순서를 기억하는 절차기억, 우리가 의식하는 서술기억(외현기억)과 의식하지 못하는 비서술기억(암묵기억) 등으로 복잡하게 나뉜다(에스터 M. 스턴버그, 217~218). 이처럼 다양한 기억들의 공통점은 기억이 될 때마다, 기억이 재생될 때마다 기억흔적이 남는다는 것이다. 기억의 이러한 탁월함과 독창성은 삶을 통해 속죄하는 공감과 치료의 가치와 밀접한 관계가 있다. 이것이 집단의식과 연결되면 연극은 반복적으로 행해지는 기억의 향연, 즉 축제가 된다.

연극치료에 참가하는 이들의 개인적인 차원에서 보면, 연극치료는 자기를 보는 행위이고 기억하는 행위이며, 그 의미를 스스로, 제대로 이해하는 과정이다. 연극치료가 개인적 치료를 넘어서서 집단적 치료 단계로 이어지는 까닭은, 자기 자신뿐만 아니라 나아가 타인과의 관계에서 일어나는 감정적인 반응, 특정 상황에 대응하는 자신의 행동을 보는 것이야말로 참으로 자신을 보는 일이기 때문이다. 그것은 놀이와 같은 표현에서 비언어적 또는 언어적 표현 속의 무의식을 발견하고 알아차리는 것, 외부로 투사하는 감정을 해석하는 것에서 출발한다. 이처럼 연극치료는 우선 삶을 살기 위하여 삶을 경험한 것, 즉 삶을 기억하는 장에서 시작한다.

연극치료 속의 기억이라는 기제는 저장과 같은 끔찍한 살해의 장이며, 다시 몸과 영혼이 깨어나는 잔치와도 같다. 그런 면에서 기억은 시간의 흔적이 커켜이 쌓인 박물관과 같다. 여기에 들어 있기 위해서는 죽이기 위한, 몰입과 같은 엄숙함이 필요하며, 이때 죽어서 다시 태어나는 창조적 본성과 같은 고통과 기쁨이 뒤엉킨다. 이를 다른 말로 하면 내재한 상처, 고통 등이 다시 회복, 발휘될 수 있게 하는 기억의 승화이다.

연극치료의 대상자(내담자)는 삶에서 잃어버린 소중한 것을 애도해야 하는 당사자가 되는 동시에 제 삶을 다시 낳는 어머니가 된다. 연극치료 공간에서 일어나야 하는 존재는 관객이 아니라 죽어간 개인의 삶이다. 치료 대상자는 살려달라고 외치면서, 슬픔에 사무쳐 발버둥 치는 존재이다. 연극치료 공간은 무엇보다도 기억으로 삶을 죽이고 다시 끌어내는 터이다. 그러니까 죽인 삶을 묻고 새로운 삶의 이삭을 틔우는 너른 밭이다.

연극치료 형식은 그 이삭을 이삭 그대로가 아니라 가루로 빻아서 전사前史로 만들고, 나아가 새로운 것을 잉태하는 발전사發展史와 같은 뜨거운 자궁이다. 기억이라는 기제는 그 자궁 속에서 구워 익힌 것을 나눠 먹는, 무한히 어둡고 풍요로운 테두리와 같다. 기억이란 자신에게 먹힌 삶의 존재들이다. 기꺼이 먹히는 것이, 다시 태어나는 세계가, 그 세계와 맞닥뜨림이 바로 기억이다. 삶을 무덤 속에 가두는 무의식적 보완이 기억의 첫 번째이고, 죽인 삶으로 새 삶을 온전하게 거두는 일이 기억의 종국이다.

이를 위하여 삶을 갈아엎었던 바를 참회하고 새 삶을 보고 교정하는 과정에서 과거와 현재의 삶을 보충하는remedial 것이 연극치료이다. 연극치료를 개인 안에서 불안과 고통의 뚜껑을 열고, 그것들과 대면하고, 교정하고 보충해서remedial 개인을 성숙하게 하는 연극drama[4]

이라고 하는 이유는 여기에 있다. 새 삶은 상징으로서의 삶이고, 매혹으로서의 삶이다. 이런 면에서 연극치료는 기억에 의한 삶의 으스러짐이면서 동시에 기억에 의한 재생의 과정, 표현의 생산적 과정이라고 할 수 있다.

기억은 몸, 의식 안에 있는 흐름과 같다. 기억은 내 안에 너무나도 많은 나와 같은 것이기도 하고, 내 안에 있는 소리 없는 아우성이기도 하다. 이처럼 덜어낼 수도 없고, 오랫동안 지속되는 기억 공간은 우리 자신 안에 있는 "단어 없는 언어처럼"(멜라니 클라인, 106) 어떤 증상이고, 어떤 '사각지대'와 같다.

그 사각지대 안을 보려고 할 때 우리는 긴장한다. 사각지대라는 단어가 대개 불안, 공포, 단절, 고립, 제약, 억압과 같은 동의어로 쓰이고 있기 때문이다. 멜라니 클라인에 따르면, (남은) 기억은 (어딘가에 묶여 있는) 애착attachement, Bindung 감정처럼 영양소이자 창의성·잠재력·안정감의 동력이기도 하지만, 동시에 결핍·분노·시기심·방어기제와 같은 요소이기도 하다(줄리아 크리스테바, 105~109).

그러나 사각지대가 부정적인 의미만을 담고 있는 것은 아니다. 사각지대는 일에 시달린 후에 또는 거친 바람을 맞으며 산과 숲을 헤맨 후에 느끼는 안락함과 포근함을 안겨주기도 한다. 바닷가에서 상상의 집을 짓는 어린아이가 작은 돌들로 내부와 외부를 경계 짓는 것 또한 이러한 안정감을 얻기 위한 것이라고 할 수 있다. 기억과 같은 사각지대는 겉으로는 움직이지 않는 듯 보이지만, 끊임없이 움직이고 변모하고 있다. 사각지대는 하나의 운동 에너지와 같다. 사각지대는

---

4 수 제닝스,《연극치료》, 한명희 옮김(학지사, 1973).

내 안의 일부로서 단순해 보이지만, 모든 복잡성을 안고 있기도 하다.

연극치료는 기억 공간인 이 사각지대로 들어가는 것이고, 사각지대와 만나는 것이다. 그렇게 해서 개념이나 대상을 넘어 미지의 영역과 서로 맞닿고 대화를 나누는 일이다. 연극이 이를 공개적으로 한다면, 연극치료는 아주 은밀하게 할 뿐이다. 연극 체험의 주제는 공동체 경험, 다중체험처럼 집단적 체험으로 언급되는 경우가 많지만, 연극치료는 아주 개인적인 체험이라고 할 수 있다. 뭔가에 몰두해보지 않은 사람이 몰아지경沒我之境이라는 말의 뜻을 이해하기는 어려운 것처럼, 숨은 공간인 사각지대 경험이 빠진 연극치료는 공허하기 쉽다. 연극치료는 한 인간의 삶 속에 스며들어 그의 일부가 될 수 있는 무엇이다. 연극치료가 스며드는 삶의 공간이 곧 흐름과 같은 기억이라는 사각지대이다.

연극치료가 아니더라도 어떤 사각지대가 보일 때가 있다. 꿈을 꾸거나 기억을 하거나 연극을 볼 때이다. 좋은 글을 읽으면서 잠시 멈출 때, 또는 자기 자신에 대하여 글을 쓸 때이다. 자신의 사각지대를 보기 위한 손쉬운 놀이가 연극치료라고 한다면, 일상에서 쉬운 본보기는 일기와 같은 글쓰기 행위이다. 자신의 사각지대에는 사상, 꿈, 허구, 자기 자신에 대한 논평, 중요하거나 무의미한 사건들, 그 모든 것들이 자기가 원하는 질서 또는 무질서 속에 담겨 있다.

자기 자신의 기억 공간인 사각지대를 들여다보는 일은 자기 자신을 두 번 살게 한다. 망각에서 벗어나 기억하는 삶과 아무 할 말이 없다는 절망에서 자신을 보호하는 삶이 그것이다. 사각지대는 자기가 소속되어 있는 공간이며, 자기 자신의 일부이며, 분리된 채 홀로 있을 수 있는 공간이며, 자기 자신 속에 있는 가능성의 공간이다. 이렇게 해서, 숨은 기억 공간인 사각지대를 보는 일은 곧 원점에서 자기 자신을 사색하는 일이다.

랠프 왈도 에머슨은《자연》에서, 이런 상태에 이를 때 "나는 억압되어 있지 않은 영원한 미의 애호자가 되어 있다. 미개지에서 나는 거리를 걷거나 마을에 있을 때보다 한층 소중하고 친밀한 무엇인가를 발견한다. 고요한 풍경 속에서, 특히 먼 지평선상에서, 사람은 자신의 천성과 같은 아름다운 것을 보게 되는 것이다"[5]라고 썼다. 연극치료가 행동요법이고, 심리요법이고, 소통요법이고, 개별요법일 수 있는 바는 여기에서 찾을 수 있다.

연극치료는 사각지대를 들여다보는 창구이고, 그 사각지대는 의식의 흐름이고, 한 권의 책과 같다. 사각지대로 들어가고 보기 위해서는 연극처럼 눈뜨고 봐야 하는 걸까? 음악처럼 눈을 감고, 보이지 않는, 밖에서 오는 것에 복종하면서 들어야 하는 걸까? 나아가, 잠잘 수는 없는 것일까? 예컨대 잠과 기억, 그리고 공연에 관한 〈극장에서 잠자기Dormir au théâtre〉라는 글에서 르네 고디는 관객이 공연을 보다가 잠을 자게 되는 것은 연극을 보기 전부터 지니게 된 하나의 강박으로, 따라서 연극을 보다가 잠시 자는 관객들을 자유로울 수 있게 해야 한다고 말한다.

반드시 눈뜨고 연극을 보는 의무를 예술적 강제라고 해도 좋고, 근거 없는 예의라고 해도 좋을 것이다. 공연 앞에서 자는 것이 금지되면서 관객의 혼돈이 생겼고, 자는 것을 부끄러운 일이라고 여기면서 관객들은 자신과 분리되는 경험을 하게 된다고 했다. 나아가 공연을

---

5 랠프 왈도 에머슨,《자연》, 신문수 옮김(문학과지성사, 1998), 21쪽.

보러 극장에 가는 일만큼이나, 잠을 자기 위해서 공연이 있는 극장 안으로 들어가는 것도 가능한 일이라고 말한다. 공연을 보면서 눈을 감거나 조는 것은 관객들이 자신의 사각지대를 보기 위하여 눈을 감는 과정으로 여길 수 있다.

자유가 고독과 등가인 것처럼, 아름다움과 공포는 동일하다. 눈을 뜨고는 사각지대를 볼 수 없다는 이유 때문인지는 몰라도, 교실이나 극장에서 자는 일은 대개 암묵적인 금기 사항이다. 달리 말하면, 극장에서 관객이 눈을 떠 공연 보기를 의무화하는 것은 관객의 사각지대를 보지 않게 만드는 강제라고도 할 수 있다. 동시에 관객이 스스로 저 자신의 심혼心魂을 보기란 어려운 일이며, 이를 보고 싶지 않다는 포기로 해석할 수도 있다.

연극에서 인물들은 대부분 과거의 기억을 피할 수 없는 존재들이다. 그것은 관객의 처지에서도 마찬가지라고 할 수 있다. 현실 속 일상의 삶이 고단할수록 기억의 공간에서 자기 자신이 스스로에게 볼모가 되기도 한다.

졸음은 살아 있는 존재의 일시적인, 일상적인 죽음의 형태이다. 졸음은 죽음의 예행 연습이고, 죽음에 관한 가벼운 반복 연습이다. 졸음은 내 앞에 놓인 일상의 단절을 가져온다. 하고 있는 일, 해야 할 일이 졸음의 시위 앞에 잠시 절멸한다. 말이 사라지고, 행동이 멈추고, 눈이 감긴다. 졸음은 고요함을 가져온다. 졸음은 다른 존재와의 단절이기도 하고, 이 세상을 거부하는 가벼운 저항이기도 하다. 졸게 되면 결국 자기 자신을 망각하게 된다. 졸음은 피할 수 없는 죽음의 방문이기도 하다. 졸음에 맞서 싸우고, 졸음에서 벗어나기란 쉬운 일은 아니다. 죽음의 경험과 같은 졸음을 방해할 권리는 어느 누구에게도 없다.

졸음은 살짝 왔다가 저 스스로 조용히, 혹은 갑자기 자취를 감춘다. 어느새, 내가 졸고 있었던가! 알 수 없는 노릇이다.

그 자취가 기억의 주름일 터이다. 삶이 고통의 연속일 때 인물들이 삶을 위반하는 유일한 졸음과 같은 것이기도 하고, 기억하는 행위이기도 하다. 말하면서 쾌락을 느낄 수 있는 인물들의 행위와, 말하지 않고 졸음이라는 죽음 속에 빠져드는 것은 공히 가혹한 현실을 벗어나게 하는 공통된 계기이기도 하다. 이처럼 기억이라는 기제는 삶의 복판에서 슬쩍 비켜나온 것을 의미하지 않는다. 기억은 삶의 외곽이나 외장이 아니라, 삶의 속내, 그 복판에 들어 있는 것이다. 기억은 졸음처럼 놀이처럼 전언어적前言語的으로, 언어를 가로질러 존재하는 무의식의 표출과 밀접한 관계가 있다.

2.2. 기억을 남기는 연극의 유혹

연극치료는 기억을 주목하고 관찰하고 해석해야 한다. 기억은 꿈처럼 무언가 새로운 것을 말하는 존재의 가장 깊은 곳에 있는 것이다. 끊임없이 변모하는 기억은 자기 자신과 과거가 하나 되어 머무를 수 있는 공간이다. 이처럼 거듭 말한다는 뜻의 상기와 다양한 경로를 통한 관계라는 특징을 띤 기억에 관한 자세한 분석은 치료 대상자의 무의식, 타인과의 관계, 투사, 동일시, 전의轉意와 같은 순간들을 탐구할 수 있도록 이끈다.

과거의 기억은 오늘의 삶의 출발점이라고 말하는 것과 모든 연극은 기억을 토대로 이루어진다는 진술은 새로운 것이 아니다. 글을 쓰고, 공간을 창출하고, 몸으로 글을 쓰는 배우들에게 기억의 교점은 연극의 줄거리를 만들어내는 데 중요한 계기가 된다. 그러한 기억들이 저장되고, 변동하고, 부활하는 단계, 즉 기억을 상징화하고 풀어내는 방식에 따라 연극과 연극치료(대상자)의 내러티브 형태 또는 연극과 연극치료 형식의 독창성이 결정되기 마련이다. 그런 것들을 통해서 공연과 놀이 앞에 놓인 관객들과 연극치료 대상자들은 자신의 기억 한편에 존재하는 실재 기억에 가닿게 되고, 그곳에서 자기 자신과 타자, 내면화한 기억들과 만나게 된다.

저장된 기억을 일차적 기억이라고 한다면, 연극과 연극치료에서 언어 이전의 기억은 일차적 기억에 기반을 둔 이차적 기억이라고 할 수 있다. 연극치료는 저장된 기억으로부터 그 저장된 것을 다시 현재화하는 활동이다.[6] 따라서 연극치료는 숨은 깃발과 같은 기억을 통하여 현재로써 과거를 재구성할 뿐만 아니라, 사라진 순간을 오늘에 되살려놓고 현실을 (다시, 달리) 읽고 상실을 치유한다. 기억된 과거란 현재의 마음 양태로 전환한 것이다. 이것이 연극치료의 핵심적인 계기라고 할 수 있다.

연극치료에서 기억 공간인 사각지대로 들어가기 위해서는, 무엇보다도 기억이라는 사각지대와의 만남을 해석할 필요가 있다. 의미론적으로 보면, 그것은 지금 여기의 현실에서 떼어놓기se/ducere. 외딴 곳으로 데려가기, 이름하여 유혹하기seduire이다. 다른 말로 하면 잠수潛水와 부상浮上이다.

기억에 바탕을 둔 연극치료는 현실너머에 있는 사각지대로 외출하는 삶의 과정을 통한 치유이다. 그곳에서 다시 태어남이다. 이를 통하여 자신이 저장한, 자기 자신도 미처 깨닫지 못한, 경험한 시간만큼

---

6 서동욱,《일상의 모험》(민음사, 2005), 327쪽.

오래된 것들을 발견하게 된다. 연극으로 치면, 자기 자신의 과거에 대한 기억 없이는 글쓰기가 이루어질 수 없고, 배우의 연기나 놀이에서도 마찬가지로 창조적인 움직임과 표현이 형성되지 못할 뿐 아니라 전달될 수도 없을 것이다.

기억 속에는 내용물보다 더 오래된 껍질과도 같은 것이 박혀 있기도 하고, 떠나온 것만큼 오래된 것들이 담겨 있다. 기억 공간은 시간적으로 보면 옛날이고, 지정적으로 보면 구체적이지 않은 불분명한 곳이다. 그런 면에서 기억 공간은 옛날(의 것)이되, 아토피아atopia, 즉 지정 장소 없음이다. 이 오래된 것을 기억(공간), 사각지대라고 한다.

연극치료에서 사각지대란 기억의 안과 밖이다. 연극치료는 기억 공간에서 자신의 안과 밖을 두루, 달리 보는 과정이다. 연극치료에서 이 오래된 기억을 문제 삼고, 기억의 형태를 치료방법으로 여기는 것은 기억의 표현이 삶의 모태Urmutter, 생명의 원천Fons vitae에 이르는 길이기 때문이다. 기억과 기억의 시간은 역사에 편입시키는 아버지의 시간이 아니라, 비시간적인, 죽일 수 없는 어머니의 시간에 가닿는 것이다.

연극치료에서 표현이란 가장 최근의 얼굴을 보여주는 것이 아니다. 최근의 얼굴은 언제나 더 오래된 얼굴의 반영과도 같다. 그 예는 누군가에게 분노할 수 있다는 것은 분노의 대상자인 그 누군가가 지금 여기에 있다는 뜻에서 분명해진다. 연극치료는 기억에서 고통, 갈등, 불안, 모멸 등의 근원과 만난다. 연극치료에서 기억하기와 기억을 불러내 표현하기는 시간과 경험이 축적된 기억 공간으로 내려가는, 탐색을 위한 계단과 같다.

이 기억 공간은 삶의 부엌과도 같은 곳이다. 부엌은 불이 있어 따뜻한 곳이다. 불은 음식을 만드는 수단이기도 하지만, 그것은 생의 온기이기도 하다. 라틴어를 어원으로 하는 불feu은 사람이 사는 집, 숙소foyer를 뜻한다. 불이 있는 화덕을 초점이라는 뜻의 포커스focus라고 한다. 그러므로 기억이 담긴, 시간과 경험이 기억된 공간인 사각지대는 삶의 포커스라고 할 수 있다. 연극치료가 가능한 요소, 공간이 되는 것이다.

베르나르-마리 콜테스가 쓴 희곡에서 한 인물은, 이름을 부르는 것에서 이름을 기억하는 것에 이르기까지, 그것도 평생 기억하겠다는 것에 대하여 이렇게 울부짖는다.

> 샤를르: 누군가의 기억 속에는 남아 있고 싶어. 아버지는 죽지 않으려면 누군가의 기억 속에 살아 있어야 한다고 가르쳤잖아Il fallait rester dans le souvenir de quelqu'un pour ne pas mourir.[7]

누군가의 기억 속에 있는 것은 자기 자신에 대한 기억이다. 가족과 세상으로부터 버려진 인물인 샤를르는 타인의 기억 속에서 겨우 존재할 수 있다. 그렇게 의존하고 싶어 하는 인물이다. 작가는 이런 말을 통하여 존재가 자신 속에 안주하지 못하고 밖으로 나올 수밖에 없는, 존재의 고독을 극대화하고 있다. 자기 자신이 타인의 기억 속에 자신을 등록하는 행위야말로 스스로 존재하기 어려운, 타인에게 떠/맡겨진 존재라는 것을 의미한다. 이것은 존재의 가장 큰 비극이다.[8]

---

7 베르나르-마리 콜테스, 《서쪽 부두》, 유효숙 옮김(연극과인간, 2004). 145쪽.

귀향이라는 단어는 기억과 밀접한 관계가 있다. 연극치료는 과거로 돌아가는 치료, 저장된 과거로 이루어지는 치료에 속한다. 여기에 기억의 역할이 있다. 내 안에 있으면서도 바깥 외딴 곳처럼 여겨지는 사각지대는 기억을 저장하는 장소이며, 기억을 보는 장소이다. 보는 것, 보는 장소—여기서 보는 것은 생각하는 것. 그리스어로 노에시스 noêsis인데, 이 단어는 뒤돌아간다는 뜻의 그리스어 노스토스와 어원이 같다. 노에시스, 즉 생각하다, 인식하다. 그것은 아쉬워하다, 기억하다라는 뜻이다. 이 단어들의 공통점은 눈앞에 없는 것을 보고자 하는 것이다. 없는 것을 환각으로 볼 때 고통algos과 굶주림이 생긴다. 향수nostalgie란 되돌아가는nostos 아픔algos이다. 우리는 힘들게 기다리는 그런 행위를 대림待臨이라고 말한다. 저 밑에서 멎지 않고 오는 것. 그래서 기억이나 추억은 숨어 있는 공간과 같은 사각지대 밑sous에서 오는venir 것이다. 밑에서 흐르듯 오는 것이다. 와서 사각 지대에 남아, 시간의 흔적과 함께 흘러가는 것이다. 기억은 그림자처럼 '나와 함께 가는marche avec moi, vade mecum' 것이다. 우리가 보는 모든 것은 사라져 가고 있기 때문이다.

기억은 분리되기, 즉 자신으로부터, 사회로부터, 언어로부터, 옛날로부터, 근원으로부터, 타인으로부터 분리되기이다. 국가와 사회의 예속 상태에서 벗어나기이다. 기억은 그때부터 분리, 단절된 것을 이어놓는 것을 뜻한다. 그러니까 탐색하는 원자들이다. 모르는 것, 알지 못하는 것을 언어로, 꿈으로 다시 태어나게 하는 것이다. 존재하는 것

---

8 〈서쪽 부두〉와 관련해서는 안치운, 《베르나르-마리 콜테스》(문학과지성사, 2011), 73~111쪽 참조.

안에서 존재하지 않는 것을 찾는 것이다.

그런 면에서 기억행위란 어렵사리 무엇인가를 달리 새롭게 잉태하고 찾아내는 것, 즉 산란frayer하는 것을 뜻한다. 기억하는 행위는 고통스럽고 두려운effrayer 행위이며, 과거를 꺼내 현재화하려는 시도이다. 연극치료는 기억을 통해 무엇인가를 되찾는 방법이다. 잃어버린, 망각된, 언어를 기억하는, 단어 되찾기이다. 그것은 이 세상을 다시 보는 것이고, 숨어 있는 것을 다시 나타나게 하는 것이고 빈칸을 채우는 것이다.

기억이라는 과거의 주름은 현재라는 눈을 가진 육체이다. 기억에는 삶처럼, 시간처럼 소멸하는 무엇이 있다. 망각이야말로 기억의 기초이다. 그러니까 기억이란 잊혀지게 될 것들 속에서 행해지는 선별작업이다. 기억과 망각은 같이 간다. 마치 어린 시절 암기하려고 노트나 책장을 손바닥이나 다른 뭔가로 가리는 일처럼, 불러들여야 할 것을 보지 않기 위하여 노력하는 행위이다.

연극치료에서 기억의 문제는 꿈의 문제에 이르게 된다. 기억이 사라지고 남은 것이라면, 연극치료에서 기억은 사라진 것들을 깨운다. 이를 위해 비언어적·전언어적 표현행위들, 몸에 의한 놀이가 쓰인다. 연극치료에서 기억의 시간은 사라진 것들이 되돌아오는, 깨어나는 시간이다. 놀이와 같은 표현행위들은 곧 자기 자신으로 회귀regressio이다. 언어 이전의 회귀와 회고recapitualtion는 언어의 환영(발성, 의식)을 만들어낸다. 연극이 인간의 살아 있는 경험에서 배어나온다고 한다면, 그 큰 몫은 기억이 담당한다.

일반적으로 연극에서 기억은 비극으로 이어진다. 따라서 연극치료는 재난과 질병 같은 비극의 역사와 인간의 선택과 자유를 향한 행위로 구체화한 연극의 기원과 맞닿아 있다. 이를 통하여 연극치료는 신들림entousia/extasis과 다양한 인물로의 변형과 변용-metamorphosis을 빌려 쓸 수 있게 된 것이다.⁹ 이러한 통과의례initiation ceremonies의 장소에서 치료 대상자들은 연극의 관객들처럼 다시 태어날 수 있게 된다. 연극치료는 과거와 같은 죽음에서 오늘이라는 생명의 장으로 환원된다.

연극처럼 연극치료에서도, 하는 사람과 보는 사람idea, theatai이 집단적인 경험을 나눈다. 연극의 시원이 종교적인 형식·양식을 갖추고 있는 것처럼, 연극치료는 연극과 종교re/ligion처럼 과거와 현재가, 하는 이와 보는 이들이 서로re 묶이는ligion 것이다. 그리고 자기 자신을 지지하고 수용하면서 과거와 현재를 절충하거나, 그 무엇으로 내재화하는 것이다.

상실을 겪게 될 때나 무언가로부터 분리되어야만 할 때 항상 애도가 필요한 것처럼, 연극치료에서 기억은 굽어지고 휘어진 육체에 담긴 주름을 보이게 한다. 기억은 그래서 삶의 옛날이다. 연극치료에서 기억의 문제는 지난, 단 한 번 있었던 시간으로 가는 일이다. 그것은 과거에 매달리고 미래를 회피하는 것이 아니라, 이를 통해 불안과 상실을 당당히 마주하고, 인격을 신장하고, 긍정적인 공생을 발견하

---

9 연극치료와 비극의 공통점은 디오니소스 정신이다. 디오니소스는 다양성, 다원주의적 사유, 탈규칙적인 규칙화를 상징한다. 연극치료는 이것을 치료방법의 덕목으로 여긴다. 연극치료의 궁극은 예술적 인간을 지향한다. 도시국가를 폴리스라고 하는데, 이곳에서 인간을 형성하기 위하여 도시국가는 그 안에 올림피아, 델포이(신전), 쿠스(병원), 심포지엄, 아고라(광장), 극장(교양의 터전)를 만들었다. "내가 아무것도 모른다는 것만을 나는 안다"라든가 델포이 신전 정면에 새겨진 비문─"그대 자신을 알라gnoti sauton" "도가 지나쳐서는 안 된다meden agon" 같은 최초의 철학이 대중 속에서 실현된 곳이 극장이고, 그것이 연극의 핵심이다. 여기에 실천하는 이들의 죽음과 자유가 공존한다.

는 오늘을 만나는 것이다.

2.3. 기억과 무의식의 기쁨

연극치료와 춤치료에서 자주 언급되는 말들은 다음과 같다. "영혼의 아픔을 기억해내는 것은 몸이다" "움직임에 몸을 맡겨라" "우리 안에는 어떤 원형들이 나를 선택한다"(가브리엘 로스, 29, 43, 77). 이런 표현들은 공통적으로 기억에 바탕을 둔 것들이다.

연극치료의 고유성은 기억에 있다고 볼 수 있다. 기억에서 저장된 과거란 익숙한 것들과의 분리이고, 헤어짐과 상실에 대한 애도이며, 뭔가 다시 새롭게 나타날 것에 대한 기대, 신뢰의 요소이기도 하다. 기억과 내연관계에 놓이는 단어는 무의식, 직관이다. 기억sou/venir과 가장 밀접한 단어는 망각léthé이다. 기억은 있었던 사실의 흐려짐, 최초의 것에서 소멸되어 남은 것, 무의식의 저쪽에서 이쪽으로 오는 venir 것이기 때문이다. 연극치료의 논리적 근거이며 실질적 근거로서 현실과 가상의 맥락을 말하는 이유는 여기에 있다(로버트 랜디, 73).

스타니슬랍스키가 그의 《배우 수업》 《나의 예술인생》에서 그토록 자주 언급한 것은 기억이 가져다주는 (고통 다음의) 기쁨이다. "무엇이 그의 마음을 뒤흔들지, 무엇이 그의 내면에 간직된 예술적인 비밀들을 드러낼 수 있게 할지 그 누가 알 것인가"(스타니슬랍스키, 27). 연극을 보면서 "감동은 지금까지도 생생하게 마음속에 새겨져 있다. …… 너무 큰 감동은 의식이 아닌 무의식으로 파고드는 법이다. …… 훨씬 깊고 오래 남아 있는, 그것은 정신적인 것뿐 아니라 육체적인 면에서도 그러하다"(스타니슬랍스키, 22). "감정만이 아니라 온몸으로 그것을 기억하고 있다"(스타니슬랍스키, 23). 감동을 육체적인 기억으로 저장하는 데서 나아간 것이 그에게는 "미학적 체계를 가진 감동"(스타니슬랍스키, 24)인 셈이다.

또한 "이 모든 기억들을 끄집어낸 또 다른 이유는 젊은 배우들에게 그들 내부에 간직되어 있는 훌륭하고 강한 감동들로 자신을 끄집어내는 것이 얼마나 중요한 일인가를 말하기 위해서이다"(스타니슬랍스키, 27). 기억은 "낯설고 혼란스러운 것이지만, 언제나 자신 속에 존재하고 있어 기쁨과 고통"(스타니슬랍스키, 48)의 기원이 된다. 이처럼 연극에서 배우와 같은 존재인, 연극치료의 대상자는 기억으로, 행복은 증가하고 기쁨은 솟아오른다.

그들이 기억으로 탐구하는 것은 과거의 방향이다. 탐구investigatio라는 단어에는 자취vestigium라는 말이 들어 있다. 기억은 과거의 자취를 찾는 즐거움, 기쁨이다. 연극과 연극치료에서 기억은 배우를 체험에서 구현으로 이끈다. 이때 배우는 사라지고 없는 대상(체험)의 과거 존재, 곧 부재하는 것, 보이지 않는 것을 증명하려 하는 존재가 된다. 배우에게 중요한 것은 기다림이다. 기다림으로 기억의 흔적을 찾아내는 것이다.

연극치료에서 대상자나 연극에서 배우가 사라진 것을 찾아내는 유형에는 두 가지가 있다. 첫째는 결여된 이미지를 추구하는 자연주의적 기쁨을 찾는, 내 안의 내면의 부재를 찾는 한정된 경우이다. 이때 배우는 비우울증 환자가 된다. 둘째는 사라진 놀라운 흔적을 끊임없이, 도처에서 찾는 경우인데, 이때 배우는 우울증 환자가 된다.

그런 이유로 연극치료의 대상자 중에는, 진정한 배우 중에는 우울증 환자가 많다. 사라진 것을 되찾을 수 없는 것이 아니라, 되찾을 수 없는 사라진 것 안에서 끊임없이 솟아오르는 것을 보기 때문이다.

예컨대 낭만주의 예술이 비린내 나는 젊음의 초상, 실상, 회고, 회상의 산물인 까닭은, 그것이 기억과 결코 무관하지 않기 때문일 터이다. 스타니슬랍스키는 그와 비슷한 과정, 즉 기억이라는 죽은 점이 부활하여 꽃봉오리가 되고 꽃망울이 되는 하는 과정을 다음과 같이 서술하고 있다.

"내 안에 있는 무엇인가가 마치 꽃망울처럼 부풀어오르고 충만해져가고 마침내 성숙한다. 어떤 우연한 접촉으로 …… 꽃봉오리가 터지고 거기에서 싱싱한 어린 꽃잎들이 나와 찬란한 햇살 아래 활짝 펼쳐진다. 그와 마찬가지로 나도 하나의 우연한 분장 붓의 접촉으로, 하나의 성공적인 분장으로 정확하게 꽃봉오리가 터지고, 역役은 밝고 뜨거운 조명 빛 아래 자신의 꽃잎을 드러냈다. 이것은 그때까지의 모든 예술적인 절망을 보상해주는 위대한 기쁨의 순간이었다. 그것을 무엇과 비교할 수 있을까? 배우는 얼마나 행복할까? 그러나 배우들에게 그런 순간은 얼마나 드문가! 그런 순간은 영원히 유혹적이고, 예술가들의 탐색과 추구를 인도하는 별처럼 찬란한 점으로 남는다. …… 내 안의 죽은 점으로부터 진보가 일어난다."(131~132)

연극을 세우는 것은 극장이 아니라 사람인 것처럼, 연극치료의 대상은 언제나 사람이다. 그것을 믿고 스스로 실천한 이가 연극에서는 스타니슬랍스키이다. 그는 이렇게 말한다. 연극의 언어는 무조건, 절대적으로 "사람이다"라고. 여기서 '사람'이란 곧 기억이다.

스타니슬랍스키가 쓴 책들은 연극에 관한 책이 아니라 인간에 관한 성실한 관찰과 탐색의 기록이라고 해도 틀리지 않다. 배우가 되기 위한 절대적인 요소는 그에게 '체험'과 '구현'이다. 이것이 하나로 아름답게 조화를 이룰 때, 결합될 때, 배우는 창조적인 상태에 이르게 된다. 그곳에 이르는 과정이 배우의 일생이고, 이것이 배우가 해야 할 작업이다. 그의 책들은 한결같이 한 인간이 배우가 되기 위한, 삶의 지평을 여는, 생의 수업이 되는 과정을 기억에 바탕을 두고 서술하고 있다. '체험'과 '구현'을 가능하게 하는 원초적인 것, 기원적인 것이 기억이다. 스타니슬랍스키의 절정은 "육체적 기억으로 내 안에 새겨져 있다. 내 몸은 기억하고 있다"(스타니슬랍스키, 24)는 것으로 드러난다.

연극이나 연극치료에서, 배우로서의 놀라운 경험에 이르는 길이란 무엇인가? 연극에서 배우의 변신, 연극치료에서 놀이는 주체인 자신이 있고, 자신이 맡아 하는 객체인 역이 있다는 면에서 이중적 매개의 성격을 띨 수밖에 없다. 그 이중적 매개 사이에는 고통과 기쁨, 이상과 현실, 거짓과 진실, 동일성과 이질성, 변신과 고백, 의식과 무의식, 기억과 망각과 같은 다리가 놓여 있다.

배우로서 인물을 복제하는 것은 단순하게 말하면 외형적 복제에 머물기 마련이다. 살아 있는 재능의 불꽃은 복제되지 않는 법이다. 문제는 항상 배우가 복제를 잘하지 못했다는 데 있다. 복제되지 않기 위해서는 복제로부터 도망쳐 수많은 기술을 터득해야 한다. 그러나 아마추어는 근육을 긴장시켜 열정을 짜내고 대사를 끊임없이 쏟아낸다. 그렇게 "복제와 무대 기술 사이를 오가고 있"(스타니슬랍스키, 131)는 것이다.[10] 그러다 어느 순간 배우는 개안을 하게 되는데, 그 순간들

---

10 배우가 하는 복제란 "배우가 역을 인지하고, 그것으로 살고, 그리고 과거의 방식대로 그것을 복제하"는 것이 아니라, "낯선 관습이나 낯선 연기방법이 아니라 자신이 창조한 역의 모습을 복제하는 것이 낫다"(스타니슬랍스키, 136).

은 "내 안의 죽은 점으로부터 진보가 일어난"(스타니슬랍스키, 132) 순간들이다. 그것이야말로 기억의 근원적인 경험[11]이라고 할 수 있다.

연극에서 배우의 표현, 연극치료에서 놀이, 그리고 연극비평 같은 글쓰기와 공부는 언제나 굶주림과 어둠 속에서 개인이 혼자 치르는 것이기도 하다.[12] 연극에서 배우, 연극치료에서 대상자는 지식인의 숙명처럼 어둠과 혼자 있는 감옥, 서재에서 언제나 허기로 자신을 다듬어, 표현이나 책이라는 사슬에 묶여 지내는 존재들이다. 앞에서 인용한 콜테스의 〈서쪽 부두〉에서 샤를르가 "난 늘 허기질 거야. …… 난 여전히 허기질 거야. 허기지지 않는다는 건 죽은 거야. 난 늘 허기지고……"(92)라고 말하는 것처럼.

배우에게 허기와 같은 순수한 상실de pure perte이란 무엇인가? 배

---

11 비평은 작품이나 공연에서 가치 있는 것을 찾아내 글 쓰는 것을 뜻한다. 작품과 공연은 현재이다. 비평이라는 글쓰기는 현재의 작품과 공연에서 무엇이 가치 있는지를 알아야 하는데, 그것이 어렵다. 그렇다고 가만히 있으면서, 시간이 흐른 뒤에 저절로 그 가치를 발견하게 되는 것도 아니다. 비평은 저울이 아니다. 비평은 현재의 작품과 공연에서 과거의 가치를 찾는 일이다. 그러니까 작품과 공연에서 사라진 것, 지금 여기에 남지 않은 것, 부재하는 것을 찾아내 글로 써야 한다. 이 지점에서 글쓰기로서의 비평은 현재 공연에서 가치를 찾는 저널리즘의 글과 확연하게 구분된다. 비평의 기원은 작품과 자기 자신에 대한 기억이다. 비평은 작품에 대한 욕망이 아니라, 작품이 남긴 것, 그 욕망을 찾는 것이다. 비평은 욕망의 흔적을 찾는다. 그것이 글이다. 작품이 사라지는 것이 아니라 어둠 속으로 들어가는 것이다. 비평은 어둠 속으로 들어가 어둠이 된 작품을 찾아낸다. 어둠이 된 작품이 남기는 것은 어떤 흔적인데, 그러므로 비평은 미개척지la friche를 개간하는 일이다. 동시에 작품의, 공연의 흔적을 찾아, 그것을 옮겨 적는retranscrire 일이다. 그런 글쓰기를 하는 이를 비평가라고 한다면, 비평가는 사라진 부재의 흔적을 찾는 기쁨에 사로잡힌 존재이다. 자신보다 더 오래된 작품을, 공연을 알아가면서, 그것에 몰입하는 욕망에 사로잡힌les yeux dans le désir 존재이다.
12 고대 그리스의 전제군주 디오니시우스가 자신의 시를 칭찬하지 않았다는 구실을 내세워 사상가 플릭세네Polyxène를 감옥에 가두었다. 플라톤이 나서서 친구를 감옥에서 구했지만, 플릭세네는 다시금 군주의 시를 칭찬하지 않고 감옥을 지키는 근위병에게 이렇게 말했다. "붉게 녹슨 쇠사슬로, 굶주림과 어둠 속으로, 지하 감옥으로 다시 날 데려가주게Ramène-moi aux chaînes rouges, au cachot, à la faim et à l'ombre"라고.

우는 깨닫기 위해서 잃어야 하는, 상실하는 기쁨을 지닌 이이다. 배우기 위하여 기꺼이 잃어버려야 하는 것은 기쁨을 지닌 이이다. 기억은 상실이 순수할 때 찾아오는 동시적인 것이다. 그것이 언어이고 표현이다. 상실이 되돌아오는 것, 그것이 기억이며, 그것의 외연이 언어, 발성과 같은 것들이다. 그러므로 기억하기 위해서는 늘 잃어버려야 한다. 그것이 기억의 전제인 순수한 상실이다.

일본의 고전극 노能는 죽은 자들을 사라지게 하는 연극이라고 할 수 있다. 노는 죽은 자들이 생존자로 다시 등록될 순간을 기다리며, 그때를 기다리며, 그리워하는 공연이라고 할 수 있다. 그런 면에서 노는 망각의 연극인 동시에 기억의 연극이다. 산 자를 살게 하고, 죽은 자를 죽게 하는 것처럼. 그렇게 생과 죽음이 순환하는 모습이 노라고 할 수 있다. 또한 죽은 자들을 불러모아 축제를 여는 것이 노라는 연극이다. 산 자들은 죽은 자들의 모습을 곁에 둔다. 그들과 함께 오늘을 산다. 죽은 자들이 살아 있는 자들 곁으로 다시 돌아오도록 기다린다.

그것이 기억으로 되살아오는 연극이고, 그곳이 극장이다. 이처럼 연극과 연극치료에서 배우와 치료 대상자의 언어는 죽은 자들이 다시 와서 하는 기억의 말이다. 자신을 죽게 해서 다시 태어나기 직전에 하는 기억의 말이다.

2.4. 기억과 장소, 달리하기

기억은 장소처럼 "평화로운 곳이기도 하고, 내 안에서 재창조된 작은 자연이며, 과거라는 야생을 다듬어 격식을 차려 만든 공간"(에스더 M. 스턴버그 16)이기도 하다. 그런 면에서 기억은 정원과도 같다. 기억과 장소를 연결하는 것은 그것들이 보고 느끼고 냄새 맡고 듣는 모든 감각을 거쳐 만들어지기 때문이다. 장소를 경험하고 다시 경험할 때마다 장소에 대한 감각이 기억 속에서 만들어지고 다시 만들어지기 때문이다. 기억 속 장소가 삶의 출입구이며 꿈의 공간으로 이끄는 매개가 되는, 몽상의 공간이 되기 때문이기도 하다.

또한 기억은 연기처럼 홀로 혹은 여럿이서 무엇인가에 의해 유래되는 것이기도 하다. 기억한다는 것은 누구를 만나고 누군가와 말하는 것처럼, 글을 쓰는 행위처럼 이념적인 행위이고 주변과 밀접하게 연결되어 있다. 그것은 선택과 방향을 지니고 있기 마련이다. 선택과 방향은 배제를 전제로 하는 행위이다. 장소를 정하는 것도 같은 맥락이다. 여기에 있는 것과 저기에 있는 것은 전적으로 이념의 차이이고, 결과이다. 무거운 생뿐만 아니라 가벼운 일상의 흔적도 개인의 이념에 따라 결정되고, 끝장을 보기 마련일 터이다.

그러나 생이 전적으로 이념의 산물이라면 확률로 정할 수 있어 밋밋할 수밖에 없다. 무거운 이념에 맞먹는 것은, 아니 그것을 무력화하는 것은 가벼운 우연이다. 이를테면 만남이 그러할 것이다. 만남의 연속이 삶의 여행, 즉 연극이고, 기억이라는 공간으로 내려가 삶의 수면 위로 올라가려는 것이 연극치료일 터이다.

기억은 철저하게 장소와 연결되어 있다. 어떤 곳에 가면 특정한 기억이 떠오르고, 거꾸로 어떤 곳을 기억하면 그것이 자연스레 특정 장소와 결부된다. 눈앞에 보이는 것과 머릿속에서 떠오르는 것 사이에는 기묘한 어떤 상관관계가 있다. 기억은 맨 먼저 장소에서 나온다. 장소는 그런 의미에서 기억이 사는 집이다. 그 최댓값이, "세상은 하나의 무대All the world's a stage"(〈당신이 좋으실 대로〉 2: 7)"라는 셰익스피어의 말이다.

기억이 흐릿흐릿할 때가 구름nuage과 같은 기억의 뉘앙스nuance, 즉 희미한 기억이다. 일반적으로 연극치료에서 우울증이 있는 환자를 치료할 때, 우선 고려하는 것은 밝은 햇살과 동일한 강도와 파장이 있는 공간이다. 그것은 기억하는 에너지를 활성화하기 위한 공간적 고려이다. 반대로 너무 밝고 열린 공간은 환자의 DNA를 손상할 수 있으며, 그 반대는 비타민 결핍을 야기할 수 있어 기억의 활성화에는 도움이 되지 않는다.

장소는 삶으로의 나들이이고, 이는 풍경과의 만남이다. 기억이 장소에서 나온다는 것은 언어로 말할 수 없는 것을 언어로 말하는 고된 일과 겹쳐진다. 생각한다는 뜻의 팡세penser는 '모으다'라는 라틴어 pensare에서 왔다. 플라톤은 우리의 앎은 "명료해지면 더 이상 보려고 하지 않을" 추억, 회상이라고 했다(R.M. 헤어 외, 73). 이처럼 앎은 배우는 것이 아니라 기억하는 것이다.

장소와 공간을 구분하기도 한다. (인류학에서) 장소는 고유한 느낌이 있는 도시의 공간, 말을 걸고 기억을 상기시키며 감정을 풍부하게 하는 공간lieu, 예술적 영감을 주는 공간, 기억과 상상의 연금술을 통한 나만의 장소, 내 삶에 의미 있는 장소를 뜻하고, 비장소는 유용하지만 무의미한 공간-비장소lieu-non lieu(우리의 필요와 욕구를 충족해주는 공간), 생존과 일상의 공간을 뜻한다.[13] 기억의 집이라고 할 수 있는 박물관museum, 메모리memory, 뮤직music 같은 단어의 어원이 모두 기억mnemosyne이다. (이 개념은 나중에 영혼이 출생 전에 보았던 이데아의

---

13 세렌디피티serendipity는 완전하게, 우연히, 예상치 않게, 기분 좋은 발견을 하는 재능, 즉 나만의 고유한 살아 있는 풍경, 공간을 발견하는 능력을 뜻한다. 어메니티amenity는 삶을 편안하고 즐겁게 해주는 장소의 양태나 특성을 뜻하는 매혹적인 단어들이다.

재인식을 뜻하는 플라톤의 '근원기억Anamnesis' 개념으로 이어진다.)

이처럼 연극, 연극치료에서 기억은 꺼지지 않는 횃불과 같다. 인물들과 배우들이 지닌 기억은 과거와 현재를 잇는 가교와 같아, 주제가 꾸준히 발전할 수 있게 기능할 뿐만 아니라 오늘의 행위가 정당화될 수 있게 하기도 한다. 일반적으로 기억은 "획득acquisition, 보존 conservation, 변형transformation, 표현expression이라는 이 네 악장이 조화를 이루는 향연과 같다."[14] 이와 같은 기억에 따른 변용과 왜곡은 정상을, 있는 그대로를 옮기는 것이 아니라 달리하기이다. 아리스토텔레스가《시학》에서 기술한 바와 같이, 기억은 모방의 대상이 되는 셈이고, 희곡은 기억의 모방된 오브제와 같다.[15]

놀이는 허구이다. 연극에서 배우의 기억, 기억으로서의 글쓰기인 희곡, 연극치료에서 배우의 기억은 사물의 현상과 같지 않다. 그것을 실재와 구별되는 허구라고 할 수 있다. 허구는 실재를 고정하지 않고 사라지게 한다. 사라지게 하기 때문에 실재의 사물과 세상은 더 크고, 그 존재의 양은 증가하게 된다.[16] 실재가 사라져 기억이 증가하는 이유는 여기에 있다.

연극에서 인물, 연극치료에서 배우는 '앎pensée'을 전달하고 드러

---

14 Jean-Yves & Marc Tadié, *Le sens de la mémoire*(Paris: Gallimard, 1999), p.11.
15 아리스토텔레스,《시학》, 천병희 옮김(문예출판사, 1991), 60~63쪽.
16 여기에 희곡과 연극은 무수한 저항을 만나게 된다. 기억방법의 저항. 희곡과 연극은 행동을, 말을, 의사를 지배하지 않는다. 연극은 오히려 그것들을 초월한다. 초월하는 그곳에 연극은 존재한다. 그렇기 때문에 연극은 어떠한 역사의 질곡에서도 예외를 인정받곤 했다. 사라진다는 것은 권력의 시각에서 보면 얼마나 즐거운 일인가? 권력을 위로하는 일종의 행사처럼 보이기 때문이다. 희곡이라는 글쓰기는 기억으로 연극하기, 기억으로 연극 만들기라고 할 수 있다. 그것을 무대라는 실천의 장으로 옮기면, 주어는 배우가 된다. 배우의 글쓰기는 곧 몸의 글쓰기이고, 기억의 글쓰기이다.

낸다. 이 '앎'은 사유하다cogitare, pensare라는 단어가 '모으다'라는 뜻
의 어원을 둔 것처럼, 인물들의, 배우들의 기억과 불가분의 관계가 있
다. 이는 기억에 보관된 것을 지식으로서 소유하기 위해서, 사유하기
위해서, 흩어져 있는 것을 한데 모아야 하기 때문이다. 플라톤은《메
논Ménon》에서 "기억이야말로 앎"[17]이라고 했다. 등장인물들과 배우
들은 기억을 통해 자신의 정체성을 확인하고, 그것을 해석한다. 스스
로의 역할을 선택하고 자신의 정체성을 찾아나가는 것은 기억이라는
내러티브의 힘에 의해서이다.[18] 그렇지 않다면 기억은 앞에서 언급한

17 Platon, *Ménon*, 81d~86d(Paris: Gallimard, 1966), pp.180~188.
18 〈흥보가〉에 나오는 화초장 대목은 기억에 관한 것이다. "(작은 중중몰이) 화초장, 화초장, 화
초장, 화초장, 화초장, 얻었구나. 얻었구나. 화초장 한 벌을 얻었다. 화초장 한 벌을 얻었으니 어
찌 아니가 좋을소냐. 화초장, 화초장, 화초장, 화초장, 또랑 하나를 건너뛰다, 아뿔싸, 잊었다. 이
것 무엇이라고 허둥만요? 응, 이거 뭐여? 뒤붙이면서도 몰라, 초화장? 아니다. 장화초? 아니다.
화장초? 아니다. 어따, 이것이 무엇인고? 간장, 고초장, 꾸둘장, 방장, 송장? 아니다. 어따, 이것이
무엇이냐? 천장, 방장, 꾸둘장? 아니다"(한국판소리학회,《판소리 다섯 마당》[한국브리태니커,
1982], 147쪽). 놀보는 동생에게서 빼앗은, 자기 등에 진 화초장을 잊지 않으려고, 동생 집을 나
오면서부터 화초장이라는 단어를 거푸 반복한다. 집으로 오는 도중에 물을 건너뛰어야 하는 때
를 만난다. 몸은 한 부분 화초장이라는 짐을 들고 있고, 다른 한편으로는 화초장이라는 단어를
잊지 않기 위하여 반복하고, 다리를 건너기 위하여 뛰어올라야 했다. 바로 그때, 몸이 여러 가지
기능을 한꺼번에 수행하는 그 순간에 그는 입에 넣어두었던 화초장이라는 단어를 제 것으로 소
유할 수 없게 되었다. 실제 화초장을 몸에 지고 화초장이라는 단어를 입에 담음으로써 전적인 소
유를 보장받으려는 그의 욕망은 이 순간 분열을 경험하게 된 것이다. 놀부가 지닌 것은 이름을
잃은 사물, 즉 헛것이었다. 사물에서 이름을 지워버리면 남는 것은 허상일 뿐이다. 망각과 건너
뜀처럼 지속을 방해하는 이 행위는 죽음이다. 잊힌 이름을 되새기면서 기억하지만, 탈출한 단어
는 좀처럼 재귀하지 않는다. 놀부의 죽음이 가속화한다. 사물의 실재와 이름의 불일치는 그가 경
험하고 있는 분열과 같은 일시적인 죽음이다. '…장'으로 끝나는 단어들은 분열의 양상을 청각화
하는 기능을 한다. 이것은 단어의 분열, 기억 속 언어의 기슭에서 떨고 있음이다. 사각지대에 빠
진 잃어버린 단어를 찾기 위하여 기억하려고 노력하는 긴장의 순간은 고통일 뿐이다. 그 시간은
놀부가 앞서 언급한 타나토스적인 무아無我, 무어無語의 지경에 이른 상태를 뜻한다. 이름을 수
없이 반복하는 것은 이름 안에 들어 있는 관념에 의해 사물의 고유한 정체성이 휘발되는 것을 막
기 위한 의지적인 행위라고 할 수 있다. 놀부는 망각에 저항하는 기억의 인물이다. 그가 되새기
는 단어를 향한 애착은 망각에 저항하는 노력이다. 그런 면에서 놀부는 매우 우울한 사람이다.

것처럼 나무숲 같은 상태를 그대로 유지하기 때문이다.

연극에서 인물들이, 연극치료에서 대상자인 배우들이, 이미 존재했고 앞으로도 존재하게 된다는 것을 내세우는 유일한 내러티브가 기억이다. 이들의 내러티브를 위해서 인물들과 배우들의 언어는 말과 문자를 통해서 기억되었고, 그것을 위해서 수사학이 필요했다. 그것은 대부분 상징과 은유를 활용했다. 연극치료가 하나의 은유인 것처럼. 희곡에 등장하는 인물들, 연극치료에서 배우들은 기억의 사용자들인 셈이다. 연극에서 희곡, 연극치료에서 놀이 장소는 기억을 통한 '상상의 장소ficta loca'와 같다. 인물들과 배우들은 기억을 재구축하고 시간이 흐를수록 향상되게끔 한다.[19] 그 기억이란 하나의 개인의 과거의 기억에 근거한 다양한 기억들이다. 희곡에 나타난 인물들의, 연극치료에서 배우들의 내러티브는 기억에 대한 변증법적 예술형식인 셈이다. 기억과 상상력은 이렇게 밀접하게 연결된다.

흔적이 배우와 인물들이 남긴 발자국vestigia이라면, 그들의 기억은 그 발자국을 찾는investigatio 과정[20]에 해당한다. 아우구스티누스는 이러한 과정에 속하는 세 개의 시간이 있다고 했다. 그것은 "과거의 현재, 현재의 현재, 미래의 현재"라는 시간들이다. 여기서 기억은 과거의 현재를 뜻한다. 현재의 현재는 직관이고, 미래의 현재는 기다림이다.[21] 의식 속에 들어온 기억은 모두 과거형이다. 과거로서 기억은 인물들이 현재 속에서 감응한 형태로 다시 살아나며, 과거의 모든 것이 아니라 선택된 것들이 현재 속에서 다시re 짜맞추어진membered 것

---

19 Frances Yates, *The Art of Memory*(London: Routledge and Kegan Paul, 1972), p.163.

20 다우베 드라이스마, 《기억의 메타포》, 정준형 옮김(에코리브르, 2006), 60~65쪽.

21 아우구스티누스, 《고백록》, 최민순 옮김(대한성서공회, 1980), 20·26쪽.

들이다.

기억하는 것은 본래대로의 온전한 것이 아니라 착상, 배열, 표현, 암기와 같은 절차를 거치며, 최종적으로 행해지는 조각난 파편들이다. 그것은 존재했던 것, 존재하지 않았던 것, 거부된 과거들이기도 하다. 그런 이유로 기억의 부활, 기억의 외출, 기억의 창출을 위해서는 긴장se contracter보다 놀이와 같은 긴장완화se détendre가 필요하다.

놀이 과정에서 긴장의 양태란 대부분 기억해낼 수 없다, 느껴지는데도 말할 수 없다, 당황했다, 벌떡벌떡하는 행동들이 이어진다, 더듬어도 허사였다, 두려움이 가득 차다, 동작을 반복해도 소용없다, 잠을 잃다, 공포에 사로잡히다, 뭔가에 매달려 있다, 사위에 정적이 감돈다, 멍한 시선으로 주변에는 정적만이 감돈다, 고개를 숙인다와 같은 모습들이다. 놀이에서, 기억하는 과정에서, 긴장은 죽음의 어떤 징후과도 같다. 그것은 죽음이라는 타나토스적인 것이며, 그 최댓값이 임종의 고통이다.

이 글의 첫머리에서 말한 내 안의 기억 공간, 즉 어떤 사각지대를 발견하는 것은 기억과 마주하며 견뎌내는 불안, 긴장일 터이다. 사각지대 안에서, 연극과 연극치료의 배우들은 잃어버린 것(단어나 표현)을 다시 찾기 위하여 얼굴을 찡그리며, 언어가 부재하는 카오스[22]를 경험할 수밖에 없다. 움직이는 행위와 그것을 가능하게 하는 사유의 원천인 언어를 찾기 위하여 배우들은 입을 다물지 않고 열어놓은 채, 이 단어 저 단어를 불어야만 한다. 이곳저곳을 돌아다녀야 한다. 이것

---

22 카오스Chaos, Khaos는 그리스어로 갈라지는 얼굴을 뜻한다. 즉 벌어지는 인간의 입을 가리킨다.

이 기억하기 위해 긴장에서 벗어나 긴장완화로 나아가는 절차이다.

3. 다시 기억으로

일반적으로 기억은 해마와 측두엽의 여러 영역에 의해서 만들어진다. 장소와 공간에 관한 기억은 주로 해마와 편도체를 포함하는 해마 근처의 영역에서 이루어진다. 이 글에서 언급한, 연극치료에서 기억 공간이란 뭔가 넣었다가 필요할 때 꺼내보는 상자 같은 곳이 아니다. 기억은 여러 부분으로 이루어진 지속적인 과정이라고 할 수 있다. 기억들은 만들어져 저장되고, 다시 이어지고, 굳고 되찾아지며, 변형되고, 서로서로 관여한다.

연극치료의 정의는 점점 복잡해지고 있다. 놀이치료로서 연극치료는 교육연극과 밀접한 관계가 있기도 하고, 이론과 실천에서 연극과 분명하게 구분되지 않기도 한다. 그러나 "사회적, 심리적 문제"의 치료, "정신질환 및 장애를 이해하고 증상을 완화시키며 상징적 표현을 촉진하는 수단으로서 …… 음성적이고 신체적 소통을 유발하는 창조적 구조 안에서 개인과 집단으로서 자신과의 만남"(로버트 랜디, 92)이라는 명제는 분명하고 옳다.

일반적인 연극치료의 방법들은 놀이치료, 제의, 주술, 무속처럼 인류학적 방법, 심리극과 사회극의 방법, 의식·무의식·자아 등을 구별하는 정신분석적 방법 등 다양하다. 랜디에 따르면, 연극치료는 신체 영역부터 인지 영역, 정서 영역, 사회영역, 정신 영역, 예술 영역(로버트 랜디, 133~140) 등을 두루 포함한다. 이를 위하여 연극치료가 중요하게 활용하는 것은 기억이다.

연극에서 배우처럼, 연극치료의 대상자를 내담자라고 표현하기도 하는데(이 글에서는 '대상자'라고 했다), 기억은 무의식과 의식, 정신과 신체와 정서와 밀접한 관계를 맺고 있기 때문이다. 연극치료에서 기억을 중시하는 이유는 기억이 망각, 무의식과 환상, 불안, 충동 등의 사각지대처럼 깊은, 숨은 공간에 내재화해 있기 때문이다. 연극치료를 은유적 놀이치료라고 할 수 있는 이유는 기억 속에 내재화해 있는 것들이 놀이에 의해서 외재화하고 투사되기 때문이다. 바깥으로 드러난 놀이는 자기 자신의 충동, 타인과의 관계에서 야기된 갈등의 축출, 투사와 전이를 통한 내적 세계의 현실화라고 할 수 있다.

연극치료가 놀이활동의 관찰·분석에 큰 비중을 두고 있다면, 연극치료에서 기억의 문제는 그것을 가능하게 하도록, 즉 내면 세계와 불안의 중심에 접근하도록 돕는다. 심리학에서 언급하는 자아의 적응과 방어, 무의식과 의식, 전의식, 자아의 존재와 성숙 등의 근거에는 늘 기억의 문제가 자리 잡고 있다. 연극치료에서 핵심기제인 놀이를 "환상과 관계없는 순수한 실제적 행위"로 여기든, "불안과 갈등의 무의식적 사고가 반복되고 드러나는"(줄리아 크리스테바, 17) 것으로 여기든, 그 둘 사이의 공통점은 기억의 매개라고 할 수 있다. 기억은 시간과 장소, 경험과 같은 지배력에 의해 내 안에서 억압된 것이라고 할 수 있다. 기억된 것들은 실제와 달리 변모된 것이다. 이를 "탈성화, 탈감성화"라는 용어(줄리아 크리스테바, 298)로도 말할 수 있다. 사각지대와 같은 공간 속 기억은 안에 있지만 내 밖에서 온 것이기도 하고, 안에 두고 싶은 것이기도 하고, 밖으로 이끌어내고 싶은 것이기도 하다.

오늘날 연극치료는 이와 같은 기억이 지닌 창조적이며 역동적인 상상력의 요소들을 내세우고, 이를 통하여 연극치료의 제도화를 시도하려고 한다. 연극치료는 기억이 지닌 상상력을 통해서 감성과 오성을 연계하여 새로운 형태로 재구성하는 은유적·창조적 행위의 실체이다. 여기에 초월성, 직관성, 창조성과 같은 인간의 정신적인 능력이 포함되어 있다. 이를 일컬어 리처드 코트니는 치료와 같은 기능을 발휘하는 기억이 지닌 "상상적 입법활동·imaginative enactive activity"[23]이라고 했다.

교육보다 "더 역사적이고, 더 철학적인 (것을) 연극"[24] 이라고 한다면, 연극치료에서 "법이나 논리를 위반하는 것이 아니면서 전체적이고 완전한 세계"[25]를 인정하는 것은 기억이라고 할 수 있다. 그것이 연극치료 이론의 기초이다. 그것은 기억이 지닌 예술적 영감과 몸을 통한 놀이 등이 가져다줄 연극치료를 인정하는 것이며, 기억을 통한 표현이 지식을 통한 학습이나 치료보다 존재의 기원에 더 가까이 가는 것으로 확신하는 것이다. 연극치료에서 기억의 문제는 작게는 놀이, 크게는 연극치료에 담긴 예술적 허구와 가상이 학습을 통한 개념과 진리를 능가한다고 보는 믿음이라고 할 수 있다.

---

23 Richard Courtney, *Drama and Intelligence—A Cognitive Theory*(Montreal: Mc-Gill-Queen's Univ. Press, 1990), p.13.
24 아리스토텔레스, 《시학》 제9장, 51b5~6. 인용 원전으로는 R. Dupont-Roc와 J. Lallot의 프랑스어 번역 및 주석판(Paris: Seuil, 1980)을, 한국어 번역본은 천병희의 국역판(문예출판사, 1991)을 이용했다.
25 Richard Courtney, *op. cit.*, p.21.

12.
교육연극의
제도화를 위한 연구

–

허구와 재현,
그리고 은유를
중심으로

철학자 : 자네들의 모방과 그것을 통해 추구하는 목적을
　　　　분리할 수 없다는 말인가?

극작가 : 불가능하지.

철학자 : 하지만 나는, 내 목적을 위해, 현실생활에서 일
　　　　어나는 사건을 모방할 필요가 있네. 어떻게 해야
　　　　하나?

극작가 : 모방이 그 목적에서 분리되면 연극théâtre이 아
　　　　니라는 점은 자네도 알겠지?

철학자 : 그 경우에는 모방에 다른 이름을 붙일 수 있겠
　　　　지. 그저 연극Thaëtre이라고.

—B. 브레히트, 〈놋쇠 구입L'Achat du cuivre〉

1. 교육연극의 활용과 상상력

연극은 초중등 교과과정에서 여러 가지 형태로 활용되고 있다. 연극은 교육연극의 활용에서 출발하여 교육 안에 '연극'이라는 독립된 단위 교과목이 채택되게끔 제도적인 절차를 마련하고 있다. 또한 국어교육은 연극을 매체, 즉 연극의 모방과 놀이를 통한 비판적 사고의 실체화와 내면화를 꾀하고 있다.[1] 국어교육과 예술교육 차원에서 비판적 사고 능력을 기르기 위한 교육연극의 활용은 연극과 교육 사이의 거리가 좁혀지고 있다는 것을 말한다. 따라서 교육과 연극의 상관관계, 그리고 문학교육이나 국어교육을 위한 도구적 매체로서 받아들여지고 있는 교육연극에 대한 철학적·이론적 논의가 매우 중요하고 시급하다.

연극이라는 예술 장르는 지금까지 우리나라 초중등 교과과정에서 제외되어 있었는데, 그것은 연극, 즉 놀이에 대한 존재론적 인식을 외면해온 결과라고 할 수 있다. 연극·모방·허구와 같은 용어는 아주 오랫동안 긍정적인 의미보다는 부정적인 의미가 강했기 때문에, 사실

---

1 구체적으로 열거하면, 교육연극은 '연극에서 활용되는 여러 가지 기법이나 연극적 상상력을 학교 수업에 활용하여 수업의 효과를 높이는 방법' '몸과 마음을 자유롭게 만들어주는 연극놀이' '교육적인 방법 또는 내용으로 공연물을 만들고 관람하는 것' '관객의 적극적인 참여를 통해 교육적 효과를 얻고자 하는 공연' '치료를 목적으로 하는 극' '독립된 교과목' 등으로 활용되고 있다.

이나 진실과는 다르거나 이성·인지와 상대되는 뜻으로 여겨졌다. 그러나 교육연극의 이론은 상상력을 포함한 모방·허구·재현 등을 이성에 대립되는 정신 작용으로 설정하고, 예술적 창조의 원동력으로 삼는다. 교육적인 측면에서는 인간의 창의성이나 지능·감성 등을 계발하는 정신 작용으로 여겨 그 의미 영역을 넓혀가고 있다.[2]

그럼에도 교육연극을 다룬 연구는 철학적 성찰보다는 활용에 관한 내용이 더 많다.[3] 교육연극을 돌아보는 것이 아니라 미리 내다보는 태도에서 쓰였다는 점이 그것을 증명한다. 대부분의 연구들은 교육연극을 이론적으로 성찰한 것이 아니라 대안과 기대를 내놓은 것이기 때문에 연극이 교육과 관계 맺는 철학적 성찰은 많지 않았다.[4]

---

2 장경렬 외 편역,《상상력이란 무엇인가》(살림출판사, 1997), 19~55쪽 참조.

3 안치운, 〈교육과 연극―유명과 무명 사이에서〉,《문학교육학》1998년 제2호; 황정현, 〈드라마 인지과정 이해〉,《문학교육학》1999년 제3호; 낸시 킹,《교육연극방법》, 황정현 옮김(평민사, 1998) 등 참조.

4 예컨대 1995년 5월 '광복 50년의 한국 연극'을 주제로 열린 한국연극학회의 심포지엄에서 신일수는 '광복 50년의 한국 연극교육'에 대하여 발표하면서 해방 이후 연극교육의 역사를 언급했다. 한국 연극과 연극교육을 반성하면서, 1945년을 기준으로 삼을 때 2004년 오늘에 이르는 한국 연극교육의 역사는 50년이 넘는다. 그 50년 동안 우리의 연극에 관한 교육은 하나의 경계, 그 안과 밖에서 이루어졌다. 경계의 안은 교육제도를 통한 제도적 연극 교육이고, 경계의 밖은 극장과 연극계를 중심으로 한 탈제도적인 연극교육이었다. 이때는 연극교육과 교육연극이 구분되지 않았다. 이것을 구분해서 본격적으로 연구한 것은 1990년대 후반부터라고 할 수 있다. 연대기적으로 보면, 연극과 교육에 관한 논의로는 1984 12월 7일부터 8일까지 크리스찬아카데미와 한국연극협회가 공동으로 주최한 연극 심포지엄을 들 수 있다. 이 자리에서 '연극의 정규 교육과정화를 위한 제언'이라는 주제로 발제와 토론이 있었다. 이 심포지엄의 발제자와 발제 내용은 다음과 같다. 전영우, 〈말하기 교육으로서 연극교육〉; 김학천, 〈학습효과를 위한 연극교육〉; 정원식, 〈전인교육으로서의 연극교육〉; 차범석, 〈정서교육으로서의 연극교육〉. 이들이 발제한 내용은《한국연극》1985년 1월호(14~35쪽)에 실려 있다. 그리고 같은 주제로 1995년 5월 한국연극학회 심포지엄이 열렸고, 1996년 8월에는 한국연극학회가 주최한 '심성교육을 위한 교육연극' 프로그램도 있었다. 2002년 6월에는 한국연극교육학회가 '중등학교 연극, 무엇을 어떻게 가르칠 것인가'를 주제로 심포지엄을 주최했으며, 2003년 5월 한국극예술학회 정기 학술 발표에서도 이 주제를 논의했다. 최근에는 한국연극협회와 연극교재연구소가 중·고등학교 연극교과서를 출간하고 있다.

지금 우리에게 필요한 것은 교육연극의 이론에 관한 성찰이다. 이것은 연극을 통한 교육에서 실제적인 강제력을 갖춘 연극놀이, 희곡 읽기, 극화 학습, 공연 등을 이론적으로 성찰하는 것을 뜻한다. 연극이 희곡의 자유로움에서 출발한다면, 교육연극은 매체로서의 연극을 긍정한다는 것이고, 교과서가 있는 고정된 교실을 허구와 재현, 모방과 은유를 통해서 지금과 달리, 자유롭게 하는 것이라고 할 수 있다. 본론에서 다루게 될 이 부분은 구체적으로 모방을 통한 사고의 훈련과 스스로 지니게 되는 입장, 역할 수행 등이 교육적 효용으로 이어지고 있다는 것을 뜻한다.

연극을 학교에서 제도적으로 활용하거나 교육하는 일은 교육연극에 관한 이론적 사유와 실천에 관한 가상적 상상력, 그리고 교육을 위한 교습방법을 모두 동원해야 가능하다. 그러므로 교육연극의 제도화를 위해서는 그 활용에 앞서 미학 이론에 기초한 교육방법 연구가 이루어져야 한다.

이러한 문제의식에서 이 논문은 허구에 의한 참여와 놀이, 즉 허구의 세계와 미적인 세계를 만들고, 논리의 위반이 아니라 전체적이고 완전한 세계로서 놀이를 실천하며, 이것을 인지적·지적 세계와 동일시하는 교육연극의 이론을 살피는 데 그 목적이 있다. 구체적으로는 연극이 교육을 변모시키고 연극과 교육이 공유할 수 있는 핵심요소들인 허구와 재현, 그리고 모방과 은유를 논의한다. 결론 부분에서는 교육연극의 제도화를 통하여 연극이 어떻게 달라질 수 있는지를 고찰해보고자 한다.

2. 교육연극의 제도화

연극은 제도교육 밖에 놓여 있었다. 연극이 교육을 추방하지 않고 교육이 연극을 배제하지 않는다면 연극과 교육이 만나 새로운 교육방법으로 자리 잡는 것은 당연하고 보편적인 일이다. 연극이 교육 안에서, 교육이 연극과 더불어 또는 연극 안에서 제도화할 절차들은 필요없어진다. 그러나 연극은 학교 밖에서 자신의 존재적 잠재력을 키워왔다. 현대 예술로서 연극은 제도교육 같은 학교의 역사를 배척하면서, 제도나 교육 같은 시대적 구속력을 극복하면서 발전해왔다. 그런 이유로 권력을 무화하려 하는 아나키즘과 연극예술은 서로 무관하지 않다.

교육연극의 제도화란 허구와 모순의 세계인 연극이 진리와 실재의 세계인 교육으로 들어가기 위한 시도라고 할 수 있다. 교육도 비판적 언어수행능력critical thinking이나 사고력, 나아가 교수-학습 모형을 개발하기 위해서 연극을 통한 새로운 교육방법을 적극적으로 받아들이려 하고 있기 때문에 교육연극의 제도화를 다루는 이론 연구는 중요하다.

연극과 교육에 대하여 서양이 접근하는 방식과 우리가 접근하는 방식은 차이가 크다. 플라톤은 연극이 교육의 목적과 달리 우리 안의 이성에서 멀리 떨어져 있는 부분과 교제하고 교우관계를 맺게 하고, 청중의 분별력을 훼손하고 혼의 열등한 부분을 일깨워 가꾸어주고 강하게 만들어준다고 했다. 그럼으로써 연극은 이성적인 부분을 손상시켜 개개인의 영혼 안에 나쁜 국가제도를 만들어낸다고 비판했다. 이것이 플라톤이 공화국에서 시인을 추방한 이유이다.

이러한 비판의 근거는 플라톤의 이데아론에 있다. 그는 침대를 예로 들면서 모방을 세 가지 층위로 나눈다. 첫째 층위는 신이 만든 이데아로서 침대 그 자체이며, 둘째 층위는 이데아를 모방하여 제작 공이 만든 침대이며, 셋째 층위는 화가가 제작공의 침대를 모방하여 만든 화가의 침대이다. 그의 이론에 따르면, 진리는 첫째 층위인 이 데아에 속해 있다. 그렇다면 예술가의 모방이란 진리에서 세 단계 떨어져 있는 사물에 관계되는 것이며, 따라서 시를 비롯한 예술은 열등한 것이다. 시는 진리에서 멀리 있기 때문에 사회에서 추방해야 할 대상인 것이다.[5] 서양의 연극과 교육에 관한 논의는 위와 같은 미 적 전통에 따라 그들이 이룬 근대적인 교육을 반성하는 데서 출발 했다.

서구에서 제도교육의 모순을 극복하기 위한 새로운 교육환경에 관한 이론과 실천은, 그 방향에 따라 프레네 C. Freinet의 치료적 교육 론Médico-Pédagogique, 프로이트의 이론을 중심으로 하는 정신분석적 교육론Psychanalyse-éducation, 닐A. S Neill과 같은 좌파 교육이론과 무정 부적 교육론, 로브로M. Lobrot 등을 중심으로 하는 자유교육론Orienta- tion non directive, 그리고 제도교육 자체를 재분석하는 루로와 라파사 드R. Lourau-G. Lapassade 교육론 등으로 나눌 수 있다. 이런 이론들은 공 통적으로 플라톤의 이념과 달리 예술교육의 중요성을 강조하고, 특히

---

5 아리스토텔레스, 《시학》, 천병희 옮김(문예출판사, 2002), 251~245쪽. 플라톤의 시론은 독 립된 저술이 아니며, 그의 저서《국가》제10권 중 시인의 추방에 대해 서술한 부분이다. 영감과 모방이라는 개념을 중심으로 하는 문학과 연극에 대한 플라톤의 견해는 19세기 낭만주의가 등 장한 이후 격렬한 논쟁의 대상이 되었다. 나는 이 논문에서 플라톤에 반하는 아리스토텔레스의 시학을 인용한다. 아리스토텔레스와 플라톤의 시학은 그 의미와 시의 가치를 대하는 태도, 그리 고 주요 개념이 상반된다. 그리고 이 상반된 견해는 교육에 각각 다른 시사점을 제공한다.

교육연극을 중요한 기제로 삼았다.[6]

이처럼 매체로서의 교육연극의 활용, 교육연극의 제도화 시도는 진리의 교육이 모방의 연극을 추방했던 역사가 끝나고, 새로운 연극과 교육의 역사가 시작되고 있다는 것을 뜻하기도 한다. 일반적으로 교육과 연극의 차이는 교육이 말하는 체계적인 진리와 연극이 말하는 허구와 가상의 세계의 차이이다. 새로운 교육이 내세우는 교육연극의 특징은 이러한 차이를 넘어서서 연극을 통한 인간homo, 문학 또는 예술litterae, 그리고 학문studia을 모두 포함하는 인문교육이라는 점이다. 따라서 교육연극의 구체적인 이론을 논하기 위해서는 다음과 같은 문제제기가 필요하다.

2.1. 교육연극의 제도화를 위한 문제제기

교육연극의 제도화를 위한 첫 번째 문제제기는 그 대상에 관한 것이다. 그것은 아나키스트적인 연극이 먼저인가, 아니면 보편적이고 필연적이고 로고스 중심적인 교육이 먼저인가에 관한 물음이되, 가상의 세계를 말하는 연극과 실제를 말하는 교육에 관한 물음이다.

가상적 세계의 기원을 신체, 즉 몸이라고 말하기 때문에 연극의 기원은 몸에 있다. 교육연극이 내세우는 가상적 세계란 몸으로 체감하는 소리, 색깔, 냄새, 느낌 등이 주는 세계이다. 논리 교과서 같은 개념으로 왜곡되지 않는, 비논리적이고 원초적인 세계이다. 반면에 교육은 가상적 세계에 붙어 있는 모든 해석을 떨어내 세계의 실재적인 모습을 복원하고, 가상의 세계에서 오류를 제거하고 재구성하여 체계

---

6 Daniel Laurent, *La Pédagogie Institutionnelle*(Paris: Privat, 1982), pp.236~239.

적으로 다루는 것이라고 할 수 있다.

교육제도적 차원에서 보면, 교육연극은 연극에 담긴 "창조적·역동적 상상력"[7]의 요소들을 내세워 제도화를 시도하려고 한다. 교육연극은 상상력을 통해서 감성과 오성을 연계하여 새로운 형태로 재구성하는 창조적인 행위의 실체이다. 여기에는 초월성, 직관성, 창조성 같은 인간의 정신적 능력 등이 포함되어 있다. 이를 리처드 코트니는 교육연극의 "상상적 입법활동imaginative enactive activity"[8]이라고 표현한다.

두 번째 문제제기는 연극이 교육을 필요로 하는가, 아니면 교육이 연극을 필요로 하는가에 관한 물음이다. 일반적으로는 연극이 교육 안으로 들어가기보다는 교육이 연극을 통합한다. 그것은 교육이 연극을 수용함으로써 교육이 지닌 합리성을 스스로 달리 반성할 수 있기 때문일 터이다. 교육보다 "더 역사적이고, 더 철학적인 연극"[9], 그렇다고 "법이나 논리를 위반하는 것이 아니라 전체적이고 완전한 세계"[10]를 인정하는 것이 교육연극 이론의 기초이다. 그것은 연극이 지닌 예술적 영감과 몸을 통한 놀이, 극화학습 등이 교육의 일반적인 실천을 능가할 수 있다는 인정이며, 연극을 통한 학습이 지식을 통한 학습보다 존재에 더 가까이 가는 것으로 보는 확신이며, 작게는 놀이,

---

7 장경렬 외 편역, 앞의 책, 185~223쪽 참조.

8 Richard Courtney, *Drama and Intelligence—A Cognitive Theory*(Montreal: McGill-Queen's Univ. Press, 1990), p.13.

9 아리스토텔레스, 《시학》 제9장, 51b5~6. 인용 원전으로는 R. Dupont-Roc와 J. Lallot의 프랑스어 번역 및 주석판(Paris: Seuil, 1980)을, 한국어 번역본은 천병희의 국역판(문예출판사, 1991)을 이용했다.

10 Richard Courtney, *op. cit.*, p.21.

크게는 연극이 지닌 예술적 허구와 가상이 학습을 통한 개념과 진리를 능가한다는 믿음이다.

아리스토텔레스는《시학》에서 다음과 같이 말했다.

> 예술은 모방의 쾌감에서 유래하고, 이 쾌감은 거의 본능적인 차원의 쾌감이다. 모방한다는 것은 어린 시절부터 인간 본성에 내재한 것이며, 인간이 다른 동물들과 다른 점도 인간이 가장 모방을 잘하며, 처음에는 모방에 의하여 지식을 습득한다는 점에 있다.[11]

여기서 모방이란 인간이 동물과 구별되는 능력이며, 이것이야말로 인간의 특권과 같은 능력이라고 할 수 있다. 이 모방하는 능력이란 곧 학습과 배움mathesis의 시작을 뜻한다. 이 능력을 바탕으로 지식을 습득하고, 이성적 동물로서 자신의 본성과 잠재력을 실현하는 계기를 얻는 것이 교육연극의 핵심이론이다. 아리스토텔레스가《시학》에서 강조한 것은 모방할 때마다 얻어지는 본능적인 쾌감과 즐거움이다. 모방하면 할수록 그것은 즐거운 행위가 되며, 그 결과도 즐거움을 모방하는 이에게 가져다주기 때문이다. 아리스토텔레스는 이에 관하여 다음과 같이 덧붙이고 있다.

> 또한 모든 인간은 날 때부터 모방된 것에 대하여 쾌감을 느낀다. 이러한 사실은 경험이 증명하고 있다. 가령 보기 흉한 동물이나 시체처럼 불쾌감을 주는 대상이라도, 그 실물을 아주 정확하게 그려놓았을 때는 보고

---

11 아리스토텔레스,《시학》제4장, 48b5~8.

쾌감을 느낀다.[12]

그러나 교육연극의 제도화에서 교육이 연극을 초대하기보다는 연극이 교육의 빗장을 열고 들어가려는 경향이 더 크고 강하다. 견고한 로고스의 문을 열고 들어가려는 가벼운 파토스처럼. 이것은 교육이 자신의 무게를 감당할 수 없다는 것을 알 때 허락될 수 있는 문제이며, 그동안 누렸던 교육의 무한한 능력을 스스로 줄이고자 할 때 가능한 일이다.

그러지 않고 교육이 자신의 권위를 그대로 인정하고 누리면서 연극을 받아들인다면 그것은 오히려 연극의 변형을 불러일으킬 수 있다. 그것은 교육의 터로 들어가기 위해 연극이 스스로를 왜곡해야 하는 데서 드러나며, 연극의 자유로움과 창조적 능력을 잃어버릴 수도 있다는 것을 뜻한다. 이것은 연극이 교육의 한 도구로 제도화하면서 자신을 인정하는 것이 아니라 부정해야 할지도 모르는 우려를 낳는다. 연극이 교육을 비추는 것이 아니라 교육이 연극을 단순히 수단으로 전락시킬 수 있기 때문이다. 끝내는 연극이 교육 속에서 해야 할 의무를 모두 잊고 자족할 수도 있다. 교육연극이 가짜의 연극, 가짜의 허구와 가상으로 남을 수도 있다.

세 번째 문제제기는 교육연극의 제도화를 위한 방법론에 관계된 것이다. 연극을 가르치는 방법 또는 수단으로 삼는 교육연극의 제도화는 연극의 상상적·유아적 세계가 체계적인 교육으로 들어가는 데 필요하다. 교육연극의 제도화 문제는 교육이 요구하는 연극의 객관적

---

12 앞의 책, 48b12~17.

인 모습, 즉 연극이 교육을 통하여 자신을 외면화하면서 구체적으로 드러나는 것일 터이다.

이러한 예를 하나 들자면, 1970년대 중반 프랑스에서는 교육활동 프로그램 PAE(Projets d'Activités Educatives)를 통해 전문 연극인들이 학교에 들어가 교육을 위한 연극활동을 지도할 수 있게 했고, 이때 교과서를 만들었다. 그 후 유명한 사바리-랑 법안Savary-Lang Protocole으로 아틀리에Atelier ou des Sections A3라고 이름붙인 예술교육 프로그램에 중등과정 '연극과 연극놀이Théâtre et Expression dramatique'라는 과목을 포함시켰다. 이때 교사들을 위한 교육 프로그램 PAF(Plans Académiques de Formation)가 교육대학과 일반 대학, 그리고 여름 단기 대학에서 동시에 활성화했는데, 과목은 교육연극의 이론과 역사, 교육방법과 실천에 관한 것이었다. 구체적으로는 연극과 연극예술가들에 대한 사회적·미학적 정체성에 관한 물음, 놀이와 재현에 관한 물음, 연극 실천의 과정과 평가에 대한 물음, 연극 공부와 실천의 기쁨에 관한 물음, 전문연극과 모든 이들이 할 수 있는 연극에 관한 물음 등이다. 그 뒤 문교부와 문화부에 의해 교육연극의 제도화가 이루어졌다.[13]

교육연극의 제도화와 관련한 중요한 문제는 교육이 연극에 대한 무지와 편견을 극복하게 하는 일이다. 이를 위해서는 연극이 자신의 정체성을 말하되 교육의 여러 문제를 해결할 수 있다고 말하지 않아야 한다. 반대로 연극 안에 교육이 잊거나 잃어버린 원리가 있다는 것을 보여주어야 한다. 그것은 교육연극이 교과서가 지배하는 고정된 교실을 살아 있는 교실로, 허구의 교실로, 그리고 은유의 교실로 만드

---

13 *Théâtre/Public* 82-83, Juillet-Octobre, 1988 참조.

는 일이다. 이 문제에 대해 서구에서는 교육연극을 "하나의 새로운 장르로, 극장과 학교의 요청에 직접 부응하여 생겨나, 교육에 도움을 주기 위해 연극의 상상적인 힘과 테크닉을 이용한 연극의 한 형태로 간주"[14]한다.

거시적으로 보면, 연극을 통한 교육이라는 교육연극은 "20세기 전체에 걸쳐 뚜렷하게 나타나는, 연극과 교육의 각각 독립된, 그러나 상호연관된 발전"의 한 형태로, "지역공동체에 연극의 뿌리를 재정립하고, 이를 통해 사회적인 기반을 넓히자는 운동"[15]과 맥을 같이한다. 나아가 오늘날 교육연극을 "고등교육의 드라마와 교육학 강의 계획서에서 하나의 주제로, 교실에서의 교육 드라마에 대안적으로 접근하기 위해서뿐만 아니라 사회에서의 연극과 배우의 역할과 관련된 주요 질문들을 연구하기 위한 방법으로 여긴다.

그 결과 교육연극은 "①어린이극에서 파생되어 실존적인 경험을 중시하는 과정 지향적 유형, ②연극에서 파생되어 경험을 전달하고, 반복 가능성을 지닌 공연 지향적 유형, ③극장에서 하는 연기 연습이나 일상생활에서 가능한 상호 신뢰를 위한 연습과 같이 단기적인 활동과 연관된 기술 지향적 유형"[16]으로 나눌 수 있게 되었다.

2.2. 교육연극과 살아 있는 교실

교육연극을 부정하는 이들이 숨김없이 드러내는 질문이 있다. 이를테면 교육연극은 "예술 경험의 질을 희석하는 쪽으로 나아가는, 불

---

14 토니 잭슨 엮음, 《연극으로 배우기》, 장혜전 옮김(소명출판사, 2004), 17쪽.
15 앞의 책, 18쪽.
16 같은 책, 144쪽.

안하기 짝이 없는 예술 경향과 모호하고 비본질적인 사회 또는 교육의 목표가 합해져서 만들어진 혼성적인 형태인가" "교육인가, 아니면 연극인가, 아니면 이 둘 모두인가" "교육은 연극의 가치를 떨어뜨리거나, 아니면 단순히 그것을 맥 빠진 것으로 만들 뿐인가?" "연극은 교육을 피상적이고, 일시적이고, 신뢰할 수 없는 것으로 만들어버리는가?" 하는 것들이다.

이런 질문에 대하여 "우리는 연극과 교육을 완전히 다른 것으로 보고, 이 둘을 섞는 것을 놀랍고, 수상쩍고, 심지어 유해한 것으로 보는 것에 대해서 확실하게 경계해야만 한다."[17] 앞서 언급한 것처럼, 연극과 교육을 둘러싼 논의는 교육과 연극에 대한 철학적인 논의보다는 교육연극을 활용하는 방안 쪽으로 나아갔다. 실천에 대한 이론적 반성보다는 필요성이 강조된 나머지, 교육연극에 대한 철학적 사유는 생략되고 있다.

교과서와 교실(넓게 말해서 교육)을 살아 있고, 놀이가 일어나는 잠재적 공간으로 만들기 위한 교육연극의 역할은 무엇인가? 일반적으로 문학과 국어교육을 위한 교육연극의 효용은 연극을 통한 교육적 효용을 강조한다. 이는 연극예술을 매체 또는 교육의 도구로 삼아 교육에서 이를 제도화하는 것으로 이어진다.

말하기, 표현하기 같은 교육을 위해 연극을 활용하는 것은 제도화한 교육연극의 한 부분이다. 그리고 독립된 다른 과목과 연계해서 그 과목의 이해와 실천을 돕는 경우와 연극이 독립된 단위과목인 경우로 확장된다. 교과목 바깥에서는 치료적 방법 또는 기제로서 한 사

---

17 같은 책, 27쪽.

회에서 폭넓게 사용할 수 있는 가능성을 연구하고 실천한다. 이처럼 교육연극은 학문적으로 연극교육이라는 범주 아래 연극제도론(연극이란 무엇이고, 연극이라는 제도는 어떻게 만들어지는가를 연구), 연극매체론(연극을 매체로 사용할 수 있는 광범위한 연구), 치료극으로서 심리극과 사회극 등의 차원에서 폭넓게 연구된다.[18]

일차적으로 교과서는 독립된 것이고, 변하기 어려운 고정된 것이며, 교실은 물리적으로 한정된 곳이라고 할 수 있다. 무형의 교육연극이 교과서의 교육을 돕는 보조 교재와 같은 것이라면, 그것은 더욱 어려운 일이 되고 만다. 무형의 교육연극이 유형의 교과서와 교실을 달리 만드는 것, 달리 만들되 살아 있는 것으로 바꿔놓기 위한 첫 번째 이론적 근거는 허구에 대한 긍정이다. 교과서와 교실이 하나의 실제라면, 교육연극의 내용과 실천은 허구일 것이다. 실제가 허구를 유혹하기는 어렵지만, 또한 받아들이기가 힘들지만, 그 반대는 가능하다는 것이 교육연극의 핵심 이론이다.[19]

교육연극의 실체는 꿈꾸기로서의 상상하기와 실제 경험하는 행동의 결합이다. 교육연극의 활동은 실제와의 분리가 아니라 오히려 결합이며 일체와 가깝다. 다시 말해 허구로서의 놀이, 그 경험을 통한 교육연극은 인지적 과정을 거치게 되고, 이를 통해서 실제 세계를 보충하고 해석하여 참가자들이 새로운 관점을 지닐 수 있게 한다. 그 관점은 리처드 코트니가 지적한 것처럼, "우리가 실제 세계와 허구의 세

---

18 안치운, 〈교육과 연극─유명과 무명 사이에서〉, 앞의 책, 110~111쪽.
19 "놀이" "중간 현상" "중간 대상" "공동의 놀이" "문화적 경험"과 같은 용어로 개인과 공동체의 창조적 능력을 분석한 도널드 위니캇의 저서 《놀이와 현실》(이재훈 옮김[한국심리치료연구소, 1997]) 참조.

계를 합친다면 세계에 대한 우리의 이해는 바뀔 것이다"[20]라는 태도이다. 따라서 교육연극을 통해 우리는 허구 속에서 살고 있다고 말할 수도 있고, 삶이 예술을 모방한다는 것도 인정하게 된다. 그것은 우리의 존재론적 실제가 우리 삶 안에서 극화한 것에 다름 아니기 때문일 터이다.

일반적으로 교과서는 정해져 놓여 있는 것이라고 한다면, 놀이는 실제와 허구, 자기와 역할 또는 상대방, 필연성 개연성과 같은 사이에서 끊임없이 움직이는 것이라고 할 수 있다. 교육연극과 교과서의 관계를 논하는 것은 교과서와 그것을 읽는 이 사이에서 교과서가 무엇인가를 말하게 하고, 나아가 이를 위해서 다른 것으로 대체하는 것까지를 포함한다.

공연이 희곡 텍스트 안에 쓰여 있거나 말해지는 단어에 담긴 것보다 더 많은 의미를 전달하는 것처럼, 교육연극은 교과서를 재현hyper/echein한다. 진리라고 말하는 교과서에 허구에 대한 근원과 예시를 덧붙인다. 그렇게 해서 허구적 상상력에 기초한 교육연극은 고정된 교과서를 부풀려 교과서가 담고 있는 것보다 더 많은 것hyper을 소유echein해서 교실을 살아 있는 터로 만들 수 있다. 그러나 오늘날의 교실과 교과서는 견고하고 변함없는 제도와 같다. 그것을 뚫고, 비집고, 다듬어야 할 바가 허구로서의 교육연극의 제도화이다.

교과서를 필연성의 법칙에 종속되어 있는 언술로 정의한다면 교육연극은 놀이하는 상대방의 믿음과 인정 속에서 완성된다. 양자의 차이는 곧 필연성 또는 개연성이냐, 아니면 오로지 필연성에만 의존해야

---

20 Richard Courtney, *ibid.*, p.11.

하는가에 있다. 이 차이를 확대하면 논리학과 수사학의 차이로 비유할 수 있으며, 이는 순수 이론적 진리의 범위와 실천적 진리의 범위 사이의 차이로 이어진다. 일반적으로 앞의 것이 교과서의 원칙이라면, 뒤의 것은 교육연극의 원칙이다. 교과서가 지식을 통한 리얼리티의 이해라면, 교육연극은 상징을 통한 리얼리티의 이해이며 확장이다.

그런 면에서 교과서는 하나mono의 말logue, 즉 모놀로그이고, 교육연극은 분리dia의 말logue, 즉 디알로그이다. 교육연극은 상대방, 분리를 중시하는 디아의 세계로 초대한다. 극화 학습은 모방을 통한 학습이다. 그것은 다음과 같은 경우를 포함한다.

> 사물이 과거나 현재에 처하고 있는 상태로 모방하거나, 또는 사물이 과거나 현재에 처하고 있다고 말해지거나 생각되는 상태에서 모방하거나, 또는 사물이 마땅히 처해 있어야 하는 상태에서 모방하지 않을 수 없다.[21]

위 구절은 놀이는 우리가 알고 있는 지식과 경험 자체뿐만 아니라 동시에 어떤 의도적 가감을 통해서 규정된다는 뜻이다. 이것이 교육연극이 가장 앞세우는 이론, 즉 놀이가 지닌 추상 능력이며 전체적인 능력이다. 이것은 놀이에 참여하는 이의 의도에 따른 자유로운 설정과 상상의 가능성을 말한다. 놀이하는 창작자의 권리란 놀이 자체의 추상 능력 또는 과장 능력, 그리고 가감을 통한 변형 능력과 하나를 이룬다. 이 점이 교육연극이 교과서를 통한 교육과 다른 점이며,

---

21 아리스토텔레스,《시학》제25장, 60b 10~11.

교육연극이 교육 현장을 즐거운 교실, 살아 있는 교실을 만들고, 놀이교육을 통한 교육연극이 인지적이고 지적인 교육과 동일시되는 바라고 할 수 있다.

교육연극의 활용은 교과서에 쓰인 '~이다'를 '~이라면'으로 바꾸는 일이다. 이것은 하나의 가설이며, 가정이며, 조작이며, 스스로 경험하는 허구적·상상적 활동이라고 할 수 있다.

일상적인 의미에서 우리는 무엇이 사실인지 안다고 하지만 사실은 무엇이 그렇고 또는 그렇지 않다는 것을 믿을 뿐이다. 마찬가지로 확신하지 않는다는 것도 단지 그렇다고 믿을 뿐이다. 일상적으로 아는 것과 믿는 것 사이에 완전한 대립은 없다. 이것은 연극적 인지심리에서는 실제actuality와 실제reality가 총체적으로 통합되어 있음을 의미한다. 예를 들어 연기자가 어떤 행위를 할 때 그 행위에 대한 사실을 아는 것과 그렇게 하고 있음이 사실이라는 믿음은 동시에 일어난다. 이런 의미에서 논리학자들은 드라마는 두 가지 의미—아는 것과 믿는 것—를 표현한다고 한다. 드라마적 인지의 대표적인 표지인 '마치 ~인 것처럼' 되어보기는 스스로의 허구적 양식mode이다. 이것은 기능적으로 상상적인 또는 상상적 입법 활동이다. 그러나 형식상으로는 가정상태이다. 우리는 상상할 때 가능성에 대해 생각하게 된다. 이러한 가능성 중 하나를 택하여 행위로 구체화할 때 세상에 대한 창조적 개념(가설의 모델)을 만들어내고자 노력한다.[22]

---

22 Richard Courtney, *ibid.*, p.13.

이처럼 교육연극이 상상을 통한 창조적 행위를 가능하게 만드는 까닭은 아리스토텔레스가 《시학》에서 쓴 것처럼 "가능성이 있는 것은 설득력이 있"[23]기 때문이다. 상상한다는 것은 가능성을 상상한다는 뜻이다.

교과서는 논리적 강요력으로 사물, 지식 등을 직접 현시한다. 반면에 허구로서의 놀이를 중요한 덕목으로 여기는 교육연극은 위의 가능성과 설득력으로 교과서와 구별될 뿐만 아니라 교과서가 나아가지 못하는 곳으로 가닿는 탁월성을 지닌다. 허구로서의 놀이, 스스로의 경험을 토대로 한 입법적 상상력은 교과서에 의한 어떤 의미를 보편적 타당성을 지닌 상징 속에서 재위치시킨다. 이것은 그 의미를 그것에 내재한 형상 자체의 논리적 함축관계를 통해서는 기대할 수 없었던 어떤 새로운 기호작용 속으로 옮겨놓는다는 것을 말한다.

교육연극이 놀이를 중요하게 여기는 이유는 가정과 상상이 우리의 경험을 재사용하기 때문이고, 교실을 살아 있는 것으로 만들 수 있다고 믿는 이유는 이를 통해서 인지적 변화를 불러올 수 있기 때문이다. 연극을 통한 교육에서의 놀이, 그러니까 상상과 가정을 통한 허구적 재현은 나라는 존재와 내가 알고 있는 지식을 새로운 곳으로 전이하는 인지적 과정이라고 할 수 있다. 이를 구체적으로 밝히면 다음과 같다.

평범한 옷을 입는 현실 세계, 허구 세계에 근본을 둔 자발적이고 즉흥적인 극적 세계, 사회적 옷을 입은 행위자로서 사회적 허구 세계, 개인적

---

23 아리스토텔레스, 《시학》 제9장, 51b 16.

인 것과 사회적인 의미가 뒤섞인 규칙에 따라 특성화하는 사회적 미적 세계, 의미심장한 시공간과 의미를 교환하고 만들어내는 예술적 연극 세계, 나아가 신성한 시공간과 의미를 다른 사람들과 연결하여 만들고 교류하는 종교적인 세계로 구분할 수 있다.[24]

일반적으로 교육이 교과서를 통하여 알아야 하는 것을 강제한다면, 교육연극은 허구적 재현을 통하여 우리가 아는 것을 변형한다. 내가 다른 사람이 될 수 있다는 가정을 통하여, 그 역할을 수행함으로써 우리는 더 많은 것을 배울 수 있고, 그것을 통하여 우리의 지식을 변화시킬 수 있게 된다. 이를 교육연극에서는 "지식과 삶의 실험실, 사물의 의미에 관한 혹독한 시험, 실제적인 시행착오를 통한 해석학"[25] 이라고 말한다.

교육연극의 활용에서 눈여겨볼 것은 배우를 교사로 여기는 태도이다. 배우가 교실에서 가르치는 교사가 될 수 있다는 것은 받아들이기 힘든 가정이다. 교사에 대한 가치전복적인 이 정의의 긍정이야말로 연극이 교육 안으로 들어갈 수 있는 지점이다. 교육이 교사와 학생 사이에서 오가는 전인적 관계라면, 교육연극은 교사-배우actor-teacher 와 학생들 사이에서 펼쳐지는 의사소통이다.

교사-배우란 교사가 배우가 되는 것과 배우가 교사가 되는 것을 모두 포함한다. 이것이 첫 번째 '새로운' 연극, 즉 교육연극의 특징이며, 연극이 교육 안으로 들어가 교육을 '새롭게' 변모시킬 수 있는 첫

---

24 Richard Courtney, *ibid.*, pp.40~41 참조.
25 *Ibid.*, p.14.

번째 기제일 터이다. 여기서 '새로운' '새롭게'라는 정의는 연극의 잠재성을 일컫는다. 연극의 잠재성이란 연극의 에너지re/source, 즉 다시 re 일어나게source 하는 것을 뜻한다. 교육연극은 한마디로 이 잠재성의 획득과 실천이다.

교육연극에 관한 이론적 사유는 연극의 가지로 올라가는 것이 아니라 잠재성을 뜻하는 근원과 뿌리로 내려가는 연구이다. 그 근원을 말하려는 근원주의자는 항상 스스로에게나 자신의 바깥에 위험할 수밖에 없다. 연극이 오랫동안 교육의 자장 안팎에서 홀대받은 역사가 그것을 증명하고도 남는다. 교육연극이란 연극을 통하여 연극과 교육이 다시 돌아가게 하는 것, 그러니까 멈추어 있는 것을 돌아가게 하는 것이다. 근원과 혁명은 가장 가까운 의미망에 속해 있다. 이것이야말로 오늘날 한국 연극과 교육의 현장에서 교육연극이 담당한 역할이다.

2.3. 교육연극, 허구의 교실에서 은유의 교실로

우리는 앞 장에서 교육연극이 인지적 사고를 향상시킬 수 있다고 논술했다. 이는 다음의 두 가지 문제를 제기한다. 하나는 사고하는 방식으로서 인지이고, 다른 하나는 지성을 향상시킬 수 있는 방법으로서 학습이다. 기존의 교과서와 교실은 고정되어 누워 있고, 움직이지 않는다. 교육연극은 극화를 통해서 누워 있는 교과서를 일으켜 세우고, 움직이지 않는 교실을 살아 있는 교실로 만드는 것이다. 교실이 교과서와 함께 있는 곳이라면, 교육연극은 허구와 함께 가는 교실일 터이다.

허구의 교실은 세 가지 척도를 제공한다. 첫째는 심리학자와 교육학자들이 믿는 규범으로서 허구가 참여와 놀이의 기본이라는 생각과 연결시킨다. 그리고 이것은 허구 세계와 미적 세계를 만든다. 둘째는 (허구로서의) 사건의 가능한 상태는 세계를 법을 위반하거나 극적 행동의 법 또는 논리를 위반하는 것이 아니라 전체적이고 완전한 세계로 본다. 셋째로는 허구로서의 사건의 가능한 상태는 인지적이고 지적인 세계와 동일시된다.[26]

이처럼 교과서가 지적 과정을 담아놓은 안의 세계라면, 극화를 통한 교육연극은 지적 과정이 (자신, 타인, 환경, 그리고 감각기관의 기능을 통하여) 어떻게 창조되는가에 영향을 끼치는 바깥 세계에 해당할 것이다. 교실은 이 두 세계를 연관시키는 전달과정인 셈이다. 교실이 교과서를 통해서 실제 세계에 관한 담화를 강조하는 곳이라면, 허구인 교육연극의 교실은 실제 세계 밖에서 이루어지는 담화의 보편성을 허락하는 곳이다. 일차적으로 교육연극은 상상의 세계, 창조력이 만드는 허구의 세계, 세계의 가능성과 그것들의 복잡성·불충분성·통합 등을 되묻는다. 그 최댓값은 극적 허구가 지니는 믿음이 논리적 진술보다 더 강하게 울리는 미적 경험이다.

교육연극이 행해지는 허구의 교실은 교과서의 교실을 보충하는 대안적인 교실이다. 이것은 허구가 거짓 진술과 진실 진술을 섞어놓아 실제를 보충하는 기능과 같다. 살아 있는 교실이 되려면 두 교실은 분리된 것이 아니라 연속체여야 한다. 앞의 교실이 기본적인 규칙

---

26 *Ibid.*, p.21.

과 그 명백한 집합이라고 한다면, 뒤의 교실은 불분명한 규범에 연유하거나 창조적인 행동으로 대체되는 교실을 뜻한다. 앞에서는 진지한 행동이 우선이라면, 뒤에서는 진지하지 않은 행동이 허락된다.

크게 보면 두 교실의 차이는 실제적-허구적이라는 점인데, 교육활동 안에서는 이것이 분리되지 않는다. 앞서 언급한 것처럼 두 교실은 서로를 보충한다. 허구는 실제라는 구체적인 것과 공통된 가능성을 지니고 있기 때문이다. 이러한 보충과 대안의 관계는 "상호 간의 인과관계 속에서 일어날 때 최대의 효과를 이룬다".[27] 즉 허구의 놀이로 재현하면 실제에 없던 것을 그 속에 잉여로 간직하게 되기 때문이다. 이 미학적 잉여분이 교과서에 담긴 것보다 더 많은 것에 속하는 경탄, 즉 예상 밖의 놀라움이다.

"경이로운 것이 쾌감을 준다"[28]면, 허구의 교실은 교과서의 교실보다 우리를 더 감동하게 하고, 그만큼 더 쾌감을 준다는 것은 명백하다. 또한 여러 사람이 함께 놀이하는 상호관계 속에서 그 쾌감은 변화를 창조한다. 하나는 무엇인가 하기 위해서 행동하는 변화, 즉 어떻게 해야 할지 아는 형태의 변화이고, 다른 하나는 가상적인 전제를 통해서 어떻게 되어야 할지를 아는 존재의 변화이다

놀이를 통한 인식과정의 변화는 다음과 같은 과정을 거친다. 첫째는 이미 소유하고 있는 지식과 신념에 대한 상태이고(예컨대 우리가 알고 있는 것처럼, 어떤 곳에 있는 것처럼 행동하는 인식), 둘째는 다른 가상 존재에 따른 전제이고(예컨대 맡은 역할이 마치 자기 자신의 존재

---

27 아리스토텔레스, 《시학》 제9장, 52a4.
28 《시학》 제24장, 60a17.

인 것처럼 가정하는 것), 셋째는 다른 사람에 대해서 알거나 믿고 있는 것을 전달하는 의사소통 단계이고(예컨대 만약 내가 이렇게 행동한다면 너는 무엇을 할래?), 넷째는 다른 존재에게서 받아들인 것으로 변신하는 과정(예컨대 네가 그렇게 행동한다면 나는 이렇게 행동할 거야)이다.[29] 이러한 단계적 변신이야말로 학습을 유발하는 역동적인 요소라고 할 수 있다.

상호적 관계는 놀이하는 이들 사이의 관계를 뜻하는데, 여기에는 교사와 학생들 사이의 상호적 관계도 포함된다. 예를 들면 교사가 학생들 관점에서 문제를 보려는 노력과 학생이 교사를 닮으려고 노력하는 것이 이에 속한다. 이때 지식은 변화하고 학습은 가능해진다. 그런 면에서 허구의 교실은 교과서의 교실을 살아 있는 교실로 만든다.

교육연극이 지향하는 놀이를 통한 극화학습은 말하되 직접적으로, 그러나 대부분 모호하게, 빗대어, 거꾸로, 덧붙여 말하는 것이다. 그런 면에서 제대로 된 것만을 말하는dox 교과서에 견주어 교육연극은 '달리para' 말하는dox 패러독스이며 '이어서meta' 지니는phore 은유이다. 역설이라는 뜻의 패러독스와 "類유에서 種종으로, 또는 종에서 유로, 또는 종에서 종으로, 또는 유에서 유추에 의해서 어떤 사물에다 다른 사물에 속하는 이름을 전용epiphora하는" 은유[30]는 놀이와 상상력의 뿌리이다. 사물에 대한 새로운 번역이며 투사이며 매개이다. 이것들이 놀이와 극화 속에 담겨 있다. 그리고 새로운 의미를 만드는 두 개의 생각을 결합한다.

---

29 Richard Courtney, *ibid.*, p.24.
30 《시학》 제21장, 57b 6~9.

독스와 패러독스처럼, 은유는 사물들 사이의 유사성뿐만 아니라 차이의 존재론인 이중성을 바탕으로 성립하는 유희라고 할 수 있다. 교육연극에서 극적 행위를 이루는 구조이며 역동성이라고 할 수 있는 유사성과 이중성은 동시적으로 작용하는데, 그 밑바탕에는 "날 때부터 모방된 것에 쾌감을 느끼"[31]고 "인간을 통해서 드러나는 자연성"[32]인 이른바 은유적 본능, 그리고 그 본능에서 비롯되는 가상과 해석의 세계가 있다. 놀이를 통한 극화학습은 그대로의 모방이 아니라 그 속에서 대상의 고유한 형상을 재현하는 동시에 그것을 초월하는 상징을 수태한다. 패러독스와 은유는 살아 있는 교실의 토대이다. 놀이를 통한 극화학습은 은유를 만드는 인지적 과정이라고 할 수 있다.

따라서 교육연극, 그것을 위한 교과서, 은유를 통하여 살아 있는 교실로 이어지는 절차는 결국 은유를 통해서 모방에 이르고 이를 통해서 진리의 가능성을 결정하는 관계로 볼 수 있을 것이다. 은유라고 말한 곳에 교육을 위한 연극의 놀이와 극화가 있고, 모방이라고 말한 곳에 교과서의(교과서를 통한, 매개한) 모방이 있고, 진리의 가능성이라고 말한 곳에 살아 있는 교실이 있다. 교육을 위한 연극을 통한 살아 있는 교실은 멀리 떨어져 있는 것을 결합하여 지금 여기에 새로운 시선을 허락하는 잠재력을 키우는 곳이다. 놀이와 극화를 통해서 교과서와 교실을 빠져나오는 것이 아니라 의식이 외출하여 사물과 화해하고, 상상력과 새로운 생각을 품고, 생동감 넘치는 자신과 살아 있는 교실을 만드는 능력과 같다.

---

31 《시학》 제4장, 48b 6~9.
32 《시학》 제4장, 48b 9~14.

3. 교육연극과 연극의 미래

지금까지 교육연극의 제도화를 위하여 교육연극이 학교에서 교과서와 만나는 것을 이론적으로 살펴보았다. 허구와 재현과 은유를 통한 교육연극은 놀이의 상징에 반응하고, 역설을 통해서 존재의 새로운 관점을 제공한다. 허구를 단순한 환상으로 보면 연극은 진실한 가치와 거리가 먼 거짓세계일 뿐이다. 그러나 허구와 진실은 대척되는 위치에 있는 것이 아니라 새로운 진실성에 몰입하는 것이라고 할 수 있다.

교육연극의 이론적 근거인 허구, 재현, 은유에는 거짓과 진실, 일상적인 것과 비일상적인 것, 논리적인 것과 비논리적인 것이 섞여 있다. 교육연극은 참여와 놀이를 통해서 허구 세계와 인지 세계를 동일시한다. 더 높은 등급의 해석, 다중적인 의미, 해석학을 가져다주는 것이 교육연극의 제도화 효과라고 할 수 있다. 그것은 지식을 전달하는 원초적 학습을 넘어서는 교육이다. 교육연극에 의한 학습은 변화의 학습, 즉 근원적으로 배우는 것이 무엇인지를 되물으며 학습한다. 구체적으로 인지의 변화, 창조성과 자발성 능력을 향상시키는 교육이다.

앞에서 논한 것처럼, 교육연극의 제도화란 완고한 교실의 대안으로 가능한 교육을 위한 연극, 독립된 과목으로서 연극을 위한 교육을 아우른다. 교육연극의 종류는 매우 다양하다. 서양에는 드라마Drama, 표현놀이Expression dramatique, 연극놀이Jeu dramatique, 연극예술Art dramatique, 연극Théâtre, 계발드라마Developmental drama, 창의적 연극놀이Creative dramatics, 교육적 연극Educational drama, 드라마 방법Dramatic method, 어린이 연극Child drama, 청소년 연극Youth theatre, 지역사회 연극Community theatre, 즉흥극Improvisation, 교육 속의 드라마Drama in Education, 교육 속의 연극Theatre in Education 등 참으로 많은 종류의 교육연극이 있다.[33]

교육연극의 제도화란 이런 내용의 연극이 전문교과 선택, 교양 선택, 기타 과목, 재량 선택이라는 이름으로 네모난 시간표 안에 자리 잡고 있는 것을 뜻한다. 그것은 교육이 시간표에서 미술과 음악과 춤을 넣고 연극을 배제했던 역사와, 연극의 성격을 실천적인 삶과 다른 것으로 규정하면서 구속하던 시대가 끝난 것을 뜻한다. 연극을 비합리적이고 가상적이고 거짓된 것으로 말하면서 부정하던 과거가 끝나고, 이제 연극이 좋은 예술이라는 계몽으로 이어지고, 나아가 가르칠 수 있고, 가르쳐야 하고, 누구나 배울 수 있고 배워야 하는 것으로 받아들여지는 것을 뜻한다.

결론적으로, 교육연극의 제도화를 위한 철학적 논의는 연극의 교육적 활용이라는 것뿐만 아니라 한국 연극을 위한 기초분야에 관한 연구로 확대된다. 그러나 오늘날 교육연극을 다루는 논의는 교수학습과 같은 활용방법에 더 많은 비중을 둔다. 예컨대 DIE(Drama in Education), TIE(Theatre in Education), 역할놀이Role Playing처럼 실기와 공연을 내세우는 실용주의와 기능주의적 교육연극의 활용방안은 허다하다.

이와 같이 교육연극의 실행에 관련한 가벼운 프로그램은 많지만, 교육연극의 근본과 가치, 연극과 사회, 그리고 연극과 사물의 상관관계 등 근원적인 물음을 던지는 프로그램은 적다. 근원적인 물음과 비

---

33 Richard Courtney, *Play, Drama & Thought—the back ground to Dramatic Education*(Toronto: Simon & Pierre, 1989), p.26.

판, 인문학적 지성이 실종된 대중적對症的 교육연극은 당연히 도구적이며 실용적인 교육에 머무르고 만다. 또한 교육연극에 관한 연구를 활용방안에 국한하면, 교육연극을 채우는 내용은 연대기적 사실과 아울러 미래의 교육연극의 방향을 약간 미리 제시하는 것과 크게 다르지 않게 된다.

교육연극의 제도화를 위한 연구는 연극제도와 깊은 관계가 있다. 교육연극에 관한 연구는 그 자체만으로 끝나지 않고, 연극이라는 제도를 되묻는 것으로 이어진다. 교육연극의 제도화와 관련한 연구는 연극을 하나의 제도로 보고 그 제도를 질문의 대상으로 삼는다. 따라서 교육연극은 연극제도와 연극의 모든 것을 미리 세워놓고 강요하는 것이 아니라, 그것들의 결핍에 따라 자신의 용도가 결정된다.

예컨대 "언어와 문자뿐만 아니라 몸과 놀이를 통한 표현을 중심으로 하는 교육연극은 지금까지의 거시적 동일성의 연극이 지닌 전통을 반성하게 한다. 희곡작가와 작품 이름을 암기하고 분석하는 것이 주된 부분이 될 때 연극은 배타적인 연극으로 남을 수밖에 없다. 희곡(선정), 극장(무대), 대본(읽기), 연기(유형), 인물(분석), 동작(선), 반복(암기) 등등. 이와 같은 하나만의 연극은 연극에 대한 지식의 우상화를 낳을 수밖에 없다. 여기서부터 연극의 진리는 오류를 낳게 된다. 연극의 현상이 왜곡되기 시작한다."[34]

교육연극의 결정된 용도라는 것은 존재하면서 지위를 확인받는 것이 아니라, 그것이 지닌 하나만의 가능성을 인정하면서 연극과 교육에 관한 하나만의 제도가 아니라 제도制度의 제도諸島를 가능하게

---

34 안치운, 〈교육과 연극―유명과 무명 사이에서〉, 앞의 책, 110쪽.

만든다. 최종적으로 학교의 교과서와 교실을 바꿔놓는 교육연극은 하나만의 연극제도가 아니라 많은 제도를 가능하게 한다. 많은 제도, 즉 제도의 제도란 교육연극의 다종다양한 방향과 같고 그만큼 다양한 가능성을 뜻한다.

그런 면에서 교육연극의 제도화는 일정하지 않고 고정되어 있지 않다. 제도가 고정된 것의 결과라면 교육연극은 한국 연극제도의 고정성을 문제 삼는다. 허구와 실제가 분리되지 않고 서로 보충하는 교육연극, 허구적 세계가 실제적 세계의 대안이 되는 교육연극에 관한 연구는 교과서와 교실을 변화시키는 것뿐만 아니라 지금까지 연극이라고 고정된 '유명과 익명과 유사의 것들'을 수정해야 하는 요구와 같다. 따라서 교육연극의 제도화 연구는 최종적으로 연극의 미래에 관한 성찰로 이어져야 할 것이다.

1부. 연극의 기억: 멀리서인 듯이

1. 오류에서 진실로, 죽음에서 삶으로
소포클레스,《오이디푸스 왕》, 조우현 옮김(현암사, 1974).

빅터 에런버그,《그리스 국가》, 김진경 옮김(민음사, 1991).

아리스토텔레스,《시학》, 천병희 옮김(문예출판사, 1993).

호메로스,《일리아스》, 천병희 옮김(단국대 출판부, 2001).

플라톤,《국가》, 박종현 옮김(서광사, 1997).

J. 해리슨,《고대 예술과 제의》, 오병남·김현희 옮김(예전사, 1996).

니체,《비극의 탄생》, 김대경 옮김(청하, 1992).

정화열,《몸의 정치》(민음사, 1999).

호메로스,《일리아스》, 이상훈 옮김(동서문화사, 1976).

랠프 왈도 에머슨,《자연》, 신문수 옮김(문학과지성사, 1998).

심재기 편,《국어 어휘의 기반과 역사》(태학사, 1998).

Eschyle·Sophocle·Euripide, *Les Tragiques Grecs*(Paris: Le Livre de poche, 1999).

Green, André, *Un Œil en trop: le complexe d'Œdipe dans la tragédie*(Paris: Les Editions de Minuit, 1969).

Biet, Christian, *Œdipe*(Paris: Editions Autrement, 1999).

———, *Œdipe, en monarchie, tragédie et théorie juridique à l'âge classique*(Paris: Klincksieck, 1994).

Goux, Jean-Joseph, *Œdipe philosophe*(Paris: Aubier, 1990).

Jones, Ernest, *Hamlet et Œdipe*, trad. A.M. Le Gall(Paris: Gallimard, 1967).

Cherpack, Clifton, *The Call of Blood in French Classical Tragedy*(Baltimore: Johns

Hopkins Press, 1958).

Safouan, Moustapha, *Etudes sur l'Œdipe*(Paris: Seuil, 1974).

Saïd, Suzanne, *La Faute tragique*(Paris: Maspero, 1978).

Scherer, Jacques, *Dramaturgies d'Œdipe*(Paris: PUF, 1987).

Fédida, Pierre, *L'Absence*(Paris: Editions Gallimard, 1978).

2. 기억의 시학을 통해 본 한국 현대 연극의 글쓰기

오태석,《오태석 희곡집》(한국종합출판사, 1975).

최인훈,《최인훈 전집 10 - 옛날 옛적에 훠어이 훠이》(문학과지성사, 1990).

―――,《화두 1》(민음사, 1998).

―――,《길에 관한 명상》(청하, 1989).

아리스토텔레스,《영혼에 대하여》, 유원기 옮김(궁리, 2001).

김인호,《해체와 저항의 서사 - 최인훈과 그의 문학》(문학과지성사, 2004).

앙리 베르그송,《물질과 기억》, 박종원 옮김(아카넷, 2005).

에마뉘엘 레비나스,《시간과 타자》, 강영한 옮김(문예출판사, 2001).

알라이다 아스만,《기억의 공간》, 변학수 외 옮김(경북대학교출판부, 2003).

M. 하이데거,《예술작품의 근원》, 오병남·민형원 옮김(예전사, 1996).

정항균,《므네모시네의 부활》(뿌리와이파리, 2005).

하랄트 바인리히,《망각의 강 레테》, 백설자 옮김(문학동네, 2004).

다우베 드라이스마,《기억의 메타포》, 정준형 옮김(에코리브르, 2006).

Tadié, Jean-Yves & Tadié, Marc, *Le sens de la mémoire*(Paris: Gallimard, 1999).

Bergon, Henri, *Matière et Mémoire*(Paris: PUF, 1993).

Janet, Pierre, *Evolution de la mémoire et de la notion de temps*(Paris: Gallimard, 1928).

Schacter, Daniel L., *Searching for memory*(New York: Basic Books, 1996).

Yates, Frances, *The Art of Memory*(London: Routledge and Kegan Paul, 1972).

3. 기억과 공간

1차 문헌

Koltès, Bernard-Marie, *Une part de ma vie*(Paris: Les Editions de Minuit, 1999).

──────, *Dans la solitude des champs de conton*(Paris: Les Editions de Minuit, 1986).

──────, *Roberto Zucco-suivi de Tabataba*(Paris: Les Editions de Minuit, 1990).

──────, *L'Héritage*(Paris: Les Editions de Minuit, 1998).

──────, *Quai ouest*(Paris: Les Editions de Minuit, 1985).

──────, *La Nuit juste avant les forêts*(Paris: Les Editions de Minuit, 1988).

──────, *Le Retour au désert*(Paris: Les Editions de Minuit, 1988).

──────, *Combat de nègre et de chiens*(Paris: Les Editions de Minuit, 1983~89).

──────, *Sallinger*(Paris: Les Editions de Minuit, 1995).

──────, *Les Amertumes*(Paris: Les Editions de Minuit, 1998).

──────, *Récits morts, Un rêve égaré*(Paris: Les Editions de Minuit, 2008).

──────, *Lettres*(Paris: Les Editions de Minuit, 2009).

2차 문헌

Froment, Pascal, *Roberto Succo*(Paris: Editions Gallimard, 1991).

Ubersfeld, Anne, *Bernard-Marie Koltès*(Paris: Actes Sud-Papiers, 1999).

Lévinas, Emmanual, *De l'évasion*(Paris: Fata morgana, 1982).

Christophe, Bident, Régis Salado et Christophe Triau, *Voix de Koltès*(Anglet: Atlantica, 2004).

Bon, François, *Pour Koltès*(Besançon: Les Solitaires intempestifs, 2000).

Palm, Stina, *Bernard-Marie Koltès vers une éthique de l'imagination*(Paris: L'Harmattan, 2009).

Dort, Bernard, *La Représentation émancipée*(Paris: Actes Sud, 1988).

Delaveau, Philippe(réunis et présentés), *Ecrire la peinture*(Paris: Edition Universitaire, 1991).

Vax, Louis, *La Poésie philosophique*(Paris: PUF, 1985).

Ciret, Yann, "Les figurations de Bernard-Marie Koltès", in *Art Press*, n.270(2001).

Dossier dans *Théâre/Public*, No.136~137, juillet-octobre, 1997.

Théâtre Aujourd'hui, No. 5 (Paris: CNDP, 2000).

"Etudes Théâtrales: Bernard Koltès au Carrefour des écritures contemporaines", *Louvain-la-Neuve*, 2000, No.19.

"Etudes Théârales", *Louvain-la-Neuve*, 1995, No.7.

에마뉘엘 레비나스, 《존재에서 존재자로》, 서동욱 옮김 (민음사, 2003).

――, 《시간과 타자》, 서동욱 옮김 (민음사, 2001).

신현숙, 《희곡의 구조》 (문학과지성사, 1990).

안치운, 《베르나르-마리 콜테스》 (문학과지성사, 2012).

유효숙, 《베르나르-마리 콜테스 연극의 한국적 수용과 한계》, 《한국연극학》 38 (한국연극학회. 2009).

이선형. 〈'검둥이와 개들의 싸움'의 인물분석〉, 《한국프랑스학논집》 47 (한국프랑스학회, 2004).

임수현. 〈욕망의 교환, 교환의 욕망―콜테스의 '목화밭의 고독 속에서'연구〉, 《불어불문학연구》 64 (한국불어불문학회, 2005).

――. 〈콜테스의 이방인, '숲에 이르기 직전의 밤' 연구〉, 《한국프랑스학논집》 53 (한국프랑스학회, 2006).

조만수, 〈베르나르-마리 콜테스의 작품의 의미구조―베케트와의 차별성을 통해서〉, 《프랑스 문화연구》 15 (프랑스 문화학회, 2007).

――. 〈베르나르-마리 콜테스 작품 속의 발과 신발의 상징〉, 《프랑스어문교육》 28 (한국프랑스어문교육학회, 2008).

송민숙, 〈베르나르-마리 콜테스 연극에 나타난 아이러니 연구〉, 《불어불문학연구》 79 (한국불어불문학회, 2009).

4. 슬픔을 넘어서는 응시

Kantor, T., *L'artiste à la fin du 20e siècle*, Ouvrage collectif publié de symposium international, juin 1989 (Paris : Actes Sud, 1990).

――, "Rencontres avec la mort", *Théâtre/Public*, n.84, 1988.

T. Kantor, textes de T. Kantor, réunis et présentés par D. Bablet, Les voies de la création théâtrale 11 (Paris : CNRS, 1983).

T. Kantor 2, Les voies de la création théâtrale 18 (Paris : CNRS, 1993).

안치운, 《공연 예술과 실제 비평》 (문학과 지성사, 1993).

요헨 슈미트, 《피나 바우쉬: 두려움에 맞선 춤사위》 (을유문화사, 2005).

Albin, Michel (éd.), *Dictionnaire du Théâtre* (Paris: Encyclopædia Universalis, 2000).

Aslan, Odette, "Danse/Théâtre/Pina Bausch 1", *Théâtre/Public*, v.138, Novembre-Décembre, 1997.

———, "Danse/Théâtre/Pina Bausch 2", *Théâtre/Public*, v.139, Janvier-Février, 1998.

Bablet, D., T. Kantor, "Libre ou prisonnier de lui-Même", *Théâtre/Public*, n.95, 1990.

———, "Le second retour d'Ulysse", *Théâtre/Public*, n.84, 1988.

———, "Une genèse" "Un spectacle", *Théâtre/Public*, n.66, 1985.

——— (éd.), *Le théâtre de la mort* (Lausanne : L'age d'homme, 1977).

Beydon, Martine, *Pina Bausch: analyse d'un univers gestuel, Cahiers de la Bibliothèque Caston Baty 2* (Paris: Université de Paris Ⅲ, 1991).

Birringer, Johannes, "Pina Bausch: Dancing across Borders", *TDR*, v.30, n.2 (t.110), 1986.

Hoghe, Raymund, *Pina Bausch: histoire de théâtre dansé* (Paris : L'Arche, 1987).

———, "The Theatre of Pina Bausch", *TDR*, v.24, n.1 (t.85), 1980.

Lehmann, Hans-Thies, *Le Théâtre Postdramatique* (Paris : L'Arche, 2002).

Pavis, P., *Dictionnaire du théâtre* (Paris : Ed. Sociale, 1988).

Pina Bausch, *Parlez-moi d'amour*, Un colloque (Paris : L'Arche, 1995).

Redmond, James (ed.), *Drama, Dance and Music*, Coll Themes in Drama, n.3 (Cambridge: Cambridge Univ. Press, 1981).

Scarpetta, Guy, *Kantor au présent* (Arles: Actes Sud, 2000).

Schmidt, Jochen, "Sentir ce qui fait bouger les gens, Trente ans de théâtre dansé en Allemagne", *Le théâtre dansé de notre temps, Trente ans de l'histoire de la danse allemande* (Seelze: Kallmeyer/Goethe-Institut, 1999).

Servos, Norbert, *Pina Bausch ou l'Art de dresser un Poisson rouge* (Paris: L'Arche, 2001).

Trois cahiers pour Kantor, Théâtre/Public, v.166~167, Janvier-Avril 2003.

Theatre international, n.2, 1981, I.T.I.

The Drama Review, v.30, n.3(t.111, fall, 1986).

영상물

〈황후의 탄식 Die Klage der Kaiserin〉, film réalisé par Pina Bausch, 1989.

"THEATR TADEUSZA KANTORA", prod. by TVP KRACOW 1 INTERPRESS FILM.

5. 죽음과 애도의 글쓰기

윤영선,《윤영선 희곡집》(지인, 2008).

――,《윤영선 희곡집 1》(평민사, 2001).

――, 〈나무는 신발가게를 찾아가지 않는다〉와 관련이 될 수도 있고, 없어도 무방한 생각들〉,《연극평론》13(2001).

――, 〈작품과 사람〉,《한국연극》1994년 11월호.

조셉 차이킨,《배우의 현존》, 윤영선 옮김(현대미학사, 1995).

폴 리쾨르,《시간과 이야기 1·2·3》, 김한식·이경래 옮김(문학과지성사, 2000).

마리 안 샤르보니에,《현대연극의 미학》, 홍지화 옮김(동문선, 2001).

대니 노부스 엮음,《라캉 정신분석의 핵심 개념들》, 문심정연 옮김(문학과지성사, 2013).

질 들뢰즈,《소진된 인간》, 이정하 옮김(문학과지성사, 2013).

줄리아 크리스테바,《정신병, 모친 살해, 그리고 창조성: 멜라인 클라인》, 박선영 옮김(아난케, 2006).

리처드 월하임,《프로이트》, 이종인 옮김(시공사, 1999).

지그문트 프로이트, 〈슬픔과 우울증〉,《무의식에 관하여》, 윤희기 옮김(열린책들, 1997).

김방옥, 〈남성성의 해체양상〉,《한국연극학》48(한국연극학회, 2010).

――, 〈탈근대 희곡에 나타난 인간/동물의 탈경계성 연구〉,《한국연극학》48(한국

연극학회, 2012).

김성희, 〈한국 일상극의 글쓰기와 공연방식〉, 《드라마연구》 31 (한국드라마학회, 2009).

임혜경·가티 라팽, 〈윤영선 연출가와의 만남〉, 《공연과 이론》 123 (2006).

노이정, 〈윤영선의 '사팔뜨기 선문답' 읽기〉, 《공연과 리뷰》 12 (1995).

윤영선과 정혜원의 대담, 〈열린 연극과 예술적 사유의 추구〉, 《공연과 리뷰》 43 (2003).

허동성, 〈일상적인 것의 낯익음과 낯설음, 윤영선 원작의 〈파티〉와 〈G코드의 탈출〉,
《공연과 리뷰》 21 (1999).

김미도, 〈음험한 화해의 길트기〉, 《공연과 리뷰》 21 (1999).

안치운, 〈윤영선의 삶과 글의 무늬〉, 《윤영선 희곡집》 (지인, 2008).

안치운·기국서·김철리·오경숙·윤영선의 대담, 〈한국연극에서 연출의 위상〉, 《연극평
론》 27 (2002).

Blanchot, Maurice, *Le livre à venir* (Paris: Gallimard, 1959).

Ricœur, Paul, *La mémoire, l'histoire, l'oubli* (Paris: Editions du Seuil, 2000).

———, *La Métaphore vive* (Paris: Editions du Seuil, 1975).

Ryngaert, Jean-Pierre, *Lire le théâtre contemporain* (Paris: Dunod, 1993),

Watson, An, *Towards a third theatre* (London and New York: Routledge, 1993).

Schechner, Richard, *Essays on Performance theory* (New York: Drama Book Specialists,
1985).

———, *Environmental Theatrer* (New York: Hawthorn Books, 1973).

———, *Between Theatre and Anthropology* (University of Pennsylvania Press, 1985).

Grotowski, Jersy, *Vers un théâtre pauvre* (Lausanne: La Cité, 1971).

Gourdon, Anne-Marie, *Théâtre, public, réception* (Paris: CNRS, 1982).

6. 한국 현대 연극과 죽음의 언어

폴 리쾨르, 《시간과 이야기 1·2·3》, 김한식·이경래 옮김 (문학과지성사, 2000).

서연호 외, 《한국연극과 젊은 의식》 (민음사, 1979.)

이상일, 《전통과 실험의 연극문화》 (눈빛, 2000.)

마틴 에슬린, 《부조리극》, 김미혜 옮김 (한길사, 2005).

크리스토퍼 인네스, 《아방가르드 연극의 흐름》, 김미혜 옮김(현대미학사, 1997).

로버트 브루스타인, 《저항연극》, 김진식 옮김(현대미학사, 2004).

Sergent, Jean-Claude, *Le théâtre fou*(Paris: Editions Tchou, 1982).

Bablet, D, "Une genèse, Un spectacle", in *Théâtre/public*, n.66, 1985. pp.65~78.

―――, "T. Kantor, libre ou prisonnier de lui-même", in *Théâtre/public*, n.95. 1990. pp.22~28.

―――, "Le second retour d'Ulysse", in *Théâtre/public*, n.84, 1988. pp.15~24.

―――(éd.), "Le théâtre de la mort", Lausanne, *L'Age d'Homme*, 1977.

Kanton, T, "Rencontres avec la Mort", in *Théâtre/public*, n.84, 1988. pp.5~14.

7. 연극과 글쓰기의 실험

폴 리쾨르, 《시간과 이야기 1·2·3》, 김한식·이경래 옮김(문학과지성사, 2000).

마틴 에슬린, 《부조리극》, 김미혜 옮김(한길사, 2005).

크리스토퍼 인네스, 《아방가르드 연극의 흐름》, 김미혜 옮김(현대미학사, 1997).

로버트 브루스타인, 《저항연극》, 김진식 옮김(현대미학사, 2004).

앙또넹 아르또, 《잔혹연극론》, 박형섭 옮김(현대미학사, 1994).

트리스탕 쟈라, 앙드레 브르통, 《다다/쉬르레알리슴 선언》, 송재영 옮김(문학과지성사, 1987).

모리스 블랑쇼, 《미래의 책》, 최윤정 옮김(세계사, 1993).

로베르 르네, 《초현실주의 1》, 김정란 옮김(열화당 1990).

자크 데리다, 〈잔혹극과 재현의 경계〉, 박성창 옮김, 《외국문학》 1990년 여름호, 131~160쪽.

프랭크 커머드, 《종말의식과 인간적 시간》, 조초희 옮김(문학과지성사, 1993).

요헨 슈미트, 《피나 바우쉬: 두려움에 맞선 춤사위》, 이준서·임미오 옮김(을유문화사, 2005).

김형기 외, 《포스트드라마 연극의 미학》(푸른사상, 2011).

Sergent, Jean-Claude, *Le théâtre fou*(Paris: Editions Tchou, 1982).

Bablet, D., "Une genèse, Un spectacle", *Théâtre/public* 66(1985), pp.65~78.

────, "T. Kantor, libre ou prisonnier de lui-même", *Théâtre/public* 95 (1990), pp.22~28.

────(éd.), *Le théâtre de la mort*(Lausanne: L'Age d'Homme, 1977).

Behar, Henri, *Etude sur le théâtre Dada et surréalist*(Paris: Gallimard, 1987).

Jaspers, Karl, *Strinberg et Van Gogh, Swendenborg, Hölderlin*(Paris: Les Édition de Minuit, 1953).

Dumoulié, Camille, *Nietzsche et Artaud-pour une éthique de la crauté*(Paris: PUF, 1992).

Virmaux, Aain, *Artaud-un bilan critique*(Paris: Belfond, 1979).

Odette, Aslan. "Danse/Théâtre/Pina Bausch 1", *Théâtre/Public* 138 (1997).

Lehmann, Hans-Thier, *Le Théâtre Postdramatique*(Paris : L'Arche, 2002).

Pavis, Pavis, *Dictionnaire du théâtre*(Paris: Ed. Sociale, 1988).

Redmond, James(ed.), *Drama, Dance and Music*, Coll Themes in Drama 3 (1981).

2부. 기억의 연극: 저주받은 몫

8. 목소리의 숨결에서 빛으로

메를로퐁티, 《현상학과 예술》, 오병남 옮김(서광사, 1983).

정화열, 《몸의 정치》, 박현모 옮김(민음사, 1999).

한국현상학회 편, 《자연의 현상학》(철학과현실사, 1998).

한국현상학회 편, 《몸의 현상학》(철학과현실사, 2000).

한국현상학회 편, 《예술과 현상학》(철학과현실사, 2001).

에드문트 후설, 《시간의식》, 이종훈 옮김(한길사, 1996).

안 위베르스펠트, 《연극기호학》, 신현숙 옮김(문학과지성사, 1988).

안치운, 《연극 제도와 연극 읽기》(문학과지성사, 1997).

피에르 라르토마(외), 〈관객이라는 이차적 역할〉, 이인성 엮음, 《연극의 이론》(청하,

1988).

소광희,《시간의 철학적 성찰》(문예출판사, 2001).

A. Ubersfeld, *L'école du spectateur*(Paris: Editions sociales, 1981).

J. Derrida, *L'écriture et la différence*(Paris: Seuil, 1979).

M. Merleau-Ponty, *L'œil et l'esprit*(Paris: Gallimard, 1964).

J. M. Tréguier, *Le corps selon la chair: Phénoménologie et ontologie chez Merleau-Ponty*(-
　　Paris: Edition Kimé, 1996).

J-P. Resweber, *La méthode interdisciplinaire*(Paris: PUF, 1981).

G. Debord, *La société du spectacle*(Paris: Buchet/Chastel, 1967).

J. Dubois, *L'institution de la littérature*(Brussels: Eds Labor, 1986).

J. Bab, *Das Theater im lichte der soziologie*(Stuttgart: Ferdinand Enke Verlag, 1974).

A. M. Gourdon, *Théâtre, Public, Réception*(Paris: CNRS, 1982).

P. Bourdieu, *La distinction: Critique sociale du jugement*(Paris: Eds. de Minuit, 1979).

9. 연극의 미래

랠프 왈도 에머슨,《자연》, 신문수 옮김(문학과지성사, 1998).

김상환,《예술가를 위한 형이상학》(민음사, 1999).

로버트 매킨토시,《생태학의 배경―개념과 이론》, 김지홍 옮김(아르케, 1999).

아리아 에슨,《신화와 예술》, 류재화 옮김(청년사, 2002).

가스통 바슐라르,《대지 그리고 휴식의 몽상》, 정영란 옮김(문학동네, 2002).

김용민,《생태문학》(책세상, 2003).

김욱동,《문학생태학을 위하여》(민음사, 1998).

―――,《생태학적 상상력》(나무심는사람, 2003).

Marranca, Bonnie, *Ecologies of Theater-Essays at the Century Turning*(Baltimore: The
　　Johns Hopkins Univ. Press, 1996).

Analyses et réflexions sur La Nature, Ouvrage Collectif(Paris: Editions Marketing,
　　1990).

Bourg, Dominique, *La Nature en Politique ou l'enjeu philosophique de l'écologie*

(Paris: L'Harmattan, 1993).

Worster, Donald, *Nature's Economy: A history of Ecological Ideas*(Cambridge: Cambridge Univ. Press, 1977).

10. 현대 연극과 연극 소통의 문제

아리스토텔레스,《시학》, 천병희 옮김(문예출판사, 2002).

──────,《수사학》3권, 이종우·김용석 옮김(리젬, 2008),

메를로퐁티,《지각의 현상학》, 류의근 옮김(문학과지성사, 2002).

김상환,《예술가를 위한 형이상학》(민음사, 2000).

Picon-Vallin, Bétrice(Réunis et présentés), *La scène et les images ─ La voie de la création théâtrale 21*(Paris: CNRS, 2004).

Le Breton, David, *Anthropologie du corps*(Paris: PUF, 1990).

Febvre, Michèle, *Danse contemporaine et théâtralité*(Paris: CHIRON, 1995).

Derrida,, Jacques, *L'écriture et la différence*(Paris: Editions Seuil, 1967).

──────, *Point de suspension*(Paris: Galilée, 1992).

Vander Heuvel, Michael, *Perfoming Drama/Dramatizing Performance : Alternative Theatre and the Dramatic text*(Michigan: The University of Michigan Press, 1991).

Eco, Umbert, *Lector in Fabula : Le rôle de lecture*(Paris: Grasset, 1989).

Ubersfeld, Anne, *L'école du spectateur*(Paris: Editions Sociales, 1981).

Schechner, Richard, *The End of Humanism : Writing on Performance*(New York: Performing Arts Journal Publicationss, 1982).

Kowzan, Tadeusz, *Littérature et spectacle*(Paris: Editions Scientifiques de Pologne, 1968).

Helbo, André(éd.), *Sémiologie de la représentation*(Bruxelles: Complexe, 1975).

11. 연극치료에서 기억의 문제

대니 보부스, 《라캉 정신분석의 핵심 개념들》, 문심정연 옮김(문학과지성사, 2013).

줄리아 크리스테바, 《정신병, 모친 살해, 그리고 창조성 : 멜라니 클라인》, 박선영 옮김
　　(아난케, 2006).

R.M. 헤어 외, 《플라톤의 이해》, 강정인·김성환 편역(문학과지성사, 1991).

스타니슬랍스키, 《나의 예술인생》, 강양원 옮김(이론과실천, 2000).

안치운, 《베르나르-마리 콜테스》(문학과지성사, 2011).

로버트 랜디, 《연극치료》, 이효원 옮김(울력, 2002).

가브리에 로스, 《춤 테라피》, 박선영 옮김(리좀, 2005).

수 제닝스, 《연극치료》, 한명희 옮김(학지사, 2002).

아리스토텔레스, 《시학》, 천병희 옮김(문예출판사, 1991).

김정규, 《게슈탈트 심리치료―창조적 삶과 성장》(학지사, 1995).

어빙 고프만, 《자아표현과 인상관리》, 김병서 옮김(경문사, 1987).

C. 카스토리아디스, 《사회의 상상적 제도》, 양운덕 옮김(문예출판사, 1994).

에스터 M. 스턴버그, 《공간이 마음을 살린다》, 서영조 옮김, 정재승 감수(더퀘스트,
　　2014).

Aristote, *Rhétorique*(Paris: Gallimard, 1991).

Aristote, *Poétique*(Paris: Gallimard, 1990).

Dupont-Roc R. et Lallot, J., *Poétique*(Paris: Seuil, 1980).

Ryngaert, J-P., *Jouer, représenter*(Paris: Cedic, 1985).

Courtney, Richard, *Drama and Intelligence-A Cognitive Theory*(Montreal: Mc-
　　Gill-Queen's Univ. Press, 1990).

Monod R.(sous la direction), *Jeux dramatiques et pédagogiques*(Paris: Cedic, 1977).

Vanoye F., Mouchon J., Sarrazac J. P., *Pratiques de l'ora*(Paris: A. Colin, 1981).

Banu G., *Le théâtre, sortis de secours*(Paris: Aubier, 1984).

Winnicott D.W., *Jeu et Réalité*(Paris: Gallimard, 1978).

Bernard M., *L'Expressivité du corps*Paris: J-P. Delarge, 1976).

Cohen J., *La dramatisation*(Louvain: Cahiers théâtre Louvain, 1981).

Illich I., *La Convivialité*(Paris: Editions du Seuil, 1973).

Schattner G., R. Courtney(ed.), *Drama in Therapy, vol-1: children, vol-2: Adults* (New York: Drama Book Specialists, 1981).

J-P., Resweber, *La méthode interdisciplinaire*(Paris: PUF, 1981).

Hodgson J.(ed.), *The uses of drama*(London: Eyre Hethuen, 1972).

Bourdieu P., Passeron, J-C.(Trans: Richard Nice), *Reproduction in education, society and culture*(London: Sage Publication, 1970).

Courtney, Richard, *Play, Drama & Thought — the back ground to Dramatic Education*(Toronto: Simon & Pierre, 1989).

Baker, P., *Integration of ability: Exercises for creative growth*(New Orleans: Anchorage Press, 1977).

12. 교육연극의 제도화를 위한 연구

아리스토텔레스,《시학》, 천병희 옮김(문예출판사, 1991).

토니 잭슨 엮음,《연극으로 배우기》, 장혜전 옮김(소명출판사, 2004).

김정규,《게슈탈트 심리치료-창조적 삶과 성장》(학지사, 1995).

어빙 고프만,《자아표현과 인상관리》, 김병서 옮김(경문사, 1987).

C. 카스토리아디어스,《사회의 상상적 제도》, 양운덕 옮김(문예출판사, 1994)

낸시 킹,《창조적인 언어사용 능력을 위한 교육연극 방법》, 황정현 옮김(평민사, 1998).

민병욱 외,《교육연극의 이론과 실제》(연극과 인간, 2000).

안치운,《연극 제도와 연극 읽기》(문학과지성사, 1996)

———, 〈교육과 연극-유명과 무명 사이에서〉,《문학교육학》1998년 제2호.

Aristote, *Rhétorique*(Paris: Gallimard, 1991).

Aristote, *Poétique*(Paris: Gallimard, 1990).

Dupont-Roc, R. et Lallot, J., *Poétique*(Paris: Seuil, 1980).

Ryngaert, J-P., *Jouer, représenter*(Paris: Cedic, 1985)

Courtney, Richard *Drama and Intelligence — A Cognitive Theory*(Montreal: Mc-Gill-Queen's Univ. Press, 1990)

Monod, R., (sous la direction), *Jeux dramatiques et pédagogiques*(Paris: Cedic, 1977).

Vanoye, F., J. Mouchon, J. P Sarrazac, *Pratiques de l'oral*(Paris: A. Colin, 1981).

Banu, G., *Le théâtre, sortis de secours*(Paris: Aubier, 1984).

Winnicott, D.W., *Jeu et Réalité*(Paris: Gallimard, 1978).

Bernard, M., *L'Expressivité du corps*(Paris: J-P. Delarge, 1976).

Cohen, J., *La dramatisation*(Louvain: Cahiers théâtre Louvain, 1981).

Illich, I., *La Convivialité*(Paris: Eds du Seuil, 1973).

Schattner, G., Courtney R. (ed., *Drama in Therapy* vol. 1·2)(New York: Drama Book
　　Specialists, 1981).

Resweber, J-P., *La méthode interdisciplinaire*(Paris: PUF, 1981).

Hodgson, J.(ed.), *The uses of drama*(London: Eyre Hethuen, 1972).

Bourdieu, P., J-C. Passeron (Trans. Richard Nice), *Reproduction in education, society
　　and culture*(London: Sage Publication, 1970).

Courtney, Richard, *Play, Drama & Thought—the back ground to Dramatic Education*
　　(Toronto: Simon & Pierre, 1989).

Baker, P., *Integration of ability: Exercises for creative growth*(New Orleans: Anchorage
　　Press, 1977).

ㄱ

가부장적인 태도 443

감각기관 97, 101, 132, 187, 542

감성적 언표 414, 429~435

감정 16, 238, 267, 277, 280, 288,
305~305, 396, 482, 492, 494, 505,
512

개별성의 보편화 406

개인기억 63, 173, 176, 187

결핍 43, 117, 223, 225, 228, 240, 260,
301, 377, 380, 416, 434~435, 494,
512, 548

경험 35, 43, 48~49, 78, 106, 123, 132,
135, 138, 143, 148, 156~160, 187,
195, 223~224, 244, 268, 282~283,
294, 305, 310, 315, 328, 351, 366,
389, 391, 405, 409, 413~414,
419~424, 427~431, 489, 492, 495,
497~504, 509~511, 516, 530, 533,
535, 537~539, 542

계발드라마Developmental drama 546

고아적 형식 223

고정된 교실 525, 532

고향 13, 24, 62, 93, 102, 110, 157,

178, 180~185, 195, 200, 203~204,
207~208, 216~217

공감 49, 300, 466~467, 490, 492

공연 지향적 유형 533

공조자le coopérateur 426

공허 91, 122, 254, 274~275, 328,
365, 389, 392, 495

과정 지향적 유형 533

과정으로서의 작품work in progress 225

관객론 408, 417, 436

관객의 거듭남renaissance 425

관객의 앎connaissance 425

관객의 역할 405, 407, 426, 461

관객의 태어남naissance 425

관극觀劇(행위) 407, 421~423, 425,
428, 430~433

교사들을 위한 교육 프로그램PAF(Plans
Académiques de Formation) 532

교사-배우actor-teacher 540

교수-학습 모형 526

교육 속의 드라마Drama in Education
547

교육 속의 연극Theatre in Education 547

교육연극 17, 517, 523~525, 526~

545, 546~549

교육적 연극Educational drama 546

교육활동 프로그램 PAE(Projets d'Activités Educatives) 532

그리스 비극 93~94, 100~108, 115, 120, 124~125

극단 72, 345

극장(무대) 548

극화학습 529, 544~545

근대 연극 167, 390, 463, 471, 474

기국서 72, 81, 317, 318~329, 332~ 333, 336~340, 343, 345, 347~355, 364~366, 368~375, 377~381, 383, 388~390, 393, 395~399

기술 지향적 유형533

기술 복제 시대 442

기억mémoire 170, 175

기억흔적 492

기의 442~444, 478

기표 442~444, 478

ㄴ

내면화 157, 274, 288, 389, 499, 523

내러티브 132~133, 136, 149, 154, 157~158, 161, 164, 166, 170,174, 177, 187, 193, 233, 286, 481, 499, 514~515

냉소주의 318

노能 510

노르베르트 세르보스Norbert Servos 226

노마드nomade 167, 199

노스토스nostos 33, 502

노에시스noèsis 32, 502

놀이 241, 251, 346, 452, 489~490, 492, 495, 498~500, 503, 508~509, 513, 515~519, 523, 525, 529~530, 533~539, 542~548

닐A. S Neill과 같은 좌파 교육이론 527

ㄷ

다다이스트 244

다양성 221, 363, 436, 457

다양한 인물로의 변형과 변용metamor-phosis 504

다원주의 371

단종 143~147

대본(읽기) 548

대상Gegenstand 418

데포르마시옹deformation 371

독법 406

동시대 46, 50~51, 53, 223, 318, 321, 329, 348, 374, 394

동일시 286, 305, 318, 324, 445, 498, 525, 538, 542

동작(선) 548

드라마 방법Dramatic method 546

디알로기아dialogia 93

ㄹ

라파사드G. Lapassade 527
람사르 협약 452
랜디 517
랠프 왈도 에머슨《자연》 496
레만Hans-Thies Lehman 221, 363
로만 잉가르텐 422
로베르 르파주 481
로브로M. Lobrot 527
롤랑 바르트 26, 407
루로R. Lourau 527
르네 고디 496
리미니 프로토콜 481

ㅁ

마리 비그만Mary Wigman 225
말더듬 163~164
망각 316, 343, 384, 392, 440, 457, 481,
    495, 497, 503, 505, 508, 510, 518
메를로퐁티 420, 468
메이예르홀트 13, 244
모놀로그 537
모방 135, 197, 336, 439, 442, 457,
    463, 474, 476~477, 513, 523~525,
    527~528, 530, 536~537, 545

몸의 언어 32, 223, 466, 468~471, 474,
    484~485
무의식 132, 256, 286, 301, 336, 379,
    421, 473, 492, 505, 517~518
문화적 기억 129~130, 138, 153, 173
물질materia 440
므네모시네Menemosyne 133~134
미디어 363, 398, 405, 458~466, 470~
    473, 476~485
미학 28, 34, 80, 153, 165, 271, 321,
    348~349, 383, 439, 448, 458, 460,
    463~464, 473, 491, 506, 525, 532,
    543

ㅂ

반문화 320~321
반복(암기) 548
반체제 320~321
방법론 531
배우/행동자acteur 260
배우의 환영 258
배움mathesis 530
베르나르-마리 콜테스Bernard-Marie
    Koltès 32, 67, 175, 178, 318, 368,
    501
변증법적 예술형식 136, 515
변형transformation 135, 196, 513
보다voir와 알다savoir 114

보존conservation 135, 196, 513

보편성의 개별화 406

부퍼탈 탄츠테아터 230, 261

분열 99, 101, 157, 273, 277, 284, 327,
    332, 370, 372, 376, 379, 400, 428,
    431, 469, 478, 491

비극의 열등한 요소 461

비서술기억 492

비연속성 371

비-텍스트성 371

비트겐슈타인 405, 445

비판적 사고 523

비판적 언어수행능력critical thinking
    526

ㅅ

사고력 526

사고의 훈련 525

사라진 기억 132, 214

사르트르 30, 69, 119

사뮈엘 베케트 26, 167, 278, 318, 320

사바리-랑 법안Savary-Lang Protocole
    532

사유하다cogitare, pensare 136

사회적 처소 100

살아 있는 교실 532, 538, 541~542,
    544~545

상像 187

상기력 130

상상력 41, 60, 94, 106~108, 136,
    141, 142, 151, 222, 279, 280, 296,
    321, 342, 354, 367, 378, 393, 406,
    419, 451, 515, 519, 524~525, 529,
    536, 539, 545

상상의 장소ficta loca 136, 515

상상의 저장소thesaurismos phantasion
    133, 177

상상적 입법활동imaginative enactive acti-
    vity 519, 529

상실 51, 57, 103, 114, 117, 120, 122,
    130~131, 168~169, 173, 179,
    183, 189, 200, 206, 260, 267~268,
    273~275, 279, 283, 285~288, 291,
    299~303, 305~306, 380~381,
    432, 434, 448, 491, 499, 504~505,
    509~510

새로운 교육방법 526

생태윤리 452

생태주의 연극 445, 447~449, 451

서술 138, 153~154, 162, 196, 206,
    251, 288, 329, 374, 397, 484

셰익스피어 17, 18, 31, 72, 82, 146,
    177, 195

소(小)부르주아적인 의식 349

소극장 349, 364

소리 14, 17, 23, 32, 36, 39, 43~44,
    48~49, 67, 79, 94~95, 132, 149,

154, 156, 158, 161~165, 205, 265,
267, 272, 277, 282, 307, 311, 329,
337, 339, 341, 352, 374, 380, 394,
398~399, 431, 442~443, 452, 460,
465, 467, 476, 481~482, 484, 528
소유echein 536
소통 93~94, 99~100, 223, 271, 292,
301, 354, 416~417, 425, 457~459,
461, 467, 482~483, 485, 517
소포클레스 93, 102, 106, 132
수사학 136, 311, 515, 537
수용미학 423
스타니슬라브 이그나시 비트키에비치
Stanislaw Ignacy Witkiewicz 245~246
스타니슬랍스키 505, 507~508
승화 489, 493
시뮬레이션, 시뮬라크르 465
시선의 상실 168
신들림entousia/extasis 504
실제actuality 538
실제reality 538
실존적인 자율의식 326
실천 41, 47, 49, 52, 72, 78, 289, 321,
354, 369, 443~444, 450, 462, 507,
517, 525, 527, 532, 534~535, 537,
541, 547
실체화 523
실험 345, 347, 349, 351~352, 368,
439, 458

심미적 경험 419
심상 137, 158

ㅇ
아나키스트 167, 199, 528
아리스토텔레스 38, 102, 117, 135,
137, 197, 391, 461, 482, 530, 539
아방가르드 223, 247, 318, 477
아이스킬로스 93
아틀리에 532
아포리즘 72, 374, 377
안틸로기아antilogia 93
앎pensee 513
암묵기억 492
앙토냉 아르토 390
어린이 연극Child drama 546
에드워드 골든 크레이그 460
에코 카바레Eco-Cabaret 451
에코 테아트르eco-theatre 451
여행의 연극 167, 199
역할놀이Role Playing 547
연극과 연극놀이Théâtre et Expression
dramatique 532
연극놀이Jeu dramatique 546
연극실험실 333
연극언어 79, 348, 366~367, 371, 390~
391, 398~399, 419, 427, 444, 478
연극예술Art dramatique 546

연극운동 324

연극의 객관적인 모습 531

연극의 미래 370, 423, 479, 483~484, 546, 549

연극의 생태학ecology of theatre 451

연극의 순간moment 355

연극의 축軸 468

연극치료 489~519

연기(유형) 548

연출가 13, 16, 51, 52, 66~68, 72, 76, 81, 94, 221, 223, 246, 265, 291, 296, 308, 315, 317~320, 322, 324, 328, 337, 345, 347~350, 352~353, 363, 366, 368, 371, 373, 389~390, 397, 399, 408, 422, 427, 429, 457~458, 460, 471, 481

열정passion 367

영혼 41, 48, 73, 92, 134, 319, 335, 338, 370, 386, 436, 490, 492, 512, 526

예술교육 523, 527, 532

예술적 창조 524

예술적 치료 489

오이디푸스 콤플렉스 106

오태석 81, 133, 139~148, 319

외현기억 492

요한 크레스니크Johan Kresnik 225

운명moira 102

움직임movere 355

유덕형 319

유랑 167, 199, 391

유령revenant 381

유토피아 150~151, 154, 165

유형의 교과서 535

윤영선 16~17, 265~295, 297~301, 304~310

은유(메타포) 33, 115, 132, 136~137, 187, 202, 235, 240, 315, 442, 515, 518~519, 525, 532, 541, 544~546

의미기억 492

이미지eikon 132, 187

이방인 168, 200

이성(로고스) 93, 98~99, 148, 222, 245, 267, 346, 370, 393, 439, 442, 473, 524, 526, 528, 530, 531

이성적 동물 530

이중적 존재 424

이중적인 공간 208

익명 426~428, 442, 459~461, 479, 549

인문교육 528

인물(분석) 548

인식론적 장애물l'obstacle épistémologique 413

인지적 과정 535, 539, 545

인지적 변화 539

인지적·지적 세계 525

일화기억 492

잃어버린 원리 532

임영웅 319

ㅈ

자기 확장 425

자본주의 45, 70, 77, 225, 343, 396,
    439, 442, 451

자생적 무대 365

자유교육론Orientation non directive 527

잠수潛水와 부상浮上 567

장면scène 97

재료로서의 텍스트 371

재생산해낸 텍스트를 작품Werk 422

재연극화 477

재현 32, 34~36, 74, 130~131, 135,
    137, 140, 151~153, 162, 170,
    191, 196, 223, 227, 243, 246, 259,
    261, 271, 296, 300, 315, 316, 346,
    366, 386, 389, 417, 418, 423, 425,
    428, 457, 458, 461, 465, 470,
    476~477, 482, 490, 524~525, 532,
    536, 539~540, 543, 545~546

저항 12, 24, 45, 58, 61~62, 66, 68, 82,
    102, 147~148, 190, 210, 225, 274,
    279, 282, 317, 319, 321~322, 346,
    350, 352, 453, 467, 497

전위적인 연출가 350

전체적이고 완전한 세계 519, 525, 529,
    542

절차기억 492

정신의 배설물 390

정체성 94, 107, 108, 130~131, 136,
    138, 141~142, 153~154, 165, 168~
    169, 173~174, 178~180, 189, 193,
    199~200, 209, 271, 370, 514

정치적 억압 321, 348

정치 이데올로기 177

제도制度들의 제도諸島들 548

조르주 바뉘 223, 247

조작자l'opérateur 436

존재론적 불안 477

존재론적 인식 523

존재의 돌연한 폭발déflagration de l'Etre
    427

존재의 들이마시기와 내쉬기inspiration
    et expiration de l'Etre 420

주세페 이오자Giuseppe Iozza 236

죽음의 공간 380, 389

죽음의 연극 223, 225, 243, 247, 261,
    380

죽음의 제의 315

죽음의 현존 315

즉흥극Improvisation 547

지성nous 96

지역사회 연극Community theatre 546

지워진 얼굴 214

진정한 사막 210

집단기억의 오류 185

집단기억 63, 173, 181, 186~187, 189, 213

집단의 문화적 내재성 405

ㅊ

참여 25, 45, 50, 230, 259, 335, 348, 373, 410, 423, 432, 525, 537, 542, 546

창의적 연극놀이Creative dramatics 546

철학적 성찰 524

청소년 연극Youth theatre 546

초인형 460

최인훈 133, 148

추상능력 537

춤치료 490, 505

충돌 180~181, 187, 233, 349, 417

침묵 15, 18, 32~33, 38, 66, 92, 108, 122, 164, 170, 174, 210, 258, 273~ 274, 277, 300, 315, 321, 322, 344, 346, 368, 389, 405, 413, 416, 431, 468

ㅋ

카롤 프리츠Karol Frycz 244

코러스 93, 101, 107, 113, 119, 125, 258

쿠르트 요스Kurt Jooss 225

쿠리티바 선언 452

ㅌ

타데우즈 칸토르 222~223, 242, 250, 260, 315

탁월성 539

탄츠테아처 223, 225~226, 229~231, 261

탈문화화 477

탈영토화 457, 460

탈육체화의 현상 366

탈재현화 477

텍스트의 개방화 460

ㅍ

파스칼 474

파시즘 60~61, 181

파토스 531

패러독스 545

팬fan 415, 428,

페데리코 펠리니 229

페터 스존디 222

페터 한트케 319

포스트드라마 363

표현expression 135, 513

표현놀이Expression dramatique 546

프랑스 제국주의 24

프랑스 현대 희곡 174
프레네C. Freinet의 치료적 교육론Médico-
Pédagogique 527
프로메테우스 신화 445~446
프로이트 106
프로이트의 이론을 중심으로 하는 정신
분석적 교육론Psychanalyse-education
플라톤 13, 60, 93, 96, 134, 136, 512~
514, 526~527
피 12, 66, 73, 109, 113, 153, 156, 163,
180, 193, 199, 417
피나 바우쉬 222~231, 235, 240~242,
260~261, 470
피스카토르 244

ㅎ

하마르티아hamartia 117
하이데거 163, 435
한국 연극제도의 고정성 549
합리주의 442
해독하는déchiffrer 예술가 428
해석 57, 63~65, 108, 112, 125, 148,
215~217, 228, 233, 323, 328, 337,
365, 397, 408~409, 417, 426,
428~429, 436, 457, 460, 466~467,
471, 480, 483~484, 491~492,
497~499, 514, 528, 535, 540, 546
해체 13, 101, 130, 147, 152, 156, 167,

173, 181, 199, 215, 222, 305, 326,
333, 345, 364~368, 371~379,
388, 393, 398, 456, 458, 460, 463,
479~480
해체된 텍스트 364
해프닝 243~244, 363
허구적 양식mode 538
현상학적 예술이론 422
형이상학적 초월 477
혼혈 206
환상 47, 305, 319, 369, 406, 427, 432,
518, 546,
회귀 125, 156, 173, 226, 230, 298,
452, 473, 477, 503
회화적인 묘사 166
획득acquisition 135, 196, 513
희곡(선정) 548

기타

doxe 464
meta 544
para 544
TIE(Theatre in Education) 547

연극 작품

〈개〉 326, 328, 337, 340~341, 364~
366, 373~375, 378~380, 385~387,

389, 391~392, 394~398

〈거세〉 269

〈검둥이와 개들의 싸움〉 186

〈고도를 기다리며〉 319~320

〈관객모독〉 318,320, 326, 344~347

〈광인과 수녀〉(1963) 245

〈구토〉 322

〈그리고 배는 계속 항해한다E la nave va〉
    229

〈극장에서 잠자기Dormir au theatre〉
    496

〈기국서의 햄릿〉 318

〈나무는 신발가게를 찾아가지 않는다〉
    (2000) 266

〈내 뱃속에 든 생쥐〉(1998) 266

〈누가 온달을 죽였는가〉 269

〈달의 저편〉 481

〈떠벌이 우리 아버지 암에 걸리셨네〉
    (1996) 266, 269

〈로베르토 쥬코〉 186,318, 368

〈루브〉 319

〈맨하탄 일번지〉(1997) 266, 291, 306

〈목화밭의 고독〉 174, 190, 202

〈물닭〉(1971) 245

〈미생자〉(2004) 266, 269, 271, 291,
    296, 306

〈미아리 텍사스〉 320, 326~329, 364~
    365, 372~375, 377, 380, 382~389,
    396, 398

〈버드, 베드〉 324

〈봄의 제전〉 242

〈봄이 오면 산에 들에〉 133, 148~154,
    156~158, 169~170

〈빅토르〉 229

〈사막으로의 귀환〉 174, 179, 184, 188,
    189, 191, 193~196, 198~202, 206~
    207, 209~212, 214, 216

〈사팔뜨기 선문답〉 269

〈사팔뜨기 선문답-난 나를 모르는데 왜
    넌 너를 아니〉(1994) 266

〈생일파티〉 319

〈서쪽 부두〉 32, 186, 202, 509

〈숲에 이르기 직전의 밤〉 66, 174, 200,
    202

〈아가멤논〉 93

〈안데르센 프로젝트〉 481

〈안티고네〉 93

〈어제, 오늘 그리고 내일의 아이들을 위
    하여〉(2003) 226

〈여행〉(2005) 266, 298

〈오르페우스와 에우리디케〉 242

〈오이디푸스 왕〉 92, 99, 101~117

〈우리는 어디로 가고 있나요?〉 269

〈임차인〉(2005) 266~269, 274, 280,
    287~288, 290, 296, 308

〈자비로운 여신들〉 93

〈작란〉 327~328, 332~333, 335~337,
    364~365, 372~374, 377, 380~382,

385~389, 398

〈조상들Ahene〉 229

〈죽음의 교실〉(1975) 242~243, 245~
247, 249, 251, 254~257, 260

〈죽음의 집1〉 269

〈죽음의 집2〉 269

〈지젤〉 326, 328, 333, 337~340, 364~
365, 372~375, 378~380, 385~396,
399

〈지피족〉 326

〈찬란한 오후〉 350, 352~354

〈칠수와 만수〉 266

〈카를 마르크스 : 자본론 제1권〉 481

〈콜로노스의 오이디푸스〉 102

〈키스〉(1997) 266

〈탕자 돌아오다〉 322

〈태〉 133, 139~140, 142~147, 169~
170

〈파티〉(1998) 266

〈한씨 연대기〉 266

〈햄릿 시리즈 1~5〉 326

〈햄릿6, 삼양동 국화 옆에서〉 369

〈황후의 탄식〉 225, 229, 231, 240, 260

〈G코드의 탈출〉(1998) 266

《기억과 회상에 대하여》 137

《나의 예술인생》 505

《논어》 414

《로미오와 줄리엣》 257

《메논》 136

《배우 수업》 505

《수사학》 463

《시학》 135, 197, 461, 463, 482~483,
513, 530, 539

《연극과 그 짝패Le Théâtre et son double》
390

《영혼에 대하여》 137

《윤영선 희곡집》 265, 309

《콜론의 오이디푸스》 132

《테아이테토스》 92

《파이드로스》 93

《향연》 93

《현대 드라마 이론》 222

도서

《고르기아스》 93

《국가》 93, 96, 527

안치운

중앙대학교 연극학과를 졸업한 뒤 프랑스 정부장학생으로 국립 파리 3대학(소르본 누벨 대학) 연극 연구원IET에서 연극학으로 박사학위를 받았다. 귀국해서 《교수신문》 편집기획위원, 삼성문학상·대산문학상·경암학술상 심사위원 등을 역임했다. 파리 3대학 초빙교수로 프랑스에 일 년 동안 체류하면서 베르나르-마리 콜테스를 연구했다. PAF 공연예술 비평상, 여석기 연극평론가상을 받았다. 현재 한국연극학회 부회장·편집위원, 국제대학연극학회AITU 이사, 이탈리아《연극과 다양성Teatri delle Diversità》편집위원을 맡고 있으며, 연극평론가로 글을 쓰고 있다. 호서대학교 연극학과 교수로 재직 중이다.

저서
연극, 몸과 언어의 시학(푸른사상)
베르나르-마리 콜테스(문학과지성사)
연극과 기억(을유출판사)
연극, 반연극, 비연극(솔)
한국 연극의 지형학(문학과지성사)
연극 제도와 연극 읽기(문학과지성사)
공연 예술과 실제 비평(문학과지성사)
추송웅 연구(청하)
연극 감상법(대원사)
연극교육제도론(학위논문)
추송웅, 배우의 말과 몸짓(나무숲)

산문집
옛길(학고재)
그리움으로 걷는 옛길(열림원)
시냇물에 책이 있다(마음산책)
집과 길과 사람 사이(들린아침)

공저
철학, 예술을 읽다(동녘)
예술비평과 철학(산해)
한국현대연출가론 1·2(연극과인간)
다섯에서 느낌으로 : 이강백 희곡연구(예술의전당)
20세기 전반기 유럽의 연출가들(연극과인간)
노래를 찾는 사람들, 지금 여기에서(호미)
희망의 예술(솔)
가면과 사람(예니)
연극, 그 다양한 얼굴(연극과 인간)
인문예술잡지 F3 : 공연예술특집(문지문화원 사이) 등

번역서
유제니오 바르바, 연극인류학 – 종이로 만든 배(문학과지성사)
미셸 비나베르, 한국사람들(연극과인간)

안치운 연극론

연극, 기억의 현상학

펴낸날   초판 1쇄 2016년 11월 25일

지은이   안치운
펴낸이   김현태

펴낸곳   책세상
주소   서울시 종로구 경희궁길 33 내자빌딩 3층(우편번호 03176)
전화   02-704-1251(영업부), 02-3273-1333(편집부)
팩스   02-719-1258
이메일   bkworld11@gmail.com
홈페이지 www.bkworld.co.kr
등록   1975. 5. 21. 제1-517호

ISBN   979-11-5931-087-4 93680

이 도서의 국립중앙도서관 출판시도서목록(CIP)은 서지정보유통지원시스템 홈페이지
(http://seoji.nl.go.kr)와 국가자료공동목록시스템(http://www.nl.go.kr/kolisnet)에서
이용하실 수 있습니다.(CIP제어번호 : CIP2016026278)